铁 路 机 车 概 要

（交流传动内燃、电力机车）

中国铁路总公司运输局机务部　编

中国铁道出版社有限公司

2 0 2 1 年·北　京

U0851496

内 容 简 介

《铁路机车概要(交流传动内燃、电力机车)》由电力机车和内燃机车两部分组成。电力机车部分包括国产及进口交流传动电力机车,涵盖各种型号的干线客、货运交流传动电力机车。内燃机车部分包括国产及进口交流电传动内燃机车,涵盖各种型号的干线客、货运机车、调车机车和调车兼小运转机车。

书中对交流传动内燃、电力机车的技术性能、总体布置、车体结构、走行部型式、主要技术装备、控制系统、电制动及空气制动系统等作了简要介绍,并附有机车总体布置图和主要特性曲线图,在技术参数表中提供了诸多项目的技术参数。

本书可供广大机车设计、制造、运用、检修方面的工程技术人员,铁路行业管理人员以及科研院校等有关人员学习参考。

图书在版编目(CIP)数据

铁路机车概要:交流传动内燃、电力机车/中国铁路总公司运输局机务部编. —北京:中国铁道出版社,2017.9(2021.5 重印)
ISBN 978-7-113-24062-2

Ⅰ.①铁… Ⅱ.①中… Ⅲ.①内燃机车-概论②交流电力机车-概论 Ⅳ.①U26

中国版本图书馆 CIP 数据核字(2017)第 286905 号

书　　名:铁路机车概要(交流传动内燃、电力机车)
作　　者:中国铁路总公司运输局机务部

责任编辑:侯跃文　孙　楠　黄　璐　王明容　王风雨　**电话:**(010)51873421　**电子信箱:**tdpress@126.com
封面设计:王镜夷
责任校对:王　杰
责任印制:高春晓

出版发行:中国铁道出版社有限公司(100054,北京市西城区右安门西街 8 号)
印　　刷:国铁印务有限公司
版　　次:2017 年 9 月第 1 版　2021 年 5 月第 2 次印刷
开　　本:787 mm×1 092 mm　1/16　印张:41.75　字数:1 036 千
书　　号:ISBN 978-7-113-24062-2
定　　价:198.00 元

版权所有　侵权必究

凡购买铁道版图书,如有印制质量问题,请与本社读者服务部联系调换。电话:(010)51873174(发行部)
打击盗版举报电话:(010)63549461

前　言

20世纪90年代以来，中国铁路通过自主研发和技术引进，逐步建立了具有中国特色、世界先进水平的铁路交流传动机车技术体系和产品系列，铁路牵引动力实现从交—直流传动向交流传动的转换。截至2016年底，全国铁路投用交流传动机车9 700多台，承担货运量已占到全国铁路货运总量的73%以上，客运量占62%以上，成为全国铁路客货运输牵引动力的主力，铁路装备现代化建设成果卓著。

随着铁路机车牵引动力技术的发展，多种新型现代化的交流传动电力和内燃机车迅速批量投入运输生产。特别是为了适应铁路运输"重载和提速"需求，从7 200～9 600 kW系列货运电力机车、6 000马力货运内燃机车、4 400马力调车内燃机车以及新型客运电力机车等产品相继问世，动力集中动车组动力车等产品研发全面展开，形成了铁路交流传动电力机车和内燃机车的系列产品，完善了交流传动机车的型谱。目前，从事机车设计制造、运用检修，铁路勘察设计，铁路行业管理、教学培训以及科研院所等方面的人员，对一部涵盖各种类交流传动机车的《铁路机车概要》的需求越来越迫切。为满足其了解铁路机车构造特点、技术参数和性能的需求，由中国铁路总公司运输局机务部主持，中国铁道科学研究院机车车辆研究所协助编写了《铁路机车概要(交流传动内燃、电力机车)》，供大家参考使用。

《铁路机车概要(交流传动内燃、电力机车)》由交流传动电力机车和内燃机车两部分组成。电力和内燃机车的编排首先对我国早期研制的交流传动机车以时间为序进行介绍，然后按现行运用的和谐系列交流传动电力机车和内燃机车，以车型顺号为序，同一系列型号机车相对集中(例如：HXD_1系列机车为HXD_1、HXD_{1B}、HXD_{1C}、HXD_{1D}、HXD_{1F}型等)。章节编排：电力机车分为概述、机车总体(含通风系统)、牵引电传动系统(含高压电器)、辅助电气系统、微机网络控制系统、车体、转向架、制动系统、机车技术参数表。内燃机车分为概述、机车总体(含通风系统)、牵引电传动系统(含主发电机)、辅助电气系统(含辅助发电机)、微机网络控制系统、车体、转向架、制动系统、柴油机(含柴油机辅助系统)、机车技术参数表。

为便于有关工程技术、科研以及技术管理人员使用，在概述以及机车技术参数表(机车总体技术参数)中，对机车功率的表述分别为：电力机车持续功率(即轮周持续功率)；内燃机车的功率没有按以前版本的"标称功率"表述，而是根据中国铁路总公司颁布的机车标准性技术文件，选用额定功率（即主发输入功率）和轮周牵引功率来表述。

《铁路机车概要（交流传动内燃、电力机车）》所包括的铁路既有交流传动机车类型齐全，内容充实，技术资料和数据翔实，是一部具有较高参考价值的工具书。

中国铁路总公司运输局机务部副主任张大勇同志为本书主编，中国铁路总公司运输局副局长兼机务部主任申瑞源同志为本书主审。运输局机务部王立杰同志负责全书的编写及组织工作。运输局机务部张启平、张启安、王强、黄成荣、李群锋、曹红义、宁友波、寇树仁、容长生、淡红升、杨帆、李刚、王志、杜志辉、冯振兴、王磊、张宏斌、闫志宏、李红斌、伏远昱、李虎、董亚庚、罗为东等同志对本书进行了审校。中国铁道科学研究院机车车辆研究所孟葳、张冀荃、张黎、王伯福等同志具体从事本书的汇总编写工作。王光春、李国强、贾锋、李海燕、李卫国、张思庆、李斌、李红心、陈安俊、原志强、隋锡征、王立德、罗世辉等同志于2016年9月对本书的初稿进行了专业审查。

在编写《铁路机车概要（交流传动内燃、电力机车）》过程中，中国中车集团公司李国强、贾锋在提供资料数据方面对有关机车生产企业进行了积极组织协调；中国中车大连机车车辆有限公司王威、刘庸、于海、王明岩、孙小辰、李云龙，中国中车大同电力机车有限责任公司李立山、胡志鹏、张晓东、武学良、张德忠，中国中车株洲电力机车有限公司张奕奕、颜宁、张振华、魏伟龙、闵阳春、毛金虎、曾艳梅，中国中车戚墅堰机车有限公司徐其生、黄贵、刘瑛子，中国中车资阳机车有限公司何国福、王平华，中国中车四方机车车辆股份有限公司生鲁平等人员参与了本书的编写，并提供了有关的机车技术资料、数据和图片。

在此，谨对所有为本次《铁路机车概要（交流传动内燃、电力机车）》编写工作提供支持和帮助的单位、领导及工程技术人员表示诚挚的感谢。

由于编者水平有限，不妥之处请批评指正。

编　者

二〇一七年三月

目　　录

第二部分 内燃机车

各型机车技术特征及其参数

各型电力机车技术特征及其参数一览表

序号	机车型号	用途	轴式	轴重(t)	动轮直径(mm)	传动方式	持续功率(kW)	最高速度(km/h)	持续速度(km/h)	最大起动牵引力(kN)	持续牵引力(kN)	制造厂	制造起止年份	累计生产台数
1	AC4000	客货	$B_0—B_0$	23	1 250	交—直—交	4 000	120	60	340,325	240	株机公司 株洲所	1996	1
2	DJ(熊猫)	客	$B_0—B_0$	20.5	1 250	交—直—交	4 800	200	84	264	206	株机公司	1998—2000	2
3	DJ_1	货	$2(B_0—B_0)$	23,25	1 250	交—直—交	6 400	120	50	700(23 t), 760(25 t)	461	株机公司	1999—2003	20
4	DJJ_1(蓝箭)动力车	客	$B_0—B_0$	19.5	1 050	交—直—交	4 800	210	105	211	164	株机公司	2000—2001	8
5	DJJ_2(中华之星)动力车	客	$B_0—B_0$	19.5	1 050	交—直—交	4 800	270	110	200	157	株机公司 同车公司	2001—2002	2~(0001株机,0001B同车)
6	DJ_2(奥星)	客	$B_0—B_0$	21	1 250	交—直—交	4 800	200	84	264	233	株机公司	2001	3
7	DJ_3(天梭)	客	$B_0—B_0$	20.5	1 250	交—直—交	4 800	200	75	262	230	同车公司	2002	1
8	SSJ_3	货	$C_0—C_0$	23,25	1 250	交—直—交	7 200	120	53.9	515(23 t), 560(25 t)	480.9	连车公司	2004	1
9	HXD_1	货	$2(B_0—B_0)$	23,25	1 250	交—直—交	9 600	120	65(25 t), 70(23 t)	760(25 t), 700(23 t)	532(25 t), 494(23 t)	株机公司 资电公司	2006—2010, 2011—2015	917
10	HXD_{1B}	货	$C_0—C_0$	25	1 250	交—直—交	9 600	120	81.9	≥570	422	株机公司	2009—2012	650
11	HXD_{1C}	货	$C_0—C_0$	23,25	1 250	交—直—交	7 200	120	70(23 t), 65(25 t)	520(23 t), 570(25 t)	370(23 t), 400(25 t)	株机公司 资电公司 戚机公司	2009—2016	1 316
12	HXD_{1C}(高原)	货	$C_0—C_0$	25	1 250	交—直—交	7 200	120	65	570	400	株机公司	2011	2
13	HXD_{1D}	客	$C_0—C_0$	21	1 250	交—直—交	7 200	160	80	420	324	株机公司	2012—2016	614
14	HXD_{1F}	货	$2(B_0—B_0)$	30, 27	1 250	交—直—交	9 600	100	50(30 t), 55(27 t)	910(30 t), 820(27 t)	691(30 t), 628(27 t)	株机公司	2013	2

续上表

序号	机车型号	用途	轴式	轴重（t）	动轮直径（mm）	传动方式	持续功率（kW）	最高速度（km/h）	持续速度（km/h）	最大起动牵引力（kN）	持续牵引力（kN）	制造厂	制造起止年份	累计生产台数
15	HXD_{1G}	客	$2(B_0—B_0)$	19.5	1 250	交—直—交	11 200	160	95	480	424	株机公司	2015	在研
16	HXD_2	货	$2(B_0—B_0)$	23,25	1 250	交—直—交	10 000(车号：0001～0180) 9 600	120	70(23 t)，65(25 t)	700(23 t)，760(25 t)	554(25 t)，514(23 t)	阿尔斯通 同车公司 连车公司	2007—2015	678
17	HXD_{2B}	货	$C_0—C_0$	25	1 250	交—直—交	9 600	120	76	584	455	同车公司	2009—2011	500
18	HXD_{2C}	货	$C_0—C_0$	23,25	1 250	交—直—交	7 200	120	70(23 t)，65(25 t)	520(23 t)，570(25 t)	370(23 t)，400(25 t)	同车公司	2010—2016	335
19	HXD_{2F}	货	$2(B_0—B_0)$	30,27	1 250	交—直—交	9 600	100	50(30 t)，55(27 t)	910(30 t)，820(27 t)	691(30 t)，628(27 t)	同车公司	2013	2
20	HXD_3	货	$C_0—C_0$	23,25	1 250	交—直—交	7 200	120	65(25 t)，70(23 t)	520(23 t)，570(25 t)	370(23 t)，400(25 t)	东芝公司 连车公司 二七厂 同车公司	2004—2012	1090
21	HXD_{3B}	货	$C_0—C_0$	25	1 250	交—直—交	9 600	120	68.2	≥570	506.7	连车公司	2009—2011	500
22	HXD_{3C}	客货	$C_0—C_0$	23,25	1 250	交—直—交	7 200	120	65(25 t)，70(23 t)	520(23 t)，570(25 t)	370(23 t)，400(25 t)	连车公司 二七厂	2010—2014	1200
23	HXD_{3D}	客	$C_0—C_0$	21	1 250	交—直—交	7 200	160	80	420	324	连车公司 同车公司	2012—2016	636
24	HXD_{3G}	客	$2(B_0—B_0)$	19.5	1 250	交—直—交	11 200	160	95	480	424	连车公司	2016	在研
25	时速 160 km 动力集中动车组动力车	客	$B_0—B_0$	19.5	1 250	交—直—交	5 600	160	95	240	212	株机公司	2016	在研
26	时速 160 km 动力集中动车组动力车	客	$B_0—B_0$	19.8	1 250	交—直—交	5 600	200	95	240	212	连车公司	2017	在研

各型内燃机车技术特征及其参数一览表

序号	机车型号	用途	轴式	轴重(t)	动轮直径(mm)	传动方式	轮周牵引功率(kW)	最高速度(km/h)	持续速度(km/h)	最大起动牵引力(kN)	持续牵引力(kN)	制造厂	制造起止年份	累计生产台数
1	NJ_1	调小	$C_0—C_0$	25	1 050	交—直—交	970	80	9	470	380	四方公司	1999	3
2	DF_{8BJ}	货	$C_0—C_0$	25	1 050	交—直—交	3 280	120	28.8	560	410	资机公司	2001	1
3	DF_{4DJ}	客货	$C_0—C_0$	23	1 050	交—直—交	2 360	145	19.95	555	444	连车公司	2002	2
4	DF_{8CJ}	货	$C_0—C_0$	23	1 050	交—直—交	3 540	120	27.5	560	440	戚机公司	2003—2007	3
5	NJ_2	客货	$C_0—C_0$	23	1 050	交—直—交	2 560（AAR标准状态）	120	20.2，20.4，19.8，18.3	534	427	GE公司	2006	78
6	HXN_3	货	$C_0—C_0$	25	1 050	交—直—交	3 780	120	20	620	598	连车公司	2009—2014	330
7	HXN_{3B}	调小	$C_0—C_0$	25	1 250	交—直—交	2 700	100	18	560	540	连车公司	2014—2015	136
8	HXN_{3K}	客	A1A—A1A	23	1 250	交—直—交	2×2 700	160	48	2×245	2×200	连车公司	2016	在研
9	HXN_5	货	$C_0—C_0$	25	1 050	交—直—交	4 003	120	25	620	565	GE公司 戚机公司	2008—2015	700
10	HXN_{5B}	调小	$C_0—C_0$	25	1 250	交—直—交	2 700	100	18.2	560	540	戚机公司	2012—2015	195
11	HXN_{5K}	客	2(A1A—A1A)	23	1 250	交—直—交	2×2 750	170	47.5	2×245.5	2×210.5	戚机公司	2016	在研
12	HXN_6（混合动力内燃调车机车）	调小	$C_0—C_0$	25	1 250	交—直—交	18 50，890	100	12	560	540	资机公司	2014	在研

第一部分

电力机车

一、AC4000 型电力机车技术简介

1. 概　　述

AC4000 型电力机车是中国第一台国产四轴交流传动电力机车，由株机公司和株洲所于 1996 年研制。AC4000 型电力机车属于实验性车型，仅试制一台(未投入批量生产)，但其研制及试验过程为中国探索交流传动电力机车设计特点及性能指标作出了重要贡献。机车外形如图 1-1-1 所示。

图 1-1-1　AC4000 型电力机车外形图

AC4000 型电力机车采用交—直—交电传动，使用四象限变流器、PWM 牵引逆变器为三相异步牵引电机供电，机车装有微机控制系统，具有工况监控和故障诊断检测功能，电制动采用再生制动。机车最高速度为 120 km/h，轴式 B_0—B_0。AC 4000 型电力机车是中国铁路机车电传动发展史上一个新的里程碑，于 1996 年获国家“八五”科技攻关重大科技成果奖。

AC4000 型电力机车经过调整试验后，于 1997 年初在中国铁道科学研究院环行试验线试运行，期间最高试验速度达到 121 km/h；1998 年上半年，机车在西南交通大学牵引动力国家重点实验室内的定置试验台上进行了考核试验。AC 4000 型电力机车完成各种试验后，被保存于株机公司内至今。

2. 机车总体

AC4000 型电力机车是四轴货运电力机车，适用于供电制式为 25 kV 工频单相交流电的电气化铁路，机车轴式 B_0—B_0，持续功率 4 000 kW，最高速度 120 km/h。机车采用了焊接式整体承载结构车体，设两端司机室。车体从前到后依次为Ⅰ端司机室、Ⅰ端辅助室、变流器室(Ⅰ/Ⅱ)、Ⅱ端辅助室、Ⅱ端司机室。辅助室内设有低压电器柜、电抗器柜、辅助变流器柜、空气压缩机组、牵引电机通风机等设备；变流器室内设有主变流器柜、高压电器柜及冷却系统；卧式牵引变压器安装于车体底下。

机车采用中间走廊和双边走廊混合布置模式，其中辅助室采用两侧走廊，而变流器室采用贯通式中间走廊，设备按斜对称布置。通风系统采用车体通风和独立风道通风混合模式，其中辅助室采用车体侧墙上的百叶窗进风，而变流器、变压器的冷却系统采用由车顶通往车底的独立风道通风。

AC4000 型电力机车设备布置如图 1-1-2 所示。

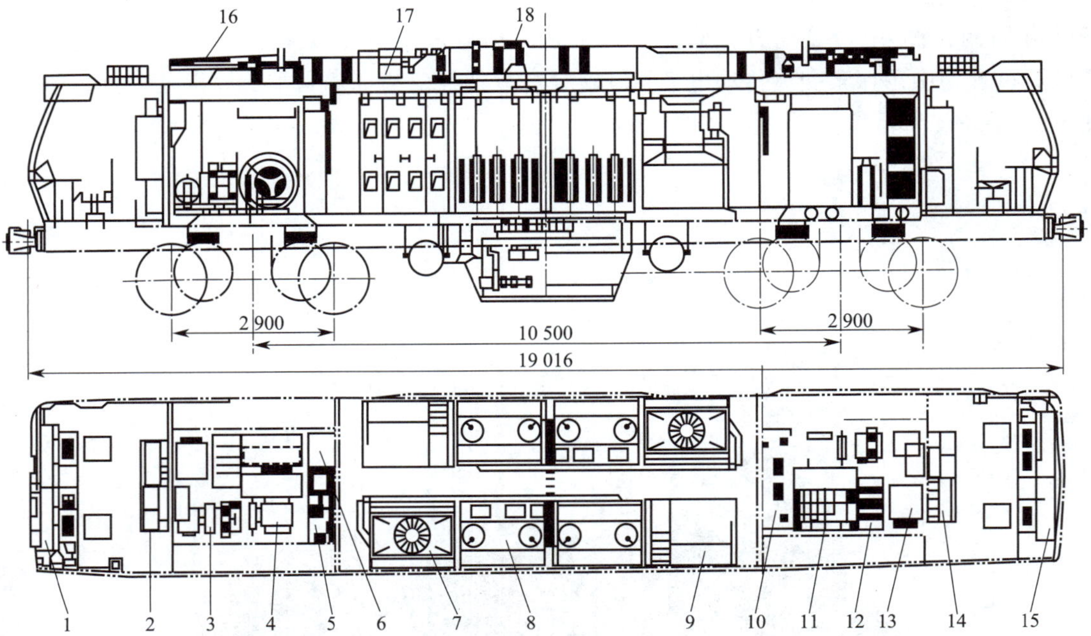

图 1-1-2　AC4000 型电力机车设备布置图

1—主司机台；2—微机故障诊断系统；3—压缩机组；4—离心风机；5—空气管路柜；6—电源柜；7—冷却塔；8—主变流器柜；9—高压电器柜；10—低压电器柜；11—电机电抗器柜；12—辅助电抗器柜；13—辅助变流器柜；14—电子控制箱；15—副司机台；16—受电弓；17—高压互感器；18—主断路器

AC4000 型电力机车牵引、再生制动特性曲线如图 1-1-3 所示。

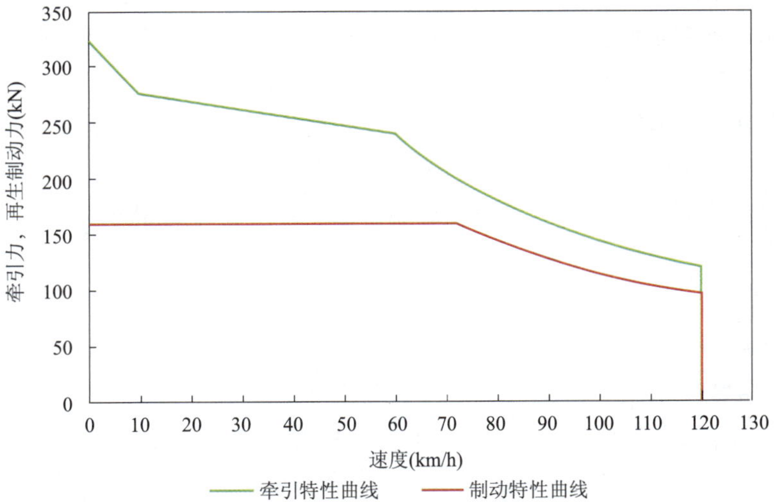

图 1-1-3　AC4000 型电力机车牵引、再生制动特性曲线图

3. 牵引电传动系统

(1)牵引电路

牵引变压器有四个电压为 1 450 V 次边绕组,其每一个经由牵引/制动转换开关向四象限变流器供电。两个四象限变流器的输出端并联后与中间直流电压电路相连,供给两台 PWM 牵引逆变器,分别向转向架的两台异步牵引电动机供电。

机车采用转向架独立供电方式,当其中一个转向架的牵引设备出现故障时,可以切除该转向架的负载,使机车以半功率运行。

机车牵引电路图如图 1-1-4 所示。

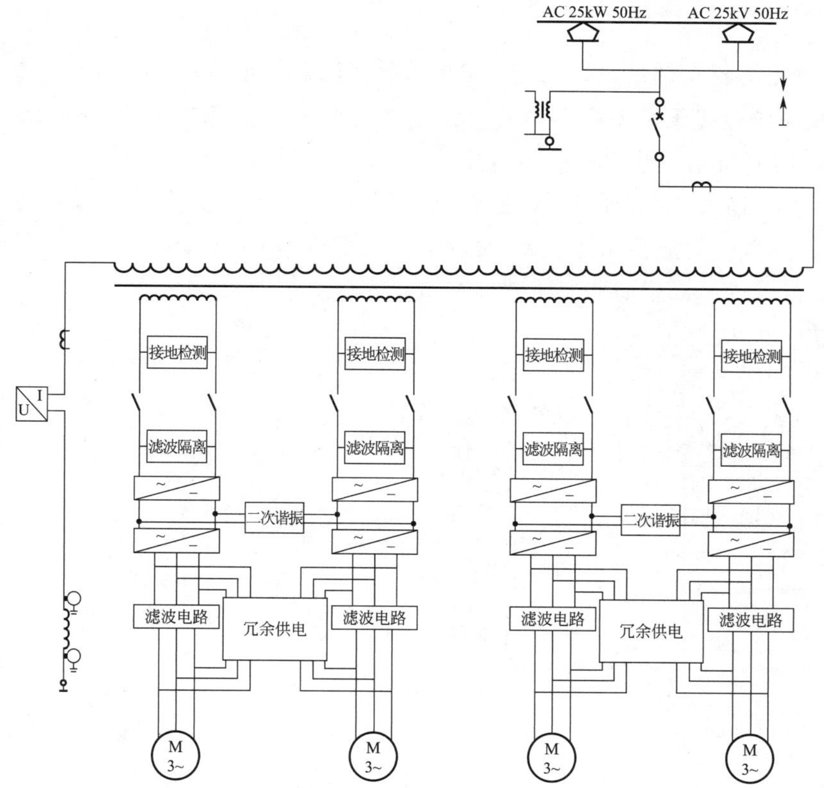

图 1-1-4　AC4000 型电力机车主电路图

(2)网侧电路

两台受电弓通过车顶母线连接到主断路器。牵引变压器悬吊在车体底架下面的两个转向架之间,接触网 25 kV、50 Hz 单相交流电经过高压电缆、穿墙绝缘子、主断路器进入牵引变压器高压绕组。高压绕组的另一端经过电流互感器、车体和转向架之间的软连线、轴箱电刷、轮对和钢轨接地。

(3)牵引变压器

牵引变压器采用一体化卧式结构和强迫导向冷却方式。次边四个牵引绕组,一个列车供电绕组和两个辅助绕组,其中一个 860 V 的辅助绕组通过变流器牵引接触器直接向三台辅助变流器供电,220 V 的辅助绕组主要用于蓄电池充电和辅助设备供电。

(4)牵引变流器

牵引变流器由四象限变流器、中间直流电压回路和 PWM 牵引逆变器组成，采用油管式循环冷却方式。

牵引变流器采用不对称快速晶闸管，较原对称晶闸管，不对称快速晶闸管正向电压阻断能力由 1 500 V 提高至 2 500 V，使变流器每一个桥臂上串联的晶闸管数量由四个减少为三个，有效降低了变流器控制系统的复杂程度及冷却系统的冷却功率，并减轻了变流器质量。

(5)牵引电机

AC4000 型电力机车采用三相异步牵引电机。牵引电机主要由定子、转子、端盖、轴承、测速装置和主动齿轮等部分组成。定子的主要零部件有定子铁芯、定子绕组等。转子由转子铁芯、导条、端环和转轴等组成，采用强迫通风冷却方式。

4. 辅助电气系统

AC4000 型电力机车辅助电路采用 GTO 辅助变流器供电。从牵引变压器辅助绕组来的单相 860 V 交流电经过辅助变流器内的可控整流器整流为直流电，再经过 GTO 逆变器逆变为三相交流电，为各辅机异步电机提供电能。

辅助电路主要辅机有：两台牵引电机风机、两台油—空气热交换器冷却风机、两台牵引变压器循环油泵、两台主变流器循环油泵、两台空气压缩机、八台主变流器柜电容器冷却风机和四台吸收电容器风机。机车辅助电路图如图 1-1-5 所示。

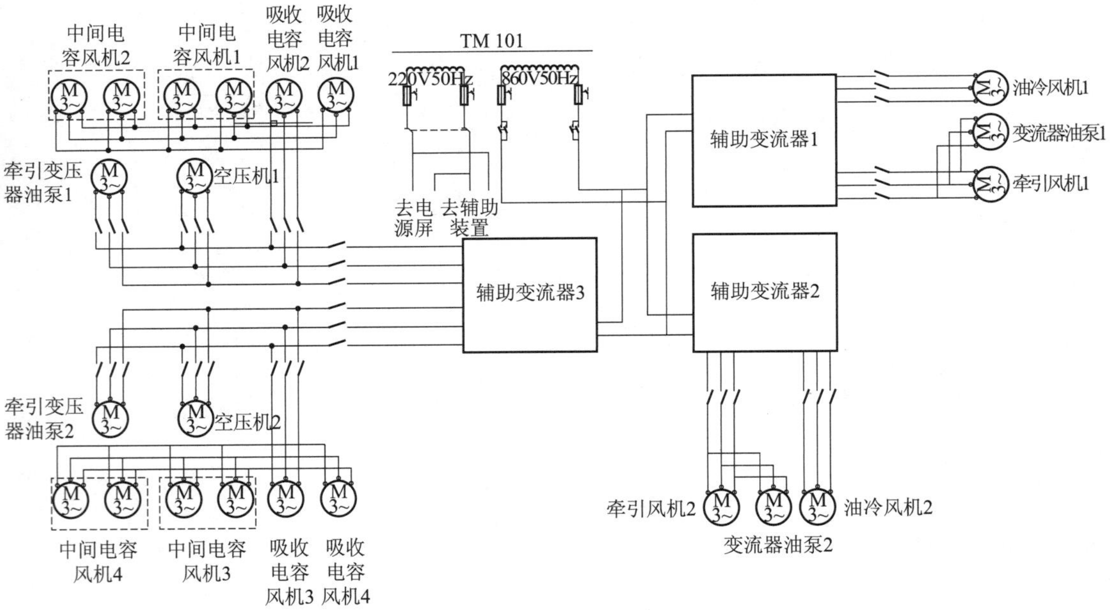

图 1-1-5　AC4000 型电力机车辅助电路图

机车装有三台辅助变流器，每台辅助变流器由一个 60 kV·A 的整流器，一个中间储能环节和两个 30 kV·A 的 GTO 逆变器组成。其中两台辅助变流器中的逆变器为变频变压逆变器，向各自转向架的牵引电机风机电机、油—空气热交换器冷却风机电机和主变流器循环油泵电机供电，另一台辅助变流器中的两台逆变器均为恒频恒压逆变器，向空气压缩机风机、牵引变压器循环油泵电机和中间吸收电容器风机电机及主变流器柜电容器冷却风机电机供电。当这个辅助变流器发生故障时，可以手动转换隔离开关，由另外两台辅助变流器向其负载供电，保证机车在减功率状态下维持运行。

5. 微机网络控制系统

AC4000 型电力机车采用电子控制系统，该系统由四象限控制器、速度信号处理单元、PWM 波生成单元、牵引再生制动闭环控制、防空转(防滑)和保护等部分组成。该系统设有两个电子柜，分别控制两台转向架的牵引变流器和辅助变流器，具有机车牵引控制、四象限变流器控制、牵引逆变器控制及系统保护等功能。电子控制装置信号流程如图 1-1-6 所示。

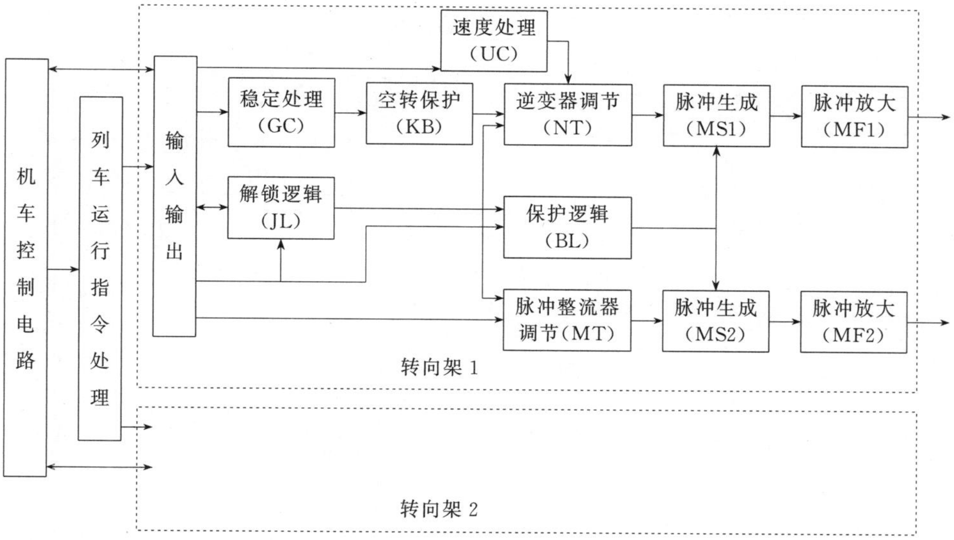

图 1-1-6　AC4000 型电力机车电子控制装置信号流程图

6. 车　　体

AC4000 型电力机车车体包括承载钢结构和附属部件两大部分。车体承载钢结构主要由底架、司机室、侧墙等组焊成一个整体的双司机室框架式全钢焊接结构，材料为 16Mn 低合金钢；车体从前到后依次为Ⅰ端司机室、Ⅰ端辅助室、变流器室(Ⅰ/Ⅱ)、Ⅱ端辅助室、Ⅱ端司机室。车体附属部件主要包括顶盖、排障器、牵引缓冲装置、机车门窗、内装饰等；排障器为管式排障器。车钩为内燃、电力机车车钩，缓冲器为 MX-1 摩擦式橡胶缓冲器。

7. 转 向 架

AC4000 型电力机车走行部为两台二轴转向架，采用由低合金钢箱型焊接而成的“日”字型构架，一系悬挂采用轴箱螺旋弹簧与弹性连杆的独立悬挂结构，二系悬挂为橡胶堆；牵引力或制动力通过推挽式平牵引杆机构传递，牵引电机采用滚动轴承抱轴式半悬挂、单边刚性直齿轮传动，基础制动采用踏面单元制动，构架上装有四个砂箱并配有轮缘润滑装置。

8. 制动系统

AC4000 型电力机车风源系统采用一台 SL20-5-67 型螺杆压缩机作为系统的风源，压缩机的排气量为 2.0 m^3/min。采用两个容积均为 500 dm^3 的总风缸串联作为压缩空气的储存容器。采用一台空气处理量为 3.5 m^3/min 的 JKG2 型空气干燥器净化处理压缩空气。机车两端均设置供风管(供应车辆空气弹簧、集便器、车门等设备用压缩空气)，供风管压缩空气压力为 600 kPa。

制动机系统采用 DK-1 型制动机和空电联合制动、列车电空制动与安全装置配合的自动常用制动等。

9. 技术参数表

AC4000 型电力机车技术参数表见表 1-1-1。

表 1-1-1 AC4000 型电力机车技术参数表

车型名称			AC4000
车型代号			AC4000
机车车号			0001
项目		序号	参数及说明
用途		1	客/货
制造年代		2	1996 年
制造厂名		3	中车株洲电力机车有限公司,中车株洲电力机车研究所有限公司
轨距(mm)		4	1 435
车体	车底架长(mm)	5	17 800
	车体宽(mm)	6	3 100
	高(轨面至受电弓座平面)(mm)	7	4 050
司机室个数		8	2
机车前后车钩中心距(mm)		9	19 016
车钩型号,形式		10	内燃、电力机车车钩,下作用式
缓冲器型号		11	MX-1 摩擦式橡胶缓冲器
轴式		12	$B_0—B_0$
车钩中心线距轨面高度(mm)		13	880±10
转向架中心距(mm)		14	10 500
全轴距(mm)		15	13 400
动轮直径(新轮)(mm)		16	1 250
动轮直径(轮箍半磨耗)(mm)		17	1 200
落弓后滑板顶面距轨面高度(mm)		18	/
受电弓滑板距轨面工作高度(mm)		19	/
机车整备质量(t)		20	92
轴重(t)		21	23
通过最小曲线半径(m)		22	125
供电电流制		23	AC 25 kV,50 Hz
额定电压(kV)		24	25
最高电压(kV)		25	29
最低电压(kV)		26	19
电传动方式		27	交—直—交
持续功率(kW)		28	4 000
持续速度(km/h)		29	60
持续牵引力(kN)		30	240
最高运用速度(km/h)		31	120
恒功率速度范围(km/h)		32	60～120
最大启动牵引力(kN)		33	325
最大电制动力(kN)		34	461
功率因数		35	/
等效干扰电流 J_p(A)		36	/
电网电流畸变率(%)		37	/
机车总效率		38	/
紧急制动距离(m) (120 km/h)		39	1 000
库内动车电源制式		40	/

续上表

车型名称				AC 4000
车型代号				AC 4000
机车车号				0001
项目			序号	参数及说明
转向架	构架外形尺寸(mm)		41	5 300×3 100×1 540
	两侧梁横向中心距(mm)		42	2 110
	转向架各轴间距(mm)		43	2 900
	转向架固定轴距(mm)		44	2 900
	同一轴两轴箱中心距(mm)		45	2 110
	轮对质量(kg)		46	2 900
	一系悬挂装置	一系悬挂静挠度(mm)	47	139
		垂向油压减振器型号,数量	48	J1C50-11-01,4
		垂向油压减振器阻尼系数	49	100 kN (0.1 m/s)
	二系悬挂装置	二系悬挂静挠度(mm)	50	7
		垂向油压减振器型号,数量	51	/
		垂向油压减振器阻尼系数	52	/
		横向油压减振器型号,数量	53	J2H50-12-01,2
		横向油压减振器阻尼系数	54	100 kN (0.1 m/s)
		抗蛇行减振器型号,数量	55	摩擦减振器,2
		抗蛇行减振器摩擦力(kN)	56	4.792(在规定的行程内)
	牵引力传递方式		57	中间推挽式斜拉杆
	牵引点高(mm)		58	235
	牵引电机悬挂方式		59	抱轴瓦式半悬挂
	齿轮传动比		60	88∶21=4.19
	砂箱容量(m^3)		61	4×0.1
	转向架质量(t)		62	20
基础制动装置	基础制动方式		63	踏面单元制动器
	每台转向架制动器组数		64	4
	制动缸直径(mm)		65	178
	制动倍率		66	3.5
	传动效率(%)		67	85±2
	闸瓦与车轮踏面的恒定间隙(mm)		68	5~8(粉末)/6~9(高摩)
	制动缸最大空气压力(kPa)		69	450
	闸瓦(或踏面)形式		70	/
	闸瓦(或踏面)材质		71	粉末冶金/高摩合成
	每个闸瓦托上的闸瓦(或踏面)压力(kN)		72	34±0.5
	停放制动	停放制动方式	73	手制动
		制动器数量	74	2
		闸瓦压力(kN)	75	26.3
		停放制动器质量(kg)	76	144
	制动单元质量(kg)		77	83

续上表

车型名称				AC 4000
车型代号				AC 4000
机车车号				0001
项目			序号	参数及说明
受电弓	型号		78	TSG1-400/25
	额定工作电压(kV)		79	25
	额定工作电流(A)		80	400
	运行最高速度(km/h)		81	120
	工作高度(mm)		82	400～1 900
	最大升弓高度(mm)		83	2 400
	落弓位高度(mm)		84	648^{+5}_{-10}
	升弓时间(s)		85	6～8
	降弓时间(s)		86	5～8
	传动风缸工作空气压力(kPa)		87	520
	总质量(kg)		88	267
主断路器	型号		89	TDZ1A-10/25
	额定电压(kV)		90	25
	额定电流(A)		91	400
	额定分断电流(kA)		92	10
	额定分断容量(MV·A)		93	250
	固有分闸时间(ms)		94	≤30
	额定工作气压(kPa)		95	700～900
	质量(kg)		96	约 130
牵引变压器	型号,结构形式		97	TBQ10-5489/25,芯式
	各绕组额定容量(kV·A)	网侧高压绕组	98	4 735
		牵引绕组	99	4×1 125
		辅助 1 绕组	100	210
		辅助 2 绕组	101	25
		供电绕组	102	750
	各绕组额定电压(V)	网侧高压绕组	103	25 000
		牵引绕组	104	4×1 450
		辅助 1 绕组	105	860
		辅助 2 绕组	106	220
		供电绕组	107	1 500×2
	各绕组额定电流(A)	网侧高压绕组	108	189.4
		牵引绕组	109	4×776
		辅助 1 绕组	110	244
		辅助 2 绕组	111	114
		供电绕组	112	250

续上表

车型名称				AC 4000
车型代号				AC 4000
机车车号				0001
项目			序号	参数及说明
牵引变压器		短路阻抗(%)	113	47
		绝缘等级	114	F 级
		冷却方式	115	强迫导向冷却
		冷却油牌号	116	25 号变压器油
		冷却油流量(m^3/h)	117	22.5
		油泵型号	118	/
		效率(%)	119	/
		总质量(t)	120	2.75
谐振电抗器		每节机车台数	121	/
		额定电流(A)	122	/
		额定电压(V)	123	/
		电感值(mH)	124	/
牵引变流器		型号	125	/
		电路结构形式	126	电压型,两电平
		额定功率(kW)	127	1 000×4
		额定输入电压(交流)	128	1 450 V,50 Hz
		额定输入电流(交流)(A)	129	/
		中间回路电压(V)	130	2 800
		二次谐振电容值(mF)	131	4
		支撑电容值(mF)	132	14.7
		额定输出电压(V)	133	1 228.6
		额定输出电流(A)	134	300
		四象限变流器开关频率(Hz)	135	250
		电机逆变器最大开关频率(Hz)	136	250
		电机逆变器输出频率范围(Hz)	137	0.4～120
		冷却方式	138	油冷
		效率(%)	139	97.5
		质量(t)	140	/
		外形尺寸(长×宽×高,mm)	141	/
		每台机车牵引变流器台数	142	/
	四象限变流器功率模块	型号	143	/
		电路形式	144	单相四象限脉冲型
		电压(V)	145	/
		电流(A)	146	/
		开关频率(Hz)	147	250
		功率元件型号	148	不对称高压晶闸管
		功率元件参数	149	KK 2 500 V
		功率元件个数	150	/
		冷却方式	151	油冷
		质量	152	/
		尺寸(长×宽×高,mm)	153	/

续上表

车型名称				AC 4000
车型代号				AC 4000
机车车号				0001
项目			序号	参数及说明
牵引变流器	电机逆变器功率模块	型号	154	/
		电路形式	155	三相桥式电压型 PWM
		电压(V)	156	2 800/2 200(线)
		电流(A)	157	/
		开关频率(Hz)	158	250
		功率元件型号	159	不对称高压晶闸管
		功率元件参数	160	2 500 V
		功率元件个数	161	/
		冷却方式	162	油冷
		质量	163	/
		尺寸(长×宽×高,mm)	164	/
	冷却系统	水泵型号	165	/
		流量(m^3/h)	166	/
		驱动电机功率(kW)	167	/
	控制策略	四象限变流器	168	PWM,模拟,数字,微处理器
		牵引逆变器	169	转差电流 PWM,模拟,数字,微处理器
		瞬时电压限制器	170	/
交流异步牵引电动机	型号		171	/
	额定功率(持续制)(kW)		172	1 025
	额定电压(持续制)(V)		173	2 200(线)
	额定电流(持续制)(A)		174	300
	最大启动电流(A)		175	/
	功率因数(%)		176	95
	额定转速(持续制)(r/min)		177	/
	最高转速(r/min)		178	2 380
	额定频率(Hz)		179	/
	额定转差率(%)		180	1.8
	额定转矩(N·m)		181	/
	最大转矩(N·m)		182	12 000
	额定效率(%)		183	92
	绝缘等级		184	H/H
	极数(个)		185	6
	质量(kg)		186	2 400
	通风量(m^3/s)		187	1.85

续上表

车型名称				AC 4000
车型代号				AC 4000
机车车号				0001
项目			序号	参数及说明
牵引通风机组	型号		188	TZTF6.0H
	台数		189	4
	最大转速(r/min)		190	2 930
	每台风机的风量(m^3/min)		191	126
	风压(Pa)		192	2 300
	额定功率(kW)		193	10
	质量(kg)		194	283.8
复合冷却塔	冷却方式		195	空气/油、水复合冷却
	水散热量(kW)		196	130
	油散热量(kW)		197	120
	通风量(m^3/min)		198	390
	水流量(m^3/h)		199	/
	油流量(m^3/h)		200	90
	质量(kg)		201	799.41
辅助变流器	CVCF 逆变器	型号	202	/
		每台机车装用台数	203	/
		额定输入电压(V)	204	/
		额定输入电流(A)	205	/
		额定输出电压(V)	206	3AC 440 V
		额定输出电流(A)	207	/
		容量(kV·A)	208	/
		频率(Hz)	209	/
		功率元件参数	210	/
		冷却方式	211	/
		质量(kg)	212	/
	VVVF 逆变器	型号	213	/
		每台机车装用台数	214	/
		额定输入电压(V)	215	/
		额定输入电流(A)	216	/
		额定输出电压(V)	217	/
		额定输出电流(A)	218	/
		容量(kV·A)	219	/
		频率(Hz)	220	/
		功率元件参数	221	/
		冷却方式	222	/
		质量(kg)	223	/

续上表

车型名称				AC 4000
车型代号				AC 4000
机车车号				0001
项目			序号	参数及说明
蓄电池充电机	型号		224	/
	输入电压(V)		225	/
	输入电流(A)		226	/
	输出电压(V)		227	/
	输出电流(A)		228	
	输出容量(kV·A)		229	/
	质量(kg)		230	/
微机网络控制系统	列车网标准		231	/
	车辆网标准		232	/
	列车网传输速率		233	/
	车辆网传输速率		234	/
	机车控制功能	牵引特性控制	235	/
		再生制动特性控制	236	/
		其他控制功能	237	/
	保护功能	网压保护限值(V)	238	/
		网流保护限值(A)	239	/
		中间电压限值(V)	240	/
		防空转/滑行策略	241	/
		最高速度限值(km/h)	242	/
风源系统	主空气压缩机组	主压缩机型号	243	SL20-5-67
		压缩空气出口压力(kPa)	244	1 000
		压缩空气出口温度(℃)	245	环境温度+15
		排气量(m^3/min)	246	2
		冷却方式	247	风冷
		润滑油牌号	248	Anderol 3057M
		润滑油储量(dm^3)	249	约 6
		润滑油压力(kPa)	250	1 000
		电机型号	251	KB/16-180M
		电机转速(r/min)	252	2 955
		额定功率(kW)	253	18.5
		额定电压(V)	254	400
		额定电流(A)	255	33.6
		机组质量(kg)	256	280

续上表

车型名称				AC 4000
车型代号				AC 4000
机车车号				0001
项目			序号	参数及说明
风源系统	辅助空气压缩机组	辅压缩机型号	257	TZK1-1
		额定排气量(m^3/min)	258	/
		额定排气压力(kPa)	259	/
		电动机型号	260	/
		额定工作电压(V)	261	/
		额定工作电流(A)	262	/
		额定功率(kW)	263	/
		额定转速(r/min)	264	/
	空气干燥器	空气干燥器型号	265	JKG2
		空气干燥器形式	266	单塔再生式
		处理空气量(m^3/min)	267	3.5
		工作压力(kPa)	268	1 000
		整机质量(kg)	269	/
	风源系统部件	压力控制器(调压器)型号	270	YWK-50C
		压力控制范围(kPa)	271	750～900
		总风缸空气压力范围(kPa)	272	750～900
		总风缸总容量(dm^3)	273	500×2
	调压阀调压范围(kPa)		274	/
制动机	制动机型号		275	DK-1
	自动制动阀		276	TKS26B
	单独制动阀		277	TKS27
	分配阀型号,数量		278	MSP119-00-00,1
	中继阀(双阀口式)		279	TJP91-00-00
	紧急阀		280	MSP115(118)-00
	电动放风阀		281	TXJT-512-00
	110V 紧急电空阀		282	TFK
	电空转换阀		283	153
蓄电池组	型号		284	/
	容量(A·h)		285	/
	装用数量(只)		286	/
	总标称电压(V)		287	/

注:“—”表示无此设备;“/”表示数据空缺。

二、DJ 型(熊猫)电力机车技术简介

1. 概　　述

DJ 型(熊猫)电力机车是交流传动干线客运电力机车,是由株机公司、株洲所、中国铁道科学研究院、西南交通大学、湖南大学、中南大学等单位共同研制的电力机车。机车持续功率 4 800 kW,最高运营速度 200 km/h,持续速度 84 km/h,持续牵引力 206 kN,轴式 B_0—B_0,轴重 20.5 t,通过最小曲线半径 125 m,恒功速度范围为 84～210 km/h。

DJ 型(熊猫)电力机车是根据原铁道部科技研究开发计划项目合同(合同编号:98J13),按“标准化、系列化、简统化”原则,借鉴国外经验,立足国内既有交流传动技术和交—直流传动机车成熟技术,而研制的一种满足商业运行要求的新型大功率交流传动客运电力机车,主要用于既有干线牵引 160 km/h 准高速旅客列车和客运专线、高速线上双机重联牵引 200 km/h 过境旅客列车。

该型机车具有黏着性能好、恒功率范围宽、轴功率大、功率因数及效率高、谐波干扰小、维修率低、节省电能和运营费用等优点。机车单轴功率(是当时国内单轴功率最大)打破了传统交直流电力机车单轴 1 000 kW 的上限和机车速度受限的瓶颈等问题。机车由蓝、灰、白色块为主颜色基调,前后两个准流线型车头;机车在平直高速线路牵引 10 节编组旅客列车,运行速度 200 km/h,在 12‰坡道仍可按 140 km/h 运行,具有良好的牵引特性。

DJ 型(熊猫)电力机车于 1998 年开始研制,至 2000 年共制造两台,车号为 0001 和 0002。DJ 型(熊猫)电力机车外形如图 1-2-1 所示。

图 1-2-1　DJ 型(熊猫)电力机车外形图

2. 机车总体

DJ 型(熊猫)电力机车设备布置的基本形式为双端司机室、贯通式中间走廊(宽度 600 mm),设备分室斜对称布置。主要设备有车顶设备、车体内设备、车体下设备、司机室设备和车体。机车为内走廊、整体承载焊接车体结构。上部由Ⅰ端司机室、设备Ⅰ室、牵引变流室、设备Ⅱ室、Ⅱ端司机室组成;下部为两台可以互换的两轴转向架。车顶设备只有两台高速受电

弓。主断路器、高压电压互感器、避雷器等移至车内网侧电器柜内；车体内设备有两个空调柜、一个控制电源柜(含一个蓄电池柜)、一个通信信号柜、四个牵引风机柜、两个辅助变流柜、两个牵引变流柜、两个主冷却柜、一个列车供电柜、一个空气制动柜(含一个空气干燥器、一个压缩机组)、一个网侧电器柜、一个低压电器柜等；车体下设备有一台悬挂式卧式牵引变压器、两台动力转向架、两个总风缸及其他辅助装置。

机车总体设备布置如图 1-2-2 所示。

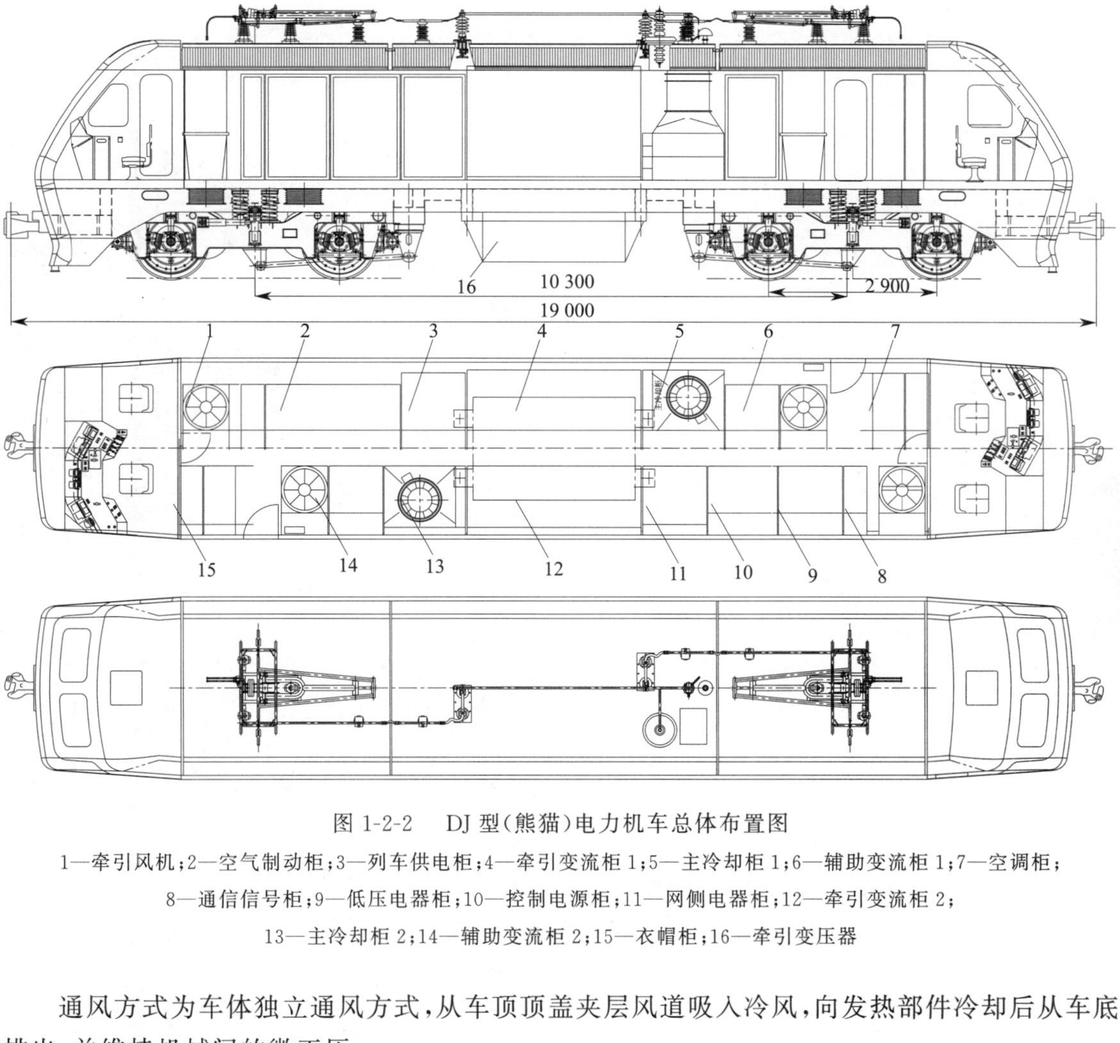

图 1-2-2　DJ 型(熊猫)电力机车总体布置图

1—牵引风机；2—空气制动柜；3—列车供电柜；4—牵引变流柜 1；5—主冷却柜 1；6—辅助变流柜 1；7—空调柜；8—通信信号柜；9—低压电器柜；10—控制电源柜；11—网侧电器柜；12—牵引变流柜 2；13—主冷却柜 2；14—辅助变流柜 2；15—衣帽柜；16—牵引变压器

通风方式为车体独立通风方式，从车顶顶盖夹层风道吸入冷风，向发热部件冷却后从车底排出，并维持机械间的微正压。

机车牵引及再生制动特性分别如图 1-2-3、图 1-2-4 所示。

3. 牵引电传动系统

(1)牵引电路

DJ 型(熊猫)电力机车牵引变压器的原边通过受电弓、真空主断路器得电。牵引变压器四个独立的次边牵引绕组分别向四个四象限变流器 4QC 供电，每两个四象限变流器并联输出，共用一个中间直流电路。每个中间直流电路同时向两个牵引逆变器供电，每个牵引逆变器分别向一个转向架的一台异步牵引电机供电，实现牵引电机单轴控制。再生制动过程相反。机车牵引电路结构如图 1-2-5 所示。牵引电路按其主要功能和电压等级可分为网侧电路、四象

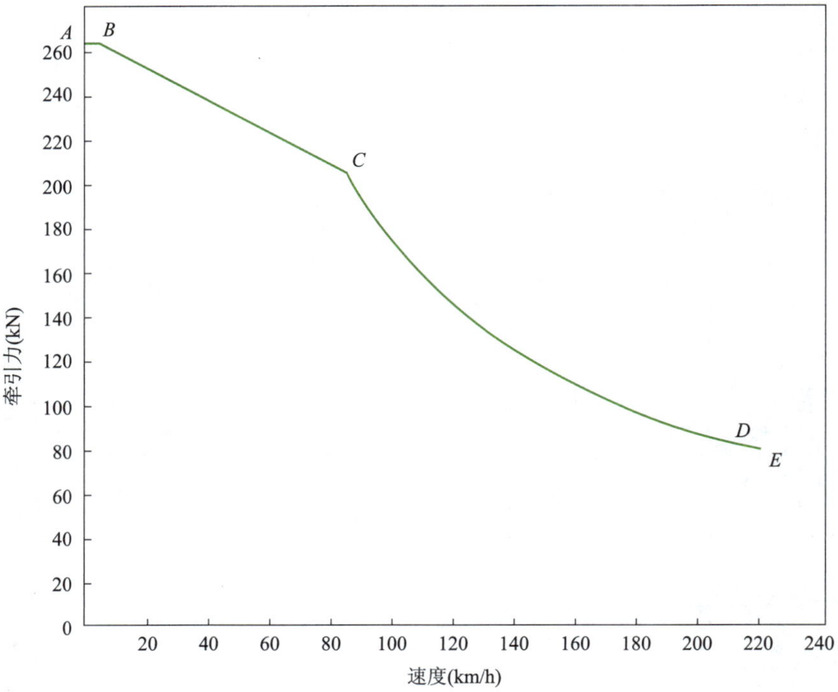

图 1-2-3 DJ 型(熊猫)电力机车牵引特性曲线图

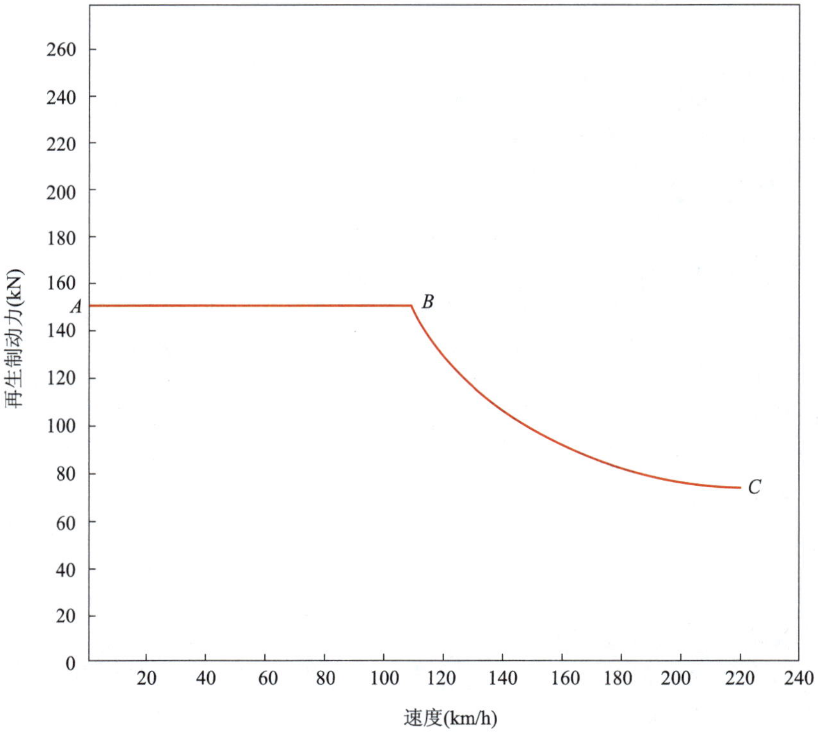

图 1-2-4 DJ 型(熊猫)电力机车再生制动特性曲线图

限变流电路、中间直流电路、牵引逆变电路和保护电路等部分。

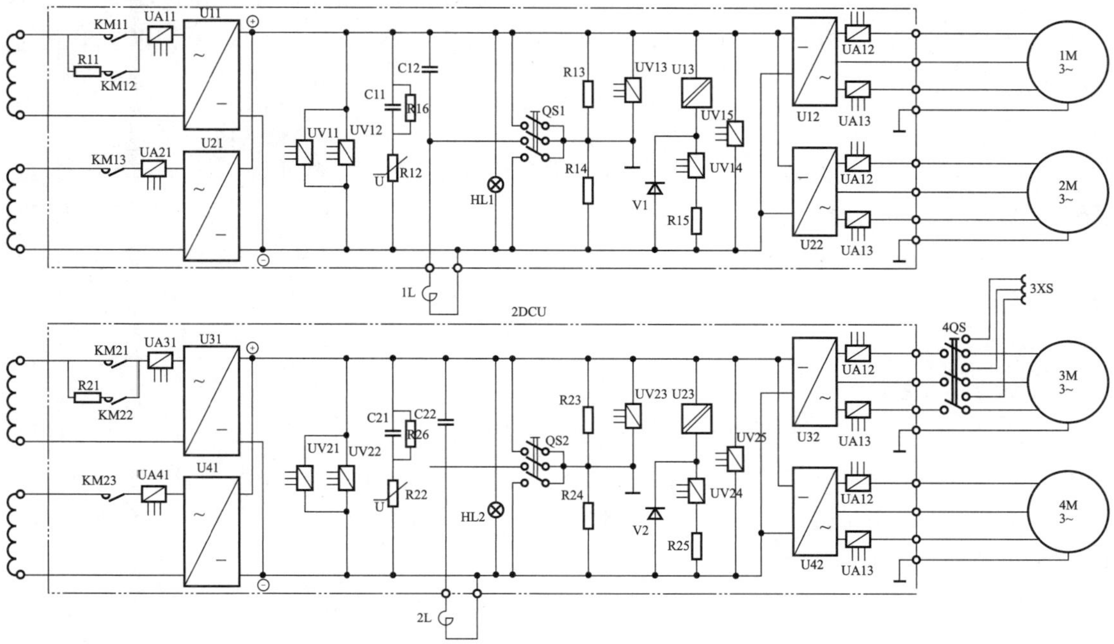

图 1-2-5　DJ 型电力机车牵引电路结构图

KM—接触器；UA—电流传感器；U—变流器；UV—电压传感器；C—电容；R—电阻；

M—牵引电机；L—电感；QS—开关；3XS—库用电源插座

(2)网侧电路

机车网侧电路由一台受电弓、两台高压隔离开关、一台高压接地装置、一台电流互感器、一台电压互感器、一台主断路器和一台避雷器、牵引变压器原边、接地回流互感器和接地碳刷等组成。

网侧电路主要起到受流、检测和保护作用。正常情况下，机车采用后弓(自动)模式，接触网电流通过受电弓，经主断路器，通过机车牵引变压器原边绕组的高压端子给机车供电，再由机车的牵引变压器原边低压端子经接地碳刷、轮对、钢轨，返回变电所。

(3)牵引变压器

机车采用 TBQ16-6952/25 型牵引变压器。该变压器是单相、油浸式变压器，卧式结构，采取车体下悬挂安装方式。变压器主要由铁芯、线圈、油箱、套管、散热器等组成。牵引变压器箱体内还装有两台 100 Hz 滤波电抗器，它们共用一个冷却系统。

变压器原边有一个接电网高电压的高压绕组，次边有四个牵引绕组给机车牵引电传动系统供电，两个辅助绕组给机车辅助系统供电，两个列车供电绕组给客车供电。

(4)牵引变流器

牵引变流器输入端与牵引变压器的次边牵引绕组相连，通过线路接触器进行分合。牵引变流器主要由四象限变流器、中间直流电路和牵引逆变器组成。

牵引变流器的中间直流电路主要由中间电路支撑电容、二次谐振电容(与外部谐振电抗器一起构成二次谐振电路)、瞬时过电压限制电路、主接地保护电路等组成。瞬时过电压限制电路用于抑制直流电路的过电压及停机后的快速放电；主接地保护电路用于变流器牵引电路接地检测。

牵引变流器采用以大功率 GTO 元件为基础的 IPM 模块，水循环冷却方式，主要功能模块有：线路接触器和预充电单元；四象限变流器；中间直流电路；牵引逆变器；保护模块单元；控制和监视装置。

(5)牵引电机

机车采用型号为 4FHA7056C 的交流异步牵引电机，电机的结构主要由定子、转子、端盖、轴承、测速装置和主动齿轮等部分组成。定子的主要零部件有定子铁芯、定子绕组等。转子由转子铁芯、导条、端环和转轴等组成。牵引电机采用强迫通风冷却，其滚动轴承采用油润滑或脂润滑，并采用有效措施防止轴承电蚀，轴承密封采用非接触的迷宫式结构。牵引电机采用架承式悬挂方式。

4. 辅助电气系统

DJ 型(熊猫)电力机车辅助变流系统采用两台辅助变流器，每台辅助变流器由一个相控整流器，两个三相逆变器和一个中间直流环节组成。考虑到系统的冗余，单台辅助逆变器最大容量为 70 kV·A，以满足在一台逆变器故障情况下，同转向架的负载能切换到另一台逆变器上工作，辅助电机为三相异步电动机。

牵引变压器辅助绕组送出 AC 860 V，通过交流接触器经辅助整流器整流后，输出稳定范围在 550～600 V 的直流电压，再经 LC 滤波，送入辅助逆变器逆变成三相交流电供各辅机使用。第一辅助变流器的逆变器 1 提供牵引风机 1、牵引风机 2 及冷却塔风机电机 1 的用电，逆变器 2 提供压缩机电机及供电风机电机的用电；第二辅助变流器的逆变器 1 提供牵引风机电机 3、牵引风机电机 4 及冷却塔风机电机 2 的用电，逆变器 2 提供变压器油泵电机、变流器水泵电机、变流器风机电机及空调柜的用电。第一辅助变流器的逆变器 1、2 为变压变频 VVVF 逆变器，第二辅助变流器的逆变器 1、2 为恒压恒频 CVCF 逆变器。若辅助变流器内其中一组逆变器发生故障，微机控制系统将自动切除该逆变器，同时把该组负载通过接触器转换到另一组逆变器上工作，不管是那一组逆变器发生故障，转换后都变成恒压恒频(CVCF)方式工作。若辅助变流器内其中一组整流器发生故障，则接触器 22KM 将闭合，保证压缩机和变压器、一个转向架的各辅机正常工作，而另一转向架将被隔离。

DJ 型(熊猫)电力机车辅助电路图如图 1-2-6 所示。

5. 微机网络控制系统

DJ 型(熊猫)电力机车采用由 Adtranz 公司研发的分布式“MITRAC”微机网络控制系统，符合列车通信网络国际标准。机车的整个网络控制系统分为三级结构，第一级为列车级的绞线式列车总线(WTB)，传输介质为屏蔽双绞线，主要实现机车的重联控制、状态或者故障信息的传递；第二级为车辆级的多功能车辆总线(MVB)，主要实现车辆内各功能模块之间的数据通信；第三级为传动控制级，实现对主传动系统的控制。机车控制电路由无接点控制电路(微机控制)和有接点控制电路组成，控制电路能够完成牵引电路、辅助电路在各种工况下的短路、过载、过电压、过电流、接地、欠电压等故障保护，并通过仪表和信号(包括灯光和其他方式)显示机车的工作状况，如发生异常，则向司机发出警告，并自动采取保护措施，以防止损坏相关装置，同时向司机指出机车的异常处所。控制系统采用了冗余设计(热备车辆控制单元 VCU 及冗余输入输出)。

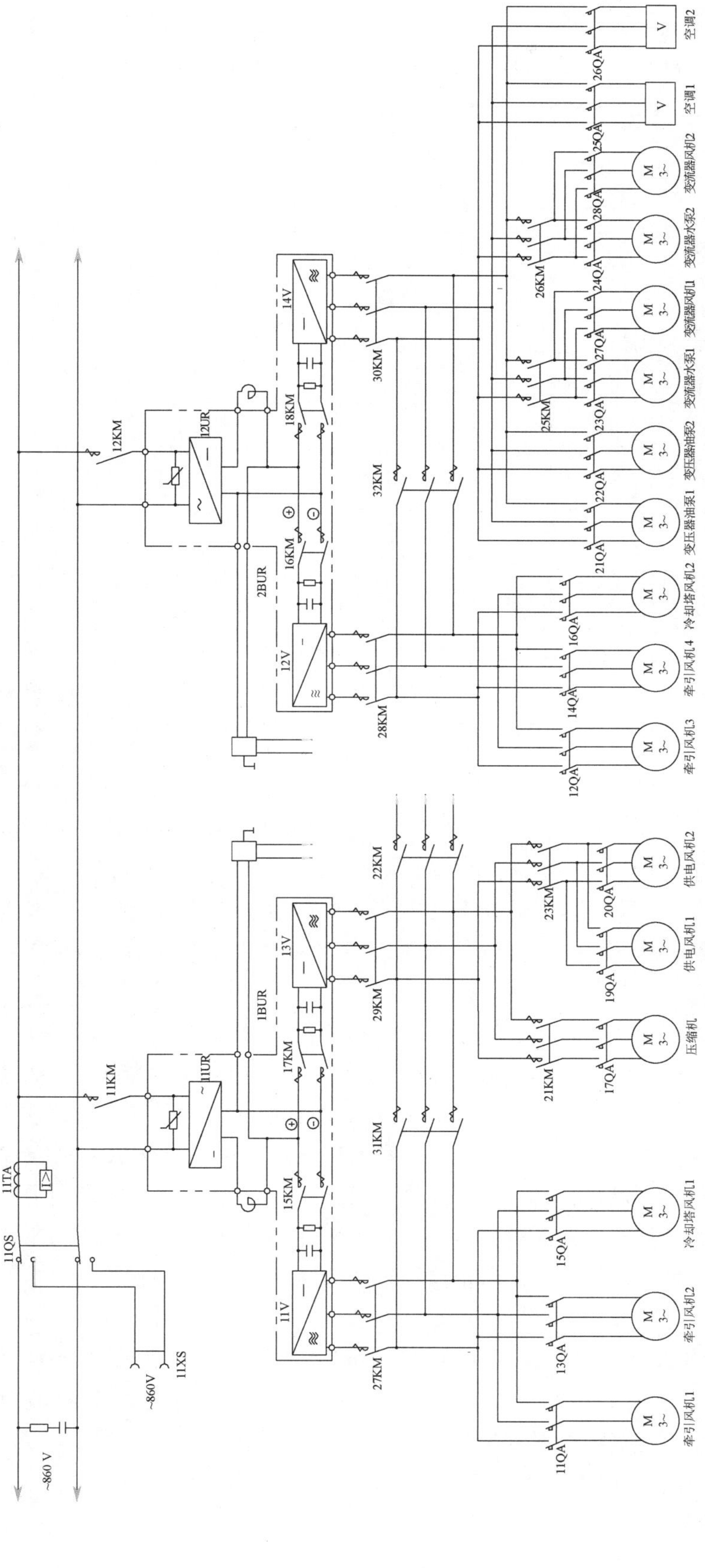

图 1-2-6　DJ 型(熊猫)电力机车辅助电路图

KM—接触器;UR—整流器;V—逆变器;M—牵引电机;QA—开关;11QS—库用电源转换开关;11XS—库用电源插座;11TA—电流传感器;BUR—辅助变流柜

机车微机网络控制系统由车辆控制单元 VCU、绞线式列车总线 WTB 网关 GW、数字量输入输出模块 DXH、数字量输入单元 DI、模拟量输入输出模块 AX、驱动控制单元 DCU 以及模拟量测量及保护单元 AMP 等组成，机车的微机控制网络如图 1-2-7 所示。

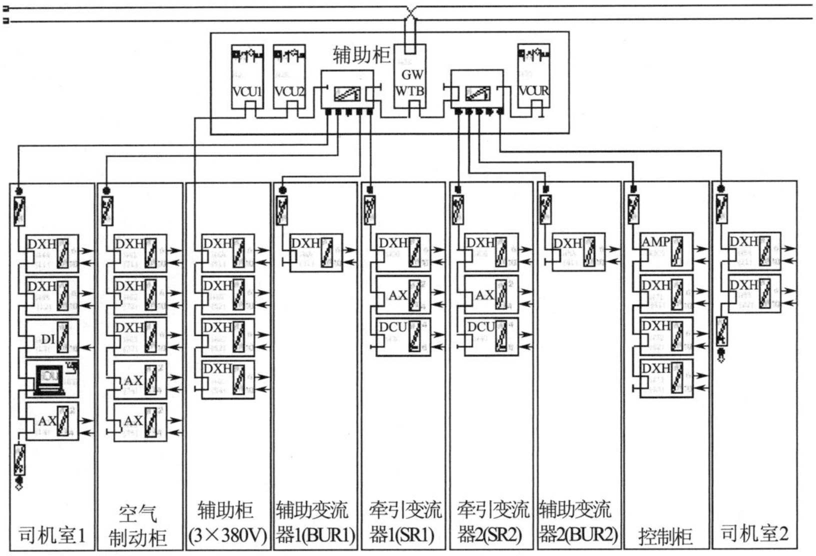

图 1-2-7 DJ 型(熊猫)电力机车微机控制网络图

VCU—车辆控制单元；WTB—绞线式列车总线；GW—网关；DXH—数字量输入输出模块；DI—数字量输入单元；AX—模拟量输入输出模块；DCU—驱动控制单元；AMP—模拟量测量及保护单元

6. 车　　体

DJ 型(熊猫)电力机车车体头型为准流线型，车体包括承载钢结构和附属部件两大部分。车体承载钢结构采用整体承载，主要由底架、司机室、侧墙等组焊成一个整体的双司机室框架式全钢焊接结构，材料为 16Mn 低合金钢；车体附属部件主要包括顶盖、排障器、牵引缓冲装置、机车门窗、内装饰等。车钩为内燃、电力机车车钩(100 型)，下作用式，缓冲器为 TXJN-KL 弹性胶泥缓冲器。

7. 转 向 架

DJ 型(熊猫)电力机车采用高速转向架，最大运行速度为 200 km/h。“日”字形构架由钢板焊接成箱形；轮对空心轴传动，架承式电机悬挂；一系悬挂采用人字橡胶弹簧定位加垂向油压减振器方式，能够达到类似径向转向架的自导向径向旋转性能；二系悬挂为高柔度螺旋圆弹簧配橡胶垫；车体和构架之间并设有垂向减振器、横向减振器和抗蛇行减振器；基础制动采用轮盘制动，轮盘制动装置由盘形制动单元(带停放蓄能制动器)、制动盘安装、制动闸片、踏面清扫器、铸铁闸瓦(清扫车轮踏面用)、夹钳机构等主要零部件组成；牵引方式采用中间推挽式低位牵引；配有撒砂装置，踏面清扫器及横向止挡等附属部件。

8. 制动系统

DJ 型(熊猫)电力机车风源系统采用一台 KNORR 的 SL20-5-67 型螺杆压缩机作为系统的风源，压缩机的排气量为 2.0 m^3/min。采用两个容积均为 500 dm^3 的总风缸串联作为压缩空气的贮存容器。采用一台空气处理量为 3.5 m^3/min 的 JKG2 型空气干燥器净化处理压缩空气。机车两端均设置供风管(供应车辆空气弹簧、集便器、车门等设备用压缩空气)，供风管压缩空气压力为 600 kPa。

制动机系统仍以 DK-1 型机车电空制动机以及现有的空电联合制动、列车电空制动与安全装置配合的自动常用制动等技术为基础，保留了 DK-1 型机车电空制动机原有的自动制动、单独制动、空气位操作(后备空气制动)、补风转换、列车分离保护、关闭列车折角塞门的判断、紧急制动时自动选择切除动力、失电常用制动等功能。

机车设置了双管供风功能，通过列车管和总风管向全列车供风，分开了列车制动用风与辅助用风，使彼此功能相对独立，互不干扰。

9. 列车供电系统

DJ 型电力机车列车供电系统主要由牵引变压器供电绕组、列车供电柜、供电插座等设备组成。供电绕组额定输出电压 860 V，通过列车供电柜内的相控整流器转变为稳定的 DC 600 V 电压向旅客列车供电。

机车配置一台列车供电柜，安装在机械间内。该供电柜内有两路独立的、完全相同的相控整流及辅助电路，每路容量 500 kV·A。正常运行情况下，一路列车供电系统输出以满足车辆用电设备需求，另一路列车供电设备热备，一旦主列车供电系统发生故障，可以迅速进行切换，维持列车供电。

10. 技术参数表

DJ 型(熊猫)电力机车技术参数表见表 1-2-1。

表 1-2-1　DJ 型(熊猫)电力机车技术参数表

车型名称			DJ(熊猫)
车型代号			DJ
机车车号			0001～0002
项目		序号	参数及说明
用途		1	干线客运
制造年代		2	2000 年
制造厂名		3	中车株洲电力机车有限公司
轨距(mm)		4	1 435
车体	车底架长(mm)	5	18 124
	车体宽(mm)	6	3 100
	高(轨面至受电弓座平面)(mm)	7	4 050
司机室个数		8	2
机车前后车钩中心距(mm)		9	19 000
车钩型号，形式		10	内燃电力机车车钩(100 型)，下作用式
缓冲器型号		11	TXJN-KL 弹性胶泥缓冲器
轴式		12	$B_0—B_0$
车钩中心线距轨面高度(mm)		13	880±10
转向架中心距(mm)		14	10 300
全轴距(mm)		15	13 200
动轮直径(新轮)(mm)		16	1 250
动轮直径(半磨耗)(mm)		17	1 210
落弓后滑板顶面距轨面高度(mm)		18	≤4 640
受电弓滑板距轨面工作高度(mm)		19	5 000～6 500
机车整备质量(t)		20	82
轴重(t)		21	20.5

续上表

车型名称				DJ(熊猫)
车型代号				DJ
机车车号				0001～0002
项目			序号	参数及说明
通过最小曲线半径(m)			22	125
供电电流制			23	AC 25 kV/50 Hz
额定电压(kV)			24	25
最高电压(kV)			25	29
最低电压(kV)			26	19
电传动方式			27	交—直—交
持续功率(kW)			28	4 800
持续速度(km/h)			29	84
持续牵引力(kN)			30	206
最高运用速度(km/h)			31	200
恒功率速度范围(km/h)			32	84～200
最大启动牵引力(kN)			33	264
最大再生制动力(kN)			34	150
功率因数			35	≥0.95
等效干扰电流 J_p(A)			36	≤2
电网电流畸变率(%)			37	/
机车总效率			38	≥0.84
紧急制动距离(m)(初速度 200 km/h)			39	≤2 000
库内动车电源制式			40	AC 860 V
转向架	构架外形尺寸(mm)		41	4 500×3 100×880
转向架	两侧梁横向中心距(mm)		42	2 110
转向架	转向架各轴间距(mm)		43	2 900
转向架	转向架固定轴距(mm)		44	2 900
转向架	同一轴两轴箱中心距(mm)		45	2 110
转向架	轮对质量(kg)		46	1 995
转向架	一系悬挂装置	一系悬挂静挠度(mm)	47	40
转向架	一系悬挂装置	垂向油压减振器型号,数量	48	J1C50-01-00,4/转向架
转向架	一系悬挂装置	垂向油压减振器阻尼系数	49	50 kN (0.2 m/s)
转向架	二系悬挂装置	二系悬挂静挠度(mm)	50	109
转向架	二系悬挂装置	垂向油压减振器型号,数量	51	J2C60-11-00,2/转向架
转向架	二系悬挂装置	垂向油压减振器阻尼系数	52	36 kN (0.1 m/s)
转向架	二系悬挂装置	横向油压减振器型号,数量	53	J2H60-12-00,2/转向架
转向架	二系悬挂装置	横向油压减振器阻尼系数	54	33.5 kN (0.1 m/s)
转向架	二系悬挂装置	抗蛇行减振器型号,数量	55	J3H60-07-00,2/转向架
转向架	二系悬挂装置	抗蛇行减振器阻尼系数	56	6 kN(0.05 m/s)

续上表

车型名称				DJ(熊猫)
车型代号				DJ
机车车号				0001～0002
项目			序号	参数及说明
转向架	牵引力传递方式		57	中间推挽式牵引装置
	牵引点高(mm)		58	210
	牵引电机悬挂方式		59	架悬
	齿轮传动比		60	95∶24＝3.958
	砂箱容量(m^3)		61	2×0.1
	转向架质量(t)		62	17.5
基础制动装置	基础制动方式		63	轮盘制动
	每台转向架制动器组数		64	4
	制动缸直径(mm)		65	203
	制动倍率		66	2.694
	传动效率(%)		67	95
	闸片与制动盘的恒定间隙(mm)		68	1.5～2(闸片与制动盘单边间隙)
	制动缸最大空气压力(kPa)		69	450
	闸片(或轮盘)形式		70	整体夹钳式
	闸片(或轮盘)材质		71	合成闸片,铸铁制动盘
	每个夹钳上的闸片(或轮盘)压力(kN)		72	33.4
	停放制动	停放制动方式	73	蓄能制动器
		制动器数量	74	2/转向架
		闸片压力(kN)	75	100
		停放制动器质量(kg)	76	/
	制动单元质量(kg)		77	90/117(带蓄能制动器)
受电弓	型号		78	WBL85
	额定工作电压(kV)		79	25
	额定工作电流(A)		80	1 000
	运行最高速度(km/h)		81	220
	工作高度(mm)		82	5 000～6 500
	最大升弓高度(mm)		83	2 460
	落弓位高度(mm)		84	4 640
	升弓时间(s)		85	/
	降弓时间(s)		86	/
	传动风缸工作空气压力(kPa)		87	/
	总质量(kg)		88	120

续上表

车型名称				DJ(熊猫)
车型代号				DJ
机车车号				0001～0002
项目			序号	参数及说明
主断路器	型号		89	22CB
	额定电压(kV)		90	25
	额定电流(A)		91	1 000
	额定分断电流(kA)		92	16
	额定分断容量(MV·A)		93	600
	固有分闸時间(ms)		94	/
	额定工作气压(kPa)		95	/
	质量(kg)		96	/
牵引变压器	型号,形式		97	TBQ16-6952/25,芯式
	各绕组额定容量(kV·A)	网侧高压绕组	98	6 952
		牵引绕组	99	4×1 433
		辅助 1 绕组	100	200
		辅助 2 绕组	101	20
		供电绕组	102	2×500
	各绕组额定电压(V)	网侧高压绕组	103	25 000
		牵引绕组	104	4×1 471
		辅助 1 绕组	105	860
		辅助 2 绕组	106	220
		列供绕组	107	860
	各绕组额定电流(A)	网侧高压绕组	108	278
		牵引绕组	109	974
		辅助 1 绕组	110	232.5
		辅助 2 绕组	111	91
		列供绕组	112	581.4
	短路阻抗		113	48%±15%
	绝缘等级		114	A
	冷却方式		115	强迫导向油循环风冷(ODAF)
	冷却油牌号		116	25
	冷却油流量(m^3/h)		117	2×45
	油泵型号		118	B2-45-15/6B-3
	效率(%)		119	96
	总质量(t)		120	13.0

续上表

车　型　名　称			DJ(熊猫)
车　型　代　号			DJ
机　车　车　号			0001～0002
项　目		序号	参数及说明
滤波电抗器1	每节机车台数	121	2
	额定电流(A)	122	871
	额定电压(V)	123	/
	电感值(mH)	124	0.4
滤波电抗器2	每节机车台数	125	2
	额定电流(A)	126	140
	额定电压(V)	127	/
	电感值(mH)	128	28
滤波电抗器3	每节机车台数	129	2
	额定电流(A)	130	585
	额定电压(V)	131	/
	电感值(mH)	132	8.3
牵引变流器	型号	133	/
	电路结构形式	134	电压型、两电平
	额定功率(kW)	135	1 433
	额定输入电压(交流)(V)	136	1 471
	额定输入电流(交流)(A)	137	974
	中间回路电压(V)	138	DC 2 700
	二次谐振电容值(mF)	139	/
	支撑电容值(mF)	140	/
	额定输出电压(V)	141	2 700
	额定输出电流(A)	142	/
	四象限变流器开关频率(Hz)	143	250
	牵引逆变器最大开关频率(Hz)	144	300
	牵引逆变器输出频率范围(Hz)	145	0.5～147.8
	冷却方式	146	水冷
	效率	147	/
	质量(t)	148	/
	外形尺寸(长×宽×高,mm)	149	/
	每台机车牵引变流器台数	150	/

续上表

车型名称				DJ(熊猫)
车型代号				DJ
机车车号				0001～0002
项目			序号	参数及说明
牵引变流器	四象限变流器功率模块	型号	151	/
		形式	152	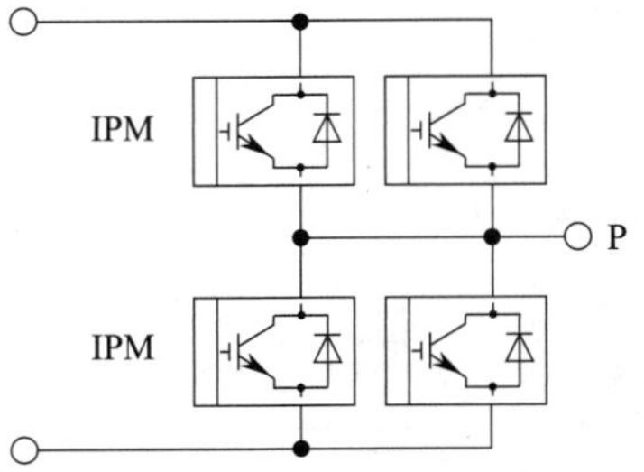
		四象限变流器构成形式	153	每个四象限变流器由两个功率模块组成
		电压(V)	154	/
		电流(A)	155	/
		开关频率(Hz)	156	250
		功率元件型号	157	/
		功率元件参数	158	/
		功率元件个数	159	/
		冷却方式	160	/
		质量(kg)	161	/
		尺寸(长×宽×高,mm)	162	/
	牵引逆变器功率模块	型号	163	/
		形式	164	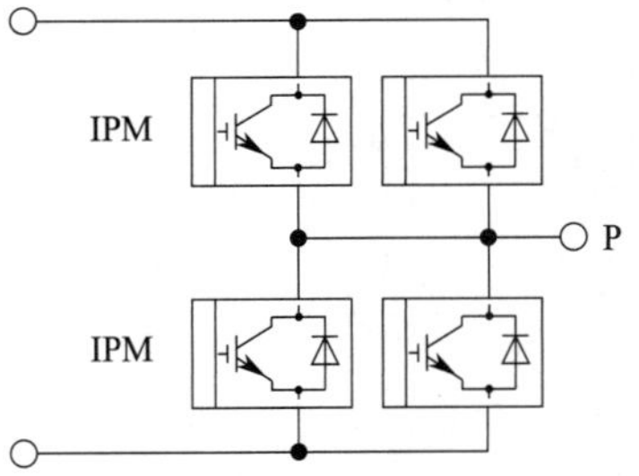
		牵引逆变器构成形式	165	每个牵引逆变器由三个功率模块组成
		电压(V)	166	/
		电流(A)	167	/
		开关频率(Hz)	168	300
		功率元件型号	169	/
		功率元件参数	170	/
		功率元件个数	171	/
		冷却方式	172	/
		质量(kg)	173	/
		尺寸(长×宽×高,mm)	174	/

续上表

车型名称				DJ(熊猫)
车型代号				DJ
机车车号				0001～0002
项目			序号	参数及说明
牵引变流器	冷却系统	水泵型号	175	ESO-C32-200/42,屏蔽泵
		流量(m^3/h)	176	18
		驱动电机功率(kW)	177	5
	控制策略	四象限变流器	178	/
		电机逆变器	179	/
		瞬时电压限制器	180	/
交流异步牵引电机	型号		181	4FHA7056C
	额定功率(持续制)(kW)		182	1 225
	额定电压(持续制)(V)		183	2 105
	额定电流(持续制)(A)		184	409
	最大启动电流(A)		185	/
	功率因数		186	/
	额定转速(持续制)(r/min)		187	1 441
	最高转速(r/min)		188	4 375
	额定频率(Hz)		189	/
	额定转差率(%)		190	/
	额定转矩(N·m)		191	/
	最大转矩(N·m)		192	/
	额定效率(%)		193	95
	绝缘等级		194	/
	极数(个)		195	4
	质量(kg)		196	2 150
	通风量(m^3/s)		197	2.1
牵引通风机组	型号		198	TZTF6.0H
	台数		199	4
	最大转速(r/min)		200	2 930
	每台风机的风量(m^3/min)		201	126
	风压(Pa)		202	2 300
	额定功率(kW)		203	10
	质量(kg)		204	284
复合冷却塔	冷却方式		205	—
	水散热量(kW)		206	—
	油散热量(kW)		207	—
	通风量(m^3/min)		208	—
	水流量(m^3/h)		209	—
	油流量(m^3/h)		210	—
	质量(kg)		211	—

二

续上表

车型名称				DJ(熊猫)
车型代号				DJ
机车车号				0001～0002
项目			序号	参数及说明
辅助逆变器	CVCF逆变器	型号	212	/
		每台机车装用台数	213	/
		额定输入电压(V)	214	/
		额定输入电流(A)	215	/
		额定输出电压(V)	216	/
		额定输出电流(A)	217	/
		容量(kV·A)	218	/
		频率(Hz)	219	/
		功率元件参数	220	/
		冷却方式	221	/
		质量(kg)	222	/
	VVVF逆变器	型号	223	/
		每台机车装用台数	224	/
		额定输入电压(V)	225	/
		额定输入电流(A)	226	/
		额定输出电压(V)	227	/
		额定输出电流(A)	228	/
		容量(kV·A)	229	/
		频率(Hz)	230	/
		功率元件参数	231	/
		冷却方式	232	/
		质量(kg)	233	/
蓄电池充电机	型号		234	/
	输入电压(V)		235	860
	输出电压(V)		236	110
	输出电流(A)		237	55
	输出容量(kV·A)		238	/
	质量(kg)		239	/
微机网络控制系统	列车网标准		240	IEC 61375
	车辆网标准		241	IEC 61375
	列车网传输速率(Mbit/s)		242	1
	车辆网传输速率(Mbit/s)		243	1.5

二

续上表

车型名称				DJ(熊猫)
车型代号				DJ
机车车号				0001～0002
项目			序号	参数及说明
微机网络控制系统	机车控制功能	牵引特性控制	244	准恒速特性控制
		再生制动特性控制	245	恒转矩特性控制
		其他控制功能	246	重联控制、辅助控制、风机转速控制
	保护功能	网压保护限值(V)	247	17.5～31.5
		网流保护限值(A)	248	原边电流＞450 A,立即分断 原边电流＞300 A,延时 1 s 分断
		中间电压限值(V)	249	TCU 实时保护
		防空转、滑行策略	250	TCU 黏着利用率控制
		最高速度限值(km/h)	251	/
风源系统	主压缩机组	型号	252	SL20-5-67
		压缩空气出口压力(kPa)	253	1 000
		压缩空气出口温度(℃)	254	环境温度＋15＋5
		排气量(m^3/min)	255	2
		冷却方式	256	风冷
		润滑油牌号	257	Anderol 3057M
		润滑油储量(dm^3)	258	约 6
		润滑油压力(kPa)	259	1 000
		电机型号	260	KB/16-180M
		电机转速(r/min)	261	2 955
		额定功率(kW)	262	18.5
		额定电压(V)	263	400
		额定电流(A)	264	33.6
		机组质量(kg)	265	280
	辅助压缩机组	型号	266	/
		额定排气量(m^3/min)	267	/
		额定排气压力(kPa)	268	/
		电动机型号	269	/
		额定工作电压(V)	270	/
		额定工作电流(A)	271	/
		额定功率(kW)	272	/
		额定转速(r/min)	273	/
	空气干燥器	空气干燥器型号	274	JKG2
		空气干燥器形式	275	单塔再生式
		处理空气量(m^3/min)	276	3.5
		工作压力(kPa)	277	1 000
		整机质量(kg)	278	/

二

续上表

车型名称				DJ(熊猫)
车型代号				DJ
机车车号				0001～0002
项目			序号	参数及说明
风源系统	风源系统部件	压力控制器(调压器)型号	279	YWK-50C
		压力控制范围(kPa)	280	750～900
		总风缸空气压力范围(kPa)	281	750～900
		各总风缸总容量(dm^3)	282	2×500
	调压阀调压范围(kPa)		283	/
制动机	型号		284	DK-1
	自动制动阀		285	TKS26B
	单独制动阀		286	TKS27
	分配阀型号,数量		287	MSP119-00-00,1
	中继阀(双阀口式)		288	TJP91-00-00
	紧急阀		289	MSP115(118)-00
	电动放风阀		290	TXJT-512-00
	紧急电空阀(110V)		291	TFK
	电空转换阀		292	153
蓄电池组	型号		293	DFM-170
	容量(A·h)		294	170
	装用数量(只)		295	48
	总标称电压(V)		296	96
列车供电系统	型号		297	
	电路形式		298	相控整流
	额定输出功率(kW)		299	2×500
	额定交流输入电压(V)		300	860
	额定直流输出电压(V)		301	600
	额定直流输出电流(A)		302	581.4
	最大直流输出电流(A)		303	639.5
	输出电压控制精度(%)		304	10
	效率(额定工况)(%)		305	97.5
	冷却方式		306	强迫风冷

注:“—”表示无此设备;“/”表示数据空缺。

二

三、DJ_1 型电力机车技术简介

1. 概　　述

DJ1 型电力机车是双节重联八轴重载货运电力机车。是由德国西门子公司以第二代“欧洲短跑手”(EuroSprinter)系列电力机车作为技术平台,在 ES64F 型电力机车基础上,专门为中国铁路设计制造,并由株机公司及德国西门子公司合作生产的产品。1999—2003 年共计生产机车 20 台,车号为 0001～0020,是中国首款进口及批量生产的交流电传动电力机车,其中前 3 台由西门子公司在奥地利生产,后 17 台车由株机公司生产。

DJ_1 型电力机车持续功率 6 400 kW,最高速度 120 km/h,持续速度 50 km/h,持续牵引力 461 kN,轴式 $2(B_0—B_0)$;机车标准轴重为 23 t,并可以通过增加压铁提高到 25 t;机车能以 5 km/h 速度安全通过 $R=125$ m 的曲线,并能在 $R=250$ m 的曲线上进行正常摘挂作业。机车采用异步交流牵引电机、水冷 GTO 牵引变流器及“SIBAS 32”微机控制系统等技术。该型机车采用欧洲标准。机车在设计时已考虑了进一步提高机车功率的可能性,即在用户需要的情况下,机车额定功率可扩容至 8 000 kW。

DJ1 型电力机车从 2003 年 9 月 1 日开始配属太原铁路局湖东机务段,运行在大秦线上担当万吨煤炭列车的牵引任务,并成功通过了原铁道部组织的 12 000 t 列车的牵引试验。最后一台 DJ1 型 0020 号电力机车于 2004 年 1 月 15 日配属湖东机务段。目前,20 台机车全部配属西安机务段。

DJ_1 型电力机车外形图如图 1-3-1 所示。

图 1-3-1　DJ_1 型电力机车外形图

2. 机车总体

DJ_1 型电力机车是双节重联的八轴大功率干线货运用电力机车,由两节完全相同的单司机室四轴机车通过中间车钩、橡胶连挂风挡、电气及空气重联管线等连接而成,可由司机在任何一端司机室对两节机车进行控制。每节机车是一个完整的独立系统。车体为焊接式整体承载结构,车内设备采用两侧屏柜化布置,并设中间贯通走廊。每节机车后部车顶设有单臂式受电弓、

真空断路器、避雷器、高压电压互感器、高压隔离开关、高压连接线以及高压连接器等高压设备。卧式牵引变压器安装于车底中部，与电抗器共用冷却油箱。司机室运用欧洲标准的人机工程学设计，适应单司机执乘。DJ_1 型电力机车采用了车体独立通风方式，从车顶顶盖夹层风道吸入冷风，向发热部件冷却后从车底排出，并维持机械间呈微正压，改善机车防尘效果及防寒性能。

机车设备布置如图 1-3-2 所示。机车牵引、再生制动特性曲线如图 1-3-3 所示。

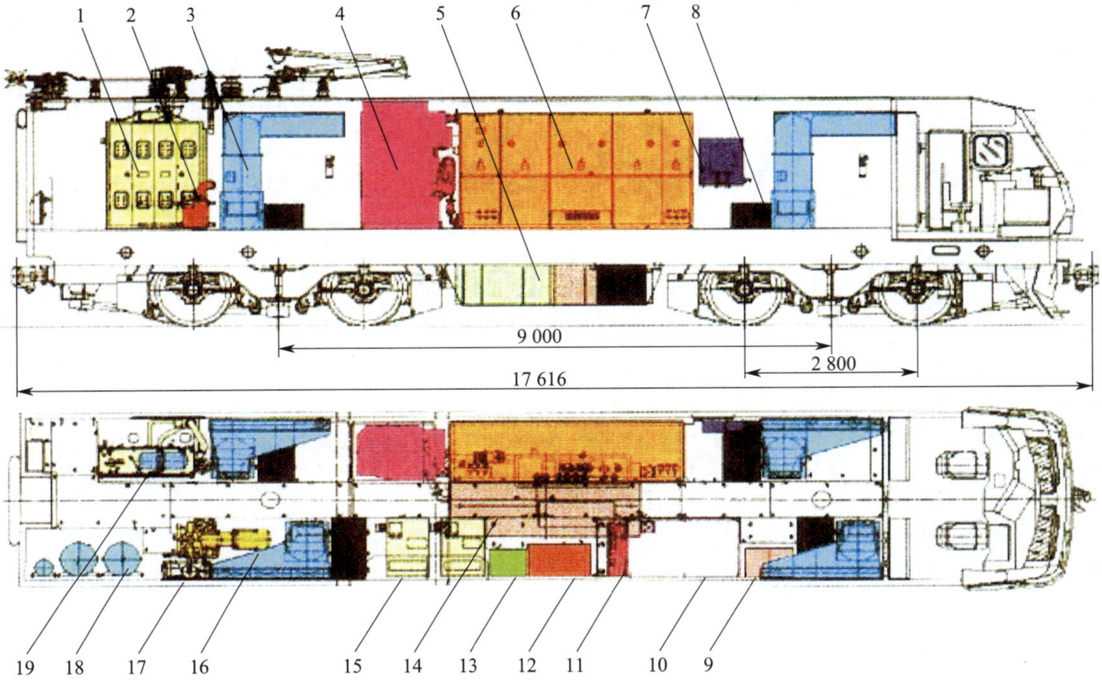

图 1-3-2 DJ_1 型电力机车设备布置图

1—空气管路图；2—DK1 柜加热器；3—牵引电机风机；4—油/水冷却塔；5—蓄电池；6—牵引变流器柜；7—高压柜；8—压车铁；9—信号柜；10—低压柜；11—复轨器；12—备件和工具柜；13—衣帽柜；14—牵引变压器；15—辅助压缩机；16—主压缩机；17—干燥器；18—主风缸；19—辅助风缸

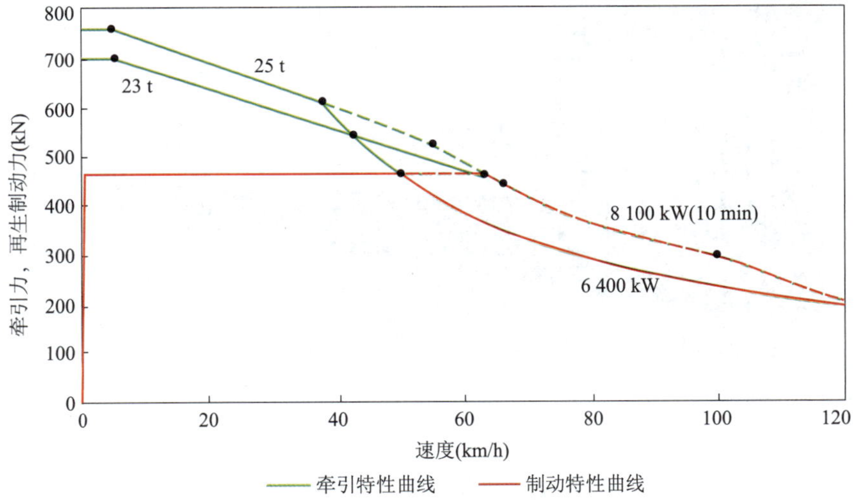

图 1-3-3 DJ_1 型电力机车牵引、再生制动特性曲线图

3. 牵引电传动系统

DJ_1 型电力机车电传动系统是按 AC 25 kV/50 Hz 牵引供电制式设计的，并能适应我国铁路接

触网电压范围较宽的特点。两节车各自配备了独立的、相同的电传动系统，它们的网侧电路可通过车顶高压连接器相连，既可固定重联运用，也可解编后各自独立运用，同时还具有外重联功能。

(1)牵引电路

接触网导线上的25kV单相工频交流电流，由受电弓进入机车后经过主断路器再进入牵引变压器原边高压绕组，其次边的三个牵引绕组分别向三个四象限变流器供电。三个四象限变流器分别将交流电转换为直流电，通过并联输出给一个电压为2 400～2 600 V的中间直流电路，再由两个牵引逆变器转换成三相交流电输出，分别向两台转向架上的四台异步牵引电机供电，使牵引电机产生转矩，再经过齿轮传递到驱动轮。机车牵引电路图如图1-3-4所示。

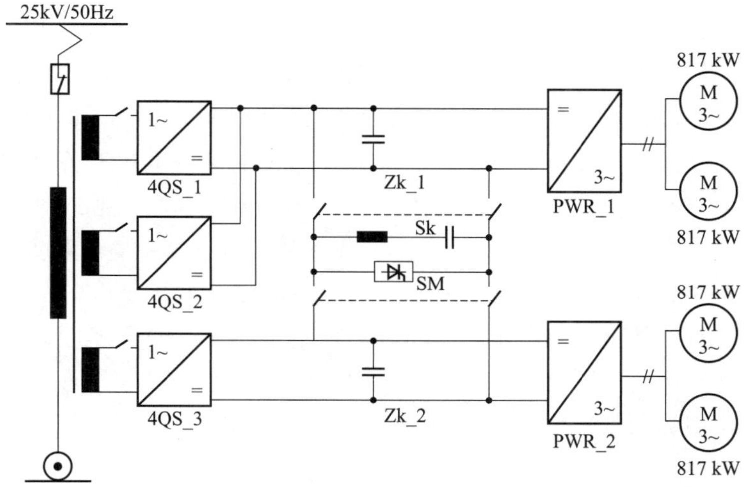

图1-3-4 DJ1型电力机车牵引电路图

PWR—脉宽调制逆变器；4QS—四象限变流器；Sk—谐振电抗器；SM—保护模块；Zk—中间直流回路

(2)网侧电路

网侧电路为25 kV电路。每节机车网侧电路由一台受电弓、一台高压电压互感器、一台主断路器、一个接地开关、一台避雷器、一台高压隔离开关、一台高压连接器、一台电流互感器、牵引变压器原边、接地回流互感器和接地碳刷等组成。两节机车间的网侧电路通过车顶高压连接器相连。

机车正常运行时，只升后一节车的受电弓，接触网电流通过受电弓，经真空主断路器、牵引变压器原边绕组的高压端子给本节机车供电，再由本节机车的牵引变压器原边低压端子经接地碳刷、轮对、钢轨，返回变电所。同时经高压隔离开关、高压连接器、它节机车高压隔离开关，它节机车牵引变压器的原边绕组高压端子给它节机车供电，再由它节机车的牵引变压器原边低压端子经接地碳刷、轮对、钢轨，返回变电所。

(3)牵引变压器

牵引变压器型号为EFAT6644，是单相变压器，卧式结构，采取车体下悬挂安装方式。变压器铁芯和绕组安装在钢制牵引变压器油箱内，同时机车100 Hz谐振电抗器(型号：HFAT5236)也安放于箱体内。变压器冷却方式为油循环、强迫风冷。

变压器有一个原边高压绕组、三个次边牵引绕组和两个辅助供电绕组。

(4)牵引变流器

机车采用了西门子公司开发的变压变频牵引变流器，每节机车均有一台牵引变流器柜，内部包含了三个四象限变流器、两个牵引逆变器、中间电路电容器、保护模块及牵引控制单元(TCU)等设备。其中四象限变流器和牵引逆变器由相同的功率模块组成,均采用了与 ES64F 型电力机车相同的水冷 GTO 模块(4.5 kV/3 kA),GTO 模块型号为 SG3000GXH27。

(5)牵引电机

DJ_1 型电力机车采用具有滚动轴承抱轴式悬挂的 4 极鼠笼式三相异步牵引电机,型号为 1TB2624。电机主要由定子、转子、端盖、轴承、测速装置和主动齿轮等部分组成。定子的主要零部件有定子铁芯、定子绕组等。转子由转子铁芯、导条、端环和转轴等组成。牵引电机采用强迫通风冷却,其滚动轴承采用油润滑或脂润滑,并采用有效措施防止轴承电蚀,轴承密封采用非接触的迷宫式结构。

4. 辅助电气系统

DJ_1 型电力机车辅助电路采用两组独立的供电方式。辅助绕组 1 主要为辅助逆变器提供单相交流电源,辅助绕组 2 主要给机车的辅助设备如蓄电池充电器、砂加热系统等供电。另外可通过车体两侧的交流库用插座引入三相 380 V/50 Hz 的交流电源来检测辅机工作性能;也可通过车体两侧的单相直流库用插座引入直流 110 V 电源来给蓄电池充电。

辅助绕组 1 共设有两个辅助变流器柜:A 型装有两个 80 kV·A 辅助变流器;B 型只装一个 80 kV·A 辅助变流器。辅助变流器网侧采用四象限变流器。供电分配按冗余设计,以保证辅助系统可靠运行。辅助变流器由机车的中央控制单元(CCU)管理,通过多功能车辆总线(MVB)与 CCU 进行信息交换。

机车辅助电路图如图 1-3-5 所示。

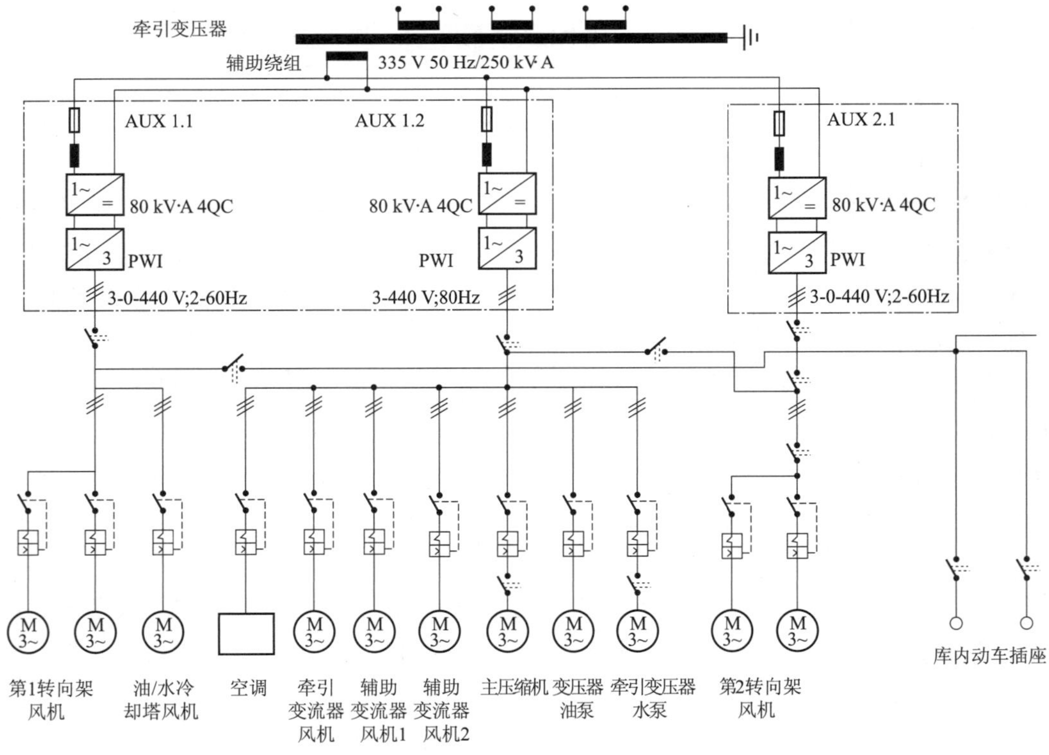

图 1-3-5 DJ_1 型电力机车辅助电路图

AUX—辅助变流器;4QC—四象限变流器;PWI—脉宽调制逆变器

5. 微机网络控制系统

DJ_1 型电力机车采用“SIBAS 32”32 位车载微机网络控制系统，实现对机车的调节和逻辑控制，并能通过人机界面显示故障并进行相关保护。“SIBAS 32”系统采用集散控制模式，由CCU、TCU、辅助控制单元(ACU)、液晶显示屏(HMI)和外设智能接口(KLIP)构成，并采用基于列车通信网络(TCN)国际标准的网络控制系统进行数据通信，由 WTB 列车总线和 MVB 车辆总线两级网络构成，WTB 负责两节机车之间的通信，而 MVB 负责单节机车内部各单元的数据交换。司机操纵台上设有一台液晶显示屏，直接显示机车运行状态和故障诊断信息。此外，“SIBAS 32”系统设有配套的诊断软件。

机车网络控制系统结构图如图 1-3-6 所示。

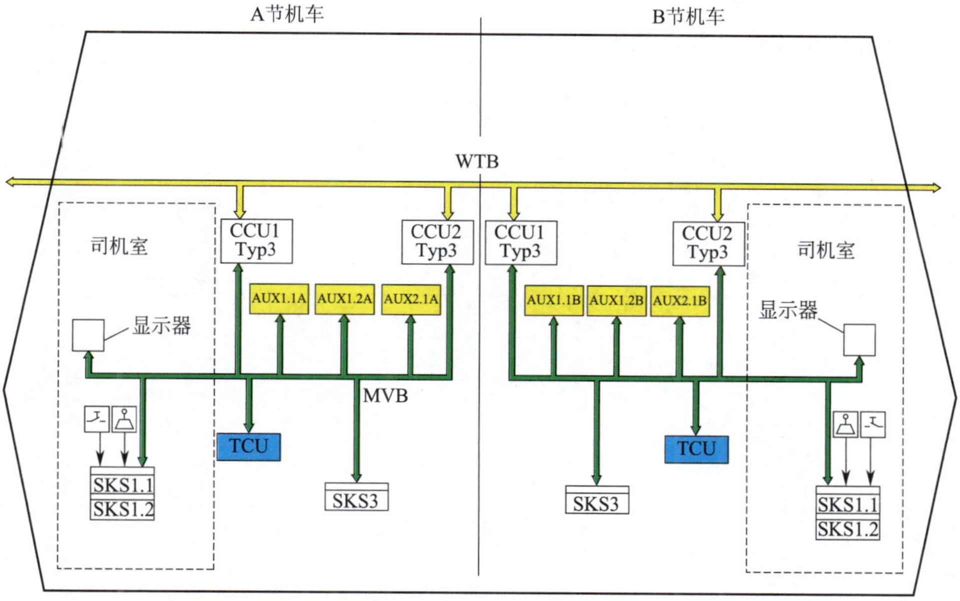

图 1-3-6 DJ_1 型电力机车网络控制系统结构图

CCU—中央控制单元；WTB—绞线式列车总线；MVB—多功能车辆总线；

TCU—牵引控制单元；AUX—辅助变流器；SKS—智能外接端口站

6. 车　　体

DJ_1 型电力机车重联的两节车体完全相同，每节车体包括车体承载钢结构和车体附属部件两大部分。车体承载钢结构采用整体承载结构，主要由底架、司机室、侧墙、后端墙组焊成一个整体的单司机室框架式全钢焊接结构，材料为 16Mn 低合金钢；车体附属部件主要包括顶盖、排障器、牵引缓冲装置、超载保护装置、机车门窗、内装饰、连挂风挡等。

车钩采用内燃、电力机车车钩；缓冲器为 MT-3。

7. 转 向 架

DJ_1 型电力机车每节机车采用两台可以互换的 B_0 转向架，满足(23＋2)t 轴重的运用要求。转向架主要由构架、轮对、轴箱、一系二系悬挂装置、牵引装置、电机悬挂装置、驱动装置、基础制动装置、轮缘润滑装置和附属装置等组成。驱动系统采用牵引电机抱轴悬挂驱动；构架采用等强度设计的日字型焊接构架；一系悬挂采用螺旋钢弹簧配以垂向油压减振器，轴箱拉杆采用单拉杆；二系悬挂采用高挠螺旋钢弹簧配以垂向油压减振器，横向减振器设置在构架两端，同时起到抗蛇行作用；牵引装置采用低位推挽式牵引装置；基础制动采用轮盘制动；转向架空气管路采用不锈钢管路；轮缘润滑采用油润式润滑装置。

8. 制动系统

DJ_1 型电力机车装有两台 V450-4 型活塞式空气压缩机，额定排气量为 3.2 m^3/min，每个压缩机后设置有一台 DJKG-A 型空气干燥器，经过干燥处理的高压空气进入每节机车两个串联的 500 dm^3 总风缸。

机车装有 DK-1 型电空制动机系统，可以满足客货两用。制动功能包括列车自动制动、机车单独制动以及蓄能弹簧停放制动。轮盘制动装置由盘形制动单元（带停放蓄能制动器）、制动盘安装、制动闸片、夹钳机构等主要零部件组成。

9. 技术参数表

DJ_1 型电力机车技术参数表见表 1-3-1。

表 1-3-1　DJ_1 型电力机车技术参数表

车型名称			DJ_1
车型代号			DJ_1
机车车号			0001～0020
项目		序号	参数及说明
用途		1	铁路干线货运
制造年代		2	2001 年
制造厂名		3	中车株洲电力机车有限公司、德国西门子公司
轨距(mm)		4	1 435
车体	车底架长(mm)	5	16 835
	车体宽(mm)	6	3 100
	高(轨面至受电弓座平面)(mm)	7	4 040
司机室个数		8	2
机车前后车钩中心距(mm)		9	17 616
车钩型号，形式		10	内燃、电力机车车钩(100 型)，下作用式
缓冲器型号		11	MT-3
轴式		12	$2(B_0-B_0)$
车钩中心线距轨面高度(mm)		13	880±10
转向架中心距(mm)		14	9 000
全轴距(mm)		15	11 800
动轮直径(新轮)(mm)		16	1 250
动轮直径(半磨耗)(mm)		17	1 200
落弓后滑板顶面距轨面高度(mm)		18	4 600±20
受电弓滑板距轨面工作高度(mm)		19	5 200～6 500
机车整备质量(t)		20	$2\times 92\times(1^{+3\%}_{-1\%})$，$2\times 100\times(1^{+3\%}_{-1\%})$
轴重(t)		21	$23\times(1^{+3\%}_{-1\%})$，$25\times(1^{+3\%}_{-1\%})$
通过最小曲线半径(m)		22	125
供电电流制		23	AC 25 kV/50 Hz
额定电压(kV)		24	25
最高电压(kV)		25	30

续上表

车型名称				DJ1
车型代号				DJ1
机车车号				0001～0020
项目			序号	参数及说明
最低电压(kV)			26	17.5
电传动方式			27	交—直—交
持续功率(kW)			28	6 400(持续制工况)
短时轮周最大功率(kW)			29	8 100
持续速度(km/h)			30	50(23 t/25 t)
持续牵引力(kN)			31	461(23 t/25 t)
最高运用速度(km/h)			32	120
恒功率速度范围(km/h)			33	42.7～120(23 t)/37.8～120(25 t)
最大启动牵引力(kN)			34	700 kN(23 t),760 kN(25 t)
最大再生制动力(kN)			35	461(23 t/25 t)
功率因数			36	≥0.99
等效干扰电流 J_p(A)			37	≤1.5
电网电流畸变率(%)			38	/
机车总效率			39	≥0.85
紧急制动距离(m)(120 km/h)			40	≤800(23 t),≤900(25 t)
库内动车电源制式			41	3AC 380 V/50 Hz
转向架	构架外形尺寸(mm)		42	5 375×2 890×1 080
转向架	两侧梁横向中心距(mm)		43	2 080
转向架	转向架各轴间距(mm)		44	2 800
转向架	转向架固定轴距(mm)		45	2 800
转向架	同一轴两轴箱中心距(mm)		46	2 080
转向架	轮对质量(kg)		47	2 120
转向架	一系悬挂装置	一系悬挂静挠度(mm)	48	38
转向架	一系悬挂装置	垂向油压减振器型号,数量	49	42-1300-020-471,4/转向架
转向架	一系悬挂装置	垂向油压减振器阻尼系数	50	4.25 kN (0.1 m/s), 10 kN (0.3 m/s)
转向架	二系悬挂装置	二系悬挂静挠度(mm)	51	103
转向架	二系悬挂装置	垂向油压减振器型号,数量	52	42-1300-020-472,2/转向架
转向架	二系悬挂装置	垂向油压减振器阻尼系数	53	9.34 kN (0.1 m/s), 20 kN (0.3 m/s)
转向架	二系悬挂装置	横向油压减振器型号,数量	54	42-1300-020-473,2/转向架
转向架	二系悬挂装置	横向油压减振器阻尼系数	55	1.54 kN (0.025 m/s), 3.85 kN (0.05 m/s), 5.82 kN (0.1 m/s)
转向架	二系悬挂装置	抗蛇行减振器型号,数量	56	—
转向架	二系悬挂装置	抗蛇行减振器阻尼系数	57	—
转向架	牵引力传递方式		58	低位牵引
转向架	牵引点高(mm)		59	240
转向架	牵引电机悬挂方式		60	抱轴悬挂
转向架	齿轮传动比		61	106∶17
转向架	砂箱容量(m^3)		62	4×0.1
转向架	转向架质量(t)		63	约 20.06

续上表

车型名称				DJ_1
车型代号				DJ_1
机车车号				0001～0020
项目			序号	参数及说明
基础制动装置	基础制动方式		64	轮盘制动
	每台转向架制动器组数		65	4
	制动缸直径(mm)		66	254
	制动倍率		67	2.41
	传动效率(%)		68	95
	闸片与制动盘的恒定间隙(mm)		69	单侧 1～2
	制动缸最大空气压力(kPa)		70	440
	闸片、制动盘形式		71	整体夹钳式
	闸片、制动盘材质		72	合成闸片,铸铁制动盘
	每个夹钳上的闸片(或轮盘)压力(kN)		73	24
	停放制动	停放制动方式	74	弹簧蓄能
		制动器数量	75	2
		闸片压力(kN)	76	14.36
		停放制动器质量(kg)	77	110.5
	制动单元质量(kg)		78	82.5
受电弓	型号		79	8WLO10000
	额定工作电压(kV)		80	25
	额定工作电流(A)		81	700
	运行最高速度(km/h)		82	160
	工作高度(mm)		83	300～2 500
	最大升弓高度(mm)		84	2 500
	落弓位高度(mm)		85	560±5
	升弓时间(s)		86	6～10
	降弓时间(s)		87	<6
	传动风缸工作空气压力(kPa)		88	520～1 000
	总质量(kg)		89	140
主断路器	型号		90	BVAC25.10
	额定电压(kV)		91	27.5
	额定电流(A)		92	1 000
	额定分断电流(kA)		93	16
	额定分断容量(MV·A)		94	440
	固有分闸时间(ms)		95	30～60
	额定工作气压(kPa)		96	450～1 000
	质量(kg)		97	/

续上表

车型名称				DJ1
车型代号				DJ1
机车车号				0001～0020
项目			序号	参数及说明
牵引变压器	型号，结构形式		98	EFAT6644，芯式
	各绕组额定容量(kV·A)	网侧高压绕组	99	3 853
		牵引绕组	100	3×1 186
		辅助 1 绕组	101	250
		辅助 2 绕组	102	45
		供电绕组	103	—
	各绕组额定电压(V)	网侧高压绕组	104	25 000
		牵引绕组	105	3×1 285
		辅助 1 绕组	106	335
		辅助 2 绕组	107	223
		供电绕组	108	—
	各绕组额定电流(A)	网侧高压绕组	109	25 000
		牵引绕组	110	3×923
		辅助 1 绕组	111	746
		辅助 2 绕组	112	201
		供电绕组	113	—
	短路阻抗(%)		114	36
	绝缘等级		115	A
	冷却方式		116	油循环、强迫风冷
	冷却油牌号		117	壳牌油
	冷却油流量(m^3/h)		118	50
	油泵型号		119	B2/120/80
	效率(%)		120	96
	总质量(kg)		121	8 400
谐振电抗器	每节机车台数		122	2
	额定电流(A)		123	1 050
	额定电压(V)		124	178
	电感值(mH)		125	0.27
牵引变流器	型号		126	PWR
	电路结构形式		127	电压型，两电平
	额定功率(kW)		128	4 440
	额定输入电压(交流)(V)		129	1 285 V/50 Hz
	额定输入电流(交流)(A)		130	1 220
	中间回路电压(V)		131	2 600

续上表

车型名称				DJ_1
车型代号				DJ_1
机车车号				0001～0020
项目			序号	参数及说明
牵引变流器	二次谐振电容值		132	4× 2 450 μF/3 152 V
牵引变流器	支撑电容值		133	4×2 070 μF/2 600 V
牵引变流器	额定输出电压(V)		134	3AC 0～2 027
牵引变流器	额定输出电流(A)		135	1 040
牵引变流器	四象限变流器开关频率(Hz)		136	250
牵引变流器	牵引逆变器最大开关频率(Hz)		137	300
牵引变流器	牵引逆变器输出频率范围(Hz)		138	0～117
牵引变流器	冷却方式		139	强迫水循环冷却
牵引变流器	效率(%)		140	98
牵引变流器	质量(t)		141	/
牵引变流器	外形尺寸(长×宽×高,mm)		142	/
牵引变流器	每台机车牵引变流器台数		143	2
牵引变流器	四象限变流器功率模块	型号	144	SG3000GXH27
牵引变流器	四象限变流器功率模块	电路形式	145	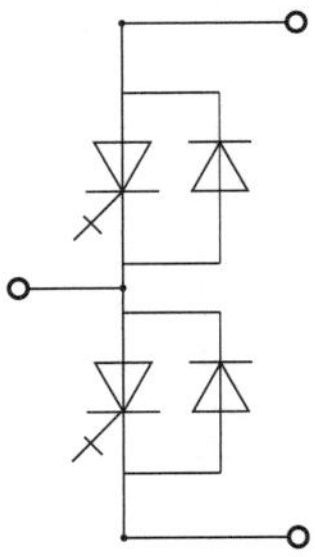
牵引变流器	四象限变流器功率模块	四象限变流器构成形式	146	每个四象限变流器由两个 GTO 模块组成
牵引变流器	四象限变流器功率模块	电压(V)	147	/
牵引变流器	四象限变流器功率模块	电流(A)	148	/
牵引变流器	四象限变流器功率模块	开关频率(Hz)	149	250
牵引变流器	四象限变流器功率模块	功率元件型号	150	SG3000GXH27
牵引变流器	四象限变流器功率模块	功率元件参数	151	GTO(4 500 V/3 000 A)
牵引变流器	四象限变流器功率模块	功率元件个数	152	2
牵引变流器	四象限变流器功率模块	冷却方式	153	强迫水循环冷却
牵引变流器	四象限变流器功率模块	质量(kg)	154	70
牵引变流器	四象限变流器功率模块	尺寸(长×宽×高,mm)	155	/

续上表

车型名称				DJ1
车型代号				DJ1
机车车号				0001～0020
项目			序号	参数及说明
牵引变流器	牵引逆变器功率模块	型号	156	SG3000GXH27
		电路形式	157	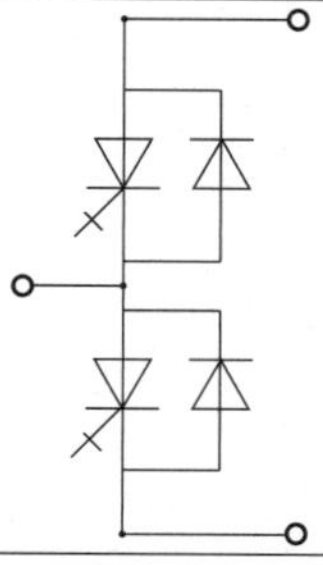
		牵引逆变器构成形式	158	每个逆变器由三个 GTO 模块组成
		电压(V)	159	3AC 0～2 027
		电流(A)	160	1 040
		开关频率(Hz)	161	300
		功率元件型号	162	SG3000GXH27
		功率元件参数	163	GTO(4 500 V/3 000 A)
		功率元件个数	164	2
		冷却方式	165	强迫水循环冷却
		质量(kg)	166	/
		尺寸(长×宽×高,mm)	167	/
	冷却系统	水泵型号	168	/
		流量(m^3/h)	169	/
		驱动电机功率(kW)	170	/
	控制策略	四象限变流器	171	/
		牵引逆变器	172	/
		瞬时电压限制器	173	/
交流异步牵引电机	型号		174	1TB2624
	额定功率(持续制)(kW)		175	817
	额定电压(持续制)(V)		176	1 981
	额定电流(持续制)(A)		177	296
	最大启动电流(A)		178	452
	功率因数		179	0.876
	额定转速(持续制)(r/min)		180	1 323
	最高转速(r/min)		181	3 450
	额定频率(Hz)		182	/
	额定转差率(%)		183	/
	额定转矩(N·m)		184	5 900

续上表

车型名称				DJ1
车型代号				DJ1
机车车号				0001～0020
项目			序号	参数及说明
交流异步牵引电机	最大转矩(N·m)		185	9 717
	额定效率(%)		186	95
	绝缘等级		187	200 级
	极数(个)		188	4
	质量(kg)		189	2 500×(1±5%)
	通风量(m^3/s)		190	/
牵引通风机组	型号		191	THTF4.5A
	台数		192	6
	最大转速(r/min)		193	3 505
	每台风机的风量(m^3/min)		194	126
	风压(Pa)		195	2 700
	额定功率(kW)		196	13
	质量(kg)		197	215
复合冷却塔	冷却方式		198	强迫风冷
	水散热量(kW)		199	/
	油散热量(kW)		200	/
	通风量(m^3/min)		201	/
	水流量(m^3/h)		202	/
	油流量(m^3/h)		203	/
	质量(kg)		204	/
辅助逆变器	CVCF 逆变器	型号	205	/
		每台机车装用台数	206	2
		额定输入电压(V)	207	AC 335×($1^{+24\%}_{-30\%}$)/50 Hz
		额定输入电流(A)	208	/
		额定输出电压(V)	209	3AC 440
		额定输出电(A)	210	/
		容量(kV·A)	211	80
		频率(Hz)	212	60
		功率元件参数	213	GTO(1 200 V/300 A)
		冷却方式	214	/
		质量(kg)	215	/

续上表

车型名称				DJ1
车型代号				DJ1
机车车号				0001～0020
项目			序号	参数及说明
辅助逆变器	VVVF逆变器	型号	216	/
		每台机车装用台数	217	1
		额定输入电压(V)	218	DC 335×$(1^{+24\%}_{-30\%})$/50 Hz
		额定输入电流(A)	219	/
		额定输出电压(V)	220	3AC,0～440
		额定输出电流(A)	221	/
		容量(kV·A)	222	80
		频率(Hz)	223	2～60
		功率元件参数	224	GTO(1 200 V/300 A)
		冷却方式	225	/
		质量(kg)	226	/
蓄电池充电机	型号		227	/
	输入电压(V)		228	220×$(1^{+24\%}_{-30\%})$/50 Hz
	输出电压(V)		229	DC 110×(1 ±1%)
	输出电流(A)		230	100
	输出容量(kV·A)		231	11
	质量(kg)		232	/
微机网络控制系统	列车网标准		233	IEC 61375
	车辆网标准		234	IEC 61375
	列车网传输速率		235	/
	车辆网传输速率		236	/
	机车控制功能	牵引特性控制	237	恒转矩启动、准恒速运行
		再生制动特性控制	238	准恒速运行
		其他控制功能	239	/
	保护功能	网压保护限值(V)	240	/
		网流保护限值(A)	241	/
		中间电压限值(V)	242	/
		防空转/滑行策略	243	/
		最高速度限值(km/h)	244	135

续上表

车型名称				DJ1
车型代号				DJ1
机车车号				0001～0020
项目			序号	参数及说明
风源系统	主压缩机组	型号	245	VV 450-4
		压缩空气出口压力(kPa)	246	1 000
		压缩空气出口温度(℃)	247	/
		排气量(dm^3/min)	248	3 200×(1±5%)
		冷却方式	249	/
		润滑油牌号	250	/
		润滑油储量(dm^3)	251	/
		润滑油压力(kPa)	252	/
		电机型号	253	/
		电机转速(r/min)	254	1 465
		额定功率(kW)	255	30
		额定电压(V)	256	3AC 440
		额定电流(A)	257	56
		机组质量(kg)	258	/
	辅助压缩机组	型号	259	LP 115
		额定排气量(m^3/min)	260	≥0.07
		额定排气压力(kPa)	261	800
		电动机型号	262	/
		额定工作电压(V)	263	DC 110
		额定工作电流(A)	264	/
		额定功率(kW)	265	0.86
		额定转速(r/min)	266	/
	空气干燥器	型号	267	TAD-4.8-H
		形式	268	双塔再生
		处理空气量(m^3/min)	269	4.8
		工作压力(kPa)	270	1 000
		整机质量(kg)	271	115
	风源系统部件	压力控制器(调压器)型号	272	/
		压力控制范围(kPa)	273	(750～900)±20
		总风缸空气压力范围(kPa)	274	/
		总风缸总容量(dm^3)	275	2×500
	调压阀调压范围(kPa)		276	/

三

续上表

车型名称			DJ_1
车型代号			DJ_1
机车车号			0001～0020
项目		序号	参数及说明
制动机	制动机型号	277	DK-1
	自动制动阀	278	1AC
	单独制动阀	279	MSP-200
	分配阀型号,数量	280	MSP119-00-00,1
	中继阀(双阀口式)	281	/
	紧急阀	282	/
	电动放风阀	283	/
	紧急电空阀(110V)	284	/
	电空转换阀	285	/
蓄电池组	型号	286	GN-100
	容量(A·h)	287	170
	装用数量(只)	288	48
	总标称电压(V)	289	96

注:"—"表示无此设备;"/"表示数据空缺。

四、DJJ1 型(蓝箭)动力车技术简介

1. 概　　述

DJJ1 型(蓝箭)交流传动动力车是蓝箭动车组(或列车)的动力车。蓝箭动车组的最高运行速度为 200 km/h,编组形式为一动五拖一控,是专为广深线运输需求开发研制的动车组,主要用于广州—深圳城际间高速客运。

DJJ1 型(蓝箭)动力车是株机公司根据 200 km/h 交流传动电动车组购销合同(合同编号:GZGH9909-1)、200 km/h 交流传动电动车组设计任务书(科教装〔2000〕13 号文件,原铁道部科技发展计划项目合同),与株洲所联合研制的。动力车及控制车司机室和列车控制电气设备由株机公司研制,拖车由中车长春轨道客车股份有限公司研制。该动力车轮周牵引功率 4 800 kW,最高运营速度 210 km/h,持续速度 105 km/h,持续牵引力 164 kN,轴式 $B_0—B_0$,轴重 19.5 t,通过最小曲线半径 125 m。

2000 年 9 月第一台 DJJ1 型(蓝箭)动力车顺利落成并调试,2000 年 9～10 月份在北京环行试验基地完成 DJJ1 动力车的联调和性能的形式试验。2000 年 11～12 月份,在广深正线完成 DJJ1 动力车的高速调试工作。2001 年 1 月,通过了原铁道部组织的安全评审,正式在广深正线投入运行考核,试验、运营表明其完全达到了设计规范要求。

DJJ1 型(蓝箭)动车组研制成功后进入批量生产阶段,截至 2001 年 5 月,共生产了 8 列动车组,编号为 DJJ10001～0008,投入广深正线运营,实现广州—深圳间铁路城际交通公交化。2008 年 2 月起配属成都铁路局,投入渝遂铁路(重庆—遂宁)、达成铁路(达州—成都)、渝怀铁路(重庆—怀化)、黔桂铁路(贵阳—南宁)上运用,2012 年 11 月 DJJ1 型(蓝箭)动车组正式"退役"。目前 1 列动车组动力车存放在成都铁路局贵阳车辆段,其拖车及控制车做报废处理;另外 7 列动车组由广州铁路(集团)公司做报废处理。

DJJ1 型(蓝箭)动力车外形图如图 1-4-1 所示。

图 1-4-1　DJJ1 型(蓝箭)动力车外形图

2. 动力车总体

DJJ1 型(蓝箭)动力车设单端司机室、贯通式中间走廊,设备布置遵照分室斜对称原则,车头采用流线型。

动力车司机室两侧不设车门,仅在后墙上设有一扇通向车内设备室的门,与中间走廊连通。

车顶上安装有两台高速受电弓、两台高压隔离开关、一台高压电流互感器、一台高压接地装置及相连母线、相应支撑绝缘子、25 kV 高压电缆等。

车内设备布置共分为三个室：靠近司机室端的前端设备室、靠近尾部的后端设备室、中部的牵引变流室。牵引变流室中装有两个牵引变流器柜及两个主冷却器柜。前端设备室中装有一个空气制动柜、一个辅助变流器柜、一个安全门锁柜、两个牵引风机柜、一个模块端子柜、一个安装于前端设备室侧墙上的升弓电磁阀、一个空调柜。后端设备室安装有一个辅助变流器柜、两个牵引风机柜、一个网侧电器柜、一个控制电源柜、一个低压电器柜、一个通信信号柜、一个消防器具柜、一个安装于后端设备室侧墙上的升弓电磁阀、一个列车供电柜。

车下安装有：一台卧式悬挂的牵引变压器(位于动力车中央部位)，两个主风缸(安装在牵引变压器两端)，两台动力转向架(以变压器为中心对称布置)，一个 860 V 辅助电源库用插座，一个 DC 110 V 控制电源插座，LKJ2000 监控用的地面感应器，TVM430 超速防护的地面感应器，自动过分相的地面感应器。动力车尾端两边装有两个电控制动插座、两个集控插座、两个列车总线重联插座、两个供电插座。

动力车通风系统采用车顶夹层独立通风方式，其基本结构原理是在车体顶盖中设置空气流通夹层，车外空气从车顶斜面百叶窗进入夹层通风室，然后由各通风支路专用进风口吸入，经风机送入到各需要冷却部件，譬如牵引电机、牵引变压器油散热器及牵引变流器的水散热器。此外，动力车通风系统的一部分风路也采用车体通风方式，例如辅助变流器、列车供电整流装置以及空气压缩机散热器。通风系统根据冷却对象的不同，风道形式的不同可以分为五大通风支路：牵引通风支路、主冷却柜通风支路、辅助变流柜通风支路、列车供电柜通风支路、空调柜通风支路。

DJJ$_1$ 型(蓝箭)动力车设备布置如图 1-4-2 所示。

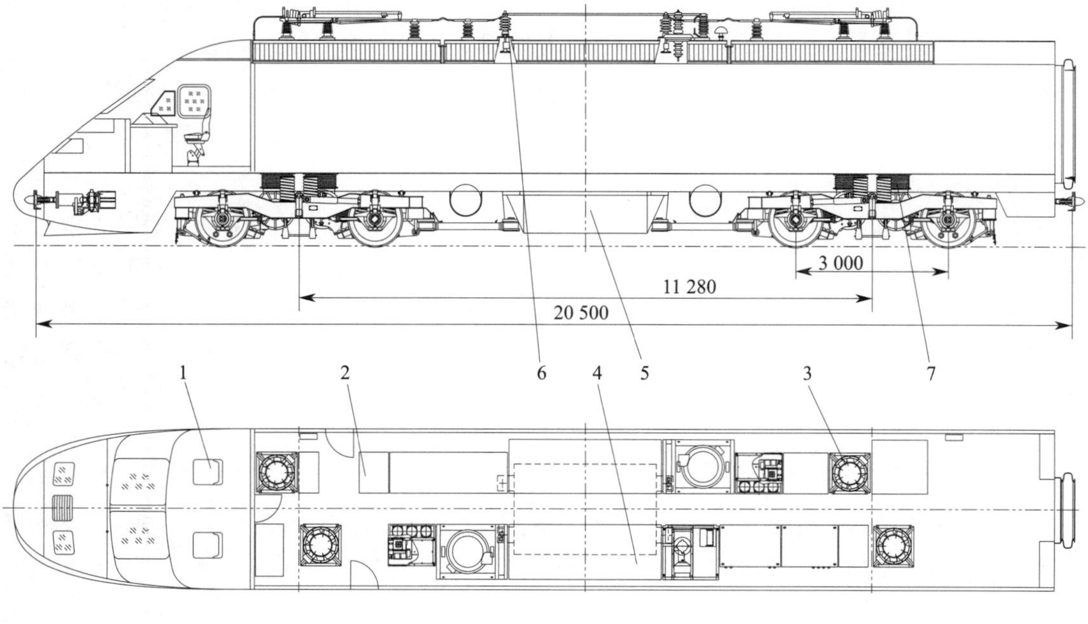

图 1-4-2 DJJ$_1$ 型(蓝箭)动力车设备布置图

1—司机室；2—前端设备室；3—后端设备室；4—牵引变流室；5—牵引变压器；6—车顶设备；7—辅助设备

DJJ$_1$ 型(蓝箭)动力车牵引、再生制动特性曲线如图 1-4-3 所示。

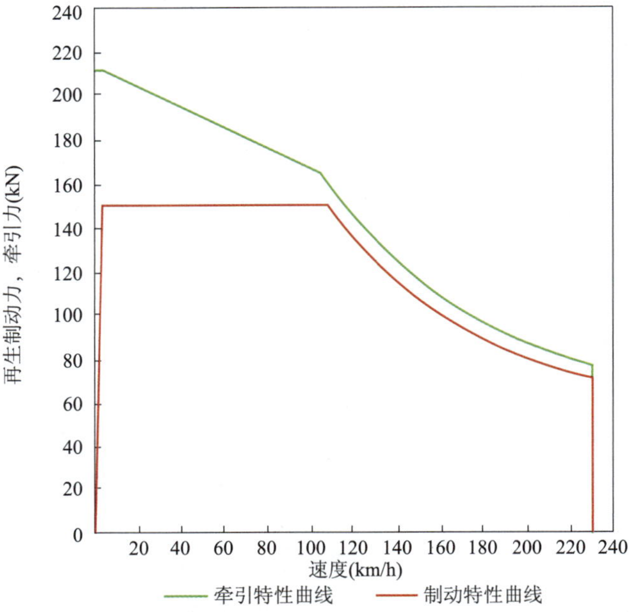

图 1-4-3　DJJ$_1$ 型(蓝箭)动力车牵引、再生制动特性曲线图

3. 牵引电传动系统

DJJ$_1$ 型(蓝箭)动力车牵引电路如图 1-4-4 所示。

(1)牵引电路

DJJ$_1$ 型(蓝箭)动力车牵引电路由网侧电路、牵引变压器、牵引变流器及牵引电机构成，采用交流传动系统，机车牵引电路图如图 1-4-4 所示。牵引变压器原边通过受电弓和主断路器得电。牵引变压器四个独立的次边绕组分别向两个主变流柜的四个电压型两电平四象限变流器供电，每个变流柜的二个四象限变流器并联输出共用一个中间直流电路，每个中间直流电路同时向该变流柜的二个电压型 PWM 逆变器供电，同一个变流柜的两个逆变器分别向同一转向架的两台异步牵引电动机供电，实现单电机独立供电和控制。再生制动过程则相反。

(2)网侧电路

网侧电路由两台高速受电弓、两台高压隔离开关、一个原边电流互感器、一个原边过流继电器、一台高压接地装置、一台高压电压互感器、一台二合一主断路器(其中包含有真空断路器和避雷器)、牵引变压器原边绕组、两个原边电流传感器和回流装置组成。动力车通过高速受电弓从接触网受流，经原边电流互感器进入网侧柜内的真空断路器，然后通过 25 kV 高压电缆与牵引变压器的 A 端子相连，经牵引变压器原边 X 端子后通过并联的四个接地装置和轮对回流至钢轨。

(3)牵引变压器

牵引变压器型号为 TPQ16-6952/25，是单相、强迫导向油循环冷却变压器，卧式结构，采取车体下悬挂安装方式。次边四个牵引绕组为动力车牵引电传动系统供电；一个采暖绕组主要给司机室内提供交流 220 V 的采暖插座电源；一个辅助绕组给动力车辅机系统提供电源；两个供电绕组为列车空调、采暖等提供用电。

牵引变压器箱体内还装有两台 100 Hz 谐振电抗器，共用一个冷却系统。

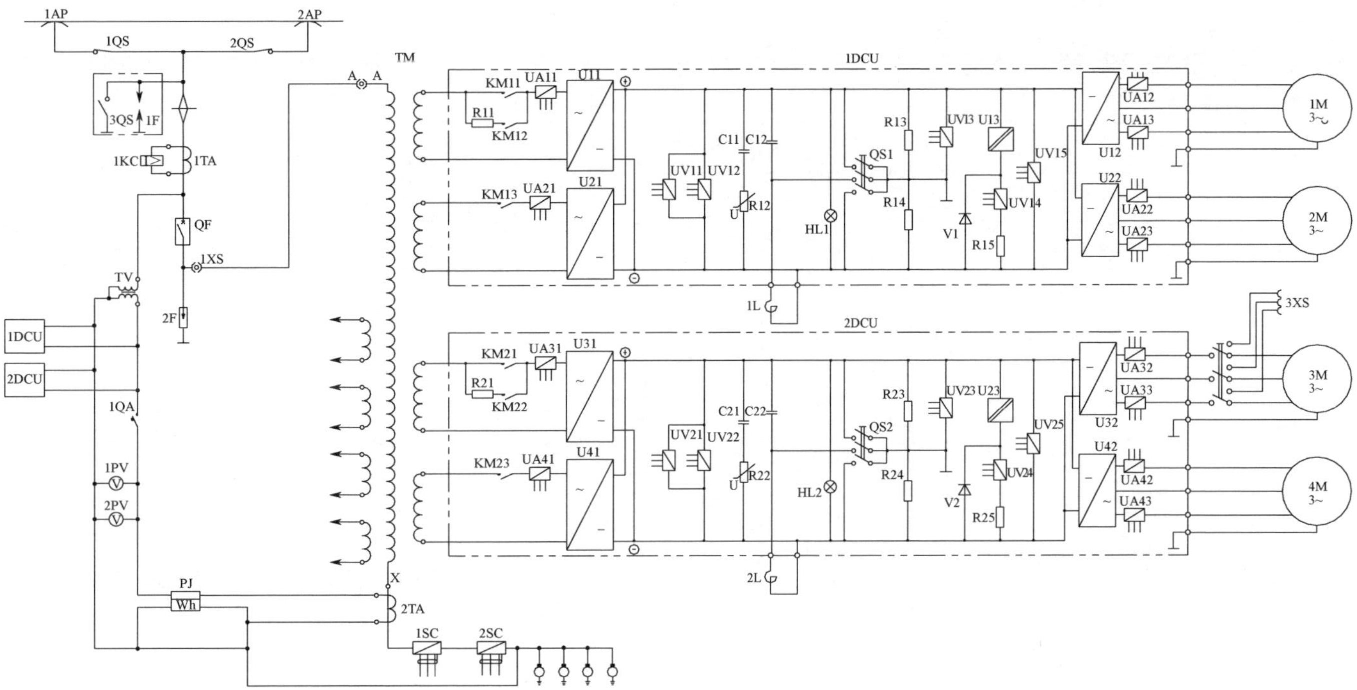

图 1-4-4　DJJ1 型(蓝箭)动力车牵引电路图

1AP/2AP—受电弓；1QS/2QS—高压隔离开关；3QS—高压接地开关；1TA—高压电流互感器；1KC—原边过流继电器；QF—主断路器；1F—车顶避雷器；2F—车内避雷器；TV-高压电压互感器；PV—网压表；PJ—电度表；Wh—能耗计量装置；1DCU、2DCU—牵引变流器；1XS—25 kV 高压电缆；A-A—A 端子；TM—牵引变压器；1SC、2SC—原边电流传感器；2TA—电度表电流互感器；1E、2E、3E、4E—回流装置；KM11、KM13、KM21、KM23—输入接触器；KM12、KM22—预充电接触器；UA11、UA21、UA31、UA41—输入电流传感器；UA12、UA13、UA22、UA23、UA32、UA33、UA42、U43—输出电流传感器；U11、U21、U31、U41—四象限变流器；1L、2L—电抗器；UV11～UV15/UV21～UV25—电压传感器；C11、C12、C21、C22—中间支撑电容；HL1、HL2—高压电压指示灯；R13、R14、R23、R24—放电电阻；QS1、QS2—接地开关；U12、U22、U32、U42—牵引逆变器；4QS—牵引电路库用电源转换开关；3XS—牵引电路库用电源插座

四

(4)牵引变流器

牵引变流器采用的是基于 IGBT 技术的 IPM 模块,该模块阻断电压为 4 500 V,最大关断电流 1 500 A。网侧变流器为四象限变流器,其每一桥臂由两个 IPM 并联组成。电机侧的逆变器每一桥臂只需一个 IPM。变流器的冷却方式为去离子水/乙二醇混合液冷却介质进行强迫循环通风冷却方式,与变压器共用冷却风柜,每个转向架采用一个水冷却热交换器。一台牵引变流器包含两台逆变器,分别向同一转向架的两台牵引电机供电,实现单轮对的轮径差补偿,空转、滑行保护,轴重转移补偿的单独控制。

(5)牵引电机

动力车采用三相四极鼠笼式异步牵引电机。电机主要由定子、转子、端盖、轴承、测速装置和主动齿轮等部分组成。定子的主要零部件有定子铁芯、定子绕组等。转子由转子铁芯、导条、端环和转轴等组成。牵引电机采用强迫通风冷却,其滚动轴承采用油润滑或脂润滑,并采用有效措施防止轴承电蚀,轴承密封采用非接触的迷宫式结构。

4. 辅助电气系统

DJJ_1 型(蓝箭)动力车辅助电路包括相对独立的三部分电路:三相辅机供电电路,容量为 200 kV·A;DC 600 V 列车供电电路,容量为 500 kV·A;单相 220 V 交流供电电路,容量为 20 kV·A。

动力车采用的辅助变流系统由两台辅助变流器组成,每台辅助变流器由一台相控整流器,一个中间直流环节和两台三相辅助逆变器组成。辅助电机为三相异步电动机。机车辅助电路图如图 1-4-5 所示。

四

牵引变压器辅助绕组送出 AC 860 V 电压,通过交流接触器经整流器整流后,输出稳定范围在 550～600 V 的直流电压,再经 LC 滤波,送入辅助逆变器逆变成三相交流电供各辅机使用。第一辅助变流器的逆变器 1 提供牵引风机 1、2 及冷却塔风机电机 1 的用电,逆变器 2 提供压缩机电机及供电风机电机的用电;第二辅助变流器的逆变器 1 提供牵引风机电机 3、4 及冷却塔风机电机 2 的用电,逆变器 2 提供变压器油泵电机 1、2,变流器水泵电机 1、2,变流器风机电机 1、2 及空调柜的用电。第一辅助变流器的逆变器 1,第二辅助变流器的逆变器 1 为变压变频 VVVF 逆变器,第一辅助变流器的逆变器 2,第二辅助变流器的逆变器 2 为恒压恒频 CVCF 逆变器,单台逆变器最大容量为 70 kV·A。若辅助变流器内其中一组逆变器发生故障,微机控制系统将自动切除该逆变器,同时把该组负载通过接触器,转换到另一组逆变器上工作,不管是那一组逆变器发生故障,转换后都以 CVCF 方式工作。若辅助变流器内其中一组整流器发生故障,则接触器将闭合,保证压缩机和变压器、一个转向架的各辅机正常工作,而另一转向架将被隔离。

库内试验时,可通过库用插座和库用开关引入 AC 860 V 电压。

司机室交流 220 V 设备的用电由牵引变压器次边辅助绕组引入,主要给司机室壁炉、脚炉、窗加热及电源插座供电。列车供电通过牵引变压器次边辅助绕组端子引入 AC 860 V,通过输入接触器进入整流装置,经整流滤波后输出 DC 600 V,供电电路设有 LC 滤波器及接地、过流保护等。

通过连线将 AC 860 V 引入蓄电池电源柜,经变压整流后生成 DC 110 V 控制电源,同时给蓄电池充电。

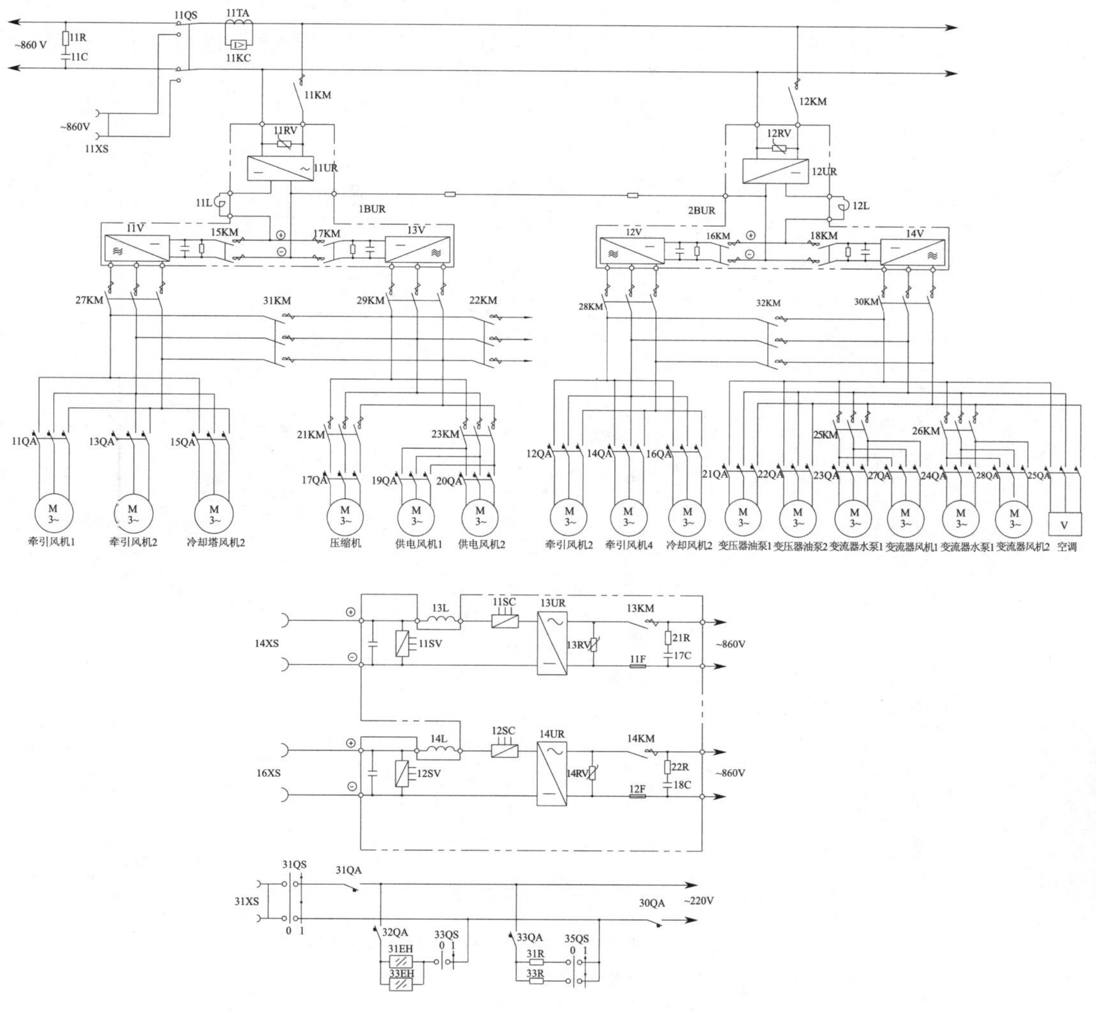

图 1-4-5　DJJ1 型(蓝箭)动力车辅助电路图

11R—滤波电阻;11C—滤波电容;11QS—辅助电路库用转换开关;11XS—辅助电路库用插座;11TA—电流互感器;11KC—过流继电器;11KM、12KM—输入接触器;1BUR、2BUR—辅助变流柜;11RV、12RV—压敏电阻;11UR、12UR—相控整流器;11V、12V、13V、14V—辅助逆变器;11L、12L—电抗器;27KM、28KM、29KM、30KM—辅助输出接触器;31KM、32KM、22KM—辅助输出冗余切换接触器;11QA、12QA、13QA、14QA—牵引风机断路器;15QA、16QA—冷却塔风机断路器;17QA—压缩机断路器;21KM—压缩机接触器;19QA、20QA—供电风机断路器;23KM—供电风机接触器;21QA、22QA—变压器油泵断路器;23QA、24QA—变流器水泵断路器;27QA、28QA—变流器风机断路器;25KM、26KM—变流器风机、水泵接触器;25QA、26QA—空调断路器;14XS、16XS—供电插座;11SV、12SV—供电输出电压传感器;11SC、12SC—供电输出电流传感器;13UR、14UR—相控整流器;13L、14L—滤波电抗器;13KM、14KM—输入接触器;21R、22R—滤波电阻;17C、18C—滤波电容;31XS—AC 220 V 插座;31QS、32QS—插座开关;31QA—插座保护断路器;32QA—窗加热断路器;31EH、32EH、33EH、34EH—窗加热装置;33QS、34QS—窗加热转换开关;33QA—司机室壁炉、脚炉断路器;31R、33R—司机室壁炉;32R、34R—司机室脚炉;35QS—壁炉转换开关;36QS—脚炉转换开关

5. 微机网络控制系统

DJJ1 型(蓝箭)动力车采用了符合列车通信网络(TCN)标准的 MITRAC 分布式微机控制与网络系统,实现了机车的通信、控制、诊断、保护和信息监视等主要功能。

MITRAC 分布式微机控制与网络系统采用分布式采集及执行,中央集中控制与管理的模式。由车辆控制单元 VCU、绞线式列车总线 WTB、多功能车辆总线 MVB、网关 GW、星形耦合器 SC、智能显示单元 IDU、传动控制单元 DCU、输入/输出模块等设备进行通信，其结构如图 1-4-6 所示。

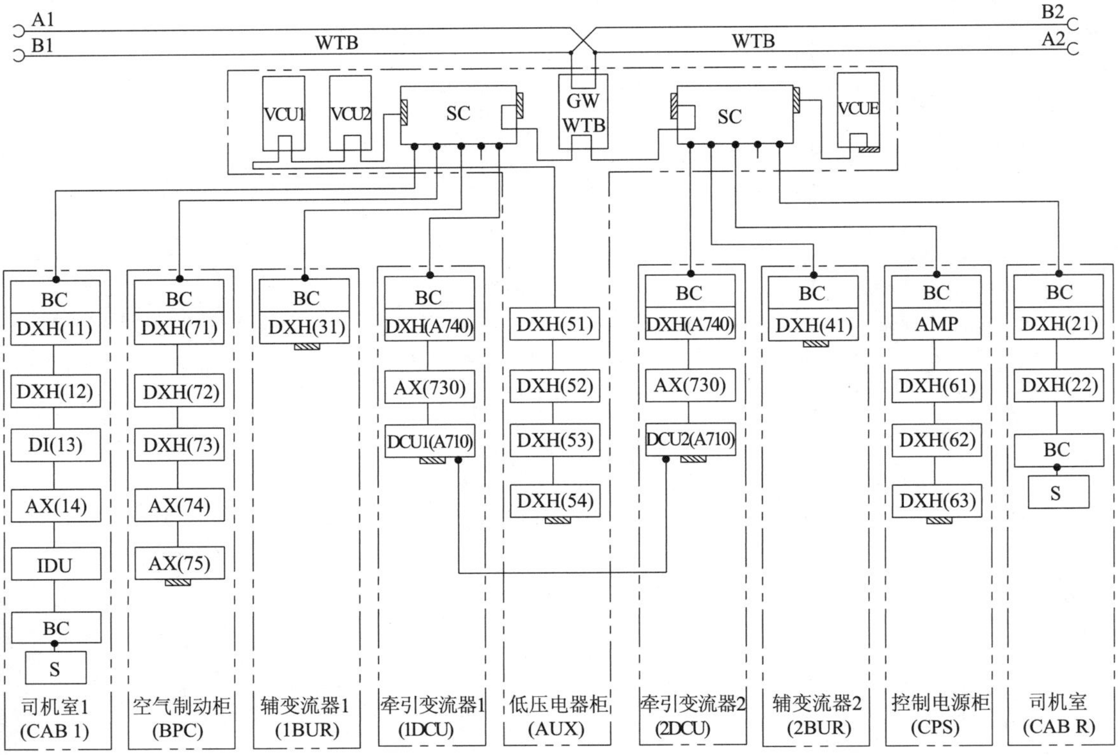

图 1-4-6 DJJ1 型(蓝箭)动力车网络控制系统结构图

VCU1—车辆控制单元 1；VCU2—车辆控制单元 2；VCUE—VCU1 的备用控制单元；GW—重联网关；WTB—铰线式列车总线；SC—星型光电耦合器；BC—总线连接器；DXH—数字输入输出模块；DI—数字输入模块；AX—模拟输入输出模块；IDU—微机显示屏；AMP—模拟测量及保护装置；DCU1—传动控制单元 1；DCU2—传动控制单元 2

DJJ1 型(蓝箭)动力车微机网络控制功能分为三级：列车控制级、车辆控制级、变流器控制及功能控制级。

列车级主要通过绞线式列车总线(WTB)实现动力车与其他车辆之间的通信控制及它们间的信息交换。

车辆级主要实现本动力车内诸如牵引特性计算、逻辑控制、空电联合控制、故障诊断、信息显示、多功能车辆总线(MVB)的管理等一系列功能。动车组级的控制、通信、故障诊断由车辆控制单元 VCU 进行。为防电磁干扰，VCU 与分散的输入/输出(I/O)模块之间用光纤连接，而在屏柜内部，则用电缆连接，这样保证了系统工作的稳定性。

变流器控制及功能控制级主要实现牵引电路网侧、电机侧牵引变流器的控制和黏着控制，传动控制级由 DCU 进行，并通过 MVB 与 VCU 进行通信。

控制系统针对不同类型的故障，进行保护、恢复、故障记录、隔离控制、安全导向及显示等。

6. 车　　体

DJJ1 型(蓝箭)动力车车体为鼓形断面，包括车体承载钢结构和车体附属部件两大部分。

车体承载钢结构为超轻量化薄壳整体承载结构，主要由底架、司机室、侧墙等组焊成一个整体的单司机室框架式全钢焊接结构，材料为Q345低合金钢和耐候钢；车体附属部件主要包括顶盖、排障器、牵引缓冲装置、动力车门窗、内装饰、折棚式风挡等，其中顶盖材料为铝合金，车头盖、司机室下部导流罩、中部裙板采用复合材料。

前端钩缓系统采用带15号下作用式转换钩头的MJGH-SYS2缓冲装置，后端钩缓系统为MJGH-SYS2密接式车钩及缓冲装置。

7. 转向架

DJJ_1型（蓝箭）动力车走行部为两台可以互换的两轴转向架，无心盘、无导框、单拉杆式轴箱定位。转向架主要由构架、轮对、轴箱、牵引装置、电机悬挂及基础制动装置等组成。轴箱是滚动轴承轴箱，采用弹性拉杆定位，转向架的一系悬挂由轴箱两边的弹簧和安装在轴箱与构架间的减振器组成。转向架的二系悬挂装置由每个转向架的四组高柔钢弹簧组成，支承机车上部的全部质量。转向架的牵引装置采用端部单拉杆结构，传递牵引力和制动力。驱动装置将驱动电机、基础制动、齿轮传动系统合为一体，由牵引电机、齿轮箱、制动横梁和托架形成一个框形结构，构成驱动、制动单元。该单元采用半体悬结构，即一端悬挂在车体上，另一端悬挂在转向架构架上。传动装置采用六连杆空心轴柔性传动，转向架的基础制动采用轴盘制动装置，由合金锻钢制动盘＋粉末冶金闸片＋单元/复合制动组成，制动盘安装在空心轴上。

8. 制动系统

DJJ_1型（蓝箭）动力车制动机采用DK-1型电空制动机，可分为电空制动系统和空气管路系统两大部分。电空制动系统由DK-1型电空制动机、车列电控制动系统组成；空气管路系统由风源系统、控制管路系统、辅助管路系统及制动机管路系统组成。

压缩机采用KNORR的SL20-5-67螺杆压缩机，其排气压力为1 000 kPa，排气量为2.0 m^3/min；干燥器采用JKG2型双塔干燥器，空气处理量为3.5 m^3/min；总风缸由两个500 dm^3的风缸串联；压力控制器的整定值为750～900 kPa；高压安全阀的整定值为950 kPa。辅助供风系统采用TZK1-50型辅助压缩机组。动力车采用双管供风形式，总风供风压力为750～900 kPa压力。

DJJ_1型（蓝箭）动力车制动机系统采用DK-1型电空制动机（DK-1B），增设了受动力车微机控制的空气制动防滑阀、停放制动装置；增加了列车电控制动和空电联合功能，并且能与LKJ2000型监控装置实现有机的配合。DJJ_1型（蓝箭）动力车制动机系统主要由司机室内的电空制动控制器和后备空气制动阀；空气制动柜内集成气路屏、电器屏和相应的制动机阀类和电器；以及制动逻辑控制单元等组成。

动力车以再生制动为主、盘形空气制动为辅。为了便于安装，制动盘采用三件式盘、毂连接装置，制动盘用螺栓安装在过渡毂上，毂采用过盈配合安装在外空心轴身上。每轴两个制动盘。制动盘直径为750 mm，厚40 mm。制动缸采用具有空气制动、停车储能制动和闸片间隙调整功能的三合一制动缸。

9. 列车供电系统

DJJ_1型（蓝箭）动力车列车供电系统主要由牵引变压器供电绕组、列车供电柜、供电插座等设备组成。供电绕组额定输出电压858 V，通过列车供电柜内的相控整流器转变为稳定的DC 600 V电压向旅客列车供电。

DJJ_1型（蓝箭）动力车配置一台列车供电柜，安装在机械间内。该供电柜内设有相控整流及辅助电路，容量 400 kW。

10. 技术参数表

DJJ_1 型（蓝箭）动力车技术参数表见表 1-4-1。

表 1-4-1 DJJ_1 型（蓝箭）动力车技术参数表

车型名称		DJJ_1（蓝箭）
车型代号		DJJ_1 型
机车车号		0001～0008
项目	序号	参数及说明
用途	1	干线客运
制造年代	2	2000～2001 年
制造厂名	3	中车株洲电力机车有限公司
轨距(mm)	4	1 435
车体 车底架长(mm)	5	19 900
车体 车体宽(mm)	6	3 104
车体 高（轨面至受电弓座平面）(mm)	7	3 950
司机室个数	8	1
机车前后车钩中心距(mm)	9	20 500
车钩型号，形式	10	司机室端车钩为带 15 号下作用式转换钩头的 MJGH-SYS2 密接式车钩；后端车钩为 MJGH-SYS2 密接式车钩及缓冲装置
缓冲器型号	11	MJGH-SYS2 密接式缓冲器
轴式	12	B_0—B_0
车钩中心线距轨面高度(mm)	13	880±10
转向架中心距(mm)	14	11 280
全轴距(mm)	15	14 280
动轮直径（新轮）(mm)	16	1 050
动轮直径（半磨耗）(mm)	17	1 010
落弓后滑板顶面距轨面高度(mm)	18	≤4 540
受电弓滑板距轨面工作高度(mm)	19	5 000～6 500
动力车整备质量(t)	20	78
轴重(t)	21	19.5
通过最小曲线半(m)	22	125
供电电流制	23	AC 25 kV/50 Hz
额定电压(kV)	24	25
最高电压(kV)	25	29
最低电压(kV)	26	19
电传动方式	27	交—直—交
持续功率(kW)	28	4 800
持续速度(km/h)	29	105
持续牵引力(kN)	30	164
最高运用速度(km/h)	31	210
恒功率速度范围(km/h)	32	105～210

续上表

车型名称				DJJ1(蓝箭)
车型代号				DJJ1型
机车车号				0001～0008
项目			序号	参数及说明
最大启动牵引力(kN)			33	211
最大再生制动力(kN)			34	150(10～106 km/h)
功率因数			35	≥0.95
等效干扰电流 J_p(A)			36	≤2
电网电流畸变率(%)			37	<10
机车总效率			38	0.86
紧急制动距离(m)			39	≤800 (初速度 120 km/h) ≤1 400(初速度 160 km/h) ≤2 000(初速度 200 km/h)
库内动车电源制式(V)			40	AC 860
转向架	构架外形尺寸(mm)		41	5 130×2 785×770
	两侧梁横向中心距(mm)		42	2 050
	转向架各轴间距(mm)		43	3 000
	转向架固定轴距(mm)		44	3 000
	同一轴两轴箱中心距(mm)		45	2 050
	轮对质量(kg)		46	2 100
	一系悬挂装置	一系悬挂静挠度(mm)	47	35.2
		垂向油压减振器型号,数量	48	KONI(02A-1503),4/转向架
		垂向油压减振器阻尼系数	49	3.0 kN (0.1 m/s)
	二系悬挂装置	二系悬挂静挠度(mm)	50	158.1
		垂向油压减振器型号,数量	51	KONI(02V-1504),2/转向架
		垂向油压减振器阻尼系数	52	4.5 kN (0.1 m/s)
		横向油压减振器型号,数量	53	KONI(02H-1505),2/转向架
		横向油压减振器阻尼系数	54	4.5 kN(0.1 m/s)
		抗蛇行减振器型号,数量	55	KONI(04R-1397SF),2/转向架
		抗蛇行减振器阻尼系数	56	10 kN (0.01 m/s)
	牵引力传递方式		57	端部单拉杆,低位拉压牵引杆
	牵引点高(mm)		58	380
	牵引电机悬挂方式		59	半体悬
	齿轮传动比		60	68∶26(介轮 56)
	砂箱容量(m^3)		61	4×0.1
	转向架质量(t)		62	约 15.5

四

续上表

车型名称				DJJ1(蓝箭)
车型代号				DJJ1型
机车车号				0001～0008
项目			序号	参数及说明
基础制动装置	基础制动方式		63	轴盘制动
	每台转向架制动器组数		64	4
	制动缸直径(mm)		65	254
	制动倍率		66	5.04
	传动效率(%)		67	89
	闸片与轴盘的恒定间隙(mm)		68	2
	制动缸最大空气压力(kPa)		69	450
	闸片、制动盘形式		70	轴盘制动
	闸片、制动盘材质		71	粉末冶金、钢盘
	每个夹钳上的闸片(或轴盘)压力(kN)		72	93
	停放制动	停放制动方式	73	弹簧蓄能
		制动器数量(个)	74	2
		闸片压力(kN)	75	/
		停放制动器质量(kg)	76	/
	制动单元质量(kg)		77	/
受电弓	型号		78	WBL85
	额定工作电压(kV)		79	25
	额定工作电流(A)		80	700
	运行最高速度(km/h)		81	250
	工作高度(mm)		82	1 990
	最大升弓高度(mm)		83	2 110
	落弓位高度(mm)		84	720
	升弓时间(s)		85	≤10
	降弓时间(s)		86	≤10
	传动风缸工作空气压力(kPa)		87	400
	总质量(kg)		88	150
主断路器	型号		89	22CB
	额定电压(kV)		90	25
	额定电流(A)		91	1000
	额定分断电流(kA)		92	20
	额定分断容量(MV·A)		93	400
	固有分闸时间(ms)		94	40
	额定工作气压(kPa)		95	>483
	质量(kg)		96	107

四

续上表

车型名称				DJJ$_1$（蓝箭）
车型代号				DJJ$_1$ 型
机车车号				0001～0008
项目			序号	参数及说明
牵引变压器	型号，形式		97	TPQ16-6952/25，芯式
牵引变压器	各绕组额定容量（kV·A）	网侧高压绕组	98	6 952
牵引变压器	各绕组额定容量（kV·A）	牵引绕组	99	4×1 433
牵引变压器	各绕组额定容量（kV·A）	辅助 1 绕组	100	200
牵引变压器	各绕组额定容量（kV·A）	辅助 2 绕组	101	20
牵引变压器	各绕组额定容量（kV·A）	采暖绕组	102	500
牵引变压器	各绕组额定容量（kV·A）	供电绕组	103	500
牵引变压器	各绕组额定电压（V）	网侧高压绕组	104	25 000
牵引变压器	各绕组额定电压（V）	牵引绕组	105	4×1 471
牵引变压器	各绕组额定电压（V）	辅助 1 绕组	106	860
牵引变压器	各绕组额定电压（V）	辅助 2 绕组	107	220
牵引变压器	各绕组额定电压（V）	采暖绕组	108	860
牵引变压器	各绕组额定电压（V）	供电绕组	109	860
牵引变压器	各绕组额定电流（A）	网侧高压绕组	110	278
牵引变压器	各绕组额定电流（A）	牵引绕组	111	4×974
牵引变压器	各绕组额定电流（A）	辅助 1 绕组	112	232.5
牵引变压器	各绕组额定电流（A）	辅助 2 绕组	113	91
牵引变压器	各绕组额定电流（A）	采暖绕组	114	581
牵引变压器	各绕组额定电流（A）	供电绕组	115	581
牵引变压器	短路阻抗（%）		116	/
牵引变压器	绝缘等级		117	A
牵引变压器	冷却方式		118	强迫导向油循环风冷（ODAF）
牵引变压器	冷却油牌号		119	25 号
牵引变压器	冷却油流量（m^3/h）		120	45×2
牵引变压器	油泵型号		121	B245-19/4B-2
牵引变压器	效率（%）		122	/
牵引变压器	总质量（kg）		123	11 000
谐振电抗器	每节动力车台数		124	2
谐振电抗器	额定电流（A）		125	871
谐振电抗器	额定电压（V）		126	/
谐振电抗器	电感值（mH）		127	0.4
辅助变流电抗器	每节动力车台数		128	2
辅助变流电抗器	额定电流（A）		129	/
辅助变流电抗器	额定电压（V）		130	/
辅助变流电抗器	电感值（mH）		131	/

续上表

车型名称				DJJ1(蓝箭)
车型代号				DJJ1型
机车车号				0001～0008
项目			序号	参数及说明
二次吸收电抗器	每节机车台数		132	/
	额定电流(A)		133	/
	额定电压(V)		134	/
	电感值(mH)		135	/
牵引变流器	型号		136	UW242/261/121-27/09-1
	电路结构形式		137	电压型,两电平
	额定功率(kW)		138	4 900
	额定输入电压(交流)(V)		139	1 471
	额定输入电流(交流)(A)		140	974
	中间电路电压(V)		141	2 700
	二次谐振电容值(mF)		142	6.66
	支撑电容值(mF)		143	8.8
	额定输出电压(V)		144	3AC 2105
	额定输出电流(A)		145	407
	四象限变流器开关频率(Hz)		146	250
	牵引逆变器最大开关频率(Hz)		147	300
	牵引逆变器输出频率范围(Hz)		148	0～120
	冷却方式		149	强迫风冷
	效率		150	/
	质量(kg)		151	2 250(未注冷却液)
	外形尺寸(长×宽×高,mm)		152	3 000×1 940×1 050
	每台机车牵引变流器台数		153	2
	四象限变流器功率模块	型号	154	/
		电路形式	155	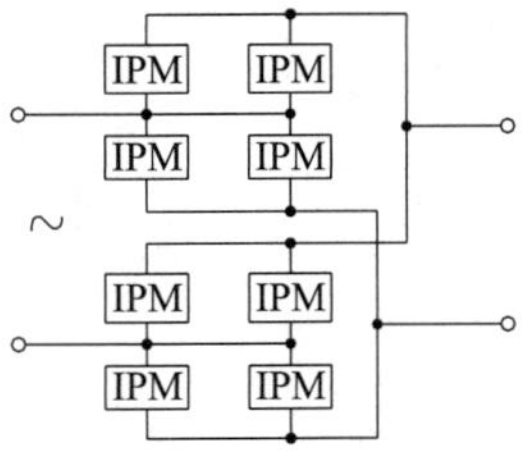
		四象限变流器构成形式	156	由一个四象限变流器功率模块构成
		电压(V)	157	AC 1 471
		电流(A)	158	AC 974
		开关频率(Hz)	159	250
		功率元件型号	160	/
		功率元件参数	161	IPM 4 500 V/1 500 A
		功率元件个数	162	8
		冷却方式	163	水循环冷却
		质量(kg)	164	/
		尺寸(长×宽×高,mm)	165	/

续上表

车　型　名　称				DJJ$_1$(蓝箭)
车　型　代　号				DJJ$_1$ 型
机　车　车　号				0001～0008
项　目			序号	参数及说明
牵引变流器	牵引逆变器功率模块	型号	166	/
		电路形式	167	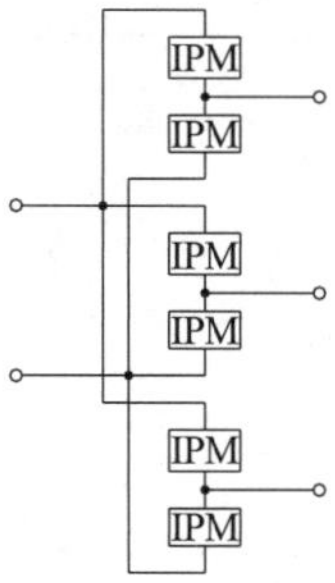
		牵引逆变器构成形式	168	由一个牵引逆变功率模块构成
		电压(V)	169	3AC 2 105
		电流(A)	170	409
		开关频率(Hz)	171	300
		功率元件型号	172	/
		功率元件参数	173	IPM 4 500 V/1 500 A
		功率元件个数	174	6
		冷却方式	175	水循环冷却
		质量(kg)	176	/
		尺寸(长×宽×高,mm)	177	/
	冷却系统	水泵型号	178	/
		流量(m^3/h)	179	12
		驱动电机功率(kW)	180	15
	控制策略	四象限整流器	181	/
		牵引逆变器	182	直接转矩控制
		瞬时电压限制器	183	/
交流异步牵引电机	型号		184	4FHA7056C
	额定功率(持续制)(kW)		185	1 225
	额定电压(持续制)(V)		186	2 105
	额定电流(持续制)(A)		187	409
	最大启动电流(A)		188	510
	功率因数		189	0.864
	额定转速(持续制)(r/min)		190	1 441
	最高转速(r/min)		191	3 856
	额定频率(Hz)		192	48.7

续上表

车型名称				DJJ1(蓝箭)
车型代号				DJJ1型
机车车号				0001～0008
项目			序号	参数及说明
交流异步牵引电机	额定转差率(%)		193	1.3
	额定转矩(N·m)		194	8 120
	最大转矩(N·m)		195	10 440
	额定效率(%)		196	95.55
	绝缘等级		197	200
	极数(个)		198	4
	质量(kg)		199	/
	通风量(m^3/s)		200	1.6
牵引通风机组	型号		201	TZTF6.0H
	台数		202	4
	最大转速(r/min)		203	2 930
	每台风机的风量(m^3/min)		204	126
	风压(Pa)		205	2 300
	额定功率(kW)		206	10
	质量(kg)		207	283.8
复合冷却塔	冷却方式		208	强迫风冷
	水散热量(kW)		209	70
	油散热量(kW)		210	120
	通风量(m^3/min)		211	300
	水流量(m^3/h)		212	12
	油流量(m^3/h)		213	45
	质量(kg)		214	799
辅助变流器	CVCF逆变器	型号	215	/
		每台机车装用台数	216	2
		额定输入电压(V)	217	860
		额定输入电流(A)	218	116
		额定输出电压(V)	219	380
		额定输出电流(A)	220	106
		容量(kV·A)	221	70
		频率(Hz)	222	50
		功率元件参数	223	/
		冷却方式	224	强迫风冷
		质量(kg)	225	/

续上表

车型名称				DJJ$_1$(蓝箭)
车型代号				DJJ$_1$ 型
机车车号				0001～0008
项目			序号	参数及说明
辅助变流器	VVVF逆变器	型号	226	/
		每台机车装用台数	227	2
		额定输入电压(V)	228	860
		额定输入电流(A)	229	116
		额定输出电压(V)	230	380
		额定输出电流(A)	231	106
		容量(kV·A)	232	70
		频率(Hz)	233	50
		功率元件参数	234	/
		冷却方式	235	强迫风冷
		质量(kg)	236	/
蓄电池充电机	型号		237	TPZ17B
	输入电压(V)		238	AC 860
	输出电压(V)		239	DC 110
	输出电流(A)		240	55
	输出容量(kV·A)		241	6
	质量(kg)		242	1 200
微机网络控制系统	列车网标准		243	IEC 61375-1
	车辆网标准		244	IEC 61375-1
	列车网传输速率(Mbit/s)		245	1
	车辆网传输速率(Mbit/s)		246	1.5
	机车控制功能	牵引特性控制	247	准恒速包络线控制
		再生制动特性控制	248	电制动功率曲线控制
		其他控制功能	249	保护控制、重联控制、辅助控制等
	保护功能	网压保护限值(kV)	250	17.5～31
		网流保护限值(A)	251	/
		中间电压限值	252	实时保护
		防空转/滑行策略	253	黏着利用率控制
		最高速度限值(km/h)	254	210

续上表

车型名称				DJJ1(蓝箭)
车型代号				DJJ1 型
机车车号				0001～0008
项目			序号	参数及说明
风源系统	主空气压缩机组	型号	255	SL20-5-67
		压缩空气出口压力(kPa)	256	1 000
		压缩空气出口温度(℃)	257	环境温度＋15
		排气量(m^3/min)	258	2
		冷却方式	259	风冷
		润滑油牌号	260	Anderrol 3057M
		润滑油储量(dm^3)	261	/
		润滑油压力(kPa)	262	/
		电机型号	263	KB/16-180N
		电机转速(r/min)	264	2 955
		额定功率(kW)	265	20
		额定电压(V)	266	/
		额定电流(A)	267	/
		机组质量(kg)	268	133
	辅助压缩机组	型号	269	TZK1-50
		额定排气量(m^3/min)	270	0.05
		额定排气压力(kPa)	271	800
		电动机型号	272	/
		额定工作电压(V)	273	DC 110
		额定工作电流(A)	274	/
		额定功率(kW)	275	0.5
		额定转速(r/min)	276	2 300
	空气干燥器	型号	277	JKG2
		形式	278	单塔再生
		处理空气量(m^3/min)	279	3.5
		工作压力(kPa)	280	/
		整机质量(kg)	281	/
	风源系统部件	压力控制器(调压器)型号	282	YWK-50C
		压力控制范围(kPa)	283	750～900
		总风缸空气压力范围(kPa)	284	750～900
		各总风缸总容量(dm^3)	285	500×2
	调压阀调压范围(kPa)		286	/

四

续上表

车型名称			DJJ1(蓝箭)
车型代号			DJJ1 型
机车车号			0001～0008
项目		序号	参数及说明
制动机	型号	287	DK-1
	自动制动阀	288	TSK26
	单独制动阀	289	/
	分配阀型号	290	109
	中继阀(双阀口式)	291	104
	紧急阀	292	95
	电动放风阀	293	94
	紧急电空阀(110 V)	294	/
	电空转换阀	295	/
蓄电池组	型号	296	GNZ100-3 1.2V
	容量(A·h)	297	100
	装用数量(只)	298	78
	总标称电压(V)	299	78×1.2
列供系统参数	型号	300	/
	电路形式	301	相控整流
	额定输出功率(kW)	302	400
	额定交流输入电压(V)	303	AC 860
	额定直流输出电压(V)	304	DC 600
	额定直流输出电流(A)	305	667
	最大直流输出电流(A)	306	750
	输出电压控制精度(%)	307	±5
	效率(额定工况)(%)	308	85
	冷却方式	309	强迫风冷

注:"—"表示无此设备;"/"表示数据空缺。

四

五、DJJ_2型(中华之星)动力车技术简介

1. 概　　述

DJJ_2型(中华之星)动力车是中华之星动车组(或列车)的交流传动动力车,中华之星动车组是最高运行速度为 270 km/h 的高速动车组,编组形式为两动九拖。

DJJ_2型(中华之星)动力车是由原铁道部科技司牵头,在"九五"国家科技攻关项目——交流传动动力车和国产化交流传动客运电力机车《国家计委关于 270 km/h 高速列车产业化项目可行性研究报告的批复》(计高技〔2000〕2458 号)的基础上,根据原铁道部《270 km/h 高速列车设计任务书》(铁科教函〔2001〕166 号),由株机公司和同车公司等 11 个单位,于 2001 年按产、学、研联合攻关方式,共同研制的高速动力车头。该动力车头轮周牵引功率 4 800 kW,最高运营速度 270 km/h,持续速度 110 km/h,持续牵引力 157 kN,轴式 $B_0—B_0$,轴重 19.5 t,通过最小曲线半径 125 m。

DJJ_2型(中华之星)动力车是我国第一个具有自主知识产权的、用于动力集中式的中华之星高速动车组的动力车,该动力车吸取了国际上多项先进技术,首次采用双拱流线头形;采用先进的交流传动牵引方式。中华之星动车组由编组在头部和尾部的两个动力车以前拉、后推的方式推挽运行。其中,中华之星动车组的头部动力车(车号:0001)在株机公司生产,尾部动力车(车号:0001B)在同车公司生产,中华之星动车组车厢在原长春客车厂(现中车长春轨道客车股份有限公司)和原四方车辆厂(现中车四方车辆有限公司)生产。

五

2002 年 11 月 27 日中华之星动车组在秦沈客运专线综合试验中,创造了当时中国铁路的最高速度 321.5 km/h。

2003 年 1 月至 2005 年初期间,中华之星动车组持续在秦沈客运专线上进行线路运行考核,约每天载客往返沈阳—秦皇岛一次,总运行里程达到 53.6 万 km。随后中华之星动车组正式配属沈阳铁路局,于 2005 年 8 月 1 日起正式投入载客运营(在秦沈客运专线),担当来往沈阳及山海关的临时准高速列车,其最高运营速度限制为 160 km/h,2006 年 8 月 2 日停运,存放在沈阳车辆段。中华之星动力车累计生产两台。DJJ_2型(中华之星)动力车外形图如图 1-5-1 所示。

图 1-5-1　DJJ_2型(中华之星)动力车外形图

2. 动力车总体

DJJ_2型(中华之星)动力车设单端司机室、贯通式中间走廊,设备布置按照分室斜对称原

则，车头采用双拱流线型。

动力车司机室两侧不设车门，仅在后墙上设有一扇通向车内设备室的门，与中间走廊连通。

车顶上安装有一台高速受电弓、一台高压隔离开关、一台高压电流互感器、一台高压接地装置及相连母线、相应支撑绝缘子、25 kV 高压电缆等。

车内设备布置共分为三个室，靠近司机室端的前端设备室，靠近尾部的后端设备室，中部为牵引变流器室。牵引变流器室中装有两个牵引变流器柜，前端设备室中装有一个辅助变流器柜、一个安全门锁柜、两个牵引风机柜、一个微机端子柜、一个空调柜、一个控制电源柜、一个低压电器柜、一台主冷却柜，后端设备室安装有一个空气制动柜、一个辅助变流器柜、两个牵引风机柜、一个网侧电器柜、一个通信信号柜、一个工具柜、一个升弓电磁阀装于后端设备室侧墙、一个列车供电柜、一台主冷却柜。

车下安装有一台卧式悬挂牵引变压器，位于动力车头中央部位；两个主风缸安装在牵引变压器两端；两台动力转向架以变压器为中心对称布置；一个 860 V 辅助电源库用插座和一个 DC 110 V 控制电源插座；LKJ2000 型列车运行监控装置用的地面感应器和 TVM430 超速防护的地面感应器；自动过分相的地面感应器。

动力车通风系统采用车顶夹层独立通风方式，基本结构原理是在车体顶盖中设置空气流通夹层，车外空气从车顶斜面百叶窗进入夹层通风室，然后由各通风支路专用进风口吸入，经风机送入到各需要冷却部件，例如牵引电机、牵引变压器油散热器及牵引变流器的水散热器。此外，动力车通风系统的一部分风路也采用车体通风方式，例如辅助变流器、列车供电整流装置以及空气压缩机散热器。通风系统根据冷却对象的不同，风道形式的不同可以分为四大通风支路：牵引通风支路、主冷却柜通风支路、辅助变流柜通风支路和列车供电柜通风支路。

五

DJJ_2 型（中华之星）动力车设备布置如图 1-5-2 所示。

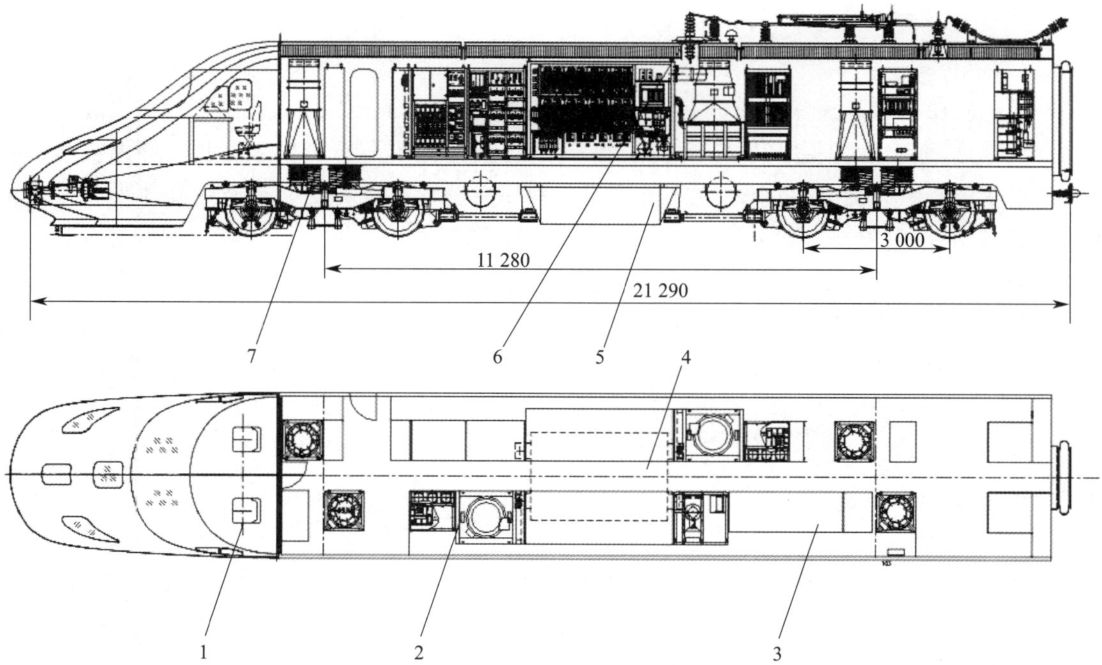

图 1-5-2　DJJ_2 型（中华之星）动力车设备布置图

1—司机室设备安装；2—前端设备室设备安装；3—后端设备室设备安装；
4—牵引变流器室设备安装；5—牵引变压器安装；6—车顶设备安装；7—辅助设备安装

DJJ2 型(中华之星)动力车牵引、再生制动特性曲线如图 1-5-3 所示。

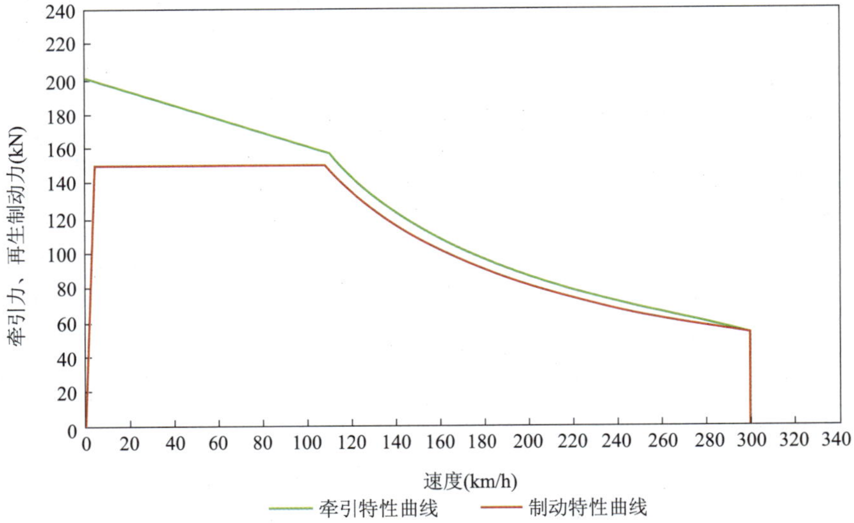

图 1-5-3　DJJ2 型(中华之星)动力车牵引、再生制动特性曲线图

3. 牵引电传动系统

(1)牵引电路

DJJ2 型(中华之星)动力车牵引电路由网侧电路、牵引变压器、牵引变流器及牵引电机构成。机车牵引电路图如图 1-5-4 所示。

牵引变压器四个独立的次边牵引绕组分别向四个四象限变流器供电,两个四象限变流器并联输出共用一个中间直流电路。该中间直流电路同时向两个电压型脉宽调制牵引逆变器供电,每个牵引逆变器分别向一个转向架的两台并联的异步牵引电机供电。

(2)网侧电路

网侧电路由一台高速受电弓、一台高压隔离开关、一个原边电流互感器、一个原边过流继电器、一台高压接地装置、一台高压电压互感器、一台二合一主断路器(其中包含真空断路器和避雷器)、牵引变压器原边绕组、两个原边电流传感器和回流装置组成。动力车通过高速受电弓从接触网受流,经原边电流互感器进入网侧柜内的真空断路器,然后通过 25 kV 高压电缆与牵引变压器的 A 端子相连,经牵引变压器原边 AX 后通过并联的四个接地装置和轮对回流至钢轨。

由于列车采用前后动力车牵引的形式,每一动力车上只设一台高速受电弓;高压隔离开关采用手动功能,并设有安全门联锁装置,当受电弓故障接地时,可在机械间内手动操作高压隔离开关,将故障的受电弓切除,而使用另一台动力车的受电弓维持列车的正常运行,减少机破,提高列车的运行可靠性;二合一主断路器将真空断路器和避雷器合为一体,体积较小,装在室内网侧电器柜内。

(3)牵引变压器

牵引变压器是单相、强迫导向油循环冷却变压器,卧式结构,采取车体下悬挂安装方式,采用扁平结构,以降低机车重心。变压器与五台电抗器共油箱,共用一套冷却系统,在一体化的基础上达到了小型化。次边四个牵引绕组为动力车牵引电传动系统供电;一个采暖绕组主要给司机室内提供交流 220 V 的采暖插座电源;一个辅助绕组给动力车辅机系统提供电源;一个供电绕组为列车空调、采暖等提供用电。

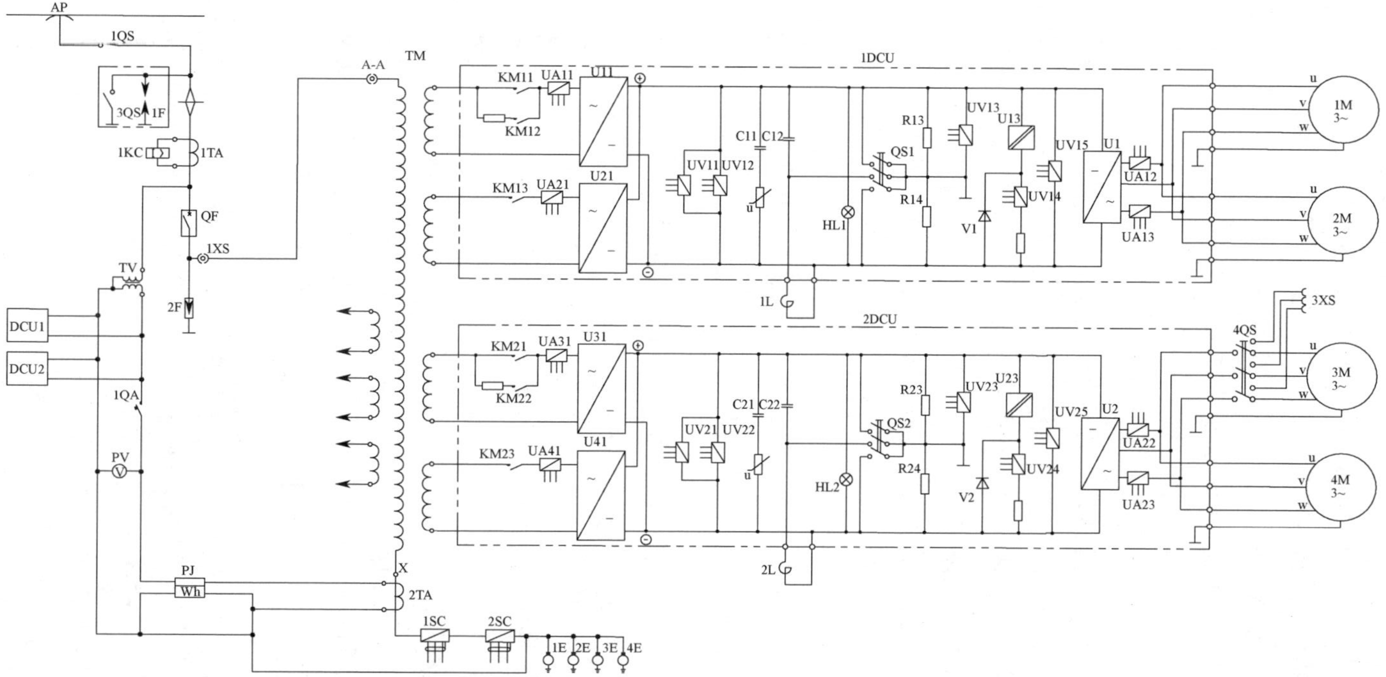

图 1-5-4　DJJ2 型(中华之星)动力车牵引电路图

AP—受电弓;1QS—高压隔离开关;3QS—高压接地开关;1TA—高压电流互感器;1KC—原边过流继电器;QF—主断路器;1F—车顶避雷器;2F—车内避雷器;TV—高压电压互感器;PV—网压表;PJ—电度表;Wh—能耗计量装置;DCU1、DCU2—传动控制单元;1XS—25 kV 高压电缆;A-A—A 端子;TM—牵引变压器;1SC、2SC—原边电流传感器;2TA—电度表电流互感器;1E、2E、3E、4E—回流装置;1DCU、2DCU—牵引变流器;KM11、KM13、KM21、KM23—输入接触器;KM12、KM22—预充电接触器;UA11、UA21、UA31、UA41—输入电流传感器;UA12、UA13、UA22、UA23—输出电流传感器;U11、U21、U31、U41—四象限变流器;1L、2L—电抗器;UV11～UV15、UV21～UV25—电压传感器;C11、C12、C21、C22—中间支撑电容;HL1、HL2—高压电压指示灯;R13、R14、R23、R24—放电电阻;QS1、QS2—接地开关;U1、U2—牵引逆变器;4QS—牵引电路库用电源转换开关;3XS—牵引电路库用电源插座

五

牵引变压器箱体内还装有两台 100 Hz 谐振电抗器，共用一个冷却系统。

(4)牵引变流器

牵引变流器由充电电路、网侧变流器、直流电压中间电路、牵引逆变器电路构成。采用 TEP28WG01 型牵引变流器，实现对动力车牵引电机的驱动控制。每台牵引变流器除二次滤波电抗器外，主要由两套四象限脉冲整流器、共用的中间直流回路环节、电压型 PWM 逆变器、以及牵引变流器的驱动控制单元和冷却系统等组成。充电电路的充电接触器、充电电阻和线路接触器一起构成开关单元，用于牵引变流器与牵引变压器的接通和关断。直流电压中间电路将网侧变流器与牵引逆变器相连接。每个牵引逆变器同时向一个转向架上的两台并联牵引电机供电。

(5)牵引电机

DJJ$_2$ 型(中华之星)动力车采用 JD128 型三相异步牵引电机。电机主要由定子、转子、端盖、轴承、测速装置和主动齿轮等部分组成。定子的主要零部件有定子铁芯、定子绕组等。转子由转子铁芯、导条、端环和转轴等组成。牵引电机采用强迫通风冷却，传动端滚动轴承采用油润滑，轴承采用复合密封方式密封；非传动端轴承润滑采用合成脂润滑，采用非接触的轴向、径向迷宫式密封结构。轴承采用圆柱滚子陶瓷绝缘轴承，有效防止轴承电蚀。

电机采用体悬悬挂结构，电机一侧与转向架相连，另一侧与车体相连，即在电机一侧(面向轴伸端左侧)设有两个悬挂止口。其中一个通过托架箱体与外空心轴相连，另一个通过介轮轴承座与齿轮箱相连。齿轮箱一端与电机相连。在电机的另一侧上方设有支架安装止口通过电机悬挂座与车体相连。

4. 辅助电气系统

DJJ$_2$ 型(中华之星)动力车辅助电路包括相对独立的三部分电路：三相辅机供电电路，容量为 200 kV・A；DC 600 V 列车供电电路，容量为 500 kV・A；单相 220 V 交流供电电路，容量为 20 kV・A。

DJJ$_2$ 型(中华之星)动力车的辅助变流系统由两台辅助变流器组成，采用 AC4000 型辅助变流器，实现对动力车辅助系统各辅机电机的供电。每台辅助变流器除滤波电抗器外，主要由一套容量为 100 kV・A 的相控整流器、共用的中间直流回路和两套容量为 70 kV・A 电压型 PWM 逆变器以及辅助变流器的驱动控制单元和冷却系统等组成。其中，逆变器 1 为变压变频型(VVVF)，逆变器 2 为恒压恒频型(CVCF)。每台辅助变流器由一台相控整流器、一个中间直流环节和两台三相辅助逆变器组成。辅助电机为三相异步电动机。辅助电路图如图 1-5-5 所示。

牵引变压器辅助绕组送出 AC 860 V，通过交流接触器经整流器整流后，输出稳定范围在 550～600 V 的直流电压，再经 LC 滤波，送入辅助逆变器逆变成三相交流电供各辅机使用。第一辅助变流器的逆变器 1 提供牵引风机 1、牵引风机 2 及冷却塔风机电机 1 的用电，逆变器 2 提供压缩机电机及供电风机电机的用电；第二辅助变流器的逆变器 1 提供牵引风机电机 3、牵引风机电机 4 及冷却塔风机电机 2 的用电，逆变器 2 提供变压器油泵电机 1、变压器油泵电机 2，变流器水泵电机 1、变流器水泵电机 2、变流器风机电机 1、变流器风机电机 2 及空调柜的用电。第一辅助变流器的逆变器 1，第二辅助变流器的逆变器 1 为变压变频 VVVF 逆变器，第一辅助变流器的逆变器 2，第二辅助变流器的逆变器 2 为恒压恒频 CVCF 逆变器，单台逆变器最大容量为 70 kV・A。若辅助变流器内其中一组逆变器发生故障，微机控制系统将自动切

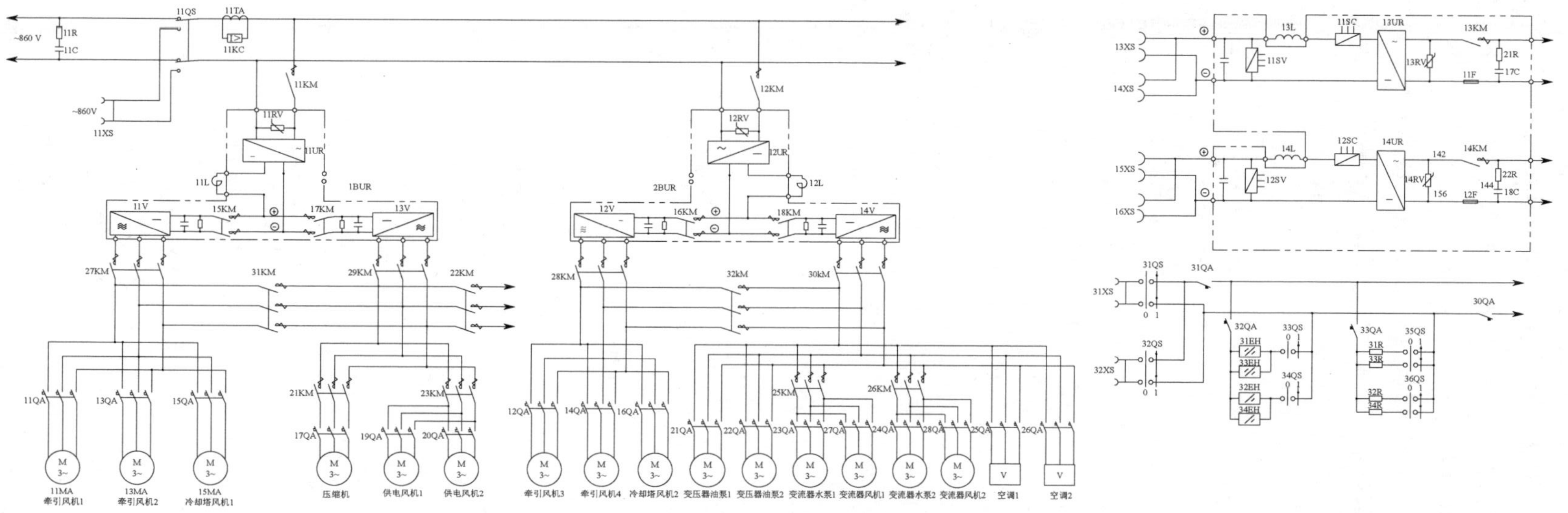

图 1-5-5　DJJ₂ 型动力车辅助电路图

11R—滤波电阻；11C—滤波电容；11QS—辅助电路库用转换开关；11XS—辅助电路库用插座；11TA—电流互感器；11KC—过流继电器；11KM、12KM—输入接触器；1BUR，2BUR—辅助变流柜；11RV、12RV—压敏电阻；11UR、12UR—相控整流器；11V、12V、13V、14V—辅助逆变器；11L、12L—电抗器；27KM、28KM、29KM、30KM—辅助输出接触器；31KM、32KM、22KM—辅助输出冗余切换接触器；11QA、12QA、13QA、14QA—牵引风机断路器；15QA、16QA—冷却塔风机断路器；17QA—压缩机断路器；21KM—压缩机接触器；19QA、20QA—供电风机断路器；23KM—供电风机接触器；21QA、22QA—变压器油泵断路器；23QA、24QA—变流器水泵断路器；27QA、28QA—变流器风机断路器；25KM、26KM—变流器风机、水泵接触器；25QA、26QA—空调断路器；13XS、14XS、15XS、16XS—供电插座；11SV、12SV—供电输出电压传感器；11SC、12SC—供电输出电流传感器；13UR、14UR—相控整流器；13L、14L—滤波电抗器；13KM、14KM—输入接触器；21R、22R—滤波电阻；17C、18C—滤波电容；31XS、32XS—AC 220 V 插座；31QS、32QS—插座开关；31QA—插座保护断路器；32QA—窗加热断路器；31EH、32EH、33EH、34EH—窗加热装置；33QS、34QS—窗加热转换开关；33QA—司机室壁炉、脚炉断路器；31R、33R—司机室壁炉；32R、34R—司机室脚炉；35QS—壁炉转换开关；36QS—脚炉转换开关；1BUR、2BUR—辅助变流柜

除该逆变器，同时把该组负载通过接触器转换到另一组逆变器上工作，不管是任何一组逆变器发生故障，转换后都以 CVCF 方式工作。若辅助变流器内其中一组整流器发生故障，则接触器将闭合，保证压缩机和变压器、一个转向架的各辅机正常工作，而另一转向架将被隔离。

库内试验时，可通过库用插座和库用开关引入 AC 860 V。

司机室交流 220 V 设备的用电由牵引变压器次边辅助绕组引入，主要给司机室壁炉、脚炉、窗加热及电源插座供电。列车供电通过牵引变压器次边辅助绕组端子引入 AC 860 V，通过输入接触器进入整流装置，经整流滤波后输出 DC 600 V，供电电路设有 LC 滤波器及接地、过流保护等。

通过连线将 AC 860 V 引入蓄电池电源柜，经变压整流后生成 DC 110 V 控制电源，同时给蓄电池充电。

5. 微机网络控制系统

DJJ_2 型（中华之星）动力车采用符合列车通信网络 TCN 标准的 TEC01 型微机控制与网络系统平台为基础，实现机车的通信、控制、诊断、保护和信息监视等主要功能。

TEC01 型微机控制与网络系统采用分布式采集及执行，中央集中控制与管理的模式。由中央控制单元 CCU1 及 CCU2、绞线式列车总线 WTB/多功能车辆总线 MVB 网关、低压控制单元 LCU、电源柜控制单元 CPS、制动控制单元 BCU、司机室控制单元 DSU1 及 DSU2、星形耦合器 SC1 及 SC2、智能显示单元 IDU1 及 IDU2 构成，通过网卡板与传动控制单元 DCU、辅助控制单元 ACU 等设备进行通信，其结构如图 1-5-6 所示。

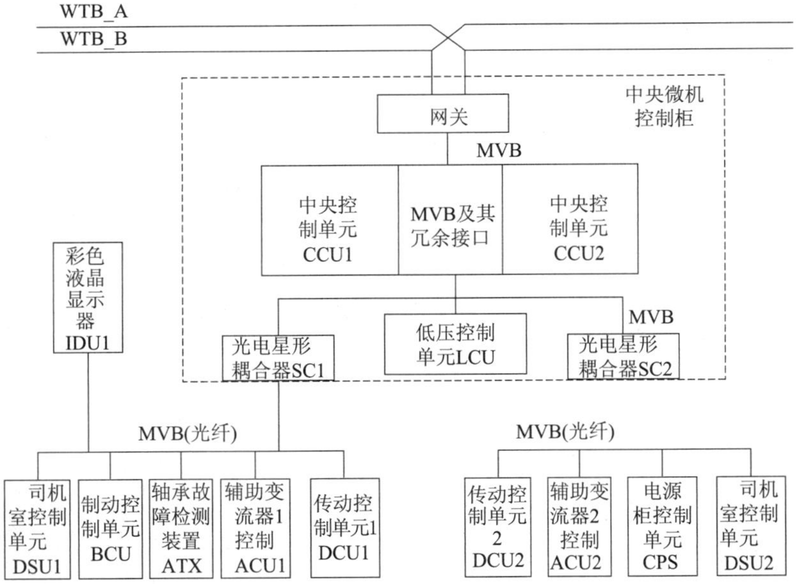

图 1-5-6　DJJ_2 型（中华之星）动力车网络控制系统结构图

DJJ_2 型（中华之星）动力车微机网络控制功能分为三级：列车级、车辆控制级和传动控制级。

列车级主要通过 WTB 实现动力车与其他车辆之间的通信控制及它们间的信息交换。

车辆级主要实现本动力车内诸如牵引特性计算、逻辑控制、空电联合控制、故障诊断、信息显示、车辆总线 MVB 的管理等一系列功能。动车组级的控制、通信、故障诊断由中央控制单元 CCU 进行。

传动控制级主要实现牵引电路网侧、电机侧牵引变流器的控制和黏着控制，传动控制级由 DCU 进行，并通过 MVB 与 CCU 进行通信。

控制系统针对不同类型的故障，进行保护、恢复、故障记录、隔离控制、安全导向及显示等。中央控制单元除与网关及低压控制单元之间的通信采用电连接的 MVB 外，与中央微机控制柜外的其他控制单元通信采用光纤连接的 MVB。中央控制单元根据控制要求冗余 CCU1 及 CCU2，正常时 CCU1 执行控制与通信功能，CCU2 热备；当 CCU1 故障时，CCU2 自动切换成主控单元，执行控制与通信功能。

6. 车　　体

DJJ_2 型(中华之星)动力车车体为宽体鼓形断面，包括车体承载钢结构和车体附属部件两大部分。车体承载钢结构为超轻量化薄壳整体承载结构，主要由底架、司机室、侧墙等组焊成一个整体的单司机室框架式全钢焊接结构，材料为 16Mn 低合金钢；车体附属部件主要包括顶盖，排障器，牵引缓冲装置，机车门窗、内装饰、折棚式风挡等，其中顶盖材料为铝合金，车头盖和车头前端采用复合材料。

前端钩缓系统采用带 15 号下作用式转换钩头 MJGH-SYS2 缓冲装置，后端钩缓系统为 MJGH-SYS2 密接式车钩及缓冲装置。

7. 转 向 架

DJJ_2 型(中华之星)动力车走行部为两台可以互换的两轴转向架，无心盘、无导框、单拉杆式轴箱定位。转向架主要由构架、轮对、轴箱、牵引装置、电机悬挂及基础制动装置等组成。轴箱是滚动轴承轴箱，采用弹性拉杆定位，转向架的一系悬挂由轴箱两边的弹簧和安装在轴箱与构架间的减振器组成。转向架的二系悬挂装置由每个转向架的四组高柔钢弹簧组成，支承机车上部的全部质量。转向架的牵引装置采用端部单拉杆结构，传递牵引力和制动力。驱动装置将驱动电机、基础制动、齿轮传动系统合为一体，由牵引电机、齿轮箱、制动横梁和托架形成一个框形结构，构成驱动、制动单元。该单元采用半体悬结构，即一端悬挂在车体上，另一端悬挂在转向架构架上。传动装置采用六连杆空心轴柔性传动，转向架的基础制动采用轴盘制动装置，由合金锻钢制动盘＋粉末冶金闸片＋单元/复合制动组成，制动盘安装在空心轴上。

8. 制动系统

DJJ_2 型(中华之星)动力车制动系统包括微机直通电空制动、基础制动、防滑器及备用空气制动等四个部分。微机直通电空制动具有 1～7 级直通电空常用制动和第 8 级的电空紧急制动，并能与动力车的再生制动自动复合使用。制动控制单元实施制动力按级位和载重自动调整，达到相应级位下的基本恒减速率的控制；在目标制动力不变的前提下，采用再生制动力优先并充分利用的原则，以复合制动的方式实施与空气制动力的匹配调整；通过网络与中央控制单元 CCU 交互制动指令及信息，以实施硬线指令与网络指令的冗余控制，以及各类信息的相关处理。

制动系统采用高灵敏度电子防滑器，可有效防止车轮擦伤。

采用备用自动空气制动装置，它不但能与既有的机车车辆制动系统连挂，还能以热备用的方式实施与电空制动的自动转换。

机车设置了双管供风功能，通过列车管和总风管向全列车供风，分开了列车制动用风与辅助用风，使彼此功能相对独立，互不干扰。

高度集成的空气管路和制动系统，具备了较完善的空电联合制动、车列电控制动功能。并具有故障自动导向安全的功能；与 ATP 列车自动防护系统配合使用，可实现对列车冒进和超速的自动防护控制。

采用 1 台 SL20-5 型螺杆压缩机作为系统风源，排气压力为 1 000 kPa，排气量为 2.0 m^3/min，主风缸的容积为 2×500 dm^3。

9. 列车供电系统

DJJ2 型(中华之星)动力车列车供电系统主要由牵引变压器供电绕组、列车供电柜、供电插座等设备组成。供电绕组额定输出电压 858 V，通过列车供电柜内的相控整流器转变为稳定的 DC 600 V 电压向旅客列车供电。动力车配置一台列车供电柜，安装在机械间内。该供电柜内设有相控整流及辅助电路，容量 400 kW。

10. 技术参数表

DJJ2 型(中华之星)动力车技术参数表见表 1-5-1。

表 1-5-1 DJJ2 型(中华之星)动力车技术参数表

车型名称			DJJ2(中华之星)
车型代号			DJJ2 型
机车车号			0001(株机公司)
			0001B(同车公司)
项目		序号	参数及说明
用途		1	干线客运
制造年代		2	2001—2002 年
制造厂名		3	中车株洲电力机车有限公司、中车大同电力机车有限公司
轨距(mm)		4	1 435
车体	车底架长(mm)	5	19 660
	车体宽(mm)	6	3 300
	高(轨面至受电弓座平面)(mm)	7	3 880
司机室个数		8	1
机车前后车钩中心距(mm)		9	21 290
车钩型号，形式		10	司机室端车钩为带 15 号下作用式转换钩头的 MJGH-SYS2 密接式车钩，后端车钩为 MJGH-SYS2 密接式车钩及缓冲装置
缓冲器型号		11	MJGH-SYS2 密接式缓冲器
轴式		12	B_0—B_0
车钩中心线距轨面高度(mm)		13	880±10
转向架中心距(mm)		14	11 280
全轴距(mm)		15	14 280
动轮直径(新轮)(mm)		16	1 050
动轮直径(轮箍半磨耗)(mm)		17	1 010
落弓后滑板顶面距轨面高度(mm)		18	<4 500
受电弓滑板距轨面工作高度(mm)		19	5 200～6 500

续上表

车型名称				DJJ2(中华之星)
车型代号				DJJ2 型
机车车号				0001(株机公司)
				0001B(同车公司)
项目			序号	参数及说明
动力车整备质量(t)			20	78
轴重(t)			21	19.5
通过最小曲线半径(m)			22	125
供电电流制			23	AC 25 kV/50 Hz
额定电压(kV)			24	25
最高电压(kV)			25	29
最低电压(kV)			26	19
电传动方式			27	交—直—交
持续功率(kW)			28	4 800
持续速度(km/h)			29	110
持续牵引力(kN)			30	157
最高运用速度(km/h)			31	270
恒功率速度范围(km/h)			32	110～284(半磨耗轮)
最大启动牵引力(kN)			33	200
最大再生制动力(kN)			34	150(10～106 km/h)
功率因数			35	0.95
等效干扰电流 J_p(A)			36	≤2
电网电流畸变率(%)			37	<10
机车总效率			38	0.84
紧急制动距离(m)			39	3 700(270 km/h);2 000(200 km/h)
库内动车电源制式(V)			40	AC 860
转向架	构架外形尺寸(mm)		41	4 900×2 350×490(株洲) 5 130×2 753×766(大同)
转向架	两侧梁横向中心距(mm)		42	2 050
转向架	转向架各轴间距(mm)		43	3 000
转向架	转向架固定轴距(mm)		44	3 000
转向架	同一轴两轴箱中心距(mm)		45	2 050
转向架	轮对质量(kg)		46	2 100
转向架	一系悬挂装置	一系悬挂静挠度(mm)	47	35.2
转向架	一系悬挂装置	垂向油压减振器型号,数量	48	GLXN. ZX330000,4/转向架
转向架	一系悬挂装置	垂向油压减振器阻尼系数	49	3.0 kN (0.1 m/s)

续上表

车型名称				DJJ2(中华之星)
车型代号				DJJ2型
机车车号				0001(株机公司)
				0001B(同车公司)
项目			序号	参数及说明
转向架	二系悬挂装置	二系悬挂静挠度(mm)	50	158.1
		垂向油压减振器型号,数量	51	GLXN. ZX420000,2/转向架
		垂向油压减振器阻尼系数	52	4.4 kN (0.1 m/s)
		横向油压减振器型号,数量	53	GLXN. ZX430000,2/转向架
		横向油压减振器阻尼系数	54	5.0 kN(0.1 m/s)
		抗蛇行减振器型号,数量	55	GLXN. ZX410000,2/转向架
		抗蛇行减振器阻尼系数	56	10 kN (0.01 m/s)
	牵引力传递方式		57	端部单拉杆
	牵引点高(mm)		58	380
	牵引电机悬挂方式		59	半体悬
	齿轮传动比		60	75/29
	砂箱容量(m^3)		61	前端砂箱:2×0.06,后端砂箱:2×0.07
	转向架质量(t)		62	约 15.1
基础制动装置	基础制动方式		63	轴盘制动
	每台转向架制动器组数		64	2
	制动缸直径(mm)		65	254
	制动倍率		66	1.26
	传动效率(%)		67	85
	闸片与轴盘的恒定间隙(mm)		68	/
	制动缸最大空气压力(kPa)		69	450
	闸片(或轴盘)形式		70	整体夹钳式
	闸片(或轴盘)材质		71	铸钢制动盘+粉末冶金制动闸片
	每个夹钳上的闸片(或轴盘)压力(kN)		72	单侧 18.5,每根轴 73.8
	停放制动	停放制动方式	73	弹簧停放方式
		制动器数量(个)	74	1
		闸片压力(kN)	75	≥9.81
		停放制动器质量(kg)	76	54.5
	制动单元质量(kg)		77	334.5
受电弓	型号		78	DSA380
	额定工作电压(kV)		79	25
	额定工作电流(A)		80	1 000
	运行最高速度(km/h)		81	380
	工作高度(mm)		82	875～2 800

五

续上表

车型名称				DJJ_2(中华之星)
车型代号				DJJ_2 型
机车车号				0001(株机公司)
				0001B(同车公司)
项目			序号	参数及说明
受电弓	最大升弓高度(mm)		83	$3\ 000^{+100}_{-25}$
	落弓位高度(mm)		84	640
	升弓时间(s)		85	不大于 5.4
	降弓时间(s)		86	不大于 4
	传动风缸工作空气压力(kPa)		87	接触力为 70 N 时的空气压力:330～360
	总质量(kg)		88	110(不包括绝缘子)
主断路器	型号		89	22CB
	额定电压(kV)		90	25
	额定电流(A)		91	1 000
	额定分断电流(kA)		92	16
	额定分断容量(MV·A)		93	400
	固有分闸时间(ms)		94	<40
	额定工作气压(kPa)		95	483
	质量(kg)		96	106
牵引变压器	型号,形式		97	TBQ18-6452/25,芯式
	各绕组额定容量(kV·A)	网侧高压绕组	98	6 452
		牵引绕组	99	4×1 433
		辅助 1 绕组	100	200
		辅助 2 绕组	101	20
		采暖绕组	102	500
		供电绕组	103	500
	各绕组额定电压(V)	网侧高压绕组	104	25 000
		牵引绕组	105	4×1 471
		辅助 1 绕组	106	858
		辅助 2 绕组	107	225
		采暖绕组	108	860
		供电绕组	109	860
	各绕组额定电流(A)	网侧高压绕组	110	258
		牵引绕组	111	974
		辅助 1 绕组	112	233
		辅助 2 绕组	113	88.8
		采暖绕组	114	581
		供电绕组	115	581

五

续上表

车型名称			DJJ2(中华之星)
车型代号			DJJ2 型
机车车号			0001(株机公司)
			0001B(同车公司)
项目		序号	参数及说明
牵引变压器	短路阻抗(%)	116	48
	绝缘等级	117	A
	冷却方式	118	强迫导向油循环风冷(ODAF)
	冷却油牌号	119	A1pha-1 绝缘油
	冷却油流量(m^3/h)	120	45×2
	油泵型号	121	B2-45-15/6B-3
	效率(%)	122	96
	总质量(kg)	123	10 425
谐振电抗器	每节动力车台数	124	1
	额定电流(A)	125	585
	额定电压(V)	126	/
	电感值(mH)	127	8.3
辅助变流电抗器	每节动力车台数	128	2
	额定电流(A)	129	140
	额定电压(V)	130	/
	电感值(mH)	131	28
二次吸收电抗器	每节机车台数	132	2
	额定电流(A)	133	871
	额定电压(V)	134	/
	电感值(mH)	135	0.4
牵引变流器	型号	136	TEP28WG01
	电路结构形式	137	电压型、两电平
	额定功率(kW)	138	2 800
	额定输入电压(交流)(V)	139	2AC 1 471/50 Hz
	额定输入电流(交流)(A)	140	974
	中间电路电压(V)	141	2 700
	二次谐振电容值(mF)	142	6.335
	支撑电容值(mF)	143	8.8
	额定输出电压(V)	144	3AC 2 100
	额定输出电流(A)	145	3AC 890
	四象限变流器开关频率(Hz)	146	250
	牵引逆变器最大开关频率(Hz)	147	300
	牵引逆变器输出频率范围(Hz)	148	0.5～180
	冷却方式	149	水冷

五

续上表

车型名称				DJJ2(中华之星)
车型代号				DJJ2 型
机车车号				0001(株机公司)
				0001B(同车公司)
项目			序号	参数及说明
牵引变流器	效率		150	0.92
	质量(kg)		151	2 450
	外形尺寸(长×宽×高,mm)		152	3 000×1 940×1 050
	每台机车牵引变流器台数		153	2
	四象限变流器功率模块	型号	154	ZS680-300/200
		电路形式	155	单相 H 桥 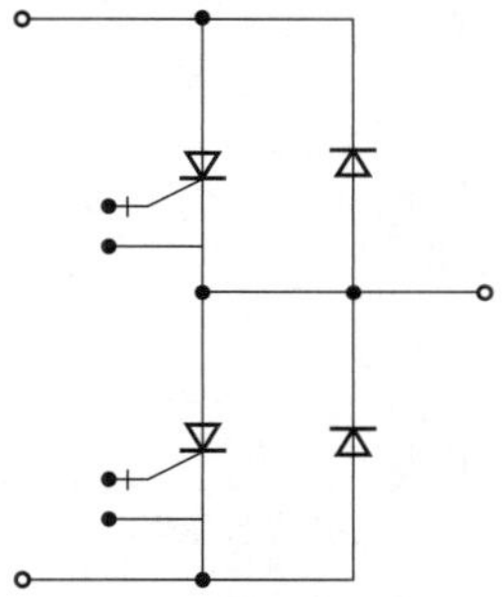
		四象限变流器构成形式	156	每个四象限变流器由两个相模块构成
		电压(V)	157	AC 1 471/50 Hz
		电流(A)	158	974
		开关频率(Hz)	159	250
		功率元件型号	160	GVA578A01
		功率元件参数	161	GTO(3 000 A/4 500 V)
		功率元件个数	162	2
		冷却方式	163	水冷
		质量(kg)	164	56
		尺寸(长×宽×高,mm)	165	460×450×442
	牵引逆变器功率模块	型号	166	ZS680-300/200
		电路形式	167	单相 H 桥 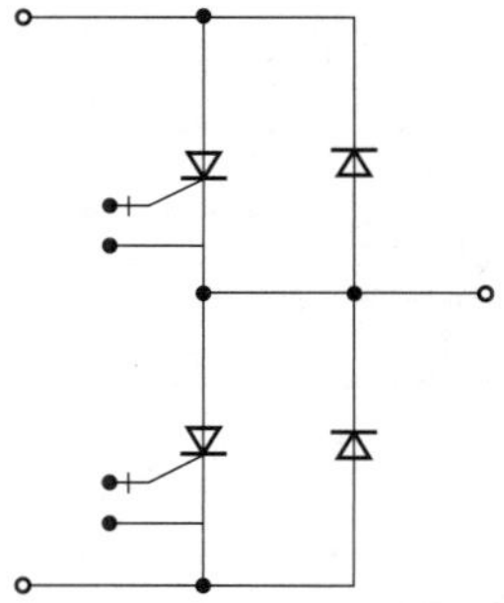

续上表

车型名称				DJJ$_2$(中华之星)
车型代号				DJJ$_2$型
机车车号				0001(株机公司)
				0001B(同车公司)
项目			序号	参数及说明
牵引变流器	牵引逆变器功率模块	牵引逆变器构成形式	168	每个牵引逆变器由三个相模块构成
		电压(V)	169	AC 2 100
		电流(A)	170	AC 890
		开关频率(Hz)	171	300
		功率元件型号	172	GVA578A01
		功率元件参数	173	GTO(3 000 A/4 500 V)
		功率元件个数	174	2
		冷却方式	175	水冷
		质量(kg)	176	56
		尺寸(长×宽×高,mm)	177	460×450×442
	冷却系统	水泵型号	178	ESO-C32-200/42,屏蔽泵
		流量(m^3/h)	179	18
		驱动电机功率(kW)	180	5
	控制策略	四象限整流器	181	两电平、四象限控制
		牵引逆变器	182	直接转矩控制
		瞬时电压限制器	183	过压触发斩波
交流异步牵引电机	型号		184	JD128
	额定功率(持续制)(kW)		185	1 225
	额定电压(持续制)(V)		186	2 028
	额定电流(持续制)(A)		187	407
	最大启动电流(A)		188	500
	功率因数		189	0.893
	额定转速(持续制)(r/min)		190	1 528
	最高转速(r/min)		191	3 856
	额定频率(Hz)		192	51.6
	额定转差率(%)		193	1.3
	额定转矩(N·m)		194	7 661
	最大转矩(N·m)		195	10 440
	额定效率(%)		196	95
	绝缘等级		197	200
	极数(个)		198	4
	质量(kg)		199	2 160
	通风量(m^3/s)		200	1.6

续上表

车型名称				DJJ2(中华之星)
车型代号				DJJ2型
机车车号				0001(株机公司)
				0001B(同车公司)
项目			序号	参数及说明
牵引通风机组	型号		201	TZTF6.0H
	台数		202	4
	最大转速(r/min)		203	2 930
	每台风机的风量(m^3/min)		204	126
	风压(Pa)		205	2 300
	额定功率(kW)		206	10
	质量(kg)		207	285
复合冷却塔	冷却方式		208	强迫水、油循环风冷式
	水散热量(kW)		209	130
	油散热量(kW)		210	120
	通风量(m^3/min)		211	390
	水流量(m^3/h)		212	12
	油流量(m^3/h)		213	45
	质量(kg)		214	374
辅助变流器	CVCF逆变器	型号	215	TGF9A
		每台机车装用台数	216	1
		额定输入电压(V)	217	AC 860
		额定输入电流(A)	218	150
		额定输出电压(V)	219	3AC 380
		额定输出电流(A)	220	106
		容量(kV·A)	221	2×70
		频率(Hz)	222	50
		功率元件参数	223	GTO(1 200 V/400 A)
		冷却方式	224	强迫风冷
		质量(kg)	225	500
	VVVF逆变器	型号	226	TGF9A
		每台机车装用台数	227	1
		额定输入电压(V)	228	AC 860
		额定输入电流(A)	229	150
		额定输出电压(V)	230	3AC 380
		额定输出电流(A)	231	106
		容量(kV·A)	232	2×70
		频率(Hz)	233	50
		功率元件参数	234	GTO(1 200 V/400 A)
		冷却方式	235	强迫风冷
		质量(kg)	236	500

续上表

车型名称				DJJ2(中华之星)
车型代号				DJJ2型
机车车号				0001(株机公司)
				0001B(同车公司)
项目			序号	参数及说明
蓄电池充电机	型号		237	/
	输入电压(V)		238	AC 860
	输出电压(V)		239	DC 110×(1±1%)
	输出电流(A)		240	55
	输出容量(kV·A)		241	6
	质量(kg)		242	1 200
微机网络控制系统	列车网标准		243	IEC 61375-1
	车辆网标准		244	IEC 61375-1
	列车网传输速率(Mbit/s)		245	1
	车辆网传输速率(Mbit/s)		246	1.5
	机车控制功能	牵引特性控制	247	准恒速包络线控制
		再生制动特性控制	248	电制动功率曲线控制
		其他控制功能	249	保护控制、重联控制、辅助控制等
	保护功能	网压保护限值(kV)	250	17.5～31.5
		网流保护限值(A)	251	450
		中间电压限值	252	TCU 实时保护
		防空转/滑行策略	253	TCU 黏着利用率控制
		最高速度限值(km/h)	254	270
风源系统	主空气压缩机组	型号	255	SL20-5-81
		压缩空气出口压力(kPa)	256	1 000
		压缩空气出口温度(℃)	257	环境温度(+5～+15)
		排气量(m^3/min)	258	2
		冷却方式	259	风冷
		润滑油牌号	260	Anderol 3057M
		润滑油储量(dm^3)	261	约 6
		润滑油压力(kPa)	262	1 000
		电机型号	263	KB/16-180M
		电机转速(r/min)	264	2 955
		额定功率(kW)	265	18.5
		额定电压(V)	266	400
		额定电流(A)	267	33.6
		机组质量(kg)	268	284

续上表

车型名称				DJJ2(中华之星)
车型代号				DJJ2 型
机车车号				0001(株机公司)
				0001B(同车公司)
项目			序号	参数及说明
风源系统	辅助压缩机组	型号	269	TZK-1
		额定排气量(m^3/min)	270	0.05
		额定排气压力(kPa)	271	800
		额定功率(kW)	272	800
		额定转速(r/min)	273	2 300
	空气干燥器	空气干燥器型号	274	JKG2
		空气干燥器形式	275	单塔再生式
		处理空气量(m^3/min)	276	3.5
		工作压力(kPa)	277	1 000
		整机质量(kg)	278	/
	风源系统部件	压力控制器(调压器)型号	279	YWK-50C
		压力控制范围(kPa)	280	750～900
		总风缸空气压力范围(kPa)	281	750～900
		各总风缸总容量(dm^3)	282	2×500
	调压阀调压范围(kPa)		283	/
制动机	型号		284	DK-1
	自动制动阀		285	TKS26B
	单独制动阀		286	TKS27
	分配阀型号,数量		287	MSP119-00-00,1
	中继阀(双阀口式)		288	TJP91-00-00
	紧急阀		289	MSP115(118)-00
	电动放风阀		290	TXJT-521-00
	紧急电空阀(110 V)		291	TFK
	电空转换阀		292	153
蓄电池组	型号		293	DFM-170
	容量(A·h)		294	170
	装用数量(只)		295	48
	总标称电压(V)		296	96
列车供电系统	型号		297	/
	电路形式		298	相控整流
	额定输出功率(kW)		299	2×400
	额定交流输入电压(V)		300	860

五

续上表

车型名称			DJJ2(中华之星)
车型代号			DJJ2 型
机车车号			0001(株机公司)
			0001B(同车公司)
项目		序号	参数及说明
列车供电系统	额定直流输出电压(V)	301	DC 600
	额定直流输出电流(A)	302	2×670
	最大直流输出电流(A)	303	不大于 2×750
	输出电压控制精度(%)	304	±5
	效率(额定工况)(%)	305	≥95
	冷却方式	306	强迫风冷

注:“—”表示无此设备;“/”表示数据空缺。

六、DJ$_2$型（奥星）电力机车技术简介

1. 概　　述

DJ$_2$型电力机车是我国第一台具有自主知识产权的商用型、四轴、交流传动客运电力机车，是株机公司根据原铁道部科技研究开发项目交直交电力机车样车研制（合同编号：99J23）要求，与原南车株洲电力机车研究所联合研制的。首台DJ$_2$型电力机车于2001年9月下线，当时为庆祝申办北京奥运会成功而命名为“奥星”。机车持续功率4 800 kW，最高运营速度200 km/h，持续速度84 km/h，持续牵引力205 kN，轴式B_0—B_0，轴重21 t，通过最小曲线半径125 m，恒功速度范围为84～200 km/h。

株机公司共计生产DJ$_2$型（奥星）电力机车3台（车号为0001～0003），首台机车于2001年9月21日落成，2001年12月至2002年4月间先后赴原中国铁道科学研究院东郊分院环行试验线、广深铁路分别进行了安全评估试验和高速动力学性能试验，最高试验速度达到240 km/h。根据原铁道部运装技验电〔2002〕561电报的要求，2002年6月，DJ$_2$型0001号电力机车配属郑州铁路局郑州机务段京武快车队进行运用考核，担当京广线北京西—郑州—武昌的客运交路。2002年9月生产的DJ$_2$型0002号和DJ$_2$型0003号电力机车于2003年3月配属郑州机务段进行运用考核。

至2005年8月，DJ$_2$型（奥星）电力机车累计完成了运行考核里程103万km，运行状况良好，现封存于郑州机务北段报废线至今。

DJ$_2$型（奥星）电力机车外形图如图1-6-1所示。

图1-6-1　DJ$_2$型（奥星）电力机车外形图

2. 机车总体

DJ$_2$型（奥星）电力机车的总体结构为双司机室，贯通式中间走廊（宽度600 mm），设备布置按照集成化和模块化的原则设计。主要设备有车顶设备、车内设备、车下设备、车体和转向架。车顶设备只设两台高速受电弓、两个高压隔离开关、一个穿墙电流互感器等少量高压电

器，将真空断路器、高压电压互感器、避雷器等高压电器移至车内安装，这大大提高了机车整体抗污闪能力；车内设备设有一个网侧电器柜、一个低压电器柜、一个控制电源柜(含蓄电池组)、两个牵引变流柜、两个主冷却柜、四个牵引风机柜、两个辅助变流柜、一个列车供电柜、一个空气制动柜(含干燥器、空气压缩机组)、一个通信信号柜、一个安全门锁柜、两个空调柜和司机室设备等；车下设备设有一台悬挂式卧式牵引变压器、两个总风缸及其他辅助装置；两台含异步牵引电机的架悬式动力转向架；准流线型整体承载车体外形。DJ2 型电力机车设备布置总图如图 1-6-2 所示。

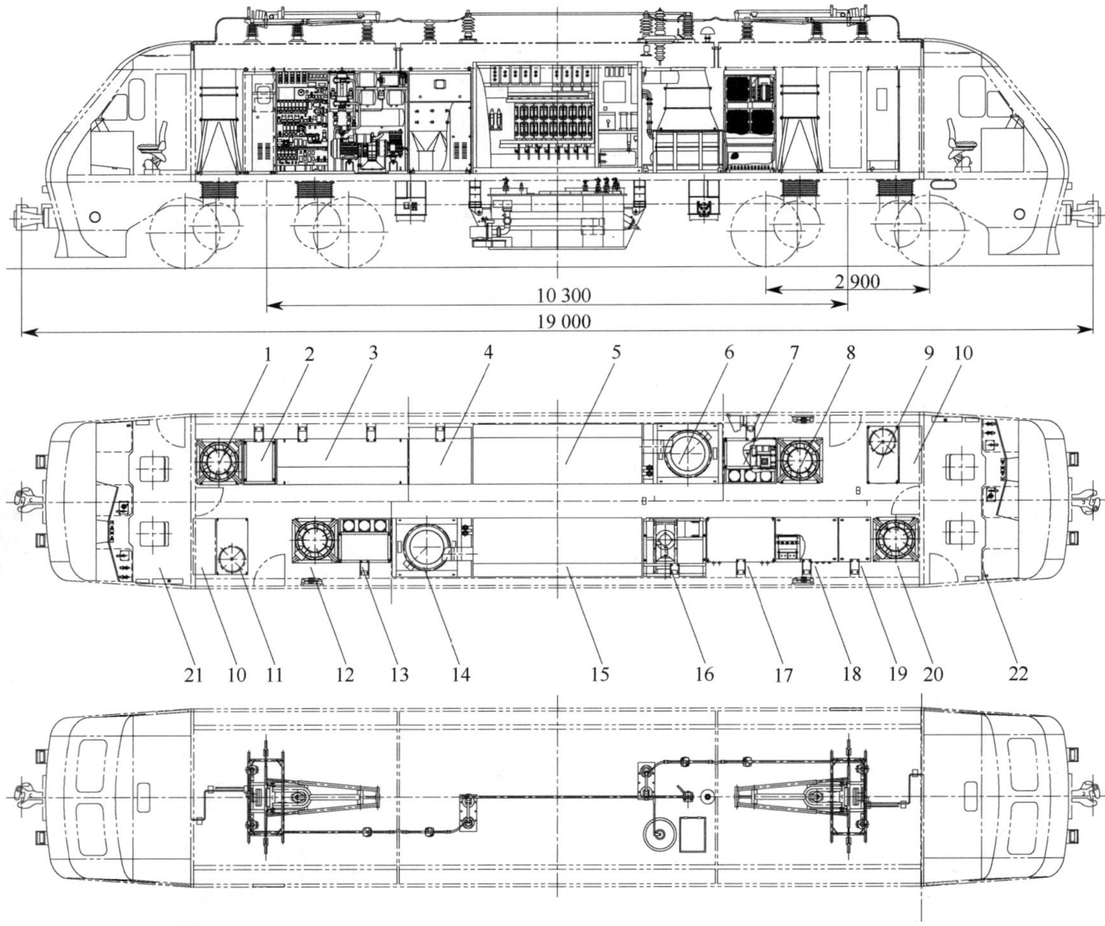

图 1-6-2 DJ2 型(奥星)电力机车设备布置图

1—牵引风机；2—安全门锁柜；3—空气制动柜；4—列车供电柜；5—牵引变流器柜 1；6—冷却塔 1；7—辅助变流柜 2；8—牵引风机；9—空调柜 2；10—衣帽柜；11—空调柜 1；12—牵引风机；13—辅助变流柜 1；14—冷却塔 2；15—牵引变流器柜 2；16—网侧电器柜；17—控制电源柜；18—低压电器柜；19—通信信号柜；20—牵引电机；21—Ⅰ端司机室；22—Ⅱ端司机室

机车牵引、再生制动特性曲线如图 1-6-3 所示。

3. 牵引电传动系统

(1)牵引电路

DJ2 型(奥星)电力机车牵引电路主要包括牵引变压器、牵引变流器及牵引电机，其中牵引变流器每个四象限变流器从变压器次边获取电能，再由两个四象限变流器并联输出给一个由

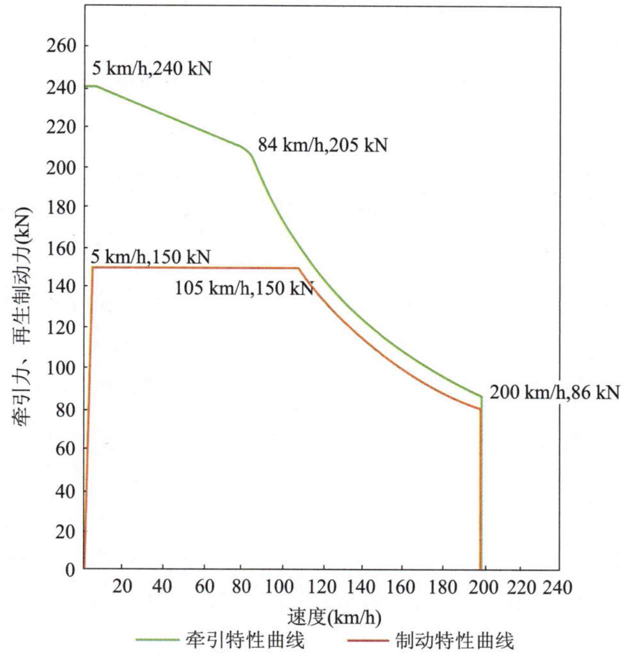

图 1-6-3　DJ2 型(奥星)电力机车牵引、再生制动特性曲线图

二次吸收电路及中间电路支撑电容构成的中间直流电路，最后由中间直流电路向一个电压型脉宽调制牵引逆变器供电，牵引逆变器再向一台转向架的两台并联的异步牵引电机供电，为架控方式。再生制动过程相反，电机作为发电机运行向电网馈电。牵引电路原理图如图 1-6-4 所示。

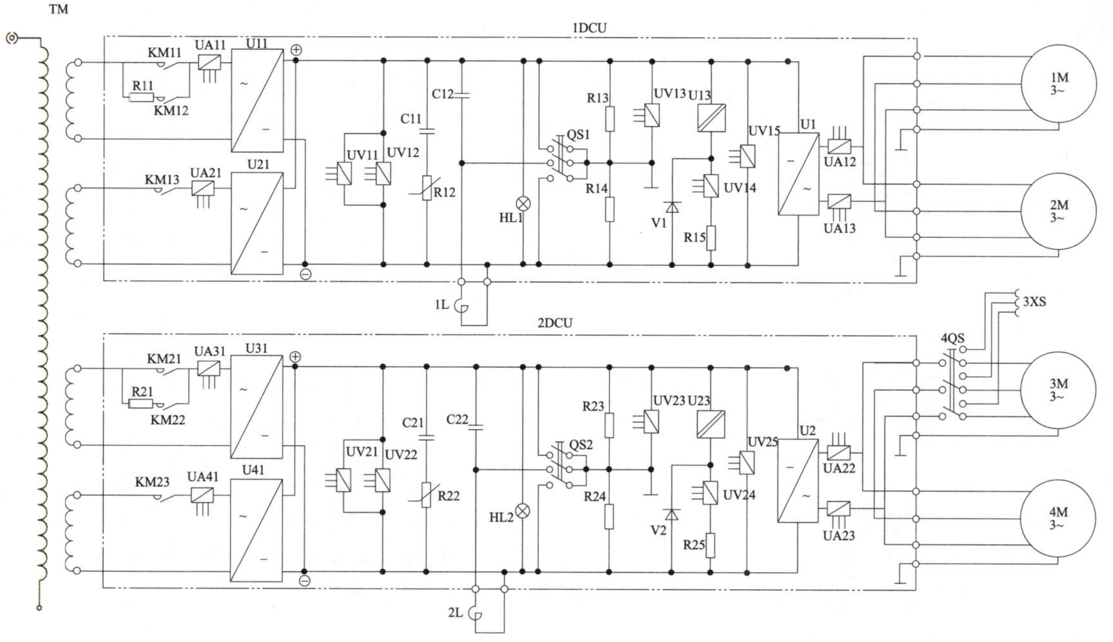

图 1-6-4　DJ2 型电力机车牵引电路原理图

TM—牵引变压器；KM11～KM13、KM21～KM23—接触器；U11、U21、U31、U41—四象限变流模块；U1、U2—逆变模块；UA—电流传感器；UV—电压传感器；C—电容；R—电阻；1DCU、2DCU—牵引变流器；1L、2L—二次谐振电抗器；4QS—牵引电路库用电源转换开关；HL1、HL2—高压指示灯；3XS—牵引电路库用电源插座

（2）网侧电路

机车网侧电路由两台受电弓、两台高压隔离开关、一台接地装置、一台原边电流互感器、一台高压电压互感器、一台主断路器、一台避雷器、牵引变压器原边、接地回流互感器和接地碳刷等组成。

正常情况下，机车运行采用后弓（自动）模式，接触网电流通过受电弓，经主断路器，通过机车牵引变压器原边绕组的高压端子给机车供电，再由机车的牵引变压器原边低压端子经接地碳刷、轮对、钢轨，返回变电所。

网侧电路中设置有高压电压互感器、原边电流互感器和接地回流电流互感器等检测器件。

（3）牵引变压器

TBQ16-6952/25 型牵引变压器，其内除牵引变压器外，还装有两台滤波电抗器。它们装在一个油箱内，共用一个冷却系统。牵引变压器是单相变压器，卧式结构，采取车体下悬安装方式。牵引变压器原边有一个高压绕组，次边有四个牵引绕组、两个辅助绕组和两个列车供电绕组。

（4）牵引变流器

TEP28WG01 型牵引变流器由中车株洲电力机车研究所有限公司研制，其输入端与牵引变压器的次边牵引绕组相连，通过线路接触器进行分合。牵引变流器主要由四象限变流器、中间直流电路和牵引逆变器组成。

牵引变流器的中间直流电路主要由中间电路支撑电容、瞬时过电压限制电路、主接地保护电路等组成。瞬时过电压限制电路用于中间直流电路的过电压抑制及停机后的快速放电；主接地保护电路用于变流器牵引电路的接地检测。

机车在牵引工况下，牵引逆变器通过直—交变换，采用变压变频方式，向牵引电机供电；机车在再生制动工况下，牵引逆变器通过交—直变换，将牵引电机产生的电能提供到中间直流电路，再通过四象限变流器将电能回馈给电网。

变流器支撑电容器采用进口电容，其体积质量较国内小得多。变流器的基本布置：在柜的后面（即车侧墙侧）为支撑电容器、二次谐振电容器。前面（即走廊侧）为相构件，GTO 门控单元及其电源，总水管以及门控通信等，其中左边为低压区，包括门控电源、电子控制装置、水泵、对外插头、水进出口等。GTO 相构件与柜体的机械固定以及水接头、门控线在前面，可以方便地拆卸，GTO 相构件与牵引电路的连接在柜体前面，支撑电容器、二次滤波电容器故障率相对较少，须整个柜子吊出后才能更换，其他的可在车上更换。

（5）牵引电机

DJ_2 型（奥星）电力机车采用 JD116 型交流异步牵引电机。电机的结构主要由定子、转子、端盖、轴承、测速装置和主动齿轮等部分组成。定子的主要零部件有定子铁芯、定子绕组等。转子由转子铁芯、导条、端环和转轴等组成。牵引电机采用强迫通风冷却，其滚动轴承采用油润滑或脂润滑，并采用有效措施防止轴承电蚀，轴承密封采用非接触的迷宫式结构。

牵引电机架承式悬挂方式，牵引电机固定在转向架构架上，在牵引电机轴端和大、小齿轮直接加入各种弹性连接元件以减少冲击振动现象。

4. 辅助电气系统

DJ_2 型（奥星）电力机车装有两组完全相同的 IGBT 辅助变流器，每组辅助变流器含一个整流器、两个逆变器。四个辅助逆变器中两个为可调压调频（VVVF），两个为恒压恒频（CVCF），都具有软启动功能。辅助系统采用冗余设计，以提高机车运行可靠性。在正常工作时每个辅

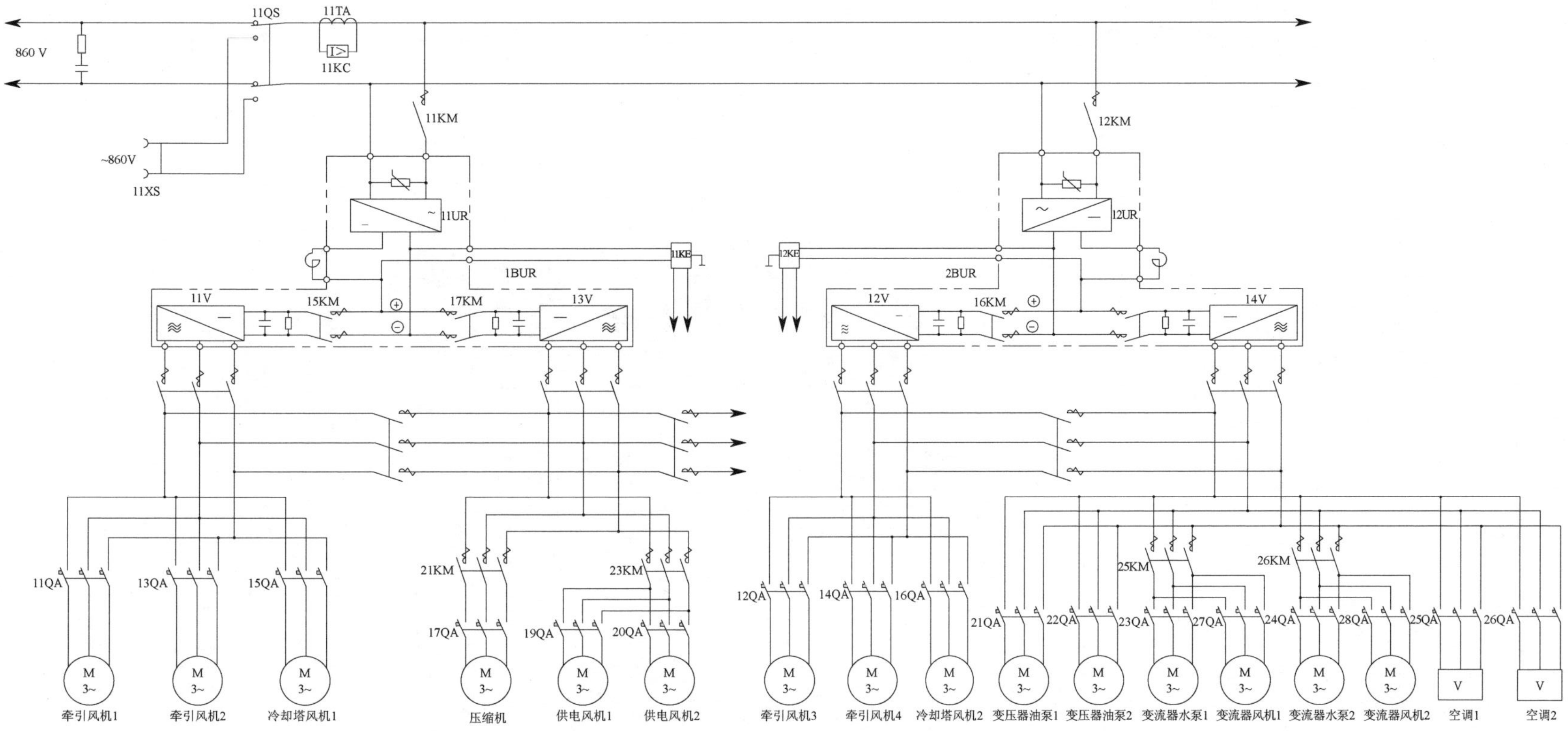

图 1-6-5　DJ2 型(奥星)电力机车辅助电路图

11QS—库用转换开关;11TA—电流互感器;11KC—过流继电器;11XS—库用电源插座;11KM～26KM—交流接触器;

11QA～26QA—自动开关;1BUR、2BUR—辅助变流柜;11UR、12UR—相控整流器;11V～14V—逆变器;11KE～12KE—接地继电器

助逆变器功率 70 kV·A,最大只约带 30 kW 负载,当某一辅助逆变器故障被隔离时,其所带的负载转换到互为冗余的另一个辅助逆变器上,维持机车满功率运用。辅助电路图如图 1-6-5 所示。

5. 微机网络控制系统

DJ_2 型(奥星)电力机车采用符合列车通信网络 TCN 标准的 TEC01 型微机控制与网络系统平台为基础,实现机车的通信、控制、诊断、保护和信息监视等主要功能。

TEC01 型微机控制与网络系统采用分布式采集及执行,中央集中控制与管理的模式。由中央控制单元 CCU1 及 CCU2、绞线式列车总线 WTB/多功能车辆总线 MVB 网关、低压控制单元 LCU、电源柜控制单元 CPS、制动控制单元 BCU、司机室控制单元 DSU1 及 DSU2、星形耦合器 SC1 及 SC2、智能显示单元 IDU1 及 IDU2 构成,通过网卡板与传动控制单元 DCU、辅助变流器控制单元 ACU 等设备进行通信,其结构如图 1-6-6 所示。

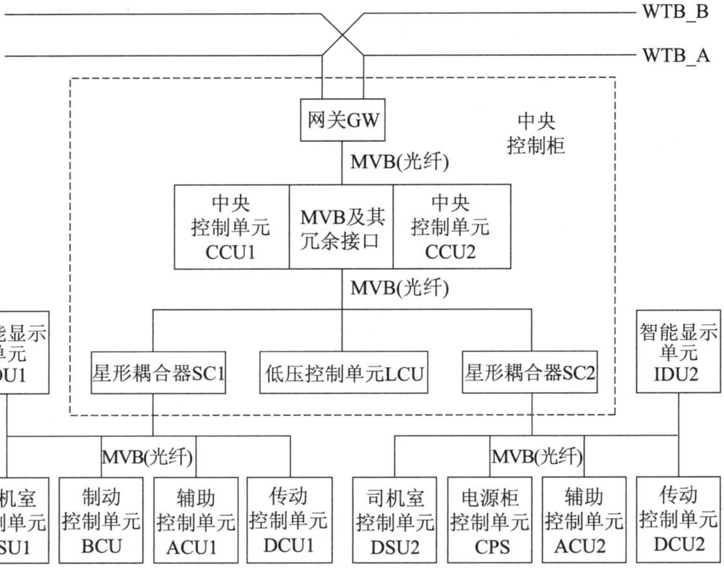

图 1-6-6 DJ_2 型(奥星)电力机车网络控制系统结构图

DJ_2 型(奥星)电力机车控制功能分为三级:列车级、车辆控制级、传动控制级。

列车级主要通过 WTB 实现机车与其他车辆之间的通信控制及它们间的信息交换。

车辆级主要实现本机车内诸如牵引特性计算、机车逻辑控制、空电联合控制、故障诊断、信息显示、多功能车辆总线 MVB 的管理等一系列功能。机车车辆级的控制、通信、故障诊断由中央控制单元 CCU 进行。

传动控制级主要实现牵引电路网侧、电机侧变流器的控制和黏着控制,传动控制级由 DCU 进行控制,并通过 MVB 与 TCU 进行通信。对于其他功能控制级,如空气电空控制系统 BLCU,其与制动控制单元 BCU 通过开关量信号进行数据交换,同样辅助控制系统也是通过与网卡板与中央控制单元进行通信,从而实现其控制功能。

控制系统针对不同类型的故障,进行保护、恢复、故障记录、隔离控制、安全导向及显示等。

6. 车　　体

DJ_2 型(奥星)电力机车车体头形为准流线形,车体包括承载钢结构和附属部件两大部分。车体承载钢结构采用整体承载,主要由底架、司机室、侧墙等组焊成一个整体的双司机室框架式全钢焊接结构,材料为 16Mn 低合金钢;车体附属部件主要包括顶盖、排障器、牵引缓冲装置、机车门窗、内装饰等。

车钩为内燃、电力机车车钩(100 型),下作用式,缓冲器为 TXJN-KL 弹性胶泥缓冲器。

7. 转 向 架

DJ2 型(奥星)电力机车转向架最大运行速度为 200 km/h。“日”字形构架由钢板箱形焊接而成;轮对空心轴传动,架承式电机悬挂;一系悬挂采用人字橡胶弹簧定位加垂向油压减振器方式,能够达到类似径向转向架的自导向径向旋转性能;二系悬挂为高柔度螺旋圆弹簧配橡胶垫;车体和构架之间并设有垂向减振器、横向减振器和抗蛇行减振器;牵引方式采用中间推挽式低位牵引;配有撒砂装置、踏面清扫器及横向止挡等附属部件。

8. 制动系统

DJ2 型(奥星)电力机车制动机系统仍以 DK-1 型机车电空制动机以及空电联合制动、列车电空制动与安全装置配合的自动常用制动等技术为基础,保留了 DK-1 型机车电空制动机原有的自动制动、单独制动、空气位操作(后备空气制动)、补风转换、列车分离保护、关闭列车折角塞门的判断、紧急制动时自动选择切除动力、失电常用制动等功能。

风源系统采用一台 KNORR 的 SL20-5-67 型螺杆压缩机作为系统的风源,压缩机的排气量为 2.0 m^3/min。采用两个容积均为 500 dm^3 的总风缸串联作为压缩空气的贮存容器。采用一台空气处理量为 3.5 m^3/min 的 JKG2 型空气干燥器净化处理压缩空气。机车两端均设置供风管(供应车辆空气弹簧、集便器、车门等设备用压缩空气),供风管压缩空气压力为 600 kPa。

基础制动装置采用轮盘制动。轮盘制动装置由盘形制动单元(带停放蓄能制动器)、制动盘安装、制动闸片、铸铁闸瓦(清扫车轮踏面用)、夹钳机构等主要零部件组成,安装了踏面制动清扫装置。

机车设置了双管供风功能,通过列车管和总风管向全列车供风,分开了列车制动用风与辅助用风,使彼此功能相对独立,互不干扰。

9. 列车供电系统

DJ2 型(奥星)电力机车列车供电系统主要由牵引变压器供电绕组、列车供电柜、供电插座等设备组成。供电绕组额定输出电压 860 V,通过列车供电柜内的相控整流器转变为稳定的 DC 600 V 电压向旅客列车供电。

机车配置一台列车供电柜,安装在机械间内。该供电柜内有两路独立的、完全相同的相控整流及辅助电路,通过两路独立供电线路向列车供电,每路容量 400 kW,当一路故障时,另一路可维持供电。

10. 技术参数表

DJ2 型(奥星)电力机车技术参数表见表 1-6-1。

表 1-6-1　DJ2 型(奥星)电力机车技术参数表

车　型　名　称		DJ2(奥星)
车　型　代　号		DJ2
机　车　车　号		0001～0003
项　目	序号	参数及说明
用途	1	干线客运
制造年代	2	2001 年
制造厂名	3	中车株洲电力机车有限公司
轨距(mm)	4	1 435

续上表

车型名称			DJ2(奥星)
车型代号			DJ2
机车车号			0001～0003
项目		序号	参数及说明
车体	车底架长(mm)	5	18 124
	车体宽(mm)	6	3 100
	高(轨面至受电弓座平面)(mm)	7	4 050
司机室个数(个)		8	2
机车前后车钩中心距(mm)		9	19 000
车钩型号,形式		10	内燃、电力机车车钩(100 型),下作用式
缓冲器型号		11	TXJN-KL 弹性胶泥缓冲器
轴式		12	$B_0—B_0$
车钩中心线距轨面高度(mm)		13	880±10
转向架中心距(mm)		14	10 300
全轴距(mm)		15	13 200
动轮直径(新轮)(mm)		16	1 250
动轮直径(半磨耗)(mm)		17	1 210
落弓后滑板顶面距轨面高度(mm)		18	<4 640
受电弓滑板距轨面工作高度(mm)		19	5 000～6 500
机车整备质量(t)		20	84
轴重(t)		21	21
通过最小曲线半径(m)		22	125
供电电流制		23	AC 25 kV/50 Hz
额定电压(kV)		24	25
最高电压(kV)		25	29
最低电压(kV)		26	19
电传动方式		27	交—直—交
持续功率(kW)		28	4 800
持续速度(km/h)		29	84
持续牵引力(kN)		30	205
最高运用速度(km/h)		31	200
恒功率速度范围(km/h)		32	84～200
最大启动牵引力(kN)		33	264
最大再生制动力(kN)		34	150
功率因数		35	≥0.95
等效干扰电流 J_p(A)		36	≤2
电网电流畸变率(%)		37	/
机车总效率		38	0.86

续上表

车型名称				DJ2(奥星)
车型代号				DJ2
机车车号				0001～0003
项目			序号	参数及说明
紧急制动距离(m)			39	<2 100(200 km/h);<1 400(160 km/h)
库内动车电源制式			40	—
转向架	构架外形尺寸(mm)		41	4 500×3 100×880
	两侧梁横向中心距(mm)		42	2 110
	转向架各轴间距(mm)		43	2 900
	转向架固定轴距(mm)		44	2 900
	同一轴两轴箱中心距(mm)		45	2 110
	轮对质量(kg)		46	1 995
	一系悬挂装置	一系悬挂静挠度(mm)	47	40
		垂向油压减振器型号,数量	48	J1C50-01-00,4/转向架
		垂向油压减振器阻尼系数	49	50 kN (0.2 m/s)
	二系悬挂装置	二系悬挂静挠度(mm)	50	109
		垂向油压减振器型号,数量	51	J2C60-11-00,2/转向架
		垂向油压减振器阻尼系数	52	36 kN (0.1 m/s)
		横向油压减振器型号,数量	53	J2H60-12-00,2/转向架
		横向油压减振器阻尼系数	54	33.5 kN (0.1 m/s)
		抗蛇行减振器型号,数量	55	J3H60-07-00,2
		抗蛇行减振器阻尼系数	56	6 kN(0.05 m/s)
	牵引力传递方式		57	中间推挽式牵引装置
	牵引点高(mm)		58	210
	牵引电机悬挂方式		59	架悬
	齿轮传动比		60	95∶24=3.958
	砂箱容量(m^3)		61	2×0.1
	转向架质量(t)		62	约 17.5
基础制动装置	基础制动方式		63	轮盘制动
	每台转向架制动器组数		64	4
	制动缸直径(mm)		65	203
	制动倍率		66	2.694
	传动效率(%)		67	95
	闸片与制动盘的恒定间隙(mm)		68	1.5～2(闸片与制动盘单边间隙)
	制动缸最大空气压力(kPa)		69	450
	闸片、制动盘形式		70	整体夹钳式
	闸片、制动盘材质		71	合成闸片,铸铁制动盘
	每个夹钳上的闸片(或轮盘)压力(kN)		72	33.4

续上表

车型名称				DJ2(奥星)
车型代号				DJ2
机车车号				0001～0003
项目			序号	参数及说明
基础制动装置	停放制动	停放制动方式	73	蓄能制动器
		制动器数量	74	2/转向架
		闸片压力(kN)	75	100
		停放制动器质量(kg)	76	/
	制动单元质量(kg)		77	90/117(带蓄能制动器)
受电弓	型号		78	WBL85
	额定工作电压(kV)		79	25
	额定工作电流(A)		80	1 000
	运行最高速度(km/h)		81	220
	工作高度(mm)		82	5 000～6 500
	最大升弓高度(mm)		83	2 460
	落弓位高度(mm)		84	4 640
	升弓时间(s)		85	/
	降弓时间(s)		86	/
	传动风缸工作空气压力(kPa)		87	/
	总质量(kg)		88	120
主断路器	型号		89	22CB
	额定电压(kV)		90	25
	额定电流(A)		91	1 000
	额定分断电流(kA)		92	16
	额定分断容量(MV·A)		93	250
	固有分闸时间(ms)		94	/
	额定工作气压(kPa)		95	/
	质量(kg)		96	/
牵引变压器	型号,结构形式		97	TBQ16-6952/25,芯式
	各绕组额定容量(kV·A)	网侧高压绕组	98	6 952
		牵引绕组	99	4×1 433
		辅助1绕组	100	200
		辅助2绕组	101	20
		供电绕组	102	2×500

续上表

车型名称				DJ2(奥星)
车型代号				DJ2
机车车号				0001～0003
项目			序号	参数及说明
牵引变压器	各绕组额定电压(V)	网侧高压绕组	103	25 000
		牵引绕组	104	4×1 471
		辅助1绕组	105	860
		辅助2绕组	106	220
		供电绕组	107	860
	各绕组额定电流(A)	网侧高压绕组	108	278
		牵引绕组	109	974
		辅助1绕组	110	232.5
		辅助2绕组	111	91
		供电绕组	112	581.4
	短路阻抗		113	48%±15%
	绝缘等级		114	A
	冷却方式		115	强迫导向油循环风冷(ODAF)
	冷却油牌号		116	25
	冷却油流量(m^3/h)		117	2×45
	油泵型号		118	B2-45-15/6B-3
	效率(%)		119	96
	总质量(kg)		120	13 000
滤波电抗器1	每节机车台数		121	2
	额定电流(A)		122	871
	额定电压(V)		123	/
	电感值(mH)		124	0.4
滤波电抗器2	每节机车台数		125	2
	额定电流(A)		126	140
	额定电压(V)		127	/
	电感值(mH)		128	28
滤波电抗器3	每节机车台数		129	2
	额定电流(A)		130	585
	额定电压(V)		131	/
	电感值(mH)		132	8.3

续上表

车型名称				DJ_2(奥星)
车型代号				DJ_2
机车车号				0001～0003
项目			序号	参数及说明
牵引变流器	型号		133	TEP28WG01
	电路结构形式		134	电压型、两电平
	额定功率(kW)		135	2 800
	额定输入电压(交流)		136	2×AC 1 471 V/50 Hz
	额定输入电流(交流)(A)		137	974
	中间电路电压(V)		138	2 700
	二次谐振电容值(mF)		139	6.335
	支撑电容值(mF)		140	8.8
	额定输出电压(V)		141	3AC 2 100
	额定输出电流 (A)		142	3AC 890
	四象限变流器开关频率(Hz)		143	250
	牵引逆变器最大开关频率(Hz)		144	300
	牵引逆变器输出频率范围(Hz)		145	0.5～180
	冷却方式		146	水冷
	效率		147	0.92
	质量(kg)		148	2 450
	外形尺寸(长×宽×高,mm)		149	3 000×1 940×1 050
	每台机车牵引变流器台数		150	2
牵引变流器	四象限变流器功率模块	型号	151	ZS680-300/200
		电路形式	152	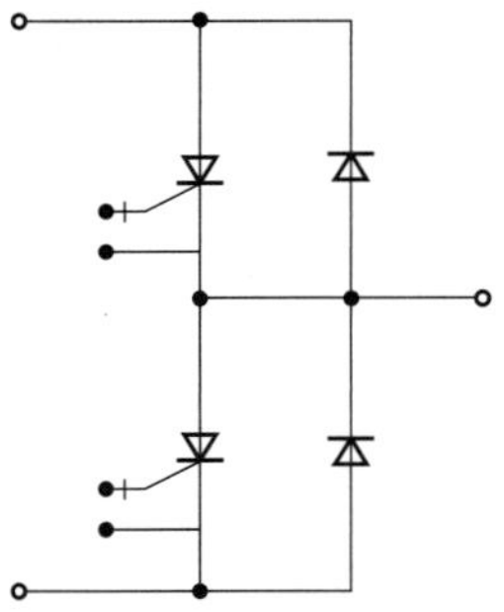
		四象限变流器构成形式	153	每个四象限变流器由两个相模块构成
		电压(V)	154	AC 1 471/50 Hz
		电流(A)	155	974
		开关频率(Hz)	156	250
		功率元件型号	157	GVA578A01
		功率元件参数	158	GTO(3 000 A/4 500 V)
		功率元件个数	159	2
		冷却方式	160	水冷
		质量(kg)	161	56
		尺寸(长×宽×高,mm)	162	460×450×442

续上表

车型名称				DJ2(奥星)
车型代号				DJ2
机车车号				0001～0003
项目			序号	参数及说明
牵引变流器	牵引逆变器功率模块	型号	163	ZS680-300/200
		电路形式	164	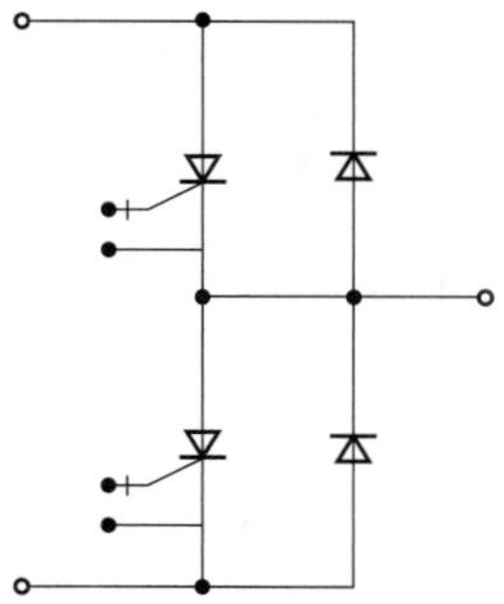
		牵引逆变器构成形式	165	每个牵引逆变器由 3 个相模块构成
		电压(V)	166	AC 2 100
		电流(A)	167	AC 890
		开关频率(Hz)	168	300
		功率元件型号	169	GVA578A01
		功率元件参数	170	GTO(3 000 A/4 500 V)
		功率元件个数	171	2
		冷却方式	172	水冷
		质量(kg)	173	56
		尺寸(长×宽×高,mm)	174	460×450×442
	冷却系统	水泵型号	175	ESO-C32-200/42,屏蔽泵
		流量(m^3/h)	176	18
		驱动电机功率(kW)	177	5
	控制策略	四象限变流器	178	两电平,四象限控制
		牵引逆变器	179	直接转矩控制
		瞬时电压限制器	180	过压触发斩波
交流异步牵引电机	型号		181	JD116
	额定功率(持续制)(kW)		182	1 225
	额定电压(持续制)(V)		183	2 105
	额定电流(持续制)(A)		184	407
	最大启动电流(A)		185	503
	功率因数		186	0.862
	额定转速(持续制)(r/min)		187	1 441
	最高转速(r/min)		188	3 553
	额定频率(Hz)		189	48.7

续上表

车型名称				DJ$_2$(奥星)
车型代号				DJ$_2$
机车车号				0001～0003
项目			序号	参数及说明
交流异步牵引电机	额定转差率(%)		190	1.37
	额定转矩(N·m)		191	8 118
	最大转矩(N·m)		192	10 440
	额定效率(%)		193	95.5
	绝缘等级		194	200
	极数		195	4
	质量(kg)		196	2 150
	通风量(m^3/s)		197	1.6
牵引通风机组	型号		198	TZTF6.0H
	台数		199	4
	最大转速(r/min)		200	2 935
	每台风机的风量(m^3/min)		201	126
	风压(Pa)		202	2 300
	额定功率(kW)		203	10
	质量(kg)		204	285
复合冷却塔	冷却方式		205	强迫风冷
	水散热量(kW)		206	130
	油散热量(kW)		207	120
	通风量(m^3/min)		208	390
	水流量(m^3/h)		209	18
	油流量/(m^3/h)		210	45
	质量(kg)		211	800
辅助逆变器	CVCF逆变器	型号	212	TGF9A
		每台机车装用台数	213	1
		额定输入电压(V)	214	AC 860
		额定输入电流(A)	215	150
		额定输出电压(V)	216	3AC 380
		额定输出电流(A)	217	106
		容量(kV·A)	218	2×70
		频率(Hz)	219	50
		功率元件参数	220	1 200 V/400 A
		冷却方式	221	强迫风冷
		质量(kg)	222	500

续上表

车型名称				DJ2(奥星)
车型代号				DJ2
机车车号				0001～0003
项目			序号	参数及说明
辅助逆变器	VVVF逆变器	型号	223	TGF9A
		每台机车装用台数	224	1
		额定输入电压(V)	225	AC 860
		额定输入电流(A)	226	150
		额定输出电压(V)	227	3AC 380
		额定输出电流(A)	228	106
		容量(kV·A)	229	2×70
		频率(Hz)	230	50
		功率元件参数	231	GTO(1 200 V/400 A)
		冷却方式	232	强迫风冷
		质量(kg)	233	500
蓄电池充电机	型号		234	/
	输入电压(V)		235	$860\times1^{+24\%}_{-25\%}$
	输出电压(V)		236	DC 110×(1±5%)
	输出电流(A)		237	55
	输出容量(kV·A)		238	/
	质量(kg)		239	/
微机网络控制系统	列车网标准		240	IEC 61375-1
	车辆网标准		241	IEC 61375-1
	列车网传输速率(Mbit/s)		242	1
	车辆网传输速率(Mbit/s)		243	1.5
	机车控制功能	牵引特性控制	244	准恒速特性控制
		再生制动特性控制	245	恒力矩特性控制
		其他控制功能	246	重联控制、辅助控制、风机转速控制
	保护功能	网压保护限值(kV)	247	17.5～31.5
		网流保护限值(A)	248	原边电流>450,立即分断 原边电流>300,延时 1 s 分断
		中间电压限值	249	TCU 实时保护
		防空转、滑行策略	250	TCU 黏着利用率控制
		最高速度限值(km/h)	251	/
风源系统	主压缩机组	型号	252	SL20-5-67
		压缩空气出口压力(kPa)	253	1 000
		压缩空气出口温度(℃)	254	环境温度+15
		排气量(m^3/min)	255	2
		冷却方式	256	风冷
		润滑油牌号	257	Anderol 3057M

续上表

车型名称				DJ$_2$(奥星)
车型代号				DJ$_2$
机车车号				0001～0003
项目			序号	参数及说明
风源系统	主压缩机组	润滑油储量(dm^3)	258	约 6
		润滑油压力(kPa)	259	1 000
		电机型号	260	KB/16-180M
		电机转速(r/min)	261	2 955
		额定功率(kW)	262	18.5
		额定电压(V)	263	400
		额定电流(A)	264	33.6
		机组质量(kg)	265	280
	辅助压缩机组	型号	266	TZK1-50
		额定排气量(dm^3/min)	267	50
		额定排气压力(kPa)	268	800
		电动机型号	269	TZK
		额定工作电压(V)	270	DC 110
		额定工作电流(A)	271	8
		额定功率(kW)	272	800
		额定转速(r/min)	273	2 300
	空气干燥器	空气干燥器型号	274	JKG2
		空气干燥器形式	275	单塔再生式
		处理空气量(m^3/min)	276	3.5
		工作压力(kPa)	277	1 000
		整机质量(kg)	278	/
	风源系统部件	压力控制器(调压器)型号	279	YWK-50C
		压力控制范围(kPa)	280	750～900
		总风缸空气压力范围(kPa)	281	750～900
		各总风缸总容量(dm^3)	282	2×500
	调压阀调压范围(kPa)		283	/
制动机	型号		284	DK-1
	自动制动阀		285	TKS26B
	单独制动阀		286	TKS27
	分配阀型号,数量		287	MSP119-00-00,1
	中继阀(双阀口式)		288	TJP91-00-00
	紧急阀		289	MSP115(118)-00
	电动放风阀		290	TXJT-512-00
	紧急电空阀(110 V)		291	TFK
	电空转换阀		292	153

续上表

车型名称			DJ$_2$(奥星)
车型代号			DJ$_2$
机车车号			0001～0003
项目		序号	参数及说明
蓄电池组	型号	293	DFM-170
	容量(A·h)	294	170
	装用数量(只)	295	48
	总标称电压(V)	296	96
列车供电系统	型号	297	/
	电路形式	298	相控整流
	额定输出功率(kW)	299	2×400
	额定交流输入电压(V)	300	860
	额定直流输出电压(V)	301	DC 600
	额定直流输出电流(A)	302	2×670
	最大直流输出电流(A)	303	2×750
	输出电压控制精度(%)	304	±5
	效率(额定工况)(%)	305	≥95
	冷却方式	306	强迫风冷

注:"—"表示无此设备;"/"表示数据空缺。

七、DJ3 型(天梭)电力机车技术简介

1. 概　　述

DJ3 型(天梭)电力机车是按照国家关于铁路“十五”规划,依据原中国北车集团科技研究开发计划[2001NJ002]——200 km/h、四轴、交流传动客运电力机车,由原北车集团公司(以下简称“北车集团”)牵头,同车公司与株洲所、西南交通大学,按产、学、研联合攻关方式,于 2002 年 2 月—2003 年 10 月期间合作研制的 200 km/h 交流传动电力机车。机车持续功率 4 800 kW,最高运营速度 200 km/h,持续速度 85 km/h,持续牵引力 203 kN,轴式 B_0—B_0,轴重 20.5 t,通过最小曲线半径 125 m,恒功速度范围为 85～200 km/h。

2002 年 10 月完成试制,2002 年 11 月—2003 年 10 月底完成联调、型式试验。自 2004 年 2 月至 2005 年 10 月在郑州铁路局进行运用考核,累计运行考核里程约 20 多万 km。命名为“天梭号”,车号为 0001。其主要是用于京沈客运专线,可以用于 200 km/h 等级以上的高速客运专线上牵引过境旅客列车,也可以在既有干线牵引 160 km/h 准高速旅客列车。目前,DJ3 型(天梭)电力机车存放在郑州机务段。

DJ3 型(天梭)电力机车外形如图 1-7-1 所示。

图 1-7-1　DJ3 型(天梭)电力机车的外形图

2. 机车总体

DJ3 型(天梭)电力机车两端分别设有司机室,中间部分为机械室。机械室设中间直通走廊,设备布置采用斜对称布置。

司机室的设备布置考虑了 TB/T 2868—1998《机车、动车司机室布置规则》等标准的要求,并符合人机工程学,同时满足原铁道部规范化司机室的要求。操纵台的所有操作装置和显示装置均布置在司机周围合适的地方,便于司机操作和观察。

车内设备布置总的原则是以机车中心为基准采用斜对称方式,三个分室安装有牵引变流器、冷却塔、网侧电器柜、辅助变流器、牵引风机柜、控制电源柜、低压电器柜、列车供电柜、风源系统柜、电空制动柜、信号柜等。车内留有空间以便安装 TVM430 信号柜。牵引电路电缆布

置在车内两侧设备台架下，辅助线缆布置在中间走廊地板下，控制线路布置在侧墙内两侧。空气管路主要布置在中间走廊下和底架下。

车顶设备主要有受电弓、高压隔离开关和母线支持绝缘子等。真空断路器、高压互感器等高压设备移到车内网侧电器柜内。

车下设备除对称布置两个转向架外，在两个转向架中部安装牵引变压器。牵引变压器的前后两侧对称布置两只总风缸。机车下部还设有辅助电路库用插座、控制电路 110 V 库用插座、地面信号感应器等。

车端设备包括动力车总线插头、插座；车端阻尼装置；一个列车供电插座；两个集中控制插座；两个 110 V 标志灯插座和管路连接等。

DJ_3 型（天梭）电力机车设备布置如图 1-7-2 所示。

DJ_3 型（天梭）电力机车牵引与再生制动特性曲线如图 1-7-3 所示。

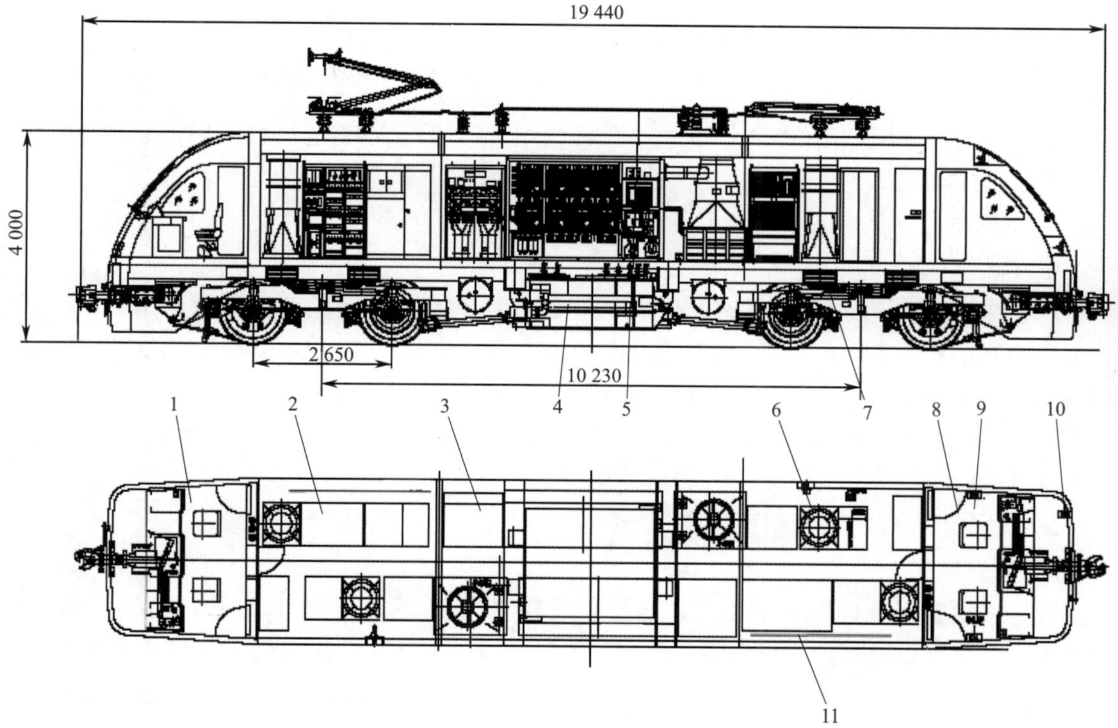

图 1-7-2 DJ_3 型（天梭）电力机车总体布置图

1—司机室设备安装（Ⅰ端）；2—Ⅰ端设备室设备安装；3—牵引变流器室设备安装（Ⅰ端）；4—牵引变压器设备安装；5—车顶设备安装；6—Ⅱ端设备室设备安装；7—辅助设备安装；8—司机室设备安装（Ⅱ端）；9—辅助电路布线；10—控制电路布线；11—牵引电路布线

机车通风系统采用车顶夹层进风加车内独立通风方式。外部空气通过车顶过滤器进入车顶通风夹层，经过通风机和风道冷却发热部件后排出车外。通风系统共有九条通风支路，其中四条牵引通风支路分别冷却四台牵引电机；两条冷却塔通风支路分别冷却两台复合散热器。在牵引通风机风道还有一部分风量送入机械室，以供压缩机散热器和其他电气电子部件冷却，并保证机械室形成微正压，避免灰尘进入。牵引变流器的冷却水和牵引变压器的冷却油由复合式冷却塔通风冷却。

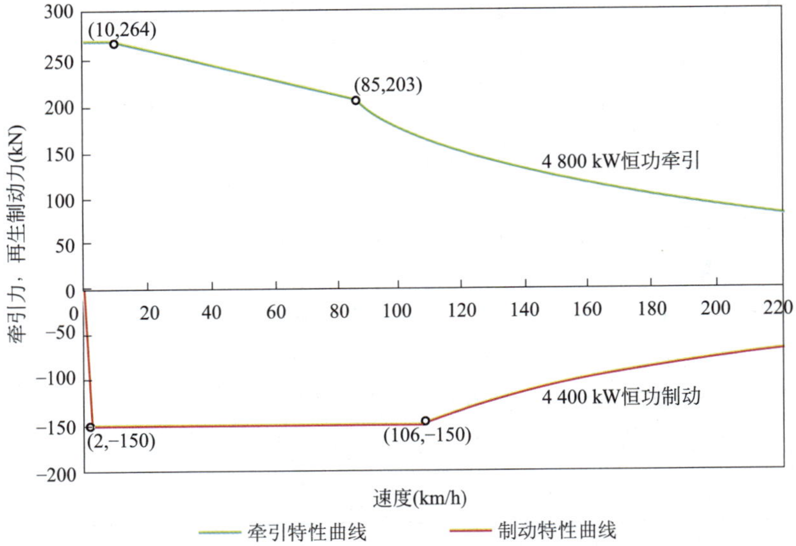

图 1-7-3　DJ_3 型（天梭）电力机车牵引、再生制动特性曲线图

车顶过滤器采用德国 SGW 公司进口的惯性空气过滤器，牵引通风机采用离心轴流式，冷却塔风机采用轴流式。

3. 牵引电传动系统

(1)牵引电路

DJ_3 型（天梭）电力机车牵引电路由网侧电路、牵引变压器、牵引变流器及牵引电机构成。采用 GTO 水冷变流机组、1 225 kW 大功率异步牵引电动机。牵引变压器四个独立的次边绕组分别向四个四象限变流器供电，两个四象限变流器并联输出共用一个中间直流电路。该中间直流电路向一个电压型 PWM 牵引逆变器供电，该逆变器向一个转向架的两台并联异步牵引电机供电，实行架控方式。再生制动过程相反。

DJ_3 型（天梭）电力机车牵引电路图如图 1-7-4 所示。

(2)网侧电路

机车采用德国进口 DSA250 型高速受电弓和法国进口二合一 22CB005 型真空断路器。高压隔离开关可以对故障受电弓进行隔离。高性能避雷器防止雷电对机车电器的损坏。进口专用 25 kV 高压电缆连接装置，保证了 25 kV 车顶部分与变压器的可靠连接。从德国进口的网侧回流接地装置，可保证一次侧电流的可靠回流，避免对走行部轴承的电蚀。

(3)牵引变压器

牵引变压器有四个牵引绕组分别向两台牵引变流器供电，一个辅助绕组向两台辅助变流器供电。牵引变压器的安装方式为车下卧式吊装，冷却方式是强迫油循环，冷却装置与变压器分开布置。牵引变压器箱体内还有两台谐振电抗器、两台供电电抗器（为列车空调、采暖等提供用电）、两台辅助电抗器，总重小于 10.5 t。

(4)牵引变流器

机车装有两台牵引变流器，每台牵引变流器由两个四象限变流器和一个牵引逆变器组成。一个牵引逆变器向一个转向架的两台并联异步牵引电机供电，实现架控。四象限变流器与牵引逆变器采用完全相同的水冷 GTO 功率模块构成，功率模块可以互换。冷却介质采用去离子水和乙二醇的混合液。

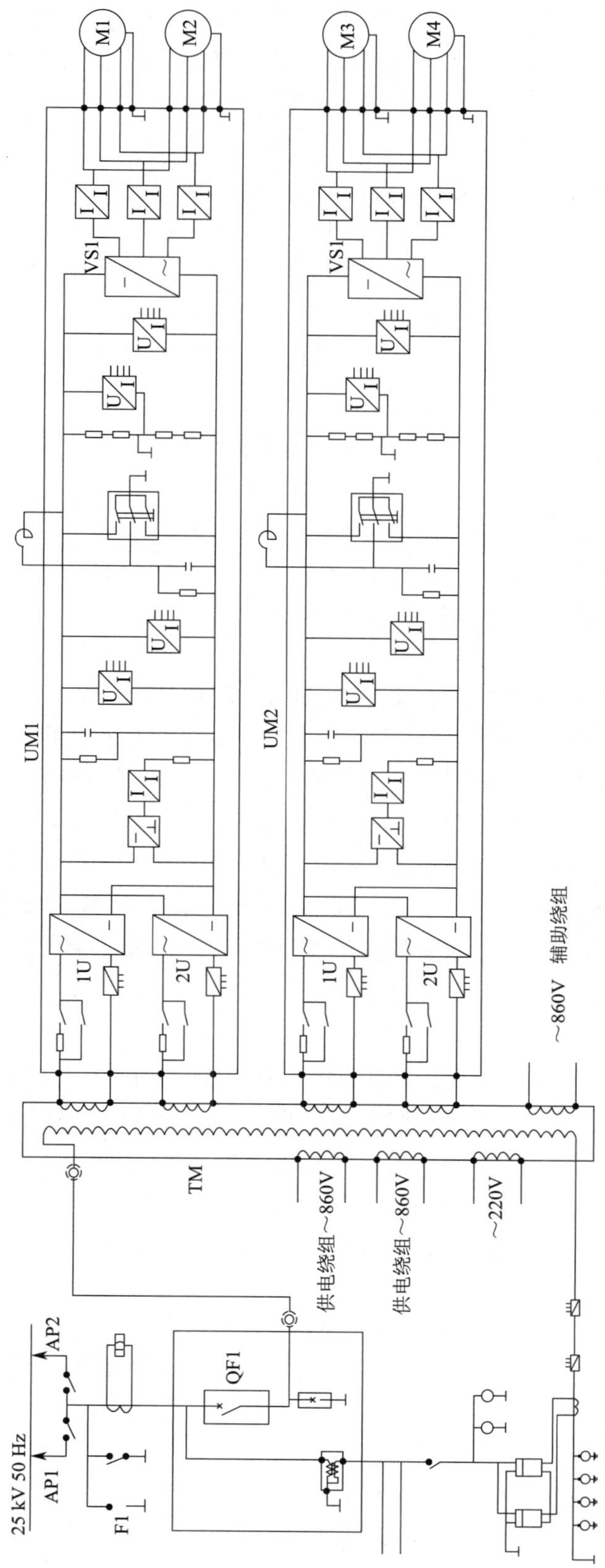

图 1-7-4 DJ_3 型(天梭)电力机车牵引电路图

AP1/AP2—受电弓;F1—车顶避雷器;QF1—主断路器;UM1/UM2—牵引变流器;1U/2U—四象限变流器;VS1—牵引逆变器;M1、M2、M3、M4—牵引电机

(5)牵引电机

机车采用三相异步牵引电机,主要由定子、转子、端盖、轴承、测速装置和主动齿轮等部分组成。定子的主要零部件有定子铁芯、定子绕组等。转子由转子铁芯、导条、端环和转轴等组成。牵引电机采用强迫通风冷却。电机滚动轴承采用脂润滑。

4. 辅助电气系统

DJ_3 型(天梭)电力机车设有两台辅助变流器。每台辅助变流器有一个整流器和两个逆变器。辅助变流器输入容量为 100 kV·A,输出为 2×70 kV·A。辅助逆变器输出一路为 VVVF 方式,其驱动负载有冷却塔风机、牵引风机;另一路为 CVCF 方式,其驱动负载有压缩机电机、牵引变压器油泵、牵引变流器辅助用电、空调、供电柜风机等。当一个逆变器故障时可以将其负载切换到另一个逆变器上,不影响机车的运行。一台辅助变流器组故障,须切除一台转向架的功率运行。

辅助系统的短路、过电流、过电压、欠压、接地等故障由相应的传感器、继电器、自动开关等器件进行保护,并将有关信息送入微机网络系统进行记录和显示。

列车供电柜用于向牵引的客车供电。输入电压为 AC 860 V,输出电压为双路 DC 600 V,容量 2×400 kV·A。两套供电电路互为冗余,一台故障不影响客车的用电。

DJ_3 型(天梭)电力机车辅助电气系统电路图如图 1-7-5 所示。

5. 微机网络控制系统

DJ_3 型(天梭)电力机车车载分布式微机网络控制、诊断系统由列车总线和车辆总线构成(图 1-7-6)。符合 IEC 61375-1—1999 列车通信网络 TCN 标准。列车总线用于机车车辆间的信息传输,双份冗余自动转换;车辆总线连接本机车内各个计算机控制的部件,通信介质为光纤和双绞线。网络系统各子功能单元分布在各电器柜中。

在大电流母线连接处的屏柜上部设有火灾报警装置。在机车走行部安装有轴承故障诊断系统,利用振动信号精确感知走行部的故障。机车安装有 LKJ2000 型列车运行监控记录装置,同时留有 TVM430 信号装置接口和安装位置。重要开关命令信号有冗余。蓄电池选用进口碱性免维护蓄电池。

6. 车　　体

DJ_3 型(天梭)电力机车采用双司机室和流线化头形,车体采用轻量化的整体承载结构,主要由底架、侧墙、双司机室及车顶连接横梁组焊而成的钢结构及可拆卸的夹层式铝合金顶盖组成,顶盖与侧墙、连接横梁之间采用胶条密封。入口门设在司机室两侧,司机室后墙中间设有一个通向设备间的门。牵引杆座适应转向架中间推挽式斜拉杆装置牵引方式。机车前窗玻璃采用双层防爆玻璃,司机室及其门窗具有良好的密闭性能。

车体顶盖的结构为夹层独立通风道结构,结构材料采用铝合金。

车体的底部加设侧导流板,外形设计为具有减少空气阻力的流线型。

机车通风系统为车顶夹层独立通风方式,滤尘采用车顶斜面惯性过滤器。

车钩为 13 号车钩,缓冲器为 TXJN-KL 弹性胶泥缓冲器。

7. 转 向 架

DJ_3 型(天梭)电力机车转向架为两轴转向架,构架为箱型梁组成的“日”字形焊接结构,有中间横梁。传动装置一端悬挂在构架中间横梁上,另一端固定在端梁上。驱动装置为空心轴双侧六连杆机构,一级齿轮减速。轮对采用空心轴和轻型辐板式整体辗钢轮,踏面为 JM3 踏

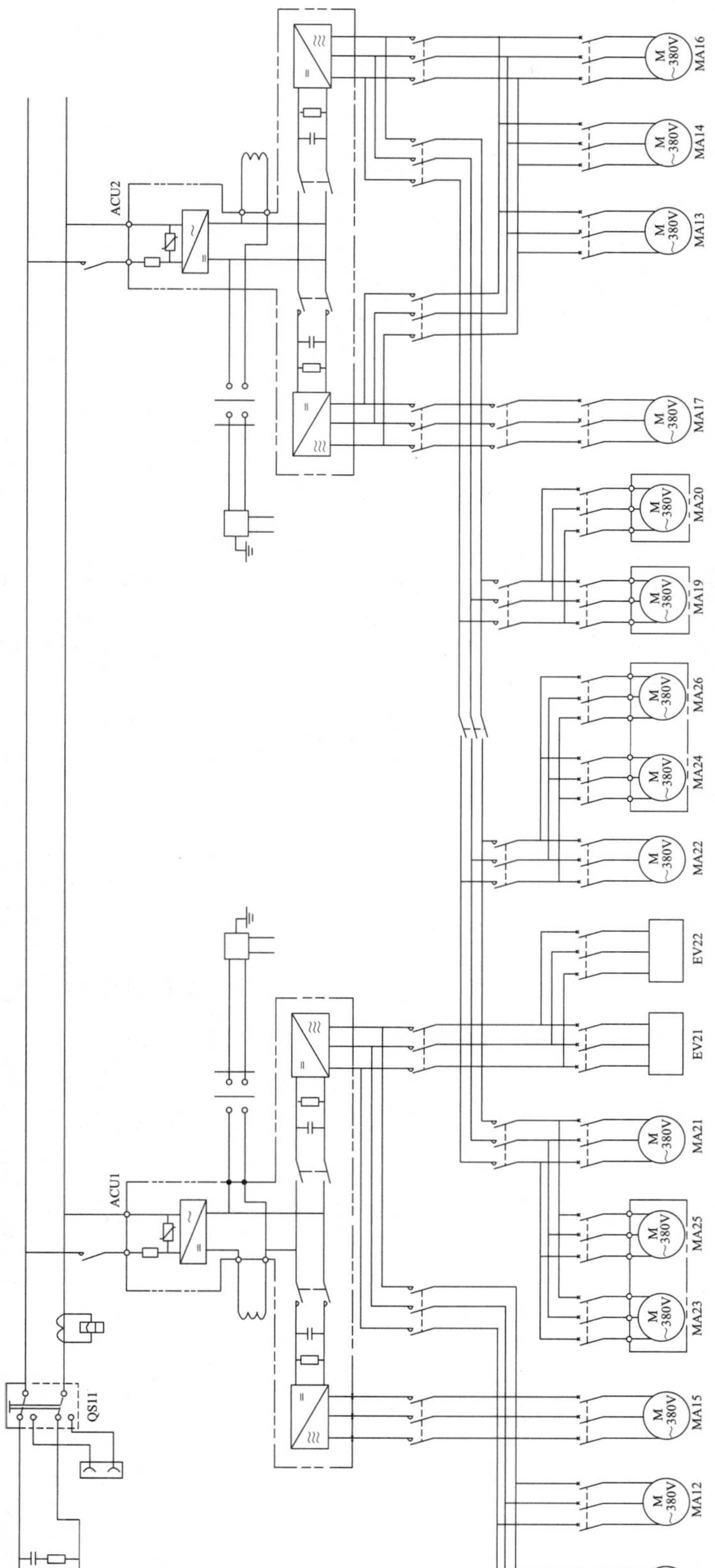

图 1-7-5　DJ_3 型(天梭)电力机车辅助电路图

QS11—辅助库用转换开关；ACU1、ACU2—辅助变流器；MA11～14—牵引风机；MA15、16—冷却塔风机；MA17—压缩机；MA19、20—供电风机；MA21、22—变压器油泵；MA23、24—变流器水泵；MA25、26—变流器风机；EV21、22—空调

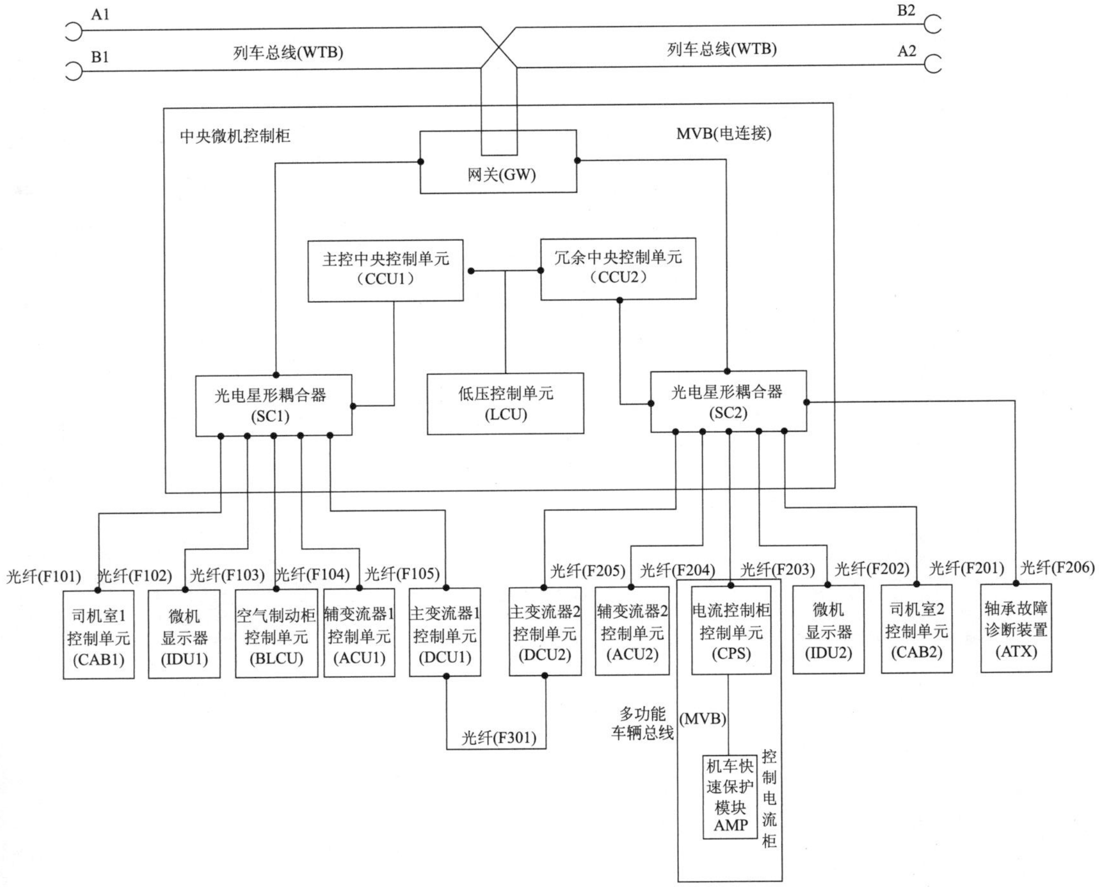

图 1-7-6　DJ3 型(天梭)电力机车微机网络控制系统图

面。牵引装置为中间推挽低位斜拉杆。一系悬挂采用螺旋弹簧加单侧轴箱拉杆定位，二系悬挂为高挠圆弹簧加垂向、横向和抗蛇行油压减振器。

基础制动采用轮装式盘形制动装置。机车每轴两个制动盘＋一个具有空气制动、停放储能制动和闸片间隙调整功能的三合一复合单元制动器，停放制动装置满足列车最大停放坡度20‰的要求。

转向架上还装有速度传感器、振动传感器装置、网侧回流装置、轮缘润滑装置、还增设了踏面清扫器等。

8. 制动系统

DJ3 型(天梭)电力机车采用再生制动加空气制动的电空制动方式。空气制动机采用 DK-1 型空气制动机，具有列车电空制动功能和与列车运行监控记录装置配合的自动常用制动功能。

空气系统采用一台 SL40-2 型螺杆式压缩机作为系统的风源，排气压力为 1 000 kPa，供风能力 3 m^3/min，总风缸容积为 1 200 dm^3。机车向牵引的客车双管供风。机车设两个总风缸，容量为 2×600 dm^3。管路系统部件集中布置两个屏柜。风源系统柜安装了主压缩机、空气干燥器、辅助压缩机等。电空制动柜安装了与制动机有关的集成气路屏、板式安装的控制部件等，拆检方便，整齐美观，提高了可靠性。电气控制通过逻辑控制单元 DKL 来实现。

机车既有再生制动防滑功能又有空气制动防滑功能。

机车设置了双管供风功能，通过列车管和总风管向全列车供风，分开了列车制动用风与辅助用风，使彼此功能相对独立，互不干扰。

9. DC 600 V 列车供电系统和双管供风装置

DJ_3 型（天梭）电力机车列车供电系统主要由牵引变压器供电绕组、列车供电柜、供电插座等设备组成。供电绕组额定输出电压 860 V，通过列车供电柜内的相控整流器转变为稳定的 DC 600 V 电压向旅客列车供电。

机车配置一台列车供电柜，安装在机械间内。该供电柜内有两路独立的、完全相同的相控整流及辅助电路，通过两路独立供电线路向列车供电，每路容量 400 kW，当一路故障时，另一路可维持供电。

10. 技术参数表

DJ_3 型（天梭）电力机车技术参数见表 1-7-1。

表 1-7-1　DJ3 型（天梭）电力机车技术参数表

车型名称			DJ3（天梭）
车型代号			DJ3
机车车号			0001
项目		序号	参数及说明
用途		1	快速客运
制造年代		2	2002 年
制造厂名		3	中车大同电力机车有限公司
轨距(mm)		4	1 435
车体	车底架长(mm)	5	18 220
	车体宽(mm)	6	3 100
	高（轨面至受电弓座平面）(mm)	7	4 000
司机室个数		8	2
机车前后车钩中心距(mm)		9	19 440
车钩型号，形式		10	13 号车钩，下作用式
缓冲器型号		11	MT-3 摩擦式缓冲器
轴式		12	$B_0—B_0$
车钩中心线距轨面高度(mm)		13	880±10
转向架中心距(mm)		14	10 230
全轴距(mm)		15	12 880
动轮直径（新轮）(mm)		16	1 250
动轮直径（轮箍半磨耗）(mm)		17	1 210
落弓后滑板顶面距轨面高度(mm)		18	4 628
受电弓滑板距轨面工作高度(mm)		19	5 606
机车整备质量(t)		20	$82\times(1^{+3\%}_{-1\%})$
轴重(t)		21	$20.5\times(1^{+3\%}_{-1\%})$
通过最小曲线半径(m)		22	125

续上表

车型名称				DJ_3(天梭)
车型代号				DJ_3
机车车号				0001
项目			序号	参数及说明
供电电流制			23	AC 25 kV/50 Hz
额定电压(kV)			24	25
最高电压(kV)			25	29
最低电压(kV)			26	19
电传动方式			27	交—直—交
持续功率(kW)			29	4 800
持续速度(km/h)			30	85
持续牵引力(kN)			31	203
最高运用速度(km/h)			32	200
恒功率速度范围(km/h)			33	85～200
最大启动牵引力(kN)			34	262
最大再生制动力(kN)			35	150
功率因数			36	>0.98
等效干扰电流(A)			37	在持续制牵引工况下,距牵引变电所 10 km 处测量不大于 2.5
电网电流畸变率(%)			38	<10
机车总效率			39	不小于 0.82
紧急制动距离(m)			40	在 200 km/h 的初速度下,制动距离小于 2 000 m
库内动车电源制式(V)			41	AC 860
转向架	构架外形尺寸(mm)		42	4 610×2 785×764
	两侧梁横向中心距(mm)		43	2 050±0.5
	转向架各轴间距(mm)		44	2 650
	转向架固定轴距(mm)		45	2 650
	同一轴两轴箱中心距(mm)		46	2 050
	轮对质量(kg)		47	3 005
	一系悬挂装置	一系悬挂静挠度(mm)	48	36
		垂向油压减振器型号,数量	49	421300000013,4
		垂向油压减振器阻尼系数	50	4～5.2 kN(0.1～0.2 m/s)
	二系悬挂装置	二系悬挂静挠度(mm)	51	165
		垂向油压减振器型号,数量	52	401300000014,2
		垂向油压减振器阻尼系数	53	6～6.4 kN (0.1～0.2 m/s)
		横向油压减振器型号,数量	54	401300000015,2
		横向油压减振器阻尼系数	55	5～5.8 kN (0.15～0.2 m/s)
		抗蛇行减振器型号,数量	56	601300000016/17,2
		抗蛇行减振器阻尼系数	57	6～10.5 kN(0.01～0.1 m/s)

续上表

车型名称				DJ3(天梭)
车型代号				DJ3
机车车号				0001
项目			序号	参数及说明
转向架	牵引力传递方式		58	中间推挽低位斜拉杆牵引
	牵引点高(mm)		59	198
	牵引电动机悬挂方式		60	牵引电机弹性架悬
	齿轮传动比		61	3.905
	砂箱容量(m^3)		62	0.1×2
	转向架质量(t)		63	15.8
基础制动装置	基础制动方式		64	轮盘制动
	每台转向架制动器组数		65	4
	制动缸直径(mm)		66	254
	制动倍率		67	2.41
	传动效率(%)		68	85
	闸片与车轮踏面的恒定间隙(mm)		69	/
	制动缸最大空气压力(kPa)		70	450
	闸片、制动盘形式		71	夹钳式
	闸片、制动盘材质		72	粉末冶金闸片,铸铁盘
	每个夹钳上的闸片(或轮盘)压力(kN)		73	单侧 18.5,每根轴 73.8
	停放制动器	停放制动方式	74	弹簧停放方式
		制动器数量	75	2
		闸片压力(kN)	76	≥9.81
		停放制动器质量(kg)	77	102
	制动单元质量(kg)		78	1 127.5
受电弓	型号		79	DSA250 型
	额定工作电压(kV)		80	25
	额定工作电流(A)		81	1 000
	运行最高速度(km/h)		82	250
	工作高度(mm)		83	1 029 ~2 941
	最大升弓高度(mm)		84	$3\,000^{+100}_{-25}$
	落弓位高度(mm)		85	588
	升弓时间(s)		86	不大于 5.4
	降弓时间(s)		87	不大于 4
	传动风缸工作空气压力(kPa)		88	接触力为 70 N 时的空气压力:大约 760
	总质量(kg)		89	130

续上表

车型名称				DJ3(天梭)
车型代号				DJ3
机车车号				0001
项目			序号	参数及说明
主断路器	型号		90	THG2-400/25(22CB019A1)
	额定电压(kV)		91	25
	额定电流(A)		92	1 000
	额定分断电流(kA)		93	16
	额定分断容量(MV·A)		94	400
	固有分闸时间(ms)		95	40
	额定工作气压(kPa)		96	483
	质量(kg)		97	106
牵引变压器	型号,形式		98	JDFP-6972/25,芯式卧放结构
	各绕组额定容量(kV·A)	网侧高压绕组	99	6 972
		牵引绕组	100	4×1 433
		辅助绕组	101	220
		供电绕组	102	2×500
	各绕组额定电压(V)	网侧高压绕组	103	25 000
		牵引绕组	104	4×1 471
		辅助绕组	105	860
		供电绕组	106	2×860
	各绕组额定电流(A)	网侧高压绕组	107	279
		牵引绕组	108	4×974
		辅助绕组	109	256
		供电绕组	110	2×581
	短路阻抗(%)		111	48
	绝缘等级		112	A
	冷却方式		113	强迫导向油循环风冷
	冷却油牌号		114	Alpha-1 绝缘油
	冷却油流量(m^3/h)		115	45
	油泵型号		116	BZ245-16/6B 型油泵
	效率		117	≥96
	总质量(t)		118	10.4
谐振电抗器	每节机车台数		119	2
	额定电流(A)		120	871
	额定电压(V)		121	3 000
	电感值(mH)		122	0.4×(1±5%)

续上表

车型名称				DJ₃(天梭)
车型代号				DJ_3
机车车号				0001
项目			序号	参数及说明
牵引变流器	型号		123	TEP28WG01 型
	电路结构形式		124	电压型、两电平
	额定功率(kW)		125	1 433
	额定输入电压(交流)		126	AC 1 471 V/50 Hz
	额定输入电流(交流)(A)		127	974
	中间电路电压(V)		128	2 800
	二次谐振电容值(mF)		129	6.67
	支撑电容值(mF)		130	8.80
	额定输出电压(V)		131	3AC 0～2 180
	额定输出电流(A)		132	890 (基波)
	四象限变流器开关频率(Hz)		133	250
	牵引逆变器最大开关频率(Hz)		134	190
	电机逆变器输出频率范围(Hz)		135	0.5～190
	冷却方式		136	水冷
	效率		137	/
	质量(kg)		138	2 500
	外形尺寸(长×宽×高,mm)		139	3 000×1 940×1 050
	每台机车牵引变流器台数		140	2
	四象限变流器功率模块	型号	141	/
		电路形式	142	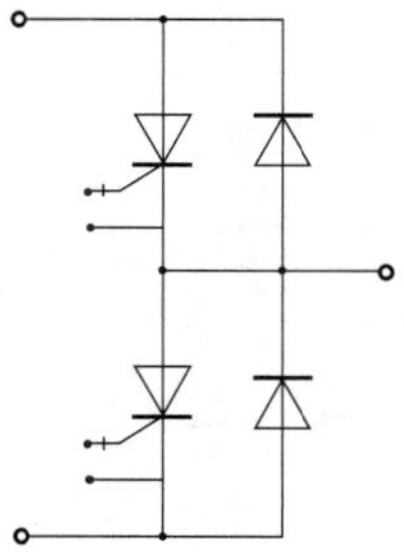
		四象限变流器构成形式	143	由两个四象限变流器功率模块构成
		电压(V)	144	1 471
		电流(A)	145	974
		开关频率(Hz)	146	250
		功率元件型号	147	GTO GVA578A01 型
		功率元件参数	148	GTO(4 500 V/3 000 A)

续上表

车型名称				DJ₃(天梭)
车型代号				DJ_3
机车车号				0001
项目			序号	参数及说明
牵引变流器	四象限变流器功率模块	功率元件个数	149	2
		冷却方式	150	水冷
		质量(kg)	151	60
		尺寸(长×宽×高,mm)	152	/
	牵引逆变器功率模块	型号	153	/
		电路形式	154	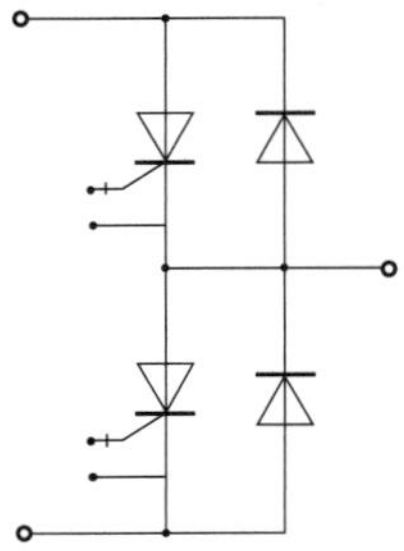
		牵引逆变器构成形式	155	由三个牵引逆变器功率模块构成
		电压(V)	156	2 180
		电流(A)	157	890
		开关频率(Hz)	158	250
		功率元件型号	159	GTO GVA578A01 型
		功率元件参数	160	GTO(4 500 V/3 000A)
		功率元件个数	161	2
		冷却方式	162	水冷
		质量(kg)	163	60
		尺寸(长×宽×高,mm)	164	/
	冷却系统	水泵型号	165	/
		流量(m^3/h)	166	18
		驱动电机功率(kW)	167	4
	控制策略	四象限整流器	168	电压电流双闭环
		牵引逆变器	169	PWM/VVVF 直接力矩控制
		瞬时电压限制器	170	比例谐振
交流异步牵引电机	型号		171	JD121 型
	额定功率(持续制)(kW)		172	1 225
	额定电压(持续制)(V)		173	1 895
	额定电流(持续制)(A)		174	445(基波)
	最大启动电流(A)		175	500(基波)
	功率因数		176	0.84
	额定转速(持续制)(r/min)		177	1 268
	最高转速(r/min)		178	4 300
	额定频率(Hz)		179	51.6

续上表

车型名称				DJ₃(天梭)
车型代号				DJ_3
机车车号				0001
项目			序号	参数及说明
交流异步牵引电机		额定转差率(%)	180	1.3
		额定转矩(N·m)	181	8 120
		最大转矩(N·m)	182	10 460
		额定效率	183	0.959
		绝缘等级	184	耐电晕 200 级
		极数	185	4
		质量(kg)	186	2 100
		通风量(m^3/s)	187	1.6
牵引通风机组		型号	188	DJG1-13-10-000
		台数	189	4
		最大转速(r/min)	190	2 935
		每台风机的风量(m^3/min)	191	126
		风压(Pa)	192	2 300
		额定功率(kW)	193	10
		质量(kg)	194	267
复合冷却塔		冷却方式	195	强迫水、油循环风冷式
		水散热量(kW)	196	130
		油散热量(kW)	197	120
		通风量(m^3/min)	198	390
		水流量(m^3/h)	199	18
		油流量(m^3/h)	200	45
		质量(kg)	201	374
辅助变流器	CVCF逆变器	型号	202	TGF9A
		每台机车装用台数	203	2
		额定输入电压(V)	204	AC 860
		额定输入电流(A)	205	116
		额定输出电压(V)	206	AC 380
		额定输出电流(A)	207	/
		容量(kV·A)	208	70
		频率(Hz)	209	50±1
		功率元件参数	210	GTO TGF9A 型
		冷却方式	211	强迫风冷
		质量(kg)	212	200

续上表

车型名称				DJ$_3$(天梭)
车型代号				DJ$_3$
机车车号				0001
项目			序号	参数及说明
辅助变流器	VVVF逆变器	型号	213	TGF9A
		每台机车装用台数(台)	214	2
		额定输入电压(V)	215	AC 860
		额定输入电流(A)	216	116
		额定输出电压(V)	217	3AC 380
		额定输出电流(A)	218	/
		容量(kV·A)	219	70
		频率(Hz)	220	50±1
		功率元件参数	221	GTO
		冷却方式	222	强迫风冷
		质量(kg)	223	200
蓄电池充电器	型号		224	KD6/110-1 型
	输入电压(V)		225	AC 220
	输出电压(V)		226	DC 110×(1±1%)
	输出电流(A)		227	直流 55
	输出容量(kV·A)		228	6
	质量(kg)		229	60
微机网络控制系统	列车网标准		230	IEC 61375—1
	车辆网标准		231	IEC 61375—1
	列车网传输速率(Mbit/s)		232	1
	车辆网传输速率(Mbit/s)		233	1.5
	机车控制功能	牵引特性控制	234	准恒速
		再生制动特性控制	235	恒力矩
		其他控制功能	236	主断路器控制、机车逻辑控制、定速控制、冗余控制、辅助电动机的控制、自动过分相控制、空电联合控制、牵引变流器控制、故障诊断、显示与保护;重联控制
	保护功能	网压保护限值(kV)	237	超压 31,欠压 17.5
		网流保护限值(A)	238	480
		中间电压限值(V)	239	2 900
		防空转/滑行策略	240	通过对电机速度,电机转矩等信息的采集、分析和处理,综合得出的电机转矩指令,向电机控制系统发出合适的电机转矩指令
		最高速度限值(km/h)	241	230

续上表

车型名称				DJ3(天梭)
车型代号				DJ3
机车车号				0001
项目			序号	参数及说明
风源系统	主空气压缩机组	主压缩机型号	242	SL40-2-16
		压缩空气出口压力(kPa)	243	1 000
		压缩空气出口温度(℃)	244	环境温度+15
		排气量(m^3/min)	245	3.0
		冷却方式	246	风冷
		润滑油牌号	247	Anderol 3057M
		润滑油储量(dm^3)	248	15
		润滑油压力(kPa)	249	1 250
		电机型号	250	—
		电机转速(r/min)	251	1 450
		额定功率(kW)	252	31
		额定电压(V)	253	380
		额定电流(A)	254	82
		机组质量(kg)	255	370
	辅空气压缩机组	型号	256	TZK1-50 型
		额定排气量(m^3/min)	257	0.05
		额定排气压力(kPa)	258	800
		电动机型号	259	/
		额定工作电压(V)	260	110
		额定工作电流(A)	261	5
		额定功率(kW)	262	0.75
		额定转速(r/min)	263	2 300
	空气干燥器	空气干燥器型号	264	LTZ3.2H
		空气干燥器形式	265	双塔式
		处理空气量(m^3/min)	266	4.8
		工作压力(kPa)	267	1 000
		整机质量(kg)	268	118
	风源系统部件	压力控制器(调压器)型号	269	YWK-50-C
		压力控制范围(kPa)	270	750～900
		总风缸空气压力范围(kPa)	271	750～900
		各总风缸总容量(dm^3)	272	600+600
	调压阀调压范围(kPa)		273	600～700

七

续上表

车型名称			DJ3(天梭)
车型代号			DJ3
机车车号			0001
项目		序号	参数及说明
制动机	制动机型号	274	DK-1
	自动制动阀	275	KS22-5
	单独制动阀	276	DK-G
	分配阀型号,数量	277	MSP119-00-00;1
	中继阀(双阀口式)	278	TPJ91-00-00
	紧急阀	279	TFK1B
	电动放风阀	280	2DF
	紧急电空阀(110 V)	281	TFK1B
	电空转换阀	282	DKLH-10
蓄电池组	型号	283	FNC172MR 镍镉铁路型蓄电池
	容量(A·h)	284	100
	装用数量(只)	285	76
	总标称电压(V)	286	76×1.2
列供系统参数	型号	287	/
	电路形式	288	相控整流
	额定输出功率(kW)	289	2×400
	额定交流输入电压(V)	290	AC 860
	额定直流输出电压(V)	291	DC 600
	额定直流输出电流(A)	292	581
	最大直流输出电流(A)	293	682
	输出电压控制精度(%)	294	±5
	效率(额定工况)(%)	295	85
	冷却方式	296	通风冷却

注:“—”表示无此设备;“/”表示数据空缺。

七

八、SSJ$_3$型电力机车技术简介

1. 概　　述

SSJ$_3$ 型电力机车是六轴、大功率交流传动干线货运电力机车，2001 年原铁道部科技司立项，由连车公司在 2004 年研制成功的，具有我国自主知识产权，适应我国铁路现代货运要求的交流传动货运电力机车。机车持续功率 7 200 kW，最高速度 120 km/h，持续速度 53.9 km/h，持续牵引力 480.9 kN，轴式 C_0—C_0，轴重(23+2)t，通过最小曲线半径 125 m。

2004 年 4 月 30 日至 7 月 29 日，SSJ$_3$ 型电力机车在中国铁道科学研究院东郊分院环行铁道试验基地、北京铁路局北同蒲线和沈阳铁路局沈大线完成了形式试验，2004 年 8 月 5 日至 2005 年 11 月，在沈大线大连至苏家屯区间进行运用考核，担当与 SS$_4$ 型机车相同的牵引任务，共运行 21 万多公里。

2005 年，根据原铁道部 TB 138 号"SSJ$_3$ 型交流传动电力机车拆检大纲批复"的指示精神和原铁道部质检中心"关于 SSJ$_3$ 型交流传动机车拆检工作要求"，对转向架、车体、牵引变压器、牵引电动机、电器屏柜、空气管路系统、牵引变流器、AC 滤波器和机车控制监视系统(TCMS)等部分进行检测。拆检结果表明，机车设计合理，整体和各主要部件的结构性能良好，能够满足机车运用要求。

SSJ$_3$ 型电力机车仅生产一台原型车，车号为 0001。该车现在沈阳铁路局大连机务段金州车间。

SSJ$_3$ 型电力机车外形如图 1-8-1 所示。

图 1-8-1　SSJ$_3$ 型电力机车外形图

2. 机车总体

SSJ$_3$ 型电力机车车体下部布置有两台三轴低位牵引动力转向架，一台卧式牵引变压器布置在两台转向架的中间、吊挂在车体的下面；高压电气设备集中布置在车顶；在机车的两端分别设有规范化司机室，两个司机室的中间为设备室；设备室内设有 600 mm 宽的中间走廊，将两端的司机室连接在一起；设备室分成三部分：Ⅰ端设备室、变流器室、Ⅱ端设备室。车内设备布置以平面斜对称布置为主，设备成套安装。

SSJ$_3$ 型电力机车总体布置如图 1-8-2 所示。

牵引及再生制动特性曲线如图 1-8-3、图 1-8-4 所示。

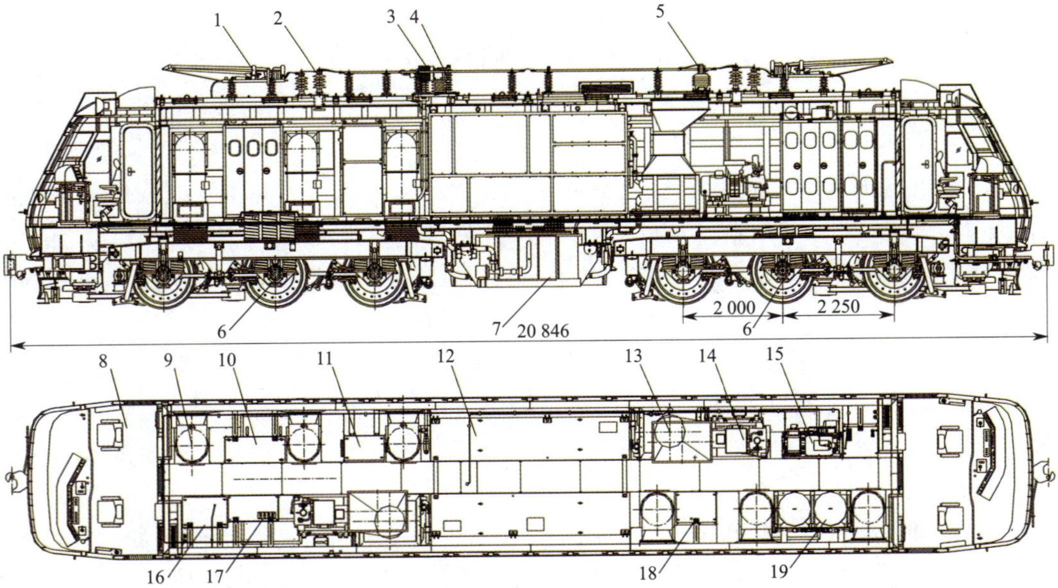

图 1-8-2　SSJ3 型电力机车设备布置总图

1—单臂受电弓；2—高压隔离开关；3—真空断路器；4—避雷器；5—高压电压互感器；6—转向架；7—牵引变压器；8—司机室；9—牵引通风机组；10—电源柜(含蓄电池)；11—微机控制柜(TCMS)；12—牵引变流器(含辅助变流器)；13—复合冷却器通风机组；14—螺杆泵空气压缩机(带膜式干燥器)；15—空气管路柜；16—滤波装置柜；17—控制电器柜；18—储油柜(含工具柜)；19—总风缸

注：本车转向架中心距为车体旁承座中心矩 10 520 mm。

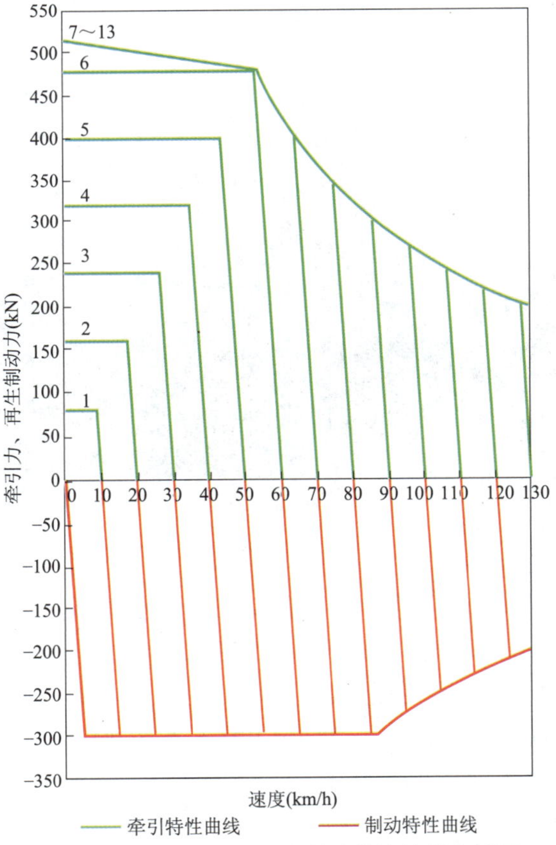

图 1-8-3　SSJ3 型电力机车牵引、再生制动特性控制曲线图(23 t 轴重)

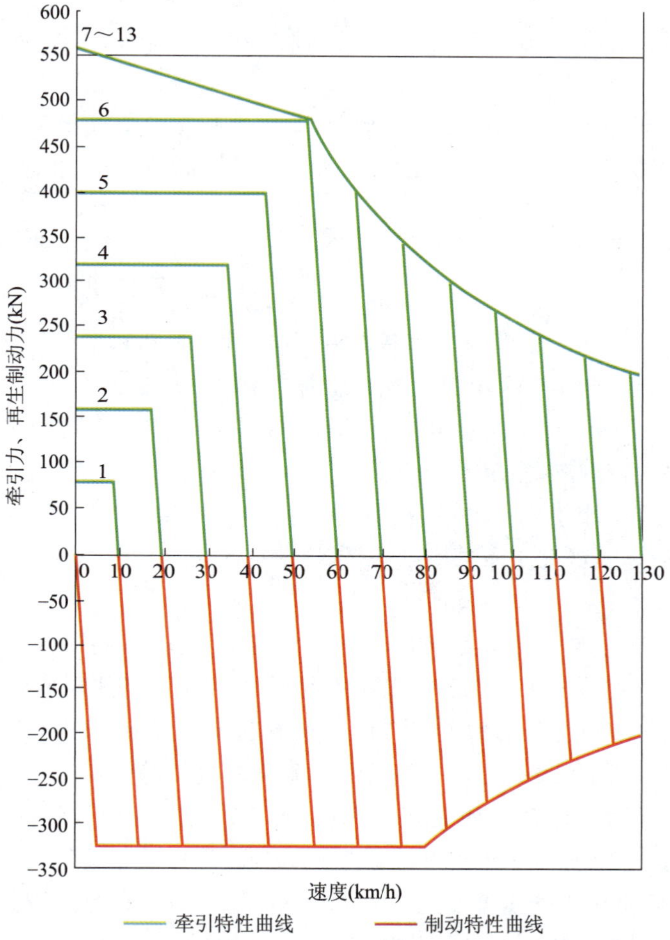

图 1-8-4　SSJ3 型电力机车牵引、再生制动特性控制曲线图(25 t 轴重)

机车司机室符合规范化司机室的设计要求。操纵台采用人机工程学设计，在仪表台上设置有监控显示屏、微机显示屏、空气压力表组合模块；司机室内设有信号显示器、辅助调车控制器、司机座椅、端子柜、热水器、电暖器、紧急放风阀、灭火器等消防、生活设备用品。司机室的顶部布置有顶置式机车空调(冷暖)、风扇、头灯、司机室灯等设备。司机室前窗采用电加热玻璃，窗外设有电动雨刮器，窗内设有电动遮阳帘；侧窗外设有机车后视镜。

车内设备布置Ⅰ端设备室紧邻Ⅰ端司机室，内部布置有 1～3 位牵引电动机的三台轴流通风机组、一台复合冷却器和一台复合冷却器通风机组、一台螺杆泵空气压缩机、微机控制柜(TCMS)、电源柜(含蓄电池)、滤波装置柜、控制电器柜及一个升弓气路板。

Ⅱ端设备室紧邻Ⅱ端司机室，内部布置有 4～6 位牵引电动机的三台轴流通风机、一台复合冷却器和一台复合冷却器通风机组、一台螺杆泵空气压缩机、空气管路柜、行车安全柜、储油柜(含工具柜)、两个总风缸及一个升弓气路板。

在Ⅰ端设备室和Ⅱ端设备室之间为变流器室，布置有两台变流器。每台变流器内部都含有一台牵引变流器和一台辅助变流器。

车顶设备包括受电弓、主断路器、高压接地开关、高压电压互感器、避雷器、高压隔离开关等车顶高压电器及通信用的天线设备。

车下设备除了一台牵引变压器和以变压器为中心对称布置的两台动力转向架以及牵引电机外，还有动车插座、辅助/控制电路外接电源插座、行灯插座、机车电子标签、速度传感器和轴温传感器等。

SSJ_3 型电力机车通风系统采用独立通风技术，主要包括牵引变流器和牵引变压器的复合冷却器通风、牵引电机通风、辅助逆变器通风、司机室通风，各通风回路有各自相对独立的通风管道，相互不影响。

3. 牵引电传动系统

(1)牵引电路

SSJ_3 型电力机车采用两个牵引变流器机柜 UM1 和 UM2，每个机柜内含有三个牵引变流器和一个辅助变流器。全车六个牵引变流器分别由牵引变压器的六个牵引绕组供电，经过整流逆变后，分别给六台牵引电动机供电。当任何一个或几个牵引变流器支路出现故障时，均可通过故障隔离开关进行隔离，实现冗余控制。

SSJ_3 型电力机车的牵引电传动系统主要由网侧电路、牵引变压器、牵引变流器及牵引电机构成，牵引电路原理图如图 1-8-5 所示。

(2)网侧电路

机车网侧的高压电器有受电弓 AP1、AP2，高压隔离开关 QS1、QS2，高压电压互感器 TV1，主断路器 QF1，避雷器 F1，高压电流互感器 TA1 和牵引变压器的原边绕组 AX。

接于变压器原边绕组低压端的电器有低压电流互感器 TA2、TA3，接地回流装置 EB1～EB6，电度表 PJ1、PJ2，网压表 PV1、PV2，以及自动开关 QA1 等。

网侧电流由接触网流入升起的受电弓 AP1 或 AP2 进入机车，经高压隔离开关 QS1 或 QS2 及主断路器 QF1，通过高压电流互感器 TA1 进入车内，经 25 kV 高压电缆与牵引变压器原边 A 端子相连，经过牵引变压器原边 AX，从 X 端子流出进入车体，通过车体与转向架之间的软连线、接地电刷 EB1～EB6、轮对、钢轨，返回变电所。

(3)牵引变压器

SSJ_3 型电力机车采用 JQFP-9000/25 型牵引变压器。该变压器由油箱、器身、油保护装置、冷却系统、其他附属装置等组成。器身由铁芯、线圈、绝缘件组成。通风机、冷却器、储油柜安装在车体台架的上方。高压绕组的高压端子 A 安装在油箱壁上，其余端子都安装在油箱箱盖上。

(4)牵引变流器

SSJ_3 型电力机车牵引变流器由线路接触器和预充电单元、四象限变流器、中间直流回路、牵引逆变器、控制和保护装置等组成，采用 IGBT 功率模块和水循环冷却方式。

(5)牵引电机

SSJ_3 型电力机车采用 JD126A 型鼠笼式异步牵引电机。电机与机车的连接为滚动抱轴结构，单端内锥轴输出，电机传动端采用 NU 型非定位绝缘轴承，非传动端用 NJ＋HJ 型定位绝缘轴承。电机采用轴向强迫通风方式，冷却风从非传动端端盖径向通风孔进入，从传动端端盖轴向排出；电机两端的端盖均为铸钢结构。在电机端盖处设有注油口。

4. 辅助电气系统

SSJ_3 型电力机车的辅助电路可以分成相对独立的两部分电路：辅助电动机供电电路和辅助加热装置电路。

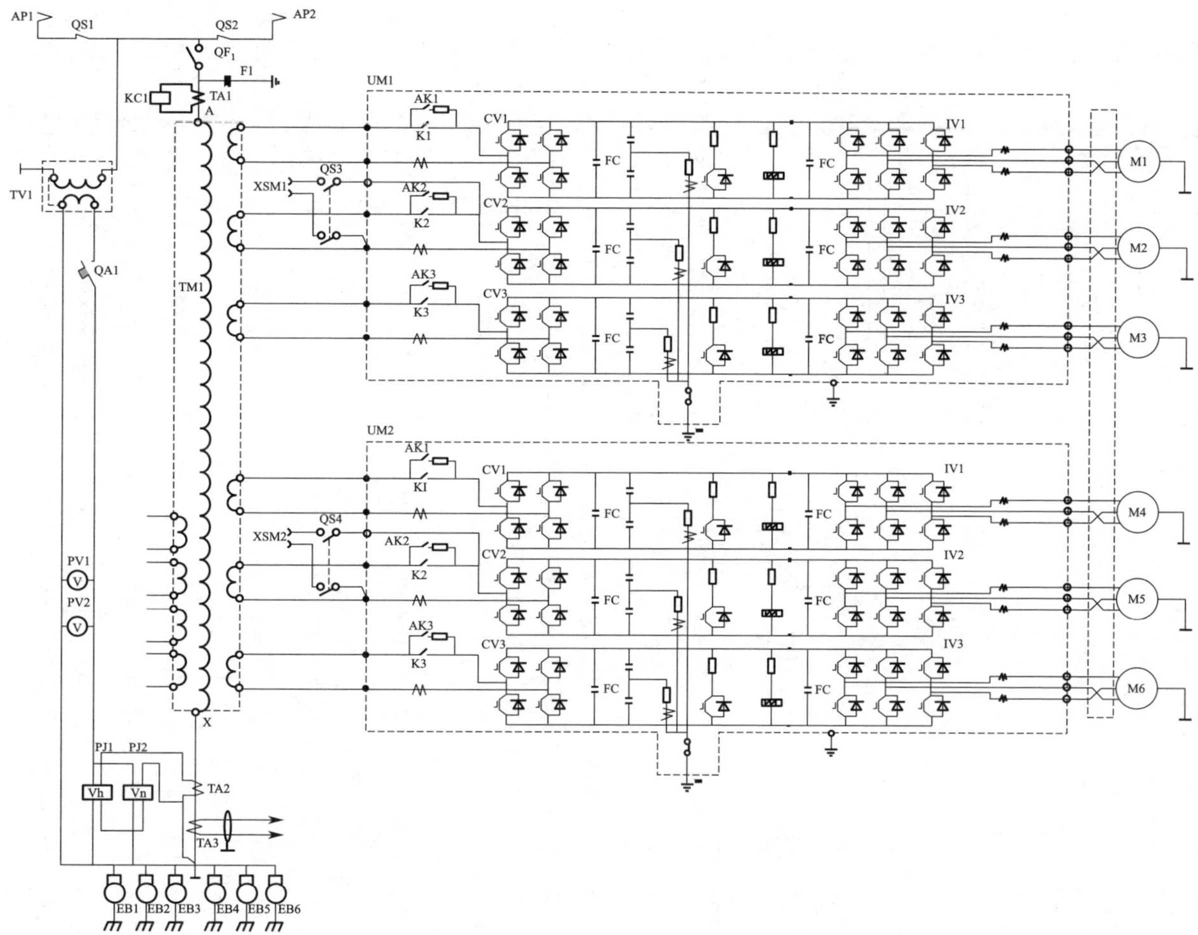

图 1-8-5　SSJ3 型电力机车牵引电路原理图

AP1、AP2—受电弓 1、2；QS1、QS2—高压隔离开关；QF1—主断路器；F1—避雷器；QA1—自动开关；PV1、PV2—网压表；PJ1、PJ2—电度表；EB1～EB6—接地回流装置；XSM1、XSM2—库用电源插座；QS3、QS4—库用电源转换开关；TA1、TA3—高压电流互感器 1、3；TV1—高压电压互感器；TM1—牵引变压器；TA2—低压电流互感器；UM1、UM2—牵引变流柜 1、2；CV1～CV3—四象限变流器 1～3；IV1～IV3—牵引逆变器 1～3；AK1～AK3—充电接触器 1～3；K1～K3—输入接触器 1～3；FC—支撑电容器；M1～M6—牵引电机 1～6

八

辅助电动机供电电路由辅助变流器、电磁接触器、自动开关、辅助电机等组成,原理图如图 1-8-6 所示。

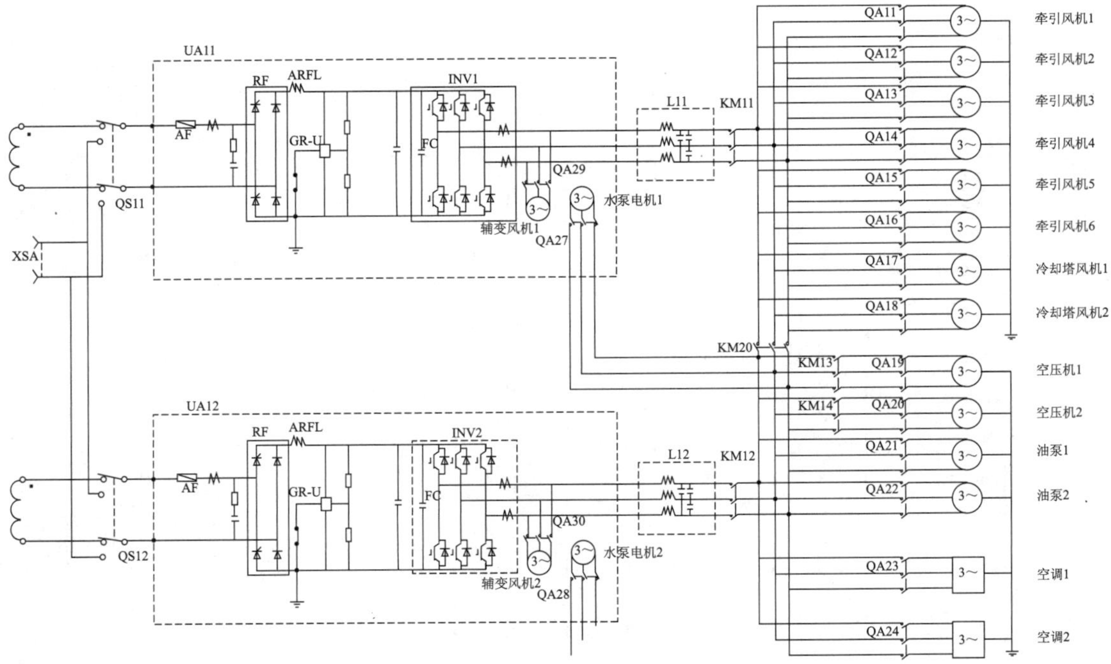

图 1-8-6 SSJ_3 型电力机车辅助电机供电电路

UA11、UA12—辅助变流器 1、2;L11、L12—滤波柜;KM11—辅助变流器 1 工作接触器;
KM12—辅助变流器 2 工作接触器;KM20—辅助冗余接触器;KM13、KM14—空压机接触器;
QA11～QA30—自动开关;RF—相控整流器;ARFL—电抗器;INV1、INV2—逆变器;AF—熔断器;
QS11、QS12—转换开关;XSA—库用电源插座;GR-U—接地检测装置;FC—支撑电容

辅助变流器 UA11、UA12 都有 VVVF 和 CVCF 两种工作方式,可以依据连接的辅助电动机的情况工作在适当的方式。

辅助变流器 UA11、UA12 的额定容量均为 230 kV·A,分别由机车牵引变压器 TM1 的两个辅助绕组供电。辅助绕组的电压均为 857.8 V,分别经辅助电路库内试验转换开关 QS11、QS12 送至辅助变流器 UA11、UA12。

辅助变流器 UA11 的输出,经过滤波器 L11,通过输出接触器 KM11 给牵引风机电机和复合冷却器风机电机供电。另外,在辅助变流器 UA11 内部,还给辅助变流器风机供电。

辅助变流器 UA12 的输出,经过滤波器 L12,通过输出接触器 KM12 给空气压缩机电动机、牵引变压器油泵电机、辅助风机电机、司机室空调、牵引变流器内部的水泵电机供电。另外,在辅助变流器 UA12 内部,还给辅助变流器风机电机供电。

机车辅助加热装置主要有电热玻璃 EH11、EH12、膝炉 EH15～EH18、侧墙暖风机 EH19～EH22、脚炉 EH23～EH26、后墙暖风机 EH27～EH30、司机室多功能热水器 EH31～EH32 等。它们均由牵引变压器的辅助绕组 a10x10 供电。辅助加热装置电路如图 1-8-7 所示。

在辅助加热电路的输入侧并联了电阻、电容,作为辅助绕组过电压阻容保护电路。

辅助加热电路的接地保护电路主要由接地继电器 KE11、降压电阻 R12、二极管 VD11、

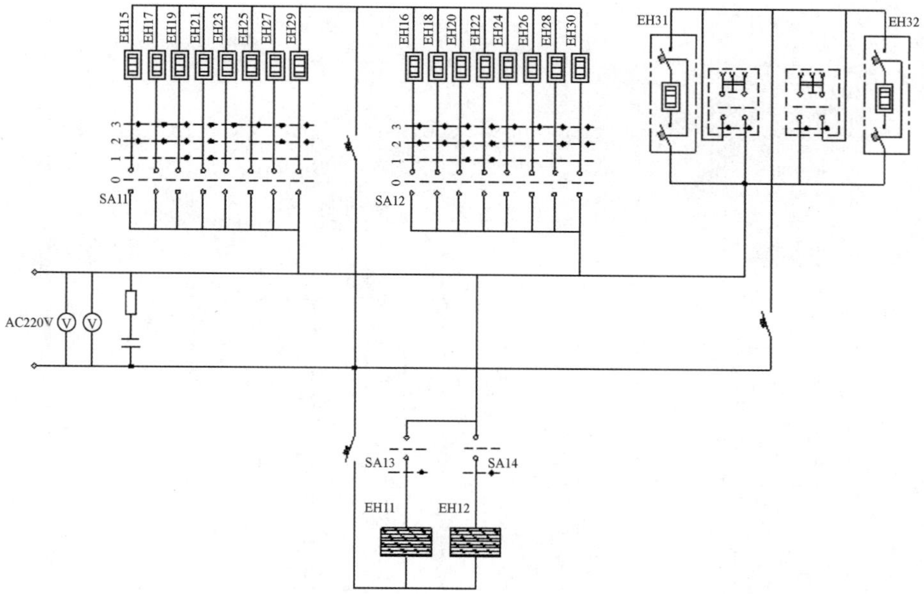

图 1-8-7　SSJ3 型电力机车辅助加热装置电路

SA11、SA12—各暖风机开关；SA13、SA14—电热玻璃开关；EH11、EH12—电热玻璃；
EH15～EH18—膝炉；EH19～EH22—侧墙暖风机；EH23～EH26—脚炉；
EH27～EH30—后墙暖风机；EH31、EH32—热水器

VD12、接地故障隔离开关 SA15 组成。

5. 微机网络控制系统

SSJ3 型电力机车的微机网络系统采用标准化、模块化设计原则，由多微机环境组成，包含机车控制监视系统(TCMS)、牵引变流器微机系统(CI)和辅助变流器微机系统(APU)。机车的驱动控制级由变流柜内的 CI 和 APU 完成，TCMS 的核心任务就是根据司机指令完成对牵引变流器 CI 及异步电动机的实时控制，辅助变流器 APU 的实时控制，牵引制动特性控制，传动系统的时序逻辑控制，显示机车运行状态，具备完整的故障保护、故障记录及显示功能，并具有一定程度上的故障自排除、自动切换和故障处理指导功能。机车微机网络系统如图 1-8-8 所示。

6. 车　　体

SSJ3 型电力机车车体由司机室装配、底架总装、侧墙装配、车体顶盖组成以及连接横梁、机车门窗等结构组成一个封闭框架结构，它与牵引装置、前围板装配、排障器安装、裙板安装、导流罩、车体附件等辅助结构组成一个完整的功能整体。司机室外形采用小流线型。车体采用整体承载式结构；司机室采用框架、网架式；侧墙采用网架式；底架采用有中梁式，中梁作为机械间中间走廊。车体横断面形状仍采用传统形式，侧墙为直面式。

车体由承载结构与非承载结构组成。承载结构包括司机室钢结构、底架、侧墙、台架、底架盖板、车钩等。非承载结构包括顶盖、门窗、司机室地板、走廊地板、室内装饰等。

在底架适当的部位设置有检修作业用的吊车销孔和救援用的吊车销孔，并在车体和转向架之间设有备用连接装置，以便在需要时将车体和转向架一并吊起。

为满足车体强度、刚度、工艺、寿命等性能的要求，承载结构选用的材质有普通碳素结构钢

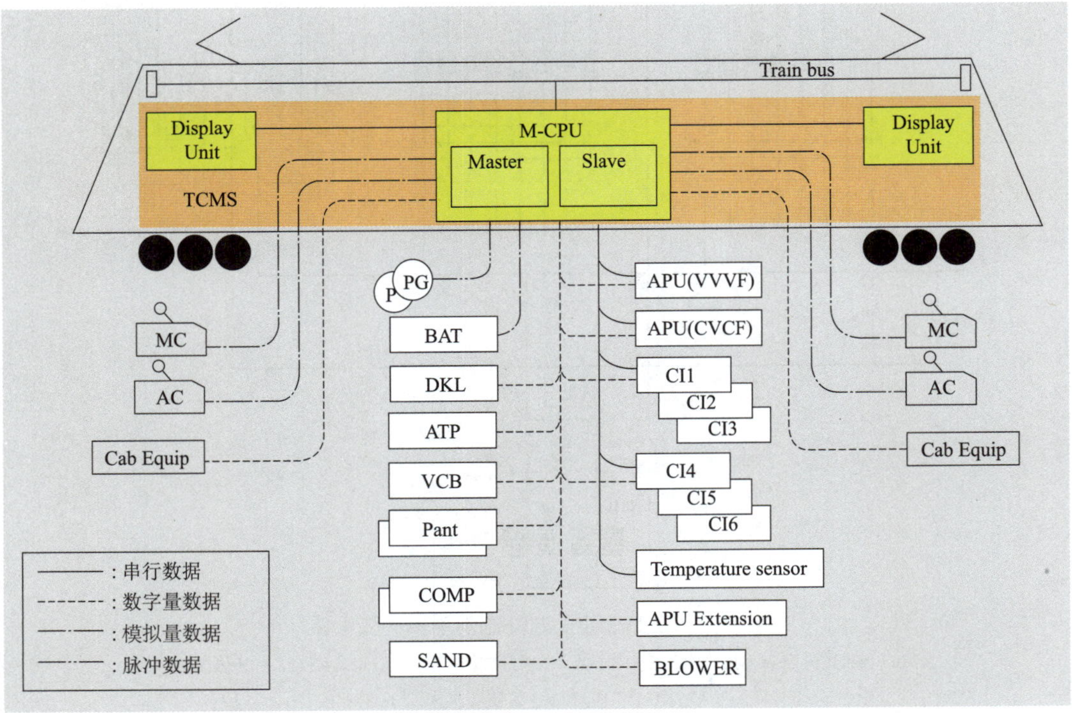

图 1-8-8 SSJ3 型电力机车微机网络控制系统

Train bus—机车总线；M-CPU—主控装置；Master—主系统 ；Slave—从系统；Display unit—显示设备；
Cab Equip. —司机室设备；MC—主司控器；AC—辅司控器；APU—辅助变流器；ATP—行车安全设备；
CI—牵引变流器；COMP—空气压缩机；Pant—受电弓；SAND—撒砂装置；VCB—主断路器；VVVF—变压变频；
CVCF—电压定频；PG—速度传感器；BLOWER—通风机；APU Extension—APU 扩展信号；
DKL—制动系统；BAT—蓄电池组；Temperature sensor—温度传感器

Q235，普通低合金结构钢 Q345E，高耐侯性结构钢 09CuPCrNi-A 等。在车体非承载部分的设计中，活动顶盖采用普通碳素结构钢 Q235-A 和高耐侯性结构钢 09CuPCrNi；门窗等采用铝合金复合材料；室内装修采用 PC 复合材料。

车钩为 13 号车钩，缓冲器为 TXJN-KL 弹性胶泥缓冲器。

7. 转 向 架

SSJ3 型电力机车采用前、后两个结构相同的 C_0 转向架。每个转向架主要包括构架、轮对装配、一系悬挂(轴箱)装配、电动机悬挂装置、基础制动装置、二系悬挂(支承)装配、牵引装置、转向架配管和转向架附件等部分。

牵引电机采用内顺置布置，滚动抱轴式半悬挂结构。牵引装置采用低位推挽式单牵引杆结构。

构架刚度和强度高，侧架与端梁、横梁连接采用圆弧连接的结构形式，降低连接处的应力集中。

二系悬挂高圆钢弹簧组每侧一组三个弹簧，一系弹簧采用单圈、小静挠度值，使一、二系弹簧参数搭配趋于合理。

基础制动采用轮盘制动，增加弹簧储能制动装置。

8. 制动系统

SSJ_3型电力机车的空气管路系统采用管路预布、卡套式接头、膜式干燥器和集成气路板等技术设计，按功能划分为风源系统、控制管路系统、辅助管路系统和机车制动机四大部分。

机车的风源系统主要由空气压缩机（带膜式干燥器）、压力调节器、总风缸、止回阀、高压安全阀、启动电磁阀、排水阀、溢流止回阀、塞门、总风软管连接器、总风折角塞门、塞门及连接钢管等组成。

机车采用两个容积为600 dm^3（内径650 mm）的总风缸串联作为压缩空气的存储容器，采用车上安装方式。

SSJ_3型电力机车采用DK-1型电空制动机。DK-1型机车电空制动机系统包括电空制动控制器、空气制动阀、电空阀、中继阀、分配阀、紧急制动阀、电动放风阀、转换阀、重联阀及连接管路等部件。

9. 技术参数表

SSJ_3型电力机车技术参数见表1-8-1。

表1-8-1　SSJ_3型电力机车技术参数表

车型名称			韶山J_3
车型代号			SSJ_3
机车车号			0001
项目		序号	参数及说明
用途		1	干线货运
制造年代		2	2003年
制造厂名		3	中车大连机车车辆有限公司
轨距(mm)		4	1 435
车体	车底架长(mm)	5	19 630
	车体宽(mm)	6	3 100
	高(轨面至受电弓座平面)(mm)	7	4 100
司机室个数		8	2
机车前后车钩中心距(mm)		9	20 846
车钩型号，形式		10	13号车钩，下作用式
缓冲器型号		11	MT-3
轴式		12	$C_0—C_0$
车钩中心线距轨面高度(mm)		13	880±10
转向架中心距(mm)		14	10 520
全轴距(mm)		15	14 700
动轮直径(新轮)(mm)		16	1 250
动轮直径(半磨耗)(mm)		17	1 200
落弓后滑板顶面距轨面高度(mm)		18	4 700±30
受电弓滑板距轨面工作高度(mm)		19	5 200～6 500

续上表

项目			序号	参数及说明
车型名称				韶山 J_3
车型代号				SSJ_3
机车车号				0001
项目			序号	参数及说明
机车整备质量(t)			20	$138\times(1^{+3\%}_{-1\%})$，$150\times(1^{+1\%}_{-3\%})$
轴重(t)			21	23+2
通过最小曲线半径(m)			22	125
供电电流制			23	AC 25 kV/50 Hz
额定电压(kV)			24	25
最高电压(kV)			25	31
最低电压(kV)			26	17.5
电传动方式			27	交—直—交
持续功率(kW)			28	7 200
持续速度(km/h)			29	53.9
持续牵引力(kN)			30	480.9
最高运用速度(km/h)			31	120
恒功率速度范围(km/h)			32	53.9～120
最大启动牵引力(kN)			33	515(23 t),560(25 t)
最大再生制动力(kN)			34	300(23 t),325(25 t)
功率因数			35	≥0.98
等效干扰电流(A)			36	≤2
电网电流畸变率(%)			37	/
机车总效率			38	≥0.84
紧急制动距离(m)			39	平直道,初速度 120 km/h 时: 25 t 轴重不大于 1 400 m; 23t 轴重不大于 800 m
库内动车电源制式(V)			40	AC 380
转向架	构架外形尺寸(mm)		41	6 738×2 748×1 220
转向架	两侧梁横向中心距(mm)		42	2 050
转向架	转向架各轴间距(mm)		43	2 250,2 000
转向架	转向架固定轴距(mm)		44	2 250+2 000
转向架	同一轴两轴箱中心距(mm)		45	2 050
转向架	轮对质量(kg)		46	2 897
转向架	一系悬挂装置	一系悬挂静挠度(mm)	47	弹簧+橡胶减振垫 52.6+5.6(23 t 轴重) 弹簧+橡胶减振垫 58.5+6.3(25 t 轴重)
转向架	一系悬挂装置	垂向油压减振器型号,数量	48	SACHS401300000246,4
转向架	一系悬挂装置	垂向油压减振器阻尼系数(kN·s/m)	49	51
转向架	二系悬挂装置	二系悬挂静挠度(mm)	50	弹簧+橡胶减振垫 92.6+1.43×2 (23 t 轴重) 弹簧+橡胶减振垫 106.5+1.64×2(25 t 轴重)
转向架	二系悬挂装置	垂向油压减振器型号,数量	51	SACHS421300000281,2

续上表

车型名称				韶山 J_3
车型代号				SSJ_3
机车车号				0001
项目			序号	参数及说明
转向架	二系悬挂装置	垂向油压减振器阻尼系数(kN·s/m)	52	12
		横向油压减振器型号,数量	53	—
		横向油压减振器阻尼系数(kN·s/m)	54	—
		抗蛇行减振器型号,数量	55	SACHS601300000247,2
		抗蛇行减振器阻尼系数	56	5 000 kN(0.05 m/s),9 600 kN(0.1 m/s)
	牵引力传递方式		57	低位推挽式单牵引杆结构
	牵引点高(mm)		58	240
	牵引电动机悬挂方式		59	滚动抱轴式半悬挂结构
	齿轮传动比		60	77∶16
	砂箱容量(m^3)		61	4×0.05
	转向架质量(t)		62	28.97
基础制动装置	基础制动方式		63	单元制动
	每台转向架制动器组数		64	12
	制动缸直径(mm)		65	/
	制动倍率		66	2.4
	传动效率(%)		67	/
	闸片与制动盘的恒定间隙(mm)		68	1.5
	制动缸最大空气压力(kPa)		69	450
	闸片、制动盘形式		70	整体式轮盘制动
	闸片、制动盘材质		71	有机合成闸片,铸铁轮盘
	每个夹钳上的闸片(或轮盘)压力(kN)		72	/
	停放制动器	停放制动方式	73	弹簧
		制动器数量	74	2
		闸片压力(kN)	75	/
		停放制动器质量(kg)	76	/
	制动单元质量(kg)		77	/
受电弓	型号		78	DSA200
	额定工作电压(kV)		79	25
	额定工作电流(A)		80	1 000
	运行最高速度(km/h)		81	200
	工作高度(mm)		82	969～3 081
	最大升弓高度(mm)		83	3 081(含 400 mm 绝缘子)
	落弓位高度(mm)		84	669(含 400 mm 绝缘子)
	升弓时间(s)		85	≤5.4

八

续上表

车型名称				韶山 J_3
车型代号				SSJ_3
机车车号				0001
项目			序号	参数及说明
受电弓	降弓时间(s)		86	≤4
	传动风缸工作空气压力(kPa)		87	360～380
	总质量(kg)		88	约 130(绝缘子除外)
主断路器	型号		89	BVAC. N99
	额定电压(kV)		90	30
	额定电流(A)		91	750
	额定分断电流(kA)		92	40
	额定分断容量(MV·A)		93	600
	固有分闸时间(ms)		94	25～60
	额定工作气压(kPa)		95	450～1 000
	质量(kg)		96	135
牵引变压器	型号,结构形式		97	JQFP-9000/25
	各绕组额定容量(kV·A)	网侧高压绕组	98	9 066.2
		牵引绕组	99	1 400
		辅助绕组	100	302.8
		供电绕组	101	—
	各绕组额定电压(V)	网侧高压绕组	102	25 000
		牵引绕组	103	6×1 450.2
		辅助绕组	104	2×857.8
		供电绕组	105	—
	各绕组额定电流(A)	网侧高压绕组	106	362.6
		牵引绕组	107	6×965
		辅助绕组	108	2×353
		供电绕组	109	—
	短路阻抗(%)		110	40
	绝缘等级		111	A 级
	冷却方式		112	强迫油循环风冷
	冷却油牌号		113	45 号普通矿物油
	冷却油流量(m^3/h)		114	2×45
	油泵型号		115	BZ2.45-16/6B
	效率(%)		116	97
	总质量(kg)		117	10 000

八

续上表

车型名称				韶山 J_3
车型代号				SSJ_3
机车车号				0001
项目			序号	参数及说明
谐振电抗器	每节机车台数		118	—
	额定电流(A)		119	—
	额定电压(V)		120	—
	电感值(mH)		121	—
牵引变流器	型号		122	/
	电路结构形式		123	电压型,两电平
	额定功率(kW)		124	每组 1 280
	额定输入电压(交流)(V)		125	AC 1 450
	额定输入电流(交流)(A)		126	883
	中间回路电压(V)		127	DC 2 800
	二次谐振电容值(mF)		128	—
	支撑电容值(μF)		129	6 600
	额定输出电压(V)		130	3AC 2 150
	额定输出电流(A)		131	385
	四象限变流器开关频率(Hz)		132	450
	牵引逆变器最大开关频率(Hz)		133	450
	牵引逆变器输出频率范围(Hz)		134	0～120
	冷却方式		135	水冷
	效率(%)		136	97
	质量(t)		137	3.95
	外形尺寸(长×宽×高,mm)		138	4 000×1 030×2 000
	每台机车牵引变流器台数		139	2
	四象限变流器功率模块	型号	140	STC241-A0
		电路形式	141	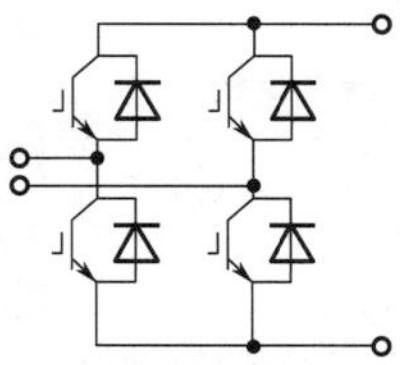
		四象限变流器构成形式	142	每个四象限变流器由 1 个功率模块构成
		电压(V)	143	4 500
		电流(A)	144	883
		开关频率(Hz)	145	450
		功率元件型号	146	MG900GXH1US53
		功率元件参数	147	4.5 kV /0.9 kA

续上表

车型名称				韶山 J_3
车型代号				SSJ_3
机车车号				0001
项目			序号	参数及说明
牵引变流器	四象限变流器功率模块	功率元件个数	148	4
		冷却方式	149	强制循环水冷
		质量(kg)	150	63
		尺寸(长×宽×高,mm)	151	(339.2 × 591.5 × 540)
	牵引逆变器功率模块	型号	152	STC242-A0
		电路形式	153	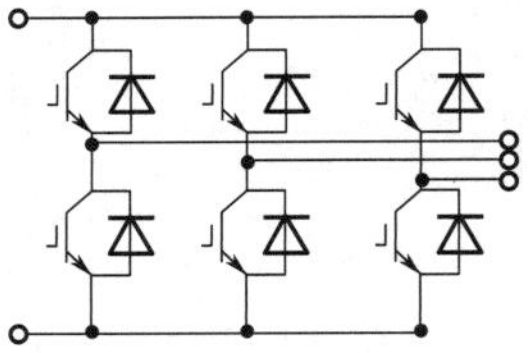
		牵引逆变器构成形式	154	每个牵引逆变器由 1 个功率模块构成
		电压(V)	155	2 800
		电流(A)	156	520
		开关频率(Hz)	157	450
		功率元件型号	158	MG900GXH1US53
		功率元件参数	159	4.5 kV/0.9 kA
		功率元件个数	160	6
		冷却方式	161	强制循环水冷
		质量(kg)	162	57
		尺寸(长×宽×高,mm)	163	339.2×591.5×540
	冷却系统	水泵型号	164	CNF32-160
		流量(m^3/h)	165	16
		驱动电机功率(kW)	166	3.7
	控制策略	四象限变流器	167	PWM 脉冲宽度调制
		牵引逆变器	168	PWM 脉宽调制+矢量控制
		瞬时电压限制器	169	/
交流异步牵引电动机	型号		170	JD126A
	额定功率(持续制)(kW)		171	1 250
	额定电压(持续制)(V)		172	2 150
	额定电流(持续制)(A)		173	385
	最大启动电流(A)		174	520
	功率因数		175	0.914
	额定转速(持续制)(r/min)		176	1 144
	最高转速(r/min)		177	2 542

续上表

车型名称				韶山 J_3
车型代号				SSJ_3
机车车号				0001
项目			序号	参数及说明
交流异步牵引电动机	额定频率(Hz)		178	38.7
	额定转差率(%)		179	/
	额定转矩(N·m)		180	10 425
	最大转矩(N·m)		181	13 146
	额定效率(%)		182	95.4
	绝缘等级		183	200
	极数		184	4
	质量(kg)		185	2 680
	通风量(m^3/s)		186	1.6
牵引通风机组	型号		187	TZTF6.0H
	台数		188	6
	最大转速(r/min)		189	2 930
	每台风机的风量(m^3/min)		190	2.1
	风压(Pa)		191	2 300
	额定功率(kW)		192	10
	质量(kg)		193	284
复合冷却器	冷却方式		194	水+油
	水散热量(kW)		195	100
	油散热量(kW)		196	120
	通风量(m^3/min)		197	6.5
	水流量(m^3/h)		198	16
	油流量(m^3/h)		199	45
	质量(kg)		200	/
辅助变流器	CVCF 逆变器	型号	201	/
		每台机车装用台数	202	1
		额定输入电压(V)	203	399
		额定输入电流(A)	204	576
		额定输出电压(V)	205	380
		额定输出电流(A)	206	0~605
		容量(kV·A)	207	230
		频率(Hz)	208	50
		功率元件参数	209	1 700 V/1 000 A
		冷却方式	210	强制风冷
		质量(kg)	211	45

续上表

车型名称				韶山 J_3
车型代号				SSJ_3
机车车号				0001
项目			序号	参数及说明
辅助变流器	VVVF 逆变器	型号	212	/
		每台机车装用台数	213	1
		额定输入电压(V)	214	399
		额定输入电流(A)	215	576
		额定输出电压(V)	216	2～380
		额定输出电流(A)	217	0～605
		容量(kV·A)	218	230
		频率(Hz)	219	0～50
		功率元件参数	220	1 700 V/1 000A
		冷却方式	221	强制风冷
		质量(kg)	222	45
蓄电池充电器	型号		223	KD6/110-1
	输入电压(V)		224	220
	输出电压(V)		225	110,24
	输出电流(A)		226	55,5
	输出容量(kV·A)		227	6
	质量(kg)		228	/
微机网络控制系统	列车网标准		229	HDLC
	车辆网标准		230	以太网
	列车网传输速率(kbit/s)		231	100
	车辆网传输速率(Mbit/s)		232	10
	机车控制功能	牵引特性控制	233	准恒速
		再生制动特性控制	234	恒转矩
		其他控制功能	235	顺序控制、自诊断功能、网络重联
	保护功能	网压保护限值(V)	236	31.5、35
		网流保护限值(A)	237	800
		中间电压限值(V)	238	3 150、3 500
		防空转/滑行策略	239	矢量加速度控制
		最高速度限值(km/h)	240	132
风源系统	主空气压缩机组	型号	241	TSAG-230AII
		压缩空气出口压力(kPa)	242	900
		压缩空气出口温度(℃)	243	环境温度+15
		排气量(m^3/min)	244	2.4
		冷却方式	245	风冷

续上表

车 型 名 称				韶山 J_3
车 型 代 号				SSJ_3
机 车 车 号				0001
项 目			序号	参数及说明
风源系统	主空气压缩机组	润滑油牌号	246	Corena rs32
		润滑油储量(dm^3)	247	10
		润滑油压力(kPa)	248	/
		电机型号	249	FS200-2AB
		电机转速(r/min)	250	2 955
		额定功率(kW)	251	22
		额定电压(V)	252	380
		额定电流(A)	253	42.7
		机组质量(kg)	254	500
	辅助空气压缩机组	型号	255	/
		额定排气量(m^3/min)	256	0.05
		额定排气压力(kPa)	257	/
		电动机型号	258	/
		额定工作电压(V)	259	/
		额定工作电流(A)	260	/
		额定功率(kW)	261	/
		额定转速(r/min)	262	/
	空气干燥器	型号	263	/
		形式	264	膜式
		处理空气量(m^3/min)	265	/
		工作压力(kPa)	266	/
		整机质量(kg)	267	/
	风源系统部件	压力控制器(调压器)型号	268	
		压力控制范围(kPa)	269	730～770,880～920
		总风缸空气压力范围(kPa)	270	0～900
		总风缸总容量(dm^3)	271	1 600(400×4)
	调压阀调压范围(kPa)		272	/
制动机	制动机型号		273	DK-1
	自动制动阀		274	/
	单独制动阀		275	/
	分配阀型号,数量		276	/
	中继阀(双阀口式)		277	/
	紧急阀		278	/
	电动放风阀		279	/

八

续上表

车型名称			韶山 J_3
车型代号			SSJ_3
机车车号			0001
项目		序号	参数及说明
制动机	紧急电空阀(110 V)	280	/
	电空转换阀	281	
蓄电池组	型号	282	DN-170
	容量(A·h)	283	170
	装用数量	284	48
	总标称电压(V)	285	96

注:"—"表示无此设备;"/"表示数据空缺。

九、HXD1 型电力机车技术简介

1. 概　　述

HXD1 型电力机车是单轴功率为 1200 kW、八轴、交流传动货运电力机车，是由株机公司在德国西门子公司“欧洲短跑者”交流传动电力机车技术平台上，结合我国铁路运输的具体情况而开发研制的机车产品。机车持续功率 9 600 kW，最大启动牵引力 760 kN，最大再生制动力 461 kN，最高运营速度 120 km/h。截至 2015 年底，累计生产 HXD1 型电力机车 917 台，其中：株机公司生产 804 台，车号为 0001～0250 和 1001～1554，资电公司生产 113 台，车号为 6001～6113。

HXD1 型电力机车的研制与生产分为三个阶段。

第一阶段，2004—2010 年在原铁道部主导下，以株机公司为主体，对西门子公司交流传动电力机车进行技术引进、消化阶段。此阶段的交流传动电力机车的制造按三步进行，第一步为散件进口国内组装 48 台机车（车号为 0001～0048），由西门子公司提供散件，株机公司负责车体、转向架制造以及机车整车的总成；第二步为国内制造 22 台机车（车号为 0049～0070），由西门子公司提供牵引变流器、牵引电机和传动装置（其中牵引电机由西门子公司提供材料，株洲南车电机公司进行牵引电机组装，西门子公司提供技术支持）和微机控制系统等部件，株机公司负责机车整车的制造和牵引变压器的国产化。第三步为国内制造 150 台机车（车号为 0071～0220），由西门子公司提供牵引变流器、微机控制系统，株机公司负责机车整车的制造和传动装置的国产化。机车 2007 年完成形式试验，开始批量生产和交付使用，截至 2010 年底，累计生产 220 台，车号为 0001～0220。该型机车全部投入大秦线，承担单机牵引 1 万 t、双机牵引 2 万 t 重载货物列车任务。

第二阶段，2011—2015 年为新型交流传动电力机车自主化生产阶段。株机公司在 HXD1 型电力机车技术引进和消化吸收的基础上，进行了牵引变流器和网络控制系统国产产品等同替代工作，研制了装用自主研发牵引变流器和网络控制系统的自主化 HXD1 型电力机车（简称新 HXD1 型电力机车），其基本结构和主要技术参数与原 HXD1 型机车相同，牵引制动能力保持一致。2012 年完成整车和关键部件的形式试验及上线运用考核，2013 年 5 月完成机车技术审查，截至 2015 年底，累计生产交付新 HXD1 型电力机车 554 台，车号为 1001～1554。目前该型机车配属武汉、西安、兰州和太原等铁路局所属机务段，担当铁路干线货运牵引任务。

第三阶段，扩展生产新 HXD1 型机车阶段。2012 年 5 月，株机公司向资电公司平移新 HXD1 型电力机车工艺、制造技术，资电公司于 2013 年 5 月完成首台新 HXD1 型机车（车号为 6001）整车形式试验，2013 年 11 月取得生产许可资质。2014—2015 年资电公司为中国铁路总公司生产 113 台新 HXD1 型电力机车，车号为 6001～6113，配属成都铁路局贵阳机务段担当干线货运牵引任务。

2014 年，大秦铁路股份有限公司又向株机公司采购原型 HXD1 型电力机车 30 台，车号为 0221～0250，用于大秦铁路重载煤炭列车牵引任务。

HXD1 型电力机车外形如图 1-9-1 所示。

装用自主研发牵引变流器和网络控制系统的新 HXD1 型电力机车外形如图 1-9-2 所示。

图 1-9-1　HXD1 型电力机车外形图

图 1-9-2　新 HXD1 型电力机车外形图

2. 机车总体

机车由两节完整的单司机室四轴机车通过机械和电气重联的形式组成八轴机车，机车的设备布置与通风系统以单节车为单元，其设备布置采用中间走廊、模块化结构设计。

一台 HXD1 型电力机车的两个单节即 A 节机车和 B 节机车，除了机械间内生活设施和通信信号设备有差异外，两个单节机车完全一样，分别由车顶设备、机械间、司机室、车下设备、通风冷却系统等组成。

车顶设备包括受电弓、主断路器、高压接地开关、高压电压互感器、避雷器、高压隔离开关等车顶高压电器及通信用的天线设备。

机械间设备有牵引变流柜、辅助变压器柜、牵引通风机组、冷却塔、低压柜、卫生间、蓄电池充电机、空气制动柜、信号柜等。牵引通风机组采用斜对称布置，便于均衡机车轴重。

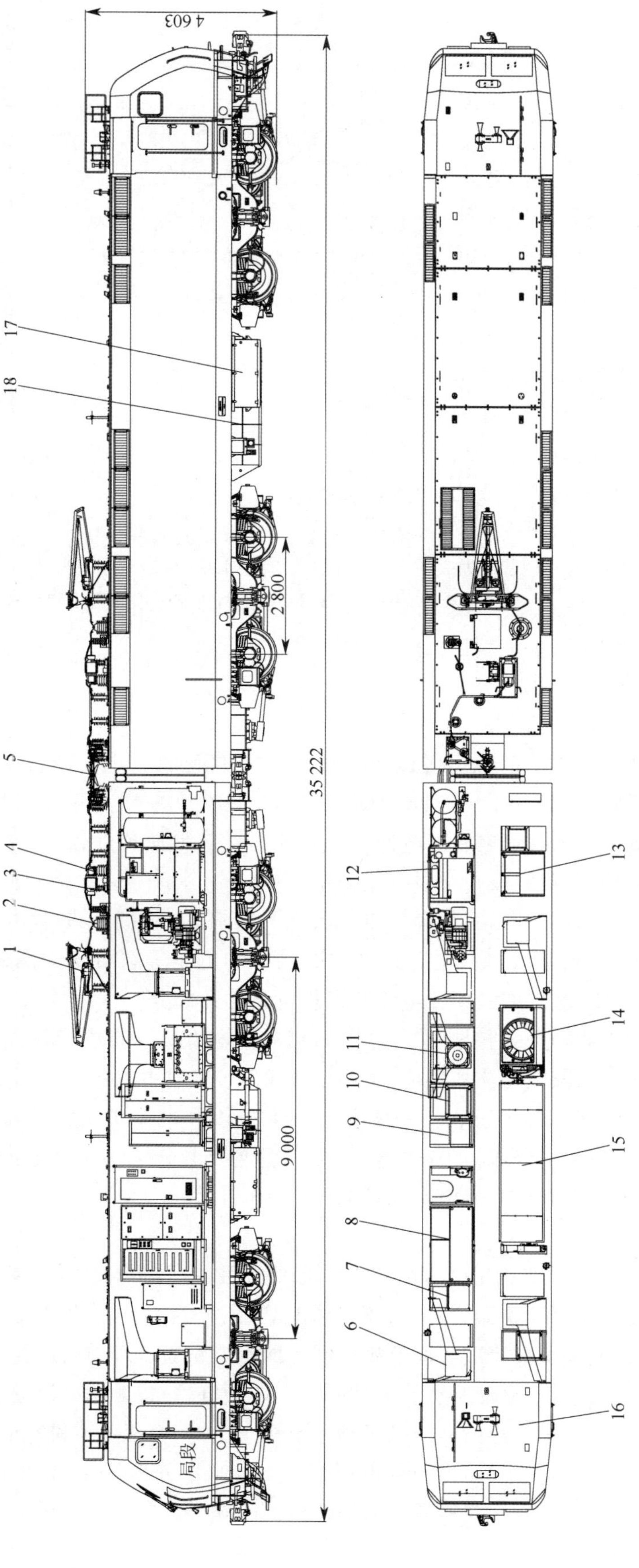

图 1-9-3　HXD_1 型电力机车总体布置图

1—受电弓；2—高压电压互感器；3—避雷器；4—主断路器；5—高压连接器；6—牵引通风机；7—控制电源柜；
8—低压电器柜；9—衣帽柜；10—信号柜；11—辅助变压器；12—空气管路柜；13—冰箱和微波炉；
14—冷却塔；15—牵引变流器；16—司机室；17—蓄电池柜；18—牵引变压器。

司机室及操纵台考虑了人机工程学的设计理念，既保证了机车乘务人员有舒适的工作环境，又能清楚地瞭望信号和观察仪表、显示屏等，方便操作。司机室的设计适应单司机操作要求。

车下设备布置有牵引变压器、转向架、机车自动信号感应器、控制电路库用插座、速度传感器、防滑速度传感器、自动过分相设备地面感应器、机车电子标签、蓄电池柜等。

HXD1 型电力机车采用独立通风冷却系统，每节车的通风冷却系统主要有四条通风支路：牵引电机通风支路、冷却塔通风支路、辅助变压器柜及车内通风支路、司机室空调通风支路。四条通风支路相互独立。

HXD1 型电力机车设备布置总图如图 1-9-3 所示。

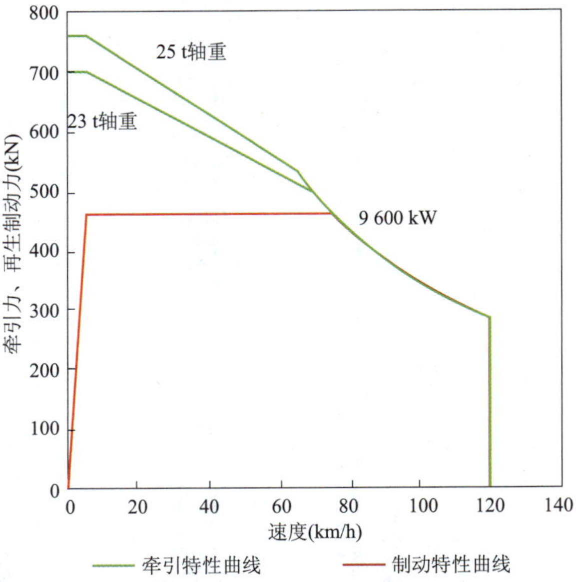

图 1-9-4　HXD1 型电力机车牵引和再生制动特性曲线图

图 1-9-4 为机车牵引和再生制动特性曲线。

3. 牵引电传动系统

(1)牵引电路

HXD1 型电力机车牵引变压器的原边通过受电弓、真空主断路器得电。牵引变压器四个独立的次边牵引绕组分别向四个四象限变流器 4QC 供电，每两个四象限变流器并联输出，共用一个中间直流电路。每个中间直流电路同时向两个电压型脉宽调制逆变器(一个牵引逆变器和一个辅助逆变器，辅助逆变器集成在牵引变流柜中)供电，每个牵引逆变器分别向一个转向架的两台并联的异步牵引电机供电，实现牵引电机转向架控制。再生制动过程相反。单节车的牵引电路结构如图 1-9-5 所示。牵引电路按其主要功能和电压等级可分为网侧电路、四象限变流电路、中间直流电路、脉宽调制逆变电路和保护电路等几部分。

装用自主研发牵引变流器和网络控制系统的新 HXD1 型电力机车牵引变压器四个独立的次边牵引绕组分别向四个四象限变流器供电，每两个四象限变流器并联输出，共用一个中间直流电路。每个中间直流电路同时向三个电压型脉宽调制逆变器(两个牵引逆变器和一个辅助逆变器，辅助逆变器集成在牵引变流柜中)供电，每个牵引逆变器分别向一台异步牵引电机供电，实现牵引电机单轴独立控制。牵引电路原理如图 1-9-6 所示。

(2)网侧电路

网侧电路为 25 kV 电路。每节机车网侧电路由一台受电弓、一台带高压接地装置的主断路器、一台避雷器、一台高压电压互感器、一台高压电流互感器、一台高压隔离开关、牵引变压器原边、回流侧互感器和接地碳刷等组成。两节机车间的网侧电路通过车顶高压连接器相连。

机车正常运行时，受电弓选择“自动”位，只升后一节车的受电弓，接触网电流通过受电弓，经真空主断路器、牵引变压器原边绕组的高压端子给本节机车供电，再由本节机车的牵引变压器原边低压端子经接地碳刷、轮对、钢轨，返回变电所。同时经高压隔离开关、高压连接器、它节机车高压隔离开关，它节机车的牵引变压器的原边绕组高压端子给它节机车供电，再由它节

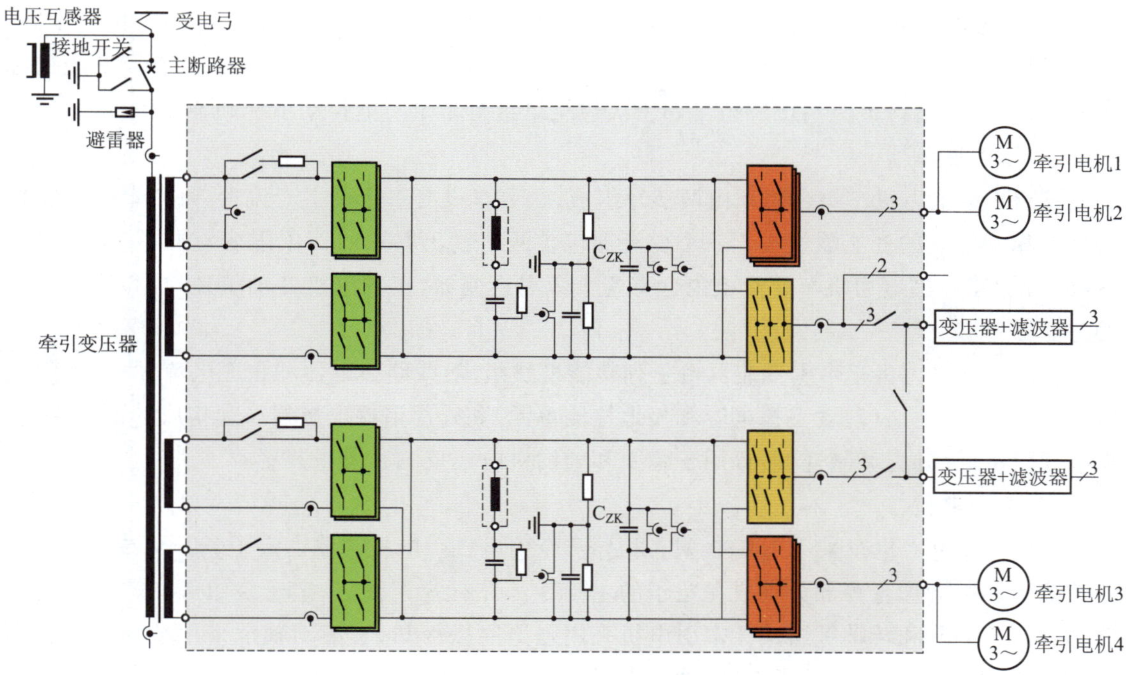

图 1-9-5　HXD1 型电力机车单节车牵引电路原理图

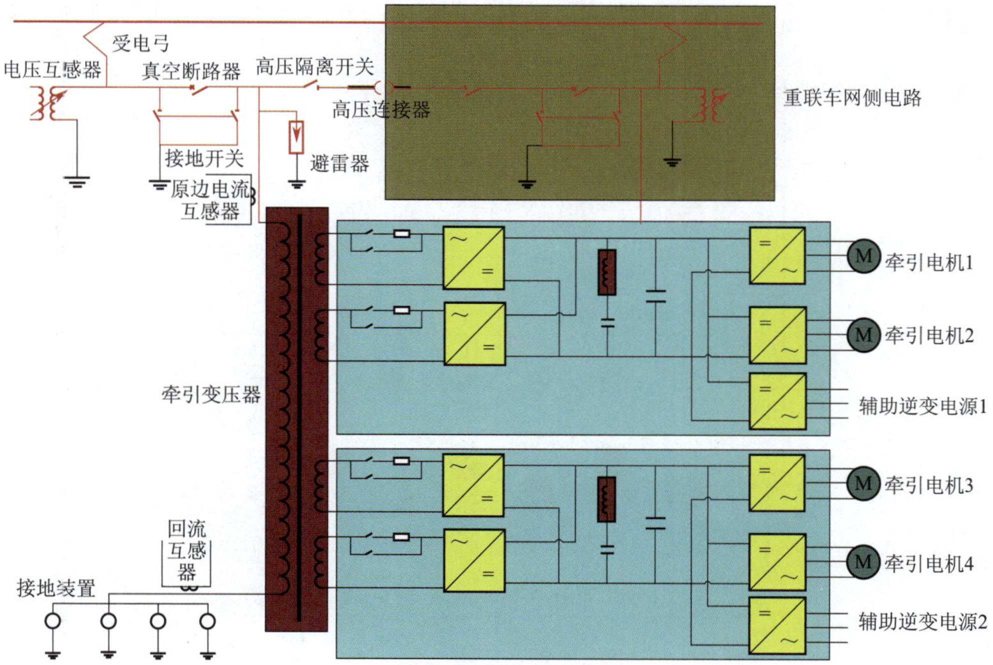

图 1-9-6　新 HXD1 型电力机车单节车牵引电路原理图

机车的牵引变压器原边低压端子经接地碳刷、轮对、钢轨，返回变电所。机车双弓模式下两节机车中至少要有一节机车的高压隔离开关处于断开位置。在此模式下，两节机车的真空断路器分别控制各自机车的供电。

(3)牵引变压器

HXD1 型电力机车采用 EFAT 6744 型牵引变压器。其中除牵引变压器外，还装有两台

100 Hz 谐振电抗器。它们装在一个油箱内，共用一个冷却系统。牵引变压器是单相变压器，卧式结构，采取车体下悬挂安装方式。EFAT 6744 型变压器由五个线圈绕组绕在同一个铁芯上构成，其中原边绕组为高压绕组。四个次边绕组给机车牵引电传动系统和辅助系统供电。

（4）牵引变流器

HXD$_1$ 型电力机车每台机车由两节车组成，每节车设有一个牵引变流柜，每个牵引变流柜由两套相互独立的变流器组成。一个变流器包含两个输出并联的四象限变流器、一个牵引逆变器（新 HXD$_1$ 型电力机车变流柜内含有两个牵引逆变器，实现电机各轴单独控制）和一个辅助逆变器等。

HXD$_1$ 型电力机车牵引变流器由下列功能模块组成：线路接触器和预充电单元、四象限变流器、中间直流电路（包含支撑电容和接地检测单元）和外部谐振电抗器一起构成的谐振电路、保护模块单元、脉宽调制逆变器（用于牵引和辅助供电）、控制和监视装置。

（5）牵引电机

HXD$_1$ 型电力机车采用 JD160 型三相异步牵引电机。电机主要由定子、转子、端盖、轴承、测速装置和主动齿轮等部分组成。定子的主要零部件有定子铁芯、定子绕组等。转子由转子铁芯、导条、端环和转轴等组成。牵引电机采用强迫通风冷却，其滚动轴承采用油润滑或脂润滑，并采用有效措施防止轴承电蚀，轴承密封采用非接触的迷宫式结构。

4. 辅助电气系统

HXD$_1$ 型电力机车辅助电气系统结构简图如图 1-9-7 所示，由集成在牵引变流柜内的辅助

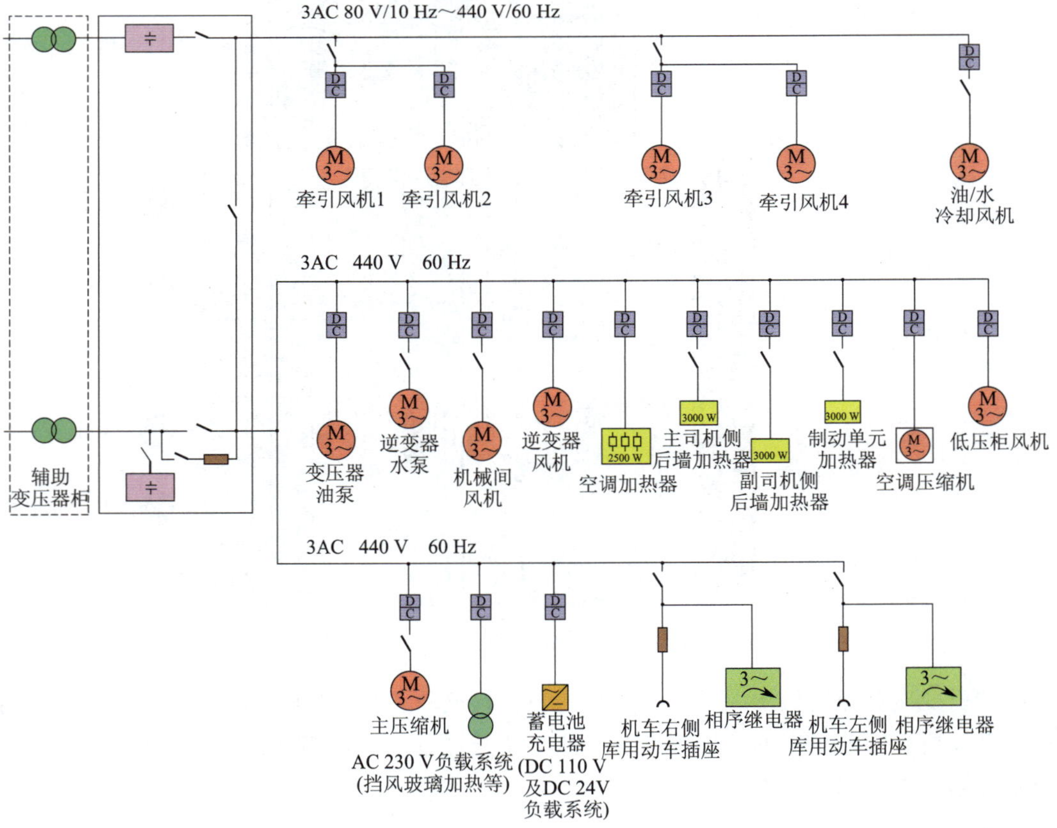

图 1-9-7 辅助电气系统原理图

逆变器供电，并进行了冗余设计。两个辅助逆变器分别从牵引变流器的一路中间直流环节取电，通过辅助变压器和一组滤波电容器滤波后分别向三相变压变频支路和三相恒压恒频支路供电。230 V/60 Hz 单相交流支路由一个 440 V/230 V 变压器从三相恒压恒频支路取电。直流负载支路由蓄电池充电机供电。

除卫生间、微波炉、冰箱等生活设施全车只有一套外，HXD_1 型电力机车的两节车具有完全相同的辅助电气系统。

HXD_1 型电力机车的辅助电气系统分成下面四个负载组：

(1)三相变压变频支路：负载包括四个牵引通风机组和一个冷却塔通风机组。

(2)440 V/60 Hz 三相恒压恒频支路：负载有压缩机、水泵、油泵、空调、蓄电池充电机、440 V/230 V 变压器等。

(3)230 V/60 Hz 单相交流支路或 50 Hz 三相交流支路：负载包括电炉(插座)、微波炉、前窗玻璃加热器、低压柜加热器和信号柜加热器、低压柜风机电机、八个撒砂加热器、后墙加热器等；230 V/ 50 Hz 计算机电源。

(4)直流负载支路：负载有机械间照明灯、司机室顶棚灯、辅助压缩机、冰箱、头灯和辅照灯、标志灯用 24 V 电源等。

5. 微机网络控制系统

HXD_1 型电力机车采用 SIBAS32 控制系统和 TCN 列车通信网络，分为中央控制单元 CCU 和牵引控制单元 TCU 两大系统。每台机车由两节车组成，每节车内部由多功能车辆总线 MVB 连接全部 SIBAS 部件，两节车之间通过绞线式列车总线 WTB 连接，机车上还装备了 Locotrol 分布式动力控制系统和 CCBⅡ制动系统。网络拓扑结构如图 1-9-8 所示。

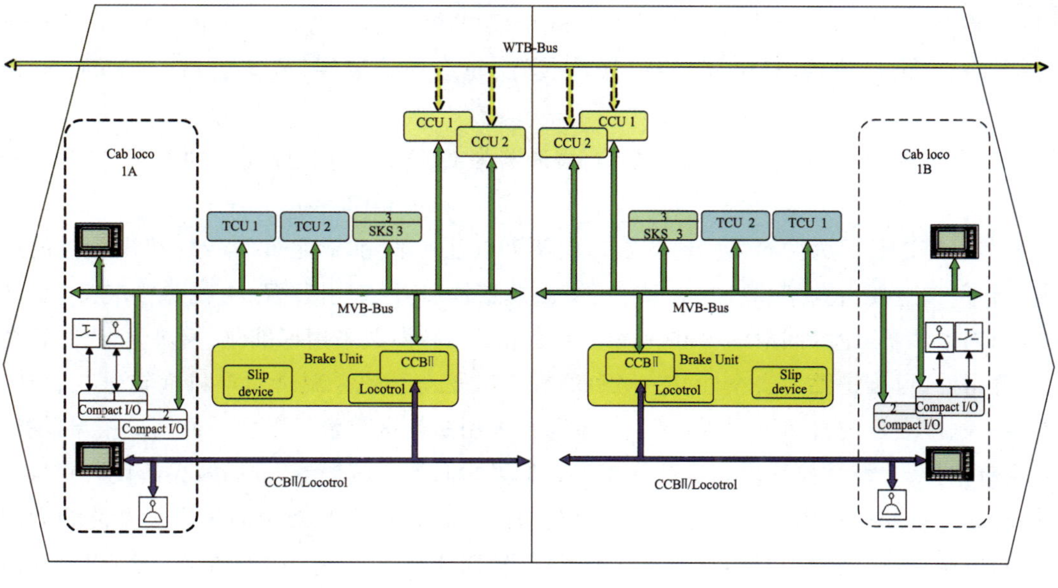

图 1-9-8　HXD_1 型电力机车网络拓扑图

WTB-bus—绞线式列车总线；Cab loco 1A/Cab loco 1B—机车司机室 1A、1B；
CCU—中央控制单元；TCU—牵引控制单元；SKS—SIBAS 智能外接端口；
MVB-Bus—多功能车辆总线；Brake Unit—制动单元；Slip device—防滑装置；
CCBⅡ—制动系统；Locotrol—分布式动力控制系统；Compact I/O—紧凑型输入输出

新 HXD_1 型电力机车采用自主研发的 DTECS 分布式列车电子控制系统和 TCN 列车通信网络，预留了 Locotrol 分布式动力控制系统的接口，机车控制功能与既有 HXD_1 型机车一致。网络拓扑结构如图 1-9-9 所示。

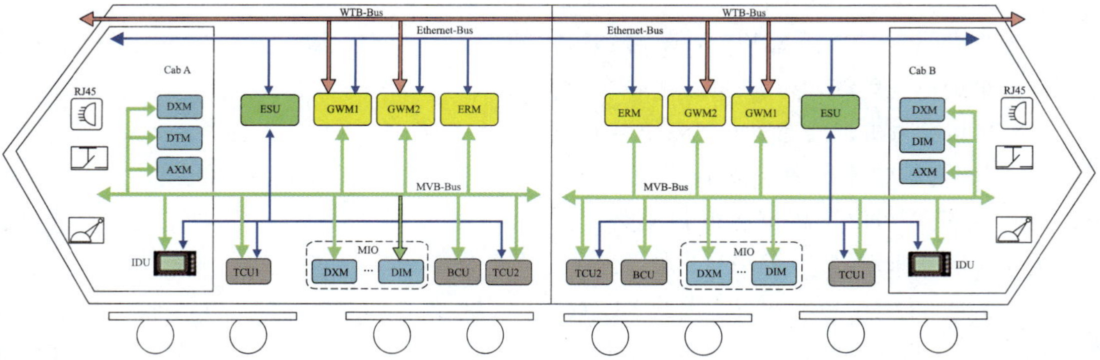

图 1-9-9　新 HXD_1 型电力机车网络拓扑图

WTB-bus—绞线式列车总线；Ethernet-Bus—以太网；RJ45—以太网调试插座；Cab A、Cab B—司机室 A、B；MIO—机械间输入输出；GWM1、2—网关模块 1、2；ERM—事件记录模块；DXM—数字量输入/输出模块；DIM—数字量输入模块；AXM—模拟量输入/输出模块；IDU—智能显示单元；TCU—牵引控制单元；BCU—制动控制单元；ESU—以太网交换机

6. 车　　体

HXD_1 型电力机车为双节重联的机车，其重联的两节车体相同，每节车体包括车体承载钢结构和车体附属部件两大部分。车体承载钢结构采用整体承载结构，主要由底架、司机室、侧墙、后端墙组焊成一个整体的单司机室框架式全钢焊接结构，材料为 16MnDR 和 Q345E；车体附属部件主要包括顶盖、排障器、牵引缓冲装置、超载保护装置、机车门窗、内装饰、连挂风挡等。

车钩采用内燃、电力机车 E 级钢车钩，缓冲器为 QKX100 弹性胶泥缓冲器。

7. 转 向 架

每节机车走行部为两台 B_0 转向架，转向架可以互换通用，满足(23+2)t 机车轴重的运用要求。转向架主要由构架、轮对、轴箱、一系二系悬挂装置、牵引装置、电机悬挂装置、驱动装置、基础制动装置、轮缘润滑装置和附属装置等组成。转向架采用标准化、模块化设计，符合可靠性、可用性、可维护性与安全性(RAMS)的规定。驱动系统采用牵引电机抱轴悬挂驱动；构架采用等刚度设计的日字型焊接构架；一系悬挂采用螺旋钢弹簧配以垂向油压减振器，轴箱拉杆采用单拉杆；二系悬挂采用高挠螺旋钢弹簧配以垂向油压减振器，横向减振器设置在构架两端，同时起到抗蛇行作用；牵引装置采用低位推挽式牵引装置；基础制动采用带蓄能制动的轮盘制动，由制动盘、制动夹钳和合成闸片等组成；转向架空气管路采用不锈钢管路；轮缘润滑采用油润滑装置。

8. 制动系统

HXD_1 型每节机车有一套完整的风源系统，由一台主压缩机、空气干燥器、压力控制器、总风缸、止回阀、安全阀和主空气管路等组成。每单节采用一台螺杆式空气压缩机组，排气量为 3.0 m^3/min；空气干燥器采用无热再生吸附式双塔干燥器；总风缸由两个串联的 500 dm^3 风缸组成。

HXD_1 机车使用的 CCBⅡ空气制动系统是一个基于网络的电空制动系统，功能包括了自动制动（即非直接制动）、单独制动、后备制动（即纯空气制动）和停车制动。CCBⅡ型空气制动机由电子制动阀、扩展集成处理模块、继电器接口模块、电空控制单元等四个主要部件组成。

部分新 HXD_1 机车采用了 DK-2 制动系统，主要由司机室制动操作部件和制动柜组成，主要组件有制动控制器、后备制动阀、制动显示屏等操纵显示部件，以及制动柜内的制动控制单元 BCU、分配阀、紧急阀、中继阀、重联阀、放风阀、电空阀、传感器等；功能包括了自动制动（即非直接制动）、单独制动、后备制动（即纯空气制动）和停车制动。

9. 技术参数表

HXD_1 型电力机车技术参数表见表 1-9-1。

表 1-9-1　HXD_1 型电力机车技术参数表

车型名称			和谐 D_1	
车型代号			HXD_1	
机车车号			0001～0250（HXD_1，株机公司）	
			1001～1554（新 HXD_1、株机公司）	
			6001～6113（新 HXD_1、资电公司）	
项目		序号	参数及说明	
机车用途		1	货运	
制造年代		2	HXD_1	2006—2010 年
			新 HXD_1	2011—2015 年
制造厂名		3	中车株洲电力机车有限公司 资阳中车电力机车有限责任公司	
轨距（mm）		4	1 435	
车体	车底架长（mm）	5	16 835	
	车体宽（mm）	6	3 100	
	高（轨面至受电弓座平面）（mm）	7	4 020	
司机室个数		8	2	
机车前后车钩中心距（mm）		9	2×17 611	
车钩型号，形式		10	内燃、电力机车 E 级钢车钩（100 型），下作用式	
缓冲器型号		11	QKX100 型	
轴式		12	$2(B_0—B_0)$	
车钩中心线距轨面高度（mm）		13	880±10	
转向架中心距（mm）		14	9 000	
全轴距（mm）		15	29 420	
动轮直径（新轮）（mm）		16	1 250	
动轮直径（半磨耗）（mm）		17	1 200	
落弓后滑板顶面距轨面高度（mm）		18	≤4 708	
受电弓滑板距轨面工作高度（mm）		19	5 200～6 500	

续上表

项目			序号	参数及说明
车型名称				和谐D$_1$
车型代号				HXD$_1$
机车车号				0001～0250(HXD$_1$,株机公司)
				1001～1554(新 HXD$_1$、株机公司)
				6001～6113(新 HXD$_1$、资电公司)
项目			序号	参数及说明
机车整备质量(t)			20	184,200
轴重(t)			21	23,25
通过最小曲线半径(m)			22	125
供电电流制			23	AC 25 kV,50 Hz
额定电压(kV)			24	25
最高电压(kV)			25	31
最低电压(kV)			26	17.5
电传动方式			27	交—直—交
持续功率(kW)			28	9 600
持续速度(km/h)			29	70(23 t),65(25 t)
持续牵引力(kN)			30	494(23 t),532(25 t)
最高运用速度(km/h)			31	120
恒功率速度范围(km/h)			32	70～120(23 t),65～120(25 t)
最大启动牵引力(kN)			33	700(23 t),760(25 t)
最大再生制动力(kN)			34	461(23 t/25 t)
功率因数			35	≥0.97(机车功率大于10%额定功率时)
等效干扰电流 J_p(A)			36	≤1.5
电网电流畸变率(%)			37	2.24(机车取用功率为10 834 kW时)
机车总效率			38	≥0.85
紧急制动距离(m)(初速度为120 km/h)			39	≤800(23 t),≤900(25 t)
库内动车电源制式			40	3AC 380 V
转向架	构架外形尺寸(mm)		41	5 375×2 890×1 080
转向架	两侧梁横向中心距(mm)		42	2 080
转向架	转向架各轴间距(mm)		43	2 800
转向架	转向架固定轴距(mm)		44	2 800
转向架	同一轴两轴箱中心距(mm)		45	2 080
转向架	轮对质量(kg)		46	2 120
转向架	一系悬挂装置	一系悬挂静挠度(mm)	47	35(23 t),38.3(25 t)
转向架	一系悬挂装置	垂向油压减振器型号,数量	48	42-1300-020-471,4/转向架
转向架	一系悬挂装置	垂向油压减振器阻尼系数	49	4.25 kN(0.1 m/s),10 kN(0.3 m/s)
转向架	二系悬挂装置	二系悬挂静挠度(mm)	50	91(23 t),103(25 t)
转向架	二系悬挂装置	垂向油压减振器型号,数量	51	42-1300-020-472,2/转向架

续上表

车型名称				和谐 D_1
车型代号				HXD_1
机车车号				0001～0250(HXD_1,株机公司)
				1001～1554(新 HXD_1、株机公司)
				6001～6113(新 HXD_1、资电公司)
项目			序号	参数及说明
转向架	二系悬挂装置	垂向油压减振器阻尼系数	52	9.34 kN(0.1 m/s),20 kN(0.3 m/s)
		横向油压减振器型号,数量	53	42-1300-020-473,2/转向架
		横向油压减振器阻尼系数	54	1.54 kN(0.025 m/s),3.85 kN(0.05 m/s),5.82 kN(0.1 m/s)
		抗蛇行减振器型号,数量	55	—
		抗蛇行减振器阻尼系数	56	—
	牵引力传递方式		57	低位推挽式牵引
	牵引点高(mm)		58	30
	牵引电动机悬挂方式		59	抱轴悬挂
	齿轮传动比		60	6.235
	砂箱容量(m^3)		61	4×0.1
	转向架质量(t)		62	约 20.06
基础制动装置	基础制动方式		63	轮盘制动
	每台转向架制动器组数		64	4
	制动缸直径(mm)		65	255(CCBⅡ)/203(DK2)
	制动倍率		66	2.41
	传动效率(%)		67	85(紧急制动时)
	闸片与制动盘的恒定间隙(mm)		68	单侧 1～2
	制动缸最大空气压力(kPa)		69	450
	闸片、制动盘形式		70	整体夹钳式
	闸片、制动盘材质		71	合成闸片,铸铁制动盘
	每个夹钳上的闸片(或制动盘)压力(kN)		72	47.95(CCBⅡ)/29.92(DK2)
	停放制动	停放制动方式	73	弹簧蓄能
		制动器数量	74	2(每台转向架)
		闸片压力(kN)	75	57.24(CCBⅡ)/54(DK2)
		停放制动器质量(kg)	76	105(CCBⅡ)/134(DK2)
	制动单元质量(kg)		77	82.5(CCBⅡ)/92(DK2)
受电弓	型号		78	TSG15B
	额定工作电压(kV)		79	25
	额定工作电流(A)		80	1 000
	运行最高速度(km/h)		81	200
	工作高度(mm)		82	220～2 250
	最大升弓高度(mm)		83	2 400

续上表

车型名称				和谐 D_1
车型代号				HXD_1
机车车号				0001～0250(HXD_1,株机公司)
				1001～1554(新 HXD_1、株机公司)
				6001～6113(新 HXD_1、资电公司)
项目			序号	参数及说明
受电弓	落弓位高度(mm)		84	695
受电弓	升弓时间(s)		85	6～10
受电弓	降弓时间(s)		86	≤6
受电弓	传动风缸工作空气压力(kPa)		87	400～1 000
受电弓	总质量(kg)		88	≤110(不包括绝缘子)
主断路器	型号		89	BVAC. N99D
主断路器	额定电压(kV)		90	30
主断路器	额定电流(A)		91	1 000
主断路器	额定分断电流(kA)		92	20
主断路器	额定分断容量(MV・A)		93	600
主断路器	固有分闸时间(ms)		94	20～60
主断路器	额定工作气压(kPa)		95	450～1 000
主断路器	质量(kg)		96	140
牵引变压器	型号,结构形式		97	EFAT 6744,芯式
牵引变压器	各绕组额定容量(kV・A)	网侧高压绕组	98	5 280
牵引变压器	各绕组额定容量(kV・A)	牵引绕组	99	4×1 320
牵引变压器	各绕组额定容量(kV・A)	辅助绕组	100	—
牵引变压器	各绕组额定容量(kV・A)	供电绕组	101	—
牵引变压器	各绕组额定电压(V)	网侧高压绕组	102	25 000
牵引变压器	各绕组额定电压(V)	牵引绕组	103	4×970
牵引变压器	各绕组额定电压(V)	辅助绕组	104	—
牵引变压器	各绕组额定电压(V)	供电绕组	105	—
牵引变压器	各绕组额定电流(A)	网侧高压绕组	106	211
牵引变压器	各绕组额定电流(A)	牵引绕组	107	1 361
牵引变压器	各绕组额定电流(A)	辅助绕组	108	/
牵引变压器	各绕组额定电流(A)	供电绕组	109	/
牵引变压器	短路阻抗		110	36%±10%
牵引变压器	绝缘等级		111	A
牵引变压器	冷却方式		112	强迫导向油循环风冷(ODAF)
牵引变压器	冷却油牌号		113	KI45X
牵引变压器	冷却油流量(m^3/h)		114	60
牵引变压器	油泵型号		115	B2/148/80
牵引变压器	效率(%)		116	96
牵引变压器	总质量(kg)		117	8 200

续上表

车型名称				和谐 D$_1$	
车型代号				HXD$_1$	
机车车号				0001～0250(HXD$_1$,株机公司)	
				1001～1554(新 HXD$_1$、株机公司)	
				6001～6113(新 HXD$_1$、资电公司)	
项目			序号	参数及说明	
谐振电抗器		每节机车台数	118	2	
谐振电抗器		额定电流(A)	119	1 080	
谐振电抗器		额定电压(V)	120	183	
谐振电抗器		电感值(mH)	121	0.27	
牵引变流器		车别	122	HXD$_1$	新 HXD$_1$
牵引变流器		型号	123	SIBAC180014SP2ST01	TGA6C
牵引变流器		电路结构形式	124	电压型,两电平	电压型,两电平
牵引变流器		额定功率(kW)	125	4 800	4 800
牵引变流器		额定输入电压(交流)(V)	126	970	970
牵引变流器		额定输入电流(交流)(A)	127	1 712	1 440
牵引变流器		中间电路电压(V)	128	1 800	1 800
牵引变流器		二次谐振电容值(mF)	129	9.58	9.39
牵引变流器		支撑电容值(mF)	130	12	18.4
牵引变流器		额定输出电压(V)	131	1 404	1 404
牵引变流器		额定输出电流(A)	132	1 566	598
牵引变流器		四象限变流器开关频率(Hz)	133	250	450
牵引变流器		牵引逆变器最大开关频率(Hz)	134	250	500
牵引变流器		牵引逆变器输出频率范围(Hz)	135	0～116	0～116
牵引变流器		冷却方式	136	水冷	水冷
牵引变流器		效率(%)	137	98	97.5
牵引变流器		质量(t)	138	3.4	3.2
牵引变流器		外形尺寸(长×宽×高,mm)	139	3 750×1 060×2 000	3 750×1 060×2 000
牵引变流器		每台机车牵引变流器台数	140	2	2
牵引变流器	四象限变流器功率模块	型号	141	SIBAC BB SP-1500WL	IBBM120S6
牵引变流器	四象限变流器功率模块	电路形式	142	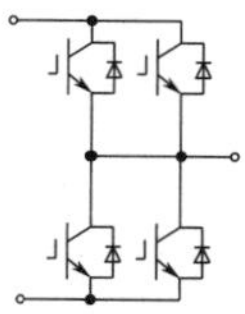	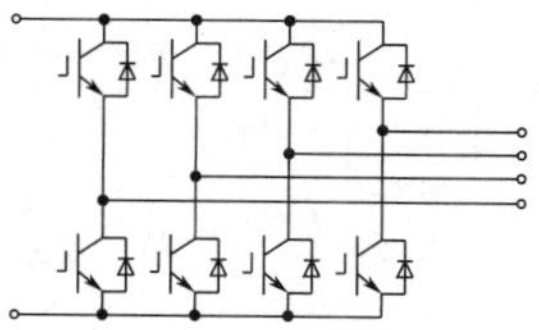
牵引变流器	四象限变流器功率模块	四象限变流器构成形式	143	每个四象限变流器由两个功率模块构成	每个四象限变流器由一个功率模块构成
牵引变流器	四象限变流器功率模块	电压(V)	144	970	970

九

续上表

车型名称					
车型名称				和谐 D_1	
车型代号				HXD_1	
机车车号				0001～0250(HXD_1,株机公司)	
				1001～1554(新 HXD_1、株机公司)	
				6001～6113(新 HXD_1、资电公司)	
项目			序号	参数及说明	
牵引变流器	四象限变流器功率模块	电流(A)	145	1 440	1 440
		开关频率(Hz)	146	250	450
		功率元件型号	147	450375900900	FZ1200R33KF2C
		功率元件参数	148	IGBT 3 300 V/1 200 A	IGBT 3 300 V/1 200 A
		功率元件个数	149	4	8
		冷却方式	150	水冷	水冷
		质量(kg)	151	40(每个相模块质量)	95
		尺寸(长×宽×高,mm)	152	609×460×192	670×407×470
	牵引逆变器功率模块	型号	153	SIBAC BB SP-1500WL	IBBM120S6
		电路形式	154	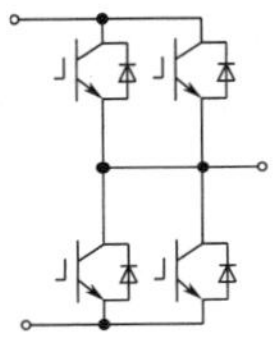	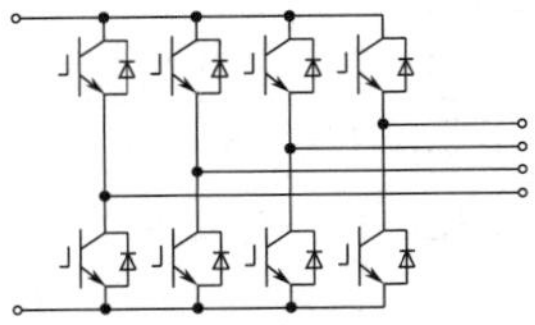
		牵引逆变器构成形式	155	每个牵引逆变器由三个功率模块构成	每个牵引逆变器由一个功率模块构成,其中一相作为瞬时电压限制器
		电压(V)	156	1 404	1 404
		电流(A)	157	1 566	598
		开关频率(Hz)	158	250	0～500
		功率元件型号	159	450375900900	FZ1200R33KF2C
		功率元件参数	160	IGBT(3 300 V/1 200 A)	IGBT(3 300 V/1 200 A)
		功率元件个数	161	4	8
		冷却方式	162	水冷	水冷
		质量(kg)	163	40(每个相模块质量)	95
		尺寸(长×宽×高,mm)	164	609×460×192	670×407×470
	冷却系统	水泵型号	165	/	/
		流量(m^3/h)	166	22.2	22.2
		驱动电机功率(kW)	167	5.4	5.4
	控制策略	四象限变流器	168	两电平,四象限控制	两电平,四象限控制
		牵引逆变器	169	矢量控制、力矩控制	直接转矩控制
		瞬时电压限制器	170	撬棒策略	过压触发斩波

续上表

车型名称			和谐 D_1
车型代号			HXD_1
机车车号			0001～0250(HXD_1,株机公司)
			1001～1554(新 HXD_1、株机公司)
			6001～6113(新 HXD_1、资电公司)
项目		序号	参数及说明
交流异步牵引电动机	型号	171	JD160
	额定功率(持续制)(kW)	172	1 224
	额定电压(持续制)(V)	173	1 375
	额定电流(持续制)(A)	174	584
	最大启动电流(A)	175	791
	功率因数	176	0.908
	额定转速(持续制)(r/min)	177	1 720
	最高转速(r/min)	178	3 450
	额定频率(Hz)	179	58.4
	额定转差率(%)	180	1.87
	额定转矩(N·m)	181	6 802
	最大转矩(N·m)	182	9 337
	额定效率(%)	183	94.6
	绝缘等级	184	200
	极数	185	4
	质量(kg)	186	2 580
	通风量(m^3/s)	187	1.35
牵引通风机组	型号	188	THTF4.5A
	台数	189	8
	最大转速(r/min)	190	3 520
	每台风机的风量(m^3/min)	191	84
	风压(Pa)	192	3 200
	额定功率(kW)	193	13
	质量(kg)	194	145
复合冷却塔	冷却方式	195	强迫风冷
	水散热量(kW)	196	121
	油散热量(kW)	197	205
	通风量(m^3/min)	198	720
	水流量(m^3/h)	199	22.2
	油流量(m^3/h)	200	60
	质量(kg)	201	1 080

九

续上表

车型名称				和谐 D_1	
车型代号				HXD_1	
机车车号				0001～0250（HXD_1，株机公司）	
				1001～1554（新 HXD_1、株机公司）	
				6001～6113（新 HXD_1、资电公司）	
项目			序号	参数及说明	
辅助逆变器	车别		202	HXD_1	新 HXD_1
	CVCF逆变器	型号	203	ST-1500 WL-MP	IBBM20S2
		每台机车装用台数	204	2	2
		额定输入电压（V）	205	1 800	1 800
		额定输入电流（A）	206	/	/
		额定输出电压（V）	207	经变压器输出 440	经变压器输出 440
		额定输出电流（A）	208	经变压器输出 314	经变压器输出 314
		容量（kV・A）	209	240	240
		频率（Hz）	210	60	60
		功率元件参数	211	IGBT（3 300 V/400 A）	IGBT（3 300 V/400 A）
		冷却方式	212	水冷	水冷
		质量（kg）	213	38	47
	VVVF逆变器	型号	214	ST-1500 WL-MP	IBBM20S2
		每台机车装用台数	215	2	2
		额定输入电压（V）	216	1 800	1 800
		额定输入电流（A）	217	/	/
		额定输出电压（V）	218	经变压器输出 0～440	80～440
		额定输出电流（A）	219	经变压器输出 314	经变压器输出 314
		容量（kV・A）	220	240	240
		频率（Hz）	221	10～60	10～60
		功率元件参数	222	IGBT（3 300 V/400 A）	IGBT（3 300 V/400 A）
		冷却方式	223	水冷	水冷
		质量（kg）	224	38	47
蓄电池充电机	车别		225	HXD_1 机车	新 HXD_1 机车
	型号		226	TGY110 V	TGY110 V 或 DZT110 V
	输入电压（V）		227	3AC 440（1±5%）/60 Hz	3AC 440（1±5%）/60 Hz
	输出电压（V）		228	110/24	110/24
	输出电流（A）		229	5×30（110 V）/2×21（24 V）	5×30（110 V）/2×21（24 V）
	输出容量（kV・A）		230	16.2	16.2
	质量（kg）		231	196	196/240

九

续上表

车型名称				和谐 D$_1$	
车型代号				HXD$_1$	
机车车号				0001～0250(HXD$_1$,株机公司)	
				1001～1554(新 HXD$_1$、株机公司)	
				6001～6113(新 HXD$_1$、资电公司)	
项目			序号	参数及说明	
微机网络控制系统	列车网标准		232	IEC 61375-1	
	车辆网标准		233	IEC 61375-1	
	列车网传输速率(Mb/s)		234	1	
	车辆网传输速率(Mb/s)		235	1.5	
	机车控制功能	牵引特性控制	236	恒力矩控制	
		再生制动特性控制	237	恒力矩控制	
		其他控制功能	238	油温、水温保护等	
	保护功能	网压保护限值(kV)	239	17.5～31	
		网流保护限值	240	$I>320$ A,时间大于 2.5 s	
		中间电压限值	241	TCU 实时保护	
		防空转/滑行策略	242	TCU 黏着利用率控制	
		最高速度限值(km/h)	343	122	
风源系统	主空气压缩机组	车别	344	HXD$_1$	新 HXD$_1$
		主压缩机型号	245	BT-3.0/10AD TSA-230AD	SL-24-14 BT-3.0/10AD TSA-230AD
		压缩空气出口压力(kPa)	246	1 000	1 000
		压缩空气出口温度(℃)	247	环境温度+15	环境温度+15
		排气量(m^3/min)	248	3	3
		冷却方式	249	风冷	风冷
		润滑油牌号	250	美孚 SHC1025 SHELL PAO32	Anderol3057M
		润滑油储量(dm^3)	251	9	7
		润滑油压力(kPa)	252	1 000	1 000
		电机型号	253	YBT200L-4 FS200-2BT	KB/26C-180L YBT200L-4 FS200-2BT
		电机转速(r/min)	254	1 770 3 540	3 520 1 770 3 540
		额定功率(kW)	255	30	30
		额定电压(V)	256	440	440
		额定电流(A)	257	49 48.6	48.8 49 48.6
		机组质量(kg)	258	475 450	430 475 450

九

续上表

车型名称				和谐 D_1	
车型代号				HXD_1	
机车车号				0001～0250(HXD_1,株机公司) 1001～1554(新 HXD_1、株机公司) 6001～6113(新 HXD_1、资电公司)	
项目			序号	参数及说明	
风源系统	辅助空气压缩机组	辅压缩机型号	259	DWTZ-70	
		额定排气量(m^3/min)	260	≥0.07	
		额定排气压力(kPa)	261	800	
		电动机型号	262	130SZD	
		额定工作电压(V)	263	110	
		额定工作电流(A)	264	8	
		额定功率(kW)	265	0.88	
		额定转速(r/min)	266	1 500	
	空气干燥器	空气干燥器型号	267	TAD-4.8-H/DHTWG3-5	
		空气干燥器形式	268	双塔再生	
		处理空气量(m^3/min)	269	4.8	
		工作压力(kPa)	270	1 000	
		整机质量(kg)	271	115/95	
	风源系统部件	压力控制器(调压器)型号	272	/	
		压力控制范围(kPa)	273	750～900	
		总风缸空气压力范围(kPa)	274	≤950	
		总风缸总容量(dm^3)	275	2×500(单节)	
	调压阀调压范围		276	/	
制动机	车别		277	HXD_1	新 HXD_1
	制动机型号		278	CCBⅡ	CCBⅡ、DK-2
	自动制动阀		279	EBV	TKS42B
	单独制动阀		280	EBV	与自动制动阀集成
	分配阀型号,数量		281	—	—
	中继阀(双阀口式)		282	—	—
	紧急阀		283	—	95
	电动放风阀		284	—	
	紧急电空阀(110 V)		285	—	
	电空转换阀		286	—	
	电控空气控制单元		287	EPCU	
蓄电池组	型号		288	DLM-170	
	容量(A·h)		289	170	
	装用数量(只)		290	48(单节机车)	
	总标称电压(V)		291	96	

注:"—"表示无此设备;"/"表示数据空缺。

十、HXD_{1B}型电力机车技术简介

1. 概　　述

HXD_{1B}型电力机车是单轴功率为1 600 kW的六轴交流传动大功率货运电力机车，是由株机公司在HXD_1型八轴交流传动大功率货运电力机车的基础上，依据原铁道部机车采购合同和原中国南车集团公司科技计划项目合同(交流传动货运电力机车自主技术平台研究——轴功率1 600 kW六轴交流传动干线电力机车自主技术平台构建研究，合同编号2007J011-B)，为适应铁路运输快速发展，满足铁路货物重载快运战略需求，同时提升企业自主研发和再创新能力，自主设计创新和制造(德国西门子公司作为部分变流机组及控制系统产品供应商)的机车产品。该型机车消化吸收了世界上先进的电力机车技术成果，集成了当时世界大功率交流传动电力机车的前沿技术。截至2012年12月，株机公司累计生产HXD_{1B}型电力机车650台，车号为0001～0650。

HXD_{1B}型机车持续功率9 600 kW，单轴功率1 600 kW，最大启动牵引力570 kN，最大再生制动力346 kN，最高运营速度达120 km/h。可单机牵引6 000 t，能满足长距离区间、长大坡道上、重载长大编组的货运列车的运输需要。机车采用了IGBT变流技术、单轴控制技术、主辅一体化电源、符合TCN标准的网络控制系统、大容量牵引变压器、大功率牵引电机、先进成熟的驱动系统、高速重载货运转向架、高强度的机车车体、基于AAR标准的新型电空制动系统。

2007年8月，原铁道部与株机公司签订500台六轴9 600 kW大功率货运电力机车采购合同，机车技术设计于2008年3月完成，首台HXD_{1B}型电力机车于2009年1月16日下线，2009年6月开始批量生产交付使用，2011年10月全部500台交付完毕。2012年6月，原铁道部又向株机公司采购150台HXD_{1B}型电力机车，并于当年全部交付使用。目前该型机车配属郑州、武汉、上海和南昌等铁路局所属机务段，担当铁路干线货运牵引任务。

HXD_{1B}型电力机车外形如图1-10-1所示。

图1-10-1　HXD_{1B}型电力机车外形图

2. 机车总体

HXD1B 型电力机车是具有两端司机室 C_0—C_0 轴式的六轴电力机车，机车设备布置可分为车顶设备、机械间设备、司机室设备、车下和车端设备(图 1-10-2)。整车设备布置采用中间走廊、先进的模块化结构设计，以便有效地缩短组装时间，使系统和部件能独立地在机车外进行预组装和预试验，主要特点如下：

(1)机械间设备采用斜对称布置，便于均衡机车轴重。

(2)机车的电器柜采取了适当集中布置的方式。

(3)机车的牵引变压器绕组、滤波电抗器绕组置于同一油箱内，位于机车中部，悬挂安装在机车车体变压器梁上，以降低机车重心。

(4)两个 500 dm^3 总风缸布置在牵引变压器两侧，与机械间内风源柜上两个 300 dm^3 总风缸一起提供 1 600 dm^3 容积的总风。

(5)控制电源柜和蓄电池柜安装在机械间内，为机车提供控制电路蓄电池电源；控制电路的微型自动开关集中布置在控制电源柜上，以便于乘务员操作。

(6)机车采用油、水冷却设备冷却变压器油和牵引变流器水，散热器采用共体分层模式，充分利用空间并提高了冷却效率。

(7)机车机械间内布管和布线采用先进的预布式中央管排和中央线槽方式，中央管排和线槽安装在中央走道下。驱动系统的动力电缆则安装在走道两边的设备安装架内，动力电缆与控制及信号线有效地分离，减少相互间的电磁干扰，保证控制系统的可靠性。

(8)机车通风系统为独立式通风系统，机车运行时机械间保持微正压工况，整车的通风可分为六个部分，六个通风系统相互独立，互不影响。

(9)机械间内安装有风源柜和空气管路柜、主压缩机，为机车风源系统、辅助风源系统及制动控制系统提供风源。

(10)机车上装备有卫生间、冷藏箱、微波炉和床等必要的生活设施。

机车牵引、再生制动特性曲线如图 1-10-3 所示。

3. 牵引电传动系统

(1)牵引电路

HXD1B 型机车牵引变压器的原边通过受电弓、主断路器得电。牵引变压器四个独立的次边牵引绕组分别向四个四象限变流器供电，每两个四象限变流器并联输出，共用一个中间直流电路。中间直流电路同时向四个电压型脉宽调制逆变器(三个牵引逆变器和一个辅助逆变器，辅助逆变器集成在牵引变流器中)供电，每个牵引逆变器分别向一个转向架的一台异步牵引电机供电，实现牵引电机单轴控制。再生制动过程相反。牵引电路原理如图 1-10-4 所示。牵引电路按其主要功能和电压等级可分为：网侧电路、四象限变流电路、中间直流电路、脉宽调制逆变电路和保护电路等几部分。

(2)网侧电路

网侧电路主要功能是从网侧获取电能，属于 25 kV 电路。每台机车网侧电路由两台受电弓、两台高压隔离开关、一台带高压接地装置的主断路器、一台避雷器、一台高压电压互感器、一台高压电流互感器、牵引变压器的原边绕组、一台回流侧电流互感器和六个轴端接地装置等组成。

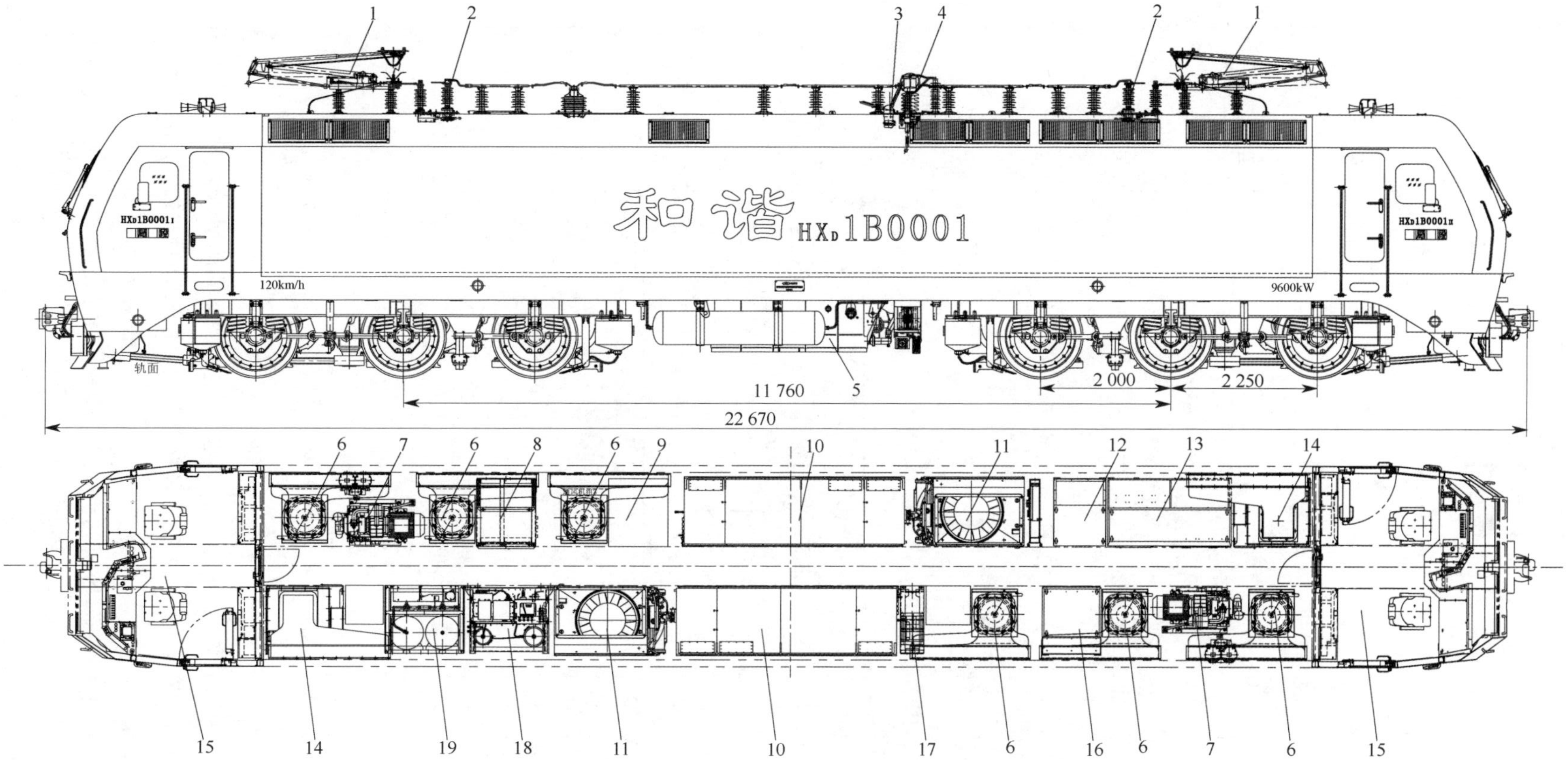

图 1-10-2　HXD1B 型电力机车总体布置图

1—受电弓；2—高压隔离开关；3—接地开关；4—主断路器；5—牵引变压器；6—牵引通风机；7—主压缩机；8—第三方设备柜；9—卫生间；10—牵引变流器；11—冷却塔；12—控制电源柜；13—低压电器柜；14—辅助滤波柜；15—司机室；16—蓄电池柜；17—床；18—空气管路柜；19—风源柜。

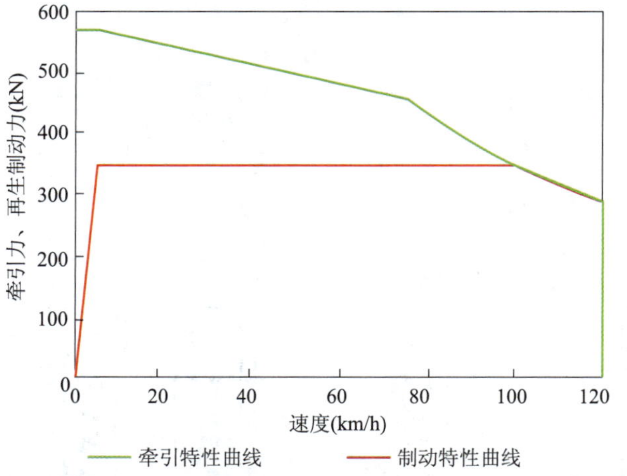

图 1-10-3 HXD1B 型电力机车牵引和再生制动特性曲线图

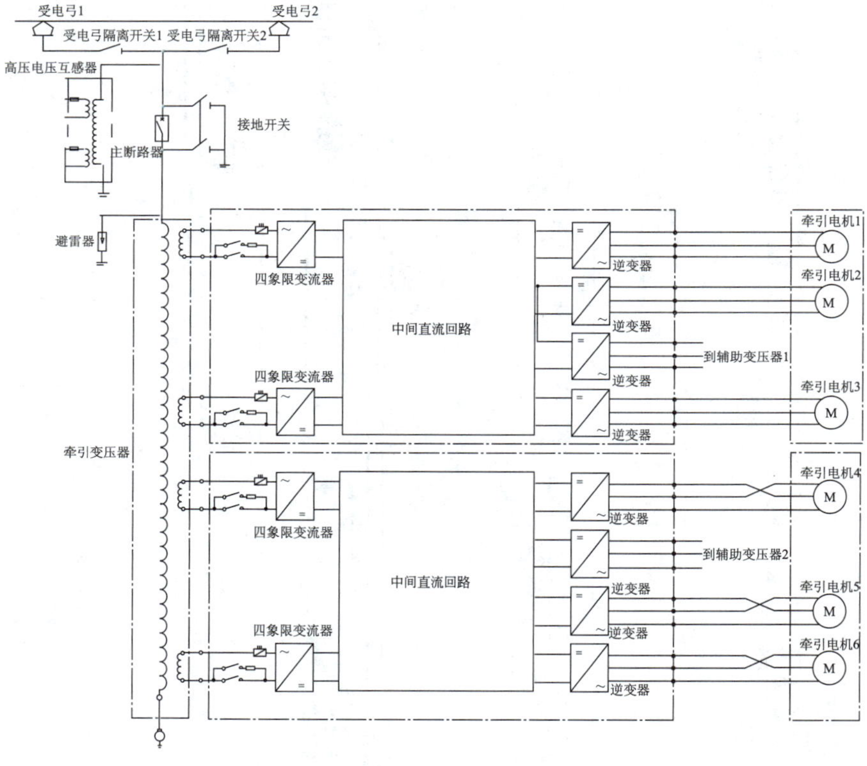

图 1-10-4 HXD1B 型电力机车牵引电路原理图

(3)牵引变压器

HXD1B 型机车采用的牵引变压器有两种型号,进口变压器的型号为 EFAT 7045(其中,集成在牵引变压器内的电抗器型号为 HFAT 4936),国产化变压器的型号为 TBQ31-11000/25。两种变压器性能一致。

牵引变压器是单相变压器,卧式结构,采取车体下悬挂安装方式。在牵引变压器油箱内,还有两台 100 Hz 谐振电抗器,共用冷却系统。

牵引变压器吊挂在机车中部地板下变压器安装梁上,冷却设备(冷却塔)安装在车内,它们之间用油管连接起来。储油柜安装在冷却柜内，它与变压器通过快速接头用软管连通。除高压 A 端子安装在油箱端部外，其余套管都在箱盖上。

(4)牵引变流器

每台机车设有两个牵引变流器，每个牵引变流器包含两个四象限变流器、三个分别给一台转向架三台牵引电机供电的牵引逆变器和一个为辅助设备(例如风机、压缩机等)供电的辅助逆变器。

牵引变流器通过牵引变压器与单相 25 kV/50 Hz 交流接触网相连。输入线路接触器控制牵引变压器的次边牵引绕组与牵引变流器连接。中间直流电路通过两个预充电单元(预充电接触器处于闭合状态时)和两个并联的四象限变流器供电。中间直流电路中包含有直流支撑电容、谐振回路、接地检测单元和保护模块。通过牵引逆变器，中间直流电路中的电能被转换为变压变频的三相交流电，提供给三相异步牵引电动机。

(5)牵引电机

HXD_{1B} 型机车采用的异步牵引电动机有两种型号，进口电机的型号为 1TB2822-0SF02，国产化电机的型号为 YQ-1633，两种电机性能一致。电机主要由定子、转子、端盖、轴承、测速装置等部分组成。定子的主要零部件有定子铁芯、定子绕组等。转子由转子铁芯、导条、端环和转轴等组成。牵引电机采用强迫通风冷却，其滚动轴承采用脂润滑，并采用有效措施防止轴承电蚀，轴承密封采用非接触的迷宫式结构。

4. 辅助电气系统

机车辅助电气系统主要为机车牵引电路设备提供冷却，为空气制动系统提供风源，调节司乘人员环境。辅助电路的正常工作与否直接影响到牵引电路的工作状态，是机车稳定、安全运行的关键。

HXD_{1B} 型电力机车辅助电源系统由牵引变流器内的辅助逆变器提供电源，牵引变流器 1 内的辅助逆变器模块通过辅助变压器 1 给变压变频负载提供三相 AC 80～440 V/10～60 Hz 电源，牵引变流器 2 内的辅助逆变器模块通过辅助变压器 2 给定压定频负载提供三相 AC 440 V/60 Hz 电源。440 V 供电支路中经小变压器可提供 AC 230 V 电源，经蓄电池充电机可提供 110 V 直流电源。按每个辅助机组、辅助设施的使用要求，辅助电气系统分成以下几个负载组：

(1)变压变频供电支路，负载包括六个牵引通风机组和两个冷却塔通风机组；

(2)恒压恒频 440 V 供电支路，负载有压缩机、水泵、油泵、空调装置、后墙暖风机、蓄电池充电机等(图 1-10-5)；

(3)230 V/60 Hz 单相、三相交流支路，负载包括撒砂加热器、窗加热器、电炉、卫生间防寒加热等(图 1-10-6)；

(4)蓄电池充电机直流负载供电支路，负载包括照明灯、辅助压缩机、冰箱和控制系统电源等。

5. 微机网络控制系统

HXD_{1B} 型电力机车采用 SIBAS32 控制系统和 TCN 列车通信网络，分为中央控制系统 CCU 和牵引控制系统 TCU 两大系统。机车内部由多功能车辆总线 MVB 连接全部 SIBAS 部件及其他部件，机车之间通过绞线式列车总线 WTB 连接进行重联控制，机车上还装备了制动系统 CCBⅡ和预留了分布式动力控制系统 Locotrol 接口。HXD_{1B} 型电力机车网络拓扑结构如图 1-10-7 所示。

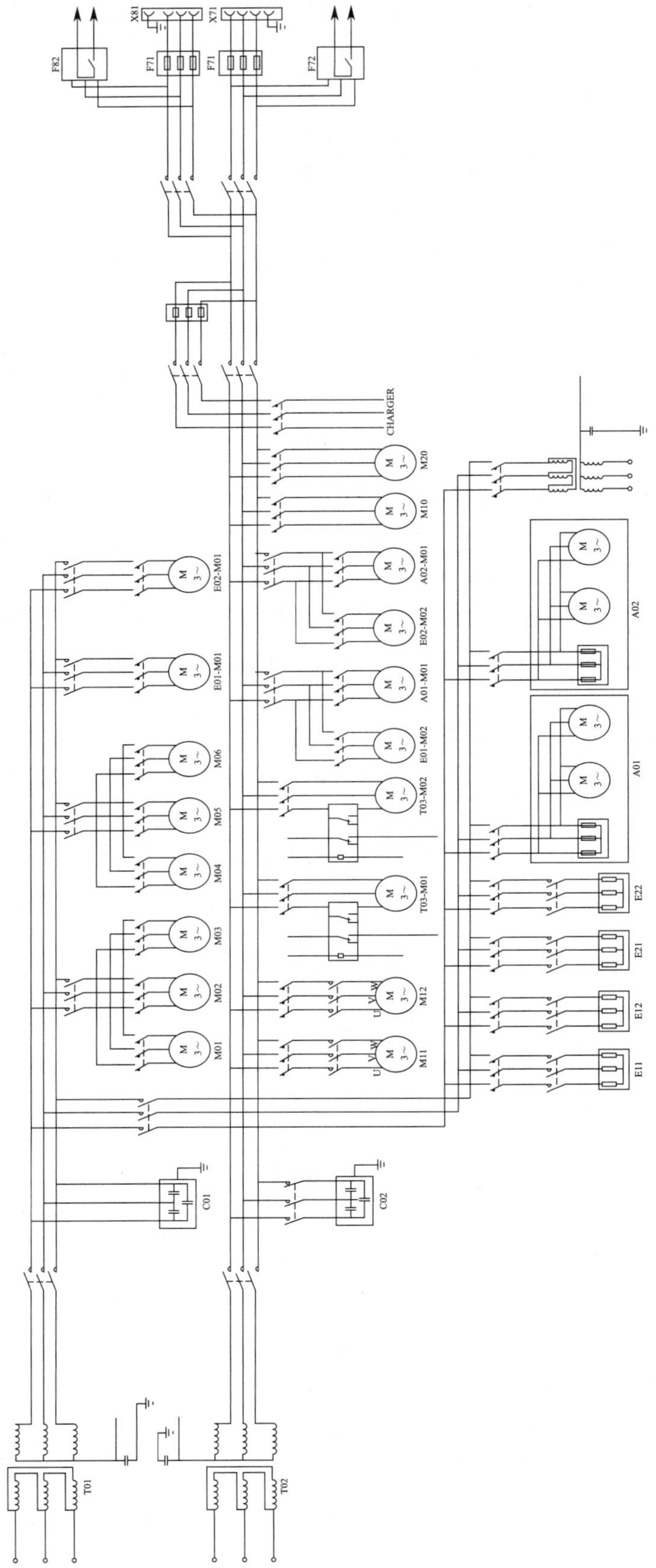

图 1-10-5　HXD1B型电力机车三相 AC 440 V 辅助负载电路原理图

T01、T02—辅助变压器；C01、C02—滤波电容；M01～M06—牵引电机通风机 1～6；E01-M01、E02-M01—冷却塔通风机 1，2；CHARGER—蓄电池充电器；M11、M12—空压机 1，2；T03-M01、T03-M02—油泵 1，2；E01-M02、E02-M02—水泵 1，2；A01-M01、A02-M01—变流柜风机 1，2；M10—机械间风机；M20—牵引变流柜风机；E11、E12、E21、E22—加热器；A01、A02—空调装置；F72、F82—相序继电器；X71、X81—库用辅助电源插座

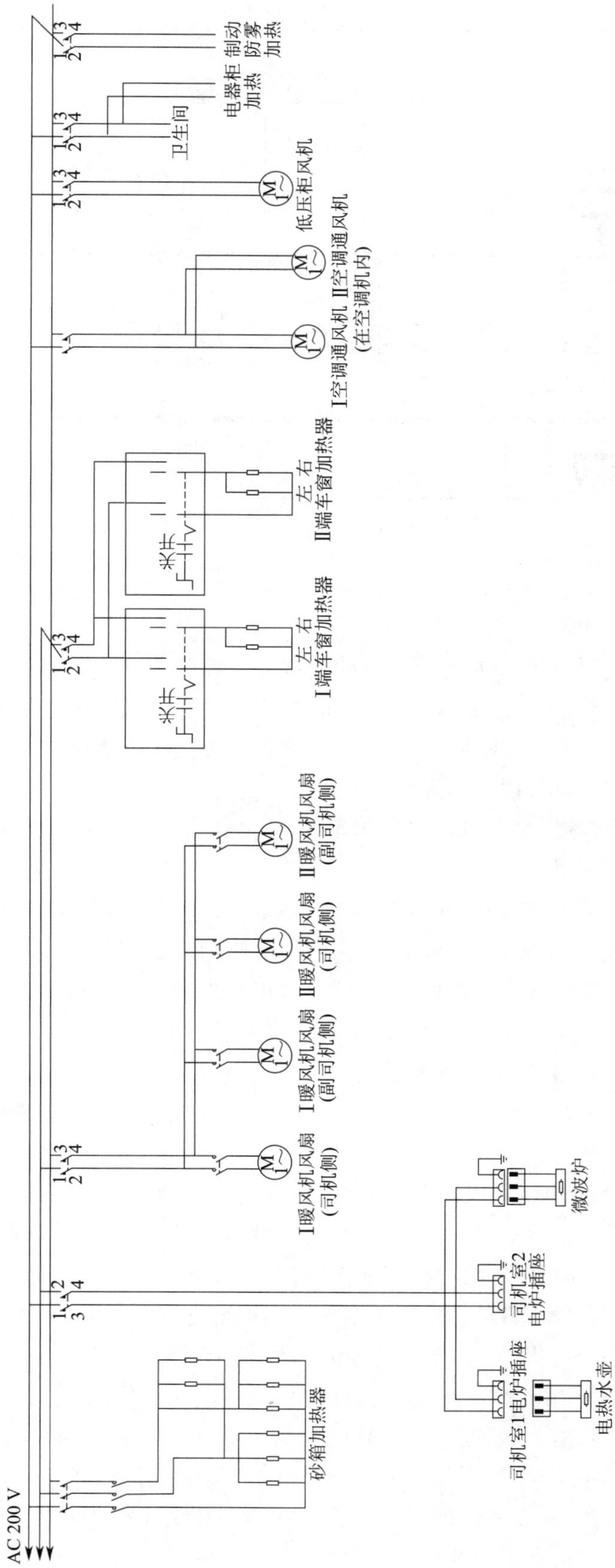

图 1-10-6 HXD1B 型电力机车 AC 230 V 辅助负载电路原理图

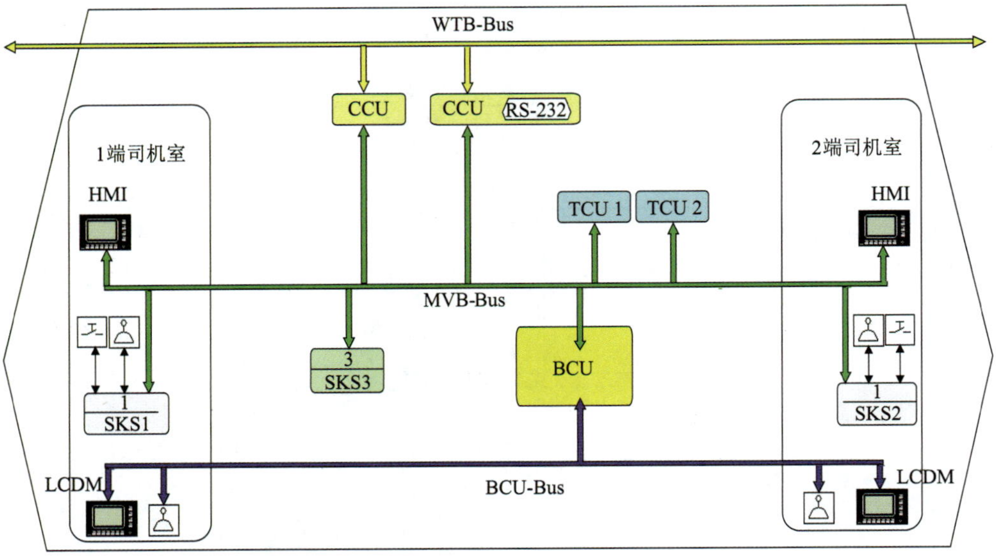

图 1-10-7　HXD1B 型电力机车网络拓扑结构图

WTB-Bus—绞线式列车总线；CCU—中央控制单元；TCU—牵引控制单元；MVB-Bus—多功能车辆总线；HMI—人机接口显示器；SKS1～SKS3—智能外接端口；BCU—制动控制单元；LCDM—制动显示器

6. 车　　体

HXD1B 型电力机车车体包括车体承载钢结构和车体附属部件两大部分。车体承载钢结构采用整体承载结构，主要由底架、司机室、侧墙等组焊成一个整体的双司机室框架式全钢焊接结构，材料为 16MnDR 和 Q345E；车体附属部件主要包括顶盖、排障器、牵引缓冲装置、超载保护装置、机车门窗、内装饰等。

车钩采用内燃、电力机车 E 级钢车钩，缓冲器为 QKX100 弹性胶泥缓冲器。

7. 转 向 架

机车走行部为两台 C_0 转向架，两台可以互换通用。转向架主要由构架、轮对、轴箱、一系二系悬挂装置、牵引装置、牵引电机悬挂装置、驱动装置、基础制动装置、轮缘润滑装置和附属装置等组成。转向架采用模块化设计，符合可靠性、可用性、可维护性与安全性（RAMS）的要求。驱动系统采用整体式带柔性联轴器的抱轴悬挂驱动；构架由两根侧梁、两根横梁和两根端梁焊接成目字形结构；一系悬挂采用螺旋弹簧，轴箱拉杆采用单拉杆；二系悬挂采用高挠螺旋弹簧，横向减振器设置在构架两端，同时起到抗蛇行作用；牵引装置采用低位推挽式牵引装置。

8. 制动系统

HXD1B 型电力机车风源系统分为主风源系统和辅助风源系统两个相对独立的部分。

主风源系统由主空气压缩机、主空气干燥器、压缩机高压安全阀、油过滤器、压力控制器、总风缸安全阀、总风缸、止回阀、限流阀、折角塞门及连接管路组成。辅助风源系统主要由辅助压缩机组、辅助风缸、升弓控制模块及连接管路组成。每台机车配置有两台额定排气量不小于 2.4 m^3/min 的 SL20-5-103 型螺杆空气压缩机；两台 WABTEC 653360-0012 型主干燥器，其最大空气处理量为 6.2 m^3/min；HXD1B 机车的第一总风缸的容积为 1 000 dm^3，由两个容积为 500 dm^3 的风缸组成，第二总风缸的容积为 600 dm^3，由两个容积为 300 dm^3 的风缸组成。

HXD1B 型电力机车设有撒砂、轮缘涂油器、风喇叭、升弓控制等辅助气动系统。

HXD1B 型电力机车制动系统以引进的 CCBⅡ制动机为基础，具备空电联合制动控制功能。CCBⅡ制动机是制动控制系统的核心，是一种符合 AAR 标准要求的基于微机网络的适用于干线货运机车的制动系统。CCBⅡ具备多项冗余功能，具有故障识别、重新组合和发生故障时备份关键部件的功能。

HXD1B型电力机车基础制动采用轮盘制动，由制动盘、制动夹钳和合成闸片等组成。通过制动夹钳杠杆作用将制动机产生的制动缸压力转换为制动闸片对制动盘的压力，通过闸片与制动盘的相互摩擦，实现制动时机车动能向热能的转换，从而实现机车制动停车。闸片材料为合成闸片；制动盘材质采用整体铸铁盘；制动盘形式为整体夹钳式。

9. 技术参数表

HXD1B型电力机车技术参数见表1-10-1。

表1-10-1　HXD1B型电力机车技术参数表

车型名称		和谐D1B
车型代号		HXD1B
机车车号		0001～0650
项目	序号	参数及说明
机车用途	1	铁路干线货运
制造年代	2	2009—2012年
制造厂名	3	中车株洲电力机车有限公司
轨距(mm)	4	1 435
车体　车底架长(mm)	5	21 885
车体　车体宽(mm)	6	3 100
车体　高(轨面至受电弓座平面)(mm)	7	4 050
司机室个数	8	2
机车前后车钩中心距(mm)	9	22 670
车钩型号，形式	10	内燃、电力机车E级钢车钩(100型)，下作用式
缓冲器型号	11	QKX100
轴式	12	C_0—C_0
车钩中心线距轨面高度(mm)	13	880±10
转向架中心距(mm)	14	11 760
全轴距(mm)	15	16 260
动轮直径(新轮)(mm)	16	1 250
动轮直径(轮箍半磨耗)(mm)	17	1 200
落弓后滑板顶面距轨面高度(mm)	18	4 720(新轮)
受电弓滑板距轨面工作高度(mm)	19	5 200～6 500
机车整备质量(t)	20	$150\times(1^{+1\%}_{-3\%})$
轴重(t)	21	$25\times(1^{+1\%}_{-3\%})$
通过最小曲线半径(m)	22	5 km/h速度安全通过$R=125$ m的曲线
供电电流制	23	AC 25 kV/50 Hz
额定电压(kV)	24	25
最高电压(kV)	25	31
最低电压(kV)	26	17.5

续上表

车型名称				和谐 D_{1B}
车型代号				HXD_{1B}
机车车号				0001～0650
项目			序号	参数及说明
电传动方式			27	交—直—交
持续功率(kW)			28	9 600
持续速度(km/h)			29	81.9
持续牵引力(kN)			30	422
最高运用速度(km/h)			31	120
恒功率速度范围(km/h)			32	76～120
最大启动牵引力(kN)			33	≥570
最大再生制动力(kN)			34	346
功率因数			35	≥0.98
等效干扰电流 J_p(A)			36	≤1.5
电网电流畸变率(%)			37	/
机车总效率			38	≥0.85
紧急制动距离(m)(初速度 120 km/h)			39	≤1 000(23 t),≤1 100(25 t)
库内动车电源制式(V)			40	AC 380
转向架	构架外形尺寸(长×宽×高,mm)		41	6 940×2 680×1 210
转向架	两侧梁横向中心距(mm)		42	2 110
转向架	转向架各轴间距(mm)		43	2 250+2 000
转向架	转向架固定轴距(mm)		44	4 250
转向架	同一轴两轴箱中心距(mm)		45	2 110
转向架	轮对质量(kg)		46	2 100
转向架	一系悬挂装置	一系悬挂静挠度(mm)	47	39.5
转向架	一系悬挂装置	垂向油压减振器型号,数量	48	97A 1378;4/转向架
转向架	一系悬挂装置	垂向油压减振器阻尼系数	49	5.1 kN(0.1 m/s),10.0 kN(0.3 m/s)
转向架	二系悬挂装置	二系悬挂静挠度(mm)	50	121.6
转向架	二系悬挂装置	垂向油压减振器型号,数量	51	04 V-1789 001,2/转向架
转向架	二系悬挂装置	垂向油压减振器阻尼系数	52	12 kN(0.1 m/s),22 kN(0.3 m/s)
转向架	二系悬挂装置	横向油压减振器型号,数量	53	02H-2119,2/转向架
转向架	二系悬挂装置	横向油压减振器阻尼系数	54	6.0 kN(0.05 m/s),8.0 kN(0.1 m/s),11.4 kN(0.2 m/s),14.4 kN(0.3 m/s)
转向架	二系悬挂装置	抗蛇行减振器型号,数量	55	—
转向架	二系悬挂装置	抗蛇行减振器阻尼系数	56	—
转向架	牵引力传递方式		57	低位推挽式牵引
转向架	牵引点高度(mm)		58	0
转向架	牵引电动机悬挂方式		59	抱轴悬挂
转向架	齿轮传动比		60	6.294 1

续上表

车型名称				和谐 D_{1B}
车型代号				HXD_{1B}
机车车号				0001～0650
项目			序号	参数及说明
转向架	砂箱容量(m^3)		61	4×0.1
	转向架质量(t)		62	约 29.8
基础制动装置	基础制动方式		63	轮盘制动
	每台转向架制动器组数		64	6
	制动缸直径(mm)		65	203(克诺尔)
	制动倍率		66	2.65
	传动效率(%)		67	≥85(紧急制动时)
	闸片与盘的恒定间隙(mm)		68	单侧 1～2
	制动缸最大空气压力(kPa)		69	450
	闸片、制动盘形式		70	整体夹钳式
	闸片、制动盘材质		71	合成闸片,铸铁制动盘
	每个夹钳上的闸片(或制动盘)压力(kN)		72	32.7(紧急制动时)
	停放制动	停放制动方式	73	弹簧蓄能
		制动器数量	74	2(每台转向架)
		闸片压力(kN)	75	25
		停放制动器质量(kg)	76	110.5
	制动单元质量(kg)		77	82.5
受电弓	型号		78	TSG15B
	额定工作电压(kV)		79	25
	额定工作电流(A)		80	1 000
	运行最高速度(km/h)		81	200
	工作高度(mm)		82	220～2 250
	最大升弓高度(mm)		83	2 400
	落弓位高度(mm)		84	695
	升弓时间(s)		85	6～10
	降弓时间(s)		86	≤6
	传动风缸工作空气压力(kPa)		87	400～1 000
	总质量(kg)		88	≤110(不包括绝缘子)
主断路器	型号		89	BVAC. N99D
	额定电压(kV)		90	30
	额定电流(A)		91	1 000
	额定分断电流(kA)		92	20
	额定分断容量(MV·A)		93	600
	固有分闸时间(ms)		94	20～60

续上表

车型名称				和谐 D_{1B}
车型代号				HXD_{1B}
机车车号				0001～0650
项目			序号	参数及说明
主断路器	额定工作气压(kPa)		95	450～1 000
	质量(kg)		96	140
牵引变压器	型号,结构形式		97	EFAT 7045(进口)芯式(电抗器 HFAT 4936)
				TBQ31-11000/25(国产)芯式
	各绕组额定容量(kV·A)	网侧高压绕组	98	11 000
		牵引绕组	99	4×2 750
		辅助绕组	100	/
		供电绕组	101	/
	各绕组额定电压(V)	网侧高压绕组	102	25 000
		牵引绕组	103	4×2 121
		辅助绕组	104	/
		供电绕组	105	/
	各绕组额定电流(A)	网侧高压绕组	106	440
		牵引绕组	107	4×1 297
		辅助绕组	108	/
		供电绕组	109	/
	短路阻抗		110	37%±10%
	绝缘等级		111	A
	冷却方式		112	强迫导向油循环风冷(ODAF)
	冷却油牌号		113	KI45X
	冷却油流量(m^3/h)		114	2×40
	油泵型号		115	B2 V/129K/80
	效率(%)		116	96
	总质量(kg)		117	10 500
谐振电抗器	每节机车台数		118	2
	额定电流(A)		119	1 130
	额定电压(V)		120	248.5
	电感值(mH)		121	0.35
牵引变流器	型号		122	SIBAC E34-3000-1AC-4S3P-3ST-1STm
	电路结构形式		123	电压型,两电平
	额定功率(kW)		124	/
	额定输入电压(交流)(V)		125	AC 2×2 120
	额定输入电流(交流)(A)		126	2×1 297
	中间回路电压(V)		127	3 500

续上表

车型名称				和谐 D_{1B}
车型代号				HXD_{1B}
机车车号				0001～0650
项目			序号	参数及说明
牵引变流器		二次谐振电容值(mF)	128	7.56
		支撑电容值(mF)	129	5(2×1+1+2×1)
		额定输出电压(V)	130	/
		额定输出电流(A)	131	3AC 420
		四象限变流器开关频率(Hz)	132	最大 450(正常工况)
		牵引逆变器最大开关频率(Hz)	133	最大 250
		牵引逆变器输出频率范围(Hz)	134	0～165
		冷却方式	135	水冷
		效率(%)	136	≥97.5(额定功率)
		质量(t)	137	2.8×(1±2%)
		外形尺寸/(长×宽×高,mm)	138	3 600×1 060×2 000
		每台机车牵引变流器台数	139	2
	四象限变流器功率模块	型号	140	SIBAC BB S3P3000WL
		电路形式	141	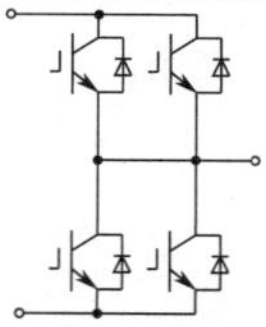
		四象限变流器构成形式	142	每个四象限变流器由两个功率模块构成
		电压(V)	143	3 500
		电流(A)	144	1 500
		开关频率(Hz)	145	最大 450
		功率元件型号	146	/
		功率元件参数	147	IGBT(6.5 kV/600 A)
		功率元件个数	148	4
		冷却方式	149	水冷
		质量(kg)	150	54
		尺寸(长×宽×高,mm)	151	609×640×192
	牵引逆变器功率模块	型号	152	SIBAC BB ST3000WL-HP
		电路形式	153	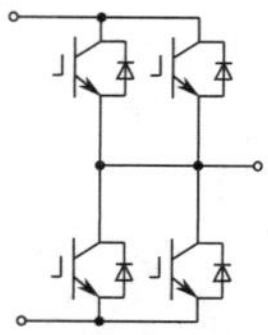
		牵引逆变器构成形式	154	每个牵引逆变器由三个功率模块构成
		电压(V)	155	3 500

续上表

车型名称				和谐 D_{1B}
车型代号				HXD_{1B}
机车车号				0001～0650
项目			序号	参数及说明
牵引变流器	牵引逆变器功率模块	电流(A)	156	550
		开关频率(Hz)	157	最大 250
		功率元件型号	158	/
		功率元件参数	159	IGBT(6.5 kV/800 A)
		功率元件个数	160	4
		冷却方式	161	水冷
		质量(kg)	162	59
		尺寸(长×宽×高,mm)	163	609×640×192
	冷却系统	水泵型号	164	CNE32-160
		流量(m^3/h)	165	17.2
		驱动电机功率(kW)	166	5.5
	控制策略	四象限变流器	167	瞬态电流控制策略
		牵引逆变器	168	矢量控制
		瞬时电压限制器	169	撬棒策略
交流异步牵引电动机	型号		170	1TB2822-0SF02(进口) YQ-1633(国产)
	额定功率(持续制)(kW)		171	1 633
	额定电压(持续制)(V)		172	2 750
	额定电流(持续制)(A)		173	405
	最大启动电流(A)		174	480
	功率因数		175	0.88
	额定转速(持续制)(r/min)		176	2 275
	最高转速(r/min)		177	4 065
	额定频率(Hz)		178	76.4
	额定转差率(%)		179	0.7
	额定转矩(N·m)		180	6 850
	最大转矩(N·m)		181	9 240
	额定效率(%)		182	96.2
	绝缘等级		183	200
	极数		184	4
	质量(kg)		185	2 895
	通风量(m^3/s)		186	1.5

续上表

车型名称				和谐 D_{1B}
车型代号				HXD_{1B}
机车车号				0001～0650
项目			序号	参数及说明
牵引通风机组	型号		187	THTF4.5B
	台数		188	6
	最大转速(r/min)		189	3 530
	每台风机的风量(m^3/min)		190	90
	风压(Pa)		191	2 800
	额定功率(kW)		192	13
	质量(kg)		193	145
复合冷却塔	冷却方式		194	强迫风冷
	水散热量(kW)		195	125
	油散热量(kW)		196	168
	通风量(m^3/min)		197	630
	水流量(m^3/h)		198	17.2
	油流量(m^3/h)		199	40
	质量(kg)		200	1 250(A),1 150(B)
辅助逆变器	CVCF逆变器	型号	201	SIBAC BB ST3000WL-MP
		每台机车装用台数	202	1
		额定输入电压(V)	203	3 500
		额定输入电流(A)	204	550
		额定输出电压(V)	205	440
		额定输出电流(A)	206	105
		容量(kV·A)	207	200
		频率(Hz)	208	60
		功率元件参数	209	IGBT(6.5 kV/400 A)
		冷却方式	210	水冷
		质量(kg)	211	59
	VVVF逆变器	型号	212	SIBAC BB ST3000WL-MP
		每台机车装用台数	213	1
		额定输入电压(V)	214	3 500
		额定输入电流(A)	215	550
		额定输出电压(V)	216	80～440
		额定输出电流(A)	217	105
		容量(kV·A)	218	200
		频率(Hz)	219	10～60
		功率元件参数	220	IGBT(6.5 kV/400 A)
		冷却方式	221	水冷
		质量(kg)	222	59

续上表

车型名称				和谐 D_{1B}
车型代号				HXD_{1B}
机车车号				0001～0650
项目			序号	参数及说明
蓄电池充电机	型号		223	TGY02 型电源柜
	输入电压		224	3AC 440×(1±5%)V/60 Hz,3AC 380 V/50 Hz
	输出电压		224	DC 115.2×(1±1%)V,DC 108.0×(1±1%),DC 24×(1±0.5)V
	输出电流(A)		226	5×30,2×21
	输出容量(kV·A)		227	5×3.2
	质量(kg)		228	350
微机网络控制系统	列车网标准		229	IEC 61375-1
	车辆网标准		230	IEC 61375-1
	列车网传输速率(Mb/s)		231	1
	车辆网传输速率(Mb/s)		232	1.5
	机车控制功能	牵引特性控制	233	力矩控制
		再生制动特性控制	234	力矩控制
		其他控制功能	235	油温、水温保护等
	保护功能	网压保护限值(kV)	236	17.5～31
		网流保护限值	237	原边电流>550 A_{rms}
		中间电压限值	238	TCU 实时保护
		防空转/滑行策略	239	TCU 黏着利用率控制
		最高速度限值(km/h)	240	132
风源系统	主空气压缩机组	型号	241	SL20-5-103(克诺尔)
		压缩空气出口压力(kPa)	242	1 000
		压缩空气出口温度(℃)	243	环境温度(+10～+15)
		排气量(m^3/min)	244	2.4
		冷却方式	245	风冷
		润滑油牌号	246	Anderol 3057M
		润滑油储量(dm^3)	247	5.6～6.2
		润滑油压力(kPa)	248	1 000
		电机型号	249	KB-S20/75N
		电机转速(r/min)	250	3 600
		额定功率(kW)	251	21.5
		额定电压(V)	252	440
		额定电流(A)	253	$33.8\times(1^{+20\%}_{-10\%})$
		机组质量(kg)	254	275

续上表

车型名称				和谐 D_{1B}
车型代号				HXD_{1B}
机车车号				0001～0650
项目			序号	参数及说明
风源系统	辅空气压缩机组	型号	255	DWTZ-70
		额定排气量(m^3/min)	256	≥0.07
		额定排气压力(kPa)	257	600
		电动机型号	258	130SZD
		额定工作电压(V)	259	110
		额定工作电流(A)	260	8
		额定功率(kW)	261	0.88
		额定转速(r/min)	262	1 500
	空气干燥器	型号	263	WABTEC653360-0012
		形式	264	双塔再生式
		处理空气量(m^3/min)	265	6.2
		工作压力(kPa)	266	≤1 030
		整机质量(kg)	267	123
	风源系统部件	压力控制器(调压器)型号	268	/
		压力控制范围(kPa)	269	750±20～900±20
		总风缸空气压力范围(kPa)	270	750±20～900±20
		各总风缸总容量(dm^3)	271	第一总风缸:1000(2×500),第二总风缸:600 (2×300)
	调压阀调压范围(kPa)		272	750±20～900±20
制动机	制动机型号		273	CCBⅡ
	自动制动阀		274	EBV(D39)
	单独制动阀		275	EBV(D39)
	分配阀型号,数量		276	—
	中继阀(双阀口式)		277	—
	紧急阀		278	NB11(D41),KM-2(N97)
	电动放风阀		279	—
	紧急电空阀(110 V)		280	—
	电空转换阀		281	—
蓄电池组	型号		282	DLM-170
	容量(A·h)		283	170
	装用数量(只)		284	48
	总标称电压(V)		285	96

注:“—”表示无此设备;“/”表示数据空缺。

十一、HXD$_{1C}$ 型电力机车技术简介

1. 概　　述

HXD$_{1C}$ 型电力机车是功率为 7 200 kW、六轴交流传动货运电力机车，是株机公司根据与原铁道部签署的机车车辆新产品新技术研究——HXD$_{1C}$ 六轴货运电力机车相关技术研究(合同编号：2009J006-A)科技研究开发计划课题合同，以株机公司交流传动电力机车设计平台为基础，按照先进、成熟、经济、适用、可靠的原则和模块化、标准化、系列化的要求，在引进消化吸收国外先进技术的基础上进行自主创新和集成设计的成果。该型机车采用 C_0—C_0 轴式，持续功率为 7 200 kW，25 t 轴重时启动牵引力为 570 kN，23 t 轴重时启动牵引力为 520 kN，25 t 轴重时最大再生制动力 400 kN，23 t 轴重时最大再生制动力 370 kN，最高试验速度 132 km/h，最高运行速度 120 km/h。

株机公司在该型机车的设计制造上，掌握了机车总成、车体、转向架、牵引变压器、牵引变流器、网络控制系统、牵引电机、驱动装置、制动系统等九大关键技术，以及受电弓、真空主断路器、高压(电压/电流)互感器、司机控制器、牵引电机通风机、空压机、机车空调、复合冷却塔、车钩缓冲器、车载卫生装置十项主要配套技术，打破国外跨国公司对重载货运电力机车核心技术的垄断，结束了长期以来国内交流传动大功率电力机车电气系统核心技术完全依靠进口的局面。该型机车是我国铁路新一代干线主型电力机车，首批 HXD$_{1C}$ 型机车于 2009 年投产，截至 2016 年底共计生产 1 316 台，其中株机公司生产 801 台(车号为 0001～0801)；资电公司生产 425 台(车号为 6001～6425)；由戚机公司生产 10 台(车号为 8001～8010)。目前机车分别配属南昌、广州、南宁、成都、兰州、乌鲁木齐铁路局和青藏公司等所属机务段担当干线货运牵引任务。戚机公司 2014 年取得该车生产资质。2014 年中国铁路总公司向株机公司采购 80 台高原适应改造 HXD$_{1C}$ 型机车(车号为 3001～3080)，配属青藏公司使用[有关高原适应改造 HXD$_{1C}$ 型机车详见本书“十二、HXD$_{1C}$ 型(高原)电力机车技术简介”]。HXD$_{1C}$ 型电力机车外形如图 1-11-1 所示。

图 1-11-1　HXD$_{1C}$ 型电力机车外形图

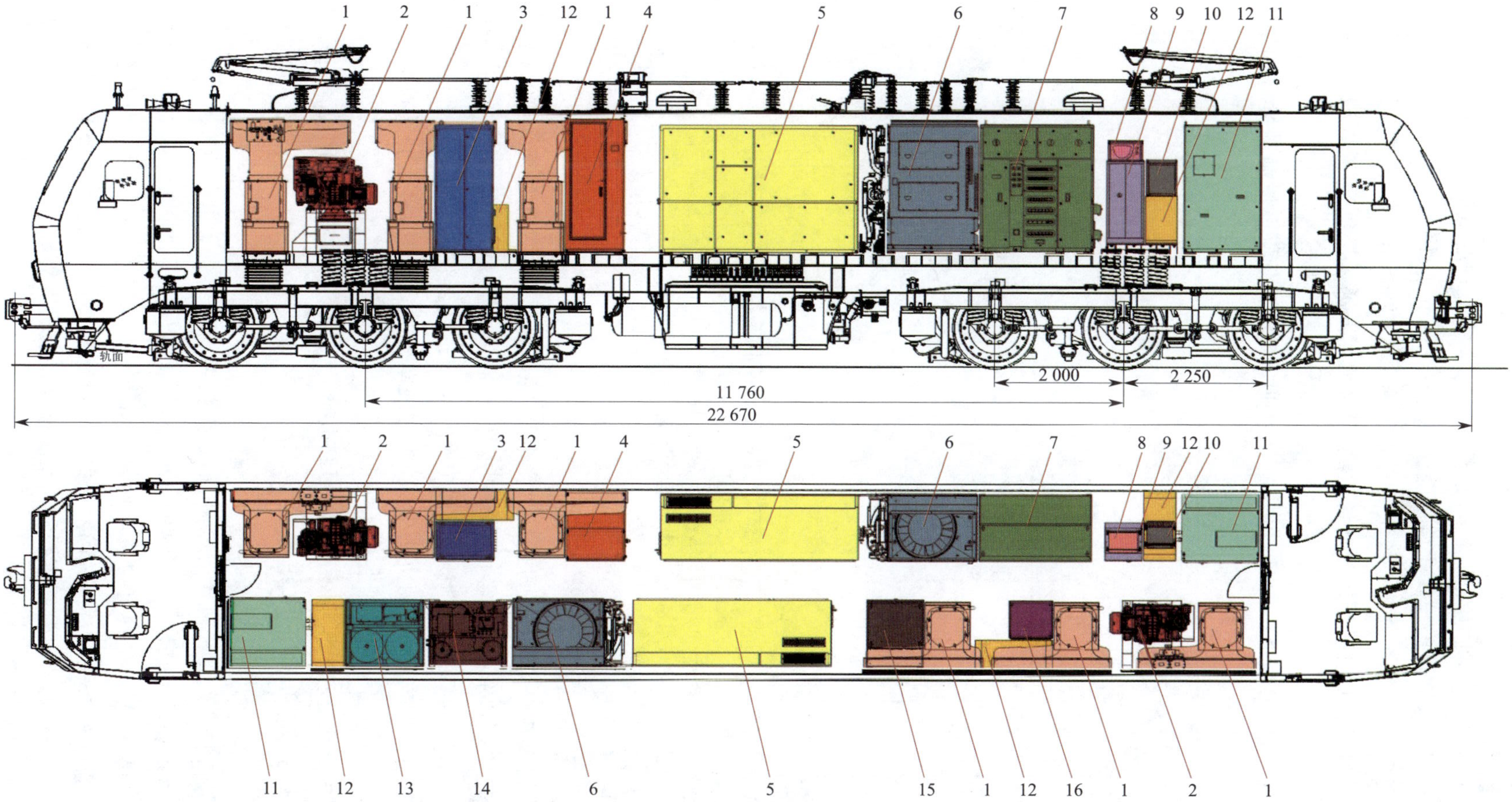

图 1-11-2　HXD1C 型电力机车设备布置图

1—牵引通风机；2—主压缩机和干燥器；3—第三方设备柜；4—卫生间；5—牵引变流柜；6—冷却塔；7—低压电器柜；8—微波炉；9—工具柜；10—冷藏箱；11—辅助变流器柜；12—压车铁；13—风源柜；14—空气制动柜；15—蓄电池柜；16—控制电源柜。

2. 机车总体

HXD1C 型电力机车是双司机室六轴机车，其机械间为贯穿中间走廊结构，机械间设备采用了斜对称布置的原则以及先进的模块化结构设计。机车设备布置如图 1-11-2 所示。

机车采用独立通风系统，整车通风系统主要有六种通风支路：牵引电机通风支路、冷却塔通风支路、辅助变流器柜通风支路、压缩机通风散热支路、机械间通风散热支路、司机室空调通风支路。

HXD1C 型电力机车采用恒牵引力、准恒速特性控制方式，牵引和再生制动特性曲线如图 1-11-3 所示。

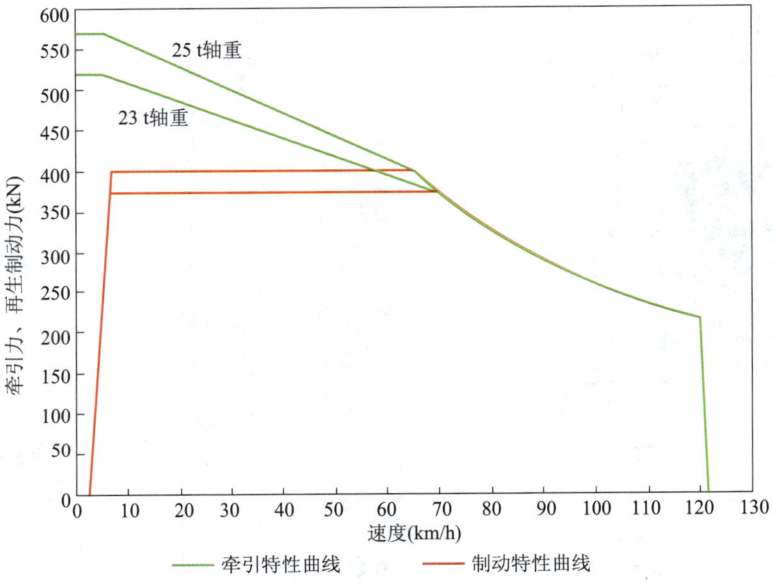

图 1-11-3 HXD1C 型电力机车牵引和再生制动特性曲线图

3. 牵引电传动系统

(1)牵引电路

HXD1C 型电力机车牵引变压器的原边通过受电弓、主断路器得电。牵引变压器次边六个独立的牵引绕组分别向两台牵引变流器的六个四象限变流器供电，每台牵引变流器的三个四象限变流器通过隔离开关并联后向三个电压型 PWM 牵引逆变器供电。每个牵引逆变器由 TCU 单独控制，向一台异步牵引电动机供电，从而实现单轴独立控制，再生制动过程相反。HXD1C 型电力机车牵引电路原理如图 1-11-4 所示。

牵引电路按其主要功能和电压等级可分为网侧电路、四象限变流电路、中间直流电路、脉宽调制逆变电路、保护电路和库内动车电路等几部分。

(2)网侧电路

每台 HXD1C 型电力机车装有两台受电弓，通过支持绝缘子安装于电力机车车顶。该型受电弓是一种采用气囊驱动方式升弓的单臂式受电弓，配备阻尼器和 ADD 自动降弓装置。

网侧电路为 25 kV 电路。每台电力机车网侧电路由两台受电弓、两台车顶高压隔离开关、一台带接地开关的主断路器、一台避雷器、一台高压电压互感器、一台原边电流互感器、牵引变压器的原边绕组、一台回流电流互感器和六个轴端接地装置等组成，从功能上可以分为网侧受流、网侧检测和网侧保护等。

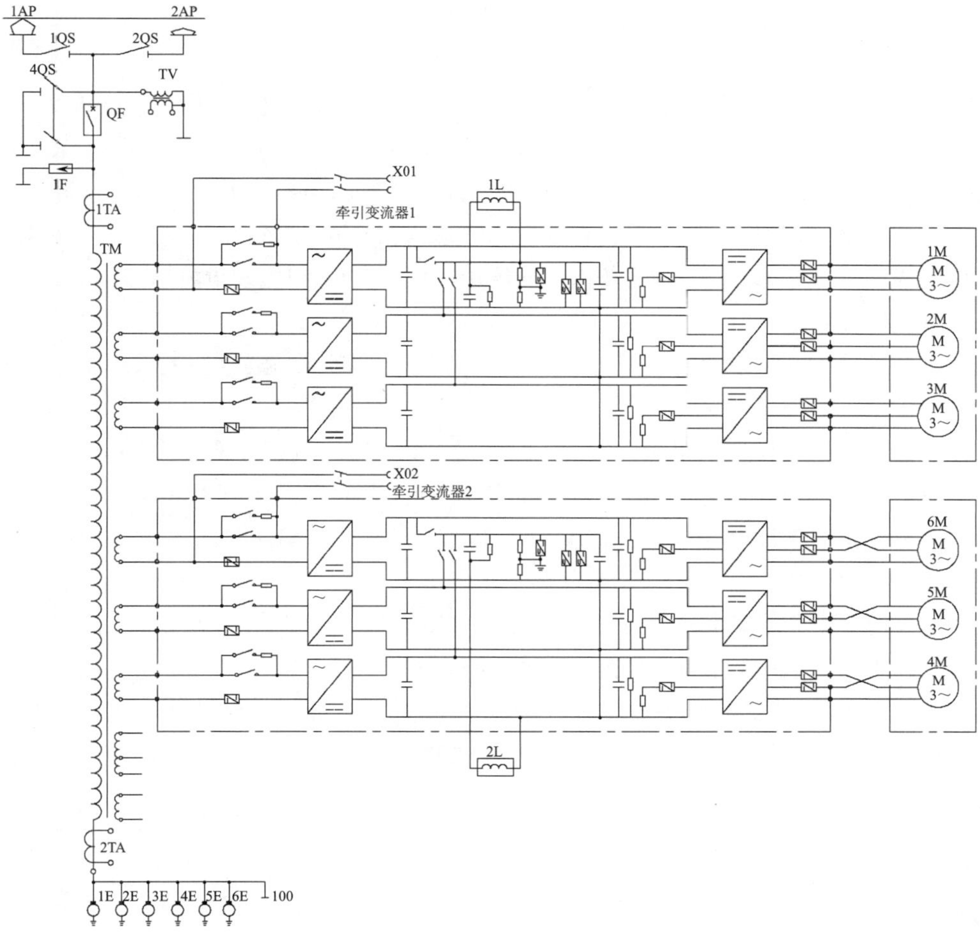

图 1-11-4　HXD$_{1C}$ 型电力机车牵引电路原理图

1AP、2AP—受电弓 1,2;1QS、2QS—隔离开关;4QS—接地开关;QF—主断路器;1F—避雷器;TV—高压电压互感器;
1TA、2TA—高压电流互感器;TM—牵引变压器;1E～6E—接地回流装置;1L、2L—二次谐振电抗器;
1M～6M—牵引电机 1～6;X01、X02—库用电源插座 1,2。

(3)牵引变压器

HXD$_{1C}$ 型电力机车采用 TBQ35-8900/25 型牵引变压器。牵引变压器为芯式单相变压器,卧式结构,采用车体下悬挂安装方式。变压器油箱内设置了一个牵引变压器和两个谐振滤波电抗器,采用双循环油路进行冷却,实现了一体化安装。

牵引变压器原边绕组接系统高电压,为高压绕组,六个次边绕组给机车牵引电传动系统供电,两个辅助绕组分别给 440 V 和 220 V 辅助系统供电。

(4)牵引变流器

HXD$_{1C}$ 型电力机车采用两台牵引变流器,每台牵引变流器包含三个四象限变流器和三个变压变频牵引逆变器。每个四象限变流器通过预充电单元和线路接触器与牵引变压器的次边绕组连接,将次边绕组单相交流电转变为恒定的直流电供给中间直流电路。中间直流电路包含有中间支撑电容,二次谐振电路,接地检测电路。通过牵引逆变器将中间直流电路中的电能转换为频率、电压可调的三相交流电,提供给三相异步牵引电机。

牵引变流器作为一台完整的组装设备,安装在机械间内。牵引传动控制单元位于牵引变流器柜内部，操作性和指示性元件置于司机室内。

（5）牵引电机

HXD_{1C} 型电力机车采用 JD160A 型异步牵引电机，其结构主要由定子、转子、端盖、轴承、测速装置和主动齿轮等部分组成。定子主要有定子铁芯、定子绕组等，转子由转子铁芯、导条、端环和转轴等组成。端盖用于支撑转子和实现电机内部与外部的隔离。电机采用强迫通风冷却，其滚动轴承采用油润滑或脂润滑，并采用有效措施防止轴承电蚀，轴承密封采用非接触的迷宫式结构。测速装置用于测量电机转速，将转速信号传送给控制系统，以实现电机转速调节。

4. 辅助电气系统

HXD_{1C} 型电力机车辅助电气系统按每个辅助机组/辅助设施的使用要求，分成下面四个负载组：

（1）辅助逆变器变压变频供电支路，负载有六个牵引通风机组和两个冷却塔通风机组；

（2）辅助逆变器恒压恒频供电支路，负载有压缩机、水泵、油泵、空调等；

（3）牵引变压器辅助绕组供电 220 V/50 Hz 支路，负载有蓄电池充电机、电炉、前窗玻璃加热器、撒砂加热器等；

（4）蓄电池充电机直流负载供电支路，DC 110 V 负载包括蓄电池、照明灯、辅助压缩机、冷藏箱等，DC 24 V 负载包括仪表灯、记点灯、辅照灯、标志灯等。

3AC 440 V 辅助电路由两台辅助变流器和 3AC 440 V 负载系统组成，两台辅助变流器分别从牵引变压器的两个辅助绕组取电，辅助绕组的电压为单相 470 V/50 Hz。

辅助电气系统原理分别如图 1-11-5、图 1-11-6 所示。

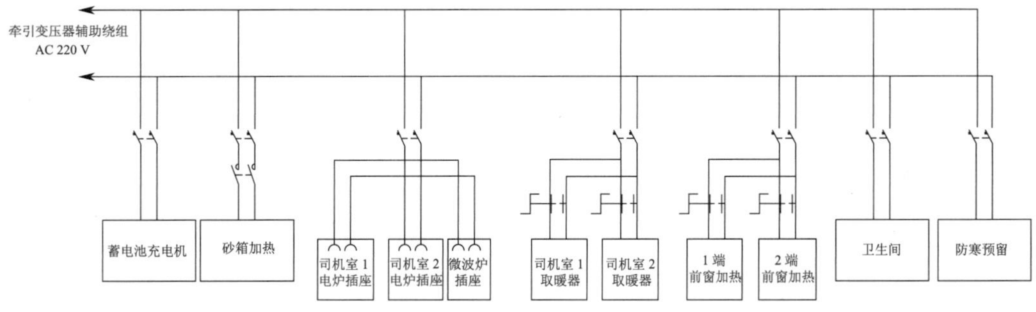

图 1-11-5　HXD_{1C} 机车 220 V 辅助负载电路原理图

5. 微机网络控制系统

HXD_{1C} 型电力机车微机网络控制系统以符合 TCN 列车通信网络标准的分布式列车控制系统（DTECS-1）平台为基础，实现机车的通信、控制、诊断、保护和信息监视等主要功能。

机车微机网络控制系统由车辆控制模块 VCM、绞线式列车总线 WTB/多功能车辆总线 MVB，网关模块 GWM、事件记录模块 ERM、数字量输入/输出模块 DXM、数字量输入模块 DIM、模拟量输入/输出模块 AXM、智能显示单元 IDU 等组成，通过 MVB 总线与牵引控制单元 TCU、辅助控制单元 ACU、制动控制单元 BCU 等进行控制与状态信息的传递。网络控制系统结构如图 1-11-7 所示。

HXD_{1C} 型电力机车微机网络控制系统主要功能包括：

（1）车载控制功能：牵引/制动特性计算、牵引制动力分配控制、顺序控制功能、机车逻辑控制、高压电路控制、辅助系统控制、空电联合控制、重联运行控制、过分相控制、辅机测试控制、库内动车控制、轴重转移补偿控制、定速控制、无人警惕控制、冗余控制功能等。

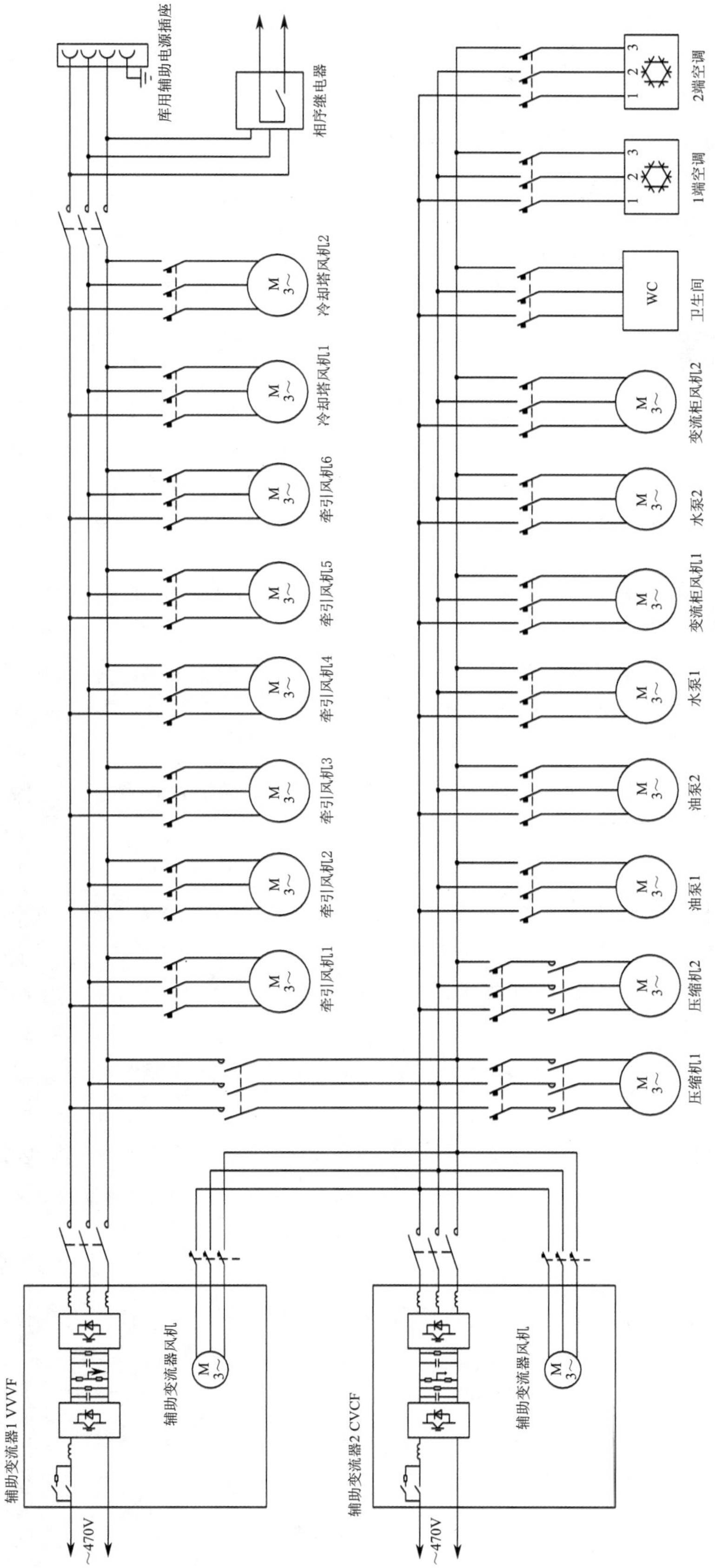

图 1-11-6　HXD1C 电力机车 440 V 辅助负载电路原理图

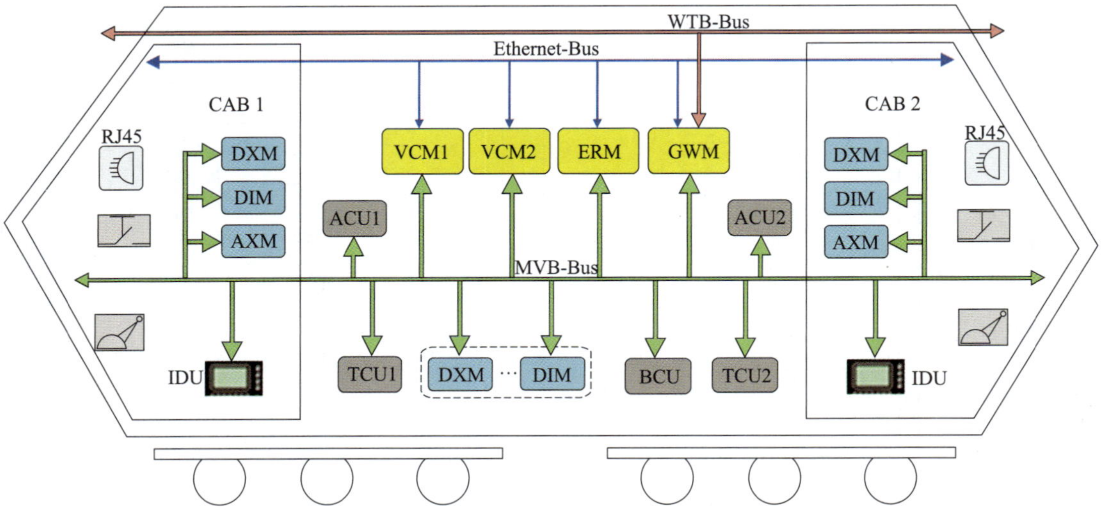

图 1-11-7 HXD1C 型电力机车网络控制系统拓扑图

Ethernet-Bus—以太网；RJ45—以太网调试插座；CAB1、2—司机室 1、2；DXM—数字量输入输出模块；DIM—数字量输入模块；AXM—模拟量输入输出模块；IDU—智能显示单元；WTB-Bus—绞线式列车总线；VCM1、2—车辆控制模块；ERM—事件记录模块；GWM—网关模块；ACU1、2—辅助控制单元；MVB-Bus—多功能车辆总线；TCU1、2—牵引传动控制单元；BCU—制动控制单元

(2)故障和状态诊断功能：微机网络控制系统具有自诊断功能，自诊断信息可在司机显示器上进行显示。网络控制系统记录的故障数据可以上传到地面维修和服务系统中，供长期储存和深入的地面分析。

(3)机车保护功能：机车网络控制系统具有列车级保护、车辆级保护和部件级保护。

(4)智能监视功能：在司机室显示屏上实时显示机车运行时的状态、故障等信息。

6. 车　　体

HXD1C 型电力机车车体包括车体承载钢结构和车体附属部件两大部分。车体承载钢结构采用整体承载结构，主要由底架、司机室、侧墙等组焊成一个整体的双司机室框架式全钢焊接结构，材料为 16MnDR 和 Q345B；车体附属部件主要包括顶盖、排障器、牵引缓冲装置、超载保护装置、机车门窗、内装饰等。

车钩采用内燃、电力机车 E 级钢车钩，缓冲器为 QKX100 弹性胶泥缓冲器。

7. 转 向 架

HXD1C 型电力机车走行部为两台 C_0 转向架，前后转向架可以互换通用，满足(23+2)t 轴重电力机车的运用要求。转向架主要由构架、轮对、轴箱、一系二系悬挂装置、牵引装置、牵引电机悬挂装置、驱动装置、基础制动装置、轮缘润滑装置和附属装置等组成。转向架采用标准化、模块化设计，符合可靠性、可用性、可维护性与安全性(RAMS)的规定。驱动系统采用牵引电机抱轴悬挂驱动；构架由两根侧梁、两根横梁和两根端梁焊接而成，梁体均为焊接箱形结构；一系悬挂采用螺旋钢弹簧配以垂向油压减振器，轴箱拉杆采用单拉杆；二系悬挂采用高挠螺旋钢弹簧配以垂向油压减振器，横向减振器设置在构架两端，同时起到抗蛇行作用；牵引装置采用低位推挽式牵引装置；基础制动采用轮盘制动；转向架空气管路采用不锈钢管路；轮缘润滑采用干式(润滑棒)润滑装置；采用具有加热烘干性能的砂箱结构等。

8. 制动系统

HXD1C 型电力机车空气管路与制动系统主要由风源系统、制动机系统和其他气动辅助装置组成。HXD$_{1C}$ 型电力机车风源系统分为两个相对独立的部分：一部分为主空气压缩机、主空气干燥器、主风缸等组成的主风源系统；另一部分为辅助压缩机、油过滤器、升弓控制模块、升弓控制风缸及连接管路等组成的辅助风源系统。

每台机车设置两台 TSA-230ADVI 或 BT-2.4/10AD 或 SL20-5-103 型螺杆空气压缩机，公称容积流量 2.4 m^3/min；采用两台 TAD-2.8-HB 型主干燥器，其最大空气处理量为 3.0 m^3/min。总风缸由第一总风缸和第二总风缸串联组成，第一总风缸的容积为 1 000 dm^3，由两个容积为 500 dm^3 的风缸组成；第二总风缸由两个容积为 300 dm^3 的风缸组成。第一总风缸横向安装在车体纵向中心的两侧，第二总风缸垂直布置在机械间的风源柜内，每个风缸均设置排水阀，排水阀位于总风缸安装底部，使用中应定期打开总风缸排水阀，检查和排除总风缸积水。

机车辅助气动控制装置是用来改善机车运行条件，确保行车安全，并设有撒砂、风喇叭、升弓控制等辅助气动系统。

机车的制动机系统采用德国克诺尔公司的 CCBⅡ制动机、法国法维莱制动机以及株机公司自主研发的 DK-2 型制动机系统。

基础制动采用轮盘制动方式。HXD$_{1C}$ 型机车闸片材料为合成闸片；制动盘材质采用整体铸铁盘；制动盘形式为整体夹钳式。

9. 技术参数表

HXD$_{1C}$ 型电力机车技术参数见表 1-11-1。

表 1-11-1　HXD$_{1C}$ 型电力机车技术参数表

车型名称		和谐 D$_{1C}$
车型代号		HXD$_{1C}$
机车车号		0001～0801(株机公司) 6001～6425(资电公司) 3001～3080(株机公司)高原型 8001～8010(戚机公司)
项目	序号	参数及说明
用途	1	铁路干线货运
制造年代	2	2009—2016 年
制造厂名	3	中车株洲电力机车有限公司 资阳中车电力机车有限责任公司 中车戚墅堰机车有限公司
轨距(mm)	4	1 435
车体　车底架长(mm)	5	21 885
车体　车体宽(mm)	6	3 100
车体　高(轨面至受电弓座平面)(mm)	7	4 050
司机室个数	8	2
机车前后车钩中心距(mm)	9	22 670
车钩型号，形式	10	内燃、电力机车 E 级钢车钩(100 型)，下作用式
缓冲器型号	11	QKX100
轴式	12	$C_0—C_0$
车钩中心线距轨面高度(mm)	13	880±10
转向架中心距(mm)	14	11 760

续上表

车型名称			和谐 D_{1C}
车型代号			HXD_{1C}
机车车号			0001～0801(株机公司) 6001～6425(资电公司) 3001～3080(株机公司)高原型 8001～8010(戚机公司)
项目		序号	参数及说明
全轴距(mm)		15	16 260
动轮直径(新轮)(mm)		16	1 250
动轮直径(轮箍半磨耗)(mm)		17	1 200
落弓后滑板顶面距轨面高度(mm)		18	≤4 780
受电弓滑板距轨面工作高度(mm)		19	5 200～6 500
机车整备质量(t)		20	138(23 t)/150(25 t)
轴重(t)		21	23,25
通过最小曲线半径(m)		22	125
供电电流制		23	AC 25 kV/50 Hz
额定电压(kV)		24	25
最高电压(kV)		25	31
最低电压(kV)		26	17.5
电传动方式		27	交—直—交
持续功率(kW)		28	7 200
持续速度(km/h)		29	70,65
持续牵引力(kN)		30	370(23 t),400(25 t)
最高运用速度(km/h)		31	120
恒功率速度范围(km/h)		32	70～120,65～120
最大启动牵引力(kN)		33	520(23 t),570(25 t)
最大再生制动力(kN)		34	370(23 t),400(25 t)
功率因数		35	≥0.98
等效干扰电流 J_p(A)		36	≤2.5
电网电流畸变率(%)		37	/
机车总效率		38	≥0.85
紧急制动距离(m)(初速度 120 km/h)		39	≤1 000(23 t),≤1 100(25 t)
库内动车电源制式		40	DC 600 V
转向架	构架外形尺寸(mm)	41	6 940×2 680×1 210
	两侧梁横向中心距(mm)	42	2 110
	转向架各轴间距(mm)	43	2 250+2 000
	转向架固定轴距(mm)	44	4 250
	同一轴两轴箱中心距(mm)	45	2 110
	轮对质量(kg)	46	2 120

续上表

车型名称				和谐 D_{1C}		
车型代号				HXD_{1C}		
机车车号				0001～0801(株机公司) 6001～6425(资电公司) 3001～3080(株机公司)高原型 8001～8010(戚机公司)		
项目			序号	参数及说明		
转向架	一系悬挂装置	一系悬挂静挠度/mm	47	35.4		
		垂向油压减振器型号,数量	48	97A 1378、T70/28×73APV、J1C50-94-01,4/转向架		
		垂向油压减振器阻尼系数	49	5.1 kN(0.1 m/s),10 kN(0.3 m/s)		
	二系悬挂装置	二系悬挂静挠度(mm)	50	105.3		
		垂向油压减振器型号,数量	51	04V-1789 001、T70/28×230SV、J2C60-54-00,2/转向架		
		垂向油压减振器阻尼系数	52	12 kN(0.1 m/s),22 kN(0.3 m/s)		
		横向油压减振器型号,数量	53	02H-2119、T70/28×510H、J2H60-55-00,2/架转向架		
		横向油压减振器阻尼系数	54	6.0 kN(0.05 m/s);8.0 kN(0.1 m/s);11.4 kN(0.2 m/s);14.4 kN(0.3 m/s)		
		抗蛇行减振器型号,数量	55	—		
		抗蛇行减振器阻尼系数	56	—		
	牵引力传递方式		57	低位推挽式牵引		
	牵引点高度(mm)		58	0		
	牵引电动机悬挂方式		59	抱轴悬挂		
	齿轮传动比		60	6.235		
	砂箱容量(m^3)		61	4×0.1		
	转向架质量(t)		62	约 30		
基础制动装置	基础制动方式		63	轮盘制动		
	每台转向架制动器组数		64	6		
	制动缸直径(mm)		65	203.2(克诺尔)	254(法维莱)	203.2(DK-2)
	制动倍率		66	2.65(克诺尔)	1.6(法维莱)	2.65(DK-2)
	传动效率(%)		67	≥85%(紧急制动时)		
	闸片与盘的恒定间隙(mm)		68	单侧 1～2		
	制动缸最大空气压力(kPa)		69	450		
	闸片、制动盘形式		70	整体夹钳式		
	闸片、制动盘材质		71	合成闸片,铸铁制动盘		
	每个夹钳上的闸片(或轮盘)压力(kN)		72	39.5(紧急制动时)		
	停放制动	停放制动方式	73	弹簧蓄能		
		制动器数量	74	4		
		闸片压力(kN)	75	25(克诺尔)	25(DK-2)	18(法维莱)
		停放制动器质量(kg)	76	110.5	142	147
	制动单元质量(kg)		77	82.5	113	105.8

续上表

车型名称				和谐 D_{1C}
车型代号				HXD_{1C}
机车车号				0001～0801(株机公司) 6001～6425(资电公司) 3001～3080(株机公司)高原型 8001～8010(戚机公司)
项目			序号	参数及说明
受电弓	型号		78	TSG15B
	额定工作电压(kV)		79	25
	额定工作电流(A)		80	1 000
	运行最高速度(km/h)		81	200
	工作高度(mm)		82	220～2 250
	最大升弓高度(mm)		83	2 400
	落弓位高度(mm)		84	695
	升弓时间(s)		85	6～10
	降弓时间(s)		86	≤6
	传动风缸工作空气压力(kPa)		87	400～1 000
	总质量(kg)		88	≤110(不包括绝缘子)
主断路器	型号		89	BVAC. N99D
	额定电压(kV)		90	30
	额定电流(A)		91	1 000
	额定分断电流(kA)		92	20
	额定分断容量(MV·A)		93	600
	固有分闸时间(ms)		94	20～60
	额定工作气压(kPa)		95	450～1 000
	质量(kg)		96	140
牵引变压器	型号,形式		97	TBQ35-8900/25
	各绕组额定容量(kV·A)	网侧高压绕组	98	8 900
		牵引绕组	99	6×1 383
		辅助1绕组	100	2×300
		辅助2绕组	101	30
		供电绕组	102	/
	各绕组额定电压(V)	网侧高压绕组	103	25 000
		牵引绕组	104	970
		辅助1绕组	105	470
		辅助2绕组	106	220
		供电绕组	107	/
	各绕组额定电流(A)	网侧高压绕组	108	356
		牵引绕组	109	1 426

续上表

车型名称				和谐 D_{1C}
车型代号				HXD_{1C}
机车车号				0001～0801(株机公司) 6001～6425(资电公司) 3001～3080(株机公司)高原型 8001～8010(戚机公司)
项目			序号	参数及说明
牵引变压器	各绕组额定电流(A)	辅助1绕组	110	638
		辅助2绕组	111	136
		供电绕组	112	/
	短路阻抗		113	33%±10%
	绝缘等级		114	A
	冷却方式		115	强迫导向油循环风冷(ODAF)
	冷却油牌号		116	45
	冷却油流量(m^3/h)		117	2×45
	油泵型号		118	4B45-16/4.5 V
	效率(%)		119	96
	总质量(kg)		120	11 400
谐振电抗器	每节机车台数		121	2
	额定电流(A)		122	1 620
	额定电压(V)		123	275
	电感值(mH)		124	0.27
牵引变流器	型号		125	TGA9
	电路结构形式		126	电压型、两电平
	额定功率(kW)		127	3 600
	额定输入电压(交流)(V)		128	970
	额定输入电流(交流)(A)		129	3×1 390
	中间电路电压(V)		130	1 800
	二次谐振电容值(mF)		131	9.39
	支撑电容值(mF)		132	25.8
	额定输出电压(V)		133	1 404
	额定输出电流(A)		134	598
	四象限变流器开关频率(Hz)		135	450
	牵引逆变器最大开关频率(Hz)		136	500
	牵引逆变器输出频率范围(Hz)		137	0～130
	冷却方式		138	水冷
	效率(%)		139	97.50
	质量(t)		140	2.5
	外形尺寸(长×宽×高,mm)		141	3 100×1 060×2 000

续上表

<table>
<tr><td colspan="4">车　型　名　称</td><td>和谐D_{1C}</td></tr>
<tr><td colspan="4">车　型　代　号</td><td>HXD_{1C}</td></tr>
<tr><td colspan="4">机　车　车　号</td><td>0001～0801(株机公司)
6001～6425(资电公司)
3001～3080(株机公司)高原型
8001～8010(戚机公司)</td></tr>
<tr><td colspan="3">项　目</td><td>序号</td><td>参数及说明</td></tr>
<tr><td rowspan="26">牵引变流器</td><td colspan="2">每台机车牵引变流器台数</td><td>142</td><td>2</td></tr>
<tr><td rowspan="12">四象限变流器功率模块</td><td>型号</td><td>143</td><td>IBBM120S2</td></tr>
<tr><td>电路形式</td><td>144</td><td>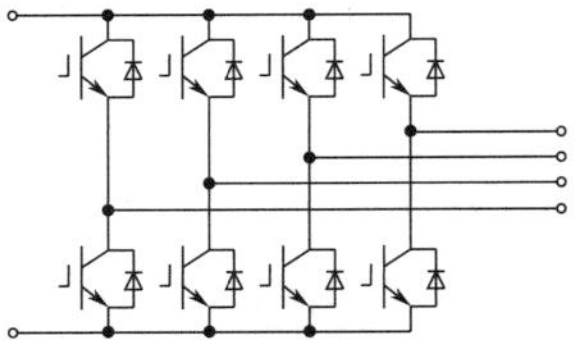</td></tr>
<tr><td>四象限变流器构成形式</td><td>145</td><td>每个四象限变流器由一个功率模块构成</td></tr>
<tr><td>电压(V)</td><td>146</td><td>970</td></tr>
<tr><td>电流(A)</td><td>147</td><td>1 390</td></tr>
<tr><td>开关频率(Hz)</td><td>148</td><td>450</td></tr>
<tr><td>功率元件型号</td><td>149</td><td>FZ1200R33KF2C</td></tr>
<tr><td>功率元件参数</td><td>150</td><td>IGBT(3 300 V/1 200 A)</td></tr>
<tr><td>功率元件个数</td><td>151</td><td>8</td></tr>
<tr><td>冷却方式</td><td>152</td><td>水冷</td></tr>
<tr><td>质量(kg)</td><td>153</td><td>95</td></tr>
<tr><td>尺寸(长×宽×高,mm)</td><td>154</td><td>670×407×470</td></tr>
<tr><td rowspan="12">牵引逆变器功率模块</td><td>型号</td><td>155</td><td>IBBM120S2</td></tr>
<tr><td>电路形式</td><td>156</td><td>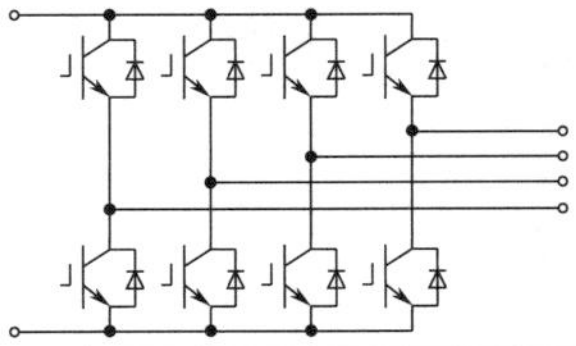</td></tr>
<tr><td>牵引逆变器构成形式</td><td>157</td><td>每个牵引逆变器由一个功率模块构成,其中一相作为瞬时电压限制器</td></tr>
<tr><td>电压(V)</td><td>158</td><td>1 404</td></tr>
<tr><td>电流(A)</td><td>159</td><td>598</td></tr>
<tr><td>开关频率</td><td>160</td><td>500</td></tr>
<tr><td>功率元件型号</td><td>161</td><td>FZ1200R33KF2C</td></tr>
<tr><td>功率元件参数</td><td>162</td><td>IGBT(3 300 V/1 200 A)</td></tr>
<tr><td>功率元件个数</td><td>163</td><td>8</td></tr>
<tr><td>冷却方式</td><td>164</td><td>水冷</td></tr>
<tr><td>质量(kg)</td><td>165</td><td>95</td></tr>
<tr><td>尺寸(长×宽×高,mm)</td><td>166</td><td>670×407×470</td></tr>
</table>

续上表

车型名称				和谐 D_{1C}
车型代号				HXD_{1C}
机车车号				0001～0801(株机公司) 6001～6425(资电公司) 3001～3080(株机公司)高原型 8001～8010(戚机公司)
项目			序号	参数及说明
牵引变流器	冷却系统	水泵型号	167	F20-3215A4-0305S1-AV
		流量(m^3/h)	168	17.2
		驱动电机功率(kW)	169	5.5
	控制策略	四象限变流器	170	两电平,四象限控制
		牵引逆变器	171	直接转矩控制
		瞬时电压限制器	172	过压触发斩波
交流异步牵引电动机	型号		173	JD160A
	额定功率(持续制)(kW)		174	1 225
	额定电压(持续制)(V)		175	1 375
	额定电流(持续制)(A)		176	598
	最大启动电流(A)		177	814
	功率因数		178	0.89
	额定转速(持续制)(r/min)		179	1 720
	最高转速(r/min)		180	3 450
	额定频率(Hz)		181	58.1
	额定转差率(%)		182	1.3
	额定转矩(N·m)		183	6 796
	最大转矩(N·m)		184	9 717
	额定效率(%)		185	≥94.5
	绝缘等级		186	200
	极数		187	4
	质量(kg)		188	2 580
	通风量(m^3/s)		189	1.4
牵引通风机组	型号		190	THTF4.5
	台数		191	6
	最大转速(r/min)		192	3 530
	每台风机的风量(m^3/min)		193	84
	风压(Pa)		194	3 800
	额定功率(kW)		195	13
	质量(kg)		196	190

续上表

车型名称				和谐 D$_{1C}$
车型代号				HXD$_{1C}$
机车车号				0001～0801(株机公司) 6001～6425(资电公司) 3001～3080(株机公司)高原型 8001～8010(戚机公司)
项目			序号	参数及说明
复合冷却塔	冷却方式		197	强迫风冷
	水散热量(kW)		198	80
	油散热量(kW)		199	168
	通风量(m^3/min)		200	630
	水流量(m^3/h)		201	17.2
	油流量(m^3/h)		202	40
	质量(kg)		203	1 250(A),1 350(B)
辅助逆变器	CVCF逆变器	型号	204	TGF54
		每台机车装用台数	205	1
		额定输入电压(V)	206	470
		额定输入电流(A)	207	472
		额定输出电压(V)	208	440
		额定输出电流(A)	209	253
		容量(kV·A)	210	248
		频率(Hz)	211	60
		功率元件参数	212	IGBT(1 700 V/800 A)
		冷却方式	213	强迫风冷
		质量(kg)	214	1 300
	VVVF逆变器	型号	215	TGF54
		每台机车装用台数	216	1
		额定输入电压(V)	217	470
		额定输入电流(A)	218	472
		额定输出电压(V)	219	80～440
		额定输出电流(A)	220	253
		容量(kV·A)	221	248
		频率(Hz)	222	10～60
		功率元件参数	223	IGBT(1 700 V/800 A)
		冷却方式	224	强迫风冷
		质量(kg)	225	1 300
蓄电池充电机	型号		226	TGY03 型电源柜,DZT110 V-100A 型电源柜
	输入电压(V)		227	AC 220/50 Hz
	输出电压(V)		228	DC 115.2×(1±1%),DC 108×(1±1%),DC 24×(1±2%)

续上表

车型名称				和谐 D_{1C}		
车型代号				HXD_{1C}		
机车车号				0001～0801(株机公司) 6001～6425(资电公司) 3001～3080(株机公司)高原型 8001～8010(戚机公司)		
项目			序号	参数及说明		
蓄电池充电机	输出电流(A)		229	4×22.5×(1±2%),2×12.5		
蓄电池充电机	输出容量(kV·A)		230	4×3.2		
蓄电池充电机	质量(kg)		231	225		
微机网络控制系统	列车网标准		232	IEC 61375-1		
微机网络控制系统	车辆网标准		233	IEC 61375-1		
微机网络控制系统	列车网传输速率(Mbit/s)		234	1		
微机网络控制系统	车辆网传输速率(Mbit/s)		235	1.5		
微机网络控制系统	机车控制功能	牵引特性控制	236	准恒速控制		
微机网络控制系统	机车控制功能	再生制动特性控制	237	恒力矩控制		
微机网络控制系统	机车控制功能	其他控制功能	238	自动换端、自动过分相等		
微机网络控制系统	保护功能	网压保护限值(kV)	239	17.5～31		
微机网络控制系统	保护功能	网流保护限值(A)	240	原边电流 $I>500$ A 时间大于 2.5 s,分断主断路器		
微机网络控制系统	保护功能	中间电压限值(V)	241	TCU 实时保护		
微机网络控制系统	保护功能	防空转/滑行策略	242	TCU 黏着利用率控制		
微机网络控制系统	保护功能	最高速度限值(km/h)	243	162		
风源系统	主空气压缩机组	型号	244	标顶	嘉祥	南口克诺尔
风源系统	主空气压缩机组	型号	244	BT-2.4/10AD	TSA-230ADVI	SL20-5-103
风源系统	主空气压缩机组	压缩空气出口压力(kPa)	245	1 000		
风源系统	主空气压缩机组	压缩空气出口温度(℃)	246	环境温度+15 ℃以下		
风源系统	主空气压缩机组	排气量(m^3/min)	247	2.4		
风源系统	主空气压缩机组	冷却方式	248	风冷		
风源系统	主空气压缩机组	润滑油牌号	249	Anderol 3057M		
风源系统	主空气压缩机组	润滑油储量(dm^3)	250	9	6.5	5.6～6.2
风源系统	主空气压缩机组	润滑油压力(kPa)	251	1 000		
风源系统	主空气压缩机组	电机型号	252	YBT200L-4,	FS200-2BT	KB-S20/75N
风源系统	主空气压缩机组	电机转速(r/min)	253	1 770	3 540	3 515
风源系统	主空气压缩机组	额定功率(kW)	254	24	24	21.5
风源系统	主空气压缩机组	额定电压(V)	255	440		
风源系统	主空气压缩机组	额定电流(A)	256	280	300	254
风源系统	主空气压缩机组	机组质量(kg)	257	475	400	275

续上表

车型名称				和谐D_{1C}		
车型代号				HXD_{1C}		
机车车号				0001～0801(株机公司) 6001～6425(资电公司) 3001～3080(株机公司)高原型 8001～8010(戚机公司)		
项目			序号	参数及说明		
风源系统	辅空气压缩机组	型号	258	TZK1-50	ZYT-50	
		额定排气量(m^3/min)	259	0.05		
		额定排气压力(kPa)	260	800		
		电动机型号	261	ZZD-7.5		
		额定工作电压(V)	262	110		
		额定工作电流(A)	263	5	7.5	
		额定功率(kW)	264	0.5	0.75	
		额定转速(r/min)	265	2 300	1 600	
	空气干燥器	型号	266	TAD-2.8HB		
		形式	267	无热再生		
		处理空气量(m^3/min)	268	3		
		工作压力(kPa)	269	1 000		
		整机质量(kg)	270	90		
	风源系统部件	压力控制器(调压器)型号	271	/		
		压力控制范围(kPa)	272	750±20～900±20		
		总风缸空气压力范围(kPa)	273	750±20～900±20		
		各总风缸总容量(dm^3)	274	2×500+2×300		
	调压阀调压范围(kPa)		275	750±20～900±20		
制动机	制动机型号		276	CCBⅡ(克诺尔)	Faively(法维莱)	DK-2(株机公司)
	自动制动阀		277	EBV (D39)	EBV (01.01)	TKS42B(06)
	单独制动阀		278	EBV (D39)	EBV (01.01)	TKS42B(06)
	分配阀型号,数量		279	—		
	中继阀(双阀口式)		280	—		
	紧急阀		281	NB11(D41),KM-2(N97)		
	电动放风阀		282	—		
	紧急电空阀(110 V)		283	—		
	电空转换阀		284	—		
蓄电池组	型号		285	DLM170		
	容量(A·h)		286	170		
	装用数量(只)		287	48		
	总标称电压(V)		288	96		

注:"—"表示无此设备;"/"表示数据空缺。

十二、HXD$_{1C}$型（高原）电力机车技术简介

1. 概　　述

HXD$_{1C}$型（高原）电力机车是适用于高原牵引的六轴交流传动干线货运电力机车。

2011年株机公司获得了原铁道部科技研究开发计划项目——《交流传动电力机车高原环境适应技术研究》（合同编号2011J010-A），在HXD$_{1C}$型电力机车的基础上开展了交流传动电力机车高原环境适应性技术研究。

2011年株机公司研制了两台经高原环境适应性改进的HXD$_{1C}$型（高原）电力机车（车号为3001～3002），该机车在国内外首次研制了适用于4 000 m高原海拔地区的大功率交流传动变流器、三相异步牵引电机和车载大容量牵引变压器等专项技术，攻克了高原特殊环境条件下的电力机车系统集成技术、机车网络控制和在线故障专家诊断等技术难题。机车根据《交流传动电力机车高原环境适应性委托试验大纲》（铁科技函〔2011〕1001号）和《HXD$_{1C}$（高原）型3001号和3002号高原环境适应性改进机车运用考核大纲》（科技装电〔2012〕55号），组织完成了形式试验和运用考核，并于2012年通过了原铁道部科技司会同运输局组织的技术评审会（铁科技评〔2012〕009号）。机车采用C_0—C_0轴式，额定轮周牵引和再生制动功率为7 200 kW，轴重25 t，启动牵引力为570 kN，最大制动力400 kN，最高试验速度132 km/h，最高运行速度120 km/h。

目前HXD$_{1C}$型（高原）电力机车运用于青藏铁路公司西格（西宁—格尔木）线，担当货运牵引任务。机车于2011年投产，截至2016年底，已累计生产80台。机车外形如图1-12-1所示。

图1-12-1　HXD$_{1C}$型（高原）电力机车外形图

2. 机车总体

HXD$_{1C}$型（高原）电力机车是双司机室六轴机车，其机械间为贯穿中间走廊结构，机械间设备采用了斜对称布置的原则以及模块化结构设计。机车设备布置如图1-12-2所示。

十二

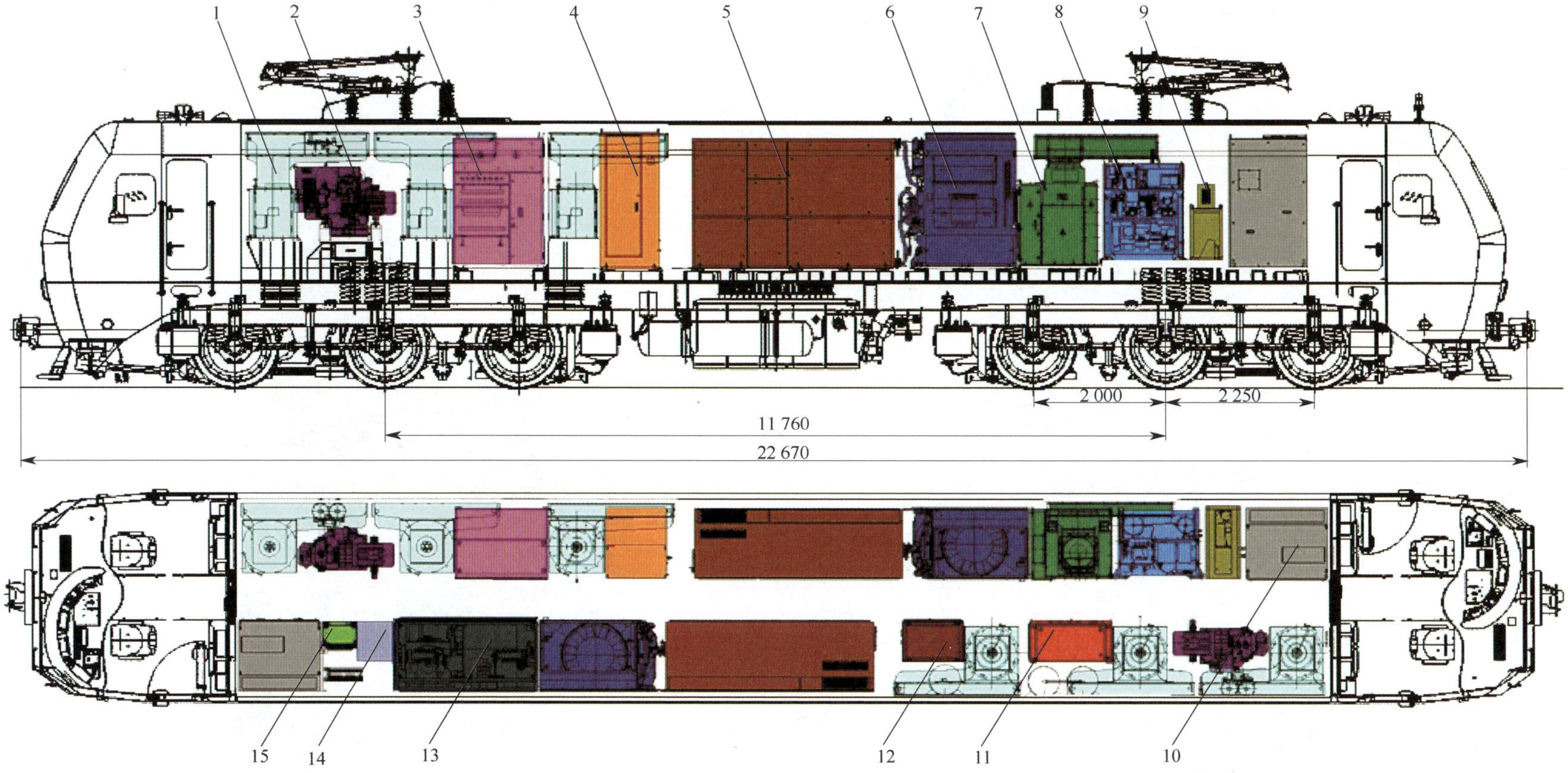

图 1-12-2　HXD1C 型(高原)电力机车设备布置图

1—牵引通风机;2—压缩机及干燥器;3—低压柜;4—卫生间;5—牵引变流器柜;6—冷却塔;
7—辅助变压器柜;8—制动柜;9—辅助压缩机组柜;10—辅助变流器柜;11—蓄电池柜及控制电源柜;
12—第三方设备柜;13—网侧柜;14—6A 柜;15—冷藏箱及微波炉安装架。

机车机械间内布管和布线采用预布式中央管排和中央线槽方式，中央管排和线槽安装在中央走道下，驱动系统的动力电缆则安装在走道两边的设备安装架内，使动力电缆与控制及信号线有效地分离，减少相互间的电磁干扰，提高控制系统的可靠性。

机车采用独立式通风系统，运行时机械间保持微正压状况。整车的通风可分为七个部分：牵引电机通风支路、冷却塔通风支路、辅助变流器柜通风支路、辅助变压器柜通风支路、压缩机通风散热支路、机械间通风散热支路、司机室空调通风支路。七个通风系统相互独立，互不影响。

机车通风、冷却系统主要由安装在机械间内的牵引电机风机、冷却塔、辅助变压器柜风机组成。牵引电机通风机从车顶侧吸入冷却空气，冷却相应的牵引电机。

机车上装备有卫生间、冷藏箱、微波炉等必要的生活设施。

机车采用恒牵引力、准恒速特性控制方式，牵引特性曲线和再生制动特性曲线如图 1-12-3 所示。

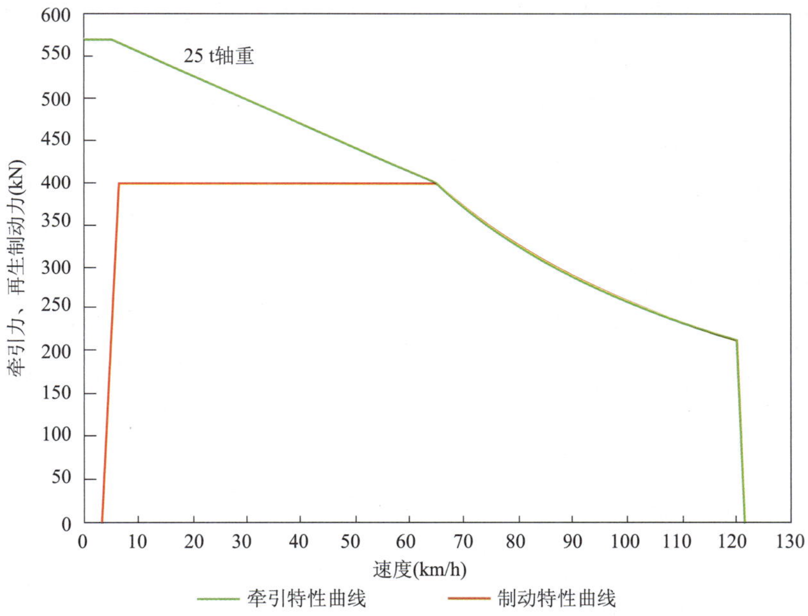

图 1-12-3　HXD1C 型(高原)电力机车牵引和再生制动特性曲线图

3. 牵引电传动系统

(1)牵引电路

HXD1C 型(高原)电力机车牵引变压器的原边通过受电弓、主断路器得电。牵引变压器次边六个独立的牵引绕组分别向两台牵引变流器的六个四象限变流器供电，每台牵引变流器的三个四象限变流器通过隔离开关并联后向三个电压型脉宽调制(PWM)牵引逆变器供电。每个牵引逆变器由 TCU 单独控制，向一台异步牵引电机供电，从而实现单轴独立控制。再生制动过程相反。电路结构如图 1-12-4 所示。

牵引电路按其主要功能和电压等级可分为：网侧电路、四象限变流电路、中间直流电路、脉宽调制逆变电路、保护电路和库内动车电路等几部分。

(2)网侧电路

HXD1C 型(高原)电力机车网侧电路包括受电弓、主断路器、高压接地开关、高压隔离开关、高压电压互感器、高压电流互感器、接地电流互感器、避雷器和高压电缆总成等。

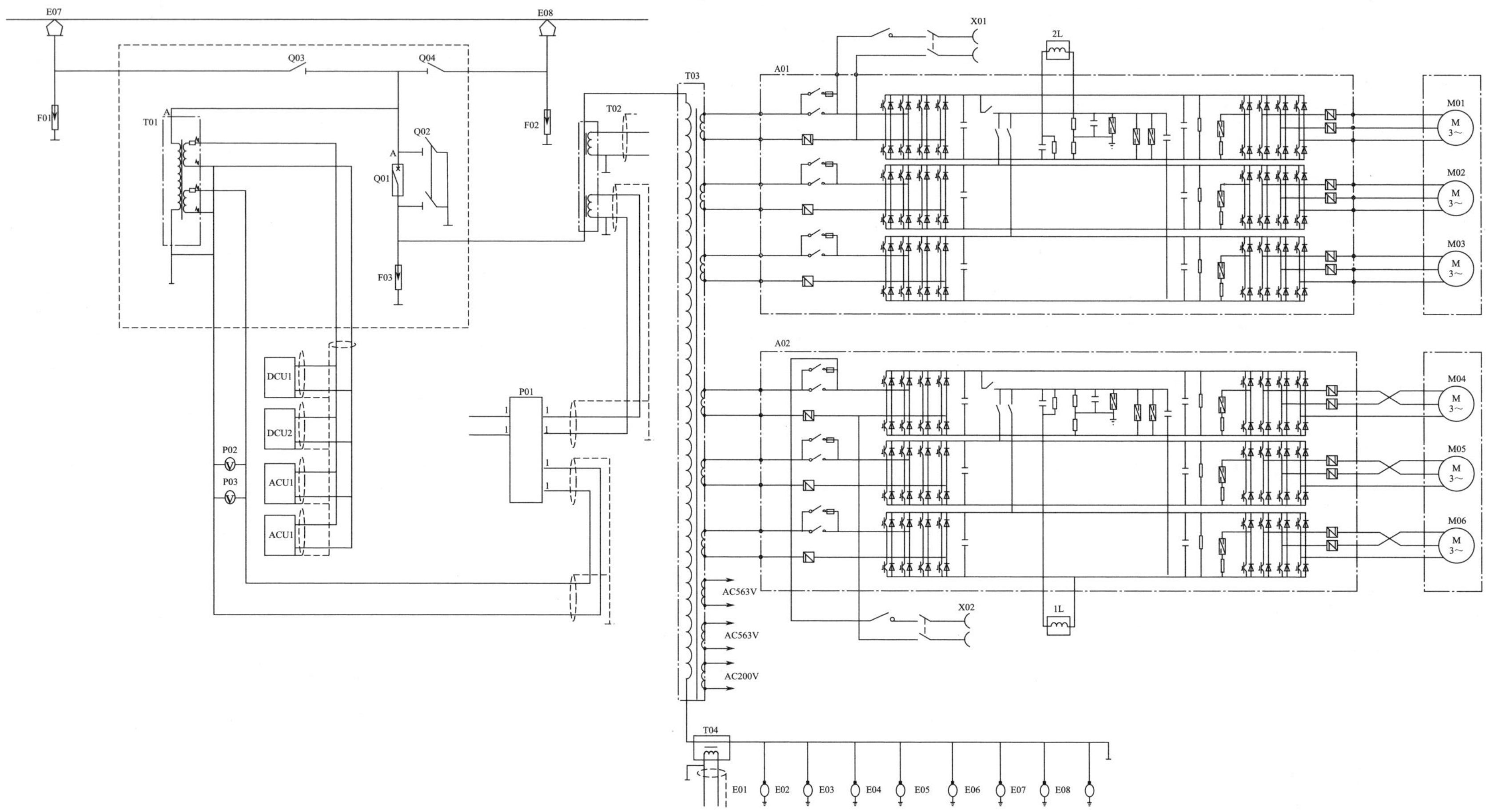

图 1-12-4　HXD1C 型(高原)电力机车牵引电路结构图

E07、E08—受电弓 1,2;Q03,Q04—隔离开关 1,2;Q01—主断路器;Q02—接地开关;F01～F03—避雷器 1～3;T01—高压中压互感器;T02、T04—高压电流互感器 1,2;
T03—牵引变压器;P01—电度表;P02,P03—网压表 1,2;DCU1,DCU2—牵引控制单元 1,2;ACU1,ACU2—辅助控制单元 1,2;E01～E08—接地回流装置 1～8;
A01,A02—牵引变流柜 1,2;1L,2L—二次谐振电抗器 1,2;X01,X02—库用电源插座 1,2;M01～M06—牵引电机 1～6

机车正常运行时，受电弓模式选择“自动”位，只升一个受电弓。同时，机车具有双弓运用模式。在重联模式下，每台机车根据自身选择开关的位置选择受电弓。

(3)牵引变压器

HXD_{1C}型(高原)电力机车牵引变压器型号为TBQ41-9080/25，是芯式单相变压器，卧式结构，采用车体下悬挂安装方式。变压器油箱内设置了一个牵引变压器和两个谐振滤波电抗器，用双循环油路进行冷却，实现一体化安装。

牵引变压器原边绕组接系统高电压，称为高压绕组，六个次边绕组给机车牵引电传动系统供电，两个辅助绕组分别为440 V和220 V辅助系统供电。

(4)牵引变流器

HXD_{1C}型(高原)电力机车采用两台牵引变流器，每台牵引变流器包含三个四象限变流器和三个变压变频牵引逆变器。四象限变流器通过预充电单元和线路接触器与牵引变压器的次边绕组连接，将牵引变压器次边绕组单相交流电转变为恒定的直流电供给中间直流电路。中间直流电路中包含有中间支撑电容、二次谐振电路、接地检测电路。通过牵引逆变器将中间直流回路中的电能转换为频率、电压可调的三相交流电，提供给三相异步牵引电机。

牵引变流器作为一台完整的组装设备，安装在机械间内。牵引传动控制单元位于牵引变流器柜内部，操作控制和显示元件置于司机室内。

(5)牵引电机

机车采用JD160G型异步牵引电机，主要由定子、转子、端盖、轴承、测速装置和主动齿轮等部分组成。定子的主要零部件有定子铁芯、定子绕组等。转子主要由转子铁芯、导条、端环和转轴等组成。端盖用于支撑转子和实现电机内部与外部的隔离。电机采用强迫通风冷却，其滚动轴承采用油润滑或脂润滑，并采用有效措施防止轴承电蚀，轴承密封采用非接触的迷宫式结构。测速装置用于测量电机转速，将转速信号传送给控制系统，以实现异步牵引电机转速调节。

4. 辅助电气系统

机车上安装了两台辅助变流器为机车的辅助电路供电：一个用于需要恒压恒频的部件、另一个用于其他有着变频要求的辅助设备机组。

在3AC 440 V/60 Hz负载与辅助变流器之间接入了两个变比为630/482的辅助变压器，起到变压和绝缘隔离的作用，两台辅助变压器采用上下卧式安装的方式安装在一个辅助变压器柜内。

HXD_{1C}型(高原)电力机车配备了相应的辅助机组和辅助设施，构成了辅助电气系统。按每个辅助机组、辅助设施的使用要求，辅助电气系统分成下面四个负载组：

(1)辅助逆变器变压变频供电支路：负载包括六个牵引通风机组和两个冷却塔通风机组；

(2)辅助逆变器恒压恒频供电支路：负载有压缩机、水泵、油泵、空调等；

(3)牵引变压器辅助绕组供电220 V/50 Hz支路：负载包括蓄电池充电机、电炉、前窗玻璃加热器、撒砂加热器等；

(4)蓄电池充电机直流负载及DC 24 V负载供电支路：DC 110 V负载包括蓄电池、照明灯、辅助压缩机、冷藏箱等；DC 24 V负载包括仪表灯、记点灯、辅照灯、标志灯等。

辅助电路如图1-12-5所示。

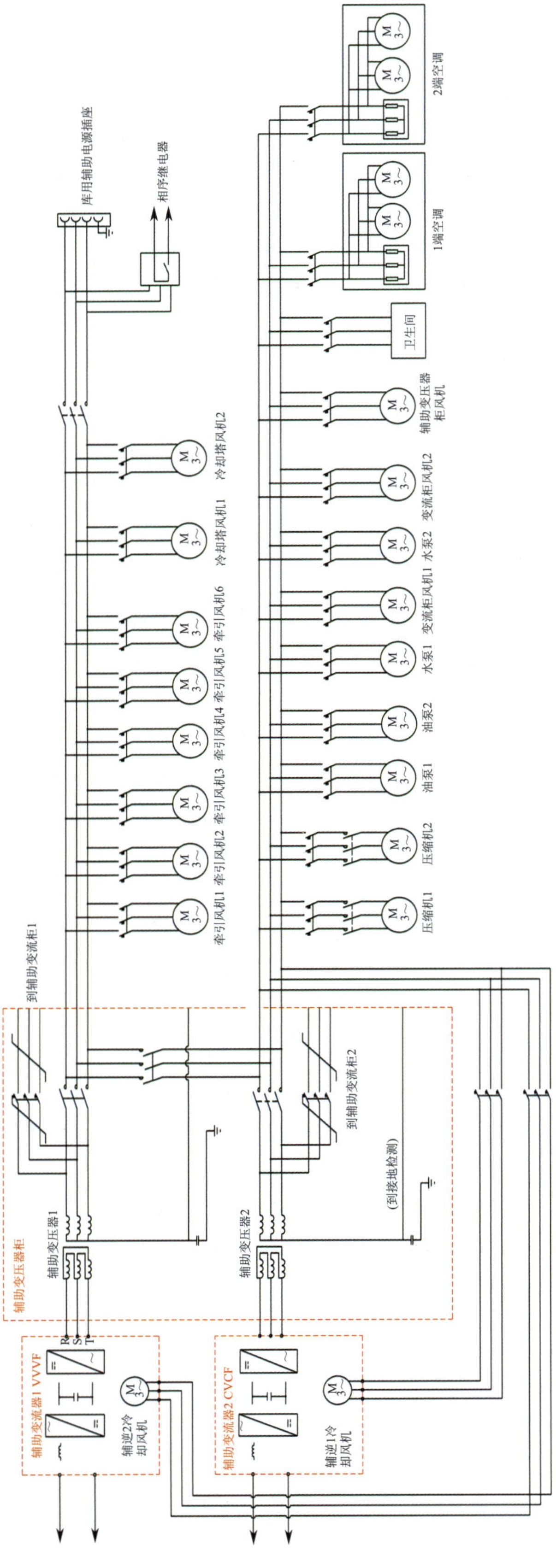

图 1-12-5 HXD1C 型(高原)电力机车辅助电路图

十二

5. 微机网络控制系统

HXD$_{1C}$型(高原)电力机车微机网络控制系统以符合 TCN 标准的分布式列车电子控制系统(DTECS-1)平台为基础,实现机车的通信、控制、诊断、保护和信息监视等主要功能。

机车网络控制系统由车辆控制模块 VCM、WTB/MVB 网关模块 GWM、事件记录模块 ERM、数字量输入/输出模块 DXM、数字量输入模块 DIM、模拟量输入/输出模块 AXM、智能显示单元 IDU 以及以太网交换机 ESU 等组成,通过 MVB 总线与牵引控制单元 TCU、辅助控制单元 ACU、制动控制单元 BCU 等进行控制与状态信息的传递。网络控制系统结构如图 1-12-6 所示。

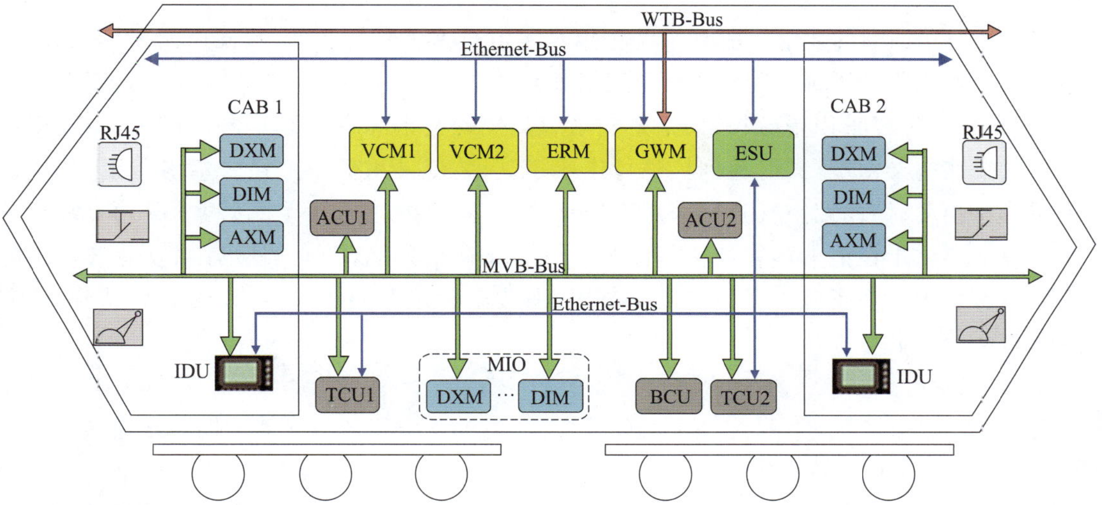

图 1-12-6　HXD$_{1C}$型(高原)电力机车网络控制系统结构图

CAB1、2—司机室 1、2;RJ45—以太网调试插座;DXM—数字量输入/输出模块;DIM—数字量输入模块;AXM—模拟量输入/输出模块;IDU—智能显示单元;Ethernet-Bus—以太网;WTB-Bus—双绞线列车总线;VCM1～2—车辆控制模块;ERM—事件记录模块;GWM—网关模块;ESU—以太网交换机;ACU1～2—辅助控制单元;MVB-Bus—多功能车辆总线;TCU1～2—牵引传动控制单元;BCU—制动控制单元;MIO—机械间输入输出模块

机车微机网络控制系统主要功能包括:

(1)车载控制功能:牵引、制动特性计算,牵引、制动力分配控制,顺序控制功能,机车逻辑控制,高压电路控制,辅助系统控制,空电联合控制,重联运行控制,过分相控制,辅机测试控制,库内动车控制,轴重转移补偿控制,定速控制,无人警惕控制,冗余控制功能等。

(2)故障和状态诊断功能:微机网络控制系统具有自诊断功能,自诊断信息可在司机显示器上进行显示。网络控制系统记录的故障数据可以上传到地面维修和服务系统中,供长期的储存和深入的地面分析。

(3)机车保护功能:机车网络控制系统具有列车级保护、车辆级保护和部件级保护。

(4)智能监视功能:在司机室显示屏上实时显示机车运行时的状态、故障等信息。

6. 车　　体

机车车体包括车体承载钢结构和车体附属部件两大部分。车体承载钢结构采用整体承载结构，主要由底架、司机室、侧墙组焊成一个整体的双司机室框架式全钢焊接结构，材料为16MnDR 和 Q345E；车体附属部件主要包括顶盖、排障器、牵引缓冲装置、超载保护装置、机车门窗、内装饰等，顶盖在受电弓下方采用防雾霾、适合高原运用环境的绝缘顶盖，前窗和侧窗玻璃采用防紫外线玻璃。

车钩采用内燃、电力机车 E 级钢车钩，缓冲器为 QKX100 弹性胶泥缓冲器。

7. 转 向 架

机车走行部为两台 C_0 转向架，前后转向架可以互换通用。转向架主要由构架、轮对、轴箱、一系二系悬挂装置、牵引装置、牵引电机悬挂装置、驱动装置、基础制动装置、轮缘润滑装置和附属装置等组成。转向架采用标准化、模块化设计，符合可靠性、可用性、可维护性与安全性(RAMS)的要求。驱动系统采用牵引电机抱轴悬挂驱动；构架由两根侧梁、两根横梁和两根端梁焊接而成，梁体均为焊接箱型结构；一系悬挂采用螺旋钢弹簧配以垂向油压减振器，轴箱拉杆采用单拉杆；二系悬挂采用高挠螺旋钢弹簧配以垂向油压减振器，横向减振器设置在构架两端，同时起到抗蛇行作用；牵引装置采用低位推挽式牵引装置；基础制动采用轮盘制动；转向架空气管路采用不锈钢管路；轮缘润滑采用干式(润滑棒)润滑装置；采用具有加热烘干性能的砂箱结构等。为了适应高海拔环境，转向架所有橡胶件进行了防紫外线技术处理。为了防止霜、雪、雨水凝固，保持车轮踏面的清洁，提高轮轨的黏着，转向架设有踏面清扫器。

8. 制动系统

机车空气管路与制动系统主要由风源系统、制动机系统和其他气动辅助装置组成。机车风源系统分为两个相对独立的部分：一部分为主空气压缩机、主空气干燥器、主风缸等组成的主风源系统；另一部分为辅助压缩机、油过滤器、升弓控制模块、升弓控制风缸及连接管路等组成的辅助风源系统。

每台机车设置两台 TSA-230ADⅧ或 SL20-5-113 型螺杆空气压缩机，公称容积流量 2.4 m^3/min；每台高原机车采用两台 TAD-2.8-HB 或 WABTEC653360-0012 型主干燥器，其最大空气处理量为 3.0 m^3/min。

总风缸由第一总风缸和第二总风缸串联组成，第一总风缸的容积为 1 000 dm^3，由两个容积为 500 dm^3 的风缸组成，第二总风缸由三个容积为 200 dm^3 的风缸组成，第一总风缸横向安装在车体纵向中心的两侧，第二总风缸安装在机械间侧墙上，每个风缸均设置排水阀，排水阀位于总风缸安装底部，使用中应定期打开总风缸排水阀，检查和排除总风缸积水。

高原机车辅助气动控制装置是用来改善机车运行条件，确保行车安全，设有撒砂、风喇叭、升弓控制等辅助气动系统。

机车的制动机系统采用德国克诺尔公司的 CCBⅡ制动机。CCBⅡ制动机包括了五个主要的部分：电子制动阀，中央集成处理模块，中继接口模块、制动显示屏和电空控制单元。

基础制动采用轮盘制动方式。机车闸片材料为合成闸片；制动盘材质采用整体铸铁盘；制动盘形式为整体夹钳式。

9. 技术参数表

HXD$_{1C}$ 型(高原)电力机车技术参数见表 1-12-1。

表 1-12-1　HXD1C 型(高原)电力机车技术参数表

车型名称			和谐 D1C(高原)
车型代号			HXD1C(高原)
机车车号			3001～3080
项目		序号	参数及说明
用途		1	高原货运
制造年代		2	2011 年
制造厂名		3	中车株洲电力机车有限公司
轨距(mm)		4	1 435
车体	车底架长(mm)	5	21 885
	车体宽(mm)	6	3 100
	高(轨面至受电弓座平面)(mm)	7	4 068
司机室个数		8	2
机车前后车钩中心距(mm)		9	22 670
车钩型号,形式		10	内燃、电力机车 E 级钢车钩(100 型),下作用式
缓冲器型号		11	QKX100
轴式		12	$C_0—C_0$
车钩中心线距轨面高度(mm)		13	880±10
转向架中心距(mm)		14	11 760
全轴距(mm)		15	16 260
动轮直径(新轮)(mm)		16	1 250
动轮直径(轮箍半磨耗)(mm)		17	1 200
落弓后滑板顶面距轨面高度(mm)		18	≤4 780
受电弓滑板距轨面工作高度(mm)		19	5 200～6 500
机车整备质量(t)		20	150
轴重(t)		21	25
通过最小曲线半径(m)		22	125
供电电流制		23	AC 25 kV/50 Hz
额定电压(kV)		24	25
最高电压(kV)		25	31
最低电压(kV)		26	17.5
电传动方式		27	交—直—交
持续功率(kW)		28	7 200
持续速度(km/h)		29	65
持续牵引力(kN)		30	400
最高运用速度(km/h)		31	120
恒功率速度范围(km/h)		32	65～120
最大启动牵引力(kN)		33	570
最大再生制动力(kN)		34	400

续上表

车型名称				和谐 D_{1C}(高原)
车型代号				HXD_{1C}(高原)
机车车号				3001～3080
项目			序号	参数及说明
功率因数			35	≥0.98(机车功率大于10%额定功率时)
等效干扰电流 J_p(A)			36	≤2.5
电网电流畸变率(%)			37	2.24(机车取用功率为7 008 kW时)
机车总效率			38	≥0.85
紧急制动距离(m)(初速度120 km/h)			39	≤1 000(23 t),≤1 100(25 t)
库内动车电源制式			40	DC 600 V
转向架	构架外形尺寸(长×宽×高,mm)		41	6 940×2 680×1 210
转向架	两侧梁横向中心距(mm)		42	2 110
转向架	转向架各轴间距(mm)		43	2 250+2 000
转向架	转向架固定轴距(mm)		44	4 250
转向架	同一轴两轴箱中心距(mm)		45	2 110
转向架	轮对质量(kg)		46	2 120
转向架	一系悬挂装置	一系悬挂静挠度(mm)	47	35.4
转向架	一系悬挂装置	垂向油压减振器型号,数量	48	97A 1378、T70/28×73APV、J1C50-94-01,4/转向架
转向架	一系悬挂装置	垂向油压减振器阻尼系数	49	5.1 kN(0.1 m/s),10 kN(0.3 m/s)
转向架	二系悬挂装置	二系悬挂静挠度(mm)	50	105.3
转向架	二系悬挂装置	垂向油压减振器型号,数量	51	04V-1789 001、T70/28×230SV、J2C60-54-00,2/转向架
转向架	二系悬挂装置	垂向油压减振器阻尼系数	52	12 kN(0.1 m/s),22 kN(0.3 m/s)
转向架	二系悬挂装置	横向油压减振器型号,数量	53	02H-2119、T70/28×510H、J2H60-55-00,2/转向架
转向架	二系悬挂装置	横向油压减振器阻尼系数	54	6.0 kN(0.05 m/s),8.0 kN(0.1 m/s),11.4 kN(0.2 m/s),14.4 kN(0.3 m/s)
转向架	二系悬挂装置	抗蛇行减振器型号,数量	55	—
转向架	二系悬挂装置	抗蛇行减振器阻尼系数	56	—
转向架	牵引力传递方式		57	低位推挽式牵引
转向架	牵引点高度(mm)		58	0
转向架	牵引电动机悬挂方式		59	抱轴悬挂
转向架	齿轮传动比		60	6.235
转向架	砂箱容量(m^3)		61	4×0.1
转向架	转向架质量(t)		62	约30
基础制动装置	基础制动方式		63	轮盘制动方式
基础制动装置	每台转向架制动器组数		64	6
基础制动装置	制动缸直径(mm)		65	254
基础制动装置	制动倍率		66	2.65
基础制动装置	传动效率(%)		67	≥85
基础制动装置	闸片与制动盘的恒定间隙(mm)		68	单侧1～2

续上表

车型名称				和谐 D_{1C}(高原)
车型代号				HXD_{1C}(高原)
机车车号				3001～3080
项目			序号	参数及说明
基础制动装置	制动缸最大空气压力(kPa)		69	450
	闸片、制动盘形式		70	整体夹钳式
	闸片、制动盘材质		71	合成闸瓦,铸铁制动盘
	每个夹钳上的闸片(或轮盘)压力(kN)		72	32.7
	停放制动	停放制动方式	73	弹簧蓄能
		制动器数量	74	4
		闸片压力(kN)	75	25
		停放制动器质量(kg)	76	100
	制动单元质量(kg)		77	72
受电弓	型号		78	TSG15F
	额定工作电压(kV)		79	25
	额定工作电流(A)		80	1 000
	运行最高速度(km/h)		81	200
	工作高度(mm)		82	220～2 250
	最大升弓高度(mm)		83	2 400
	落弓位高度(mm)		84	695
	升弓时间(s)		85	6～10
	降弓时间(s)		86	≤6
	传动风缸工作空气压力(kPa)		87	400～1 000
	总质量(kg)		88	≤110(不包括绝缘子)
主断路器	型号		89	BVAC. N99K
	额定电压(kV)		90	30
	额定电流(A)		91	1 000
	额定分断电流(kA)		92	20
	额定分断容量(MV·A)		93	600
	固有分闸时间(ms)		94	20～60
	额定工作气压(kPa)		95	450～1 000
	质量(kg)		96	140
牵引变压器	型号,形式		97	TBQ41-9080/25,芯式
	各绕组额定容量(kV·A)	网侧高压绕组	98	9 080
		牵引绕组	99	6×1 383
		辅助1绕组	100	2×360
		辅助2绕组	101	60
		供电绕组	102	—

续上表

车型名称				和谐 D_{1C}(高原)
车型代号				HXD_{1C}(高原)
机车车号				3001～3080
项目			序号	参数及说明
牵引变压器	各绕组额定电压(V)	网侧高压绕组	103	25 000
		牵引绕组	104	970
		辅助1绕组	105	2×563
		辅助2绕组	106	220
		供电绕组	107	—
	各绕组额定电流(A)	网侧高压绕组	108	363
		牵引绕组	109	1 426
		辅助1绕组	110	2×639
		辅助2绕组	111	273
		供电绕组	112	—
	短路阻抗		113	33%±10%
	绝缘等级		114	A
	冷却方式		115	强迫导向油循环风冷(ODAF)
	冷却油牌号		116	45
	冷却油流量(m^3/h)		117	2×40
	油泵型号		118	4B45-16/4.5 V
	效率(%)		119	96
	总质量(kg)		120	11 600
谐振电抗器	每节机车台数		121	2
	额定电流(A)		122	1 620
	额定电压(V)		123	275
	电感值(mH)		124	0.27
牵引变流器	型号		125	TGA9B
	电路结构形式		126	电压型,两电平
	额定功率(kW)		127	3 600
	额定输入电压(交流)(V)		128	970
	额定输入电流(交流)(A)		129	3×1 390
	中间电路电压(V)		130	1 800
	二次谐振电容值(mF)		131	9.39
	支撑电容值(mF)		132	25.8
	额定输出电压(V)		133	1 404
	额定输出电流(A)		134	598
	四象限变流器开关频率(Hz)		135	450
	牵引逆变器最大开关频率(Hz)		136	500

续上表

车型名称				和谐D_{1C}(高原)
车型代号				HXD_{1C}(高原)
机车车号				3001～3080
项目			序号	参数及说明
牵引变流器	牵引逆变器输出频率范围(Hz)		137	0～130
	冷却方式		138	水冷
	效率(%)		139	97.50
	质量(t)		140	2.5
	外形尺寸(长×宽×高,mm)		141	3 100×1 060×2 000
	每台机车牵引变流器台数		142	2
	四象限变流器功率模块	型号	143	IBBM120S2
		电路形式	144	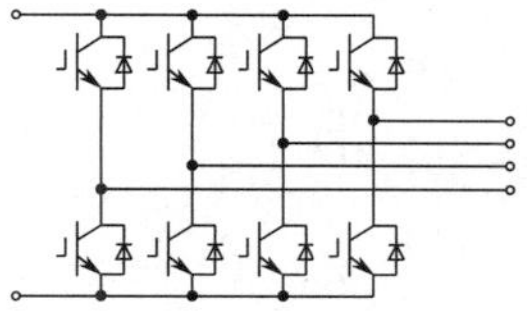
		四象限变流器构成形式	145	每个四象限变流器由一个功率模块构成
		电压(V)	146	970
		电流(A)	147	1 390
		开关频率(Hz)	148	450
		功率元件型号	149	FZ1200R33KF2C
		功率元件参数	150	IGBT(3 300 V/1 200 A)
		功率元件个数	151	8
		冷却方式	152	水冷
		质量(kg)	153	95
		尺寸(长×宽×高,mm)	154	670×407×470
	牵引逆变器功率模块	型号	155	IBBM120S2
		电路形式	156	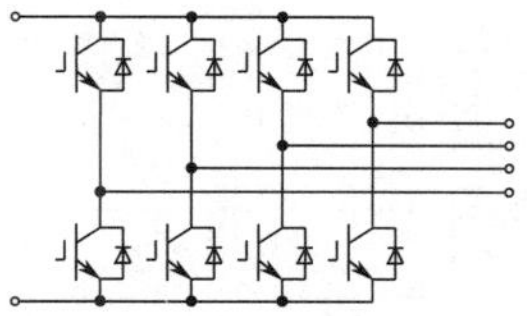
		牵引逆变器构成形式	157	每个牵引逆变器由一个功率模块构成,其中一相作为瞬时电压限制器
		电压(V)	158	1 404
		电流(A)	159	598
		开关频率(Hz)	160	500
		功率元件型号	161	FZ1200R33KF2C
		功率元件参数	162	IGBT(3 300 V/1 200 A)

续上表

车型名称				和谐 D_{1C}(高原)
车型代号				HXD_{1C}(高原)
机车车号				3001～3080
项目			序号	参数及说明
牵引变流器	牵引逆变器功率模块	功率元件个数	163	8
		冷却方式	164	水冷
		质量(kg)	165	95
		尺寸(长×宽×高,mm)	166	670×407×470
	冷却系统	水泵型号	167	F20-3215A4-0305S1-AV
		流量(m^3/h)	168	17.2
		驱动电机功率(kW)	169	5.5
	控制策略	四象限变流器	170	两电平,四象限控制
		牵引逆变器	171	直接转矩控制
		瞬时电压限制器	172	过压触发斩波
交流异步牵引电动机	型号		173	JD160G
	额定功率(持续制)(kW)		174	1 225
	额定电压(持续制)(V)		175	1 375
	额定电流(持续制)(A)		176	598
	最大启动电流(A)		177	814
	功率因数		178	0.9
	额定转速(持续制)(r/min)		179	1 720
	最高转速(r/min)		180	3 450
	额定频率(Hz)		181	58.1
	额定转差率(%)		182	1.3
	额定转矩(N·m)		183	6 796
	最大转矩(N·m)		184	≥9 717
	额定效率(%)		185	≥94.5
	绝缘等级		186	200
	极数		187	4
	质量(kg)		188	2 580
	通风量(m^3/s)		189	1.6
牵引通风机组	型号		190	THTF5.5
	台数		191	6
	最大转速(r/min)		192	3 530
	每台风机的风量(m^3/min)		193	96
	风压(Pa)		194	4 950
	额定功率(kW)		195	13
	质量(kg)		196	260

续上表

车型名称				和谐 D_{1C}(高原)
车型代号				HXD_{1C}(高原)
机车车号				3001～3080
项目			序号	参数及说明
复合冷却塔	冷却方式		197	强迫风冷
	水散热量(kW)		198	125
	油散热量(kW)		199	168
	通风量(m^3/min)		200	720
	水流量(m^3/h)		201	17.2
	油流量(m^3/h)		202	40
	质量(kg)		203	1 255(A),1 155(B)
辅助逆变器	CVCF逆变器	型号	204	TGF54B
		每台机车装用台数	205	1
		额定输入电压(V)	206	563
		额定输入电流(A)	207	553
		额定输出电压(V)	208	630
		额定输出电流(A)	209	312
		容量(kVA)	210	340
		频率(Hz)	211	60
		功率元件参数	212	IGBT(1 700 V/800 A)
		冷却方式	213	强迫风冷
		质量(kg)	214	1 300
	VVVF逆变器	型号	215	TGF54B
		每台机车装用台数	216	1
		额定输入电压(V)	217	563
		额定输入电流(A)	218	553
		额定输出电压(V)	219	115～630
		额定输出电流(A)	220	312
		容量(kV·A)	221	340
		频率(Hz)	222	10～60
		功率元件参数	223	IGBT(1 700 V/800 A)
		冷却方式	224	强迫风冷
		质量(kg)	225	1 300
蓄电池充电机	型号		226	TGY10 型电源柜,DZT110 V-100A 型电源柜
	输入电压(V)		227	AC 220/50 Hz
	输出电压(V)		228	DC 112.8×(1±1%),DC 110×(1±1%),DC 24×(1±2%)
	输出电流(A)		229	4×22.5A(110 V),2×12.5A(24 V)
	输出容量(kV·A)		230	4×3.2
	质量(kg)		231	180

续上表

车型名称				和谐 D_{1C}(高原)	
车型代号				HXD_{1C}(高原)	
机车车号				3001～3080	
项目			序号	参数及说明	
微机网络控制系统	列车网标准		232	IEC 61375-1	
	车辆网标准		233	IEC 61375-1	
	列车网传输速率(Mbit/s)		234	1	
	车辆网传输速率(Mbit/s)		235	1.5	
	机车控制功能	牵引特性控制	236	准恒速控制	
		再生制动特性控制	237	恒力矩控制	
		其他控制功能	238	自动换端、自动过分相等	
	保护功能	网压保护限值(kV)	239	17.5～31	
		网流保护限值	240	原边电流 I>500 A 时间大于 2.5 s,分断主断路器	
		中间电压限值(V)	241	TCU 实时保护	
		防空转滑行策略	242	TCU 黏着利用率控制	
		最高速度限值(km/h)	243	162	
风源系统	主压缩机组	型号	244	SL20-5-113	TSA-230ADVII
		压缩空气出口压力(kPa)	245	1 000	
		压缩空气出口温度(℃)	246	环境温度(+5～+15)	
		排气量(m^3/min)	247	2.4	
		冷却方式	248	风冷	
		润滑油牌号	249	Anderol 3057M	
		润滑油储量(dm^3)	250	7	7.5
		润滑油压力(kPa)	251	1 000	1 100
		电机型号	252	KB/50C-FS160M2-2-G	FS200-2BT-04G
		电机转速(r/min)	253	3 515	3 540
		额定功率(kW)	254	21.5	24
		额定电压(V)	255	440	
		额定电流(A)	256	34	42
		机组质量(kg)	257	310	400
	辅助压缩机组	型号	258	DWTZ-70A	
		额定排气量(m^3/min)	259	≥0.07	
		额定排气压力(kPa)	260	800	
		电动机型号	261	130SZD	
		额定工作电压(V)	262	110	
		额定工作电流(A)	263	8	
		额定功率(kW)	264	0.88	
		额定转速(r/min)	265	1 500	

续上表

车型名称				和谐 D_{1C}(高原)	
车型代号				HXD_{1C}(高原)	
机车车号				3001～3080	
项目			序号	参数及说明	
风源系统	空气干燥器	空气干燥器型号	266	TAD-2.8HB	WABTEC 653360-0012
		空气干燥器形式	267	无热再生	
		处理空气量(m^3/min)	268	3	6.2
		工作压力(kPa)	269	900	
		整机质量(kg)	270	95	85
	风源系统部件	压力控制器(调压器)型号	271	MCS4-G+ S3-MCS	
		压力控制范围(kPa)	272	750～950	
		总风缸空气压力范围(kPa)	273	750～950	
		总风缸总容量(dm^3)	274	2×500+3×200	
	调压阀调压范围(kPa)		275	0～1 000	
制动机	型号		276	CCBⅡ	
	自动制动阀		277	EBV	
	单独制动阀		278	EBV	
	分配阀型号,数量		279	16CP,1	
	中继阀(双阀口式)		280	ERCP	
	紧急阀		281	NB11、KM2	
	电动放风阀		282	BPCP	
	紧急电空阀(110 V)		283	II55549	
	电空转换阀		284	—	
	电控空气控制单元		285	EPCU	
蓄电池组	型号		286	DLM170	
	容量(A·h)		287	170	
	装用数量(只)		288	48	
	总标称电压(V)		289	96	

注:"—"表示无此设备;"/"表示数据空缺。

十三、HXD$_{1D}$型电力机车技术简介

1. 概　　述

HXD$_{1D}$型电力机车是六轴交流传动快速客运电力机车，是由株机公司研制的机车产品，机车持续功率 7 200 kW，最高运营速度 160 km/h，最高试验速度（新轮）为 176 km/h，持续速度 80 km/h，持续牵引力 324 kN，轴式 C_0—C_0，轴重 21 t，通过最小曲线半径 125 m(5 km/h)。

HXD$_{1D}$型电力机车是株机公司在国家创新政策指引下自主创新研制的满足我国干线铁路客运需求的新产品，采用了大功率 IGBT 水冷牵引变流器、大功率异步牵引电机、卧式牵引变压器、微机网络控制系统、电子控制的制动系统、轻量化设计整体承载结构车体、驱动装置全悬挂转向架、独立通风系统、机车车载安全防护系统等技术。

第一台 HXD$_{1D}$型电力机车 2012 年 1 月份下线，2013 年 2 月份完成所有 41 个试验项点的形式试验，同年 8 月在武汉铁路局完成机车为期一年的线路运用考核，并开始批量生产。截止到 2016 年 12 月，共计生产交付运用机车 614 台，车号为 0001～0613、1898，其中 1898 号机车于 2014 年命名为“周恩来”号机车，0321～0350 号共计 30 台机车为经过高原环境适应性改进的机车，分别配属到郑州、武汉、上海、南昌、广州、兰州、乌鲁木齐铁路局（共 10 台）和青藏公司（20 台）所属机务段担当干线客运牵引任务。

HXD$_{1D}$型电力机车外形如图 1-13-1 所示。

图 1-13-1　HXD$_{1D}$型电力机车外形图

2. 机车总体

HXD$_{1D}$型电力机车采用双司机室，机械间为中间贯穿走廊结构（宽度 ≥ 600 mm），机械间设备布置基本按照斜对称布置的原则进行。全车设备布置可分为车顶设备布置、司机室设备布置、机械间设备布置和车外设备布置、辅助设备布置及机车布线等部分。

机车顶盖上相应布置有受电弓（两个）及支撑绝缘子、车顶门、避雷器（两个）、25 kV 穿墙套管及天线，避雷器及穿墙套管进行了绝缘防护。

司机室设备布置分成操纵台设备布置、前墙设备布置、后墙设备布置、侧墙设备布置、顶部设备布置五个部分。

机械间内布置了牵引风机、牵引变流器、主冷却塔、辅助滤波柜、低压电器柜、6A 系统屏柜、蓄电池及控制电源柜、第三方设备柜、制动柜、压缩机及干燥器、卫生间、工具柜、列车供电柜、网侧柜等设备。

车外设备布置有车端头灯、标志灯/辅照灯、车端连接设备、过分相设备、库用插座等。

机车通风系统的方案设计采用独立通风方式。机车设有 4 个通风支路：牵引电机通风支路，冷却塔通风支路、辅助滤波柜通风支路和压缩机通风散热支路。

HXD$_{1D}$型电力机车机械间设备布置图 1-13-2 所示。

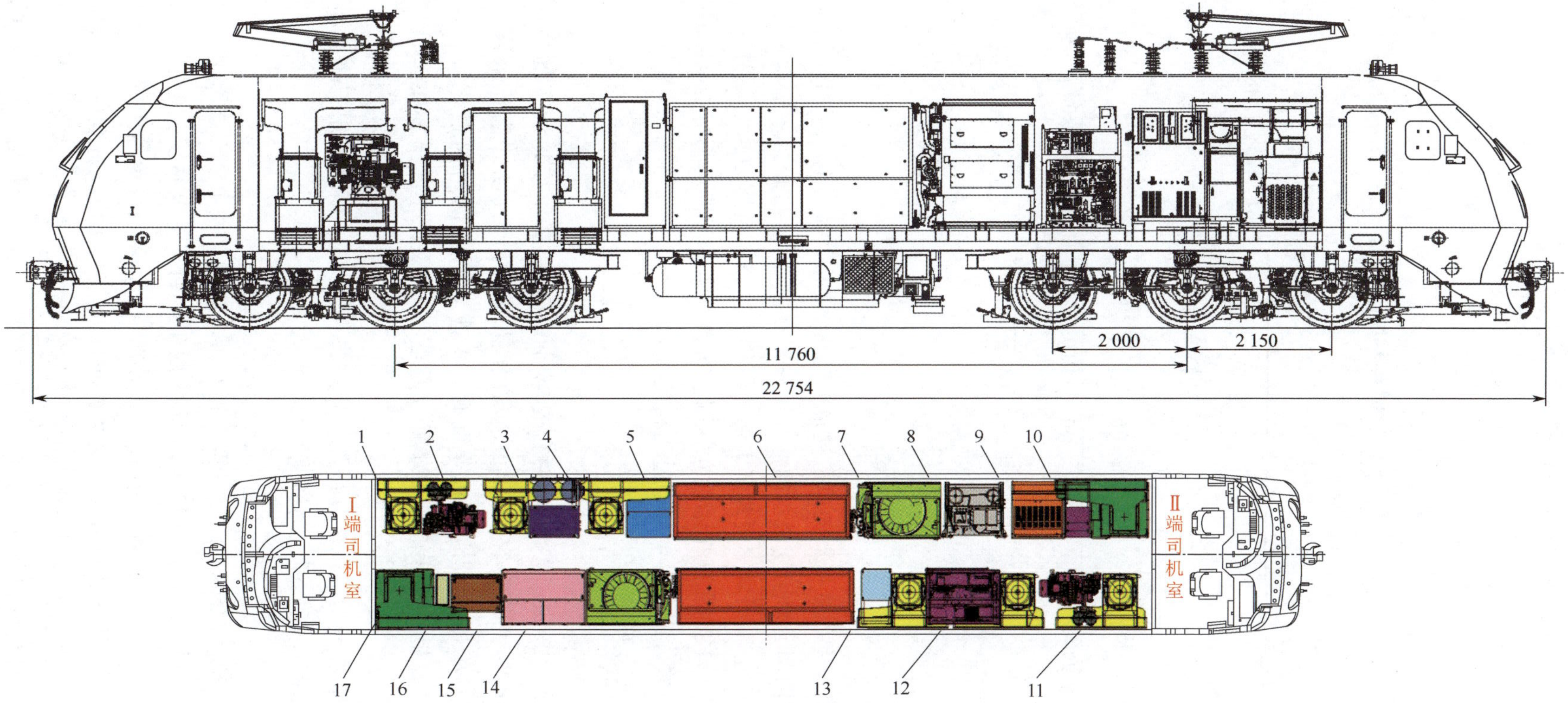

图 1-13-2　HXD1D 型电力机车机械间设备布置图

1—牵引通风机；2—主压缩机；3—第三方设备柜；4—车上总风缸；5—卫生间；6—牵引变流器；7—冷却塔；8—制动柜；9—列车供电柜；10—工具柜、冰箱、微波炉；11—干燥器；12—网侧柜；13—6A 系统柜；14—低压柜；15—控制电源柜、蓄电池柜；16—复轨器；17 —辅助滤波器

HXD_{1D}型电力机车牵引、再生制动特性曲线如图 1-13-3 所示。

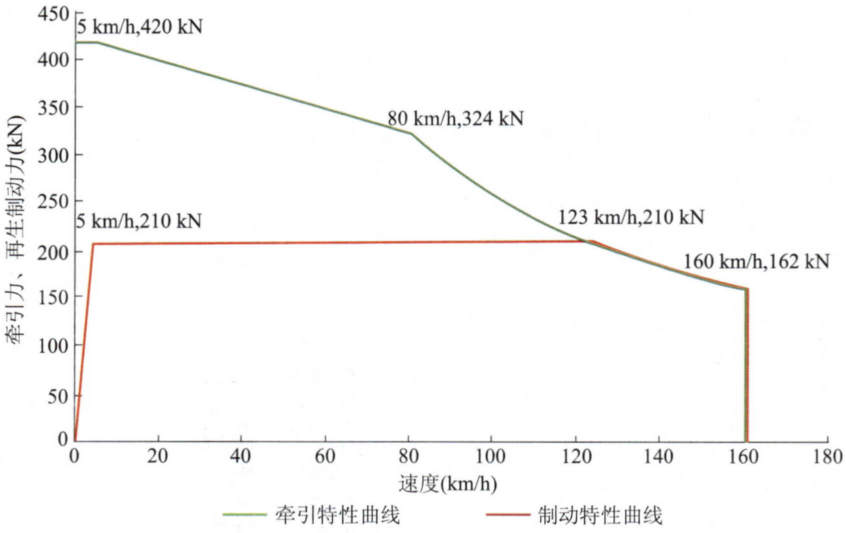

图 1-13-3 HXD_{1D}型电力机车牵引、再生制动特性曲线图

3. 牵引电传动系统

(1)牵引电路

HXD_{1D}型电力机车牵引变压器的原边通过受电弓、主断路器得电。牵引变压器次边六个独立的牵引绕组分别向两台牵引变流器的六个四象限变流器供电,每台牵引变流器的三个四象限变流器并联向三个电压型脉宽调制牵引逆变器供电。三个电压型脉宽调制牵引逆变器向三台异步牵引电机供电,从而实现单轴独立控制。每台牵引变流器由相应的 TCU 单独控制,TCU 采用直接转矩控制方式。再生制动过程相反。

牵引电路如图 1-13-4 所示。

(2)网侧电路

机车网侧电路属于 25 kV 电路,由两台受电弓、一台带高压接地装置的主断路器、三台避雷器、一台高压电压互感器、一台高压电流互感器、两台气动式高压隔离开关、牵引变压器原边、回流侧互感器和接地碳刷等组成。机车进行了防污闪强化设计,网侧设备由车顶高压设备和网侧柜高压设备组成,两台受电弓和两个避雷器装在车顶,其他均装在网侧柜内。

每台受电弓可由装在其对应侧的高压隔离开关进行隔离,主断路器用于接通和分断网侧电流,接地装置用于牵引变压器原边的回流。

(3)牵引变压器

牵引变压器次边设有六个牵引绕组和两个列车供电绕组。六个牵引绕组用于给两台变流器中的六个四象限变流器供电;两个列车供电绕组用于给列车供电系统供电。牵引变压器中还安装了四个电抗器,其中两个为谐振电抗器,其分别与两台牵引变流器中的二次谐振电容器一起构成二次谐振电路。另外两个为列车供电电抗器,其与列车供电电容一起,为列车供电输出电流进行滤波和平波作用,保证列车供电的电源品质,同时实现了一体化安装。牵引变压器为芯式变压器,采用 A 级绝缘和普通矿物油。该牵引变压器在材料和结构上考虑了±40 ℃的

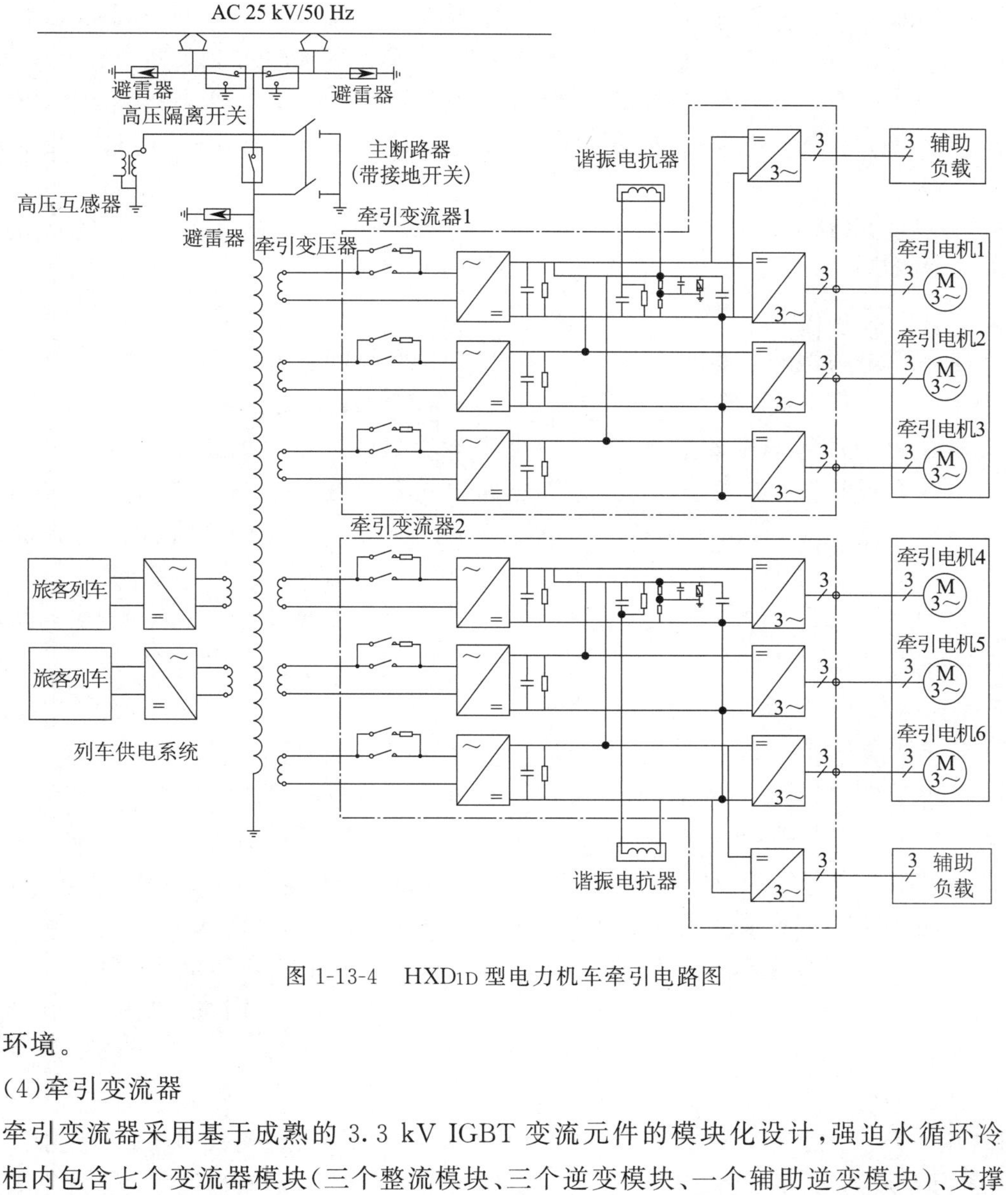

图 1-13-4　HXD1D 型电力机车牵引电路图

工作环境。

(4)牵引变流器

牵引变流器采用基于成熟的 3.3 kV IGBT 变流元件的模块化设计,强迫水循环冷却技术。柜内包含七个变流器模块(三个整流模块、三个逆变模块、一个辅助逆变模块)、支撑电容器、牵引控制单元(TCU)、接触器、充放电电阻、过压斩波电阻、电压电流传感器、冷却风机、热交换器等部件。每台机车有两台牵引变流器。

牵引变流器输入端与牵引变压器的次边牵引绕组相连,并通过接触器分合,经四象限变流器将单相交流电压转变为稳定的中间直流电压。中间直流支撑电路设有支撑电容、谐振电容、接地检测模块、固定放电电阻和斩波电阻等。中间电压经过牵引逆变器转换成变压变频三相电源供给异步牵引电机。

变流器牵引电路采用两电平四象限变流器+变压变频牵引逆变器模式,由三个四象限变流器、三个变压变频牵引逆变器和一个辅助变流器组成。每个四象限变流器和一个牵引逆变器组成一组独立的供电单元,为一台牵引电机供电。三个牵引电路单元的直流电路通过低感母排并在一起,共用二次谐振电路。辅助变流器并联到中间直流电路。

(5)牵引电机

牵引电机采用三相鼠笼式异步牵引电机,型号为YQ-1224。电机的结构主要由定子、转子、端盖、轴承、测速装置和主动齿轮等部分组成。定子的主要零部件有定子铁芯、定子绕组等。转子由转子铁芯、导条、端环和转轴等组成。牵引电机采用强迫通风冷却,其滚动轴承采用油润滑或脂润滑,并采用有效措施防止轴承电蚀,轴承密封采用非接触的迷宫式结构。

牵引电机的悬挂方式为架承式悬挂,机车的驱动单元为弹性悬挂方式,每台机车装有六个牵引电机。

4. 辅助电气系统

HXD_{1D}型电力机车辅助电气系统由辅助变流器和辅助设备,如通风机组、空气压缩机组、空调、油泵、水泵等组成,采用三相电源供电方式。全车共有两个辅助逆变器,分别集成在两个牵引变流器柜内,由牵引变流器的中间直流电路供电。机车辅助电源系统采用冗余设计,在正常情况下,能够分别向辅助系统提供VVVF和CVCF电源。当一组辅助变流器故障时,另一组辅助变流器能维持机车辅助系统供电,此时辅助变流器工作在CVCF方式。

机车辅助系统具有自诊断和故障记录功能,并能在司机室显示屏上显示辅助系统运行状态及故障情况,便于故障分析和维修。

机车辅助电气系统电路如图1-13-5所示。

5. 微机网络控制系统

HXD_{1D}型电力机车微机网络控制系统以符合TCN标准的分布式列车电子控制系统(DTECS-1)平台为基础,实现机车的通信、控制、诊断、保护和信息监视等主要功能。该系统主要由车辆控制模块VCM、WTB/MVB网关模块GWM、事件记录模块ERM、数字量输入/输出模块DXM、数字量输入模块DIM、模拟量输入输出模块AXM、智能显示单元IDU以及以太网交换机ESU等组成,通过MVB与牵引控制单元TCU、列车供电控制单元ETS、制动控制单元BCU等进行控制与状态信息的传递。网络控制系统结构如图1-13-6所示。

6. 车　　体

HXD_{1D}型电力机车车体包括车体承载钢结构和车体附属部件两大部分。车体承载钢结构采用整体承载结构,主要由底架、司机室、侧墙组焊成一个整体的双司机室框架式全钢焊接结构,材料为16MnDR、Q345E和耐候钢板Q345GNHL等;车体附属部件主要包括顶盖、排障器、牵引缓冲装置、超载保护装置、机车门、窗、内装饰等,顶盖在受电弓下方采用防污秽、防闪络的绝缘顶盖。

车钩采用15号小间隙车钩,缓冲器为KC15缓冲器。

7. 转向架

HXD_{1D}型电力机车转向架主要由轮对驱动装置、牵引装置、构架、一系悬挂、二系悬挂、电机悬挂、基础制动以及附属装置等组成。牵引电机采用顺置布置方式。驱动系统(含电机)采用弹性架悬结构、空心轴六连杆传动装置、单侧圆柱直齿轮传动以及承载式铸造铝合金齿轮箱,大齿轮传动轴承采用圆柱滚子轴承,轴箱轴承采用整体式免维护圆柱滚子轴承。采用整体车轮,车轮踏面采用JM3磨耗型踏面。轮对采用单轴箱拉杆定位。牵引装置采用推挽式低

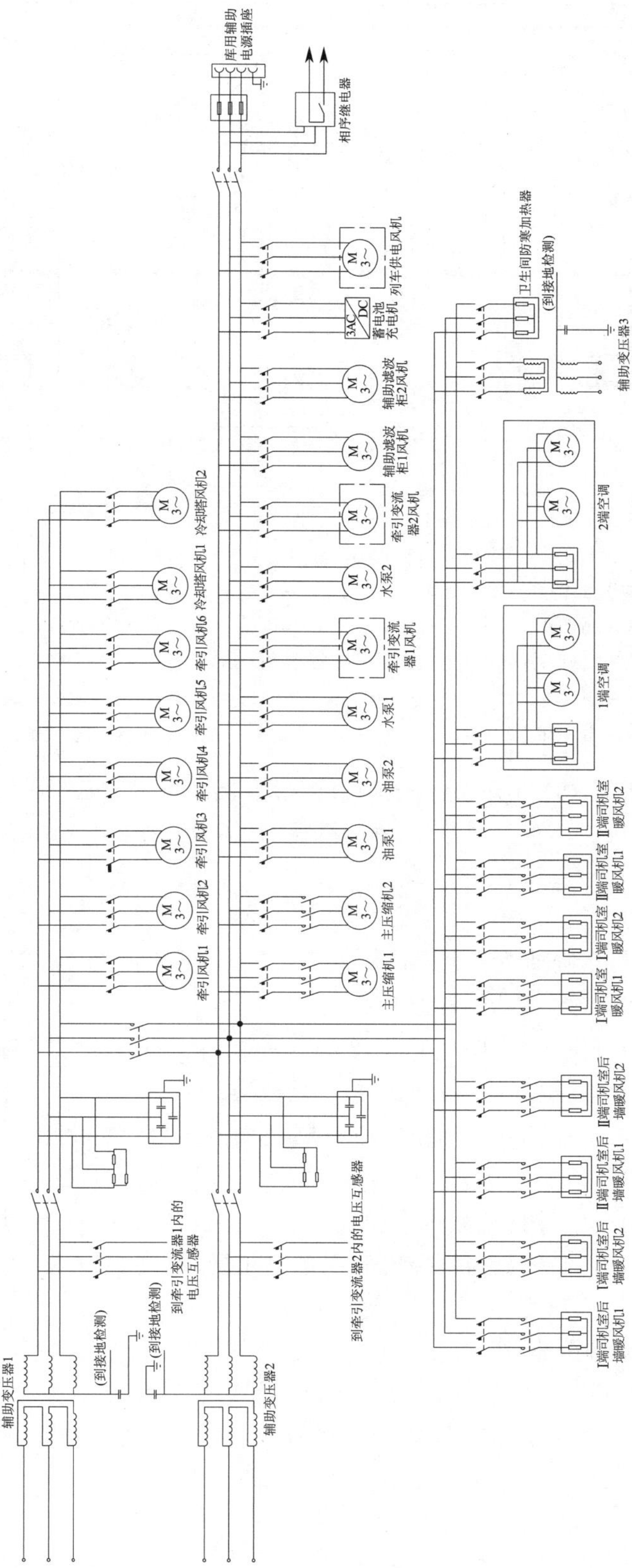

图 1-13-5 HXD1D 型电力机车辅助电气系统电路图

十三

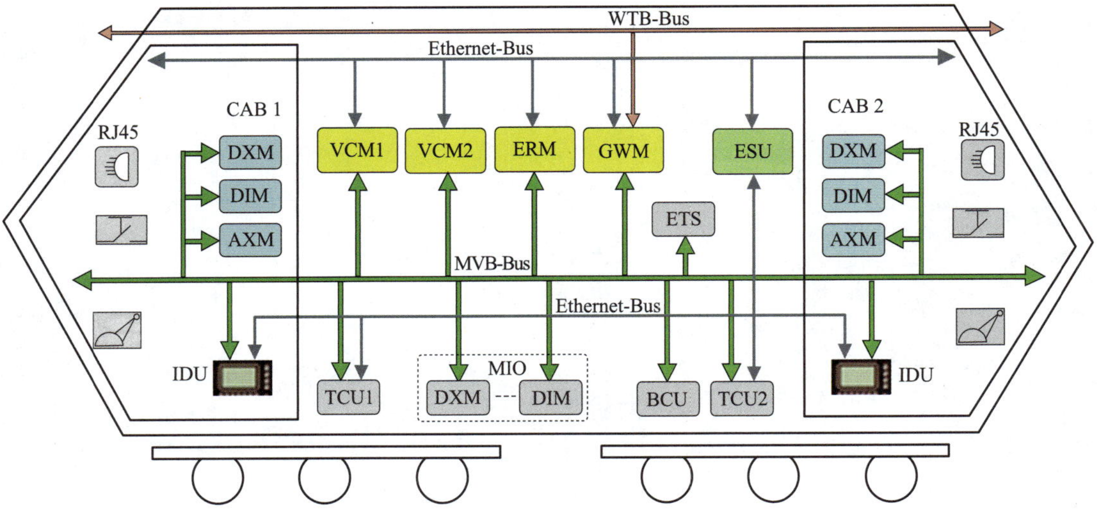

图 1-13-6 HXD1D 型电力机车网络控制系统结构图

CAB1、2—司机室 1、2；RJ45—以太网调试插座；DXM—数字量输入/输出模块；DIM—数字量输入模块；AXM—模拟量输入/输出模块；IDU—智能显示单元；Ethernet-Bus—以太网总线；ESU—以太网交换机；WTB-Bus—绞线式列车总线；VCM1、2—车辆控制模块；ERM—事件记录模块；GWM—网关模块；MVB-Bus—多功能车辆总线；TCU1、2—传动控制单元；BCU—制动控制单元；MIO—机械间输入输出模块；ETS—列车供电控制单元；ESU—以太网交换机；MIO—机械间输入输出模块

位单牵引杆。构架采用 16MnDR 低合金钢板箱形焊接结构，呈“目”字形。一系由钢弹簧、垂向减振器、橡胶垫组成。二系由钢弹簧、垂向减振器、横向减振器、抗蛇行减振器等组成。基础制动采用轮盘制动。

8. 制动系统

HXD1D 型电力机车制动系统主要包括风源及干燥系统、制动控制系统（含司机室主要设备）、基础制动系统和撒砂系统等。

该车采用了型号分别为 CCBⅡ和 DK-2 的两种制动控制系统，两种制动系统能实现相同的功能，其机械安装接口、电气接口及网络接口均兼容。

（1）CCBⅡ制动机是一种基于网络的电空制动机。该制动机由电子制动阀、中央处理模块、制动显示屏、中继接口模块和电空控制单元五个基本的部件组成。

（2）DK-2 制动机是一种具备微机模拟控制、网络通信、故障智能诊断等信息化功能的机车电空制动机，由制动控制器、后备制动阀、制动显示屏、制动柜[包括制动控制单元（BCU）、分配阀等阀类部件、压力开关、传感器等部件]组成。

机车采用两台型号分别为 SL20-5-103、TSA-230ADVⅡ或 BT-2.4-10AD1 螺杆式压缩机，排量为 2.4 m^3/min，压缩空气进入总风缸前，采用型号分别为 TAD-2.8HB 或 DHT-WG3-3 的双塔式干燥器对压缩空气进行干燥及净化处理，最大处理量为 3.0 m^3/min。总风缸总容积为 1 400 dm^3，机车上安装有两个 200 dm^3 的总风缸，车下安装有两个 500 dm^3 的总风缸。

HXD1D 型电力机车空气防滑系统采用基于单轴控制的方式，主要部件包括防滑主机、测速齿轮、防滑速度传感器、防滑阀。双管供风装置主要由减压阀、压力传感器、截断塞门、单向阀以及连接管路等组成，具有向旅客列车空气弹簧等用风设备提供风源的能力。

HXD$_{1D}$型电力机车基础制动装置采用轮盘制动方式，轮盘制动装置由制动盘、制动单元、闸片等组成。机车采用12个基础制动器，其中包括四个带停放功能的制动器，分别设置在一轴、三轴，二轴不带停放制动。

机车车端设有五管，分别为一根列车管、两根供风管、两根平均管。

9. 列车供电系统

HXD$_{1D}$型电力机车列车供电系统主要由牵引变压器供电绕组、列车供电柜、供电插座等设备组成。供电绕组额定输出电压860 V，通过列车供电柜内的相控整流器转变为稳定的DC 600 V电压向旅客列车供电。

HXD$_{1D}$型电力机车配置一台列车供电柜，安装在机械间内。该供电柜内有两路独立的、完全相同的相控整流及辅助电路，通过两路独立供电线路向列车供电，每路容量400 kW，当一路故障时，另一路可维持供电。

10. 技术参数表

HXD$_{1D}$型电力机车技术参数见表1-13-1。

表1-13-1　HXD$_{1D}$型电力机车技术参数表

车型名称			和谐D$_{1D}$
车型代号			HXD$_{1D}$
机车车号			0001～0613，1898
项　目		序号	参数及说明
用途		1	铁路干线客运
制造年代		2	2012—2016年
制造厂名		3	中车株洲电力机车有限公司
轨距(mm)		4	1 435
车体	车底架长(mm)	5	21 858
	车体宽(mm)	6	3 098
	高(轨面至受电弓座平面)(mm)	7	4 068
司机室个数		8	2
机车前后车钩中心距(mm)		9	22 754
车钩型号，形式		10	15号小间隙车钩，下作用式
缓冲器型号		11	KC15弹性胶泥缓冲器
轴式		12	$C_0—C_0$
车钩中心线距轨面高度(mm)		13	880±10
转向架中心距(mm)		14	11 760
全轴距(mm)		15	16 060
动轮直径(新轮)(mm)		16	1 250
动轮直径(轮箍半磨耗)(mm)		17	1 200
落弓后滑板顶面距轨面高度(mm)		18	≤4 780
受电弓滑板距轨面工作高度(mm)		19	5 200～6 500
机车整备质量(t)		20	126

续上表

车型名称				和谐 D_{1D}
车型代号				HXD_{1D}
机车车号				0001～0613,1898
项　　目			序号	参数及说明
轴重(t)			21	21
通过最小曲线半径(m)			22	125(5 km/h)
供电电流制			23	AC 25 kV/50 Hz
额定电压(kV)			24	25
最高电压(kV)			25	31
最低电压(kV)			26	17.5
电传动方式			27	交—直—交
持续功率(kW)			28	7 200
持续速度(km/h)			29	80
持续牵引力(kN)			30	324
最高运用速度(km/h)			31	160
恒功率速度范围(km/h)			32	80～160
最大启动牵引力(kN)			33	420
最大再生制动力(kN)			34	210
功率因数			35	≥0.98(机车功率大于 20%额定功率时)
等效干扰电流(A)			36	≤2.5
电网电流畸变率(%)			37	2.56((机车取用功率为 10 834 kW 时))
机车总效率			38	≥0.85
紧急制动距离(m)(初速 160 km/h)			39	≤1 400
库内动车电源制式			40	DC 600 V
转向架	构架外形尺寸(长×宽×高,mm)		41	6 350×2 720×895
	两侧梁横向中心距(mm)		42	2 110
	转向架各轴间距(mm)		43	2 150+2 000
	转向架固定轴距(mm)		44	4 150
	同一轴两轴箱中心距(mm)		45	2 110
	轮对质量(kg)		46	约 2 371
	一系悬挂装置	一系悬挂静挠度(mm)	47	39.4
		垂向油压减振器型号,数量	48	42-1300-002-041,4/转向架
		垂向油压减振器阻尼系数	49	6 kN (0.1m/s), 10 kN (0.3m/s)
	二系悬挂装置	二系悬挂静挠度(mm)	50	135
		垂向油压减振器型号,数量	51	42-1300-002-042,2/转向架
		垂向油压减振器阻尼系数	52	10 kN (0.1m/s), 14 kN (0.3m/s)
		横向油压减振器型号,数量	53	42-1300-002-043,2/转向架
		横向油压减振器阻尼系数	54	6 kN (0.1m/s), 10 kN (0.3m/s)
		抗蛇行减振器型号,数量	55	60 1300 002 044/045,2/转向架
		抗蛇行减振器阻尼系数	56	16 kN (0.02m/s), 20 kN (0.15m/s)

续上表

车型名称				和谐 D_{1D}
车型代号				HXD_{1D}
机车车号				0001～0613,1898
项目			序号	参数及说明
转向架	牵引力传递方式		57	低位单牵引杆
转向架	牵引点高(mm)		58	210
转向架	牵引电动机悬挂方式		59	弹性架悬
转向架	齿轮传动比		60	103/22
转向架	砂箱容量(m^3)		61	4×0.1
转向架	转向架质量(t)		62	约27.9
基础制动装置	基础制动方式		63	轮盘制动方式
基础制动装置	每台转向架制动器组数		64	6
基础制动装置	制动缸直径(mm)		65	254(CCBⅡ)/228(DK2)
基础制动装置	制动倍率		66	2.41
基础制动装置	传动效率(%)		67	85(紧急制动)
基础制动装置	闸片与制动盘的恒定间隙(mm)		68	单侧1～2
基础制动装置	制动缸最大空气压力(kPa)		69	450
基础制动装置	闸片、制动盘形式		70	整体夹钳式
基础制动装置	闸片、制动盘材质		71	粉末冶金材料,铸钢制动盘
基础制动装置	每个夹钳上的闸片(或轮盘)压力(kN)		72	48(CCBⅡ)/38(DK-2)
基础制动装置	停放制动	停放制动方式	73	弹簧蓄能
基础制动装置	停放制动	制动器数量	74	2(每台转向架)
基础制动装置	停放制动	闸片压力(kN)	75	25
基础制动装置	停放制动	停放制动器质量(kg)	76	100
基础制动装置	停放制动	制动单元质量(kg)	77	85
受电弓	型号		78	TSG15B
受电弓	额定工作电压(kV)		79	25
受电弓	额定工作电流(A)		80	1 000
受电弓	运行最高速度(km/h)		81	200
受电弓	工作高度(mm)		82	220～2250
受电弓	最大升弓高度(mm)		83	2 400
受电弓	落弓位高度(mm)		84	695
受电弓	升弓时间(s)		85	6～10
受电弓	降弓时间(s)		86	≤6
受电弓	传动风缸工作空气压力(kPa)		87	400～1 000
受电弓	总质量(kg)		88	≤110(不包括绝缘子)

十三

续上表

车型名称				和谐 D_{1D}
车型代号				HXD_{1D}
机车车号				0001～0613,1898
项　目			序号	参数及说明
主断路器	型号		89	TDV10(01)
	额定电压(kV)		90	30
	额定电流(A)		91	1 000
	额定分断电流(kA)		92	20
	额定分断容量(MV·A)		93	600
	固有分闸时间(ms)		94	20～60
	额定工作气压(kPa)		95	450～1 000
	质量(kg)		96	120
牵引变压器	型号,结构形式		97	TBQ44-9900/25,芯式
	各绕组额定容量(kV·A)	网侧高压绕组	98	9 900
		牵引绕组	99	6×1 457
		辅助绕组	100	—
		供电绕组	101	2×580
	各绕组额定电压(V)	网侧高压绕组	102	25 000
		牵引绕组	103	6×970
		辅助绕组	104	—
		供电绕组	105	2×860
	各绕组额定电流(A)	网侧高压绕组	106	396
		牵引绕组	107	1502
		辅助绕组	108	—
		供电绕组	109	2×674
	短路阻抗		110	36%±10%
	绝缘等级		111	A
	冷却方式		112	强迫导向油循环风冷(ODAF)
	冷却油牌号		113	45
	冷却油流量(m^3/h)		114	2×55
	油泵型号		115	4B55-17.5/5V
	效率(%)		116	96
	总质量(t)		117	12.7
谐振电抗器	每节机车台数		118	2
	额定电流(A)		119	1 700
	额定电压(V)		120	288.2
	电感值(mH)		121	0.27

十三

续上表

车型名称				和谐 D_{1D}
车型代号				HXD_{1D}
机车车号				0001～0613,1898
项　　目			序号	参数及说明
供电电抗器	每节机车台数		122	2
	额定电流(A)		123	674
	额定电压(V)		124	/
	电感值(mH)		125	9
牵引变流器	型号		126	TGA9C
	电路结构形式		127	电压型、两电平
	额定功率(kW)		128	3 600
	额定输入电压(交流)(V)		129	970
	额定输入电流(交流)(A)		130	3×1 440
	中间电路电压(V)		131	1 800
	二次谐振电容值(mF)		132	9.39
	支撑电容值(mF)		133	25.8
	额定输出电压(V)		134	1 420
	额定输出电流(A)		135	570
	四象限变流器开关频率(Hz)		136	450
	牵引逆变器最大开关频率(Hz)		137	500
	牵引逆变器输出频率范围(Hz)		138	0～119
	冷却方式		139	水冷
	效率(%)		140	97.5
	质量(t)		141	2.8
	外形尺寸(长×宽×高,mm)		142	3 600×1 060×2 000
	每台机车牵引变流器台数		143	2
	四象限变流器功率模块	型号	144	IBBM120S2
		电路形式	145	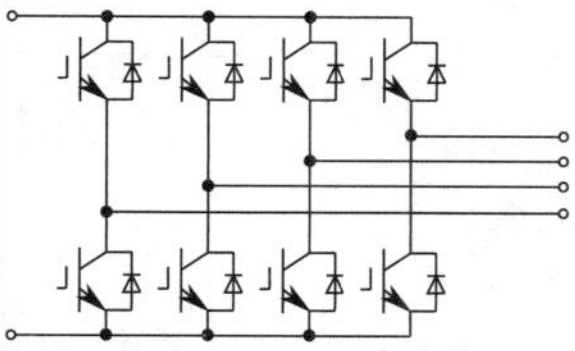
		四象限变流器构成形式	146	每个四象限变流器由一个功率模块构成
		电压(V)	147	970
		电流(A)	148	1 440
		开关频率(Hz)	149	450
		功率元件型号	150	FZ1200R33KF2C
		功率元件参数	151	IGBT(3 300 V/1 200 A)
		功率元件个数	152	8
		冷却方式	153	水冷
		质量(kg)	154	95
		尺寸(长×宽×高,mm)	155	670×407×470

续上表

车型名称				和谐 D_{1D}
车型代号				HXD_{1D}
机车车号				0001～0613,1898
项　　目			序号	参数及说明
牵引变流器	牵引逆变器功率模块	型号	156	IBBM120S2
		电路形式	157	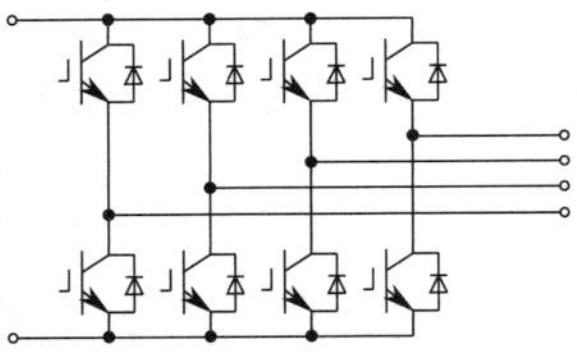
		牵引逆变器构成形式	158	每个牵引逆变器由一个功率模块构成,其中一相作为瞬时电压限制器
		电压(V)	159	1 420
		电流(A)	160	570
		开关频率(Hz)	161	500
		功率元件型号	162	FZ1200R33KF2C
		功率元件参数	163	IGBT(3 300 V/1 200 A)
		功率元件个数	164	8
		冷却方式	165	水冷
		质量(kg)	166	95
		尺寸(长×宽×高,mm)	167	670×407×470
	冷却系统	水泵型号	168	F40-3215A4-0305S1-AV(160)
		流量(m^3/h)	169	18
		驱动电机功率(kW)	170	5.5
	控制策略	四象限变流器	171	两电平四象限控制
		牵引逆变器	172	直接转矩控制
		瞬时电压限制器	173	过压触发斩波
交流异步牵引电动机	型号		174	YQ-1224
	额定功率(持续制)(kW)		175	1 224
	额定电压(持续制)(V)		176	1 420
	额定电流(持续制)(A)		177	570
	最大启动电流(A)		178	749
	功率因数		179	0.916
	额定转速(持续制)(r/min)		180	1 656
	最高转速(r/min)		181	3 456
	额定频率(Hz)		182	55.88
	额定转差率(%)		183	1.2
	额定转矩(N·m)		184	7 059
	最大转矩(N·m)		185	9 154

续上表

车型名称				和谐 D_{1D}
车型代号				HXD_{1D}
机车车号				0001～0613,1898
项　　目			序号	参数及说明
交流异步牵引电动机	额定效率(%)		186	95
	绝缘等级		187	200
	极数		188	4
	质量(kg)		189	2 595
	通风量(m^3/s)		190	1.4
牵引通风机组	型号		191	THTF4.5
	台数		192	6
	最大转速(r/min)		193	3 530
	每台风机的风量(m^3/min)		194	84
	风压(Pa)		195	3 800
	额定功率(kW)		196	13
	质量(kg)		197	185
复合冷却塔	冷却方式		198	强迫风冷
	水散热量(kW)		199	86
	油散热量(kW)		200	185
	通风量(m^3/min)		201	630
	水流量(m^3/h)		202	18
	油流量(m^3/h)		203	55
	质量(kg)		204	1 250(A),1 350(B)
辅助逆变器	CVCF逆变器	型号	205	IBBM40S
		每台机车装用台数	206	1
		额定输入电压(V)	207	1 820
		额定输入电流(A)	208	—
		额定输出电压(V)	209	经变压器输出 440
		额定输出电流(A)	210	经变压器输出 393
		容量(kV·A)	211	300
		频率(Hz)	212	60
		功率元件参数	213	IGBT(3 300 V/8 00A)
		冷却方式	214	水冷
		质量(kg)	215	60
	VVVF逆变器	型号	216	IBBM40S
		每台机车装用台数	217	1
		额定输入电压(V)	218	1 820
		额定输入电流(A)	219	—
		额定输出电压(V)	220	经变压器输出 80～440
		额定输出电流(A)	221	经变压器输出 393
		容量(kV·A)	222	300
		频率(Hz)	223	10～60
		功率元件参数	224	IGBT(3 300 V/800 A)
		冷却方式	225	水冷
		质量(kg)	226	60

续上表

车型名称				和谐 D_{1D}		
车型代号				HXD_{1D}		
机车车号				0001～0613,1898		
项　目			序号	参数及说明		
蓄电池充电机	型号		227	TGY11 型电源柜,DZT110 V-120 A 型电源柜		
	输入电压		228	3AC 440×(1±5%)V/60Hz,3AC 440×(1±5%)V/50Hz		
	输出电压		229	DC 112.8×(1±1%)V,DC 110×(1±1%)V,DC 24×(1±2%)V		
	输出电流(A)		230	4×30(110 V),2×12.5(24V)		
	输出容量(kV·A)		231	4×3.2		
	质量(kg)		232	125		
微机网络控制系统	列车网标准		233	IEC 61375-1		
	车辆网标准		234	IEC 61375-1		
	列车网传输速率(Mbit/s)		235	1		
	车辆网传输速率(Mbit/s)		236	1.5		
	机车控制功能	牵引特性控制	237	准恒速控制		
		再生制动特性控制	238	恒力矩控制		
		其他控制功能	239	自动换端、自动过分相等		
	保护功能	网压保护限值(V)	240	17.5～31		
		网流保护限值(A)	241	原边电流 $I>500$ A 时间大于 2.5 s,分断主断路器		
		中间电压限值	242	TCU 实时保护		
		防空转/滑行策略	243	TCU 黏着利用率控制		
		最高速度限(km/h)	244	162		
风源统系	主空气压缩机组	型号	245	SL20-5-103	TSA-230ADVII	BT-2.4-10AD1
		压缩空气出口压力(kPa)	246	1 000		
		压缩空气出口温度(℃)	247	环境温度+15		
		排气量(m^3/min)	248	2.4		
		冷却方式	249	风冷		
		润滑油牌号	250	Anderol 3057M		
		润滑油储量(dm^3)	251	6	7.5	9
		润滑油压力(kPa)	252	1 100		
		电机型号	253	KB/08C-160M	FS200-2BT-04G	YBT180L-4G
		电机转速(r/min)	254	3 515	3 540	1 760
		额定功率(kW)	255	21.5	24	24
		额定电压(V)	256	440		
		额定电流(A)	257	42		
		机组质量(kg)	258	275	400	445

续上表

车型名称				和谐 D_{1D}	
车型代号				HXD_{1D}	
机车车号				0001～0613,1898	
项　　目			序号	参数及说明	
风源统系	辅助空气压缩机组	辅压缩机型号	259	DWTZ-70,D-100	
		额定排气量(m^3/min)	260	≥0.07	
		额定排气压力(kPa)	261	800	
		电动机型号	262	130SZD	
		额定工作电压(V)	263	DC 110V×$(1+^{+25\%}_{-30\%})$	
		额定工作电流(A)	264	8	
		额定功率(kW)	265	0.8	
		额定转速(r/min)	266	—(活塞式)	
	空气干燥器	空气干燥器型号	267	TAD-2.8HB,DHTWG3-3	
		空气干燥器形式	268	无热再生	
		处理空气量(m^3/min)	269	3	
		工作压力(kPa)	270	900	
		整机质量(kg)	271	95,85	
	风源系统部件	压力控制器(调压器)型号	272	DW10	
		压力控制范围(kPa)	273	750～900	
		总风缸空气压力范围(kPa)	274	750～900	
		各总风缸总容量 (dm^3)	275	2×500+2×200	
	调压阀调压范围(kPa)		276	0～1 000	
制动机	制动机型号		277	CCBⅡ	DK-2
	自动制动阀		278	786507/786508	TKS42B(02)
	单独制动阀		279	786507/786508	与序 276 集成
	分配阀型号,数量		280	16CP, 1	109,1
	中继阀(双阀口式)		281	ERCP	104
	紧急阀		282	BPCP	95
	电动放风阀		283	BPCP	94
	紧急电空阀(110V)		284	Ⅱ55549	94YV
	电空转换阀		285	—	
蓄电池组	型号		286	DLM170	
	容量(A·h)		287	170	
	装用数量(只)		288	48	
	总标称电压(V)		289	96	
列车供电系统	型号		290	TGF69、TDPS02	
	电路形式		291	相控整流	
	额定输出功率(kW)		292	2×400	
	额定输入电压(V)		293	AC 860	
	额定输出电压(V)		294	DC 600	
	额定输出电流(A)		295	2×DC 667	
	最大输出电流(A)		296	≤2×DC 750	
	输出电压控制精度		297	±5%	
	效率(额定工况)		298	≥95%	
	冷却方式		299	风冷	

注:"—"表示无此设备;"/"表示数据空缺。

十四、HXD_{1F}型电力机车技术简介

1. 概　　述

HXD_{1F}型电力机车是30 t轴重、八轴、大功率交流传动货运电力机车。是由株机公司、株洲所和中车株洲电机有限公司等单位根据原铁道部科学技术司关于印发《30吨轴重交流传动货运电力机车设计任务书》(科技装函〔2013〕13号)的要求共同研制的，是在HXD_1型电力机车的基础上，借鉴既有和谐1系列电力机车(HXD_1、HXD_{1B}、HXD_{1C}型)成熟技术及部件研发的一种满足重载货运要求的交流传动电力机车。

HXD_{1F}型电力机车采用大功率异步牵引电机、卧式牵引变压器、IGBT元件组成的水冷牵引变流器、单轴独立控制、微机网络控制系统、微机控制的空气制动系统抱轴悬挂转向架、独立通风冷却等技术，机车持续功率9 600 kW，轴式2(B_0—B_0)，最高运用速度100 km/h，启动牵引力910 kN(30 t)/820 kN(27 t)，持续牵引力691 kN(30 t)/628 kN(27 t)，最大再生制动力510 kN，适应中国铁路27 t轴重及以上重载线路使用环境。

机车于2013年试制2台(车号为0001～0002)，于2014年进入晋中南铁路长子南—平顺进行线路综合试验，担任万吨牵引任务。自2015年4月起，HXD_{1F}型0001～0002号机车开始在山西中南部铁路通道长子南—汤阴东区段进行运用考核工作。

HXD_{1F}型电力机车外形如图1-14-1所示。

图1-14-1　HXD_{1F}型电力机车外形图

2. 机车总体

HXD_{1F}型电力机车由两节完整的单司机室四轴机车通过机械和电气重联的形式组成一台完整的八轴机车，两个单节即A节机车和B节机车，除了机械间内生活设施和通信信号设备有差异外，其他设施完全一样。机车的设备布置可分为车顶设备布置、司机室设备布置、机械间设备布置和车下设备布置、辅助设备布置等几个部分。

车顶设备只有受电弓、支撑绝缘子、车顶避雷器、高压连接器及通信用的天线设备等，其他网侧设备，诸如主断路器、高压接地开关、高压电压互感器、柜内避雷器、高压隔离开关等置于机械间的网侧柜中。

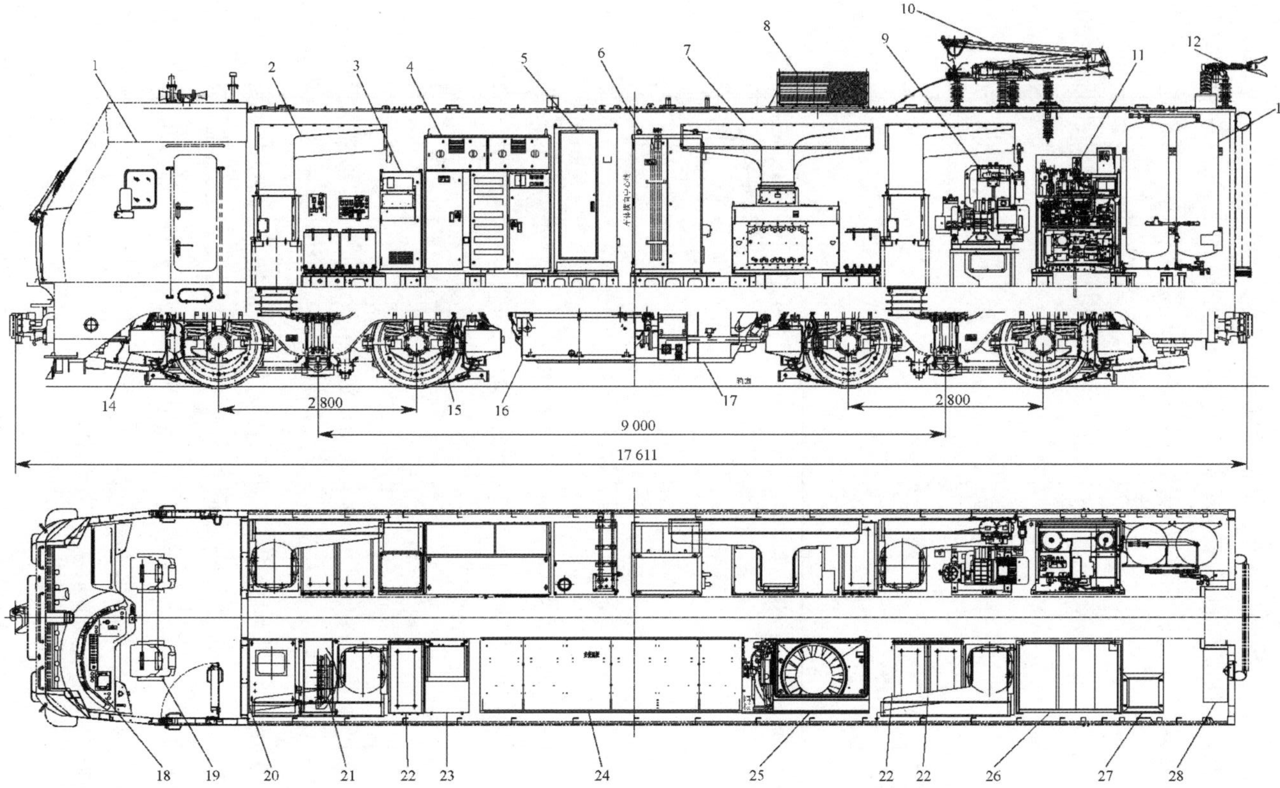

图 1-14-2　HXD1F 型电力机车单节总体布置图

1—司机室；2—牵引通风机；3—电源柜；4—低压电器柜；5—卫生间(A 节)/工具柜(B 节)；6—第三方设备柜；7—辅助变压器柜；8—冷却塔过滤网；9—主压缩机及干燥器；10—受电弓；11—制动柜；12—高压连接器；13—风源柜；14—砂箱；15—转向架；16—蓄电池柜；17—牵引变压器；18—司机操作台；19—司机座椅；20—空调机组；21—复轨器；22—压车铁；23—衣帽柜；24—牵引变流器；25—冷却塔；26—网侧柜；27—6A 系统柜；28—端子柜

机车机械间设备基本按斜对称原则布置、中间走廊、采用预布线和预布管设计；单节机车机械间增加或减少压车铁实现轴重 30t/27t 的转换，压车铁按斜对称原则布置。机械间设备有牵引变流柜、网侧柜、辅助变压器柜、牵引通风机组、冷却塔、低压柜、卫生间（A 节机车）、工具柜（B 节机车）、蓄电池充电机、空气制动柜、第三方设备柜、6A 系统柜、空调、衣帽柜等。

车下设备布置有牵引变压器、转向架、机车自动信号感应器、控制电路库用插座、光电速度传感器、自动过分相设备地面感应器、机车电子标签、蓄电池柜等。

机车采用独立通风冷却系统，每节车的通风冷却系统主要有四条通风支路：牵引电机通风支路、冷却塔通风支路、辅助变压器柜及车内通风支路、司机室空调通风支路。四条通风支路相互独立。

单节机车的设备布置如图 1-14-2 所示。HXD_{1F} 型电力机车牵引、再生制动特性曲线如图 1-14-3 所示。

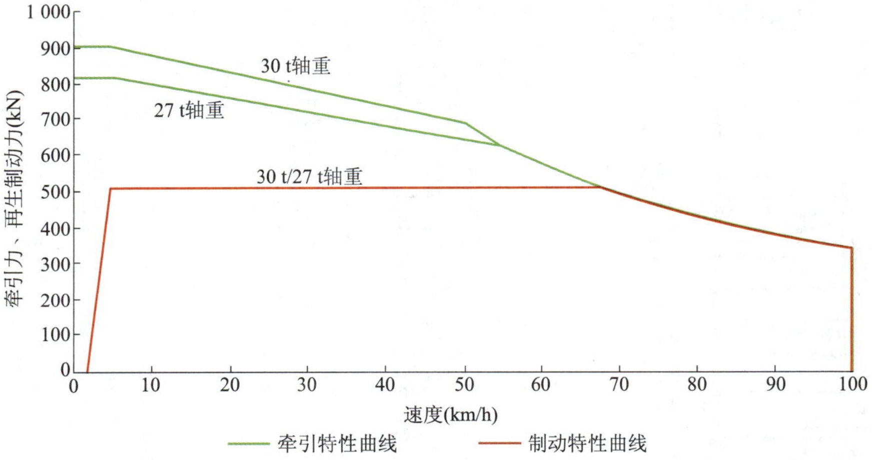

图 1-14-3　HXD_{1F} 型电力机车牵引、再生制动特性曲线图

3. 牵引电传动系统

(1)牵引电路

HXD_{1F} 型电力机车，每节机车各自配备了一套完整的、独立的、相同的牵引电传动电路，每节车的牵引电传动电路主要由一台牵引变压器＋一台牵引变流器＋四台牵引电机构成，牵引变压器四个独立的次边牵引绕组分别向四个四象限变流器供电，每两个四象限变流器并联输出，共用一个中间直流电路。每个中间直流电路同时向三个电压型 PWM 逆变器（两个牵引逆变器和一个辅助逆变器，辅助逆变器集成在牵引变流器柜中）供电，每个牵引逆变器向一个转向架的一台异步牵引电机供电，实现牵引电机单轴控制。中间直流电路连接有二次谐振电路、过电压保护电路和接地检测电路等。单节机车牵引电路原理如图 1-14-4 所示。

(2)网侧电路

网侧电路为 25 kV 电路。每节机车网侧电路由一台受电弓、两台避雷器、一台带接地装置的主断路器、一台高压电压互感器、一台高压隔离开关、一台原边电流互感器、牵引变压器原边、接地回流互感器和接地碳刷等组成。两节机车间的网侧电路通过车顶高压连接器相连。

机车主要高压部件放入机械间内部，安装在网侧柜中，主要设备包括一台高压电压互感器、一台真空断路器、一台高压接地开关、一台高压隔离开关、一台避雷器等。

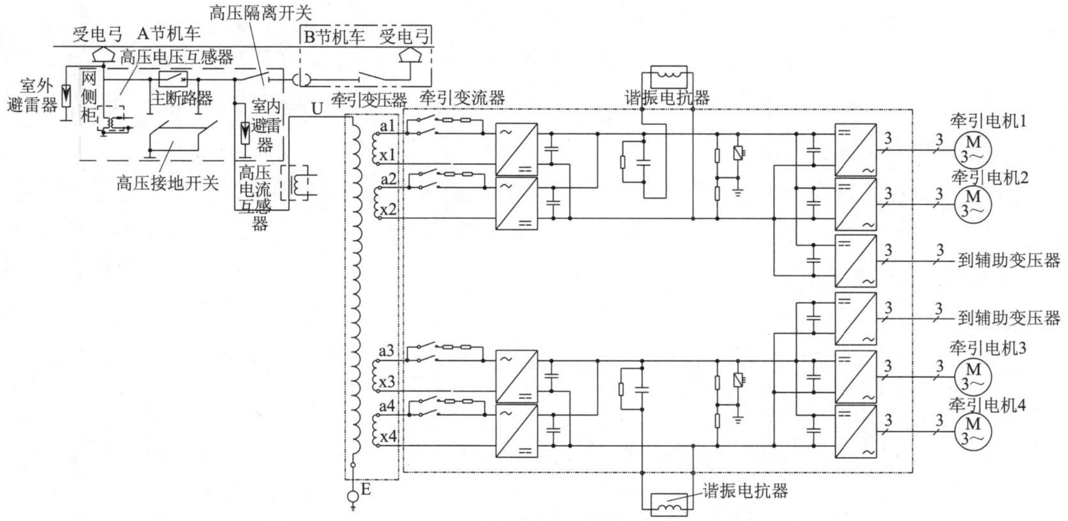

图 1-14-4　HXD1F 型电力机车单节牵引电路原理图

机车正常运行时，受电弓选择“自动”位，只升后一节机车的受电弓，接触网电流通过受电弓，经真空主断路器、牵引变压器原边绕组的高压端子给机车供电，再由机车的牵引变压器原边低压端子经接地碳刷、轮对、钢轨，返回变电所。同时经高压隔离开关、高压连接器、它节机车高压隔离开关，它节机车的牵引变压器的原边绕组高压端子给它节机车供电，再由它节机车的牵引变压器原边低压端子经接地碳刷、轮对、钢轨，返回变电所。机车双弓模式下两节机车中至少要有一节机车的高压隔离开关处于断开位置，两节机车的真空断路器分别控制各自机车的供电。

(3)牵引变压器

机车采用 EFAT 6744 型电力机车牵引变压器。在变压器油箱内，还装有两台 100 Hz 滤波电抗器，共用一个冷却系统。牵引变压器是单相变压器，卧式结构，采取车体下悬挂安装方式。变压器高低压绕组绕在同一个铁芯上构成，其中 UE 原边绕组接系统高电压，称为高压绕组。LV1、LV2、LV3、LV4 为四个次边绕组，给机车牵引电传动系统和辅助系统供电。

(4)牵引变流器

每节机车设有一个牵引变流柜，每个牵引变流柜由两套相互独立的变流器组成。一台变流器包含两个并联的四象限变流器、两个牵引逆变器和一个辅助逆变器。

机车牵引变流器由下列功能模块组成：线路接触器和预充电单元；四象限变流器；中间直流电路，包含中间电路支撑电容、瞬时过电压限制电路、主接地保护电路和外部谐振电抗器一起构成的谐振电路；保护模块单元；脉宽调制逆变器(用于牵引和辅助供电)；传动控制单元(TCU)；冷却风机等。

机车在牵引工况下，牵引逆变器通过直—交变换，向牵引电机提供变压变频的三相交流电，实现机车的单轴独立控制；在制动工况下，牵引逆变器通过交—直变换，向中间直流电路提供电能，再通过四象限变流器将电能回馈电网。

(5)牵引电机

机车采用 YQ-1225 型鼠笼式三相交流异步牵引电机，主要由定子、转子、端盖和轴承等部件组成。定子的主要零部件有定子铁芯、定子绕组等。转子由转子铁芯、导条、端环和转轴等组成。牵引电机采用强迫通风冷却，其滚动轴承采用脂润滑，并采用有效措施防止轴承电蚀，轴承密封采用非接触的迷宫式结构。每节车有四个电机，传动方式采用弹性联轴器传动。牵引电机的转速测量及转向确定是由装在电机非传动端的双通道霍尔速度传感器完成的，采用非接触测量方式。在定子铁芯齿中安装有温度传感器 Pt100，用于监控定子绕组温度。

4. 辅助电气系统

HXD_{1F} 型电力机车辅助负载由集成在牵引变流器内的辅助逆变器供电，并进行了冗余设计。除卫生间、微波炉、冰箱等生活设施全车只有一套外，HXD_{1F} 型电力机车的两节车具有完全相同的辅助电气系统。

辅助电气系统主要分为下面五个负载组：

(1)440 V/60 Hz 三相变压变频支路：负载包括四个牵引通风机组和一个冷却塔通风机组；

(2)440 V/60 Hz 三相恒压恒频支路：负载有压缩机、水泵、油泵、空调、蓄电池充电机、440 V/230 V 变压器等；

(3)230 V/60 Hz 单相交流支路：负载包括 AC 230 V 插座、前窗玻璃加热器、司机室采暖器等；

(4)220 V/50 Hz 单相交流支路：负载包括 AC 220 V 插座、微波炉、冷藏箱等。

(5)110 V 直流负载支路：负载包括网络控制电源、牵引控制系统电源、制动系统电源、照明电源、辅助压缩机、监控电源、ECP 系统(预留)等。

HXD_{1F} 型电力机车辅助电气系统原理图如图 1-14-5～图 1-14-7 所示。

5. 微机网络控制系统

HXD_{1F} 型电力机车微机网络控制系统以符合 TCN 标准的分布式列车电子控制系统(DTECS-1)平台为基础，实现机车的通信、控制、诊断、保护和信息监视等主要功能。

机车网络控制系统由 WTB/MVB 网关模块 GWM、事件记录模块 ERM、数字量输入/输出模块 DXM、数字量输入模块 DIM、模拟量输入/输出模块 AXM、智能显示单元 IDU 以及以太网交换机 ESU 等组成，通过 MVB 与牵引控制单元 TCU、制动控制单元 BCU 等进行控制与状态信息的传递。网络控制系统结构如图 1-14-8 所示。

6. 车　　体

HXD_{1F} 型电力机车的两节车体完全相同，每节车体包括车体承载钢结构和车体附属部件两大部分。车体承载钢结构采用整体承载结构，主要由底架、司机室、侧墙组焊成一个整体的单司机室框架式全钢焊接结构，材料为 16MnDR 和 Q345E；车体附属部件主要包括顶盖、排障器、牵引缓冲装置、超载保护装置、机车门、窗、内装饰、风挡等，顶盖在受电弓下方采用防污秽、防闪络的绝缘顶盖。

车钩采用 102 型车钩，缓冲器为 102 型缓冲器。

7. 转 向 架

HXD_{1F} 型电力机车转向架采用 B_0 轴式，设计轴重 30 t，主要由构架、轮对驱动组装、一系悬挂装置、二系悬挂装置、牵引装置、电机悬挂装置、基础制动装置、踏面清扫装置、转向架空气管路、排石器和撒砂管、接地装置、轴端速度传感器、轮缘润滑装置等构成。

构架设计采用“日”字形焊接结构，由两根左右对称的侧梁、一根中间横梁(牵引梁)、一根前端梁和一根后端梁组成。侧梁与两端梁和中间横梁通过焊接相连，两侧梁、中间横梁和两端梁均为板材焊接箱型梁，在各梁体的内部设有若干筋板，保证构架有足够的刚度和强度。

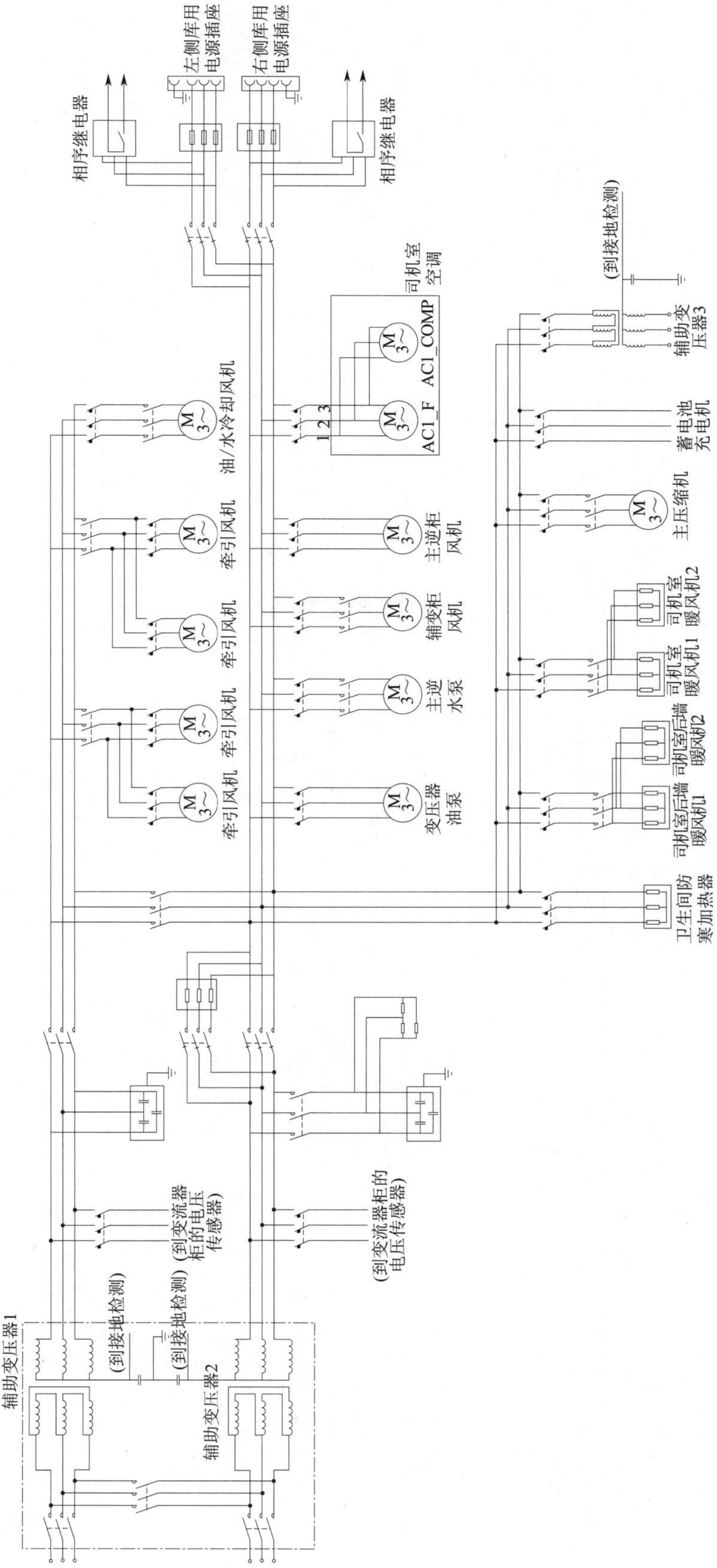

图 1-14-5　HXD1F 型电力机车 3AC 440 V/60 Hz 辅助电路原理图

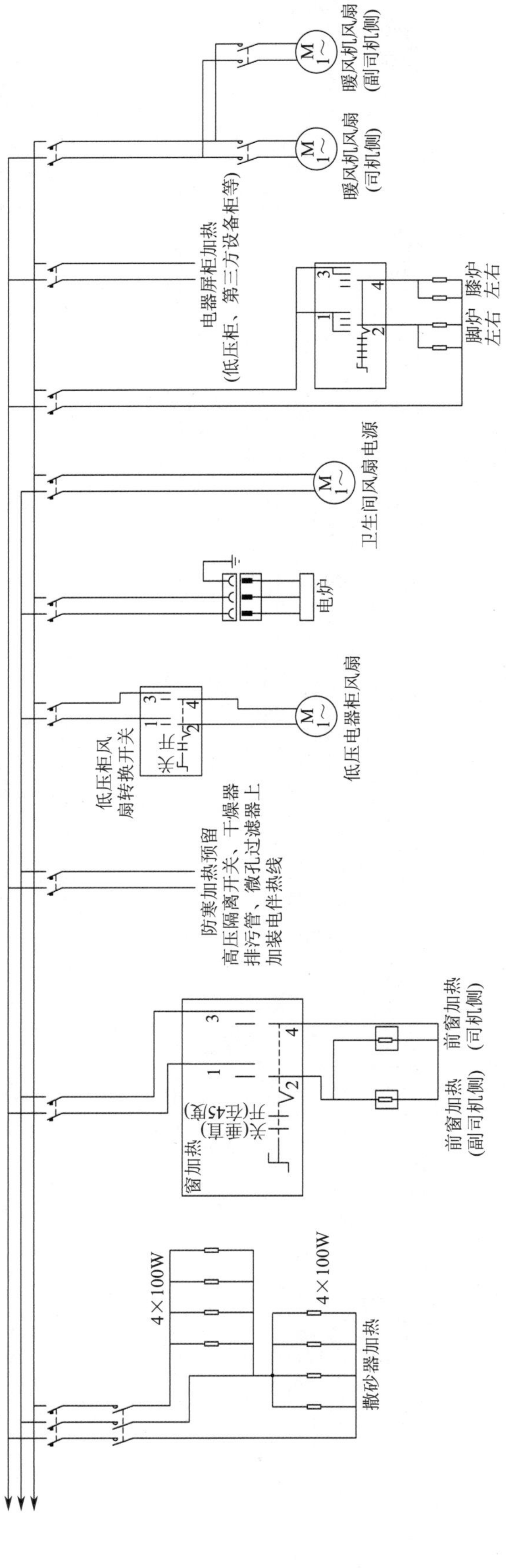

图 1-14-6 HXD1F 型电力机车 AC 230 V/60 Hz 辅助电路原理图

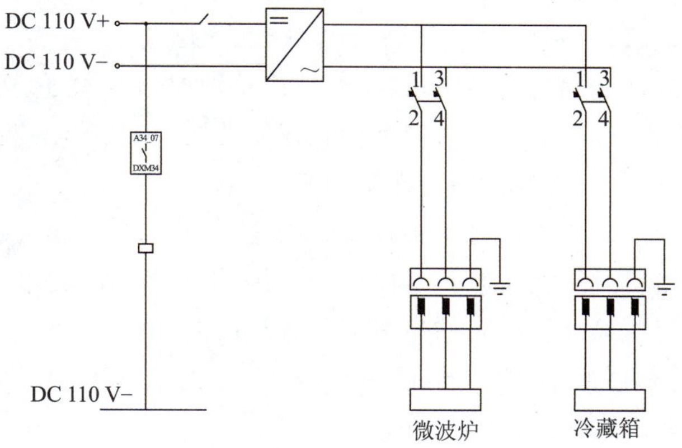

图 1-14-7 HXD1F 型电力机车 AC 220 V/50 Hz 辅助电路原理图

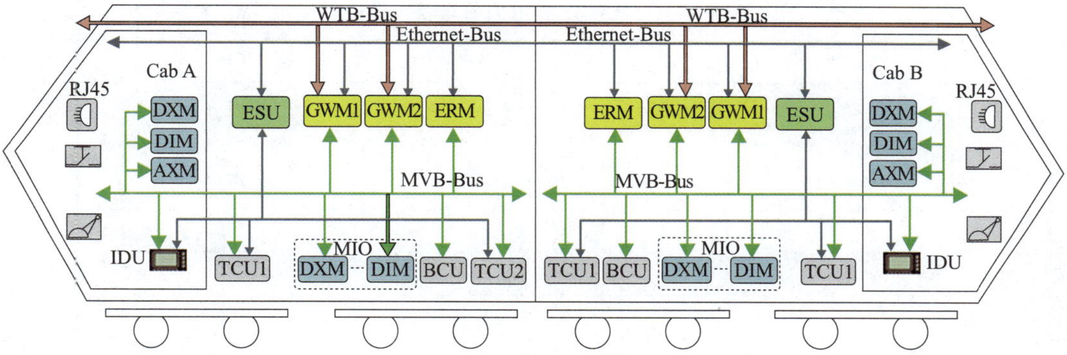

图 1-14-8 HXD1F 型电力机车网络控制系统结构图

CabA、B—司机室 1、2；RJ45—以太网调试插座；DXM—数字量输入/输出模块；DIM—数字量输入模块；AXM—模拟量输入输出模块；IDU—智能显示单元；Ethernet-Bus—以太网总线；WTB-Bus—绞线式列车总线；ERM—事件记录模块；ESU—以太网交换机；GWM—网关模块；MVB-Bus—多功能车辆总线；TCU1～2—牵引控制单元；BCU—制动控制单元；MIO—机械间输入输出模块

每个转向架包含两组轮对轴箱组装和两组驱动单元。每组轮对轴箱组装由车轴、车轮、从动齿轮、轴箱等组成。每组驱动单元主要由大齿轮箱、小齿轮箱、交流牵引电机、主动齿轮、联轴器、抱轴承箱、密封元件组成。

转向架悬挂装置包括一系悬挂装置和二系悬挂装置。一系悬挂装置采用钢弹簧加橡胶垫再加轴箱拉杆结构，二系悬挂装置采用高挠钢弹簧加橡胶垫结构。

牵引装置采用中央推挽式双牵引杆结构，前端斜牵引杆与车体连接，属低位牵引。

8. 制动系统

HXD1F 型电力机车风源系统由两个相对独立的部分组成，一部分为主风源系统，由主空气压缩机组、压缩机启停控制器、安全阀、主空气干燥器、油过滤器、总风缸、逆止阀、管路塞门及连接管路等组成；另一部分为辅助风源系统，由辅助压缩机组、辅助干燥系统、风缸及连接管路等组成。每单节机车采用一台螺杆空气压缩机组，公称容积流量 3.0 m^3/min；采用一台主空气干燥器，其空气处理量与主压缩机排气量匹配；每单节机车总风缸由两个串联的 500dm^3 总风缸组成。

机车空气管路包括用于升弓、撒砂、风笛、踏面清扫等辅助功能。

机车采用两种制动机，分别为 CCBⅡ制动机和 DK-2 制动机。

机车设置了一套空气制动防滑系统，该系统采用单轴控制方式，包括防滑主机、测速齿轮、防滑速度传感器、防滑排风阀；其中防滑速度传感器安装在轴端盖、测速齿轮安装在车轴轴端、防滑排风阀安装在机械间、防滑主机集成在制动柜。

基础制动采用轮盘制动方式。机车闸片材料为合成闸片，制动盘材质采用整体铸铁盘；制动夹钳形式为整体夹钳式。采用每轮一套的单侧单制动盘制动装置，其中的一半制动装置设有能实现停放制动的停放风缸。每轮的另一边配有踏面清扫器。

HXD_{1F} 型 1 号机车还装有 ECP 制动系统，ECP 系统机车部件主要包括 ECP 显示屏、ECP 操控器、ECP 主机箱等三部分。

9. 技术参数表

HXD_{1F} 型电力机车技术参数见表 1-14-1。

表 1-14-1　HXD_{1F} 型电力机车技术参数表

车 型 名 称			和谐 D_{1F}
车 型 代 号			HXD_{1F}
机 车 车 号			0001～0002
项 目		序号	参数及说明
用途		1	货运
制造年代		2	2013 年
制造厂名		3	中车株洲电力机车有限公司
轨距(mm)		4	1 435
车体	车底架长(mm)	5	17 086
	车体宽(mm)	6	3 100
	高(轨面至受电弓座平面)(mm)	7	4 029
司机室个数		8	2
机车前后车钩中心距(mm)		9	2×17 611
车钩型号，形式		10	102 型，下作用式
缓冲器型号		11	NC390
轴式		12	$2(B_0—B_0)$
车钩中心线距轨面高度(mm)		13	880±10
转向架中心距(mm)		14	9 000
全轴距(mm)		15	29 407
动轮直径(新轮)(mm)		16	1 250
动轮直径(轮箍半磨耗)(mm)		17	1 200
落弓后滑板顶面距轨面高度(mm)		18	4 699
受电弓滑板距轨面工作高度(mm)		19	5 200～6 500
机车整备质量(t)		20	$2\times108\times(1^{+1\%}_{-3\%})$，$2\times120\times(1^{+1\%}_{-3\%})$
轴重(t)		21	27，30
通过最小曲线半径(m)		22	125

续上表

车型名称				和谐 D_{1F}
车型代号				HXD_{1F}
机车车号				0001～0002
项目			序号	参数及说明
供电电流制			23	AC 25 kV/50 Hz
额定电压(kV)			24	25
最高电压(kV)			25	31
最低电压(kV)			26	17.5
电传动方式			27	交—直—交
持续功率(kW)			28	9 600
持续速度(km/h)			29	55(27 t),50(30 t)
持续牵引力(kN)			30	628(27 t),691(30 t)
最高运用速度(km/h)			31	100
恒功率速度范围(km/h)			32	55～100(27 t),50～100(30 t)
最大启动牵引力(kN)			33	820(27 t),910(30 t)
最大再生制动力(kN)			34	510(27 t/30 t)
功率因数			35	≥0.98(机车功率大于20%额定功率时)
等效干扰电流 J_p(A)			36	≤1.5
电网电流畸变率(%)			37	4.14(机车取用功率为 9 596 kW 时)
机车总效率			38	≥0.85
紧急制动距离(m)(初速度 100 km/h)			39	≤1 400 (30 t)
库内动车电源制式			40	3AC 380 V
转向架	构架外形尺寸(mm)		41	5 375×2 890×1 090
	两侧梁横向中心距(mm)		42	2 110
	转向架各轴间距(mm)		43	2 800
	转向架固定轴距(mm)		44	2 800
	同一轴两轴箱中心距(mm)		45	2 110
	轮对质量(kg)		46	2 200
	一系悬挂装置	一系悬挂静挠度(mm)	47	51
		垂向油压减振器型号,数量	48	J1C50-94-03,4/转向架
		垂向油压减振器阻尼系数	49	4.25 kN(0.1 m/s)10 kN(0.3 m/s)
	二系悬挂装置	二系悬挂静挠度(mm)	50	100
		垂向油压减振器型号,数量	51	J2C50-95-00,2/转向架
		垂向油压减振器阻尼系数	52	9.34 kN(0.1 m/s)20 kN(0.3 m/s)
		横向油压减振器型号,数量	53	J2H60-25-00,2/转向架
		横向油压减振器阻尼系数	54	1.54 kN(0.025 m/s)3.85 kN(0.05 m/s)5.82 kN(0.1 m/s)
		抗蛇行减振器型号,数量	55	—
		抗蛇行减振器阻尼系数	56	—

续上表

车型名称			和谐 D_{1F}
车型代号			HXD_{1F}
机车车号			0001～0002
项目		序号	参数及说明
转向架	牵引力传递方式	57	中央推挽式双牵引杆
	牵引点高(mm)	58	240
	牵引电动机悬挂方式	59	刚性轴悬
	齿轮传动比	60	107/17
	砂箱容量(m^3)	61	4×0.1
	转向架质量(t)	62	约 22
基础制动装置	基础制动方式	63	轮盘制动
	每台转向架制动器组数	64	4
	制动缸直径(mm)	65	255.1,203.2
	制动倍率	66	2.41
	传动效率(%)	67	≥85
	闸片与制动盘的恒定间隙(mm)	68	单侧 1～2
	制动缸最大空气压力(kPa)	69	450
	闸片、制动盘形式	70	整体夹钳式
	闸片、制动盘材质	71	合成闸片,铸铁制动盘
	每个夹钳上的闸片(或轮盘)压力(kN)	72	48(CCBⅡ),30(DK-2)
	停放制动 停放制动方式	73	弹簧蓄能
	停放制动 制动器数量	74	8
	停放制动 闸片压力(kN)	75	57(CCBⅡ),54(DK-2)
	停放制动 停放制动器质量(kg)	76	105(CCBⅡ),135(DK-2)
	制动单元质量(kg)	77	82.5(CCBⅡ),92.7(DK-2)
受电弓	型号	78	TSG15B
	额定工作电压(kV)	79	25
	额定工作电流(A)	80	1 000
	运行最高速度(km/h)	81	200
	工作高度(mm)	82	220～2 250
	最大升弓高度(mm)	83	2 400
	落弓位高度(mm)	84	695^{+8}_{-10}
	升弓时间(s)	85	6～10
	降弓时间(s)	86	≤6
	传动风缸工作空气压力(kPa)	87	400～1 000
	总质量(kg)	88	≤110(不包括绝缘子)

续上表

车型名称				和谐 D_{1F}
车型代号				HXD_{1F}
机车车号				0001～0002
项目			序号	参数及说明
主断路器	型号		89	BVAC. N99K
	额定电压(kV)		90	30
	额定电流(A)		91	1 000
	额定分断电流(kA)		92	20
	额定分断容量(MV·A)		93	600
	固有分闸时间(ms)		94	20～60
	额定工作气压(kPa)		95	450～1 000
	质量(kg)		96	135
牵引变压器	型号,形式		97	TBQ32-5280/25,芯式
	各绕组额定容量(kV·A)	网侧高压绕组	98	5 280
		牵引绕组	99	4×1 320
		辅助绕组	100	—
		供电绕组	101	—
	各绕组额定电压(V)	网侧高压绕组	102	25 000
		牵引绕组	103	4×970
		辅助绕组	104	—
		供电绕组	105	—
	各绕组额定电流(A)	网侧高压绕组	106	211
		牵引绕组	107	1 361
		辅助绕组	108	—
		供电绕组	109	—
	短路阻抗		110	36%±10%
	绝缘等级		111	A
	冷却方式		112	强迫导向油循环风冷(ODAF)
	冷却油牌号		113	45 号
	冷却油流量(m^3/h)		114	60
	油泵型号		115	B2/148/80
	效率(%)		116	96
	总质量(kg)		117	8 200
谐振电抗器	每节机车台数		118	2
	额定电流(A)		119	1 080
	额定电压(V)		120	183
	电感值(mH)		121	0.27

续上表

车型名称				和谐 D_{1F}
车型代号				HXD_{1F}
机车车号				0001～0002
项目			序号	参数及说明
牵引变流器	型号		122	tPower-TC3
	电路结构形式		123	电压型、两电平
	额定功率(kW)		124	4 800
	额定输入电压(交流)(V)		125	970
	额定输入电流(交流)(A)		126	4×1 440
	中间回路电压(V)		127	1 800
	二次谐振电容值(mF)		128	9.39
	支撑电容值(mF)		129	18.4
	额定输出电压(V)		130	1 404
	额定输出电流(A)		131	603
	四象限变流器开关频率(Hz)		132	450
	牵引逆变器最大开关频率(Hz)		133	500
	牵引逆变器输出频率范围(Hz)		134	0～120
	冷却方式		135	水冷
	效率(%)		136	98
	质量(t)		137	3.4
	外形尺寸(长×宽×高,mm)		138	3 750×1 060×2 000
	每台机车牵引变流器台数		139	2
	四象限变流器功率模块	型号	140	IBBM120S6
		电路形式	141	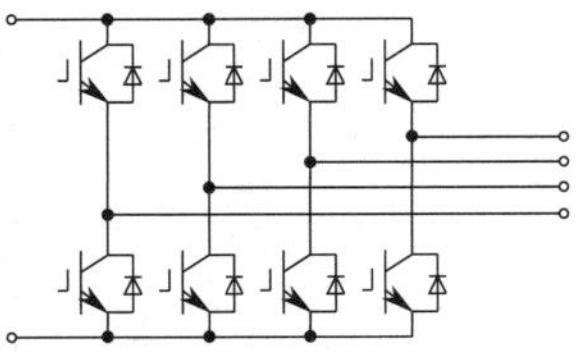
		四象限变流器构成形式	142	每个四象限变流器由一个功率模块构成
		电压(V)	143	970
		电流(A)	144	1 640
		开关频率(Hz)	145	450
		功率元件型号	146	FZ1500R33HE3
		功率元件参数	147	IGBT(3 300 V/1 500 A)
		功率元件个数	148	8
		冷却方式	149	水冷
		质量(kg)	150	95
		尺寸(长×宽×高,mm)	151	670×407×470

续上表

车型名称				和谐D_{1F}
车型代号				HXD_{1F}
机车车号				0001～0002
项目			序号	参数及说明
牵引变流器	牵引逆变器功率模块	型号	152	IBBM120S6
		电路形式	153	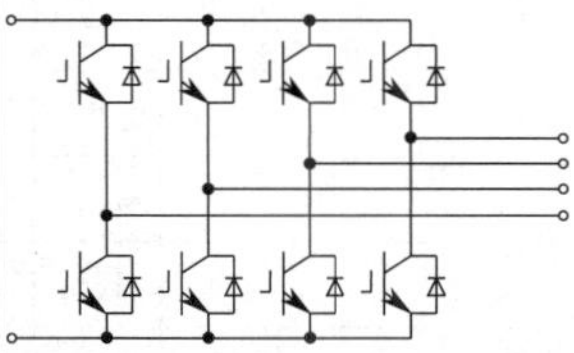
		牵引逆变器构成形式	154	每个牵引逆变器由一个功率模块构成，其中一相作为瞬时电压限制器
		电压(V)	155	1 404
		电流(A)	156	603
		开关频率(Hz)	157	500
		功率元件型号	158	FZ1500R33HE3
		功率元件参数	159	IGBT(3 300 V/1 500 A)
		功率元件个数	160	8
		冷却方式	161	水冷
		质量(kg)	162	95
		尺寸(长×宽×高,mm)	163	670×407×470
	冷却系统	水泵型号	164	F40-3215H4-0406S1-AV
		流量(m^3/h)	165	22.2
		驱动电机功率(kW)	166	7.7
	控制策略	四象限整流器	167	两电平四象限控制
		牵引逆变器	168	直接转矩控制
		瞬时电压限制器	169	过压触发斩波
交流异步牵引电动机	型号		170	YQ-1225
	额定功率(持续制)(kW)		171	1 225
	额定电压(持续制)(V)		172	1 390
	额定电流(持续制)(A)		173	603
	最大启动电流(A)		174	809
	功率因数		175	0.88
	额定转速(持续制)(r/min)		176	1 391
	最高转速(r/min)		177	2 904
	额定频率(Hz)		178	46.9
	额定转差率(%)		179	1.1
	额定转矩(N·m)		180	8 410
	最大转矩(N·m)		181	11 065

续上表

车型名称				和谐 D_{1F}
车型代号				HXD_{1F}
机车车号				0001～0002
项目			序号	参数及说明
交流异步牵引电动机	额定效率(%)		182	95.76
	绝缘等级		183	200
	极数		184	4
	质量(kg)		185	2 916
	通风量(m^3/s)		186	1.75
牵引通风机组	型号		187	THTF4.5C
	台数		188	8
	最大转速(r/min)		189	3 530
	每台风机的风量(m^3/min)		190	105
	风压(Pa)		191	3 850
	额定功率(kW)		192	13
	质量(kg)		193	180
复合冷却塔	冷却方式		194	强迫风冷
	水散热量(kW)		195	121
	油散热量(kW)		196	205
	通风量(m^3/min)		197	720
	水流量(m^3/h)		198	22.2
	油流量(m^3/h)		199	60
	质量(kg)		200	1 150
辅助逆变器	CVCF逆变器	型号	201	IBBM40S
		每台机车装用台数	202	2
		额定输入电压(V)	203	1 800
		额定输入电流(A)	204	—
		额定输出电压(V)	205	经变压器输出 440
		额定输出电流(A)	205	经变压器输出 314
		容量(kV·A)	206	240
		频率(Hz)	207	60
		功率元件参数	208	IGBT(3 300 V/400 A)
		冷却方式	209	水冷
		质量(kg)	210	逆变器 47
	VVVF逆变器	型号	211	IBBM40S
		每台机车装用台数	212	2
		额定输入电压(V)	213	1 800
		额定输入电流(A)	214	—

续上表

车型名称				和谐 D_{1F}		
车型代号				HXD_{1F}		
机车车号				0001～0002		
项目			序号	参数及说明		
辅助逆变器	VVVF逆变器	额定输出电压(V)	215	经变压器输出 80～440		
		额定输出电流(A)	216	经变压器输出 314		
		容量(kV·A)	217	240		
		频率(Hz)	218	10～60		
		功率元件参数	219	IGBT(3 300 V/400 A)		
		冷却方式	220	水冷		
		质量(kg)	221	47		
蓄电池充电机	型号		222	TGY110V/150A01,DZT110V-150A		
	输入电压		223	3AC 440×(1±5%)V/60 Hz		
	输出电压(V)		224	110/24		
	输出电流(A)		225	5×30(110 V),2×21(24 V)		
	输出容量(kV·A)		226	5×3.24		
	质量(kg)		227	290		
微机网络控制系统	列车网标准		228	IEC 61375-1		
	车辆网标准		229	IEC 61375-1		
	列车网传输速率(Mbit/s)		230	1		
	车辆网传输速率(Mbit/s)		231	1.5		
	机车控制功能	牵引特性控制	232	准恒速包络线控制		
		再生制动特性控制	233	再生制动功率曲线控制		
		其他控制功能	234	油温、水温保护等		
	保护功能	网压保护限值(kV)	235	17.5～31		
		网流保护限值(A)	236	I>320 ,时间>2.5s		
		中间电压限值	237	TCU 实时保护		
		防空转/滑行策略	238	TCU 黏着利用率控制		
		最高速度限值(km/h)	239	100		
风源系统	主压缩机组	型号	240	BT-3.0-10AD	SL24-14	TSA-230AD
		压缩空气出口压力(kPa)	241	1 000		
		压缩空气出口温度(℃)	242	环境温度+15		
		排气量(m^3/min)	243	3		
		冷却方式	244	风冷		
		润滑油牌号	245	Anderol3057M		
		润滑油储量(dm^3)	246	9	7	7
		润滑油压力(kPa)	247	1 000		
		电机型号	248	YBT200L-4	KB/26C-180L	FS200-2BT

十四

续上表

车型名称				和谐 D_{1F}		
车型代号				HXD_{1F}		
机车车号				0001～0002		
项目			序号	参数及说明		
风源系统	主压缩机组	电机转速(r/min)	249	1 770	3 520	3 540
		额定功率(kW)	250	30		
		额定电压(V)	251	440		
		额定电流(A)	252	47.5	48.8	48.6
		机组重量(kg)	253	530	430×(1±3%)	460
	辅助压缩机组	型号	254	DWTZ-70		
		额定排气量(m^3/min)	255	≥0.07		
		额定排气压力(kPa)	256	800		
		电动机型号	257	130SZD		
		额定工作电压(V)	258	110		
		额定工作电流(A)	259	8		
		额定功率(kW)	260	0.88		
		额定转速(r/min)	261	1 500		
	空气干燥器	型号	262	DHTWG3-5，TAD-4.8-H		
		形式	263	无热、常压再生吸附式		
		处理空气量(m^3/min)	264	5		
		工作压力(kPa)	265	1 000		
		整机质量(kg)	266	≤115		
	风源系统部件	压力控制器(调压器)型号	267	II35829/09075/MDR-F		
		压力控制范围(kPa)	268	750～900		
		总风缸空气压力范围(kPa)	269	750～900		
		各总风缸总容量(dm^3)	270	2×500(单节)		
	调压阀调压范围(kPa)		271	0～1 000		
制动机	制动机型号		272	CCBⅡ	DK-2	
	自动制动阀		273	789022	TKS42B(02)	
	单独制动阀		274	789022	TKS42B(02)	
	分配阀型号，数量		275	—		
	中继阀(双阀口式)		276	—		
	紧急阀		277	—		
	电动放风阀		278	—		
	紧急电空阀(110V)		279	—		
	电空转换阀		280	—		
	电控空气控制单元		281	EPCU		
蓄电池组	型号		282	DLM-170		
	容量(A·h)		283	170		
	装用数量(只)		284	48(单节机车)		
	总标称电压(V)		285	96		

注："—"表示无此设备；"/"表示数据空缺。

十五、HXD_{1G}型电力机车技术简介

1. 概　　述

HXD_{1G} 型电力机车轴功率 1 400 kW、八轴、交流传动快速客运电力机车。由株机公司牵头，株洲所和中车株洲电机有限公司等单位根据中国铁路总公司 2014 年科技研究开发计划《和谐型机车关键技术自主深化研究——八轴交流传动快速客运电力机车研制》(课题编号：2014J003-C)研制的电力机车，机车车型代号暂定为 HXD_{1G}。HXD_{1G} 型电力机车是在既有的和谐 1 系列机车基础上研制，通过轻量化设计和技术创新，能够满足高速及普速线路客运牵引要求。机车采用大功率 IGBT 水冷变流器、大功率异步牵引电机、卧式牵引变压器、微机网络控制系统、电子控制的制动系统、轻量化整体承载结构车体、全悬挂转向架、独立通风系统、机车车载安全防护系统等技术。机车持续功率 11 200 kW，运营速度 160 km/h，最高试验速度为 231 km/h，持续速度 95 km/h，持续牵引力 424 kN，轴重 19.5 t，轴式 2(B_0—B_0)，通过最小曲线半径 125 m(5 km/h)。

2015 年 7 月首台 HXD_{1G} 型机车下线，8 月完成出厂调试，2017 年 1 月基本完成形式试验，并进入运用考核阶段。

HXD_{1G} 型电力机车外形如图 1-15-1 所示。

图 1-15-1　HXD_{1G} 型电力机车外形图

2. 机车总体

HXD_{1G} 型电力机车采用双司机室，机械间为中间贯穿走廊结构(宽度≥600 mm)，机械间设备布置基本按照斜对称布置的原则进行。车体下设有两台两轴转向架及牵引变压器。机车顶盖上相应布置有受电弓(两个)及支撑绝缘子、车顶门、避雷器(两个)、25 kV 穿墙套管及天线，避雷器及穿墙套管进行了绝缘防护。司机室设备布置分成操纵台设备布置、前墙设备布置、后墙设备布置、侧墙设备布置、顶部设备布置五个部分。机械间内布置了牵引风机、牵引变流器、主冷却塔、辅助滤波柜、低压电器柜、6A 系统屏柜、蓄电池及控制电源柜、第三方设备柜、制动柜、压缩机及干燥器、卫生间、工具柜、列车供电柜、网侧柜等。车外设备布置有头灯、标志灯/辅照灯、车端连接设备、过分相设备、库用插座等。

机车通风系统的方案设计采用独立通风方式。机车设有 5 个通风支路：牵引电机通风支路、冷却塔通风支路、辅助滤波柜通风支路、压缩机通风散热支路和司机室空调通风支路。

HXD_{1G} 型电力机车设备布置如图 1-15-2 所示。

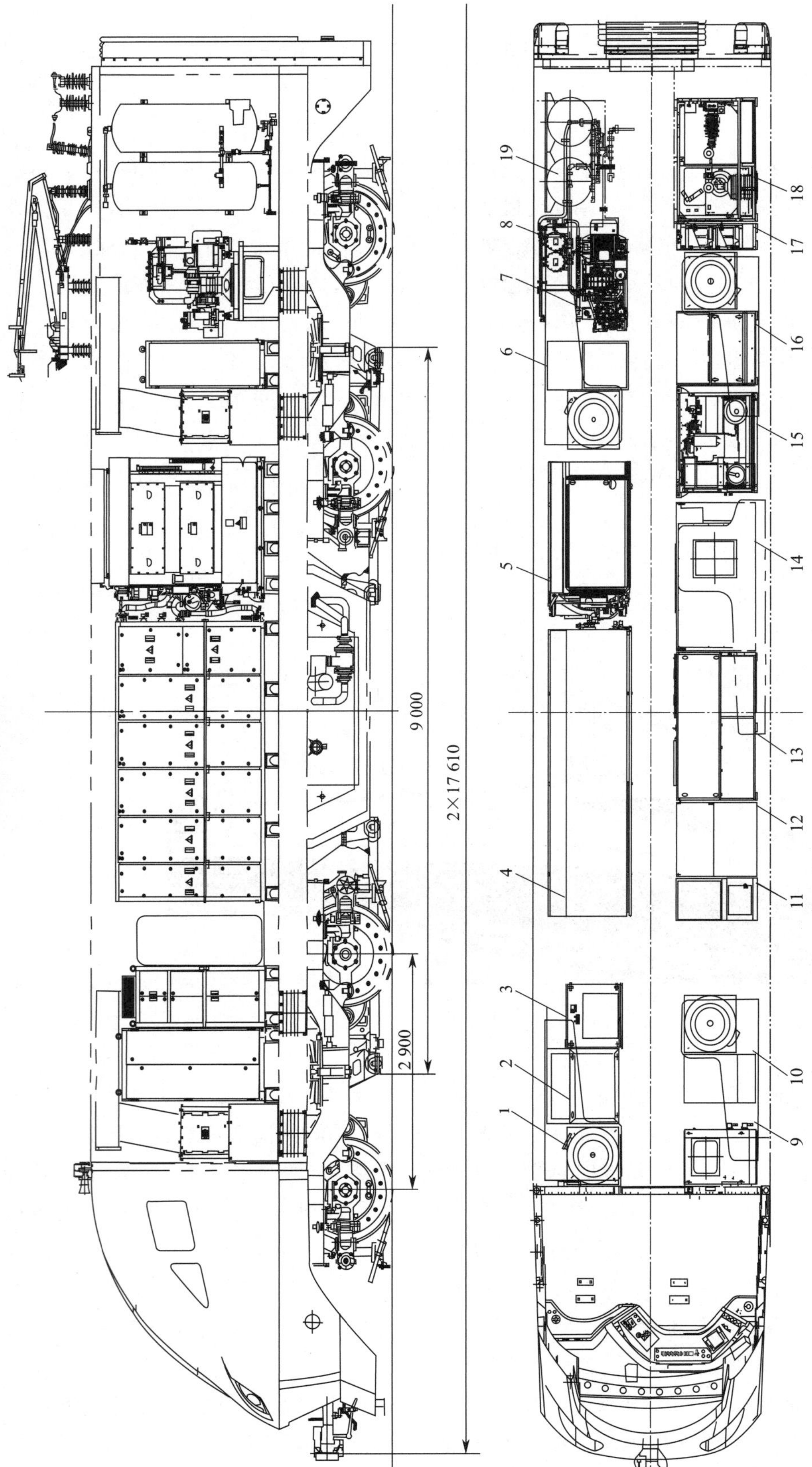

图 1-15-2 HXD1G 型电力机车机械间设备布置图

1—牵引风机；2—第三方设备柜；3—列车供电柜；4—牵引变流器；5—冷却塔；6—6A 设备柜；7—压缩机；8—干燥器；9—空调；10—CTCS 柜；11—低压柜；12—工具柜/卫生间；13—低压柜；14—辅助变压器柜；15—制动柜；16—蓄电池柜；17—复轨器(仅 B 节)；18—网侧柜；19—总风缸

机车牵引、再生制动特性曲线如图 1-15-3 所示。

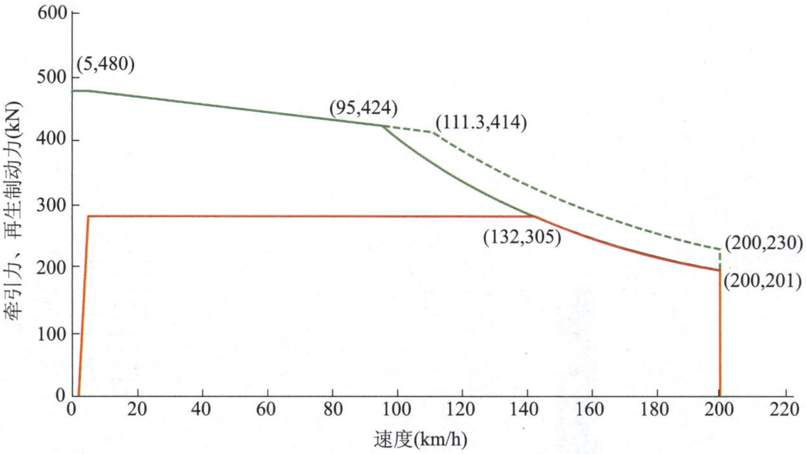

图 1-15-3　机车牵引力、再生制动特性曲线图

3. 牵引电传动系统

(1)牵引电路

每台机车由 A、B 两节车组成,每节车各自配备了一套完整的、独立的、相同的电传动系统,它们的网侧电路可通过车顶高压跳线相连。

每节机车的电传动系统主要由一台牵引变压器、一台牵引变流器和四台牵引电动机构成。每节车的牵引变压器原边通过受电弓、真空断路器得电,牵引变压器的次边有四个牵引绕组和两个列车供电绕组,其中牵引变压器四个独立的次边牵引绕组分别向四个四象限变流器供电,每两个四象限变流器并联输出,共用一个中间直流回路。这个中间直流回路同时向三个电压型 PWM 逆变器(两个牵引逆变器和一个辅助逆变器,辅助逆变器集成在牵引变流柜中)供电,每个牵引逆变器向一个转向架的 1 台异步牵引电动机供电,实现牵引电动机轴控。中间直流回路还连接有二次谐振电路、过电压保护电路和接地检测电路等。机车采用再生制动,再生制动时机车能量反馈回电网,达到节能的效果。

牵引电路结构如图 1-15-4 所示。

(2)网侧电路

每节机车网侧电路由一台受电弓、一个高压隔离开关、一个真空断路器(带接地装置)、两个避雷器、一个高压电压互感器、一个高压电流互感器、一个接地回流电流互感器、四个接地装置以及 25 kV 高压电缆等组成。两节机车间的网侧电路通过高压跳线相连。机车进行了防污闪强化设计,网侧设备由车顶高压设备和网侧柜高压设备组成。

每台受电弓可由装在其对应侧的主断路器进行隔离,接地装置用于牵引变压器原边的回流。

(3)牵引变压器

牵引变压器次边设有四个牵引绕组和两个列车供电绕组。四个牵引绕组用于给变流器中的四个四象限变流器供电;两个列车供电绕组用于给列车供电系统供电。牵引变压器中还安装了四个电抗器,其中两个为谐振电抗器,另外两个为列车供电电抗器。牵引变压器为芯式变压器,采用 A 级绝缘和普通矿物油。该牵引变压器在材料和结构上考虑了±40 ℃的工作环境。

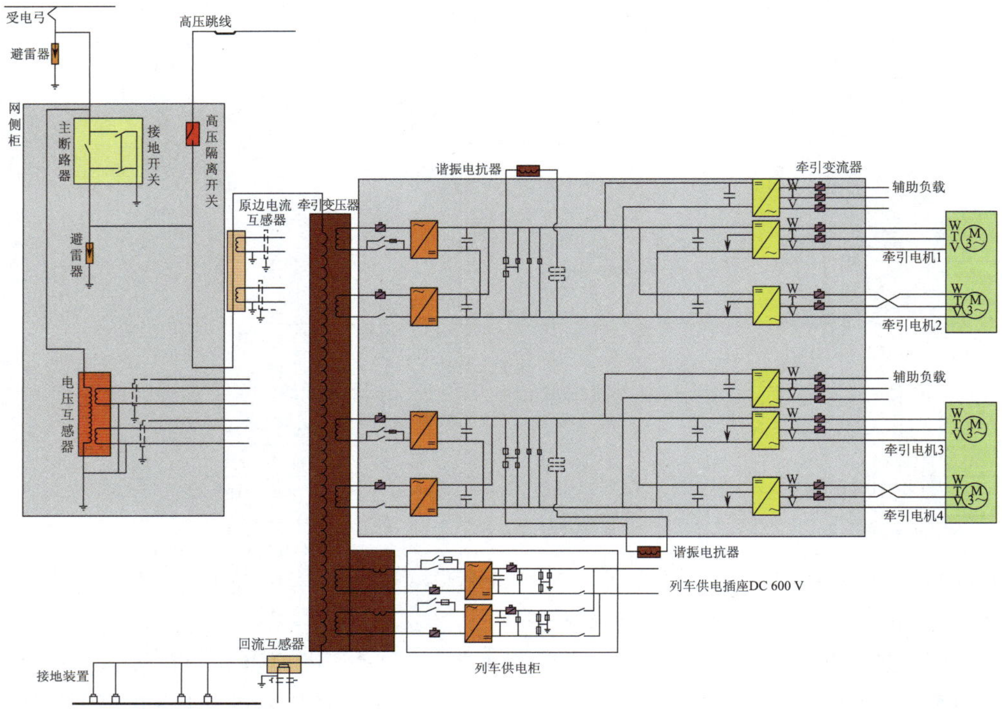

图 1-15-4 机车牵引电路原理图

(4)牵引变流器

牵引变流器采用基于 6.5 kV IGBT 变流元件的模块化设计,强迫水循环冷却技术。柜内包含十个变流器模块(四个整流模块、四个逆变模块、两个辅助逆变模块)、支撑电容器、牵引控制单元(TCU)、接触器、充放电电阻、过电压斩波电阻、电压电流传感器、冷却风机、热交换器等部件。每节机车有一台牵引变流器。

牵引变流器输入端与牵引变压器的次边牵引绕组相连,并通过接触器分合,经四象限变流器将单相交流电压转变为稳定的中间直流电压。中间直流电路设有支撑电容、谐振电容、接地检测模块、固定放电电阻和斩波电阻等。中间电压经过牵引逆变器转换成变压变频三相电源供给异步牵引电机。

变流器牵引电路采用两电平四象限变流器加变压变频牵引逆变器模式,由四个四象限变流器、四个变压变频牵引逆变器和两个辅助变流器组成。每两个四象限变流器和两个牵引逆变器组成一组独立的供电单元,为两台牵引电机供电。每组供电单元的直流电路通过低感母排并在一起,共用二次谐振电路。两个辅助变流器分别并联到两组中间直流电路。

(5)牵引电机

牵引电机采用三相鼠笼式异步牵引电机。电机的结构主要由定子、转子、端盖、轴承、测速装置等部分组成。定子的主要零部件有定子铁芯、定子绕组等。转子由转子铁芯、导条、端环和转轴等组成。牵引电机采用强迫通风冷却,其滚动轴承采用油润滑或脂润滑,并采用有效措施防止轴承电蚀，轴承密封采用非接触的迷宫式结构。

牵引电机的悬挂方式为架承式悬挂，机车的驱动单元为弹性悬挂方式，每台机车装有八个牵引电机。

4. 辅助电气系统

机车辅助电气系统由辅助逆变器和辅助设备，如通风机组、空气压缩机组、空调、油泵、水泵等组成，采用三相电源供电方式。每节车共有两个辅助逆变器，集成在牵引变流器柜内，由牵引变流器的中间直流电路供电。机车辅助电源系统采用冗余设计，在正常情况下，能够分别向辅助系统提供 VVVF 和 CVCF 电源。当一组辅助变流器故障时，另一组辅助变流器能维持机车辅助系统供电，此时辅助变流器工作在 CVCF 方式。

机车辅助系统具有自诊断和故障记录功能，并能在司机室显示屏上显示辅助系统运行状态及故障情况，便于故障分析和维修。

机车辅助电气系统电路如图 1-15-5 所示。

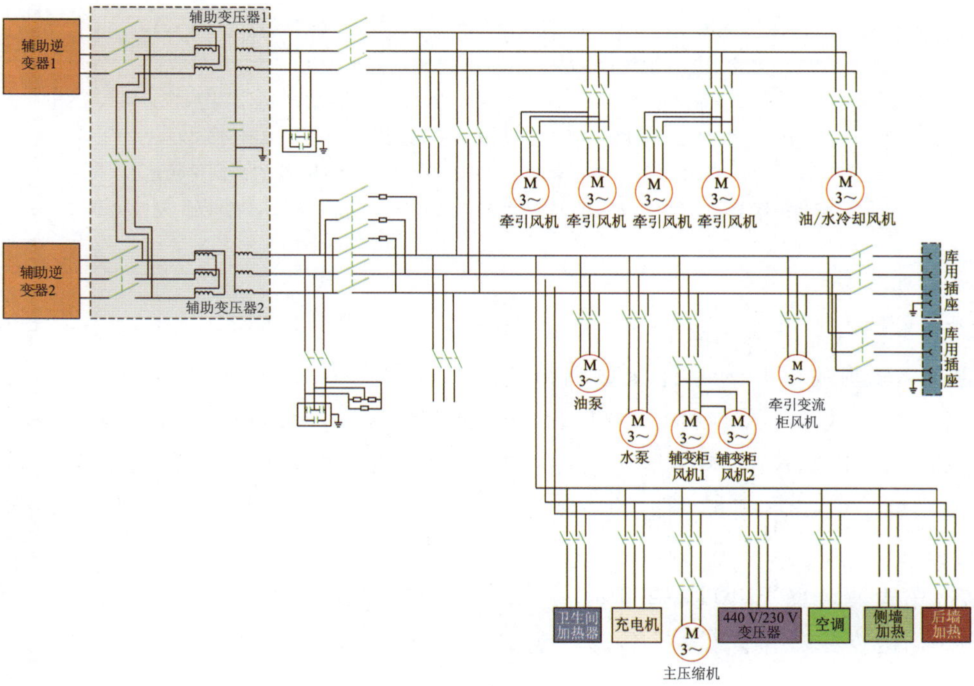

图 1-15-5　机车辅助电气系统电路图

5. 微机网络控制系统

HXD$_{1G}$ 型电力机车微机网络控制系统采用列车级和车辆级控制，列车控制级采用以太骨干网(ETB)，车辆控制级采用以太编组网(ECN)。

网络控制系统使用分布式控制技术，即分布采集及执行，中央集中控制与管理的模式。由 ETB/ECN 网关节点 ETBN、WTB/MVB 网关模块 EGWM、事件记录模块 EDRM、数字量输入/输出模块 DXM、数字量输入模块 DIM、模拟量输入输出模块 AXM 和智能显示单元 IDU 等组成，通过 ECN 与牵引控制单元 TCU 进行通信，通过 MVB(EMD)与制动控制单元 BCU 等进行通信。同时系统为无线重联、机务信息化和列车供电等设备预留了通信接口。

网络体系结构采用三级：机车控制级、车辆控制级和功能控制级。机车控制级总线为

EMD 通信介质的 MVB，车辆控制级总线为 ESD 通信介质的 MVB，功能控制级总线为 RS-485。

网络拓扑结构如图 1-15-6 所示。

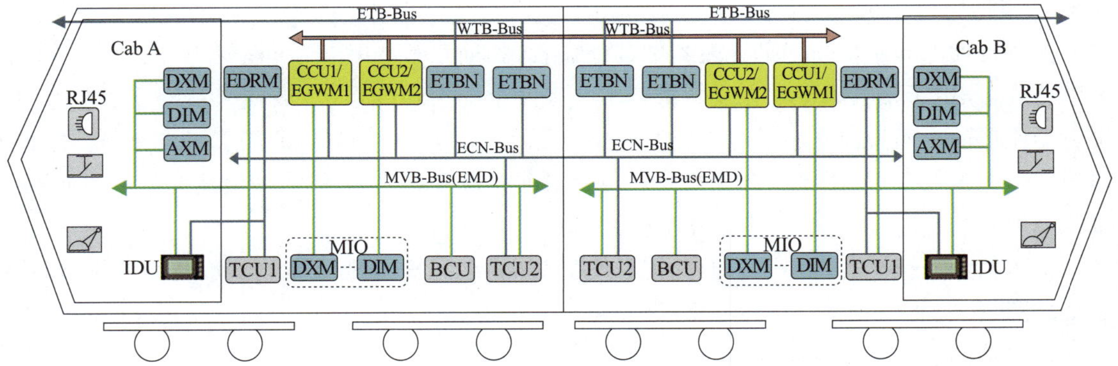

图 1-15-6　HXD_{1G} 型电力机车网络拓扑结构图

Cab A、B—司机室 1、2；RJ45—以太网调试插座；DXM—数字量输入输出模块；
DIM—数字量输入模块；AXM—模拟量输入输出模块；IDU—智能显示单元；
ETB-Bus—列车级以太网总线；WTB-Bus—绞线式列车总线；ECN-Bus—车辆级以太网总线；
EDRM—事件记录模块；CCU—中央控制单元；EGWM—以太网网关模块；
MVB-Bus(EMD)—多功能车辆总线(EMD 介质)；TCU—牵引控制单元；
BCU—制动控制单元；MIO—机械间输入输出模块；ETBN—列车级/车辆级以太网网关节点

6. 车　　体

HXD_{1G} 型电力机车为双节重联机车，两节机车的车体相同，每节车体包括车体承载钢结构和车体附属部件。车体承载钢结构采用整体承载结构，主要由底架、司机室、侧墙、后端墙组焊成一个整体的单司机室框架式全钢焊接结构，材料为 Q460E、16MnDR 和耐候钢板 05CuPCrNi 等；车体附属部件主要包括顶盖、排障器、牵引缓冲装置、超载保护装置、车门窗、内装饰、裙板、风挡等，顶盖、车门采用铝合金材料，顶盖在受电弓下方采用绝缘顶盖。

端部车钩采用 15 号小间隙车钩(103 型)，缓冲器为 103-2 型。

中间钩缓装置采用半永久车钩缓冲装置(106 型)，车钩 B 端带压溃管，车钩 A 端带缓冲器。

7. 转 向 架

HXD_{1G} 型电力机车转向架主要由轮对驱动装置、构架、牵引装置、一系悬挂、二系悬挂、电机悬挂、基础制动以及附属装置等组成。牵引电机采用对置布置方式。驱动系统(含牵引电机)采用弹性架悬结构、空心轴六连杆传动装置、单侧圆柱直齿轮传动以及承载式铸造铝合金齿轮箱，大齿轮传动轴承采用圆柱滚子轴承，轴箱轴承采用整体式免维护圆柱滚子轴承。采用整体车轮，车轮踏面采用 JM3 磨耗型踏面。轮对采用轴箱转臂定位。牵引装置采用推挽式低位单牵引杆。构架采用 16MnDR 低合金钢板箱形焊接结构，呈“日”字形。一系由钢弹簧、垂向减振器、橡胶垫组成。二系由钢弹簧、垂向减振器、横向减振器、抗蛇行减振器等组成。基础制动采用轮盘制动。

8. 制动系统

HXD$_{1G}$ 型电力机车制动系统主要包括风源及干燥系统、制动控制系统(含司机室主要设备)、基础制动系统和空气防滑系统等。

机车每节均设有一台螺杆式压缩机,排量为 3.0 m^3/min,压缩空气进入总风缸前,采用双塔式干燥器对压缩空气进行干燥及净化处理,处理空气量与主空气压缩机排量配套。每节总风缸总容积为两个 500dm^3 的总风缸(机械间布置)。机车具有双管供风装置,双管供风装置主要由减压阀、压力传感器、截断塞门、单向阀以及连接管路等组成,具有向旅客列车空气弹簧等用风设备提供风源的能力。

该车采用了型号分别为 CCBⅡ和 DK-2 的两种制动控制系统,两种制动系统机械安装接口、电气接口均兼容。制动控制系统具有自动制动、单独制动、后备制动、紧急制动、停放制动和无火回送等功能。

(1)CCBⅡ制动机是一种基于网络的电空制动机。该制动机由电子制动阀、中央处理模块、制动显示屏、中继接口模块、电空控制单元以及后备制动模块等部件组成。

(2)DK-2 制动机是一种具备微机模拟控制、网络通信、故障智能诊断等信息化功能的机车电空制动机,由制动控制器、后备制动阀、制动显示屏、制动柜(包括制动控制单元 BCU、分配阀等阀类部件、压力开关、传感器等部件)组成。

HXD$_{1G}$ 型电力机车基础制动装置采用轮盘制动方式,轮盘制动装置由制动盘、制动夹钳单元、闸片等组成。制动夹钳单元分为带停放制动和不带停放制动两种,制动夹钳单元采用三点浮动的方式吊挂在转向架构架上;制动盘为整体铸钢或锻钢制动盘,制动闸片采用标准型燕尾粉末冶金闸片。

机车车端设有一根列车管、两根供风管和两根平均管。

HXD$_{1G}$ 型电力机车每节车配备一套空气制动防滑系统。空气制动防滑系统采用基于单轴控制的方式,主要部件包括防滑主机、测速齿轮、防滑速度传感器、防滑阀。

9. 列车供电系统

HXD$_{1G}$ 型电力机车列车供电系统主要由牵引变压器供电绕组、列车供电柜、供电插座等设备组成。单路供电绕组额定输出电压 AC 340 V,通过列车供电柜内的四象限变流器转变为稳定的 DC 600 V 电压向旅客列车供电。

HXD$_{1G}$ 型电力机车每节车配置一台列车供电柜,安装在机械间内。该供电柜内有两路独立的、完全相同的相控整流及辅助电路,通过两路独立供电线路向列车供电,每路容量 400 kW,当一路故障时,另一路可维持供电。

10. 技术参数表

HXD$_{1G}$ 型电力机车参数见表 1-15-1。

表 1-15-1　HXD$_{1G}$ 型电力机车技术参数表

车　型　名　称		和谐 D$_{1G}$
车　型　代　号		HXD$_{1G}$
机　车　车　号		0001,0002
项　　目	序号	参数及说明
用途	1	普速线路及客运专线客运
制造年代	2	2015 年

续上表

车型名称			和谐 D1G
车型代号			HXD1G
机车车号			0001,0002
项目		序号	参数及说明
制造厂名		3	中车株洲电力机车有限公司
轨距(mm)		4	1 435
车体	车底架长(mm)	5	16 951
	车体宽(mm)	6	3 098
	高(轨面至受电弓座平面)(mm)	7	3 950
司机室个数		8	2
机车前后车钩中心距(mm)		9	2×17 610
车钩型号,形式		10	端部车钩：103 型,下作用式 中间钩缓装置:106 型
端部缓冲器型号		11	103-2 型
轴式		12	2(B_0—B_0)
车钩中心线距轨面高度(mm)		13	880±10
单节机车转向架中心距(mm)		14	9 000
单节机车全轴距(mm)		15	11 900
动轮直径(新轮)(mm)		16	1 250
动轮直径(半磨耗)(mm)		17	1 200
落弓后滑板顶面距轨面高度(mm)		18	≤4 750
受电弓滑板距轨面工作高度(mm)		19	5 150～6 500
机车整备质量(t)		20	2×78
轴重(t)		21	19.5
通过最小曲线半径(m)		22	125(5 km/h)
供电电流制		23	AC 25 kV/50 Hz
额定电压(kV)		24	25
最高电压(kV)		25	31
最低电压(kV)		26	17.5
电传动方式		27	交—直—交
持续功率(kW)		28	11 200
持续速度(km/h)		29	95
持续牵引力(kN)		30	424
最高运用速度(km/h)		31	160
恒功率速度范围(km/h)		32	95～160
最大启动牵引力(kN)		33	480
最大再生制动力(kN)		34	305
功率因数		35	≥0.98(机车功率大于 20%额定功率时)
等效干扰电流 J_p(A)		36	≤1.5

续上表

项目			序号	参数及说明
车型名称				和谐 D_{1G}
车型代号				HXD_{1G}
机车车号				0001,0002
项目			序号	参数及说明
电网电流畸变率(%)			37	/
机车总效率			38	≥0.85
紧急制动距离(m)(初速 160 km/h)			39	≤1 400
库内动车电源制式			40	AC 380 V
转向架	构架外形尺寸(长×宽×高,mm)		41	5 200×2 690×1 082
转向架	两侧梁横向中心距(mm)		42	2 110
转向架	转向架轴距(mm)		43	2 900
转向架	转向架固定轴距(mm)		44	2 900
转向架	同一轴两轴箱中心距(mm)		45	2 110
转向架	轮对质量(kg)		46	约 2 280
转向架	一系悬挂装置	一系悬挂静挠度(mm)	47	47
转向架	一系悬挂装置	垂向油压减振器型号,数量	48	AB01015630,4/转向架
转向架	一系悬挂装置	垂向油压减振器阻尼系数	49	1.7 kN (0.1 m/s), 3 kN (0.3 m/s)
转向架	二系悬挂装置	二系悬挂静挠度(mm)	50	123
转向架	二系悬挂装置	垂向油压减振器型号,数量	51	AB01015631,2/转向架
转向架	二系悬挂装置	垂向油压减振器阻尼系数	52	7.5 kN (0.1 m/s), 14.5 kN (0.3 m/s)
转向架	二系悬挂装置	横向油压减振器型号,数量	53	AB01015632,2/转向架
转向架	二系悬挂装置	横向油压减振器阻尼系数	54	2.5 kN (0.1 m/s), 5.5kN (0.3 m/s)
转向架	二系悬挂装置	抗蛇行减振器型号,数量	55	AB01015633,2/转向架
转向架	二系悬挂装置	抗蛇行减振器阻尼系数	56	16 kN (0.02 m/s), 20 kN (0.15 m/s)
转向架	牵引力传递方式		57	低位单牵引杆
转向架	牵引点高(mm)		58	230
转向架	牵引电动机悬挂方式		59	弹性架悬
转向架	齿轮传动比		60	89/23
转向架	砂箱容量(m^3)		61	4×0.05
转向架	转向架质量(t)		62	约 17.5
基础制动装置	基础制动方式		63	轮盘制动
基础制动装置	每台转向架制动器组数		64	4
基础制动装置	制动缸直径(mm)		65	254
基础制动装置	制动倍率		66	2
基础制动装置	传动效率(%)		67	95
基础制动装置	闸片与制动盘的恒定间隙(mm)		68	2～4
基础制动装置	制动缸最大空气压力(kPa)		69	450
基础制动装置	闸片、制动盘形式		70	整体夹钳式

续上表

车型名称				和谐 D_{1G}
车型代号				HXD_{1G}
机车车号				0001,0002
项目			序号	参数及说明
基础制动装置	闸片、制动盘材质		71	粉末冶金闸片,钢盘
	每个夹钳上的闸片(或轮盘)压力(kN)		72	40(紧急制动)
	停放制动	停放制动方式	73	弹簧蓄能
		制动器数量	74	2(每架)
		闸片压力(kN)	75	/
		停放制动器质量(kg)	76	约 100
	制动单元质量(kg)		77	约 80
受电弓	型号		78	TSG20A002
	额定工作电压(kV)		79	25
	额定工作电流(A)		80	700
	运行最高速度(km/h)		81	250
	工作高度(mm)		82	300～2 400
	最大升弓高度(mm)		83	2 500
	落弓位高度(mm)		84	720
	升弓时间(s)		85	6～10
	降弓时间(s)		86	≤6
	传动风缸工作空气压力(kPa)		87	400～1 000
	总质量(kg)		88	≤130(不包括绝缘子)
主断路器	型号		89	TDV10(02)
	额定电压(kV)		90	31.5
	额定电流(A)		91	1 000
	额定分断电流(kA)		92	20
	额定分断容量(MV·A)		93	600
	固有分闸时间(ms)		94	20～60
	额定工作气压(kPa)		95	450～1 000
	质量(kg)		96	108
牵引变压器	型号,结构形式		97	TBQ60-6752/25,芯式
	各绕组额定容量(kV·A)	网侧高压绕组	98	6752
		牵引绕组	99	4×1 588
		辅助绕组	100	—
		供电绕组	101	2×200
	各绕组额定电压(V)	网侧高压绕组	102	25 000
		牵引绕组	103	4×2 121
		辅助绕组	104	—
		供电绕组	105	AC 340

续上表

车型名称				和谐 D_{1G}
车型代号				HXD_{1G}
机车车号				0001,0002
项目			序号	参数及说明
牵引变压器	各绕组额定电流(A)	网侧高压绕组	106	270
		牵引绕组	107	4×749
		辅助绕组	108	—
		供电绕组	109	588
	短路阻抗		110	38%±10%(在 6 752 kV·A)
	绝缘等级		111	A
	冷却方式		112	强迫导向油循环风冷(ODAF)
	冷却油牌号		113	45
	冷却油流量(m^3/h)		114	60
	油泵型号		115	B2/148/80
	效率(%)		116	96
	总质量(t)		117	7.79
谐振电抗器	每节机车台数		118	2
	额定电流(A)		119	731
	额定电压(V)		120	/
	电感值(mH)		121	0.35
供电电抗器	每节机车台数		122	2
	额定电流(A)		123	670
	额定电压(V)		124	/
	电感值(mH)		125	0.35
牵引变流器	型号		126	tPower-TI10
	电路结构形式		127	电压型、两电平
	额定功率(kW)		128	4×1 430
	额定输入电压(交流)(V)		129	2 121
	额定输入电流(交流)(A)		130	784
	中间电路电压(V)		131	3 600
	二次谐振电容值(mF)		132	7.2
	支撑电容值(mF)		133	4.8
	额定输出电压(V)		134	3 AC 2808
	额定输出电流(A)		135	3 AC 380
	四象限变流器开关频率(Hz)		136	250
	牵引逆变器最大开关频率(Hz)		137	350
	牵引逆变器输出频率范围(Hz)		138	0~137.5
	冷却方式		139	水冷

续上表

车型名称				和谐 D_{1G}
车型代号				HXD_{1G}
机车车号				0001,0002
项目			序号	参数及说明
牵引变流器	效率(%)		140	97.5
	质量(t)		141	3.35
	外形尺寸(长×宽×高,mm)		142	3 500×1 040×2 000
	每台机车牵引变流器台数		143	2
	四象限变流器功率模块	型号	144	TE6245250000
		电路形式	145	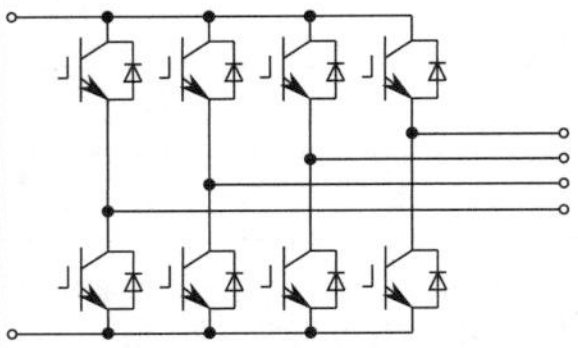
		四象限变流器构成形式	146	每个四象限变流器由一个功率模块构成
		电压(V)	147	2 121
		电流(A)	148	784
		开关频率(Hz)	149	250
		功率元件型号	150	FZ750R65KE3
		功率元件参数	151	IGBT(6 500 V/750 A)
		功率元件个数	152	8
		冷却方式	153	水冷
		质量(kg)	154	55
		尺寸/(长×宽×高,mm)	155	763 × 480 × 185
	牵引逆变器功率模块	型号	156	TE6245250000
		电路形式	157	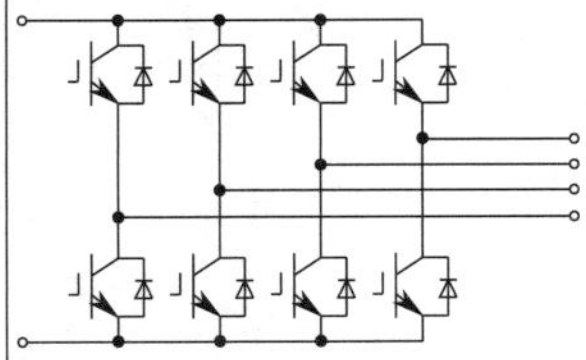
		牵引逆变器构成形式	158	每个牵引逆变器由一个功率模块构成,其中一相作为瞬时电压限制器
		电压(V)	159	2 808
		电流(A)	160	430
		开关频率(Hz)	161	450
		功率元件型号	162	FZ750R65KE3
		功率元件参数	163	IGBT(6 500 V/750 A)
		功率元件个数	164	8
		冷却方式	165	水冷
		质量(kg)	166	55
		尺寸/(长×宽×高,mm)	167	763 × 480 × 185

续上表

车型名称				和谐 D_{1G}	
车型代号				HXD_{1G}	
机车车号				0001,0002	
项目			序号	参数及说明	
牵引变流器	冷却系统	水泵型号	168	F40-3215H4-0406SZ1-AV	CNE40-160/N34L-2
		流量(m^3/h)	169	24	
		驱动电机功率(kW)	170	5.5	
	控制策略	四象限变流器	171	两电平四象限控制	
		牵引逆变器	172	直接转矩控制	
		瞬时电压限制器	173	过压触发斩波	
交流异步牵引电动机	型号		174	YQ-1430	
	额定功率(持续制)(kW)		175	1 430	
	额定电压(持续制)(V)		176	2 285	
	额定电流(持续制)(A)		177	430	
	最大启动电流(A)		178	480	
	功率因数		179	0.885	
	额定转速(持续制)(r/min)		180	1 625	
	最高转速(r/min)		181	3 570	
	额定频率(Hz)		182	54.7	
	额定转差率(%)		183	0.93	
	额定转矩(N·m)		184	8 386	
	最大转矩(N·m)		185	9 493	
	额定效率(%)		186	95	
	绝缘等级		187	200	
	极数		188	4	
	质量(kg)		189	2 350	
	通风量(m^3/s)		190	1.8	
牵引通风机组	型号		191	THTF4.5E	
	台数		192	8	
	最大转速(r/min)		193	3 530	
	每台风机的风量(m^3/min)		194	108	
	风压(Pa)		195	3 800	
	额定功率(kW)		196	13	
	质量(kg)		197	170	
复合冷却塔	冷却方式		198	水/空气—油空气	
	水散热量(kW)		199	135	
	油散热量(kW)		200	285	
	通风量(m^3/s)		201	12	

续上表

车型名称				和谐 D_{1G}
车型代号				HXD_{1G}
机车车号				0001,0002
项目			序号	参数及说明
复合冷却塔		水流量(m^3/h)	202	24
复合冷却塔		油流量(m^3/h)	203	60
复合冷却塔		质量(kg)	204	1 250
辅助逆变器	CVCF逆变器	型号	205	TE6245260000
辅助逆变器	CVCF逆变器	每台机车装用台数	206	2
辅助逆变器	CVCF逆变器	额定输入电压(V)	207	DC 3 600
辅助逆变器	CVCF逆变器	额定输入电流(A)	208	/
辅助逆变器	CVCF逆变器	额定输出电压(V)	209	经变压器输出 440
辅助逆变器	CVCF逆变器	额定输出电流(A)	210	/
辅助逆变器	CVCF逆变器	容量(kV·A)	211	260
辅助逆变器	CVCF逆变器	频率(Hz)	212	60
辅助逆变器	CVCF逆变器	功率元件参数	213	IGBT(6 500 V/500 A)
辅助逆变器	CVCF逆变器	冷却方式	214	水冷
辅助逆变器	CVCF逆变器	质量(kg)	215	45
辅助逆变器	VVVF逆变器	型号	216	TE6245260000
辅助逆变器	VVVF逆变器	每台机车装用台数	217	2
辅助逆变器	VVVF逆变器	额定输入电压(V)	218	DC 3 600
辅助逆变器	VVVF逆变器	额定输入电流(A)	219	/
辅助逆变器	VVVF逆变器	额定输出电压(V)	220	经变压器输出 80～440
辅助逆变器	VVVF逆变器	额定输出电流(A)	221	/
辅助逆变器	VVVF逆变器	容量(kV·A)	222	260
辅助逆变器	VVVF逆变器	频率(Hz)	223	10～60
辅助逆变器	VVVF逆变器	功率元件参数	224	IGBT(6 500 V/500 A)
辅助逆变器	VVVF逆变器	冷却方式	225	水冷
辅助逆变器	VVVF逆变器	质量(kg)	226	45
蓄电池充电机		型号	227	TGY27
蓄电池充电机		输入电压	228	3AC 440×(1±5%)V/60Hz
蓄电池充电机		输出电压	229	DC 115.2×(1±1%)V,DC 110×(1±1%)V,DC 24×(1±2%)V
蓄电池充电机		输出电流(A)	230	5×30(110 V),21(24 V)
蓄电池充电机		输出容量(kV·A)	231	5×3.24
蓄电池充电机		质量(kg)	232	240

续上表

车型名称				和谐 D_{1G}		
车型代号				HXD_{1G}		
机车车号				0001,0002		
项目			序号	参数及说明		
微机网络控制系统	列车网标准		233	IEC 61375-1		
	车辆网标准		234	IEC 61375-1		
	列车网传输速率(Mb/s)		235	1		
	车辆网传输速率(Mb/s)		236	1.5		
	机车控制功能	牵引特性控制	237	准恒速控制		
		再生制动特性控制	238	恒力矩控制		
		其他控制功能	239	自动换端、自动过分相等		
	保护功能	网压保护限值(V)	240	17.5～31		
		网流保护限值(A)	241	原边电流 $I>400$ A 时间大于 2.5 s,分断主断路器		
		中间电压限值	242	TCU 实时保护		
		防空转/滑行策略	243	TCU 黏着利用率控制		
		最高速度限(km/h)	244	200		
风源系统	主空气压缩机组	型号	245	SL24-14	TSA-230AD	BT3.0-10AD
		压缩空气出口压力(kPa)	246	1 000		
		压缩空气出口温度(℃)	247	环境温度+15		
		排气量(m^3/min)	248	3.0		
		冷却方式	249	风冷		
		润滑油牌号	250	Anderol 3057M		
		润滑油储量(dm^3)	251	9	7	7
		润滑油压力(kPa)	252	1 000		
		电机型号	253	KB/26C-180L	FS200-2BT	YBT200L-4
		电机转速(r/min)	254	3 520	3 540	1 770
		额定功率(kW)	255	30	30	28.9
		额定电压(V)	256	440		
		额定电流(A)	257	约 48		
		机组重量(kg)	258	420	450	475
	辅助空气压缩机组	辅压缩机型号	259	DWTZ-70		
		额定排气量(m^3/min)	260	0.07(500 kPa)		
		额定排气压力(kPa)	261	800		
		电动机型号	262	130SZD		
		额定工作电压(V)	263	110		
		额定工作电流(A)	264	8		
		额定功率(kW)	265	0.88		
		额定转速(r/min)	266	1 500		

续上表

车型名称				和谐 D_{1G}	
车型代号				HXD_{1G}	
机车车号				0001,0002	
项目			序号	参数及说明	
风源系统	空气干燥器	空气干燥器型号	267	TAD-4.8-H 或 DHTWG3-5	
		空气干燥器形式	268	双塔再生	
		处理空气量(m^3/min)	269	约 5	
		工作压力(kPa)	270	1 000	
		整机质量(kg)	271	115/95	
	风源系统部件	压力控制器(调压器)型号	272	/	
		压力控制范围(kPa)	273	750～900	
		总风缸空气压力范围(kPa)	274	750～900	
		各总风缸总容量 (dm^3)	275	2×500(单节)	
	调压阀调压范围(kPa)		276	/	
制动机	制动机型号		277	CCBⅡ	DK-2
	自动制动阀		278	EBV	TKS42B
	单独制动阀		279	EBV	与序 278 集成
	分配阀型号,数量		280	—	—
	中继阀(双阀口式)		281	—	—
	紧急阀		282	—	95
	电动放风阀		283	—	94
	紧急电空阀(110V)		284	—	94YV
	电空转换阀		285	—	
蓄电池组	型号		286	DLM170	
	容量(A·h)		287	170	
	装用数量(只)		288	48	
	总标称电压(V)		289	96	
列车供电系统	型号		290	TDPS04、tPower-AS5	
	电路形式		291	四象限整流	
	额定输出功率(kW)		292	2×200	
	额定输入电压(V)		293	2×AC 340	
	额定输出电压(V)		294	DC 600	
	额定输出电流(A)		295	667	
	最大输出电流(A)		296	1 000	
	输出电压控制精度(%)		297	±5	
	效率(额定工况)(%)		298	≥97.5	
	冷却方式		299	水冷	

注:"—"表示无此设备;"/"表示数据空缺。

十六、HXD₂型电力机车技术简介

1. 概　　述

HXD_2型电力机车是单轴功率为1 200 kW、八轴、大功率交流传动干线货运电力机车。是同车公司在法国阿尔斯通公司"PRIMA"系列交流传动电力机车的技术平台上，结合我国铁路实际，通过引进、消化吸收和再创新，研制生产的机车产品。机车持续功率10 000/9 600 kW，最高速度120 km/h，持续牵引力554 kN(轴重25 t)/514 kN(轴重23 t)，轴式$2(B_0—B_0)$，轴重可23 t、25 t转换(机车交付时轴重为25 t)，机车最大再生制动力510 kN(轴重25 t)/470 kN(轴重23 t)。截至2015年12月底，累计生产HXD_2型电力机车678台。其中：同车公司生产HXD_2型电力机车604台，包括180台原型(技术引进)机车(车号为0001～0180)和424台自主化型(以下简称新HXD_2型电力机车)机车(车号为1001～1424)，连车公司生产74台新HXD_2型机车(车号为6001～6074)。分别配属北京、太原、呼和浩特、西安、兰州、沈阳等铁路局，承担我国干线重载货物运输的牵引任务。

HXD_2型电力机车的研制生产经历了三个阶段：

第一阶段，2004—2010年技术引进消化吸收阶段。在原铁道部主导下，以同车公司为主体，对法国阿尔斯通公司交流传动电力机车进行技术引进、消化吸收。此阶段交流传动电力机车的制造分三步走，第一步为整车进口12台(车号为0001～0012)，由阿尔斯通公司提供。第二步为散件进口国内组装36台(车号为0013～0048)，由阿尔斯通公司提供主要部件，同车公司制造现场组装整车。第三步为国内制造132台(车号为0049～0180)。首台进口机车于2006年12月交付，首台散件组装机车于2007年7月交付，首台国内制造机车于2007年11月交付。截至2008年底，共计生产交付180台(机车持续功率为10 000 kW)，机车全部配属太原铁路局湖东机务段，投用大秦线承担1～2万吨重载货物列车牵引任务。

第二阶段，2011—2015年新型交流传动电力机车自主化生产阶段。2011年，同车公司在HXD_2型交流传动电力机车技术引进和消化吸收的基础上，联合原中国北车集团永济新时速电机电器有限责任公司(现中车永济新时速电机电器有限责任公司)、原大连机车研究所有限公司(现中车大连机车研究所有限公司)和原北车大连电力牵引研发中心有限公司(现中车大连电力牵引研发中心有限公司)，开始牵引变流器和网络控制系统自主研发、等同替代工作，研制了自主化的新HXD_2型电力机车(装有自主化的牵引变流器和网络控制系统，以下简称"北车芯"系统)。该机车总体结构、主要性能参数和牵引制动能力与原HXD_2型电力机车基本相同，机车持续功率为9 600 kW，轴重25 t，首台新HXD_2型电力机车于2012年试制完成，2013年开始批量生产。截至2015年12月底，共计生产新HXD_2型电力机车424台，其中：装用北车芯变流器机车201台，装用大连东芝变流器机车223台。主要配属沈阳、北京、呼和浩特、西安等铁路局所属机务段，牵引10 000 t、5 000 t、4 600 t、4 200 t等货物列车。

第三阶段，扩展生产新HXD_2型电力机车阶段。2014年5月，连车公司取得新HXD_2型电力机车的生产许可资质，并于同年生产机车15台。截至2015年12月底，连车公司共生产新HXD_2型电力机车74台，其中，2014年生产的15台机车装用"北车芯"牵引变流器和网络控制系统，2015年生产的59台机车装用大连东芝牵引变流器。分别配属兰州和沈阳铁路局承担货物列车牵引任务。

HXD$_2$ 型电力机车外观如图 1-16-1 所示。

图 1-16-1　HXD$_2$ 型电力机车外形图

新 HXD$_2$ 型电力机车外观如图 1-16-2 所示。

图 1-16-2　新 HXD$_2$ 型电力机车外形图

2. 机车总体

HXD$_2$ 型电力机车由 A、B 两节机车组成，每节机车采用中间走廊结构，两节机车的两个司机室通过中间走廊以及两节机车连挂处的橡胶风挡、渡板相贯通。每节机车电气、气动和辅助设备位于中间走廊两侧，准斜对称布置。机车总体布置分为机械间设备布置、车顶设备布置、司机室设备布置、车下设备布置。机车通风系统采用侧墙独立通风方式，包括牵引电机通风支路、冷却塔通风支路、机械间通风支路、辅助变流柜通风支路、压缩机通风支路、司机室空调通风支路。HXD$_2$ 型电力机车具有独立的生活间，总体布置如图 1-16-3 所示，新 HXD$_2$ 型电力机车布置有卫生间、生活设备柜等生活设施，总体布置如图 1-16-4 所示。

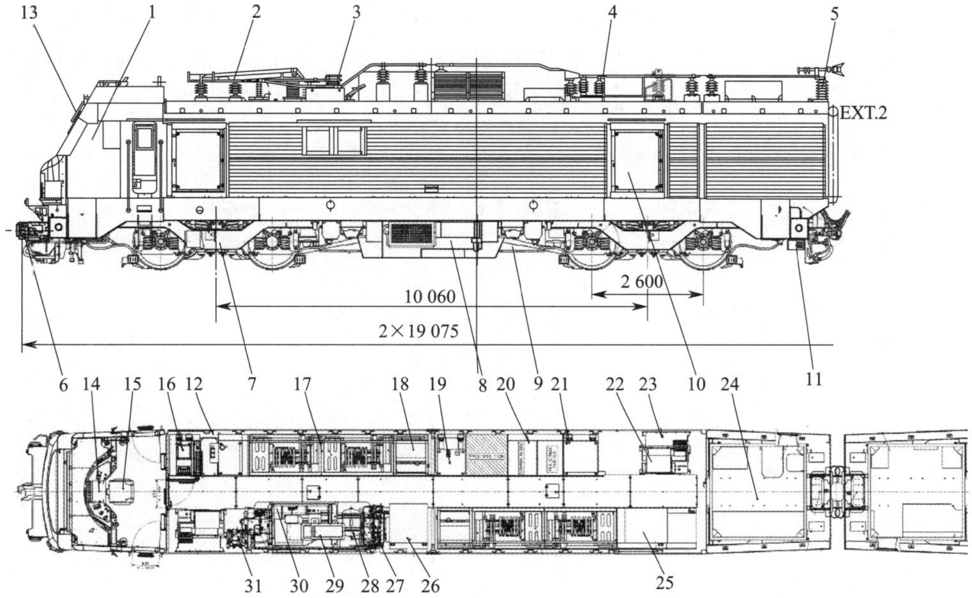

图 1-16-3　HXD2 型电力机车单节总体布置图

1—司机室；2—受电弓；3—主断路器；4—高压隔离开关；5—高压连接器；6—车钩；7—转向架；8—牵引变压器；9—蓄电池柜；10—过滤装置；11—入库插座箱；12—维修门；13—前照灯；14—操纵台；15—司机座椅；16—系统柜；17—牵引变流柜；18—冷却塔；19—电台柜；20—通用柜；21—工具柜；22—机械间通风机；23—牵引电机通风机；24—生活间；25—辅助变流柜；26—制动柜；27—气动柜；28—辅助风缸；29—主压缩机；30—总风缸；31—干燥器。

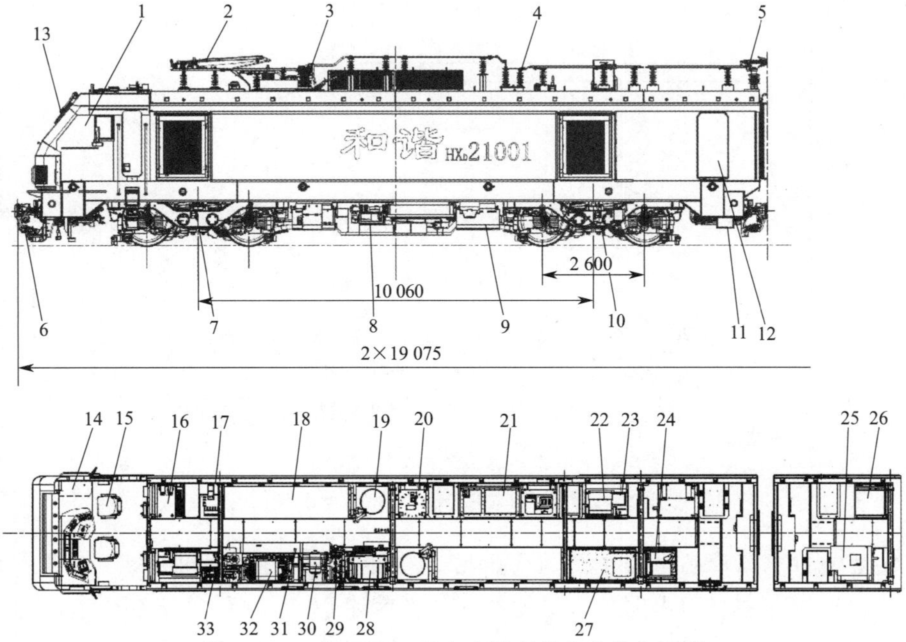

图 1-16-4　新 HXD2 型电力机车单节总体布置图

1—司机室；2—受电弓；3—主断路器；4—高压隔离开关；5—高压连接器；6—车钩；7—转向架；8—牵引变压器；9—蓄电池柜；10—过滤装置；11—入库插座箱；12—维修门；13—前照灯；14—操纵台；15—司机座椅；16—微机柜；17—6A 柜；18—牵引变流柜；19—冷却塔；20—电台柜；21—通用柜；22—机械间通风机；23—牵引电机通风机；24—生活设备柜；25—卫生间；26—工具柜；27—辅助变流柜；28—制动柜；29—气动柜；30—辅助风缸；31—总风缸；32—主压缩机；33—干燥器。

HXD2 型电力机车牵引、再生制动特性均为恒转矩控制，司机控制器为无级控制，如图 1-16-5、图 1-16-6 所示。新 HXD2 型电力机车按照《交流传动 9 600 kW 八轴货运电力机车技术规范》的要求，机车牵引特性采用准恒速控制(13 级)、再生制动特性采用恒力矩控制(12 级)，如图 1-16-7、图 1-16-8 所示。

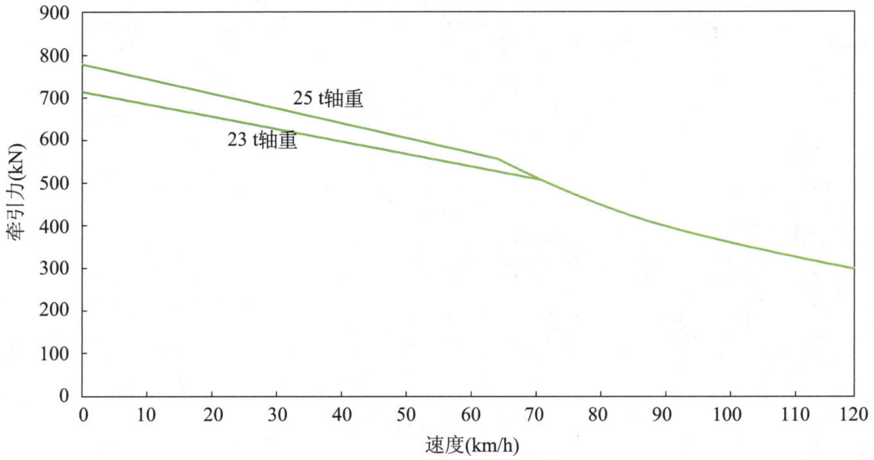

图 1-16-5　HXD2 型电力机车牵引特性曲线图

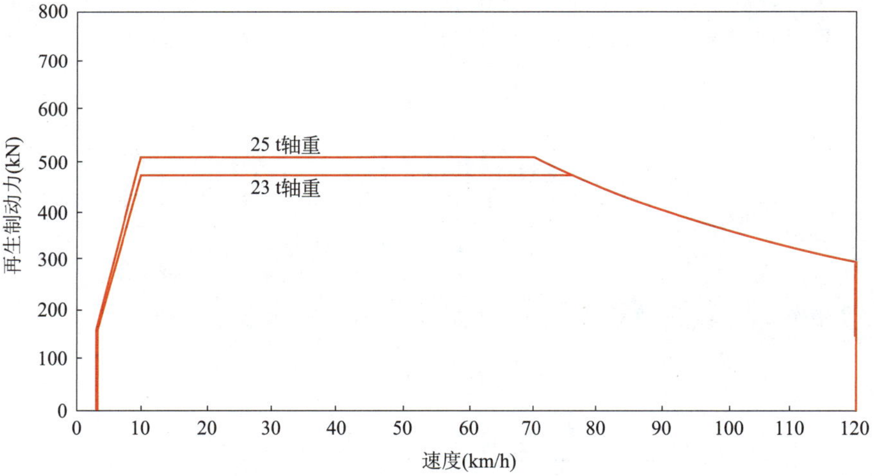

图 1-16-6　HXD2 型电力机车再生制动特性曲线图

3. 牵引电传动系统

(1)牵引电路

HXD2 型电力机车牵引电路主要由受电弓、主断路器、牵引变压器、牵引变流器和牵引电机等组成。整台机车的牵引电路包含结构相同的四套牵引变流器，每套牵引变流器是由一个四象限变流器、一个中间直流电路和一个三相 PWM 牵引逆变器组成，驱动一台三相异步牵引电机，实现整台机车的单轴独立控制方式，其中 2 轴和 3 轴的中间直流电路还要为机车辅助变流器供电。牵引变压器牵引绕组输出的 AC 950 V 交流电压通过预充电接触器和工作接触器加到四象限变流器的输入端，通过四象限变流器和支撑电容器变换为 DC 1 800 V 的直流电压。每个中间直流电路由二次滤波电路、储能电路、测量及保护电路构成。三相逆变电路用于

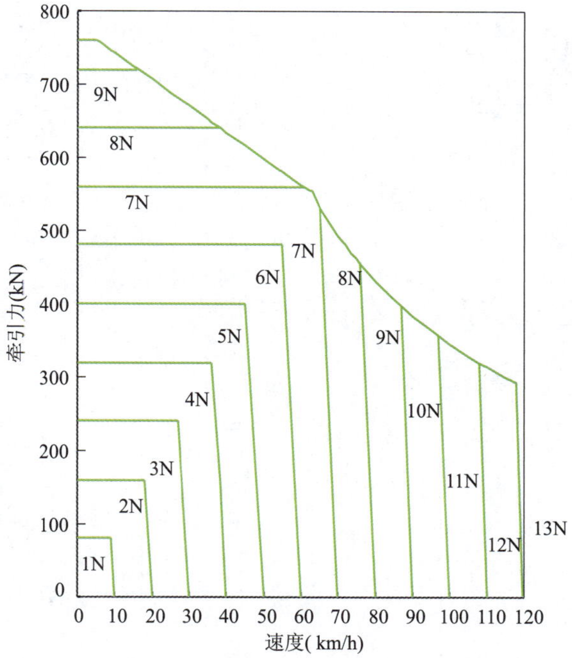

图 1-16-7 新 HXD_2 型电力机车牵引特性曲线图

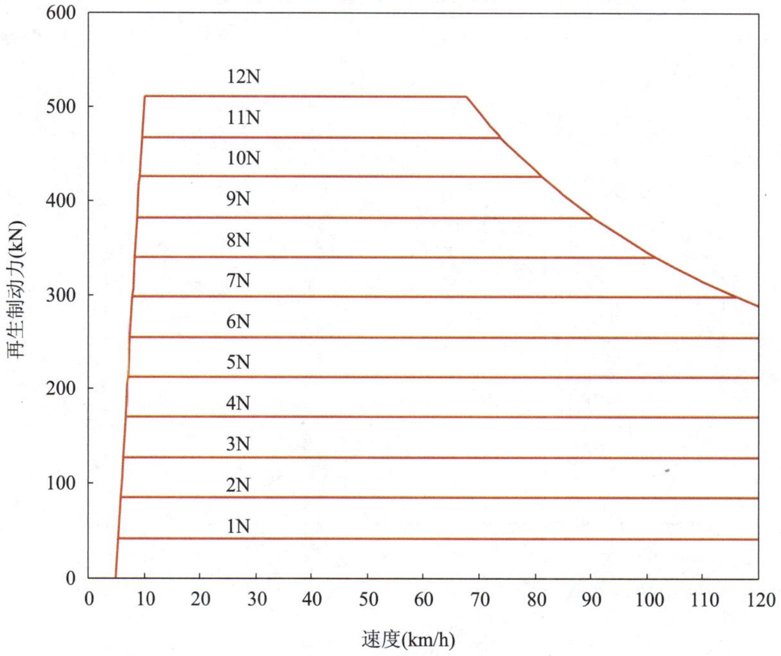

图 1-16-8 新 HXD_2 型电力机车再生制动特性曲线图

将中间电路的 DC 1 800 V 电压通过 PWM 脉宽调制控制，变换为电压和频率可变的三相交流输出，为牵引电机提供三相交流电源，实现三相异步牵引电机速度特性控制。在再生制动工况时，异步牵引电机处于发电状态，通过牵引逆变器将电能送到中间直流电路，再通过四象限变流器向牵引绕组馈电，将制动时产生的电能回馈到电网。

HXD_2 型电力机车牵引电路原理如图 1-16-9 所示。

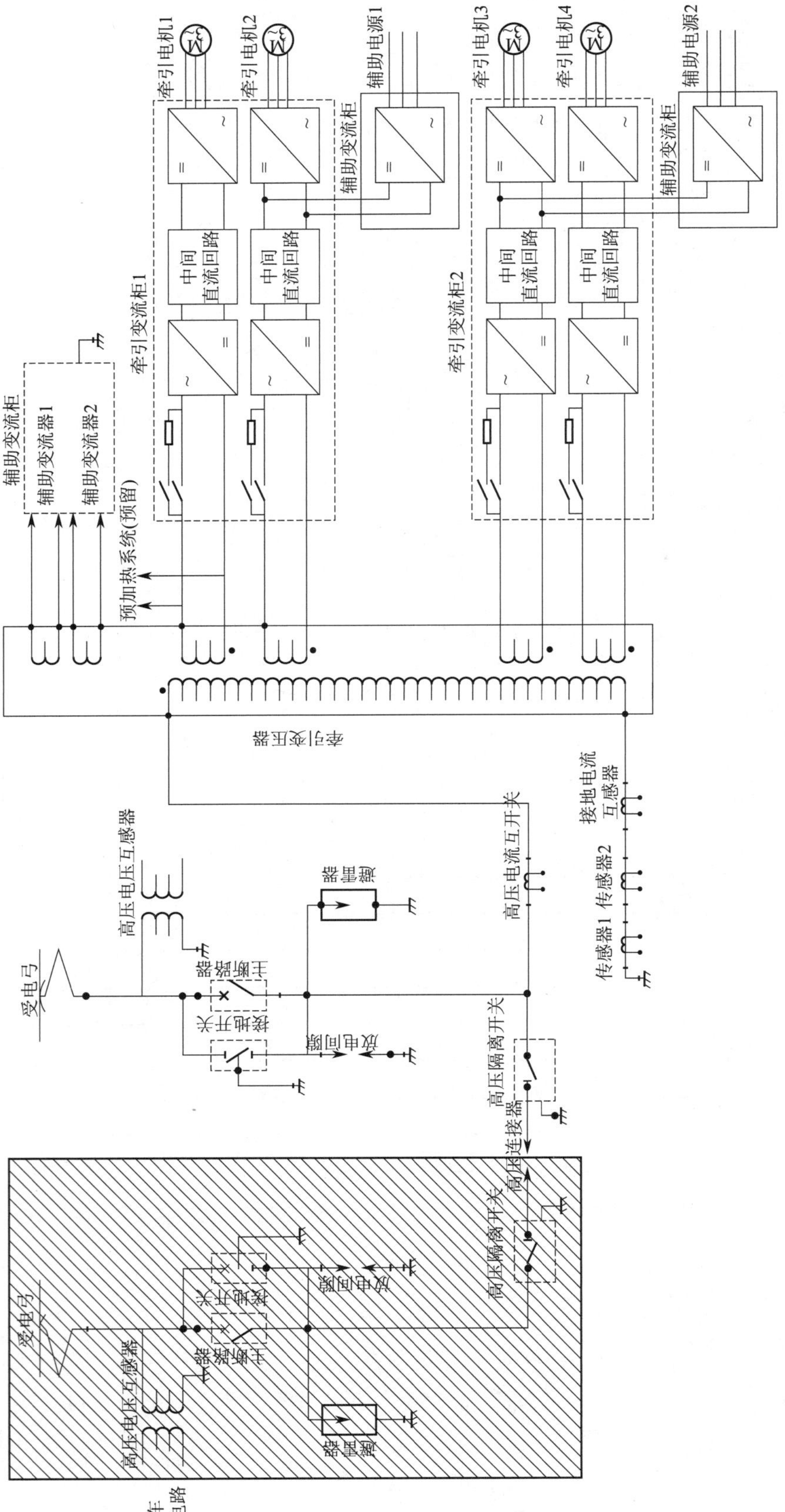

图 1-16-9 HXD2 型电力机车牵引电路原理

(2)网侧电路

网侧电路主要是由受电弓、高压隔离开关、网侧火花放电间隙、原边电流互感器、原边电流传感器、主断路器(其中包含一个真空断路器和一个避雷器)、接地开关、高压电压互感器、高压连接电缆以及牵引变压器原边绕组、四组接地回流装置、电能计量装置等组成。

来自接触网的 AC 25 kV/50 Hz 的交流电压通过车顶的受电弓、主断路器和高压穿墙套管进入机车内部,通过连接电缆和牵引变压器的高压端子连接,通过牵引变压器原边绕组和轴端接地装置、车轮、钢轨构成供电电路。

(3)牵引变压器

机车的牵引变压器整体设计为组合式变压器,由器身和附件等组成。器身包括一个由原边绕组和四个牵引绕组组成的单相变压器,四个二次谐振电抗器和两个辅助滤波电抗器。具有完善的电气、温度、压力、油流等保护功能。

牵引变压器采用卧式结构,吊挂安装在机车的底架中部,采用强迫油循环风冷与牵引变流器共用冷却风机组,具有完善的电气和冷却系统保护功能,30 年的使用寿命。

(4)牵引变流器

每个牵引变流器单元包括牵引控制单元、输入电路、四象限变流器、中间直流电路、牵引逆变器、输出电路、冷却系统、检测保护装置、安全装置等部分。

牵引变流器输入端与牵引变压器的牵引绕组相连,通过线路接触器进行分合。牵引变流器功率模块采用大容量 IGBT 元件构成。

(5)牵引电机

机车采用 YJ90A 型异步牵引电机。该电机采用强迫通风冷却。定子采用全叠片无机壳结构,以减轻质量和改善散热。转子采用坚固的鼠笼式结构,导条、端环采用铜合金材料,用以提高转子的强度和可靠性。通过轴端的接地电刷装置,将电流传递到地面,以消除轴电流对轴承的电蚀损坏。

4. 辅助电气系统

HXD_2 型电力机车辅助电气系统由辅助变流器和辅助设备,如通风机组、空气压缩机组、空调、油泵、水泵等组成,采用三相电源供电方式。

每节机车包括两组辅助电源,一组提供三相变压变频(VVVF)电源,另一组提供三相定压定频(CVCF)电源。辅助变流器采用 IGBT 模块。采用强迫风冷却方式。机车辅助电源系统采用冗余设计,在正常情况下,能够分别向辅助系统提供 VVVF 和 CVCF 电源。当一组辅助逆变器故障时,另一组辅助逆变器能维持机车辅助系统供电,此时辅助逆变器工作在 CVCF 方式。

机车具有独立的生活间,生活间布置有空调和生活设施等用电设备,新 HXD_2 型电力机车的生活间为选装配置;司机室空调为单冷空调,因此增加了司机室暖风机用于采暖。

HXD_2 型电力机车辅助电气系统原理如图 1-16-10 所示。

5. 微机网络控制系统

HXD_2 型电力机车控制系统实现重要的开、闭环控制和故障诊断功能,机车内部的各电子控制装置或系统,主要通过总线方式进行信息交换,重联机车之间采用通信网络实现本务机车与重联机车的信息传递。微机网络控制系统采用列车级控制和车辆级控制,列车级控制采用列车总线,车辆级控制采用车辆总线。网络控制系统采用分布式控制技术,即分布采集及执

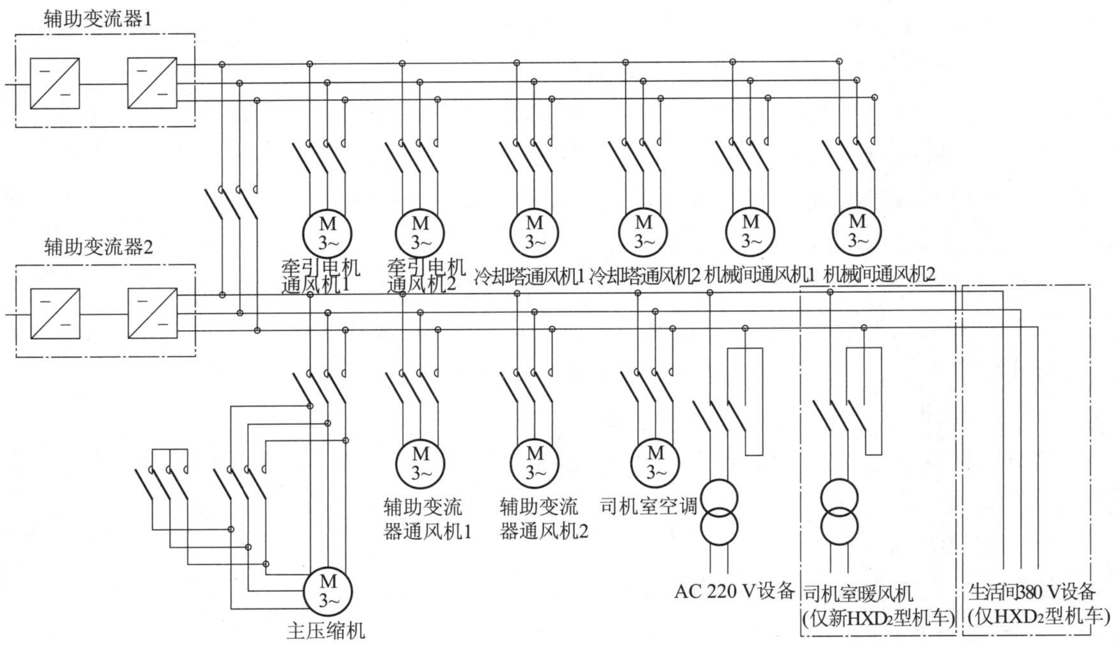

图 1-16-10　HXD2 型电力机车辅助电路原理

行，中央集中控制与管理的模式。HXD2 型电力机车采用符合 WorldFIP 标准的机车总线，机车网络拓扑结构如图 1-16-11 所示。新 HXD2 型电力机车采用符合 TCN 标准的网络总线，机车网络拓扑结构如图 1-16-12 所示。

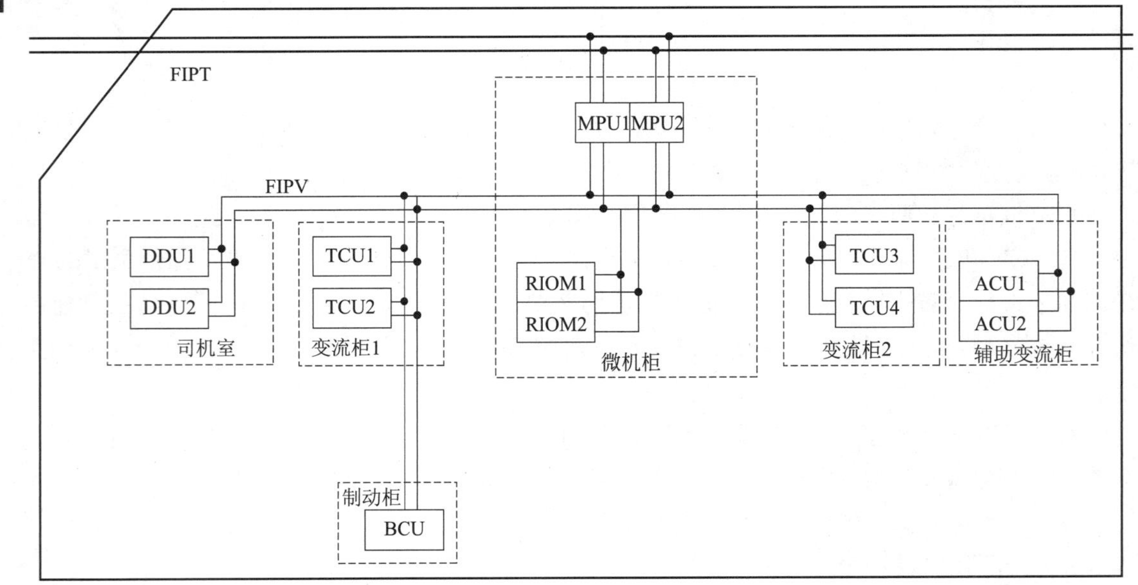

图 1-16-11　HXD2 型电力机车网络拓扑结构

FIPT—列车总线；FIPV—车辆总线；MPU—主控制单元；RIOM—输入、输出单元；TCU—牵引控制单元；ACU—辅助控制单元；DDU—状态显示屏；BCU—制动控制单元

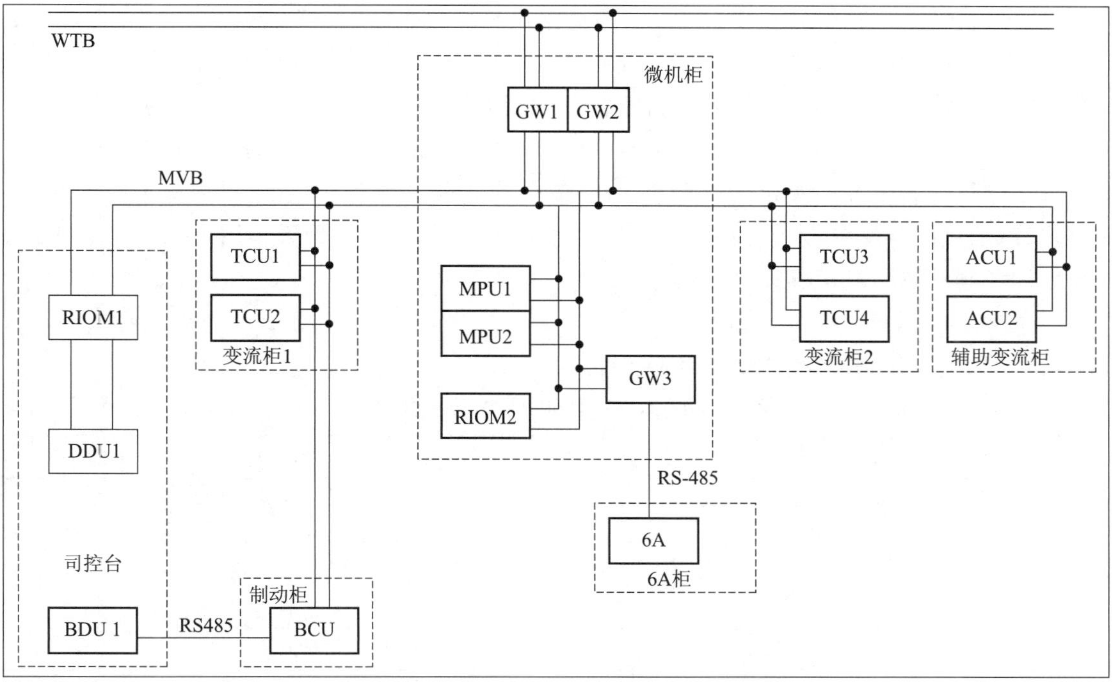

图 1-16-12　新 HXD_2 型电力机车网络拓扑结构

WTB—列车总线；MVB—车辆总线；BDU—制动系统显示屏；GW—网关；RIOM—输入、输出单元；
TCU—牵引控制单元；ACU—辅助控制单元；DDU—状态显示屏；BCU—制动控制单元；
MPU—主控制单元；6A 系统—机车车载安全防护系统

6. 车　　体

HXD_2 型电力机车车体包括车体钢结构和车体附属部件两大部分。车体采用整体承载的框架式焊接结构。车体由底架、侧墙、车顶、两端司机室、司机隔墙等组成一个整体的框架式箱形结构，采用底架与车内设备安装骨架焊接的一体化结构，机车前端下部安装有排障器、车钩缓冲装置(钩缓装置)。车体钢结构材料具有良好的使用性能，机车车体材料在－40 ℃时可保证良好的低温性能。

HXD_2 型机车采用了 DFC-E100 型钩缓装置，新 HXD_2 型电力机车采用了内燃、电力机车车钩加 QKX100 弹性胶泥缓冲器的钩缓装置。

7. 转 向 架

HXD_2 型电力机车走行部为两台可以互换的两轴转向架，除轴箱安装的传感器或其他小的附件以外，四个转向架应能整体互换。转向架的零部件可以通用和互换。转向架主要由构架、轮轴驱动系统、一系悬挂系统、二系悬挂系统、牵引装置、电机悬挂装置、基础制动装置、空气管路、附属装置等组成。转向架采用低位牵引杆传递牵引力，保证机车有良好的黏着性能。牵引电机采用抱轴式悬挂驱动，驱动装置和牵引电机组成一个刚性组件，一端通过两个滚动轴承支承在车轴上，另一端通过一个吊挂点悬挂于转向架构架上。轴箱内装有带密封装置的滚动轴承。每个轮对的一端轴箱设有接地装置，确保机车接地良好，避免轴承出现电蚀现象。一系悬挂系统采用双弹簧双拉杆结构，由轴箱拉杆、橡胶件、钢弹簧、油压减振器等组成。二系悬挂装置为两组螺旋钢弹簧、三组橡胶垫方式；同时在构架与车体间设置二系横向减振器、二系垂向减振器以衰减横向、垂向振动。转向架安装有基础制动装置，基础制动装置采用踏面制动方式。

8. 制动系统

HXD_2 型电力机车的制动及供风系统主要包括风源及干燥系统、制动控制系统、基础制动系统和撒砂系统。主要作用是对机车和列车实施制动和缓解，对撒砂、风笛系统进行控制，并为其他控制装置提供风源。每台机车装有两台空气压缩机。压缩空气进入制动系统前，经过干燥装置处理。

HXD_2 型机车采用 Eurotrol 微机控制电空制动系统，制动控制器为时间闸操纵，机车重联部设置平均管。新 HXD_2 型电力机车按照《交流传动 9 600 kW 八轴货运电力机车技术规范》的要求，制动控制器操纵方式由时间闸操纵改为位置闸操纵，机车重联采用平均管重联方式，机车增加了制动系统显示屏。

9. 技术参数表

HXD_2 型电力机车技术参数见表 1-16-1。

表 1-16-1　HXD_2 型电力机车技术参数表

车型名称			和谐 D_2	
车型代号			HXD_2	
机车车号			0001～0180（HXD_2，阿尔斯通公司，同车公司）	
			1001—1424（新 HXD_2，同车公司） 6001—6074（新 HXD_2，连车公司）	
项目		序号	参数及说明	
用途		1	铁路干线货运牵引	
制造年代		2	HXD_2	2007—2010 年
			新 HXD_2	2011—2015 年
制造厂名		3	法国阿尔斯通公司 中车大同电力机车有限公司 中车大连机车车辆有限公司	
轨距(mm)		4	1 435	
车体	车底架长(单节机车)(mm)	5	17 723(HXD_2)	17 861(新 HXD_2)
	车体宽(mm)	6	2 855	
	高(轨面至受电弓座平面)(mm)	7	3 964	
司机室个数		8	2	
机车前后车钩中心距(mm)		9	38 150(2×19 075)	
车钩型号，形式		10	101 型(HXD_2)	ND 型(新 HXD_2)
缓冲器型号		11	101 型(HXD_2)	QKX100(新 HXD_2)
轴式		12	$2(B_0—B_0)$	
车钩中心线距轨面高度(mm)		13	880±10	
转向架中心距(mm)		14	10 060(单节机车)	
全轴距(mm)		15	30 900	
动轮直径(新轮)(mm)		16	1 250	
动轮直径(轮箍半磨耗)(mm)		17	1 200	
落弓后滑板顶面距轨面高度(mm)		18	4 718±30	
受电弓滑板距轨面工作高度(mm)		19	5 200～6 500	
机车整备质量(t)		20	$2\times92\times(1^{+3}_{-1}\%)$(23 t)，$2\times100\times(1^{+1}_{-3}\%)$(25 t)	
轴重(t)		21	25	

续上表

车型名称				和谐 D_2	
车型代号				HXD_2	
机车车号				0001～0180(HXD_2,阿尔斯通公司,同车公司)	
				1001～1424(新 HXD_2,同车公司) 6001～6074(新 HXD_2,连车公司)	
项目			序号	参数及说明	
通过最小曲线半径(m)			22	125	
供电电流制			23	AC 25 kV/50 Hz	
额定电压(kV)			24	25	
最高电压(kV)			25	31	
最低电压(kV)			26	17.5	
电传动方式			27	交—直—交	
持续功率(kW)			28	10 000(HXD_2)	9 600(新 HXD_2)
持续速度(km/h)			29	70(23 t),65(25 t)(HXD_2)	62.4(新 HXD_2)
持续牵引力(kN)			30	514(23 t),554(25 t)	
最高运用速度(km/h)			31	120	
恒功率速度范围(km/h)			32	62.4～120	
最大启动牵引力(kN)			33	777(25 t),714(23 t)(HXD_2)	760(新 HXD_2)
最大再生制动力(kN)			34	470(23 t),510(25 t)	
功率因数			35	≥0.98(机车功率大于 10%额定功率时)	
等效干扰电流 J_p(A)			36	不大于 1.5	
电网电流畸变率(%)			37	/	
机车总效率			38	≥0.85	
紧急制动距离(m)			39	≤1 100(初速度 120 km/h)	
库内动车电源制式			40	3AC 380 V	
转向架	构架外形尺寸(长×宽×高,mm)		41	4 655×2 826×1 048	
	两侧梁横向中心距(mm)		42	2 020	
	转向架各轴间距(mm)		43	2 600	
	转向架固定轴距(mm)		44	2 600	
	同一轴两轴箱中心距(mm)		45	2 116	
	轮对质量(kg)		46	3 354	
	一系悬挂装置	一系悬挂静挠度(mm)	47	55	
		垂向油压减振器型号,数量	48	DISPEN 7041-20 或 SACHS 421300000782,4/转向架	
		垂向油压减振器阻尼系数	49	7.5(kN)(0.3 m/s)	
	二系悬挂装置	二系悬挂静挠度(mm)	50	113	
		垂向油压减振器型号,数量	51	DISPEN 7030-22 或 SACHS 401300000781,2/转向架	
		垂向油压减振器阻尼系数	52	6.75 kN (0.15 s/m)	
		横向油压减振器型号,数量	53	DISPEN 2305-00 或 SACHS 421300000783,1/转向架	

续上表

车型名称				和谐 D_2	
车型代号				HXD$_2$	
机车车号				0001～0180(HXD$_2$,阿尔斯通公司,同车公司)	
				1001～1424(新 HXD$_2$,同车公司) 6001～6074(新 HXD$_2$,连车公司)	
项目			序号	参数及说明	
转向架	二系悬挂装置	横向油压减振器阻尼系数	54	7.9 kN (0.1m/s)	
转向架	二系悬挂装置	抗蛇行减振器型号,数量	55	/	
转向架	二系悬挂装置	抗蛇行减振器阻尼系数	56	/	
转向架	牵引力传递方式		57	中间推挽式斜牵引杆方式	
转向架	牵引点高(mm)		58	20	
转向架	牵引电动机悬挂方式		59	抱轴式弹性半悬挂方式	
转向架	齿轮传动比		60	120∶23	
转向架	砂箱容量(m^3)		61	0.1×8	
转向架	转向架质量(t)		62	18.72	
基础制动装置	基础制动方式		63	单侧闸瓦踏面制动	
基础制动装置	每台转向架制动器组数		64	4	
基础制动装置	制动缸直径(mm)		65	177.8(7英寸)	
基础制动装置	制动倍率		66	5/4.1	
基础制动装置	传动效率(%)		67	91(HXD$_2$)	93.6(新 HXD$_2$)
基础制动装置	闸瓦与车轮踏面的恒定间隙(mm)		68	8	
基础制动装置	制动缸最大空气压力(kPa)		69	380(HXD$_2$)	450(新 HXD$_2$)
基础制动装置	闸瓦(或踏面)形式		70	踏面制动	
基础制动装置	闸瓦(或踏面)材质		71	合成材料	
基础制动装置	每个闸瓦托上的闸瓦(或踏面)压力(kN)		72	44	
基础制动装置	停放制动器	停放制动方式	73	弹簧停放制动方式	
基础制动装置	停放制动器	制动器数量	74	8	
基础制动装置	停放制动器	闸瓦压力(kN)	75	25	
基础制动装置	停放制动器	停放制动器质量(kg)	76	65	
基础制动装置	制动单元质量(kg)		77	50	
受电弓	型号		78	DSA200	
受电弓	额定工作电压(kV)		79	25	
受电弓	额定工作电流(A)		80	1 000	
受电弓	运行最高速度(km/h)		81	200	
受电弓	工作高度(mm)		82	969～2 881(含 400 mm 高绝缘子)	
受电弓	最大升弓高度(mm)		83	3 081^{+100}_{-25}(含 400 mm 高绝缘子)	
受电弓	落弓位高度(mm)		84	670(含 400 mm 高绝缘子)	
受电弓	升弓时间(s)		85	≤5.4	

续上表

车型名称				和谐D_2	
车型代号				HXD_2	
机车车号				0001～0180(HXD_2,阿尔斯通公司,同车公司)	
				1001～1424(新 HXD_2,同车公司) 6001～6074(新 HXD_2,连车公司)	
项目			序号	参数及说明	
受电弓	降弓时间(s)		86	≤4	
受电弓	传动风缸工作空气压力(kPa)		87	—	
受电弓	总质量(kg)		88	约 130	
主断路器	车别		89	HXD_2	新 HXD_2
主断路器	型号		90	22CB 型	22CB(C)型
主断路器	额定电压(kV)		91	25	30
主断路器	额定电流(A)		92	1 000	
主断路器	额定分断电流(kA)		93	16	20
主断路器	额定分断容量(MV·A)		94	400	600
主断路器	固有分闸时间(ms)		95	≤40	
主断路器	额定工作气压(kPa)		96	450～1 000	900
主断路器	质量(kg)		97	105	149.5
牵引变压器	型号,结构形式		98	LOT6405,卧式	
牵引变压器	各绕组额定容量(kV·A)	网侧高压绕组	99	6 456	
牵引变压器	各绕组额定容量(kV·A)	牵引绕组	100	1 614	
牵引变压器	各绕组额定容量(kV·A)	辅助绕组	101	/	
牵引变压器	各绕组额定容量(kV·A)	供电绕组	102	/	
牵引变压器	各绕组额定电压(V)	网侧高压绕组	103	25 000	
牵引变压器	各绕组额定电压(V)	牵引绕组	104	950	
牵引变压器	各绕组额定电压(V)	辅助绕组	105	/	
牵引变压器	各绕组额定电压(V)	供电绕组	106	/	
牵引变压器	各绕组额定电流(A)	网侧高压绕组	107	258	
牵引变压器	各绕组额定电流(A)	牵引绕组	108	1 699	
牵引变压器	各绕组额定电流(A)	辅助绕组	109	/	
牵引变压器	各绕组额定电流(A)	供电绕组	110	/	
牵引变压器	短路阻抗(%)		111	52.5^{+10}_{-5}	
牵引变压器	绝缘等级		112	A	
牵引变压器	冷却方式		113	油循环冷却	
牵引变压器	冷却油牌号		114	45 号	
牵引变压器	冷却油流量(m^3/h)		115	72×2	
牵引变压器	油泵型号		116	LG75-0.8/2.7-2	
牵引变压器	效率(%)		117	≥96	
牵引变压器	总质量(t)		118	9.8	

续上表

车型名称				和谐D_2		
车型代号				HXD_2		
机车车号				0001～0180(HXD_2,阿尔斯通公司,同车公司) 1001～1424(新HXD_2,同车公司) 6001～6074(新HXD_2,连车公司)		
项目			序号	参数及说明		
谐振电抗器		每节机车台数	119	4		
		额定电流(A)	120	950		
		额定电压(V)	121	DC 2 400		
		电感值(mH)	122	0.507		
牵引变流器		车别	123	HXD_2	新HXD_2	
		型号	124	阿尔斯通 AN00001004026	北车芯 YGZNQ239	东芝 COV100
		电路结构形式	125	电压型、两电平		
		额定功率(kW)	126	1 610		
		额定输入电压(交流)(V)	127	950		
		额定输入电流(交流)(A)	128	1 640		
		中间电路电压(V)	129	DC 1 800		
		二次谐振电容值(mF)	130	2.5	/	
		支撑电容值(mF)	131	3	5	
		额定输出电压(V)	132	1 391		
		额定输出电流(A)	133	620		
		四象限变流器开关频率(Hz)	134	550		
		牵引逆变器最大开关频率(Hz)	135	550		
		牵引逆变器输出频率范围(Hz)	136	0～140.7		
		冷却方式	137	水冷		
		效率(%)	138	≥98		
		质量(t)	139	2.83	2.28	
		外形尺寸(长×宽×高,mm)	140	3 160×950×2 000		
		每台机车牵引变流器台数	141	4		
	四象限变流器功率模块	型号	142	YQM26Q30/31	DSTC003-A0(东芝)	
		电路形式	143	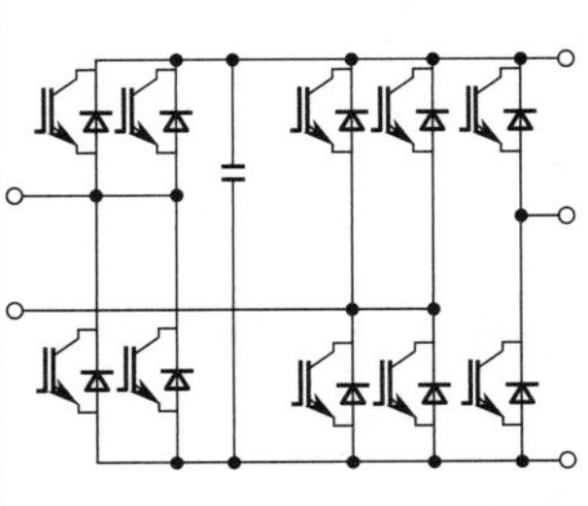	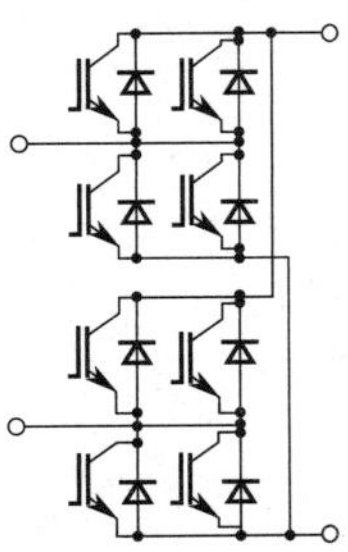	

续上表

车型名称				和谐 D_2	
车型代号				HXD_2	
机车车号				0001～0180(HXD_2,阿尔斯通公司,同车公司)	
				1001～1424(新 HXD_2,同车公司) 6001～6074(新 HXD_2,连车公司)	
项目			序号	参数及说明	
牵引变流器	四象限变流器功率模块	四象限变流器构成形式	144	每个四象限变流器由 2 个功率模块(即 YQM26Q30 和 YQM26Q31)构成,其中 YQM26Q31 包含 1 个 IGBT 模块用于中间直流回路斩波	每个四象限变流器由 1 个功率模块构成
		电压(V)	145	AC 950	
		电流(A)	146	1 640	
		开关频率(Hz)	147	550	
		功率元件型号	148	FZ1200R33HE3	
		功率元件参数	149	IGBT(1 200 A/3 300 V)(HXD_2)	IGBT 1 500 A/3 300 V(新 HXD_2)
		功率元件个数	150	YQM26Q30 模块含 4 个 IGBT 元件,YQM26Q31 模块含 5 个 IGBT 元件	8
		冷却方式	151	水冷	
		质量(kg)	152	58	62
		尺寸(长×宽×高,mm)	153	667 ×188 ×543(北车芯、阿尔斯通),515 ×368 ×540(东芝)	
	牵引逆变器功率模块	型号	154	YQM26Q32	DSTC004-A0(东芝)
		电路形式	155	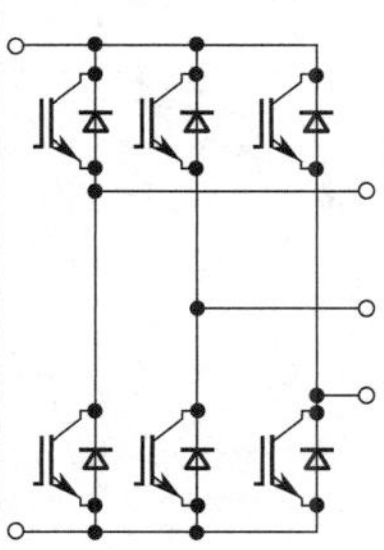	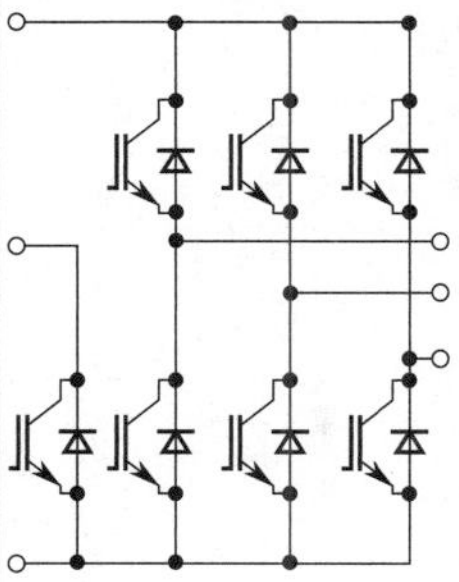
		牵引逆变器构成形式	156	每个牵引逆变器由 1 个功率模块构成	每个牵引逆变器由 1 个功率模块构成。包含 1 个 IGBT 模块用于中间直流回路斩波
		电压(V)	157	1 800	
		电流(A)	158	620	
		开关频率(Hz)	159	550	
		功率元件型号	160	FZ1200R33HE3	

续上表

车型名称				和谐D_2	
车型代号				HXD_2	
机车车号				0001～0180(HXD_2,阿尔斯通公司,同车公司)	
				1001～1424(新 HXD_2,同车公司) 6001～6074(新 HXD_2,连车公司)	
项目			序号	参数及说明	
牵引变流器	牵引逆变器功率模块	功率元件参数	161	IGBT(1 200 A/3 300 V)	
		功率元件个数	162	6	7
		冷却方式	163	水冷	
		质量(kg)	164	58	62
		尺寸(长×宽×高,mm)	165	667 ×188 ×543 (北车芯、阿尔斯通),515 ×368 ×540 (东芝)	
	冷却系统	水泵型号	166	110437000378370(北车芯、阿尔斯通), F40-3115H4-0305S1-BV-20/5.4(东芝)	
		流量(m^3/h)	167	6.4 (北车芯、阿尔斯通)	5.4(东芝)
		驱动电机功率(kW)	168	1.21	
	控制策略	四象限变流器	169	电压电流双闭环	
		牵引逆变器	170	间接矢量控制	
		瞬时电压限制器	171	比例谐振调节	
交流异步牵引电动机	型号		172	YJ90A	
	额定功率(持续制)(kW)		173	1 225	
	额定电压(持续制)(V)		174	1 391	
	额定电流(持续制)(A)		175	595	
	最大启动电流(A)		176	757	
	功率因数		177	0.896	
	额定转速(持续制)(r/min)		178	1 500	
	最高转速(r/min)		179	2 888	
	额定频率(Hz)		180	76	
	额定转差率(%)		181	1.34	
	额定转矩(N·m)		182	8 109	
	最大转矩(N·m)		183	11 389	
	额定效率(%)		184	95.6	
	绝缘等级		185	200 级	
	极数		186	6	
	质量(kg)		187	2 660	
	通风量(m^3/s)		188	1.26	
牵引通风机组	型号		189	B061023609	
	台数		190	4	
	最大转速(r/min)		191	2 930	
	每台风机的风量(m^3/min)		192	174	
	风压(Pa)		193	3 800	
	额定功率(kW)		194	16.6	
	质量(kg)		195	245	

续上表

车型名称				和谐 D_2	
车型代号				HXD_2	
机车车号				0001～0180(HXD_2,阿尔斯通公司,同车公司)	
				1001～1424(新 HXD_2,同车公司) 6001～6074(新 HXD_2,连车公司)	
项目			序号	参数及说明	
复合冷却塔	冷却方式		196	强迫风冷	
	水散热量(kW)		197	2×32.4	
	油散热量(kW)		198	140	
	通风量(m^3/min)		199	277.2(HXD_2)	282(新 HXD_2)
	水流量(m^3/h)		200	6.4×2(北车芯、阿尔斯通)	5.4×2(东芝)
	油流量(m^3/h)		201	72(HXD_2)	75(新 HXD_2)
	质量(kg)		202	650(HXD_2)	620(新 HXD_2)
辅助逆变器	CVCF逆变器	型号	203	1211100047A	
		每台机车装用台数	204	2	
		额定输入电压(V)	205	1 800	
		额定输入电流(A)	206	175	
		额定输出电压(V)	207	380	
		额定输出电流(A_{rms})	208	120	
		容量(kV·A)	209	135	
		频率(Hz)	210	50	
		功率元件参数	211	IGBT(300 A/1 200 V)	
		冷却方式	212	风冷	
		质量(kg)	213	35	
	VVVF逆变器	型号	214	1211100047B	
		每台机车装用台数	215	2	
		额定输入电压(V)	216	1 800	
		额定输入电流(A)	217	175	
		额定输出电压(V)	218	0～380	
		额定输出电流(A)	219	120	
		容量(kV·A)	220	135	
		频率(Hz)	221	0.2～50	
		功率元件参数	222	IGBT(300 A/1 200 V)双管并联	
		冷却方式	223	风冷	
		质量(kg)	224	35	
蓄电池充电器	型号		225	1211100095	
	输入电压(V)		226	545	
	输出电压(V)		227	110	
	输出电流(A)		228	127	
	输出容量(kV·A)		229	14	
	质量(kg)		230	21	

续上表

车型名称				和谐 D$_2$	
车型代号				HXD$_2$	
机车车号				0001～0180(HXD$_2$,阿尔斯通公司,同车公司) 1001～1424(新 HXD$_2$,同车公司) 6001～6074(新 HXD$_2$,连车公司)	
项目			序号	参数及说明	
微机网络控制系统	车别		231	HXD$_2$	新 HXD$_2$
微机网络控制系统	列车网标准		232	EN 50170	IEC 61375-1
微机网络控制系统	车辆网标准		233	EN 50170	IEC 61375-1
微机网络控制系统	列车网传输速率(Mb/s)		234	1	1.5
微机网络控制系统	车辆网传输速率(Mb/s)		235	1	1.5
微机网络控制系统	机车控制功能	牵引特性控制	236	恒力矩控制	准恒速控制
微机网络控制系统	机车控制功能	再生制动特性控制	237	恒力矩控制	
微机网络控制系统	机车控制功能	其他控制功能	238	机车逻辑控制； 牵引变流器控制； 辅助变流器控制； 空电联锁制动控制； 机车重联控制； 空转、滑行保护控制； 牵引电机电流最大限值控制功能； 机车故障诊断与保护,故障状态信息显示、储存功能； 微机转储功能； 无人警惕控制； 自动过分相和半自动过分相控制功能； 通风机转速自动控制； 自动换端功能； 地面电源移车动能； 冗余控制功能,保证在工作单元失效时能自动转换	
微机网络控制系统	保护功能	网压保护限值	239	网压超过 31 kV 或网压低于 17.5 kV	
微机网络控制系统	保护功能	网流保护限值(A)	240	峰值 700	
微机网络控制系统	保护功能	中间电压限值(V)	241	1 900	
微机网络控制系统	保护功能	防空转、滑行策略	242	/	
微机网络控制系统	保护功能	最高速度限值(km/h)	243	132	
风源系统	车别		244	HXD$_2$	新 HXD$_2$
风源系统	主空气压缩机组	型号	245	GAR 22	SL24-10/A 和 TSA-2.4AIGAR 22
风源系统	主空气压缩机组	压缩空气出口压力(kPa)	246	1 000	
风源系统	主空气压缩机组	压缩空气出口温度(℃)	247	环境温度＋15	
风源系统	主空气压缩机组	排气量(m^3/min)	248	2.4	
风源系统	主空气压缩机组	冷却方式	249	风冷	
风源系统	主空气压缩机组	润滑油牌号	250	Roto-H	Anderol 3057M
风源系统	主空气压缩机组	润滑油储量(dm^3)	251	6.5	
风源系统	主空气压缩机组	润滑油压力(kPa)	252	1 250	

续上表

车型名称				和谐 D_2	
车型代号				HXD_2	
机车车号				0001～0180(HXD_2,阿尔斯通公司,同车公司)	
				1001～1424(新 HXD_2,同车公司) 6001～6074(新 HXD_2,连车公司)	
项目			序号	参数及说明	
风源系统	主空气压缩机组	电机型号	253	/	
		电机转速(r/min)	254	2 955	
		额定功率(kW)	255	22	
		额定电压(V)	256	380	
		额定电流(A)	257	160	
		机组质量(kg)	258	470	
	辅空气压缩机组	型号	259	1/322373	D-100/06391000
		额定排气量(m^3/min)	260	0.05	
		额定排气压力(kPa)	261	700	800
		电动机型号	262	/	
		额定工作电压(V)	263	110	
		额定工作电流(A)	264	5	
		额定功率(kW)	265	0.75	
		额定转速(r/min)	266	2 680	2 300
	空气干燥器	型号	267	2235660406	JKG2
		形式	268	双塔式	
		处理空气量(m^3/min)	269	3.0	
		工作压力(kPa)	270	1 000	
		整机质量(kg)	271	168	
	风源系统部件	压力控制器(调压器)型号	272	—	
		压力控制范围(kPa)	273	750～900	
		总风缸空气压力范围(kPa)	274	750～900	
		总风缸总容量(dm^3)	275	(500+500)×2	
	调压阀调压范围(kPa)		276	272	
制动机	车别		277	HXD_2	新 HXD_2
	制动机型号		278	EUROTROL	
	自动制动阀		279	727 480 0408	FT0012245-100
	单独制动阀		280	/	FT0012245-100
	分配阀型号,数量		281	SW4,1	
	中继阀(双阀口式)		282	P2K	
	紧急阀		283	—	MSP118-00-00
	电动放风阀		284	/	
	紧急电空阀(110 V)		285	VE3	
	电空转换阀		286	21C	

续上表

车型名称			和谐 D_2
车型代号			HXD_2
机车车号			0001～0180(HXD_2,阿尔斯通公司,同车公司)
			1001～1424(新 HXD_2,同车公司) 6001～6074(新 HXD_2,连车公司)
项目		序号	参数及说明
蓄电池组	型号	287	DM-170
	容量(A·h)	288	170
	装用数量(只)	289	48
	总标称电压(V)	290	96

注:"—"表示无此设备;"/"表示数据空缺。

十七、HXD2B 型电力机车技术简介

1. 概　　述

HXD2B 型电力机车是单轴功率为 1 600 kW、六轴、大功率交流传动货运电力机车。是为适应铁路运输快速发展，满足铁路货物重载快运战略需求，同时提升企业自主研发和再创新能力，由同车公司在 HXD2 型电力机车技术平台基础上，实施主导设计，法国阿尔斯通公司提供技术支持，而研发制造的机车产品。

HXD2B 型电力机车主要针对铁路重载运输设计，持续功率 9 600 kW，单轴功率 1 600 kW，轴式 $C_0—C_0$，可实现单机牵引 5 000～6 000 t 货物列车，列车最高运营速度 120 km/h，整备总重量 150 t，轴重 25 t。机车主要原材料在－40 ℃低温条件下具有良好性能，机车适用地域广泛，满足我国大部分铁路地区的气候环境要求。

机车采用交—直—交电传动方式，25kV/50Hz 的电压制式，单轴控制，电压型牵引变流器和三相交流异步牵引电动机，与既有交直传动机车相比，具有恒功率范围宽、轴功率大、黏着特性好、功率因数高、谐波干扰小、维护率和全寿命运营成本低、运营安全可靠、适用范围广等优点。

在牵引工况时，机车的启动牵引力 584 kN，在 0～76 km/h 速度范围，按线性关系下降到 455 kN，此时机车进入恒功区，然后以额定功率运行到 120 km/h。机车额定牵引功率为 9 600 kW。在制动工况时，在 0～5 km/h 速度范围内，机车的最大再生制动力从零线性上升到 400 kN，在 5～86.4 km/h 速度范围内，机车保持最大制动力 400 kN，在 86.4～120 km/h 速度范围内，机车以额定功率进行制动。机车额定再生制动功率为 9 600 kW。

首台 HXD2B 型电力机车于 2009 年 12 月交付使用，全部 500 台机车（车号为 0001～0500）于 2011 年 12 月交付完毕。目前，主要配属北京、上海铁路局所属机务段（唐山、邯郸、石家庄、天津北、丰台，南京东、徐州、上海机务段），承担京沪线干线货物列车牵引任务。

HXD2B 型电力机车外形见图 1-17-1。

图 1-17-1　HXD2B 型电力机车外形图

2. 机车总体

HXD2B 型电力机车设备布置从结构上大致可分为司机室设备布置、机械间设备布置、车顶设备布置、车端设备布置和车下设备布置等部分。HXD2B 型电力机车设备布置如图 1-17-2 所示。

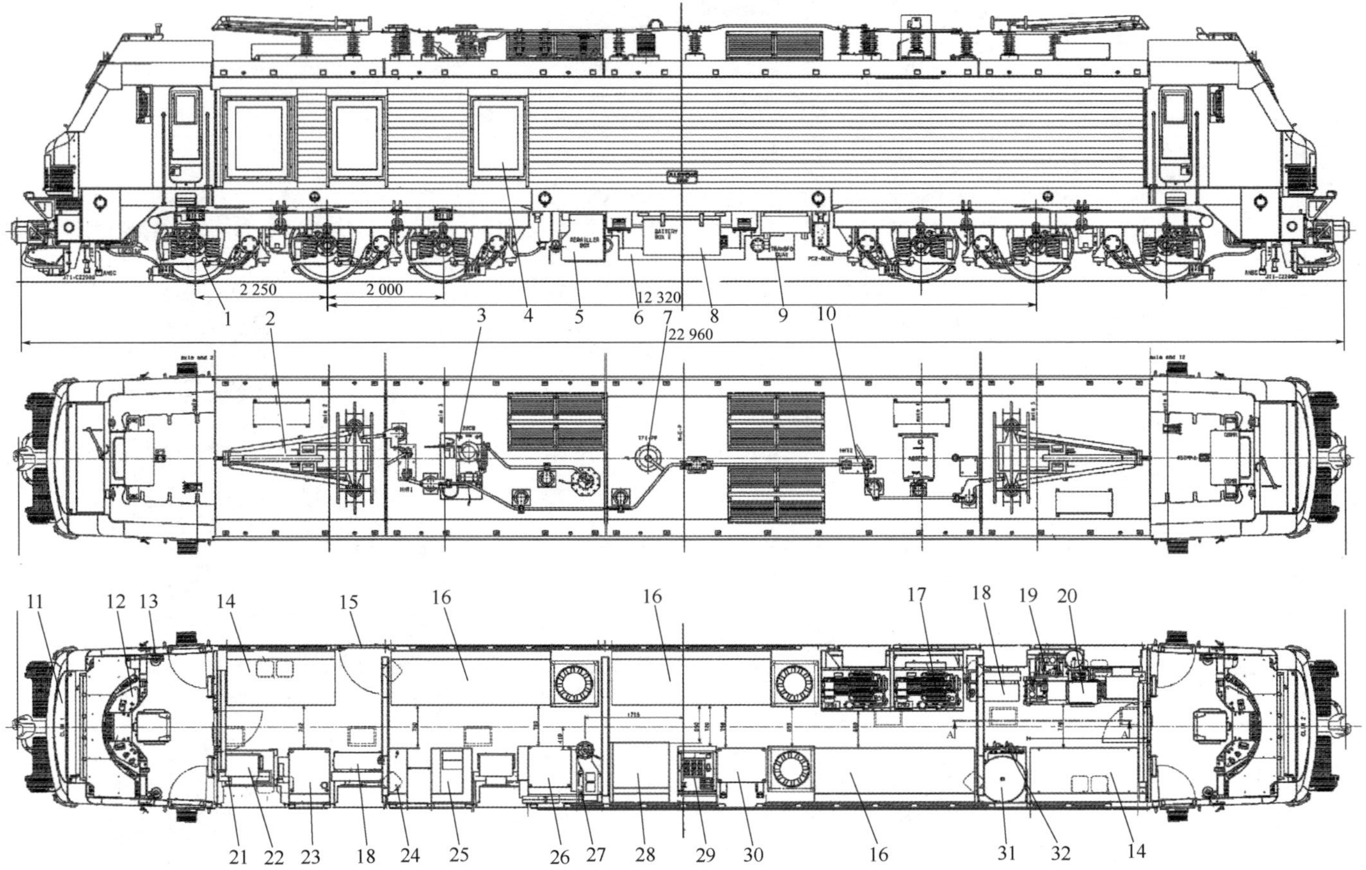

图 1-17-2　HXD2B 型电力机车设备布置总图

1—转向架；2—受电弓；3—主断路器；4—过滤器；5—复轨器箱；6—牵引变压器；7—电压互感器；8—蓄电池柜；9—380 V 变压器箱；10—高压隔离开关；11—空调；12—操纵台；13—灭火器；14—辅助变流柜；15—维修门；16—牵引变流柜；17—主压缩机；18—辅助变流箱；19—干燥器；20—微波炉和冰箱；21—牵引风机；22—机械间风机；23—信号柜；24—工具柜；25—系统柜；26—卫生间；27—变压器油箱；28—制动柜；29—通用柜；30—无线电台柜；31—主风缸；32—气动柜。

司机室内设备布置，满足单司机值乘和人机工程学的要求，两司机室设备布置相同，主要包括操纵台、司机座椅、遮阳帘、前窗玻璃、雨刮器、八显灯、司机室顶灯、阅读灯和语音箱及添乘座椅。操纵台上的设备主要有主司机控制器、制动控制器、两个微机显示屏、速度表、压力表以及其他整备控制开关如受电弓、主断路器、司机室控制等，操纵台上还设有无线通信装置以及监控显示屏、重联电话等设备。在司机室后墙上设有两个简单的添乘座椅，以满足机车添乘的需求。

机械间设备按斜对称均衡布置，机械室内设有 700 mm 宽的中间通道，在通道左右两侧布置有牵引变流柜、牵引通风机、机械间通风机、辅助变流柜、系统柜、安全设备柜、工具柜、通用柜、制动柜、风源柜、一号气动柜、二号气动柜、无线电台柜、卫生间等。在机械间还放置了用于提供司机休息的折叠床和生活设备(冰箱、微波炉)。

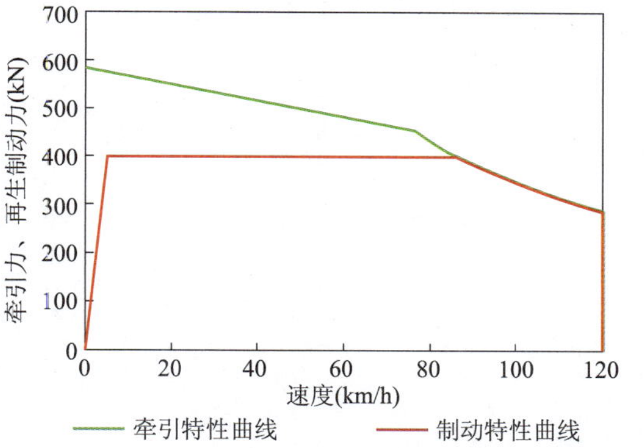

图 1-17-3　HXD2B 型电力机车牵引、制动特性曲线图

每台机车设有四个顶盖，第一、第四顶盖设备布置完全相同。第一顶盖的上面装有受电弓、支持绝缘子，下面除装有机械间照明灯、受电弓升弓阀板外，还安装有顶盖上设备的线路和控制管路。第二顶盖的上面装有真空主断路器、接地开关、避雷器、支持绝缘子、高压隔离开关、贯通母线，下面除装有机械间照明灯外，还安装有顶盖上设备的线路和控制管路。第三顶盖的上面装有高压电压互感器、高压隔离开关、车顶入口门及其接地装置、贯通母线、高压报警天线、支持绝缘子，下面装机械间照明灯、登顶梯、高压报警器、伸缩杆、顶盖上设备的线路和控制管路等。

车下设备主要有转向架、蓄电池柜、牵引变压器、复轨器箱、库用变压器、380 V 库用插座、底架照明灯等；车端设备主要有司机室空调、前照灯、副前照灯及标志灯等。

HXD2B 型电力机车独立通风系统由侧墙过滤器、牵引电机通风系统、牵引变流柜和牵引变压器冷却器通风系统、辅助变流柜通风系统、机械间补风系统、压缩机通风系统和空调通风系统等组成，除辅助变流柜通风系统和压缩机通风系统为车内吸风，其余各部分均为独立从车外进风，经过风道，最后排出车外。机车的通风系统按机车纵向中心线斜对称布置在机车中间走廊两侧。

HXD2B 型电力机车牵引、再生制动特性曲线如图 1-17-3 所示。

3. 牵引电传动系统

(1)牵引电路

HXD2B 型电力机车的牵引电传动系统主要是由网侧电路、牵引变压器、牵引变流器和牵引电机等组成。

HXD2B 型电力机车高压电器主要包括受电弓、主断路器、避雷器、35KS 接地开关、高压电压互感器、高压电流互感器、高压隔离开关、25 kV 电缆及穿墙套管等。

机车牵引传动系统采用单轴独立控制方式，通过交—直—交变流技术对牵引电机进行牵引和再生制动特性控制，采用 FIP 网络与机车其他设备通信。每台机车具有 6 套独立控制的交—直—交变流装置，以及各自独立的水循环冷却系统，分别被放置在三个牵引变流柜中，与相应的牵引绕组和牵引电机一起组成六套独立控制的牵引电传动系统。牵引电传动系统的电路原理和结构组成如图 1-17-4 所示。

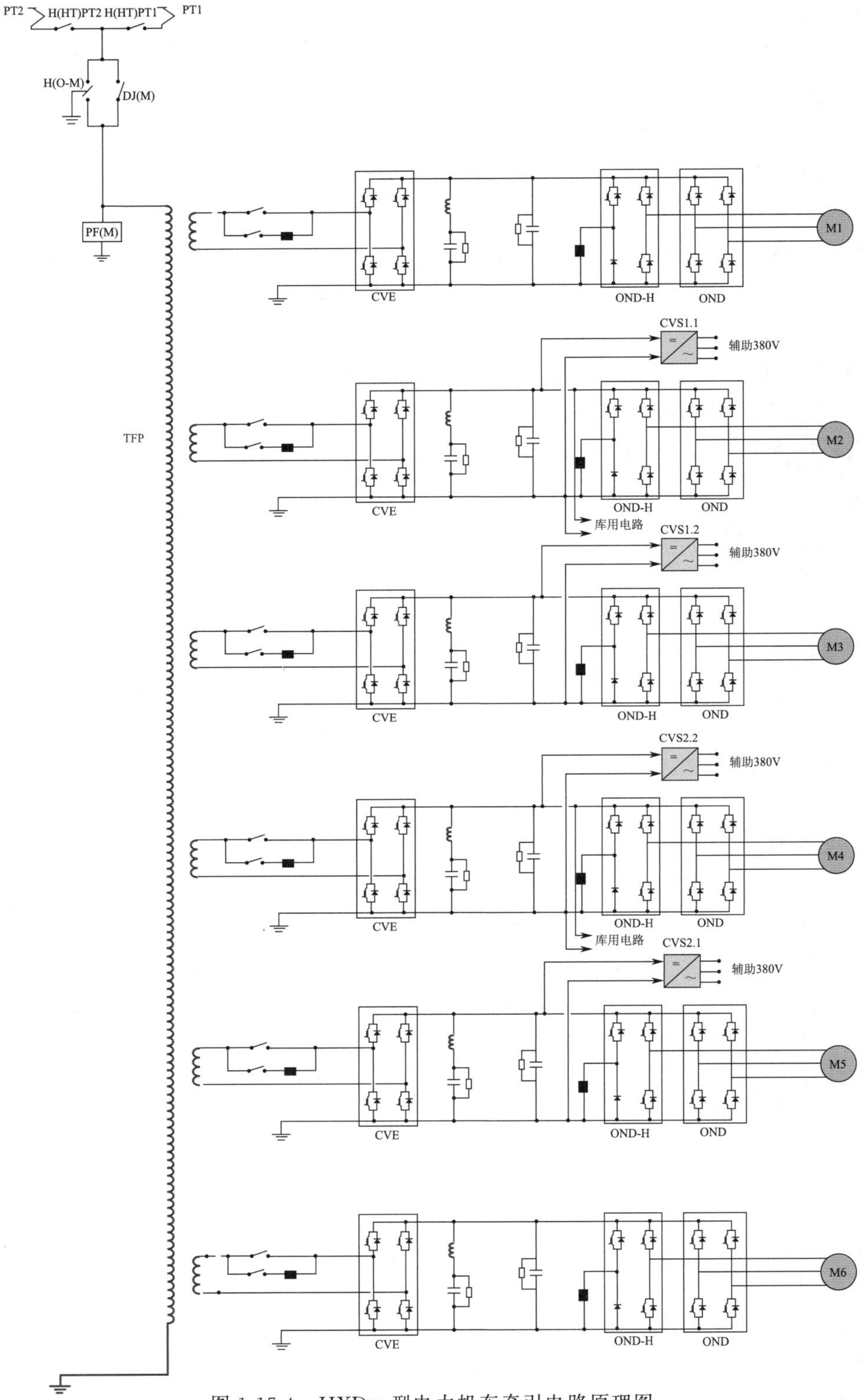

图 1-17-4 HXD2B 型电力机车牵引电路原理图

PT1、PT2—受电弓 1、2；H(HT)PT1、H(HT)PT2—高压隔离开关；H(O-M)—接地开关；DJ(M)—主断路器；PF(M)—避雷器；TFP—牵引变压器；CVE—四象限变流器；OND-H、OND—逆变器模块；CVS1.1、CVS1.2、CVS2.1、CVS2.2—辅助变流柜

(2)网侧电路

网侧电路主要是由受电弓、高压隔离开关、网侧火花放电器、原边电流互感器、原边电流传感器、主断路器(其中包含一个真空断路器和一个避雷器)、接地开关、高压电压互感器以及牵引变压器原边绕组、六组接地回流装置、电能计量装置等组成。

(3)牵引变压器

HXD_{2B} 型电力机车牵引变压器采用卧式结构,吊挂安装在机车的底架中部,采用强迫油循环风冷(ODAF),与牵引变流器共用冷却风机组。

牵引变压器包括一个原边绕组和六个牵引绕组组成的单相变压器一台、二次谐振电抗器六个,被放置在油箱体内共用油冷却系统;牵引变压器附件包括散热器三个、储油箱一个、吸湿器一个、油泵三个、压力释放阀一个、油流继电器三个以及各种阀门、管路、接线端子等。牵引变压器的冷却系统由散热器、油泵以及冷却管路组成。散热器设计为强迫空气循环冷却。管路上装有波纹管和隔离油泵或散热器 DN80 型蝶阀。油泵为油浸式,由鼠笼型异步电动机和离心泵组成。

(4)牵引变流器

整台机车包含有原理和结构相同的六套牵引变流装置,分置三个柜体内。每套牵引变流装置是由一个四象限变流器、一个中间直流电路和一个三相 PWM 牵引逆变器组成,每套装置驱动一台牵引电机,实现整台机车的单轴独立控制驱动方式,其中两轴至五轴的中间直流电路还要为机车上的辅助变流器供电。

(5)牵引电机

HXD_{2B} 型电力机车的牵引电机为 YJ90B 型三相六极鼠笼式异步牵引电机,是引进法国 ALSTOM 公司的制造技术,进行国产化的电机。以鼻式悬挂方式安装在机车转向架上。电机由 VVVF 逆变器系统驱动,一台逆变器供电给一台电机,电机采用轴向强迫通风冷却方式。

4. 辅助电气系统

HXD_{2B} 型电力机车的辅助电气系统主要是由辅助电源、充电机、辅助负载和相应的辅助电器等组成,除辅助负载之外,其余部分都被集中安装在辅助变流柜和辅助控制箱里。每台机车辅助电源包括四路辅助逆变器输出的三相 AC 400 V 电源和两路 DC 110 V 电源,辅助负载有三种:三相交流 400 V 负载、交流 230 V 和直流 110 V 负载。

辅助逆变器采用 DC—AC 的变换模式实现电源的变换输出,其输入电源取自牵引变流器中间直流电路,每台机车有四组辅助逆变器。每半台机车有两组辅助逆变器,一组为变压变频型(VVVF),一组为定压定频型(CVCF),这两组逆变器互为冗余;充电机采用 AC—DC—AC—DC 的变换模式,输入电路取自三相 AC 400 V 电源电路,每半台机车具有一组充电机,每台机车的两组充电机在 MPU 的管理下轮流工作,为蓄电池充电、为 DC 110 V 负载提供电源。控制系统采用数字控制技术通过 MVB 网络与车内其他设备进行数据交换,实现辅助系统的控制、状态检测和故障信息的存储传输。

HXD_{2B} 型电力机车辅助电路主要由辅助电源电路、三相负载电路、单相负载电路和库内辅助电路组成。

HXD_{2B} 型电力机车辅助电气系统原理图如图 1-17-5 所示。

5. 微机网络控制系统

HXD_{2B} 型电力机车微机网络控制系统,简称 LCMS,是基于 WorldFIP 总线的网络通信

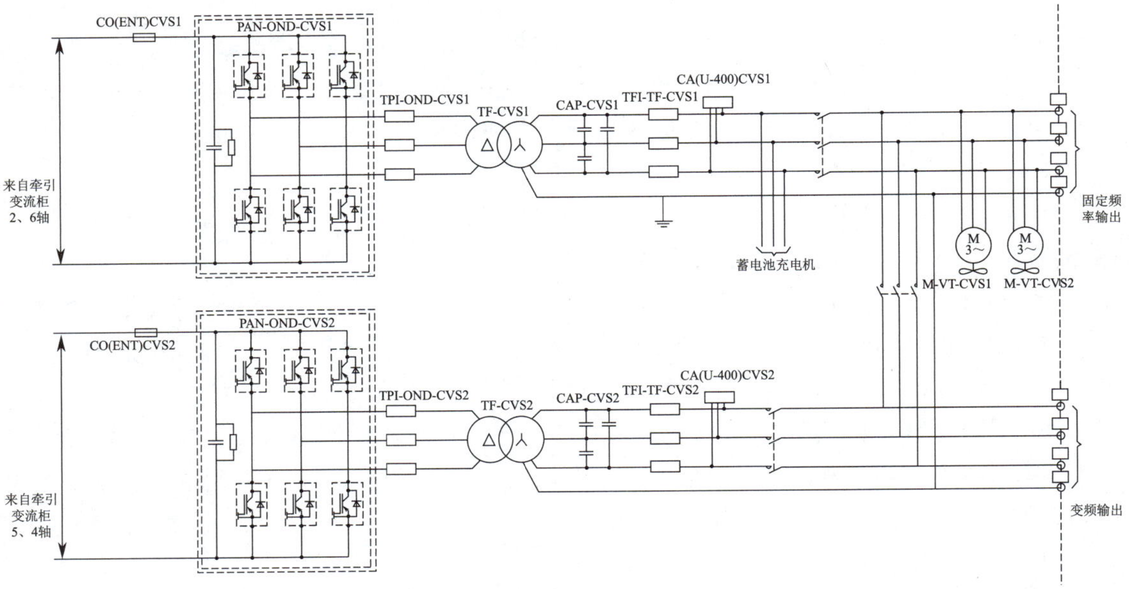

图 1-17-5　HXD2B 型电力机车辅助电源电气原理图

CO(ENT)CVS1、2—输入熔断器 1、2；CA(U-400)CVS1、2—电压传感器；PAN-OND-CVS1、2—三相逆变器 1、2；TPI-OND-CVS1、2—电流传感器 1、2；TF-CVS1、2—三相隔离变压器 1、2；CAP-CVS1、2—滤波电容 1、2；TFI-TF-CVS1、2—电流互感器 1、2；M-VT-CVS1、2—辅助变流器通风机 1、2

和监控技术，其通信结构一般分为两级：车辆级通信和列车级通信，对应的 FIP 网也分为两级：FIP 车辆网 FIPV 和 FIP 列车网 FIPT。具体的 FIP 网络拓扑结构如图 1-17-6 所示。

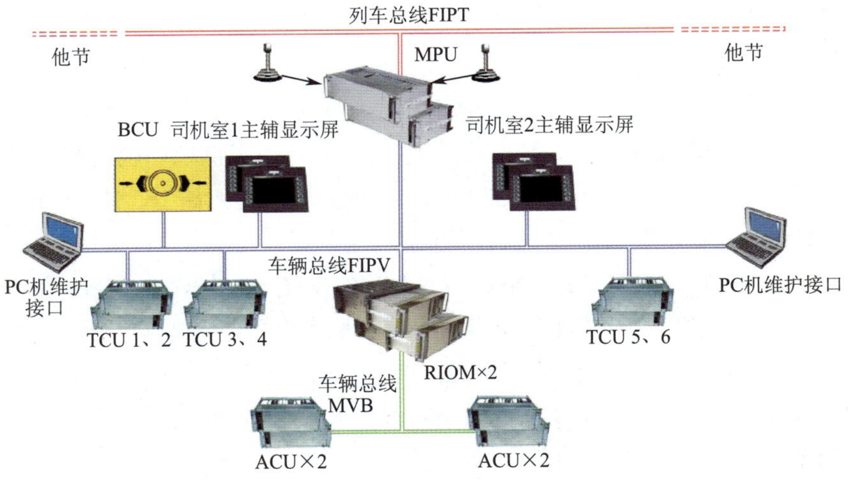

图 1-17-6　HXD2B 型电力机车微机网络统制系统拓扑结构图

BCU—制动控制单元；MPU—主控制单元；TCU—牵引控制单元；ACU—辅助控制单元；RIOM—远程输入输出模块

HXD2B 型电力机车微机网络监控系统由两组主控制单元 MPU1 和 MPU2，2 组远程输入输出模块 RIOM1 和 RIOM2，六组牵引控制单元 TCU1～TCU6，四组辅助控制单元 ACU11、ACU12 和 ACU21、ACU22，四组司机显示单元 DDU11、DDU12 和 DDU21、DDU22，以及一组制动控制单元 BCU 组成。其功能主要包括机车控制与监控功能、网络通信功能、牵引控制功能、辅助控制功能、检修维护功能等，这些功能主要通过微机网络监控系统中的 MPU 和 RIOM 来实现。

双机重联的情况下，重联车通过 FIPT 网络从本务车获取指令，然后重联车的微机网络监控系统负责将命令发送到重联车的相关设备。

6. 车　　体

HXD_{2B} 型电力机车车体采用了由底架、司机室钢结构、侧墙以及车顶连接横梁共同参与承载的整体承载式焊接结构。底架以及焊接在底架各梁上用于安装设备的支架或支座位于车体下部，是整个车体的基础，也是主要的承载结构。车体两侧是波纹板侧墙结构，车体两端设司机室，它们都焊接在底架上。车体组装时，用三根车顶连接横梁将两边侧墙连接起来。在车体顶部安装有四个可拆卸顶盖装置，以便车内设备的吊装。

HXD_{2B} 型电力机车采用 DFC-E100 型钩缓装置，可以实现与我国现有通用车钩的连挂。DFC-E100 型钩缓装置的缓冲器材料及内部结构尺寸与我国现在通用的车钩和缓冲器在外形、结构、尺寸等方面均有所不同，不能实现与我国现在通用的车钩和缓冲器的互换。

HXD_{2B} 型电力机车钩缓装置的后部装有吸能装置，它由碰撞吸能盒、连接螺栓螺母、导向销、失效指示帽组成。当受到大的碰撞力时使吸能壁中部向内弯曲塑性变形吸收能量。

HXD_{2B} 型机车车体主要选用了 EN10025/ S275J2G4、S355J2G4 两种质量等级较高的耐低温性能的可焊结构钢。

7. 转 向 架

HXD_{2B} 型电力机车装有两台可以互换的三轴转向架，转向架主要由构架、悬挂装置、轮对装置、驱动装置、基础制动装置、牵引装置、轮缘润滑装置、管路和附属装置等组成。

构架采用细晶粒高强度钢板 S500MC(符合 EN 10149)和铸钢件焊接而成，焊接后的构架进行整体退火处理，以消除焊接应力。轴箱采用全密封滚子轴承，一系悬挂装置为双钢弹簧加双拉杆配垂向油压减振器的结构方式，二系悬挂装置采用橡胶堆支撑的结构方式，每个转向架有三对橡胶堆，转向架的基础制动装置采用单侧踏面制动单元，每转向架设有六套单元制动器，其中三套为停放制动单元，三套为常用制动单元，分别安装在转向架两侧的三个车轮处，制动单元的闸瓦间隙自动调整装置能够对闸瓦和车轮间的间隙进行自动调整。转向架的牵引装置采用中间推挽式水平短牵引杆与车体连接。

8. 制动系统

HXD_{2B} 型电力机车制动系统按其功能分为风源系统、制动机系统、控制系统管路、辅助系统管路。该系统在正常工况时，通过微机控制列车管和机车制动缸压力实现列车的制动控制，在出现严重故障时，将机车制动系统转换到备用制动进行列车制动控制。

每台机车的风源系统主要由两台螺杆式空气压缩机组和两台空气干燥器和总风缸等设备构成，总风缸采用并联方式组合。

制动机主要包括制动控制器、司机制动阀、作用阀模块、制动控制单元、隔离模块、流量计、分配阀组成、电子分配阀、转向架中继阀等部件。制动控制器在正常的操纵模式下由自动制动控制器的电气部件来控制。司机制动阀从 BCU 接收输入信号然后调整列车管 BP 压力信号，进而控制机车的缓解及制动。

控制系统管路是由辅助空气压缩机、辅助干燥器、辅助风缸、单向阀及其连接管路组成。

辅助系统管路由撒砂系统管路、轮轨润滑装置管路、风笛管路等组成。

转向架的基础制动装置采用每轮一套的单侧单闸瓦踏面制动装置，并带有闸瓦间隙自动调整器。

9．技术参数表

HXD_{2B}型电力机车技术参数见表 1-17-1。

表 1-17-1 HXD_{2B}型电力机车技术参数表

车型名称			和谐 D_{2B}
车型代号			HXD_{2B}
机车车号			0001～0500
项目		序号	参数及说明
用途		1	铁路干线货运
制造年代		2	2009—2011 年
制造厂名		3	中车大同电力机车有限公司
轨距(mm)		4	1 435
车体	车底架长(mm)	5	21 608
	车体宽(mm)	6	2 856
	高(轨面至受电弓座平面)(mm)	7	3 855
司机室个数		8	2
机车前后车钩中心距(mm)		9	22 960
车钩型号，形式		10	101 型车钩
缓冲器型号		11	DFC-E100
轴式		12	$C_0—C_0$
车钩中心线距轨面高度(mm)		13	880±10
转向架中心距(mm)		14	12 320
全轴距(mm)		15	16 820
动轮直径(新轮)(mm)		16	1 250
动轮直径(轮箍半磨耗)(mm)		17	1 200
落弓后滑板顶面距轨面高度(mm)		18	≤4 800
受电弓滑板距轨面工作高度(mm)		19	5 200～6 500
机车整备质量(t)		20	$150\times(1^{+1}_{-3}\%)$
轴重(t)		21	$25\times(1^{+1}_{-3}\%)$
通过最小曲线半径(m)		22	125
供电电流制		23	AC 25 kV/50 Hz
额定电压(kV)		24	25
最高电压(kV)		25	29
最低电压(kV)		26	19
电传动方式		27	交—直—交，单轴控制
持续功率(kW)		28	9 600

十七

续上表

车型名称				和谐 D_{2B}
车型代号				HXD_{2B}
机车车号				0001～0500
项目			序号	参数及说明
持续速度(km/h)			29	76
持续牵引力(kN)			30	455
最高运用速度(km/h)			31	120
恒功率速度范围(km/h)			32	76～120
最大启动牵引力(kN)			33	584
最大再生制动力(kN)			34	400
功率因数			35	0.98
等效干扰电流 J_p(A)			36	1.5
电网电流畸变率(%)			37	/
机车总效率			38	0.85
紧急制动距离(m)			39	在平直道上,制动初速度为 120 km/h,25 t 轴重≤1 100 m
库内动车电源制式			40	AC 770 V
转向架	构架外形尺寸(长×宽×高,mm)		41	6 588×2 789×930
	两侧梁横向中心距(mm)		42	2 116
	转向架各轴间距(mm)		43	2 250+2 000
	转向架固定轴距(mm)		44	4 250
	同一轴两轴箱中心距(mm)		45	2 116
	轮对质量(kg)		46	3 354
	一系悬挂装置	一系悬挂静挠度(mm)	47	76.5
		垂向油压减振器型号,数量	48	DISPEN 2468,2/轴
		垂向油压减振器阻尼系数	49	11 kN (0.3 m/s)
	二系悬挂装置	二系悬挂静挠度(mm)	50	14
		垂向油压减振器型号,数量	51	—
		垂向油压减振器阻尼系数	52	—
		横向油压减振器型号,数量	53	DISPEN 2276-26,2/转向架
		横向油压减振器阻尼系数	54	5 kN (0.1 m/s)
		抗蛇行减振器型号,数量	55	—
		抗蛇行减振器阻尼系数	56	—
	牵引力传递方式		57	中间推挽式水平短牵引杆
	牵引点高(mm)		58	625
	牵引电动机悬挂方式		59	抱轴式弹性半悬挂方式
	齿轮传动比		60	120/23
	砂箱容量(m^3)		61	0.075×8
	转向架质量(t)		62	26.4

续上表

车型名称				和谐 D_{2B}
车型代号				HXD_{2B}
机车车号				0001～0500
项目			序号	参数及说明
基础制动装置	基础制动方式		63	单侧踏面制动
	每台转向架制动器组数		64	6
	制动缸直径(mm)		65	177.8
	制动倍率		66	4.1
	传动效率(%)		67	93.6
	闸瓦与车轮踏面的恒定间隙(mm)		68	8
	制动缸最大空气压力(kPa)		69	450
	闸瓦(或踏面)形式		70	外形及安装符合 UIC 541-4
	闸瓦(或踏面)材质		71	合成闸瓦
	每个闸瓦托上的闸瓦(或踏面)压力(kN)		72	44.8(最大)
	停放制动器	停放制动方式	73	弹簧停放制动方式
		制动器数量	74	6
		闸瓦压力(kN)	75	25
		停放制动器质量(kg)	76	65
	制动单元质量(kg)		77	50
受电弓	型号		78	DSA200
	额定工作电压(kV)		79	25
	额定工作电流(A)		80	1 000
	运行最高速度(km/h)		81	200
	工作高度(mm)		82	1 029～2 941(含 400 mm 高绝缘子)
	最大升弓高度(mm)		83	$3\ 141^{+100}_{-25}$(含 400 mm 高绝缘子)
	落弓位高度(mm)		84	729(含 400 mm 高绝缘子)
	升弓时间(s)		85	≤5.4
	降弓时间(s)		86	≤4
	传动风缸工作空气压力(kPa)		87	—
	总质量(kg)		88	130
主断路器	型号		89	22CB 型
	额定电压(kV)		90	25
	额定电流(A)		91	1 000
	额定分断电流(kA)		92	16
	额定分断容量(MV·A)		93	400
	固有分闸时间(ms)		94	≤40
	额定工作气压(kPa)		95	450～1 000
	质量(kg)		96	105

续上表

车型名称				和谐 D_{2B}
车型代号				HXD_{2B}
机车车号				0001～0500
项目			序号	参数及说明
牵引变压器	型号,结构形式		97	LOT12600 组合式变压器、芯式
	各绕组额定容量(kV·A)	网侧高压绕组	98	12 600
		牵引绕组	99	6×2 100
		辅助绕组	100	/
		供电绕组	101	/
	各绕组额定电压(V)	网侧高压绕组	102	25 000
		牵引绕组	103	6×2 100
		辅助绕组	104	/
		供电绕组	105	/
	各绕组额定电流(A)	网侧高压绕组	106	504
		牵引绕组	107	6×1 000
		辅助绕组	108	/
		供电绕组	109	/
	短路阻抗(%)		110	58
	绝缘等级		111	A
	冷却方式		112	强迫油循环风冷
	冷却油牌号		113	45 号
	冷却油流量(m^3/h)		114	72
	油泵型号		115	XCH211001-BDC
	效率(%)		116	≥96
	总质量(t)		117	11.3
谐振电抗器	每节机车台数		118	6
	额定电流(A)		119	6×450
	额定电压(V)		120	3 775
	电感值(mH)		121	6×0.633
牵引变流器	型号		122	YGZN2Q224
	电路结构形式		123	电压型,两电平
	额定功率(kW)		124	1 634
	额定输入电压(交流)(V)		125	2 100
	额定输入电流(交流)(A)		126	987
	中间电路电压(V)		127	3 775
	二次谐振电容值(mF)		128	0.633
	支撑电容值(mF)		129	1×(1±10%)
	额定输出电压(V)		130	2 945

续上表

车型名称				和谐 D_{2B}
车型代号				HXD_{2B}
机车车号				0001～0500
项目			序号	参数及说明
牵引变流器	额定输出电流(A)		131	390
	四象限变流器开关频率(Hz)		132	250
	牵引逆变器最大开关频率(Hz)		133	550
	牵引逆变器输出频率范围(Hz)		134	0～95
	冷却方式		135	水冷
	效率(%)		136	98
	质量(t)		137	2.82
	外形尺寸(长×宽×高,mm)		138	3 610×950×2 000
	每台机车牵引变流器台数		139	3
	四象限变流器功率模块	型号	140	233XHP-1R
		电路形式	141	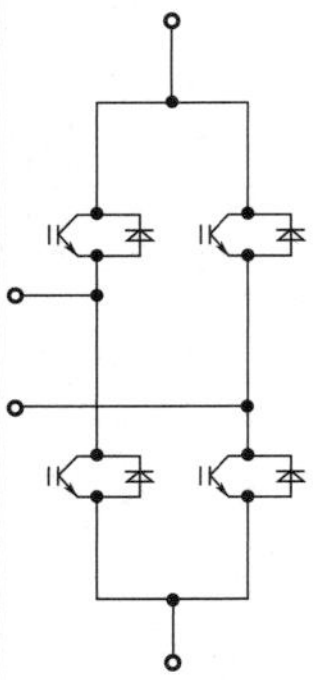
		四象限变流器构成形式	142	每个四象限变流器由一个功率模块组成
		电压(V)	143	2 150
		电流(A)	144	987
		开关频率(Hz)	145	250
		功率元件型号	146	FZ600R65KE3
		功率元件参数	147	IGBT(6.5 kV/600 A)
		功率元件个数	148	4
		冷却方式	149	水冷
		质量(kg)	150	52
		尺寸(长×宽×高,mm)	151	680×345×370

续上表

车型名称				和谐 D_{2B}
车型代号				HXD_{2B}
机车车号				0001～0500
项目			序号	参数及说明
牵引变流器	牵引逆变器功率模块	型号	152	233XHP
		电路形式	153	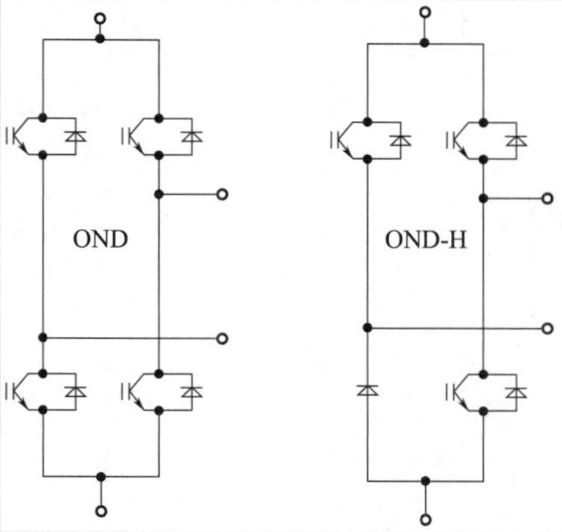
		牵引逆变器构成形式	154	每个牵引逆变器由两个功率模块组成，其中，第一个功率模块(OND)构成逆变器的第一、二桥臂，第2个功率模块(OND-H)构成逆变器第3个桥臂和中间直流回路过压保护斩波器桥臂。
		电压(V)	155	3 800
		电流(A)	156	434
		开关频率(Hz)	157	550
		功率元件型号	158	FZ600R65KE3
		功率元件参数	159	IGBT(6.5 kV/600 A)
		功率元件个数	160	ONIX 233 XHP 4个 ONIX 233 XHP-1R 3个
		冷却方式	161	水冷
		质量(kg)	162	58
		尺寸(长×宽×高,mm)	163	680×345×370
	冷却系统	水泵型号	164	110200603
		流量(m^3/h)	165	7.8×(1±8%)
		驱动电机功率(kW)	166	≤2.6
	控制策略	四象限变流器	167	电压电流双闭环
		牵引逆变器	168	间接矢量控制
		瞬时电压限制器	169	比例谐振调节
交流异步牵引电动机	型号		170	YJ90B
	额定功率(持续制)(kW)		171	1 634
	额定电压(持续制)(V)		172	2 945
	额定电流(持续制)(A)		173	376
	最大启动电流(A)		174	452

续上表

车型名称				和谐 D_{2B}
车型代号				HXD_{2B}
机车车号				0001～0500
项目			序号	参数及说明
交流异步牵引电动机		功率因数	175	0.883
		额定转速(持续制)(r/min)	176	1 753
		最高转速(r/min)	177	2 768
		额定频率(Hz)	178	88.6
		额定转差率(%)	179	1.06
		额定转矩(N·m)	180	8 900
		最大转矩(N·m)	181	11 422
		额定效率(%)	182	96.5
		绝缘等级	183	200
		极数	184	6
		质量(kg)	185	2 660
		通风量(m^3/s)	186	1.75
牵引通风机组		型号	187	FVF180S-2
		台数	188	6
		最大转速(r/min)	189	2 920
		每台风机的风量(m^3/min)	190	111
		风压(Pa)	191	4 800
		额定功率(kW)	192	12.5
		质量(kg)	193	200
复合冷却塔		冷却方式	194	强迫风冷
		水散热量(kW)	195	2×31.15
		油散热量(kW)	196	/
		通风量(m^3/min)	197	300
		水流量(m^3/h)	198	2×7.8
		油流量(m^3/h)	199	/
		质量(kg)	200	650
辅助逆变器	CVCF逆变器	型号	201	AK00001014352DT
		每台机车装用台数	202	2
		额定输入电压(V)	203	3 775
		额定输入电流(A)	204	40
		额定输出电压(V)	205	AC 400
		额定输出电流(A)	206	216
		容量(kV·A)	207	150
		频率(Hz)	208	50

续上表

车型名称				和谐D_{2B}
车型代号				HXD_{2B}
机车车号				0001～0500
项目			序号	参数及说明
辅助逆变器	CVCF逆变器	功率元件参数	209	IGBT(6 500 V/200 A)
		冷却方式	210	强迫风冷
		质量(kg)	211	750
	VVVF逆变器	型号	212	AK00001014352DT
		每台机车装用台数	213	2
		额定输入电压(V)	214	3 775
		额定输入电流(A)	215	40
		额定输出电压(V)	216	AC 400
		额定输出电流(A)	217	216
		容量(kV·A)	218	150
		频率(Hz)	219	25,40,50
		功率元件参数	220	IGBT(6 500 V/200 A)
		冷却方式	221	强迫风冷
		质量(kg)	222	750
蓄电池充电器	型号		223	AK00000125087
	输入电压(V)		224	400
	输出电压(V)		225	108
	输出电流(A)		226	115
	输出容量(kV·A)		227	12.5
	质量(kg)		228	16.3
微机网络控制系统	列车网标准		229	EN 50170
	车辆网标准		230	EN 50170
	列车网传输速率(Mb/s)		231	1
	车辆网传输速率(Mb/s)		232	1
	机车控制功能	牵引特性控制	233	恒力矩控制
		再生制动特性控制	234	恒力矩控制
		其他控制功能	235	机车逻辑控制； 牵引变流器控制； 辅助变流器控制； 空电联锁制动控制； 机车重联控制； 空转、滑行保护控制； 牵引电机电流最大限值控制功能； 机车故障诊断与保护，故障状态信息显示、储存功能； 微机转储功能； 无人警惕控制； 自动过分相和半自动过分相控制功能

十七

续上表

车型名称				和谐 D_{2B}
车型代号				HXD_{2B}
机车车号				0001～0500
项目			序号	参数及说明
微机网络控制系统	机车控制功能	其他控制功能	235	通风机转速自动控制； 自动换端功能； 地面电源移车动能； 冗余控制功能，保证在工作单元失效时能自动转换
	保护功能	网压保护限值	236	网压超过 31 kV 或网压低于 17.5 kV
		网流保护限值(A)	237	1 400
		中间电压限值(V)	238	4 200
		防空转、滑行策略	239	/
		最高速度限值(km/h)	240	132
风源系统	主空气压缩机组	型号	241	TSA-2.4A
		压缩空气出口压力(kPa)	242	1 000
		压缩空气出口温度(℃)	243	环境温度＋15
		排气量(m^3/min)	244	2.4
		冷却方式	245	风冷
		润滑油牌号	246	壳牌
		润滑油储量(dm^3)	247	6.5
		润滑油压力(kPa)	248	1 250
		电机型号	249	/
		电机转速(r/min)	250	2 955
		额定功率(kW)	251	22
		额定电压(V)	252	380
		额定电流(A)	253	160
		机组质量(kg)	254	470
	辅助空气压缩机组	型号	255	1/323541
		额定排气量(m^3/min)	256	0.05
		额定排气压力(kPa)	257	700
		电动机型号	258	/
		额定工作电压(V)	259	110
		额定工作电流(A)	260	5
		额定功率(kW)	261	0.75
		额定转速(r/min)	262	2 680
	空气干燥器	空气干燥器型号	263	JKG2
		空气干燥器形式	264	双塔式
		处理空气量(m^3/min)	265	3.0
		工作压力(kPa)	266	1 000
		整机质量(kg)	267	168

十七

续上表

车型名称				和谐 D_{2B}
车型代号				HXD_{2B}
机车车号				0001～0500
项目			序号	参数及说明
风源系统	风源系统部件	压力控制器(调压器)型号	268	—
		压力控制范围(kPa)	269	750～900
		总风缸空气压力范围(kPa)	270	750～900
		各总风缸总容量(dm^3)	271	800＋800
	调压阀调压范围(kPa)		272	680～900,750～900
制动机	制动机型号		273	EUROTROL
	电空制动控制器(自动制动阀)		274	7304730108
	空气制动阀(单独制动阀)		275	7304730108
	分配阀型号,数量		276	SW4,1
	中继阀(双阀口式)		277	P2K
	紧急阀		278	MSP118-00-00
	电动放风阀		279	/
	紧急电空阀(110 V)		280	VE3
	电空转换阀		281	21C
蓄电池组	型号		282	DM-170
	容量(A·h)		283	170
	装用数量(只)		284	48
	总标称电压(V)		285	96

注:"—"表示无此设备;"/"表示数据空缺。

十八、HXD2C 型电力机车技术简介

1. 概　　述

HXD2C 型电力机车是新型的单轴功率 1 200 kW、六轴、交流传动货运电力机车，是同车公司在前期引进消化吸收国外先进技术的基础上，自主设计制造的机车产品。该型机车集成了当前的设计成果，是我国铁路新一代干线主型货运电力机车，适用于国内大部分铁路线路的环境状况。机车持续功率 7 200 kW，轴式 $C_0—C_0$，轴重 25 t 或 23 t(通过配重块可转换轴重)，最高速度 120 km/h，持续牵引力 400 kN 或 370 kN，启动牵引力 570 kN 或 520 kN，再生制动功率 7 200 kW，最大再生制动力 400 kN 或 370 kN，通过最小曲线半径 125m。截至 2014 年 12 月累计生产 310 台(车号为 0001～0310)，交付运用 310 台。

HXD2C 型电力机车的研制是依据原中国北车集团科技研究开发计划项目合同“HXD2C 型大功率交流传动电力机车研制”(合同号 2010NJA019)进行的，首台 HXD2C 型交流传动电力机车样车于 2010 年 5 月研制完成，2010 年 8 月开始批量生产投放使用。

2010 年，同车公司按要求在原铁道部采购的 220 台 HXD2C 型电力机车中，除了 150 台机车(车号为 0001～0150)电传动系统采用大连东芝电气公司产品外，又对剩余的 70 台机车电传动系统采取了单独招标采购，首次尝试在统一标准和技术条件下机车电传动系统的多家竞争供货。该 70 台机车上，17 台机车(车号为 0151～0167)采用大连东芝电气公司电传动系统，50 台机车(车号为 0168～0217)采用庞巴迪公司电传动系统，3 台机车(车号为 0218～0220)采用原中国北车集团北车芯(即 NECT)电传动系统。

2012 年，在原铁道部采购的 30 台 HXD2C 型电力机车上，23 台机车(车号为 0221～0243)采用大连东芝电气公司电传动系统，7 台机车(车号为 0244～0250)采用北车芯(NECT)电传动系统。2013 年，在中国铁路总公司采购的 30 台 HXD2C 型电力机车中，20 台机车(车号为 0251～0270)采用大连东芝电气公司电传动系统，10 台机车(车号为 0271～0280)采用北车芯(NECT)电传动系统。2014 年，在中国铁路总公司采购的 30 台 HXD2C 型电力机车(车号为 0281～0310)均采用大连东芝电气公司电传动系统。截至 2016 年底，同车公司共计生产 HXD2C 型电力机车 335 台(车号为 0001～0335)。

自机车投入线路运营以来，先后配属太原铁路局太原机务段、郑州铁路局新乡机务段，主要在石太(石家庄—太原)线、新侯(新乡—侯马)线、新石(新乡—石家庄)线担当 5 500 t 货物列车牵引任务。目前，335 台 HXD2C 型电力机车全部配属郑州铁路局新乡机务段担当干线货运牵引任务。

HXD2C 型电力机车外形图如图 1-18-1 所示。

2. 机车总体

HXD2C 型电力机车的两端各设有一个司机室，两个司机室的中间为机械室。在机械室内设有 600 mm 宽的中央通道，在通道左右两侧设有机车牵引传动系统、辅助控制系统、制动系统、通风系统等设备。在车体下有两台三轴转向架及牵引变压器，在顶盖上设有高压电器。车内设备布置以平面斜对称布置为主，设备成套安装，有利于机车的总重分配、机车的制造、检修和部件的互换。

从结构上分，机车设备布置大致可分为司机室设备布置、机械间设备布置、车顶设备布置、底架下设备布置等部分。机车总体布置如图 1-18-2 所示。

图 1-18-1　HXD2C 型电力机车外形图

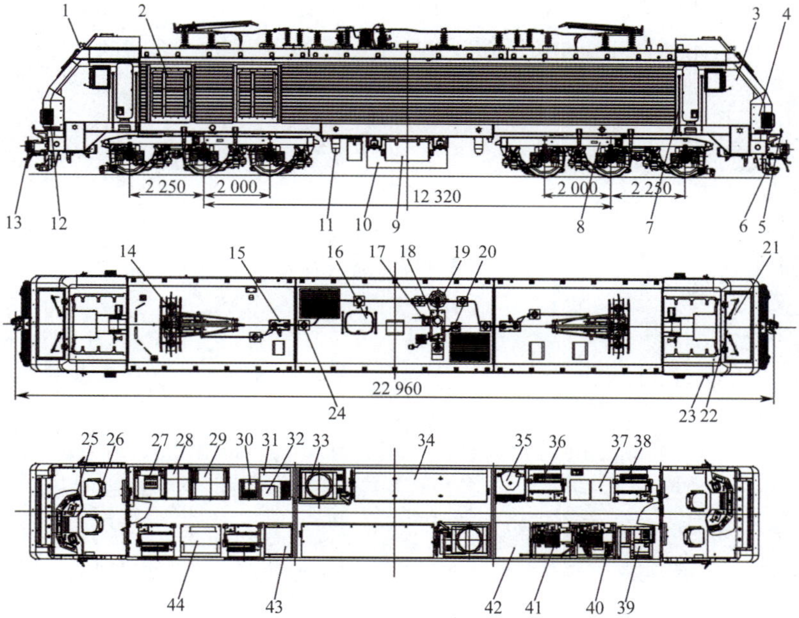

图 1-18-2　HXD2C 型电力机车总体布置图

1—风笛；2—侧墙过滤器；3—司机室；4—司机室整流罩；5—前端踏板；6—排障器；
7—扶手杆；8—转向架；9—蓄电池箱；10—牵引变压器；11—砂箱；12—空调；13—车钩；
14—受电弓；15—高压隔离开关；16—活动天窗；17—主接地开关；18—真空断路器；
19—高压电压互感器；20—避雷器；21—前窗玻璃；22—雨刮器；23—后视镜；
24—支持绝缘子；25—操纵台；26—司机座椅；27—安全设备柜；28—微机柜；
29—低压电器柜；30—6A 系统柜；31—储油箱；32—微波炉、冰箱；33—复合冷却塔；
34—牵引变流柜；35—总风缸；36—牵引电动机通风机；37—充电机；38—牵引电动机通风机；
39—空气干燥器；40—复轨器；41—空气压缩机；42—制动柜；43—卫生间；44—滤波柜。

司机室设备主要包括操纵台、司机室前墙设备、司机室顶棚设备、司机室后墙设备和其他设备。司机室前墙设备布置包括遮阳帘、前窗玻璃、雨刮器和八灯显示仪；司机室顶棚设备包括司机室顶灯、风扇、阅读灯和语音箱；司机室后墙设备有多功能折叠座椅、灭火器、电热水壶；其他设备有司机座椅、暖风机、空调单元、机车后视镜、扶手杆等。

机械间设备在通道左右两侧布置有牵引变流柜、牵引通风机、安全设备柜、微机控制柜、低压电器柜、储油柜及生活设备(冰箱、微波炉)、工具柜、滤波柜、充电机柜、制动柜、风源柜、一号气动柜、二号气动柜等。

车顶设备布置分为第1顶盖设备布置、中央顶盖设备布置、第2顶盖设备布置三个部分。车顶外部设备包括两台DSA200型受电弓、两个高压隔离开关、一个高压电压互感器、一个真空主断路器、一个高压接地开关、一个高压电流互感器、一个避雷器、活动天窗、六组受电弓支持绝缘子以及导电杆及其支持绝缘子。车顶内部设备包括受电弓升弓阀板、通风口、登顶梯及机械间照明灯等。

车下设备主要有转向架、蓄电池柜、牵引变压器、库用插座、底架照明灯等;车端设备主要有司机室空调、前照灯、辅照灯及标志灯等。

机车采用侧墙独立通风方式,独立通风系统由侧墙过滤器、牵引电机通风系统、复合冷却塔通风系统、机械间补风排风系统、压缩机通风系统、空调通风系统等组成,各部分均为独立从车外引风,经过风道,最后排出车体。

HXD2C型电力机车牵引特性曲线图如图1-18-3、图1-18-4所示,机车再生制动特性曲线图如图1-18-5、图1-18-6所示。

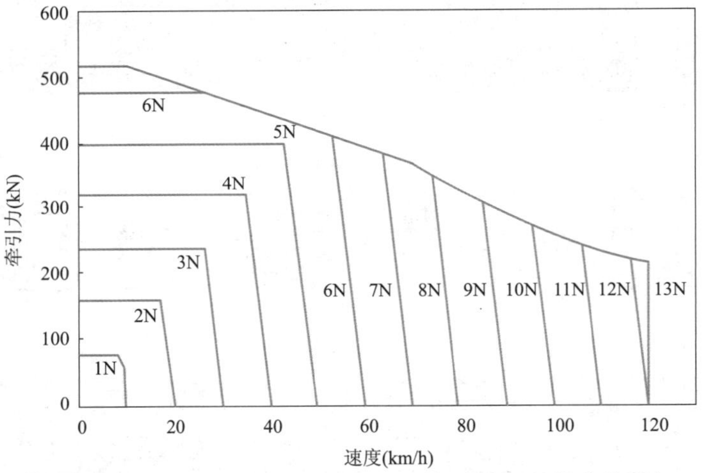

图1-18-3 HXD2C型电力机车(23t轴重)牵引特性曲线图

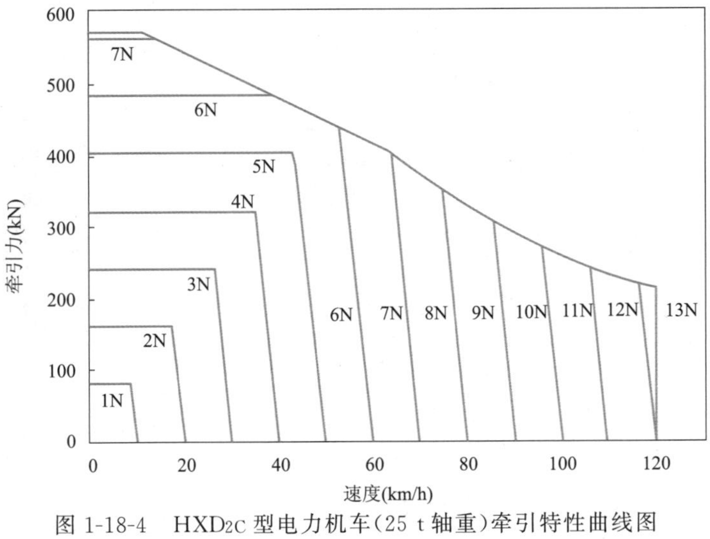

图1-18-4 HXD2C型电力机车(25 t轴重)牵引特性曲线图

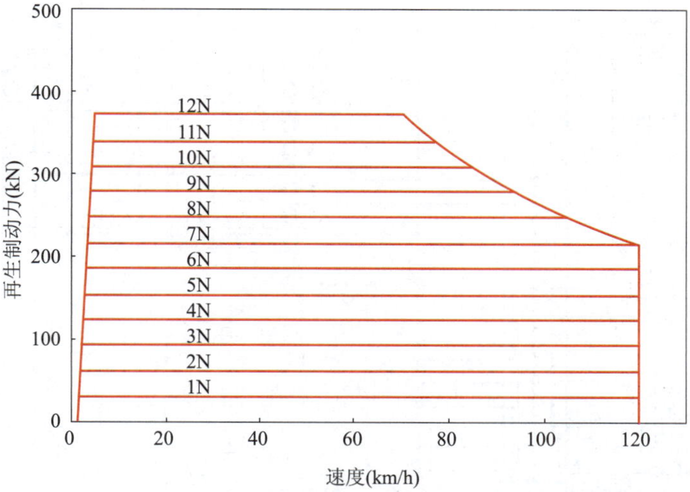

图 1-18-5　HXD2C 型电力机车(23 t 轴重)再生制动特性曲线图

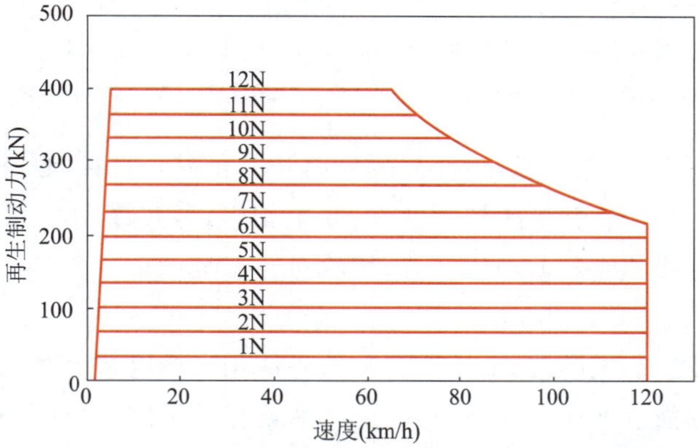

图 1-18-6　HXD2C 型电力机车(25t 轴重)再生制动特性曲线图

3. 牵引电传动系统

(1)牵引电路

HXD2C 型电力机车电传动系统分别采用了大连东芝系统、庞巴迪系统和北车芯(NECT)系统。

大连东芝电传动系统采用两组电路结构完全相同的变流器,每组牵引变流器由三个独立的含四象限变流器、中间直流电路和 PWM 牵引逆变器的交—直—交电路构成。六组牵引电路和控制电路相对独立,分别由牵引变压器的六个牵引绕组供电,再分别给六个牵引电机提供交流变频电源,由此实现单轴独立控制。再生制动过程则相反。装用大连东芝系统的机车牵引电路图如图 1-18-7 所示。

庞巴迪电传动系统和北车芯(NECT)电传动系统同样采用两组电路结构完全相同的变流器,每组牵引变流器由两个并联的四象限变流器、共用的中间直流电路和三个牵引逆变器及一个辅助逆变器的交—直—交电路构成。四个并联的四象限变流器分别由牵引变压器的四个牵引绕组供电。六组牵引逆变器和控制电路相对独立,分别为六个牵引电机提供交流变频电源,由此实现单轴独立控制。再生制动过程则相反。装用庞巴迪系统和北车芯(NECT)系统的机车牵引电路图如图 1-18-8 所示。

(2)网侧电路

网侧电路由两台受电弓、两台高压隔离开关、一个高压电压互感器、一台主断路器、一台高压接地开关、一台避雷器、一个高压电流互感器、牵引变压器原边绕组 AX、一个接地侧电流互感器和六个回流装置组成。

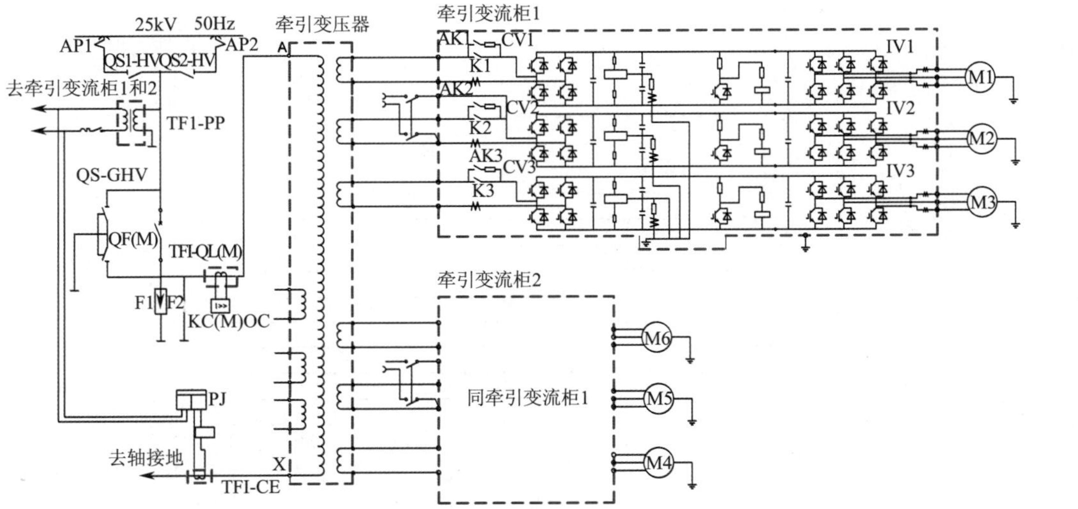

图 1-18-7 HXD2C 型电力机车(装用大连东芝系统)牵引电路图

AP1、AP2—受电弓;QS1-HV、QS2-HV—高压隔离开关;TF1-PP—高压电压互感器;QF(M)—主断路器;QS-GHV—高压接地开关;F—避雷器;F2—放电间隙;TFI-QL(M)—高压电流互感器;TFI-CE—低压电流互感器;PJ—电度表;KC(M)OC—过电流继电器;M1～M6—牵引电动机;AK1～3—预充电接触器;K1～3—主接触器;CV1～3—四象限变流器;IV1～3—牵引逆变器

接触网电流通过受电弓进入机车,经高压隔离开关和主断路器,通过高压电流互感器进入车内,经 25kV 高压电缆与牵引变压器原边 A 端子相连,经过牵引变压器原边,从 X 端子流出,通过低压电流互感器和并联的回流装置,从轮对回流至钢轨。

(3)牵引变压器

机车采用轴向分隔、芯式卧放、下悬式安装的一体化多绕组牵引变压器,具有高阻抗、质量轻等特点;变压器采用强迫油循环风冷方式,膨胀油箱置于车内,通过金属软管与变压器相连。

牵引变压器由油箱、器身、电抗器、油保护装置、冷却系统及其他附属装置等组成。器身由铁芯、绕组、绝缘件组成。通风机、油冷却器安装在车体台架的上方,集成到机车冷却塔中,通过油管与变压器连接。变压器的高压 A 端子安装在油箱侧面上。

装用大连东芝系统的牵引变压器,六个 1 450 V 牵引绕组分别用于两套牵引变流器的供电,两个 399 V 辅助绕组分别用于辅助变流器的供电。一个 220 V 辅助绕组给机车大部分 220 V 负载提供电源。

装用庞巴迪和北车芯系统的牵引变压器,四个 1 471 V 牵引绕组分别用于两套牵引变流器的供电,一个 220V 辅助绕组给机车大部分 220 V 负载提供电源,两个电抗器分别用于与两个中间直流电路的电容器构成二次谐振电路。

(4)牵引变流器

机车具有两个结构和原理基本相同的牵引变流器。牵引变流器是由四象限变流器、中间直流电路、脉宽调制(PWM)牵引逆变器,以及相应的驱动控制单元和冷却单元等组成。

采用强迫水循环风冷,其中冷却水泵、水箱放置在变流柜内,冷却风机、散热器放置在柜外,通过相应的管路与牵引变流柜水冷却回路连接。

大连东芝变流器:功率模块由上下桥臂的两组 IGBT 元件和反并联二极管构成,还包括冷却元件的水冷散热片和控制 IGBT 栅极电压的驱动电路。四象限变流单元是由 U 相、V 相两个功率模块构成,牵引逆变器单元由 U 相、V 相、W 相三个功率模块构成。四象限变流单元的功率模块是由两个 IGBT 元件并联构成，逆变单元的功率模块则是由单个 IGBT 元件构成，四象限变流单元和逆变单元的功率模块不能互换，但采用的 IGBT 元件相同，额定值都是 4 500 V/900 A。

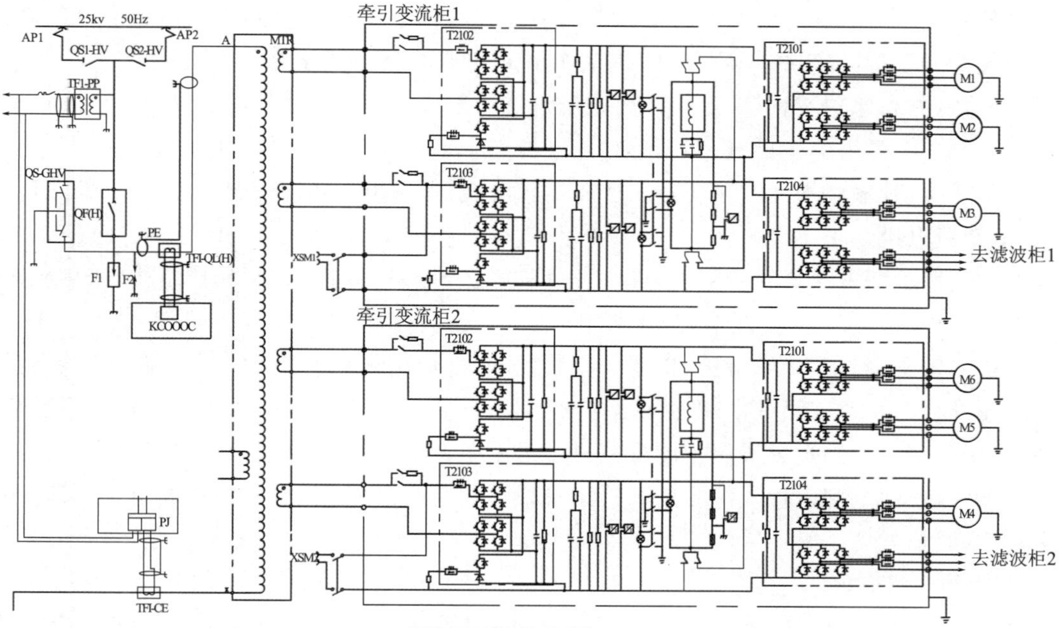

(a) 装用庞巴迪电传动系统

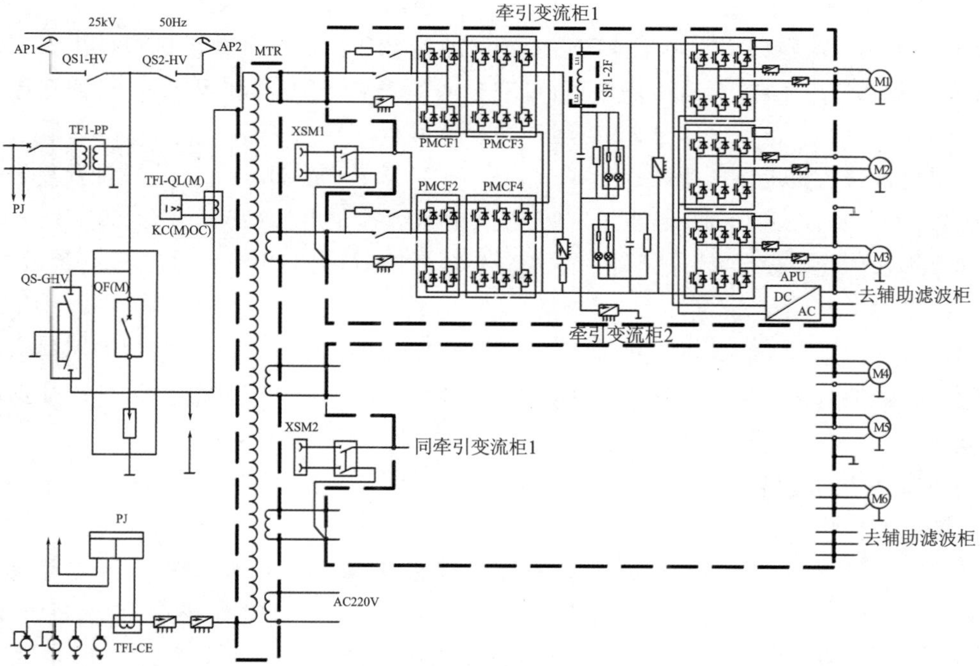

(b) 装用北车芯(NECT)电传动系统

图 1-18-8　HXD2C 型电力机车牵引电路图

AP1、AP2—受电弓；QS1-HV、QS2-HV—高压隔离开关；TF1-PP—高压电压互感器；QF(M)—主断路器；QS-GHV—高压接地开关；F1—避雷器；F2—放电间隙；TFI-QL(M)—高压电流互感器；TFI-CE—低压电流互感器；PJ—电度表；KC(M)OC—过电流继电器；M1～M6—牵引电动机；MTR—牵引变压器；XSM1、2—牵引电路库用插座；T2102、T2103—庞巴迪整流模块；T2101、T2104—庞巴迪逆变模块；PMCF1～4—功率模块(北车芯)；APU—辅助变流器；SF1-2F，SF2-2F—滤波电抗器

庞巴迪和北车芯(NECT)变流器:包含一组牵引变流器和一组辅助变流器。每组牵引变流器由两个四象限变流器、一个中间直流电路、三个PWM牵引逆变器以及相应的驱动控制单元和冷却单元等组成。两个四象限变流器的输入端与机车牵引变压器的次边牵引绕组相连,通过接触器分合,其输出并联后为中间电路提供电源。中间直流电路设有支撑电容器、谐振电容器、接地检测和保护装置等,其中二次滤波电抗器集成在牵引变压器中。三个PWM牵引逆变器分别给三个牵引电机供电,实现单轴独立控制。一个辅助逆变器由中间直流电路供电,采用直—交变换,其输出端通过三相降压变压器和滤波器,输出三相交流电。

(5)牵引电机

机车采用三相鼠笼式异步牵引电动机。该电机悬挂采用抱轴式半悬挂结构,采用强迫外通风,冷却风从传动端进入,非传动端排出。

电机由定子、转子、两端端盖、接地电刷装置、电机转速测量装置等组成。端盖与定子间采用轻过盈配合的止口连接并由螺栓固定;非传动端安装有接地电刷用来防止轴电流对轴承的电蚀,还安装有转速测量装置用来测量电机在运用中的转速;传动端安装有内置式齿轮用来传递电机的扭矩;两端都采用非绝缘的圆柱滚子轴承,其中传动端轴承采用油润滑,非传动端轴承采用脂润滑。

4. 辅助电气系统

HXD_{2C}型电力机车的辅助电气系统是由辅助逆变器(与牵引变流器一体)、滤波柜、辅助控制部件及辅助机组等组成。机车共有两组辅助逆变器,在每个牵引变流柜中集成了一组辅助逆变器,与牵引变流器共用水冷。辅助逆变器向通风机和压缩机等辅助机组提供三相交流电,系统根据负载特性不同,具有可变电压、可变频率的VVVF控制和固定电压、固定频率的CVCF控制两种功能。正常工作时,一组辅助逆变器实行VVVF控制,为两台冷却塔通风机和四台牵引电机通风机提供电源(三相AC 3.8～380 V/0.5～50 Hz);另一组辅助逆变器实行CVCF控制,为水泵、油泵、空调装置、压缩机等其他负载提供电源(三相AC 380 V/50 Hz)。辅助电气系统采用冗余设计,当一组辅助逆变器出现故障时,另一组辅助逆变器满负载投入,以CVCF控制模式提供能量。

在库内需要对机车的辅助电动机进行动作及转向确认时,可通过辅助电路库用插座,并操作电器柜内的辅助电路库用转换开关将DC 600 V库内电源引入辅助逆变器,进行辅助电机启动试验。

辅助逆变器2的输出还经三相变压器将电压变为AC 220 V,给微波炉和司机室插座提供稳定可靠的220 V电源。

另外机车还设有220 V辅助负载电路,主要负载有电热玻璃、司机室热水壶、压缩机和干燥器的加热装置及充电机输入电源电路等,通过牵引变压器的一组辅助220 V绕组进行供电。

装用大连东芝电传动系统机车辅助变流器,输入电源取自牵引变压器的二次AC 399 V绕组,每台机车两个辅助绕组,采用交—直—交的变换模式,经过滤波柜将PWM波形整形成正弦波实现电源的变换输出。装用大连东芝电传动系统机车辅助电路图如图1-18-9所示。

装用庞巴迪电传动系统和北车芯(NECT)电传动系统的机车辅助逆变器输入电源取自牵引变流器的DC 2 800 V中间直流电路,采用直—交变换,辅助逆变器输出PWM电源(基波AC 1 295 V/50 Hz)经过滤波柜进行降压、滤波后输出三相准正弦电源。装用庞巴迪电传动系统和北车芯(NECT)电传动系统的机车辅助电路图如图1-18-10所示。

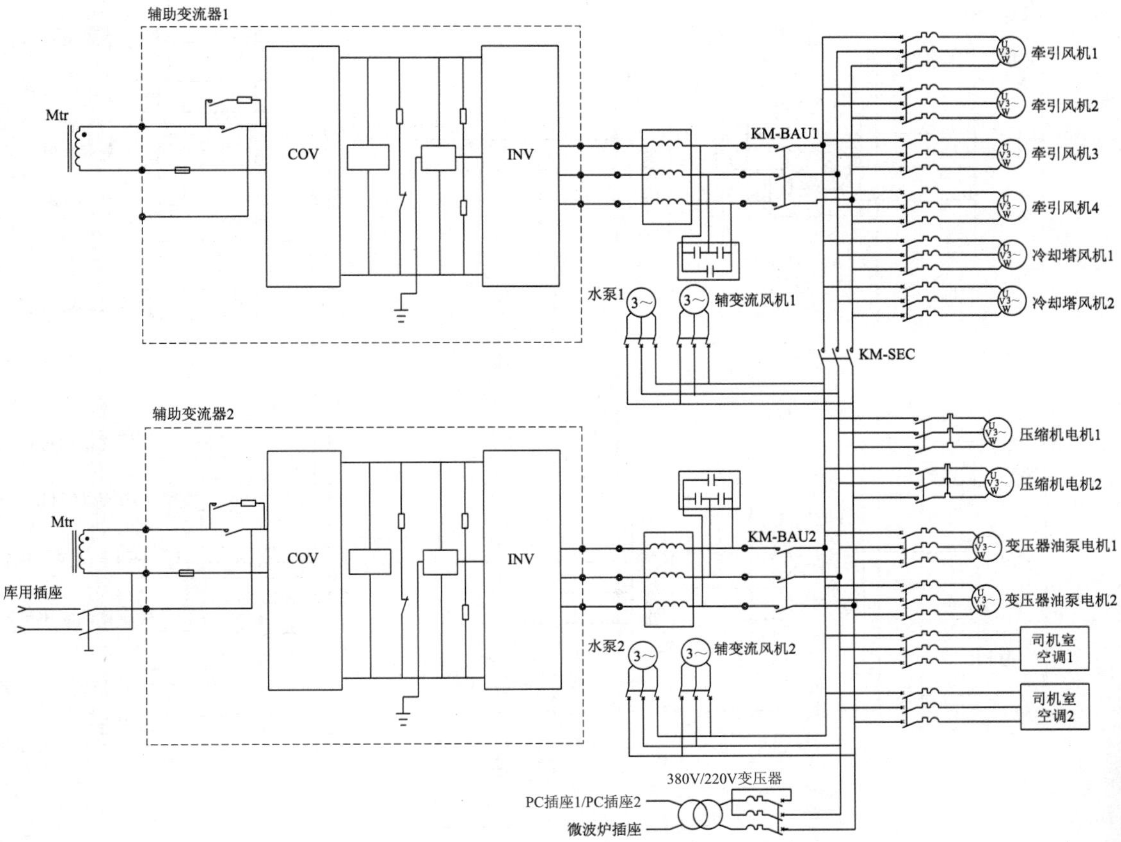

图 1-18-9　HXD2C 型电力机车(装用大连东芝电传动系统)辅助电路图

Mtr—牵引变压器 AC 399 V 绕组;COV—变流器;INV—逆变器;

KM-BAU1、2—输出接触器;KM-SEC—故障转换接触器

5. 微机网络控制系统

HXD2C 型电力机车控制系统是基于 RS-485 总线、MVB 总线和以太网的微机网络控制系统,其核心是机车微机控制监视系统(TCMS),结合目前国内现有的机车行车安全综合信息监控系统和制动系统,配以机车外围电路设计。机车微机控制监视系统 TCMS 的主要控制功能包括机车运行控制与监控功能,网络通信功能,牵引、制动特性控制功能,辅助控制功能和故障诊断、检修维护功能等。

机车微机网络控制系统共有大连东芝系统、庞巴迪系统和北车芯(NECT)系统三类。

大连东芝微机网络控制系统包括主处理单元一组(TCMS 主机),牵引控制单元六组(CI1～CI6),辅助控制单元两组(APU1 和 APU2),司机显示单元两组(DDU1 和 DDU2),制动控制单元一组(BCU)和制动显示屏(BDU1 和 BDU2)等。TCMS 主机设有两套控制单元,一套为主控制单元(Master),一套为热备控制单元(Slave)。机车的网络系统为分布式计算机体系结构,按功能划分为列车控制级、车辆控制级和传动控制级。列车及车辆级功能由 TCMS 实现,传动控制级功能由 CI 来实现。机车为 1 个基本运转单元,车内以 TCMS 主机为中心,分别与显示单元、牵引变流器、辅助变流器通过 RS-485 接口进行通信,构成星形网络;TCMS 主机与制动控制系统 BCU 通过 RS-485/MVB 网关将 RS-485 信号转变成 MVB 信号,实现两单元间的通信;车与车之间采用总线式 10 Mb/s 以太网进行信息传输。TCMS 主机同

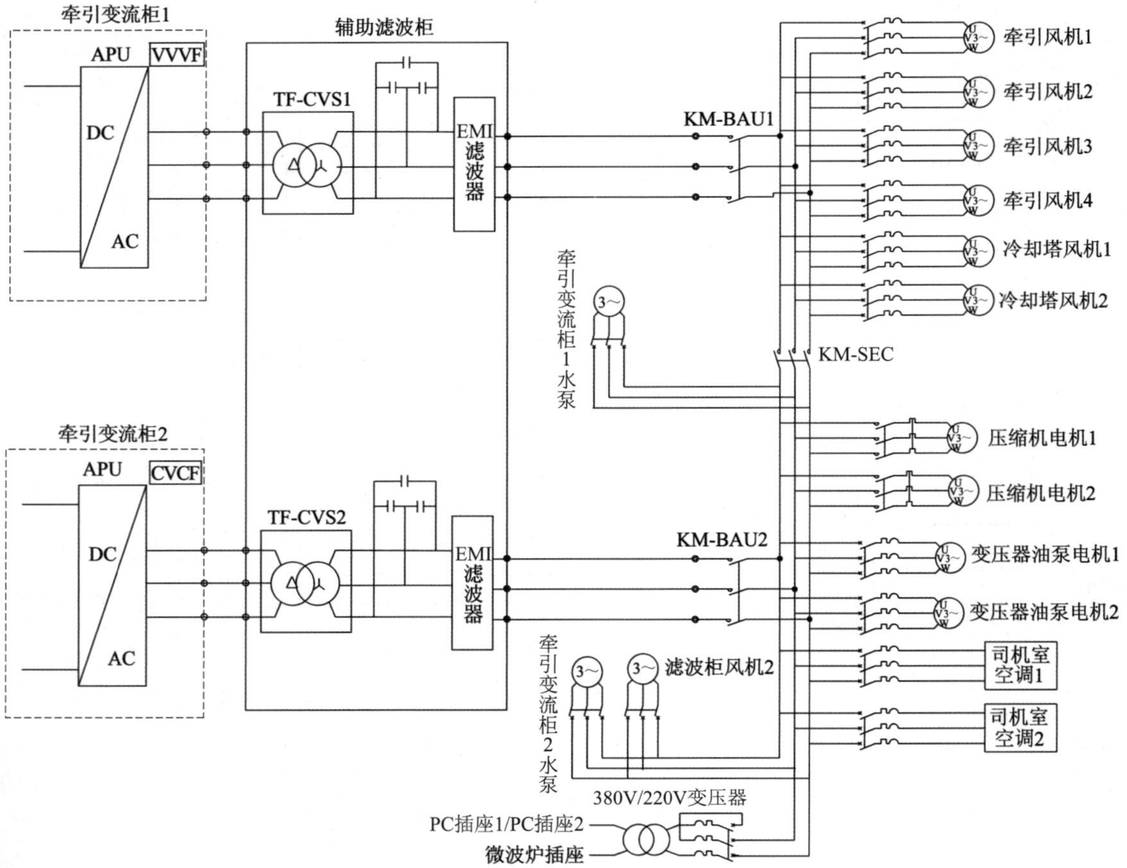

图 1-18-10　HXD2C 型电力机车[装用庞巴迪电传动系统和北车芯(NECT)电传动系统]辅助电路图

APU—辅助电源装置;VVVF—变压变频;CVCF—恒压恒频;KM-BAU1、2—输出接触器;
KM-SEC—故障转换接触器;TF-CVS1、2—三相降压变压器

时完成列车级信息与车辆级信息的转换。装用大连东芝系统的微机网络控制系统如图 1-18-11 所示。

庞巴迪微机网络控制系统为分布式计算机体系结构,按功能可划分为列车控制级、车辆控制级和传动控制级。有两个机车控制单元,分别与数字量输入/输出单元、模拟量输入/输出单元、牵引变流器、辅助变流器通过 MVB 总线进行通信;机车控制单元与显示屏通过以太网进行通信;机车控制单元与制动控制单元 BCU 通过 MVB 总线耦合器相连,实现两单元间的通信;车与车之间采用 WTB 进行信息传输。通过 TCNGW 网关完成列车级信息与车辆级信息的转换。机车控制监视系统 TCMS 由两个机车控制单元(VCU)和两个微机显示屏(DDU)、两个 WTB/MVB 网关(TCMGW)、两个 8 口以太网交换机、四个数字量输入/输出单元(DX2)、两个数字量输入/输出单元(DX4)、四个模拟量输入/输出单元(AX)、一个 MVB 总线耦合器和两套 DCU2 变流控制单元构成。机车控制单元采取冗余、双机热备措施,以提高系统的可靠性。装用庞巴迪系统的微机网络控制系统图如图 1-18-12 所示。

北车芯(NECT)网络控制系统由列车总线 WTB 和车辆总线 MVB 二级总线组成,每台车有两个机车控制单元,分别与数字量输入/输出单元,模拟量输入/输出单元,牵引变流器,辅助变流器,牵引、辅助变流器通过 MVB 总线进行通信;机车控制单元与显示屏通过 RS-485 进行

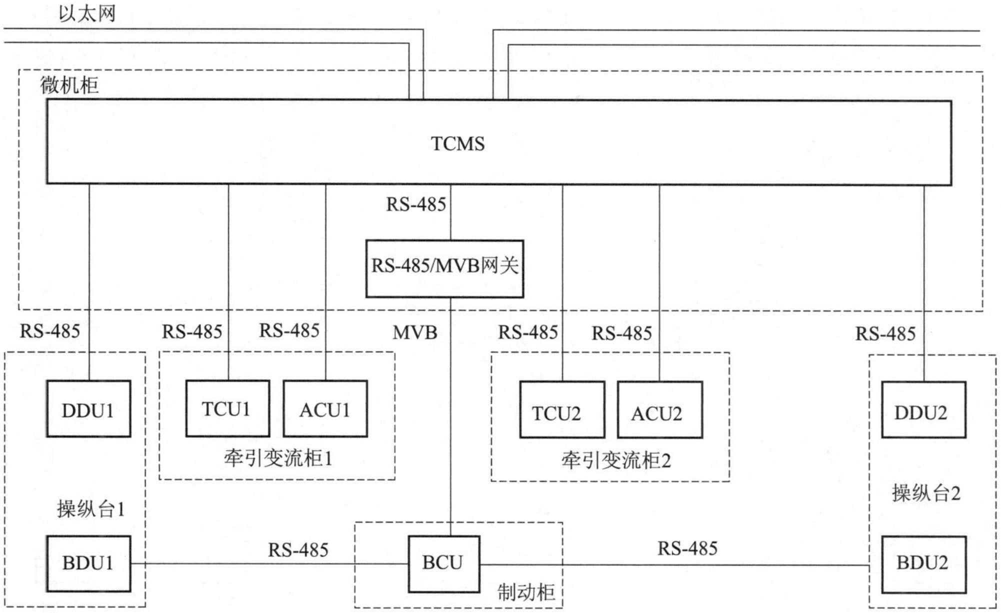

图 1-18-11　HXD2C 型电力机车(装用大连东芝系统的机车微机网络控制)系统原理图

TCMS—列车(机车)控制及监视系统;DDU—微机显示屏;TCU—牵引控制单元;ACU—辅助控制单元;BCU—制动控制单元;BDU—制动显示屏;MVB—多功能车辆总线

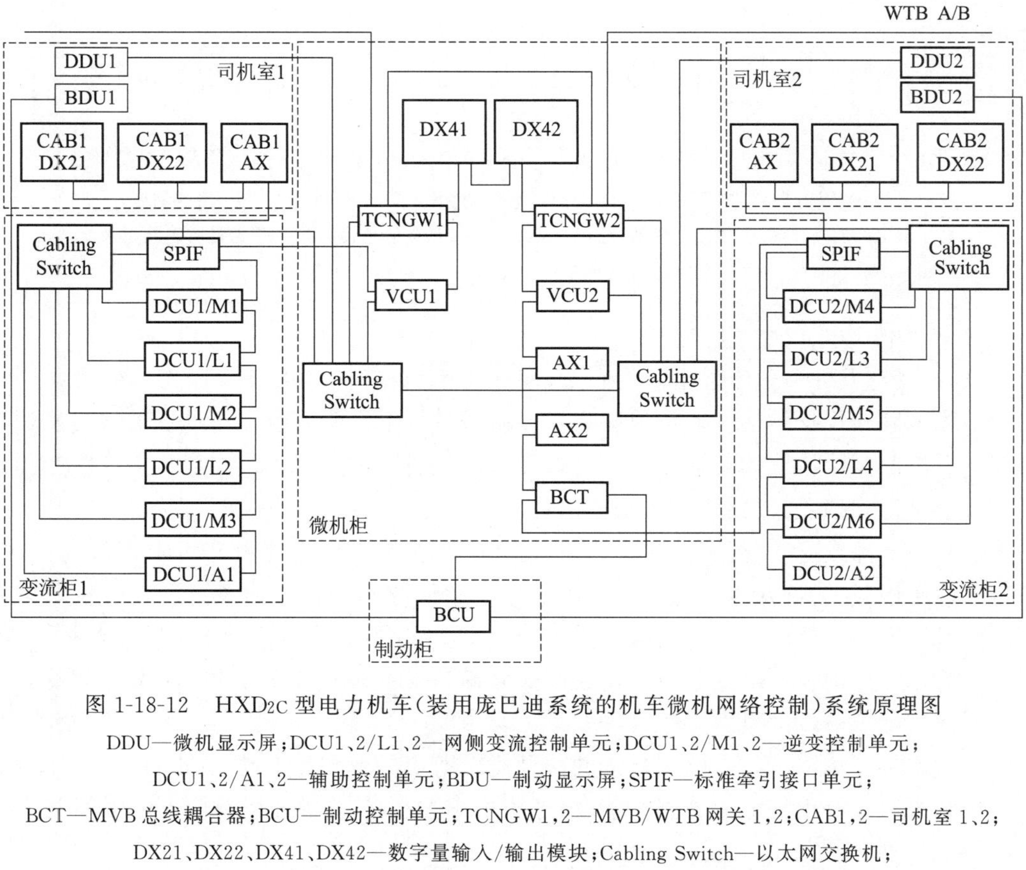

图 1-18-12　HXD2C 型电力机车(装用庞巴迪系统的机车微机网络控制)系统原理图

DDU—微机显示屏;DCU1、2/L1、2—网侧变流控制单元;DCU1、2/M1、2—逆变控制单元;DCU1、2/A1、2—辅助控制单元;BDU—制动显示屏;SPIF—标准牵引接口单元;BCT—MVB 总线耦合器;BCU—制动控制单元;TCNGW1,2—MVB/WTB 网关 1,2;CAB1,2—司机室 1、2;DX21、DX22、DX41、DX42—数字量输入/输出模块;Cabling Switch—以太网交换机;VCU1、2—主控制器;AX1、2—模拟量输入/输出模块;WTB—绞线式列车总线通信；机车控制单元与制动控制单元 BCU 通过 MVB 总线耦合器相连，实现两单元间的通信；车与车之间采用 WTB 进行信息传输。通过 TCNGW 网关完成列车级信息与车辆级信息的转换。机车控制监视系统 TCMS 由两个主控制器（MPU）和两个微机显示屏（DDU）、两个 WTB/MVB 网关（GW）、三个远程输入输出单元构成。装用北车芯（NECT）系统的微机网络控制系统图如图 1-18-13 所示。

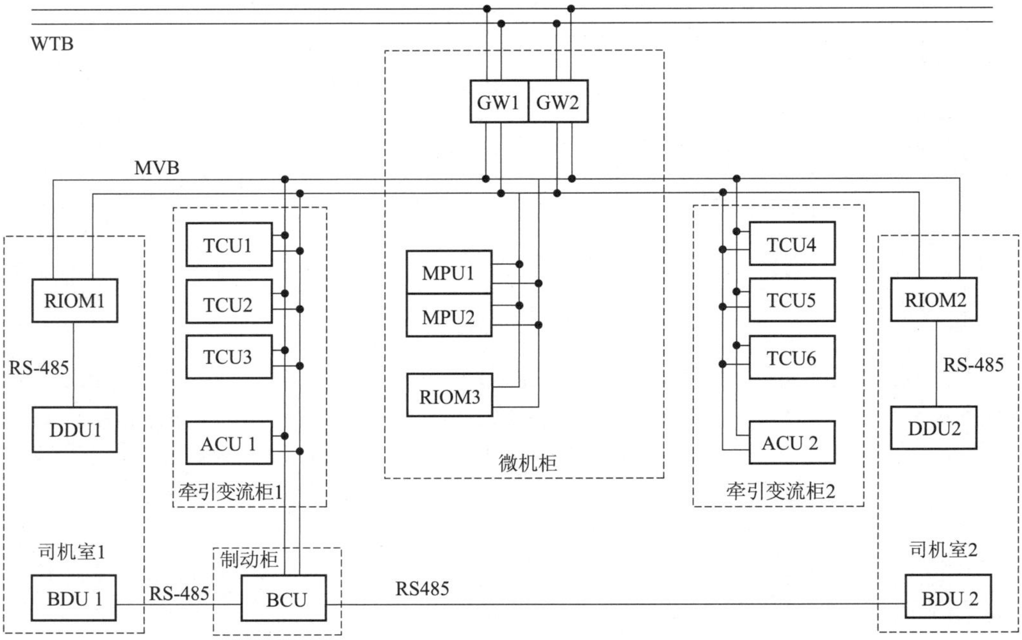

图 1-18-13　HXD$_{2}$C 型电力机车[装用北车芯（NECT）系统的机车微机网络控制]系统原理图

GW—MVB/WTB 网关；TCU—牵引控制单元；DDU—微机显示屏；MPU—主控制器；
BDU—制动显示屏；BCU—制动控制单元；ACU—辅助控制单元；RIOM—远程控制单元；
WTB—绞线式列车总线；MVB—多功能车辆总线

6. 车　　体

HXD$_{2}$C 型电力机车车体采用了由底架、司机室钢结构、侧墙以及车顶连接横梁共同参与承载的整体承载式焊接结构。底架以及焊接在底架各梁上用于安装设备的支架或支座位于车体下部。车体两侧是波纹板侧墙结构，车体两端设司机室，它们都焊接在底架上。在车体顶部安装有 3 个可拆卸顶盖，以便车内设备的吊装。

司机室前上部设有一整块宽敞明亮的前窗，在两侧的入口门上设有可上下滑动的侧窗。下部为一整块地板，后部是可拆卸的司机室隔墙。车体两侧墙设有通风过滤器。机车采用了内燃、电力机车车钩（E 级钢）13B 型钩尾框（E 级钢）和 QKX100 弹性胶泥缓冲器。

机车前端外部前窗下部安装有采用大圆弧曲面过渡的玻璃钢导流罩，底架下部装有排障器。排障器及机车前端部设有脚踏板。

机车车体主要选用了符合欧洲标准的两种质量等级较高的耐低温性能的可焊接结构钢，使车体承载结构具有很好的耐低温性能，保证了机车在－40 ℃的环境温度下的强度安全性。

7. 转 向 架

HXD$_{2}$C 型电力机车共有两台 C_0 轴式转向架。主要由轮轴驱动系统、构架、一系悬挂系统、二系悬挂系统、牵引装置、基础制动装置、轮缘润滑器、速度传感器、接地装置、附属装置等组成。转向架上三组轮轴驱动系统顺置安装，每组轮轴驱动系统主要由驱动轴组装、驱动单元等组成。驱动设计采用一级减速齿轮传动、滚动抱轴半悬挂式驱动结构。牵引电机一端通过滚动抱轴箱装配的两点支撑在车轴上，另一端通过吊杆弹性悬挂在构架的横梁或端梁上。一系悬挂为双弹簧双拉杆方式配垂向减振器结构，二系悬挂为橡胶堆配横向减振器结构，采用中间推挽式短牵引杆结构，牵引杆通过橡胶关节与车体和构架的牵引销相连接。基础制动为踏面制动，每个轮对分别配有一套制动器和储能制动器。

8. 制动系统

HXD$_{2C}$型电力机车制动系统分为风源系统、控制系统管路、辅助系统管路、制动机系统。制动机系统是符合UIC标准的机车制动系统。该系统在正常工况时，通过微机控制列车管和机车制动缸压力实现列车的制动控制，在出现严重故障时，将机车制动系统转换到备用制动进行列车制动控制。制动机采用阀类与电气部件集中安装的方式，主要部件集中在制动柜上。制动机主要由制动控制器、司机制动阀、作用阀模块、BCU（制动控制单元）、隔离模块、流量计、分配阀组成、电子分配阀、转向架中继阀等部件组成。

每台机车风源系统主要由两台螺杆式空气压缩机组和两台空气干燥器和总风缸等设备构成，对空气进行压缩、干燥、净化处理；两总风缸采用并联方式组合。

控制系统管路是由辅助空气压缩机、辅助干燥器、辅助风缸、单向阀及其连接管路组成。

辅助系统管路由撒砂系统管路、轮轨润滑装置管路、风笛管路等组成。

基础制动为踏面制动，基础制动装置采用每轮一套的单侧单闸瓦踏面制动装置，并带有闸瓦间隙自动调整器。每转向架安装六组单元制动器，其中三组有停车制动功能，单元制动器安装在转向架构架上。

9. 技术参数表

HXD$_{2C}$型电力机车技术参数见表1-18-1。

表1-18-1　HXD$_{2C}$型电力机车技术参数表

车型名称			和谐D$_{2C}$
车型代号			HXD$_{2C}$
机车车号			0001～0167，0221～0243，0251～0270，0281～0335（大连东芝电传动系统）
			0168～0217（庞巴迪电传动系统）
			0218～0220，0244～0250，0271～0280（北车芯电传动系统）
项目		序号	参数及说明
用途		1	铁路干线货运
制造年代		2	2010—2016年
制造厂名		3	中车大同电力机车有限公司
轨距（mm）		4	1 435
车体	车底架长（mm）	5	21 746
	车体宽（mm）	6	2 856
	高（轨面至受电弓座平面）（mm）	7	3 964

续上表

车　型　名　称		和谐 D_{2C}
车　型　代　号		HXD_{2C}
机　车　车　号		0001～0167,0221～0243,0251～0270,0281～0335(大连东芝电传动系统)
		0168～0217(庞巴迪电传动系统)
		0218～0220,0244～0250,0271～0280(北车芯电传动系统)
项　目	序号	参数及说明
司机室个数	8	2
机车前后车钩中心距(mm)	9	22 960
车钩型号,形式	10	内燃、电力机车车钩
缓冲器型号	11	QKX100
轴式	12	C_0—C_0
车钩中心线距轨面高度(mm)	13	880±10
转向架中心距(mm)	14	12 320
全轴距(mm)	15	16 820
动轮直径(新轮)(mm)	16	1 250
动轮直径(轮箍半磨耗)(mm)	17	1 200
落弓后滑板顶面距轨面高度(mm)	18	4 693
受电弓滑板距轨面工作高度(mm)	19	5 200～6 500
机车整备质量(t)	20	$138\times(1^{+3}_{-1}\%)$,$150\times(1^{+1}_{-3}\%)$
轴重(t)	21	23,25
通过最小曲线半径(m)	22	125
供电电流制	23	AC 25 kV/50 Hz
额定电压(kV)	24	25
最高电压(kV)	25	31
最低电压(kV)	26	17.5
电传动方式	27	交—直—交
持续功率(kW)	28	7 200
持续速度(km/h)	29	70(23t) ,65(25t)
持续牵引力(kN)	30	370(23t) ,400(25t)
最高运用速度(km/h)	31	120
恒功率速度范围(km/h)	32	70 ～120(23t) ,65 ～120(25t)
最大启动牵引力(kN)	33	520(23t),570(25t)
最大再生制动力(kN)	34	370(23t),400(25t)
功率因数	35	0.98
等效干扰电流 J_p(A)	36	≤2.5
电网电流畸变率(%)	37	/
机车总效率	38	0.85

续上表

<table>
<tr><td colspan="3">车　型　名　称</td><td>和谐 D_{2C}</td></tr>
<tr><td colspan="3">车　型　代　号</td><td>HXD_{2C}</td></tr>
<tr><td colspan="3" rowspan="3">机　车　车　号</td><td>0001～0167,0221～0243,0251～0270,0281～0335(大连东芝电传动系统)</td></tr>
<tr><td>0168～0217(庞巴迪电传动系统)</td></tr>
<tr><td>0218～0220,0244～0250,0271～0280(北车芯电传动系统)</td></tr>
<tr><td colspan="2">项　　目</td><td>序号</td><td>参数及说明</td></tr>
<tr><td colspan="2">紧急制动距离(m)</td><td>39</td><td>在平直道上,制动初速 120 km/h 时 25 t 轴重≤1 100 m,23 t 轴重≤1 000 m 在平直道上,制动初速 90 km/h 时≤800 m</td></tr>
<tr><td colspan="2">库内动车电源制式</td><td>40</td><td>DC 600 V</td></tr>
<tr><td rowspan="22">转向架</td><td>构架外形尺寸(长×宽×高,mm)</td><td>41</td><td>6 588×2 789×930</td></tr>
<tr><td>两侧梁横向中心距(mm)</td><td>42</td><td>2 116</td></tr>
<tr><td>转向架各轴间距(mm)</td><td>43</td><td>2 250+2 000</td></tr>
<tr><td>转向架固定轴距(mm)</td><td>44</td><td>4 250</td></tr>
<tr><td>同一轴两轴箱中心距(mm)</td><td>45</td><td>2 116</td></tr>
<tr><td>轮对质量(kg)</td><td>46</td><td>3 354</td></tr>
<tr><td>一系悬挂装置　一系悬挂静挠度(mm)</td><td>47</td><td>23 t 轴重:76.5,25 t 轴重:79.5</td></tr>
<tr><td>一系悬挂装置　垂向油压减振器型号,数量</td><td>48</td><td>DISPEN 2468 或 SACHS 421300001591,6/转向架</td></tr>
<tr><td>一系悬挂装置　垂向油压减振器阻尼系数</td><td>49</td><td>11 kN(0.3 m/s)</td></tr>
<tr><td>二系悬挂装置　二系悬挂静挠度(mm)</td><td>50</td><td>23 t 轴重:10.9,25 t 轴重:14.2</td></tr>
<tr><td>二系悬挂装置　垂向油压减振器型号,数量</td><td>51</td><td>—</td></tr>
<tr><td>二系悬挂装置　垂向油压减振器阻尼系数</td><td>52</td><td>—</td></tr>
<tr><td>二系悬挂装置　横向油压减振器型号,数量</td><td>53</td><td>DISPEN 2276-26 或 SACHS 401300001592,2/转向架</td></tr>
<tr><td>二系悬挂装置　横向油压减振器阻尼系数</td><td>54</td><td>5 kN(0.1 m/s)</td></tr>
<tr><td>二系悬挂装置　抗蛇行减振器型号,数量</td><td>55</td><td>—</td></tr>
<tr><td>二系悬挂装置　抗蛇行减振器阻尼系数</td><td>56</td><td>—</td></tr>
<tr><td>牵引力传递方式</td><td>57</td><td>中间推挽式水平短牵引杆方式</td></tr>
<tr><td>牵引点高度(mm)</td><td>58</td><td>625</td></tr>
<tr><td>牵引电动机悬挂方式</td><td>59</td><td>抱轴式弹性半悬挂方式</td></tr>
<tr><td>齿轮传动比</td><td>60</td><td>120∶23</td></tr>
<tr><td>砂箱容量(m^3)</td><td>61</td><td>0.05×8</td></tr>
<tr><td>转向架质量(t)</td><td>62</td><td>26.48</td></tr>
<tr><td rowspan="7">基础制动装置</td><td>基础制动方式</td><td>63</td><td>单侧闸瓦踏面制动</td></tr>
<tr><td>每台转向架制动器组数</td><td>64</td><td>6</td></tr>
<tr><td>制动缸直径(mm)</td><td>65</td><td>177.8</td></tr>
<tr><td>制动倍率</td><td>66</td><td>4.1</td></tr>
<tr><td>传动效率(%)</td><td>67</td><td>93.6</td></tr>
<tr><td>闸瓦与车轮踏面的恒定间隙(mm)</td><td>68</td><td>8</td></tr>
<tr><td>制动缸最大空气压力(kPa)</td><td>69</td><td>450</td></tr>
</table>

续上表

车型名称				和谐D_{2C}
车型代号				HXD_{2C}
机车车号				0001～0167,0221～0243,0251～0270,0281～0335(大连东芝电传动系统)
				0168～0217(庞巴迪电传动系统)
				0218～0220,0244～0250,0271～0280(北车芯电传动系统)
项目			序号	参数及说明
基础制动装置	闸瓦(或踏面)形式		70	踏面制动
	闸瓦(或踏面)材质		71	合成材料
	每个闸瓦托上的闸瓦(或踏面)压力(kN)		72	44
	停放制动器	停放制动方式	73	弹簧储能停放制动
		制动器数量	74	6
		闸瓦压力(kN)	75	25
		停放制动器质量(kg)	76	65
	制动单元质量(kg)		77	50
受电弓	型号		78	DSA200
	额定工作电压(kV)		79	25
	额定工作电流(A)		80	1 000
	运行最高速度(km/h)		81	200
	工作高度(mm)		82	1 029～2 941(含 400 mm 高绝缘子)
	最大升弓高度(mm)		83	3 141(含 400 mm 高绝缘子)
	落弓位高度(mm)		84	729(含 400 mm 高绝缘子)
	升弓时间(s)		85	≤5.4(含 400 mm 高绝缘子升高到 2 m)
	降弓时间(s)		86	≤4(含 400 mm 高绝缘子从 2 m 高度落下)
	传动风缸工作空气压力(kPa)		87	—
	总质量(kg)		88	约 130
主断路器	型号		89	22CBDL
	额定电压(kV)		90	25
	额定电流(A)		91	1 000
	额定分断电流(kA)		92	16
	额定分断容量(MV·A)		93	400
	固有分闸时间(ms)		94	≤40
	额定工作气压(kPa)		95	450～1 000
	质量(kg)		96	105

续上表

<table>
<tr><td colspan="4">车 型 名 称</td><td colspan="3">和谐 D_{2C}</td></tr>
<tr><td colspan="4">车 型 代 号</td><td colspan="3">HXD_{2C}</td></tr>
<tr><td colspan="4" rowspan="3">机 车 车 号</td><td colspan="3">0001～0167,0221～0243,0251～0270,0281～0335(大连东芝电传动系统)</td></tr>
<tr><td colspan="3">0168～0217(庞巴迪电传动系统)</td></tr>
<tr><td colspan="3">0218～0220,0244～0250,0271～0280(北车芯电传动系统)</td></tr>
<tr><td colspan="3">项 目</td><td>序号</td><td colspan="3">参数及说明</td></tr>
<tr><td rowspan="21">牵引变压器</td><td colspan="2">型号,结构形式</td><td>97</td><td>大连东芝系统 LOT9060,芯式</td><td colspan="2">庞巴迪系统、北车芯系统 LOT9170,芯式</td></tr>
<tr><td rowspan="4">各绕组额定容量(kV·A)</td><td>网侧高压绕组</td><td>98</td><td>9 060</td><td colspan="2">9 170</td></tr>
<tr><td>牵引绕组</td><td>99</td><td>6×1 400</td><td colspan="2">4×2 280</td></tr>
<tr><td>辅助绕组</td><td>100</td><td>2×305/1×50</td><td colspan="2">1×50</td></tr>
<tr><td>供电绕组</td><td>101</td><td>/</td><td colspan="2">/</td></tr>
<tr><td rowspan="4">各绕组额定电压(V)</td><td>网侧高压绕组</td><td>102</td><td>25 000</td><td colspan="2">25 000</td></tr>
<tr><td>牵引绕组</td><td>103</td><td>6×1 456</td><td colspan="2">4×1 471</td></tr>
<tr><td>辅助绕组</td><td>104</td><td>2×406/219</td><td colspan="2">219</td></tr>
<tr><td>供电绕组</td><td>105</td><td>/</td><td colspan="2">/</td></tr>
<tr><td rowspan="4">各绕组额定电流(A)</td><td>网侧高压绕组</td><td>106</td><td>362.4</td><td colspan="2">367</td></tr>
<tr><td>牵引绕组</td><td>107</td><td>6×966</td><td colspan="2">4×1 550</td></tr>
<tr><td>辅助绕组</td><td>108</td><td>2×751/228</td><td colspan="2">228</td></tr>
<tr><td>供电绕组</td><td>109</td><td>/</td><td colspan="2">/</td></tr>
<tr><td colspan="2">短路阻抗(%)</td><td>110</td><td>47±5</td><td colspan="2">59.4^{+10}_{-5}</td></tr>
<tr><td colspan="2">绝缘等级</td><td>111</td><td>A</td><td colspan="2">A</td></tr>
<tr><td colspan="2">冷却方式</td><td>112</td><td>强迫油循环风冷</td><td colspan="2">强迫油循环风冷</td></tr>
<tr><td colspan="2">冷却油牌号</td><td>113</td><td>45 号</td><td colspan="2">45 号</td></tr>
<tr><td colspan="2">冷却油流量(m^3/h)</td><td>114</td><td>2×48</td><td colspan="2">2×48</td></tr>
<tr><td colspan="2">油泵型号</td><td>115</td><td>XCH211001-BJL</td><td colspan="2">XCH211001-BLW</td></tr>
<tr><td colspan="2">效率(%)</td><td>116</td><td>≥96</td><td colspan="2">≥96</td></tr>
<tr><td colspan="2">总质量(kg)</td><td>117</td><td>11 510</td><td colspan="2">11 040</td></tr>
<tr><td rowspan="4">谐振电抗器</td><td colspan="2">台数</td><td>118</td><td>—</td><td colspan="2">2</td></tr>
<tr><td colspan="2">额定电流(A)</td><td>119</td><td>/</td><td colspan="2">1 300</td></tr>
<tr><td colspan="2">额定电压(V)</td><td>120</td><td>/</td><td colspan="2">2 800</td></tr>
<tr><td colspan="2">电感值(mH)</td><td>121</td><td>/</td><td colspan="2">0.44</td></tr>
<tr><td rowspan="5">牵引变流器</td><td colspan="2">供应商</td><td>122</td><td>大连东芝</td><td>庞巴迪</td><td>北车集团</td></tr>
<tr><td colspan="2">型号</td><td>123</td><td>COV094-B0</td><td>MITRAC 3300 AC V18</td><td>YGZN2Q234</td></tr>
<tr><td colspan="2">电路结构形式</td><td>124</td><td>电压型,两电平</td><td>电压型,两电平</td><td>电压型,两电平</td></tr>
<tr><td colspan="2">额定功率(kW)</td><td>125</td><td>1 301</td><td>2 021</td><td>2 021</td></tr>
<tr><td colspan="2">额定输入电压(V)</td><td>126</td><td>AC 1 450</td><td>AC 1 471</td><td>AC 1 471</td></tr>
</table>

续上表

车型名称				和谐 D_{2C}		
车型代号				HXD_{2C}		
机车车号				0001～0167,0221～0243,0251～0270,0281～0335(大连东芝电传动系统)		
				0168～0217(庞巴迪电传动系统)		
				0218～0220,0244～0250,0271～0280(北车芯电传动系统)		
项目			序号	参数及说明		
牵引变流器	额定输入电流(A)		127	AC 965	AC 1 394	AC 1 394
	中间道路电压(V)		128	DC 2 800	DC 2 800	DC 2 800
	二次谐振电容值(mF)		129	无	1.2	1.44
	支撑电容值(mF)		130	2.2	2.4	2
	额定输出电压(V)		131	2 150	2 150	2 150
	额定输出电流(A)		132	390	390	390
	四象限变流器开关频率(Hz)		133	450	300	450
	牵引逆变器最大开关频率(Hz)		134	500	400	550
	牵引逆变器输出频率范围(Hz)		135	0～97.7	0～97.7	0～120
	冷却方式		136	水冷	水冷	水冷
	效率(%)		137	98	98	98
	质量(kg)		138	3 345	2 600	3 140
	外形尺寸(长×宽×高,mm)		139	4 000×2 050×1 000	3 200×2 020×1 000	4 000×2 050×1 000
	每台机车牵引变流器台数		140	2	2	2
	四象限变流器功率模块	型号	141	STC272-C	3EH-210641-001	YQM26Q22
		电路形式	142	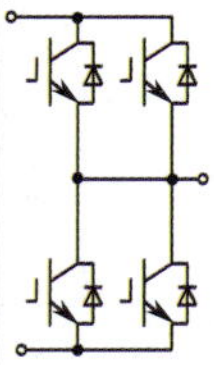	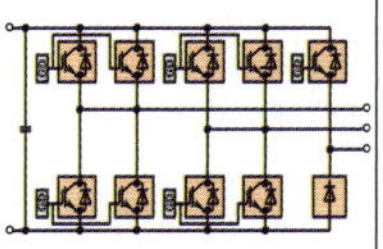	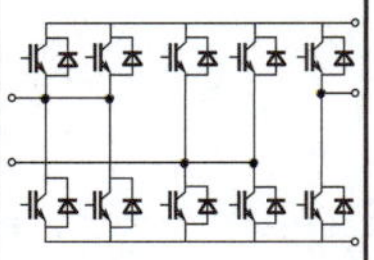
		四象限变流器构成形式	143	每个四象限变流器由 2 个功率模块构成	每个四象限变流器由 1 个功率模块构成,其中含一个过压斩波器	每个四象限变流器由 2 个功率模块构成,其中含一个过压斩波器
		电压(V)	144	1 450	1 471	1 471
		电流(A)	145	965	1 394	1 394
		开关频率(Hz)	146	450	300	450

续上表

车型名称				和谐 D_{2C}		
车型代号				HXD_{2C}		
机车车号				0001～0167,0221～0243,0251～0270,0281～0335(大连东芝电传动系统)	0168～0217(庞巴迪电传动系统)	0218～0220,0244～0250,0271～0280(北车芯电传动系统)
项目			序号	参数及说明		
牵引变流器	四象限变流器功率模块	功率元件型号	147	MG900GXH1US53	5SNA1200G4503	5SNA1200G4503
		功率元件参数(IGBT)	148	900 A/4.5 kV	1 200 A/ 4.5 kV	1 200 A/ 4.5 kV
		功率元件个数	149	4	9	4/6
		冷却方式	150	水冷	水冷	水冷
		质量(kg)	151	30	180	58
		尺寸(长×宽×高,mm)	152	563×320×270	350×1020×490	678×545×199
	牵引逆变器功率模块	型号	153	STC273-C	3EH-210641-002	YQM26Q24
		电路形式	154	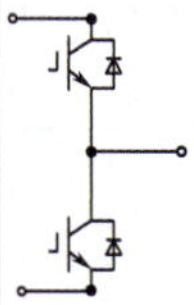	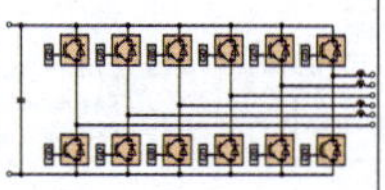	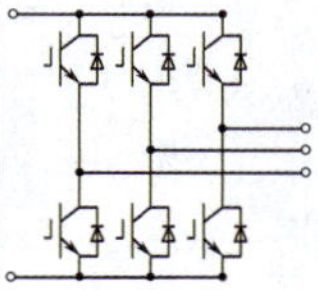
		牵引逆变器构成形式	155	每个牵引逆变器由3个功率模块构成	每个功率模块包括2个三相逆变器	每个牵引逆变器由1个功率模块构成
		电压(V)	156	2 800	2 800	2 800
		电流(A)	157	390	390	390
		开关频率(Hz)	158	500	400	550
		功率元件型号	159	MG900GXH1US53	CM900HG-90H	CM900HG-90H
		功率元件参数(IGBT)	160	900 A/4 500 V	900 A/4 500 V	900 A/4 500 V
		功率元件个数	161	2	12	6
		冷却方式	162	水冷	水冷	水冷
		质量(kg)	163	20	180	58
		尺寸(长×宽×高,mm)	164	563×320×160	350×1 020×490	678×545×199
	冷却系统	水泵型号	165	F41-217C4-0405S1-BV	3EH-223361-0001	1102060014
		流量(m^3/h)	166	12	12	12
		驱动电机功率(kW)	167	3	3	3

续上表

车型名称				和谐 D_{2C}		
车型代号				HXD_{2C}		
机车车号				0001～0167,0221～0243,0251～0270,0281～0335(大连东芝电传动系统)		
				0168～0217(庞巴迪电传动系统)		
				0218～0220,0244～0250,0271～0280(北车芯电传动系统)		
项目			序号	参数及说明		
牵引变流器	控制策略	四象限变流器	168	电压电流双闭环	电压电流双闭环	电压电流双闭环
		牵引逆变器	169	间接矢量控制	直接转矩控制	间接矢量控制
		瞬时电压限制器	170	比例谐振	比例谐振	比例谐振
交流异步牵引电动机	供应商		171	永济电机	庞巴迪	
	型号		172	YJ170A	4FIA7058	
	额定功率(持续制)(kW)		173	1 250		
	额定电压(持续制)(V)		174	2 150		
	额定电流(持续制)(A)		175	380		
	最大启动电流(A)		176	500		
	功率因数		177	0.93		
	额定转速(持续制)(r/min)		178	1 499		
	最高转速(r/min)		179	2 888		
	额定频率(Hz)		180	50.6		
	额定转差率(%)		181	1		
	额定转矩(N·m)		182	7 960		
	最大转矩(N·m)		183	11 148		
	额定效率(%)		184	95		
	绝缘等级		185	200		
	极数		186	4		
	质量(kg)		187	2 687	2 630	
	通风量(m^3/s)		188	1.26		
牵引通风机组	型号		189	B061023609		
	台数		190	4		
	最大转速(r/min)		191	2 930		
	每台风机的风量(m^3/min)		192	174		
	风压(Pa)		193	3 800		
	额定功率(kW)		194	16.6		
	质量(kg)		195	240		

续上表

车型名称				和谐 D_{2C}		
车型代号				HXD_{2C}		
机车车号				0001～0167,0221～0243,0251～0270,0281～0335(大连东芝电传动系统)		
				0168～0217(庞巴迪电传动系统)		
				0218～0220,0244～0250,0271～0280(北车芯电传动系统)		
项目			序号	参数及说明		
复合冷却塔	冷却方式		196	强迫风冷		
	水散热量(kW)		197	100		
	油散热量(kW)		198	140		
	通风量(m^3/min)		199	6.5		
	水流量(m^3/h)		200	12		
	油流量(m^3/h)		201	45		
	质量(kg)		202	980		
辅助逆变器	CVCF变流器	供应商	203	大连东芝	庞巴迪	北车集团
		型号	204	COV094-B0	MITRAC 3300 AC V18	YGZN2Q234
		每台机车装用台数	205	1	1	1
		额定输入电压(V)	206	AC 399	DC 2 800	DC 2 800
		额定输入电流(A)	207	576	85	85
		额定输出电压(V)	208	380	380	380
		额定输出电流(A)	209	349	349	349
		容量(kV·A)	210	230	230	230
		频率(Hz)	211	50	50	50
		功率元件参数(IGBT)	212	1 200 A/1 700 V	900 A/4 500 kV	400 A/4 500 kV
		冷却方式	213	水冷	水冷	水冷
		质量(kg)	214	68	180	58
	VVVF变流器	型号	215	STC326-A0	3EH-210641-003	YQM26Q25
		每台机车装用台数	216	1	1	1
		额定输入电压(V)	217	AC 390	DC 2 800	DC 2 800
		额定输入电流(A)	218	576	85	85
		额定输出电压(V)	219	3.8～380	3.8～380	3.8～380
		额定输出电流(A)	220	349	349	349
		容量(kV·A)	221	230	230	230
		频率(Hz)	222	0.5～50	0.5～50	0.5～50
		功率元件参数(IGBT)	223	1 200 A/1 700 V	900 A/4 500 kV	900 A/4 500 kV
		冷却方式	224	水冷	水冷	水冷
		质量(kg)	225	68	180	58

续上表

车型名称				和谐 D_{2C}		
车型代号				HXD_{2C}		
机车车号				0001～0167,0221～0243,0251～0270,0281～0335(大连东芝电传动系统)		
				0168～0217(庞巴迪电传动系统)		
				0218～0220,0244～0250,0271～0280(北车芯电传动系统)		
项目			序号	参数及说明		
蓄电池充电器	型号		226	12106042100001A0		
	输入电压(V)		227	AC $220\times(1^{+25\%}_{-30\%})$V		
	输出电压(V)		228	浮充电压:DC 108×(1±1%),均充电压:DC 115.2×(1±1%)		
	输出电流(A)		229	90		
	输出容量(kV·A)		230	4×2.5		
	质量(kg)		231	311		
微机网络控制系统	供应商		232	大连东芝	庞巴迪	北车集团
	列车网标准		233	以太网	WTB	WTB
	车辆网标准		234	RS-485	MVB	MVB
	列车网传输速率(Mb/s)		235	10	1	1
	车辆网传输速率(Mb/s)		236	10	1.5	1.5
	机车控制功能	牵引特性控制	237	准恒速	准恒速	准恒速
		再生制动特性控制	238	恒力矩	恒力矩	恒力矩
		其他控制功能	239	主断路器控制、机车逻辑控制、定速控制、冗余控制、辅助电动机的控制、自动过分相控制、空电联合控制、牵引变流器控制、故障诊断、显示与保护。重联控制		
	保护功能	网压保护限值(kV)	240	最低 14,最高 32	最低 14,最高 32	最低 14,最高 32
		网流保护限值(A)	241	800±20	800±20	800±20
		中间电压限值(V)	242	3 200	3 200	3 200
		防空转、滑行策略	243	轻微空转、滑行采用蠕变控制;基于连续计算的蠕变速度,电机扭矩被控制在实现最大黏着点。如发生了蠕变控制不能处理的过大空转、滑行时,通过加速度空转监测检出空转、滑行,根据重新制定的方式控制电机扭矩,并对车轮实施再次黏着	由 TCU 完成电传动系统的空转、滑行保护和黏着利用控制。黏着控制算法的基本原理是根据机车牵引、制动力矩的变化调节电机给定转矩,使机车牵引、制动力矩保持在当前路况所能提供的最大牵引、制动力矩的附近,并能自动跟踪机车运行路况的变化。它主要根据在线路状况变化不定的情况下,通过对电机速度、电机转矩等信息的采集、分析和处理,综合得出的电机转矩指令,向电机控制系统给出合适的电机转矩,使得列车能以接近线路当前最大的黏着系数运行,从而在规避空转、滑行的基础上获得最大的黏着利用率	
		最高速度限值(km/h)	244	120	120	120

十八

续上表

车型名称				和谐 D_{2C}
车型代号				HXD_{2C}
机车车号				0001～0167,0221～0243,0251～0270,0281～0335(大连东芝电传动系统)
				0168～0217(庞巴迪电传动系统)
				0218～0220,0244～0250,0271～0280(北车芯电传动系统)
项目			序号	参数及说明
风源系统	主空气压缩机组	型号	245	TSA-2.4AⅡ
		压缩空气出口压力(kPa)	246	1 000
		压缩空气出口温度(℃)	247	环境温度＋15
		排气量(m^3/min)	248	2.4
		冷却方式	249	风冷
		润滑油牌号	250	壳牌
		润滑油储量(dm^3)	251	6.5
		润滑油压力(kPa)	252	1 250
		电机型号	253	/
		电机转速(r/min)	254	2 955
		额定功率(kW)	255	22
		额定电压(V)	256	380
		额定电流(A)	257	160
		机组质量(kg)	258	470
	辅空气压缩机组	型号	259	TZK1-50 或 BL-Z-0.05/7-C
		额定排气量(m^3/min)	260	0.05
		额定排气压力(kPa)	261	800
		电动机型号	262	/
		额定工作电压(V)	263	110
		额定工作电流(A)	264	5
		额定功率(kW)	265	0.75
		额定转速(r/min)	266	2 300
	空气干燥器	空气干燥器型号	267	JKG2
		空气干燥器形式	268	双塔式
		处理空气量(m^3/min)	269	3.0
		工作压力(kPa)	270	1 000
		整机质量(kg)	271	168
	风源系统部件	压力控制器型号	272	—
		压力控制范围(kPa)	273	750～900
		总风缸空气压力范围(kPa)	274	750～900
		各总风缸总容量(dm^3)	275	800＋800
	调压阀调压范围(kPa)		276	—

续上表

车型名称			和谐 D_{2C}
车型代号			HXD_{2C}
机车车号			0001～0167,0221～0243,0251～0270,0281～0335(大连东芝电传动系统)
			0168～0217(庞巴迪电传动系统)
			0218～0220,0244～0250,0271～0280(北车芯电传动系统)
项目		序号	参数及说明
制动机	制动机型号	277	EUROTROL
	自动制动阀	278	FT0012245-100
	单独制动阀	279	FT0012245-100
	分配阀型号,数量	280	SW4,1
	中继阀(双阀口式)	281	P2K
	紧急阀	282	MSP118-00-00
	电动放风阀	283	/
	紧急电空阀(110V)	284	VE3
	电空转换阀	285	21C
蓄电池组	型号	286	DM-170
	容量(A·h)	287	170
	装用数量(只)	288	48
	总标称电压(V)	289	96

注:“—”表示无此设备;“/”表示数据空缺。

十九、HXD2F 型电力机车技术简介

1. 概　　述

HXD2F 型电力机车是 30 t 轴重、八轴、交流传动货运电力机车。是根据原铁道部科学技术司关于印发《30 吨轴重交流传动货运电力机车设计任务书》(科技装函〔2013〕13 号)的要求,由大同公司自主设计,关键及主要部件与国内外一流供货商联合研制的机车产品。是在 25t 轴重 HXD2 型机车的基础上,根据原铁道部科技研究开发合同 2011J004《30 吨轴重交流传动电力机车技术研究》,结合中国铁路运输市场现状和发展,以及国际先进的标准体系进行了充分的调研、分析和论证,遵循“继承性、成熟性、自主性、可靠性”原则,并借鉴了和谐 2 系列机车的成熟技术而研制的,适应中国铁路 27 t 及以上轴重重载线路使用环境的 30 t 轴重八轴交流传动货运电力机车。

该 30 t 轴重八轴交流传动货运电力机车型号为 HXD2F,于 2013 年 5 月完成设计,同年 10 月 16 日第一台机车下线,2014 年完成了两台样车(车号为 0001、0002)的试制、例行试验和形式试验。2015 年,HXD2F 型 0001 号机车和 0002 号机车在山西中南部铁路通道瓦日线(山西吕梁兴县瓦塘镇—山东日照港)的长子南至汤阴东区段(正线长度 192.669 km,最大坡度 13‰)进行运用考核。

HXD2F 型电力机车轴式为 2(B_0—B_0),机车持续功率为 9 600 kW,单轴功率为 1 200 kW,最高运用速度为 100 km/h,轴重为 30 t(或 27 t),最大启动牵引力为 910(或 820)kN,持续牵引力为 691(或 628)kN,最大再生制动力 510 kN。该车采用大扭矩异步牵引电机、卧式牵引变压器、IGBT 元件组成的变流器、微机网络控制系统、电空控制的制动系统、高黏着转向架、框架式整体承载车体、独立通风系统、轮盘制动等技术。

HXD2F 型电力机车外形如图 1-19-1 所示。

图 1-19-1　HXD2F 型电力机车外形图

2. 机车总体

HXD2F 型电力机车由双节机车连挂组成,两节机车的结构基本相同,每节机车具有单端司机室,机车内部通过后墙把司机室与机械间隔开,同时机械间设置宽度大于 800 mm 的中间走廊,高度大于 1 900 mm,能够无障碍地从机械间进入司机室,两节机车司机室通过机械间走廊及两节机车间的风挡贯通。机械间采用中间走廊两边布置设备模块的形式,增加了设备的易接近性。每节机车电气、气动和辅助设备位于中间走廊两侧,斜对称布置。牵引电路和控制电路分开布置,减少电磁干扰。

两节机车司机室结构及设备布置完全相同,采用双司机座椅单司机值乘方案,司机室内设有司机室空调、暖风机、电风扇、微波炉、热水壶、多功能座椅等生活设备。

两节机车机械间结构和设备布置基本相同,机械间采用中间走廊,牵引传动系统集中布置在机械间中部;制动系统集中布置在机车后端部;控制系统集中布置在机车距离司机室较近的部位。牵引电路和管路设置在中央走廊下方,控制电路采用高处线槽固定在左右侧墙上方。布置在机械间内的柜体采用统一的安装方式,柜体地脚采用螺栓和定位销方式固定,柜体后部上面采用拉板与侧墙固定。

两节机车车顶结构和设备布置基本相同,受电弓等高压设备布置在靠机车后端的活动顶盖上,缩短了网侧高压电路的跨越线路长度。电台天线等布置在机车前端的活动顶盖上,远离

高压线路，能够有效地避免了高压线路对电台天线的影响。两节机车的车顶高压电路通过安装在第 3 顶盖上的高压连接器连接。

每单节机车车体下部为两台可以互换的两轴转向架，中央吊装牵引变压器等设备，吊装在车下的设备具有防落装置。机车轴重集中增加在转向架结构和车体底架结构上，使得机车重心坐标和轴重分配更加优化，使机车牵引力能够更加有效地发挥。

机车采用独立通风系统，通风系统主要包括牵引电机通风系统、机械间通风系统、冷却塔通风系统、压缩机通风系统、辅助变流柜通风系统等，除压缩机通风系统为车内吸风车内排风外，其余各部分均为独立从车外进风，经过风道最后排出车外。各通风系统都有相对独立的风道，各风路系统相互不影响，进风量均匀。

HXD_{2F} 型电力机车车顶高压设备采用了“车顶高压设备防护方案”（以下简称为 A 方案）和“机械间网侧柜方案”（以下简称为 B 方案）两种方案。按照两种方案各出一台样车，第一台机车（车号为 0001）采用“车顶高压设备防护方案”（A 方案），第二台机车（车号为 0002）采用“机械间网侧柜方案”（B 方案）。

①A 方案

把高压设备主断路器、接地开关、避雷器、高压电压互感器、高压隔离开关、25 kV 穿墙套管及放电间隙集中布置在机车第 2 顶盖上，采用玻璃钢防护罩对集中布置在机车第 2 顶盖上的高压设备进行防护。布置在第 3 顶盖的高压设备包括受电弓、受电弓支持绝缘子等，采用在第 3 顶盖局部涂绝缘漆，增加绝缘强度。

②B 方案

机械间内设置网侧柜，网侧柜内主要布置的高压设备有主断路器、接地开关、高压电压互感器、柜内避雷器、高压隔离开关、高压电流互感器；布置在车顶的高压设备有受电弓、支持绝缘子、25 kV 穿墙套管及放电间隙、车顶避雷器、高压连接器等，安装受电弓的顶盖采用绝缘顶盖加强绝缘。

十九

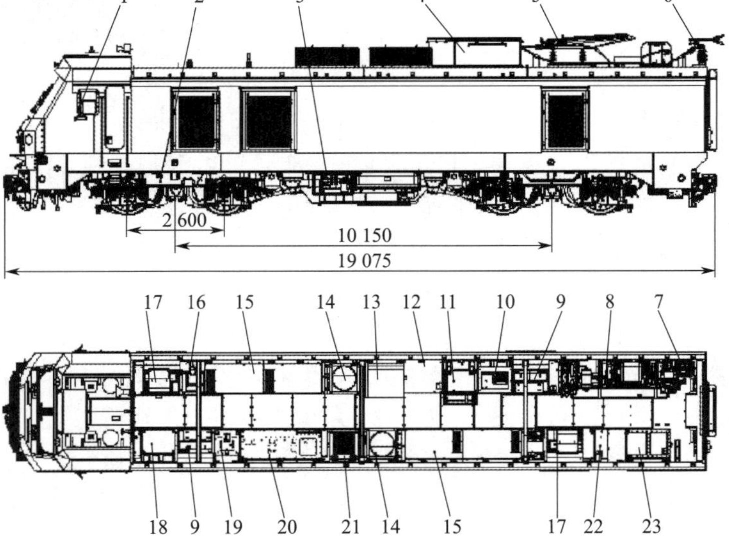

注：该视图隐去机械间顶盖。

图 1-19-2 HXD_{2F} 型电力机车单节总体设备布置图（A 方案）

1—司机室；2—转向架；3—牵引变压器；4—高压设备防护罩；5—受电弓；6—高压连接器；7—干燥器；8—气动柜及压缩机；9—牵引电机通风机；10—安全设备柜；11—蓄电池柜；12—维修门；13—制动柜；14—复合冷却塔；15—牵引变流柜；16—6A 系统柜；17—牵引电机通风机及机械间通风机；18—微机控制柜；19—无线电台柜；20—辅助变流柜；21—滤波柜；22—工具柜（另一节机车该处是卫生间）；23—通用柜

HXD2F 型电力机车总体布置方案 A 和方案 B，如图 1-19-2、图 1-19-3 所示。

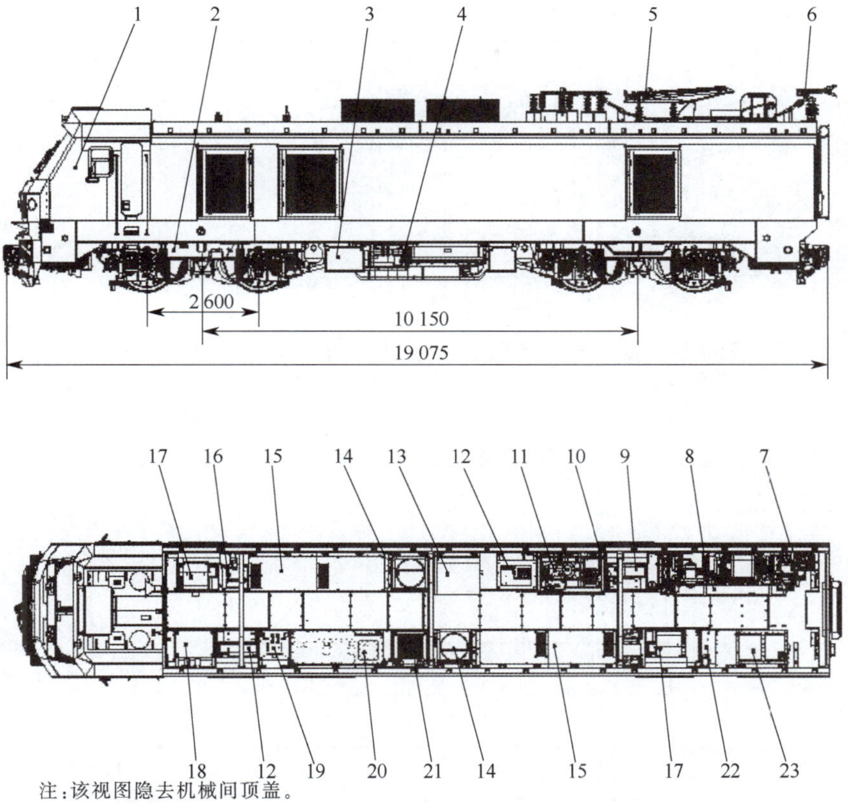

注：该视图隐去机械间顶盖。

图 1-19-3　HXD2F 型电力机车单节总体设备布置图(B 方案)

1—司机室；2—转向架；3—蓄电池柜；4—牵引变压器；5—受电弓；6—高压连接器；7—干燥器；8—气动柜及压缩机；9—绝缘顶盖；10—牵引电机通风机；11—网侧柜；12—安全设备柜；13—制动柜；14—复合冷却塔；15—牵引变流柜；16—6A 系统柜；17—牵引电机通风机及机械间通风机；18—微机控制柜；19—无线电台柜；20—辅助变流柜；21—滤波柜；22—工具柜(另一节机车该处是卫生间)；23—通用柜

HXD2F 型电力机车牵引特性曲线如图 1-19-4、图 1-19-5 所示，再生制动特性曲线如图 1-19-6、图 1-19-7 所示。

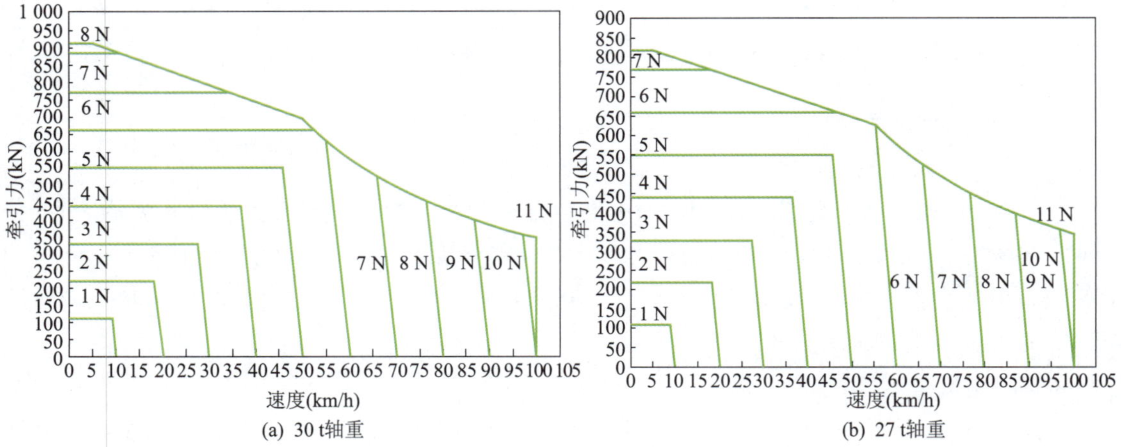

图 1-19-4　HXD2F 型电力机车牵引特性曲线图(准恒速)

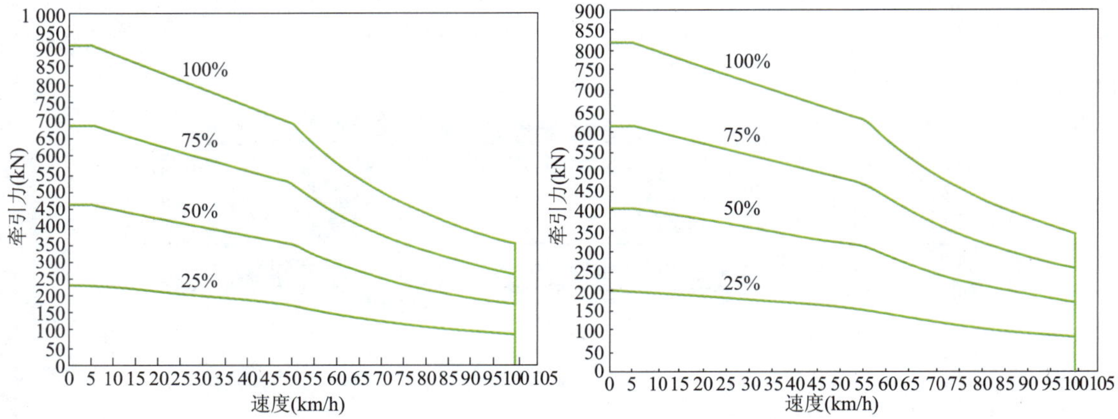

(a) 30 t轴重　　(b) 27 t轴重

图 1-19-5　HXD2F 型电力机车牵引特性曲线图(恒转矩)

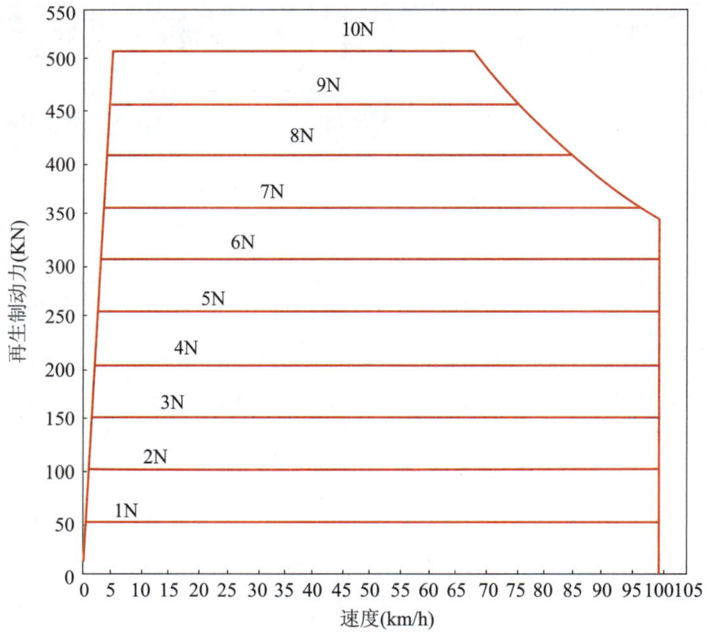

图 1-19-6　HXD2F 型电力机车再生制动特性曲线图(恒转矩 1)(30 t,27 t 轴重相同)

3. 牵引电传动系统

(1)牵引电路结构

HXD2F 型电力机车每节机车的牵引电路包含原理和结构相同的四套牵引变流器装置,分置两个柜体。每套牵引变流器装置是由一个四象限变流器、一个中间直流电路和一个三相 PWM 牵引逆变器组成,每套装置驱动一台三相异步牵引电机,实现整台机车的单轴控制驱动方式。牵引电路原理如图 1-19-8 所示。

(2)网侧电路

网侧电路由受电弓、高压电压互感器、主断路器、高压接地开关、避雷器、高压隔离开关、放电间隙、高压电流互感器、牵引变压器原边绕组、接地侧电流互感器和四个回流装置

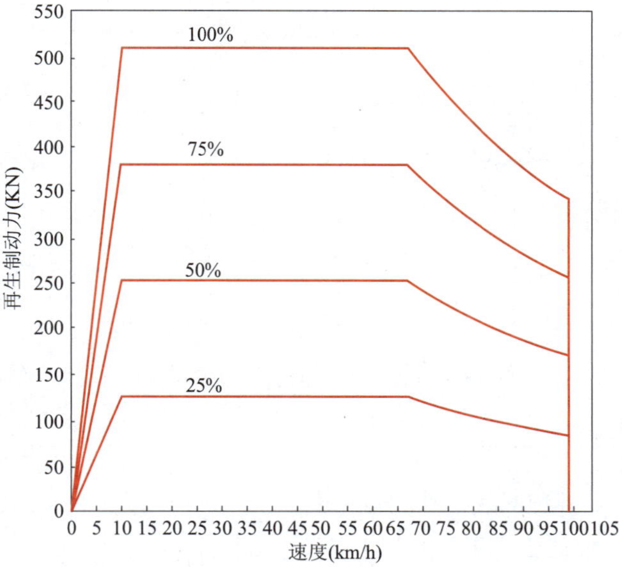

图 1-19-7　HXD2F 型电力机车再生制动特性曲线图(恒转矩 2)(30 t,27 t 轴重相同)

以及高压连接器组成。接触网电流通过受电弓进入机车,经主断路器、高压电流互感器、25 kV 高压电缆、牵引变压器原边绕组、低压电流互感器和 4 个并联的回流装置,从轮对回流至钢轨。

(3)牵引变压器

机车采用整体组合式变压器。其工作条件为－40 ℃～＋40 ℃。变压器内装一台牵引变压器,四台二次谐波滤波电抗器和两台辅助电抗器。

牵引变压器和电抗器共同组成了变压器的“器身”,器身被安装在特制的钢制油箱内,油箱内装满起绝缘和散热作用的变压器油。通过电动泵促使变压器油进行循环流动,并通过带有外部通风的散热器进行冷却。油箱、散热器和油泵组成了一个紧密的组装体,被安装在机车的地板下面。变压器是由焊有储油柜的焊接箱盖密封的。在储油柜上安有吸湿器和油位计(油位计由两部分组成)。

(4)牵引变流器

牵引变压器牵引绕组输出的 AC 950 V 交流电压通过预充电接触器和工作接触器加到牵引变流器前级的四象限变流器,通过四象限变流器变换为 DC 1 800 V 的中间直流电路。每个中间直流电路由二次滤波电路、支撑电容器及放电电阻、测量及保护电路构成。三相逆变电路将中间直流电路的 DC 1 800 V 电压变换为电压和频率可变的三相交流电,提供给三相异步牵引电机,实现电机的调速特性控制。在再生制动工况时,异步牵引电机处于发电状态,中间直流电路通过四象限变流器向牵引绕组馈电,将制动时产生的电能回馈到电网。

(5)牵引电机

牵引电机采用三相四极鼠笼式异步电机,主要由定子、转子、端盖和轴承等部件组成,以滚动轴承的抱轴式悬挂方式安装在机车转向架上。

电机采用单端薄膜联轴器输出,带速度传感器和定子温度传感器(Pt100);电机采用单轴承结构,非传动端装用绝缘圆柱滚子轴承,采用耐高温润滑脂润滑。电机采用轴向强迫通风方

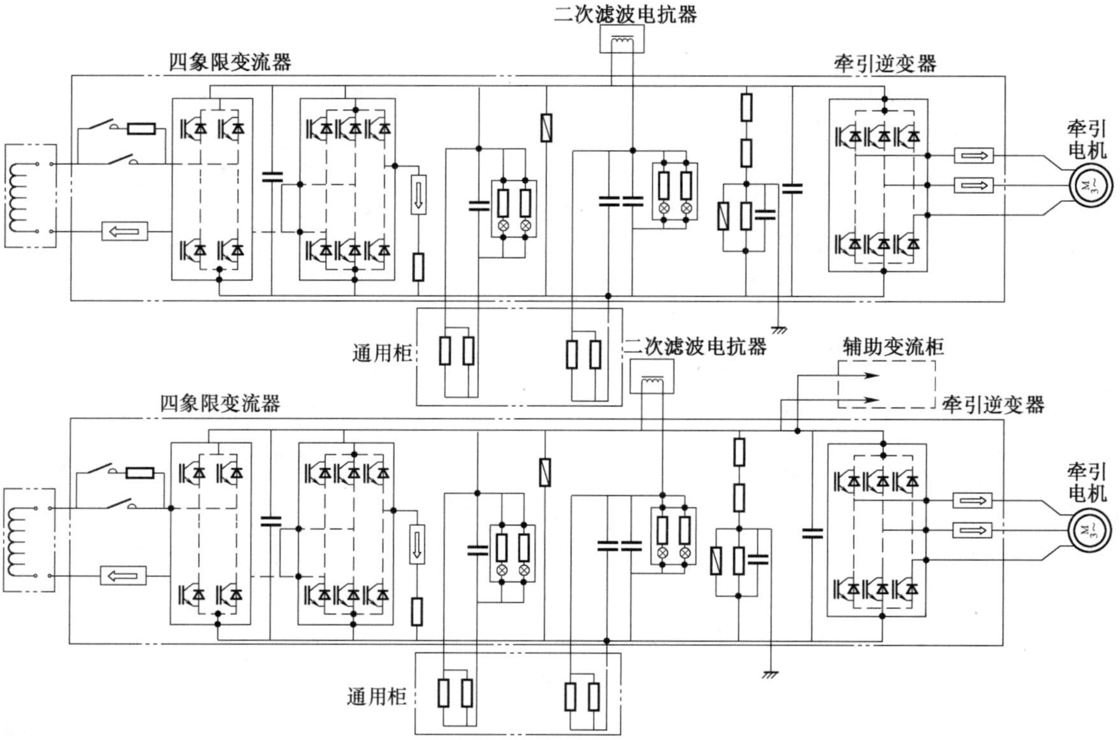

(a) 采用北车芯牵引变流器

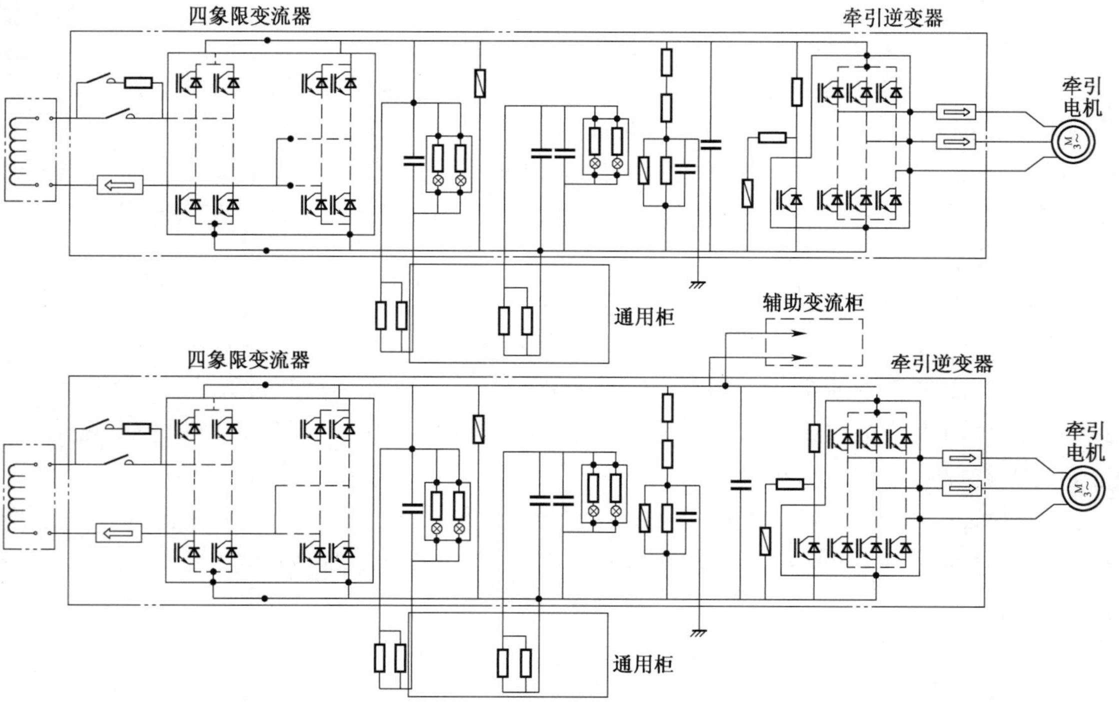

(b) 采用大连东芝牵引变流器

图 1-19-8 HXD2F 型电力机车牵引电路原理图

式，冷却风从非传动端进风口进入，经过转子通风孔，定子、转子间的气隙，定子通风孔，从传动端齿轮箱轴向排出；电机端盖为铸钢结构，在非传动端端盖处设有注油口和注油标牌，定量补充润滑脂。

4. 辅助电气系统

HXD_{2F} 型电力机车辅助电气系统主要是由辅助电源、充电机、辅助负载和相应的控制电路等组成，除辅助负载之外，其余部分都被集成安装在辅助变流柜里。辅助电源包括两路辅助逆变器输出的三相 AC 380 V 电源和一路牵引变压器输出的单相 AC 220 V 电源。辅助负载有三种：三相交流 380 V 负载、单相交流 220 V 负载和直流 110 V 负载。

机车辅助电路主要由辅助逆变器供电电路、三相负载电路、单相负载电路和库内动车辅助电路组成，辅助逆变器由牵引变流器的中间直流电路供电。库用动车电路采用地面三相 380 V 工频交流电源通过库用变压器将地面的三相 AC 380 V 电源转换为三相 AC 693 V，再经过三相整流器将库用变压器输出的三相 AC 693 V 整流为直流 770 V，加到第 2 轴或第 7 轴牵引变流器的中间直流电路，通过相应的动车控制指令实现机车的库内移动。

单节机车的辅助电源由两组辅助逆变器、一组充电机和一组 AC 220 V 电路组成，其中一组辅助逆变器为定压定频输出，另一组为变压变频输出。定压定频输出为三相 AC 380 V/50 Hz 电源，为泵类等不需要变频功能的负载供电；变压变频输出为风机类需要变频功能的负载供电，具有 AC 380 V/50 Hz、AC 304 V/40 Hz 和 AC 190 V/25 Hz 三种输出方式。两组逆变器硬件电路和器件参数完全相同，主要由输入电路、中间电路和输出电路组成。辅助电源电气原理图如图 1-19-9 所示。

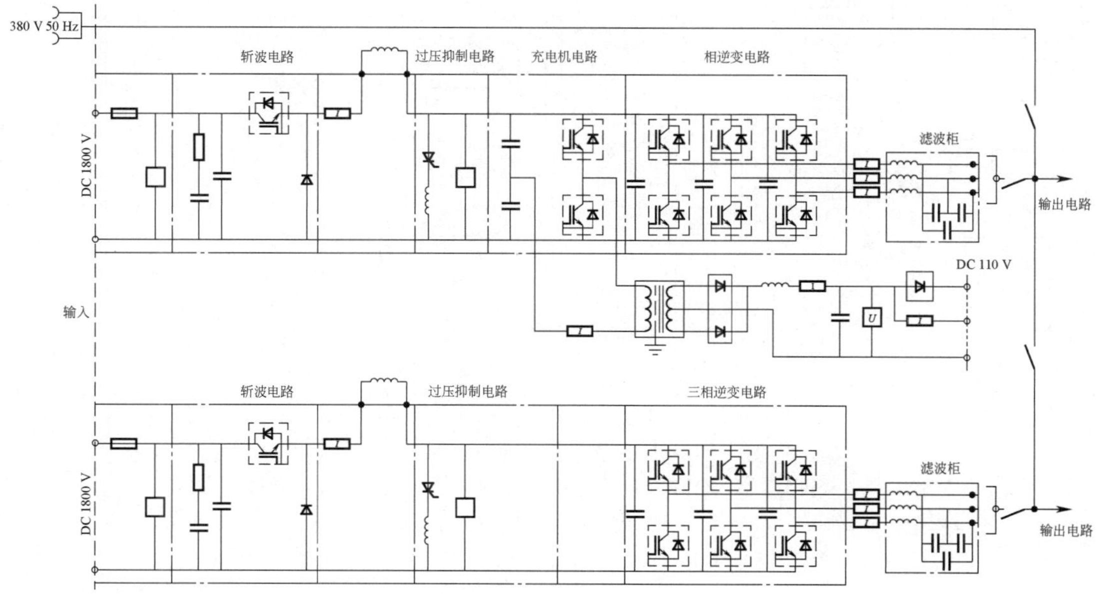

图 1-19-9　HXD_{2F} 型电力机车辅助电源电气原理图

三相负载电路主要是由泵类负载、风机类负载和生活负载组成，其中泵类负载包括一台压缩机、四台牵引变流器水泵、两台牵引变压器油泵和空调等；风机类负载主要包括两台牵引风机、两台冷却塔风机、机械间风机和辅助变流器风机等。

单相负载的 AC 220 V 电源由 AC 380、AC 220 变压器提供，变压器的输入取自辅助逆变器定压定频输出的 380 V/50 Hz。单相负载主要包括干燥器加热装置、前窗玻璃加热装置、司机室 220 V PC 插座、生活设施等。

5. 微机网络控制系统

HXD_{2F} 型电力机车微机网络控制系统是基于 MVB、WTB 总线和以太网的微机网络监控系统，其核心是机车微机控制监视系统(TCMS)。

机车 TCMS 是基于 TCN 标准(IEC 61375-1)的车载网络控制系统。一台车由两节机车通过 WTB 内重联组成，同时支持两台车 WTB 外重联。单节机车包含两个主控制单元 MPU、两个 MVB/WTB 网关 GW、四个牵引控制单元 TCU、两个辅助控制单元 ACU、两个远程输入输出单元 RIOM 和一个司机显示单元 DDU，同时系统还与制动控制单元 BCU 和一个制动显示单元 BDU、机车安全防护 6A 系统连接。具体拓扑结构如图 1-19-10 所示。

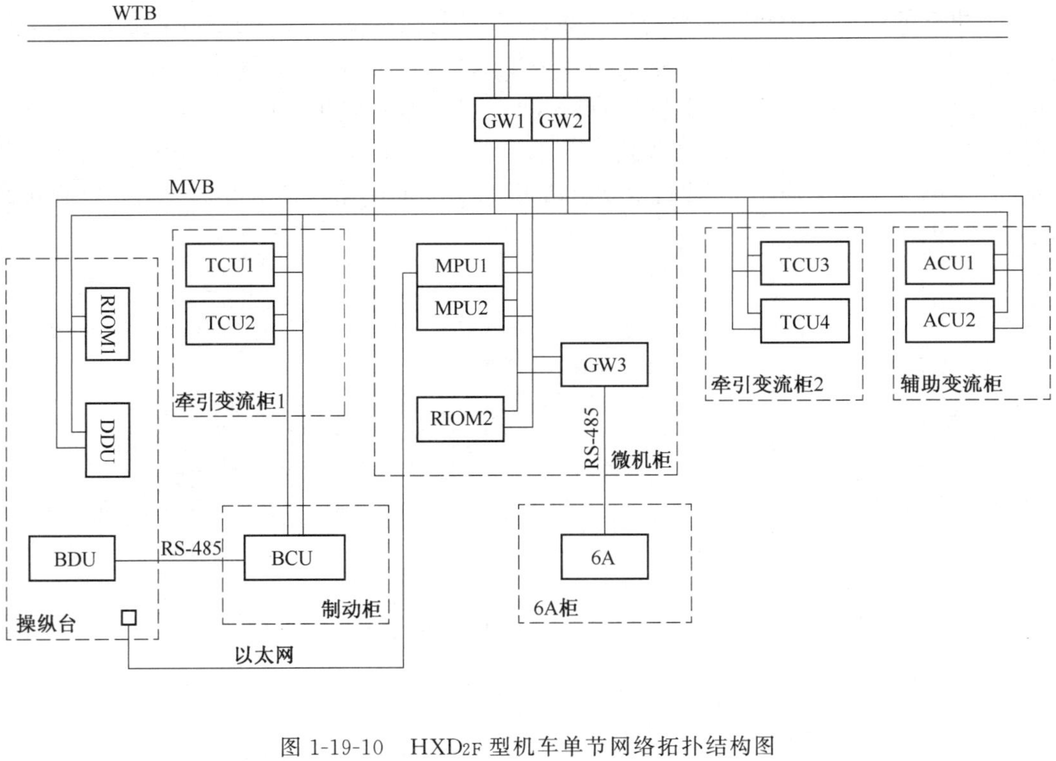

图 1-19-10 HXD_{2F} 型机车单节网络拓扑结构图

WTB—绞线式列车总线；GW—网关；RIOM—远程输入输出单元；DDU—司机显示单元；BDU—制动显示单元；BCU—制动控制单元；TCU—牵引控制单元；MPU—主控制单元；RIOM—远程输入输出模块；6A—机车车载安全防护系统；ACU—辅助控制单元

6. 车　体

HXD_{2F} 型电力机车车体采用了由底架钢结构、设备骨架、司机室钢结构、侧墙、后端墙以及车顶连接横梁共同参与承载的整体承载式焊接结构。底架以及焊接在底架上用于安装设备的钢结构设备骨架位于车体下部，是整个车体的基础，也是主要的承载结构。车体两侧是侧墙结构，前端设司机室，后端设后端墙，它们都焊接在底架上，同时，侧墙与司机室和后端墙焊接在一起。左右侧墙上部用三根连接横梁连接。在车体顶部安装三个可拆卸顶盖装置，便于车内设备的吊装。

机车采用了 102 型车钩缓冲装置，安装在机车底架中，车钩水平中心线距轨面的高度（新轮）在(880±10)mm。

7. 转向架

HXD2F 型电力机车转向架采用 B_0 轴式，设计轴重 30 t，主要由驱动轴、构架、驱动单元悬挂与组装、一系悬挂、二系悬挂、牵引装置、基础制动、制动管路、排石器和撒砂管、接地装置、轴端速度传感器、牵引电机接地装置、轮缘润滑器等构成。

构架设计采用“日”字形焊接结构，由两根左右对称的侧梁、一根中间横梁、一根前端梁和一根牵引端梁组成。侧梁与两端梁和中间横梁通过焊接相连，两侧梁、中间横梁和两端梁均为板材焊接箱型梁，在各梁体的内部设有若干筋板，保证构架有足够的刚度和强度。

每个转向架包含两组驱动轴组装和两组驱动单元。每组驱动轴组装由车轴、车轮、从动齿轮、抱轴承箱、轴箱等组成。每组驱动单元主要由齿轮箱、交流牵引电机、主动齿轮、从动齿轮、密封元件及电机悬挂和防落系统组成。

转向架悬挂装置包括一系悬挂装置和二系悬挂装置。一系悬挂装置采用钢弹簧加橡胶垫再加轴箱拉杆结构，二系悬挂装置是采用橡胶堆。

牵引装置采用中间推挽式牵引杆与车体连接，牵引杆倾斜布置，属低位牵引。

8. 制动系统

HXD2F 型电力机车制动系统是在 HXD2 型电力机车制动机基础上进行改进的，是符合 UIC 标准的新一代机车制动系统。该系统在正常工况时，通过微机控制列车管和机车制动缸压力实现列车的制动控制，在出现严重故障时，将机车制动系统转换到备用制动进行列车制动控制。制动控制系统可实现的主要功能有再生制动、空气制动、单独制动、备用制动、紧急制动、采用弹簧储能的停放制动、无动力回送、机车重联等。

制动及供风系统主要包括风源及干燥系统、制动控制系统（含司机室相关设备）、基础制动系统和撒砂系统等。制动机采用阀类与电气部件集中安装的方式，主要部件集中在制动柜上。

每节机车风源系统主要由一台螺杆式空气压缩机组、一台空气干燥器、两个 500 dm^3 的总风缸、辅助空气压缩机等设备构成，总风缸采用并联方式组合。

基础制动装置采用轮盘制动方式。

9. 技术参数表

HXD2F 型电力机车技术参数见表 1-19-1。

表 1-19-1 HXD2F 型电力机车技术参数表

项目	序号	参数及说明
车型名称		和谐 D2F
车型代号		HXD2F
机车车号		0001、0002
项目	序号	参数及说明
用途	1	铁路干线重载货运牵引
制造年代	2	2013 年 10 月
制造厂名	3	中车大同电力机车有限公司
轨距(mm)	4	1 435
车体 车底架长(单节机车)(mm)	5	17 860
车体 车体宽(mm)	6	3 100
车体 高(轨面至受电弓座平面)(mm)	7	3 914
司机室个数	8	2
机车前后车钩中心距(mm)	9	2×19 075
车钩型号,形式	10	102 型
缓冲器型号	11	NC390 型,DFC-5 型
轴式	12	2(B_0—B_0)
车钩中心线距轨面高度(mm)	13	880±10
转向架中心距(mm)	14	10 150(单节机车)
全轴距(mm)	15	12 750(单节机车)
动轮直径(新轮)(mm)	16	1 250
动轮直径(轮箍半磨耗)(mm)	17	1 200
落弓后滑板顶面距轨面高度(mm)	18	4 671
受电弓滑板距轨面工作高度(mm)	19	4 971～6 883
机车整备质量(t)	20	2×108^{+1}_{-3}(27 t),2×120^{+1}_{-3}(30 t)
轴重(t)	21	27,30
通过最小曲线半径(m)	22	125
供电电流制	23	AC 25 kV/50 Hz
额定电压(kV)	24	25
最高电压(kV)	25	31
最低电压(kV)	26	17. 5
电传动方式	27	交—直—交
持续功率(kW)	28	9 600
持续速度(km/h)	29	55(27 t),50(30 t)
持续牵引力(kN)	30	628(27 t),691(30 t)
最高运用速度(km/h)	31	100
恒功率速度范围(km/h)	32	55～100(27 t),50～100(30 t)
最大启动牵引力(kN)	33	820(27 t),910(30 t)
最大再生制动力(kN)	34	510(27 t),510(30 t)

续上表

车型名称				和谐 D_{2F}
车型代号				HXD_{2F}
机车车号				0001、0002
项目			序号	参数及说明
功率因数			35	0.98
等效干扰电流 J_p(A)			36	1.5
电网电流畸变率(%)			37	/
机车总效率			38	0.85
紧急制动距离(m)			39	1 400(初速度 100 km/h,30 t/27 t)
库内动车电源制式			40	3AC 380 V/50 Hz
转向架	构架外形尺寸(mm)		41	4 746×2 530×1 022
	两侧梁横向中心距(mm)		42	2 160
	转向架各轴间距(mm)		43	2 600
	转向架固定轴距(mm)		44	2 600
	同一轴两轴箱中心距(mm)		45	2 200
	轮对质量(kg)		46	3 780
	一系悬挂装置	一系悬挂静挠度(mm)	47	108(30 t),105(27 t)
		垂向油压减振器型号,数量	48	2210800004001,4/转向架
		垂向油压减振器阻尼系数(kN·s/m)	49	40
	二系悬挂装置	二系悬挂静挠度(mm)	50	11
		垂向油压减振器型号,数量	51	—
		垂向油压减振器阻尼系数(kN·s/m)	52	—
		横向油压减振器型号,数量	53	2210800004002,2/转向架
		横向油压减振器阻尼系数(kN·s/m)	54	47
		抗蛇行减振器型号,数量	55	—
		抗蛇行减振器阻尼系数	56	—
	牵引力传递方式		57	低位推挽式单拉杆牵引
	牵引点高度(mm)		58	20
	牵引电动机悬挂方式		59	半悬挂
	齿轮传动比		60	108/19
	砂箱容量(m^3)		61	4×0.05
	转向架质量(t)		62	22.5
基础制动装置	基础制动方式		63	轮盘制动
	每台转向架制动器组数		64	4
	制动缸直径(mm)		65	254
	制动倍率		66	1.62
	传动效率(%)		67	0.95
	闸片与制动盘的恒定间隙(mm)		68	1.5±0.5

续上表

车型名称				和谐 D_{2F}
车型代号				HXD_{2F}
机车车号				0001、0002
项目			序号	参数及说明
基础制动装置	制动缸最大空气压力(kPa)		69	450
	闸片、制动盘形式		70	轮盘式制动
	闸片、轮盘材质		71	闸片合成材料,轮盘铸钢
	每个夹钳上的闸片(或轮盘)压力(kN)		72	33.09
	停放制动器	停放制动方式	73	弹簧停放制动方式
		制动器数量	74	8
		闸片压力(kN)	75	18
		停放制动器质量(kg)	76	143
	制动单元质量(kg)		77	48
受电弓	型号		78	DSA200
	额定工作电压(kV)		79	25
	额定工作电流(A)		80	1 000
	运行最高速度(km/h)		81	200
	工作高度(mm)		82	969～2 941(含 400 mm 高压绝缘子)
	最大升弓高度(mm)		83	$3\,141^{+100}_{-25}$(含 400 mm 高压绝缘子)
	落弓位高度(mm)		84	670(含 400 mm 高压绝缘子)
	升弓时间(s)		85	≤5.4(含 400 mm 高压绝缘子升高到 2 m)
	降弓时间(s)		86	≤4(含 400 mm 高压绝缘子从 2 m 高度落下)
	传动风缸工作空气压力(kPa)		87	—
	总质量(kg)		88	130
主断路器	型号		89	A 方案 22CB(C),B 方案 22CBDP1
	额定电压(kV)		90	30
	额定电流(A)		91	1 000
	额定分断电流(kA)		92	20
	额定分断容量(MV·A)		93	600
	固有分闸时间(ms)		94	≤40
	额定工作气压(kPa)		95	900
	质量(kg)		96	140
牵引变压器	型号,结构形式		97	LOT6500,芯式
	各绕组额定容量(kV·A)	网侧高压绕组	98	6 493
		牵引绕组	99	4×1 607
		辅助绕组	100	1×65
		供电绕组	101	—

十九

续上表

车型名称				和谐D_{2F}	
车型代号				HXD_{2F}	
机车车号				0001、0002	
项目			序号	参数及说明	
牵引变压器	各绕组额定电压(V)	网侧高压绕组	102	25 000	
		牵引绕组	103	4×950	
		辅助绕组	104	1×218	
		供电绕组	105	—	
	各绕组额定电流(A)	网侧高压绕组	106	260	
		牵引绕组	107	4×1 692	
		辅助绕组	108	1×298	
		供电绕组	109	—	
	短路阻抗(%)		110	52.5	
	绝缘等级		111	A	
	冷却方式		112	ODAF	
	冷却油牌号		113	45	
	冷却油流量(m^3/h)		114	2×72	
	油泵型号		115	XCH211001-BSP	
	效率(%)		116	≥96	
	总质量(t)		117	9.96	
谐振电抗器	每节机车台数		118	4	
	额定电流(A)		119	820	
	额定电压(V)		120	2 400	
	电感值(mH)		121	0.507×(1±2%)	
牵引变流器	供应商		122	永济电机(A方案)	大连东芝(B方案)
	型号		123	YGZN2Q239A	COV100-B0
	电路结构形式		124	电压型、两电平	
	额定功率(kW)		125	1 482	
	额定输入电压 (V)		126	AC 950	
	额定输入电流 (A)		127	AC 1 692(25 kV)	
	中间电路电压(V)		128	1 800	
	二次谐振电容值(mF)		129	2.5	无
	支撑电容值(mF)		130	3	5
	额定输出电压(V)		131	1 391	
	额定输出电流(A)		132	590	
	四象限变流器开关频率(Hz)		133	550	
	牵引逆变器最大开关频率(Hz)		134	550	
	牵引逆变器输出频率范围(Hz)		135	0～85.2	
	冷却方式		136	水冷	

续上表

车型名称				和谐D_{2F}	
车型代号				HXD_{2F}	
机车车号				0001、0002	
项目			序号	参数及说明	
牵引变流器	效率(%)		137	≥98	
	质量(t)		138	2.51×(1±3%)	2.28×(1±3%)
	外形尺寸(长×宽×高,mm)		139	3 160×950×2 000	
	每台机车牵引变流器台数		140	4	
	四象限变流器功率模块	型号	141	YQM26Q30A/YQM26Q31A	STC338-D0A0
		电路形式	142	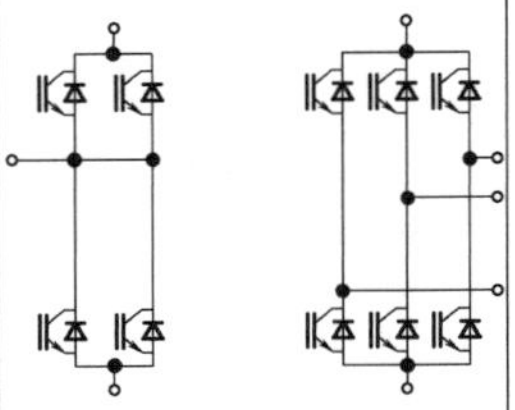	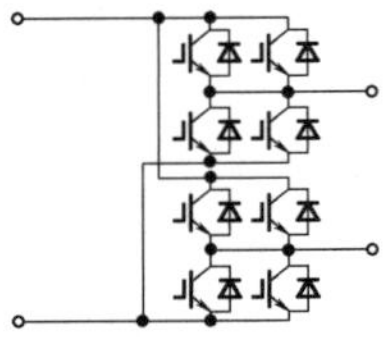
		四象限变流器构成形式	143	每个四象限变流器由两个功率模块(YQM26Q30A 和 YQM26Q31A)组成,其中 YQM26Q31A 包含一个斩波模块	每个四象限变流器由一个功率模块组成
		电压(V)	144	AC 950	
		电流(A)	145	1 692	
		开关频率(Hz)	146	550	
		功率元件型号	147	5SNA1500E330305	
		功率元件参数	148	IGBT(3 300 V/1 500 A)	
		功率元件个数	149	YQM26Q30A 模块含 4 个 IGBT 元件;YQM26Q30A 模块含 6 个 IGBT 元件	8
		冷却方式	150	水冷	
		质量(kg)	151	54	63
		尺寸(长×宽×高,mm)	152	667×188×543	515×368×540
	牵引逆变器功率模块	型号	153	YQM26Q32A	STC339-D0A0
		电路形式	154	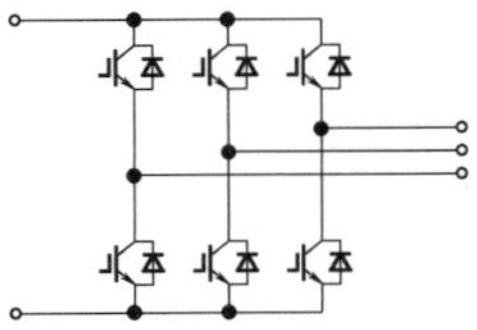	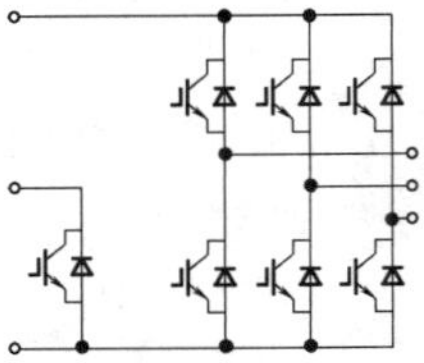
		牵引逆变器构成形式	155	每个逆变器由一个功率模块组成	每个逆变器由一个功率模块组成
		电压(V)	156	1 391	1 391
		电流(A)	157	590	

续上表

车型名称				和谐 D_{2F}	
车型代号				HXD_{2F}	
机车车号				0001、0002	
项目			序号	参数及说明	
牵引变流器	牵引逆变器功率模块	开关频率(Hz)	158	550	
牵引变流器	牵引逆变器功率模块	功率元件型号	159	5SNA1500E330305	
牵引变流器	牵引逆变器功率模块	功率元件参数	160	IGBT(3 300 V/1 500 A)	
牵引变流器	牵引逆变器功率模块	功率元件个数	161	6	7
牵引变流器	牵引逆变器功率模块	冷却方式	162	水冷	
牵引变流器	牵引逆变器功率模块	质量(kg)	163	58	56
牵引变流器	牵引逆变器功率模块	尺寸(长×宽×高,mm)	164	667×188×543	515×368×540
牵引变流器	冷却系统	水泵型号	165	110437000378370	F40-3115H4-0305S1-BV-20/5.4
牵引变流器	冷却系统	流量(m^3/h)	166	6.4	5.4
牵引变流器	冷却系统	驱动电机功率(kW)	167	2.7	
牵引变流器	控制策略	四象限变流器	168	电压电流双闭环	
牵引变流器	控制策略	牵引逆变器	169	间接矢量控制	
牵引变流器	控制策略	瞬时电压限制器	170	比例谐振调节	
交流异步牵引电动机	型号		171	YJ245A	
交流异步牵引电动机	额定功率(持续制)(kW)		172	1 226	
交流异步牵引电动机	额定电压(持续制)(V)		173	1 391	
交流异步牵引电动机	额定电流(持续制)(A)		174	590	
交流异步牵引电动机	最大启动电流(A)		175	780	
交流异步牵引电动机	功率因数		176	0.89	
交流异步牵引电动机	额定转速(持续制)(r/min)		177	1 256	
交流异步牵引电动机	最高转速(r/min)		178	2 513	
交流异步牵引电动机	额定频率(Hz)		179	42.3	
交流异步牵引电动机	额定转差率(%)		180	1.6	
交流异步牵引电动机	额定转矩(N·m)		181	9 332	
交流异步牵引电动机	最大转矩(N·m)		182	12 538	
交流异步牵引电动机	额定效率(%)		183	95.3	
交流异步牵引电动机	绝缘等级		184	200 级	
交流异步牵引电动机	极数		185	4	
交流异步牵引电动机	质量(kg)		186	2 700	
交流异步牵引电动机	通风量(m^3/s)		187	1.75	

续上表

车型名称				和谐 D_{2F}
车型代号				HXD_{2F}
机车车号				0001、0002
项目			序号	参数及说明
牵引通风机组	型号		188	B061034921C0
	台数		189	8
	最大转速(r/min)		190	2 950
	每台风机的风量(m^3/min)		191	111
	风压(Pa)		192	4 800
	额定功率(kW)		193	12.5
	质量(kg)		194	206
复合冷却塔	冷却方式		195	强迫风冷
	水散热量(kW)		196	2×32.4
	油散热量(kW)		197	140
	通风量(m^3/min)		198	282
	水流量(m^3/h)		199	2×5.4
	油流量(m^3/h)		200	75
	质量(kg)		201	640
辅助逆变器	CVCF逆变器	型号	202	NECT3361-DT1/APS
		每台机车装用台数	203	2
		额定输入电压(V)	204	1 800
		额定输入电流(A)	205	102
		额定输出电压(V)	206	380
		额定输出电流(A)	207	258
		容量(kV·A)	208	170
		频率(Hz)	209	50
		功率元件参数	210	IGBT(3 300 V/1 200 A)
		冷却方式	211	强迫风冷
		质量(kg)	212	1 164
	VVVF逆变器	型号	213	NECT3361-DT1/APS
		每台机车装用台数	214	2
		额定输入电压(V)	215	1 800
		额定输入电流(A)	216	102
		额定输出电压(V)	217	380
		额定输出电流(A)	218	258
		容量(kV·A)	219	170
		频率(Hz)	220	50/40/25
		功率元件参数	221	IGBT(3 300 V/1 200 A)
		冷却方式	222	强迫风冷
		质量(kg)	223	1 164

续上表

车型名称				和谐 D_{2F}
车型代号				HXD_{2F}
机车车号				0001、0002
项目			序号	参数及说明
蓄电池充电器	型号		224	CDJ02/YQM26Q41
蓄电池充电器	输入电压(V)		225	720
蓄电池充电器	输出电压(V)		226	108
蓄电池充电器	输出电流(A)		227	129
蓄电池充电器	输出容量(kV·A)		228	14
蓄电池充电器	质量(kg)		229	17.4
微机网络控制系统	列车网标准		230	WTB(IEC 61375)
微机网络控制系统	车辆网标准		231	MVB(IEC 61375)
微机网络控制系统	列车网传输速率(Mb/s)		232	1
微机网络控制系统	车辆网传输速率(Mb/s)		233	1.5
微机网络控制系统	机车控制功能	牵引特性控制	234	恒转矩控制
微机网络控制系统	机车控制功能	再生制动特性控制	235	恒转矩控制
微机网络控制系统	机车控制功能	其他控制功能	236	具备牵引准恒速控制功能
微机网络控制系统	保护功能	网压保护限值(V)	237	最低 14,最高 32
微机网络控制系统	保护功能	网流保护限值(A)	238	700
微机网络控制系统	保护功能	中间电压限值(V)	239	2 200(高)、1 350(低)
微机网络控制系统	保护功能	防空转滑行策略	240	(1)速度差不低于 2.4 km/h,加速度不低于 1.0 m/s^2; (2)转矩削减斜率不低于 20 000 N·m/s; (3)转矩恢复斜率为:快速 2 500 N·m/s,慢速 200 N·m/s
微机网络控制系统	保护功能	最高速度限值(km/h)	241	110
风源系统	主空气压缩机组	型号	242	SL22-82/TSA-2.8AIII
风源系统	主空气压缩机组	压缩空气出口压力(kPa)	243	1 000
风源系统	主空气压缩机组	压缩空气出口温度(℃)	244	环境温度+15
风源系统	主空气压缩机组	排气量(m^3/min)	245	2.7
风源系统	主空气压缩机组	冷却方式	246	风冷
风源系统	主空气压缩机组	润滑油牌号	247	Anderol 3057M
风源系统	主空气压缩机组	润滑油储量(dm^3)	248	6.5
风源系统	主空气压缩机组	润滑油压力(kPa)	249	1 250
风源系统	主空气压缩机组	电机型号	250	/
风源系统	主空气压缩机组	电机转速(r/min)	251	2 970
风源系统	主空气压缩机组	额定功率(kW)	252	30
风源系统	主空气压缩机组	额定电压(V)	253	380
风源系统	主空气压缩机组	额定电流(A)	254	210
风源系统	主空气压缩机组	机组质量(kg)	255	510

续上表

车型名称				和谐 D_{2F}
车型代号				HXD_{2F}
机车车号				0001、0002
项目			序号	参数及说明
风源系统	辅空气压缩机组	型号	256	D-100/06391000
		额定排气量(m^3/min)	257	0.05
		额定排气压力(kPa)	258	800
		电动机型号	259	/
		额定工作电压(V)	260	110
		额定工作电流(A)	261	7
		额定功率(kW)	262	0.75
		额定转速(r/min)	263	2 680
	空气干燥器	型号	264	JKG2
		形式	265	双塔式
		处理空气量(m^3/min)	266	3.0
		工作压力(kPa)	267	1 000
		整机质量(kg)	268	168
	风源系统部件	压力控制器(调压器)型号	269	—
		压力控制范围(kPa)	270	750～900
		总风缸空气压力范围(kPa)	271	750～900
		各总风缸总容量(dm^3)	272	2×1 000
	调压阀调压范围(kPa)		273	—
制动机	制动机型号		274	EUROTROL
	自动制动阀		275	FT0012245-100
	单独制动阀		276	FT0012245-100
	分配阀型号,数量		277	SW4,1
	中继阀(双阀口式)		278	P2K
	紧急阀		279	MSP118-00-00
	电动放风阀		280	/
	紧急电空阀(110 V)		281	VE3
	电空转换阀		282	21C
蓄电池组	型号		283	DM-170
	容量(A·h)		284	170
	装用数量(只)		285	48
	总标称电压(V)		286	96

注:“—”表示无此设备;“/”表示数据空缺。

二十、HXD$_3$型电力机车技术简介

1. 概　　述

HXD$_3$型电力机车是单轴功率 1 200 kW、六轴、交流传动干线货运电力机车。是连车公司以 SSJ$_3$型机车为原型车，并在引进消化吸收日本东芝公司机车牵引变流、控制、牵引变压器、车体、牵引电机、转向架、通风冷却等系统，以及德国福伊特（VIOTH）公司驱动系统技术的基础上，结合我国铁路运输的具体情况而开发研制的机车产品。该型机车持续功率 7 200 kW，轴式 $C_0—C_0$，轴重 23 t（或 25 t），最高运行速度 120 km/h，持续速度 65 km/h（25 t）、70 km/h（23 t），启动牵引力 520 kN（23 t）、570 kN（25 t），持续牵引力 370 kN（23 t）、400 kN（25 t），最大再生制动力（车钩处）370 kN（23 t）、400 kN（25 t），通过最小曲线半径 125 m。机车采用 IGBT 水冷牵引变流器，交流电机矢量控制，采用单轴独立控制驱动方式，采用网络控制技术、CCBⅡ制动系统。

截至 2014 年 12 月底，累计生产交付 HXD$_3$型电力机车 1 090 台，连车公司生产 940 台车号为 0001～0940（二七厂组装生产其中 213 台）；同车公司生产 150 台车号为 8001～8150。目前，在机务段运用机车 1 089 台（注：总计配属 1 090 台，报废 1 台），分别配属沈阳、北京、郑州、武汉、西安、济南、上海、南昌、兰州等铁路局所属 17 个机务段，承担干线货运列车牵引任务。

HXD$_3$型电力机车研制与生产分两个阶段：

第一阶段为技术引进消化吸收阶段。2004～2006 年，在原铁道部主导下，以连车公司为主体，引进消化吸收日本东芝公司先进的交流传动电力机车制造技术。此阶段新型交流传动电力机车的制造按三步进行，第一步为东芝公司整车进口 4 台机车（车号为 0001～0004）；第二步为散件进口国内组装 12 台机车（车号为 0005～0016），由东芝公司提供核心散件，连车公司负责车体、转向架等系统的制造以及机车整车的总成；第三步为国内制造 44 台机车（车号为 0017～0060）。首台进口机车于 2006 年 7 月下线，首台散件机车于 2006 年 12 月交付使用，至 2007 年 3 月合计生产交付 60 台 HXD$_3$型电力机车，分别配属上海和武汉铁路局承担干线货运列车牵引任务。

第二阶段为扩大生产阶段。2006～2012 年，为满足铁路运输生产对时速 120 km 电力机车的需求，在连车公司、二七厂以及同车公司之间，完全按照当前 HXD$_3$型电力机车图纸，共享连车公司引进的技术，进行扩大生产。该阶段共计生产 1 030 台机车，其中，连车公司生产 880 台（其中，二七厂组装生产 213 台），同车公司生产 150 台。

HXD$_3$型电力机车外形图如图 1-20-1 所示。

图 1-20-1　HXD$_3$型电力机车外形图

2. 机车总体

HXD$_3$型电力机车两端各设有一个司机室，中间为机械室。在机械室内设有 600 mm 宽的中央通道，在通道左右两侧安装有变流器、通风机、空气压缩机等设备。在车体下设有两台三轴转向架及一台牵引变压器，在顶盖上设有高压电器。车内设备以

平面斜对称布置为主，设备成套安装。全车分为司机室设备安装、车顶设备安装、车内机械室设备安装和车下设备安装等五部分，机车设备布置及外形如图 1-20-2 所示。

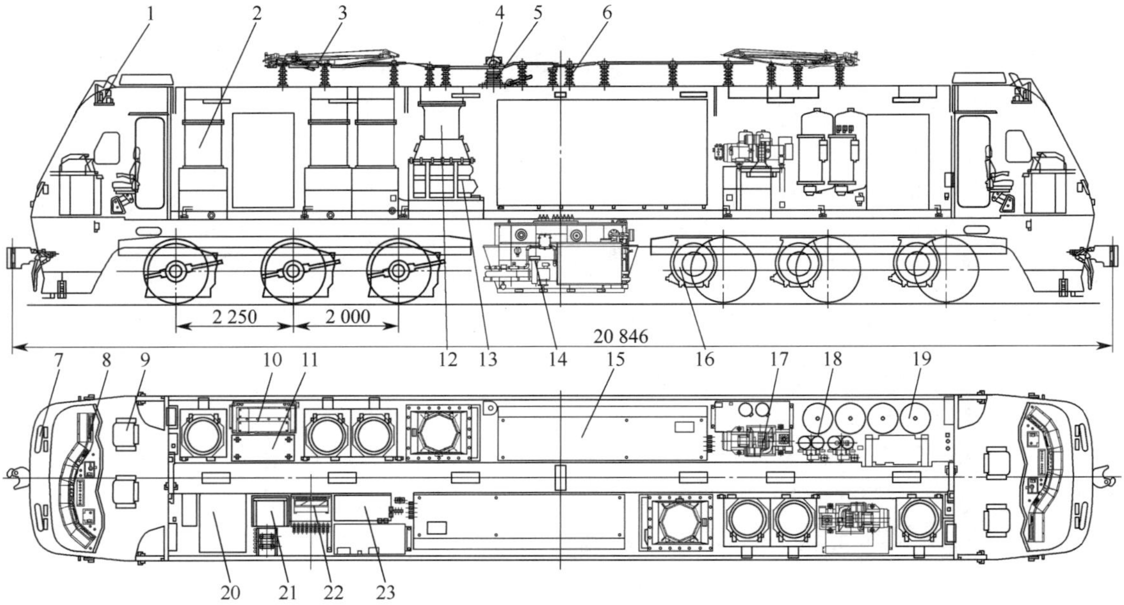

图 1-20-2　HXD₃ 型电力机车主要设备布置图

1—前照灯；2—牵引电机通风机组；3—受电弓；4—主断路器；5—高压电压互感器；6—高压隔离开关；7—标志灯；8—操纵台；9—司机室座椅；10—滤波柜；11—蓄电池充电器；12—复合冷却器通风机组；13—复合冷却器；14—牵引变压器；15—牵引变流器；16—牵引电机；17—空气压缩机；18—空气干燥器；19—总风缸；20—卫生间；21—综合通信柜；22—微机及监控柜；23—控制电器柜

注：本车转向架中心距为车体旁承座中心距 10 520 mm。

司机室内设有操纵台、八灯显示器、司机座椅、端子柜、热水器、紧急放风阀、灭火器等设备。司机室顶部设有空调装置（冷/热）、风扇、头灯、司机室照明等设备。司机室前窗采用电加热玻璃，窗外设有电动雨刮器，窗内设有电动遮阳帘；侧窗外设有机车后视镜。在操纵台上设有 TCMS 显示器、ATP 显示器、压力组合模块、司机控制器、制动控制器、扳键开关组、制动装置显示器、冰箱、暖风机、脚炉和膝炉。

车顶盖由三个顶盖组成，1 顶盖、3 顶盖配置有受电弓，中央顶盖上配置有高压隔离开关、高压电压互感器、真空断路器、避雷器、接地开关等高压电器。

车内机械室设备有牵引电机通风机、更衣箱、卫生间、蓄电池充电装置、蓄电池柜、滤波装置、微机及监控柜（TCMS 和 ATP 柜）、控制电器柜、综合通信柜、空压机、主风缸、辅助风缸、干燥器、制动屏柜、牵引变流装置、复合冷却器及复合冷却器通风机组。

车下设备有悬挂在机车中部的牵引变压器，以牵引变压器为中心对称布置的两台转向架。在转向架上配置有牵引电机等设备。另外还配置了动车插座，辅助、控制电路外接电源插座，行灯插座，机车电子标签，速度传感器和轴温传感器等设备。

HXD_3 型电力机车牵引特性曲线图如图 1-20-3、图 1-20-4 所示，机车再生制动曲线图如图 1-20-5、图 1-20-6 所示。

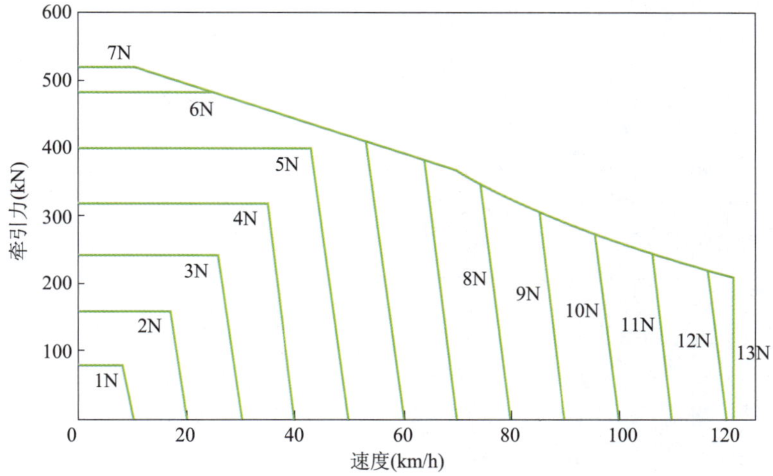

图 1-20-3　HXD3 型电力机车 23 t 轴重牵引特性曲线

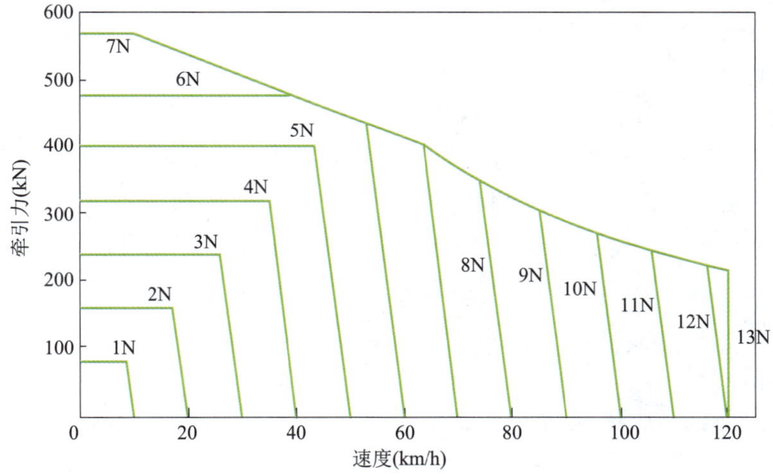

图 1-20-4　HXD3 型电力机车 25 t 轴重牵引特性曲线

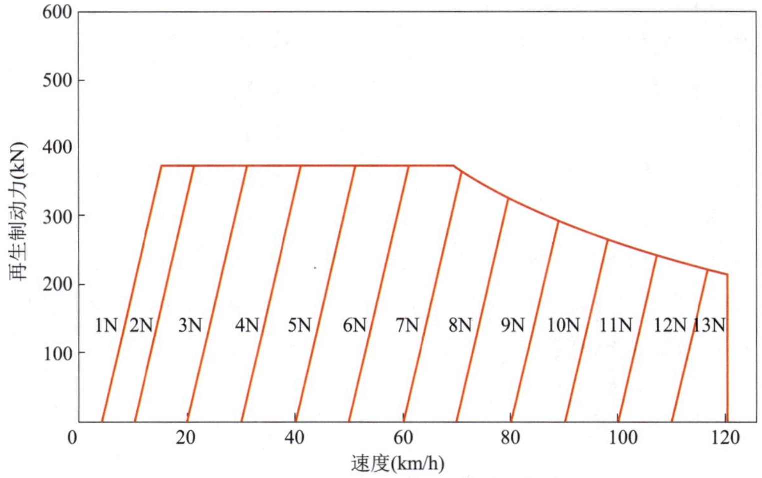

图 1-20-5　HXD3 型电力机车 23 t 轴重再生制动特性曲线

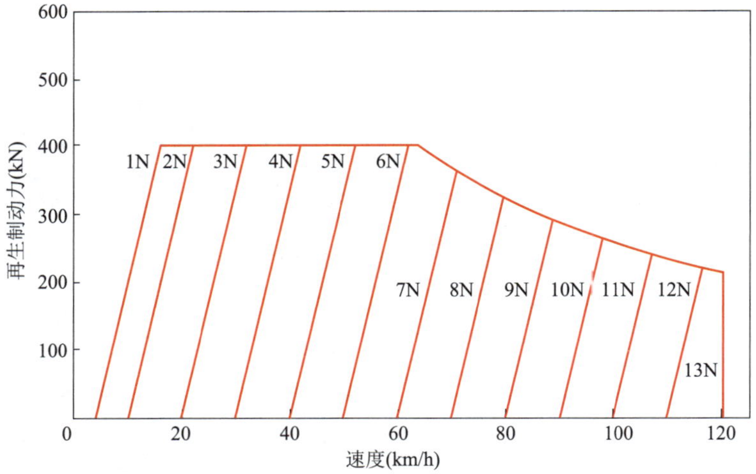

图 1-20-6 HXD3 型电力机车 25 t 轴重再生制动特性曲线

3. 牵引电传动系统

(1)牵引电路

HXD3 型电力机车牵引电传动系统采用交—直—交传动形式。牵引设备主要包括各高压电器、牵引变压器、牵引变流器、牵引电机及相应控制系统。牵引电路由网侧电路、四象限变流电路、中间直流电路、逆变器及牵引电机电路、库内动车电路等部分组成。HXD3 型电力机车的牵引变压器原边通过受电弓、主断路器得电。牵引变压器的六个次边牵引绕组分别向六条相同的交—直—交电路供电,实现牵引电机的单轴独立控制。

牵引电路图如图 1-20-7 所示。

(2)网侧电路

HXD3 型电力机车的网侧电路由两台受电弓(AP1～2)、两台高压隔离开关(QS1～2)、一个高压电流互感器(TA1)、一个高压电压互感器(TV1)、一个主断路器(QF1)、一个高压接地开关(QS10)、一个避雷器(F1)、牵引变压器原边绕组(TM1)、一个低压电流互感器(TA2)和六个回流接地装置(EB1～6)等组成。

机车运行采用单弓受流,接触网电流通过受电弓进入机车,经过高压隔离开关、主断路器、穿过高压电流互感器,经 25 kV 高压电缆与牵引变压器网侧端子流入牵引变压器原边,电流从低压端子流出,通过六个并联的回流接地装置,从轮对回流至钢轨。

机车采用 DSA200 型受电弓。弓上装有自动降弓装置,当弓网故障时,可自动降弓保护。

(3)牵引变压器

HXD3 型电力机车采用 JQFP2-9006/25(DL)型牵引变压器。该变压器采用芯式卧放结构,下悬式安装,原边有一个高压绕组,次边有六个牵引绕组和两个辅助绕组,A 级绝缘,全铝板翅式冷却器,强迫导向油循环风冷方式,采用普通矿物油,氮气密封保护。变压器总重 13 t。牵引变压器与冷却装置分开布置。

(4)牵引变流器

每台机车装有两台变流装置,每台变流装置内含三组牵引变流器和一组辅助变流器。每组牵引变流器主要由真空接触器(K、AK)、四象限变流单元、中间直流电路、PWM 逆变单元和控制单元等部分及由冷却水泵、冷却水箱等组成的水冷却系统构成,为一台牵引电动机提供

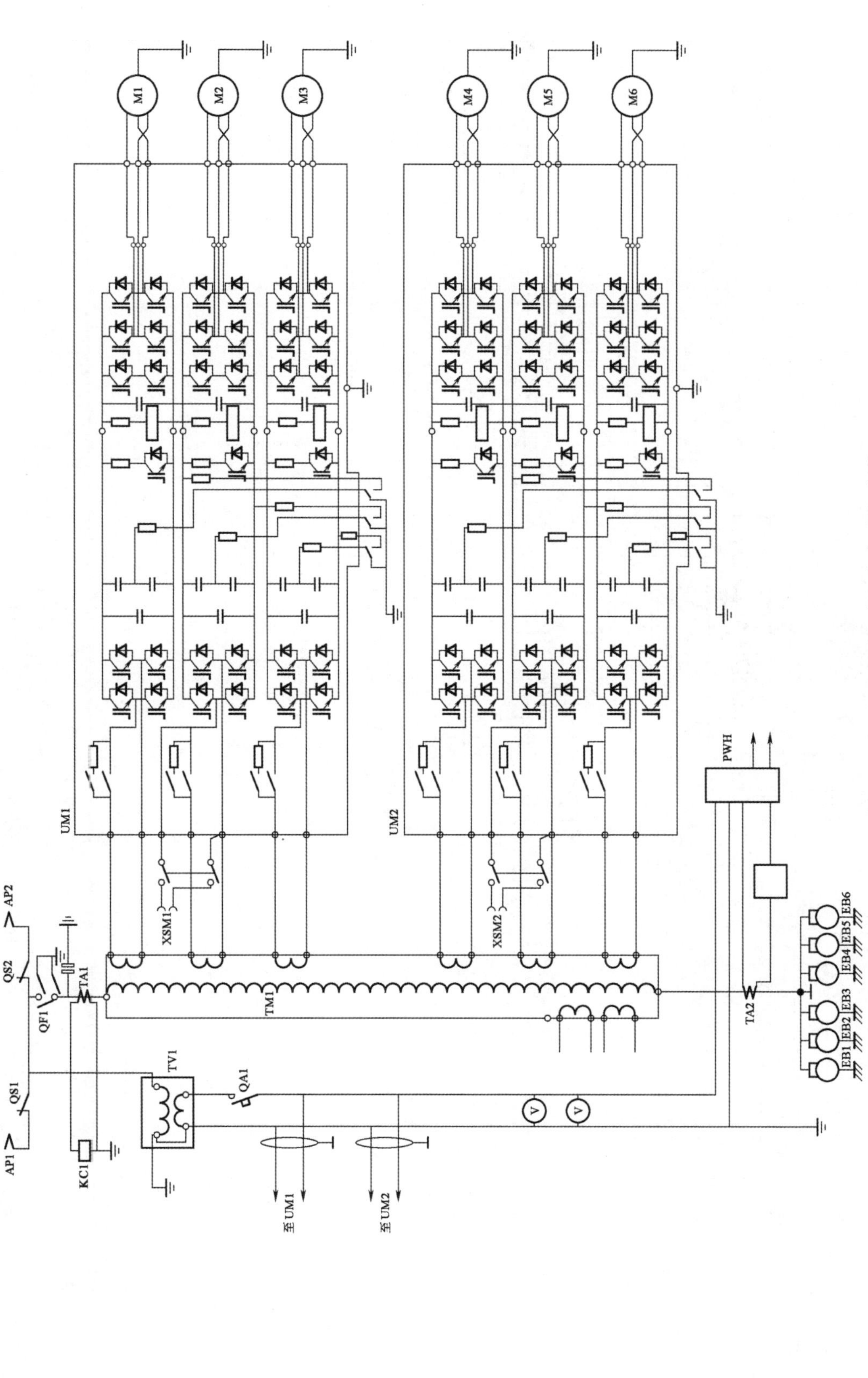

图 1-20-7　HXD$_3$ 型电力机车牵引电路图

AP1、AP2—受电弓 1，2；QS1，2—高压隔离开关；TA1—高压电流互感器；TV1—高压电压互感器；TM1—牵引变压器；TA2—低压电流互感器；M1～6—牵引电机 1～6；EB1～6—接地回流装置；QF1—主断路器；UM1—牵引变流器 1；UM2—牵引变流器 2；PWH—电度表；KC1—过压继电器；QA1—网压断路器；XSM1，2—库用电源插座

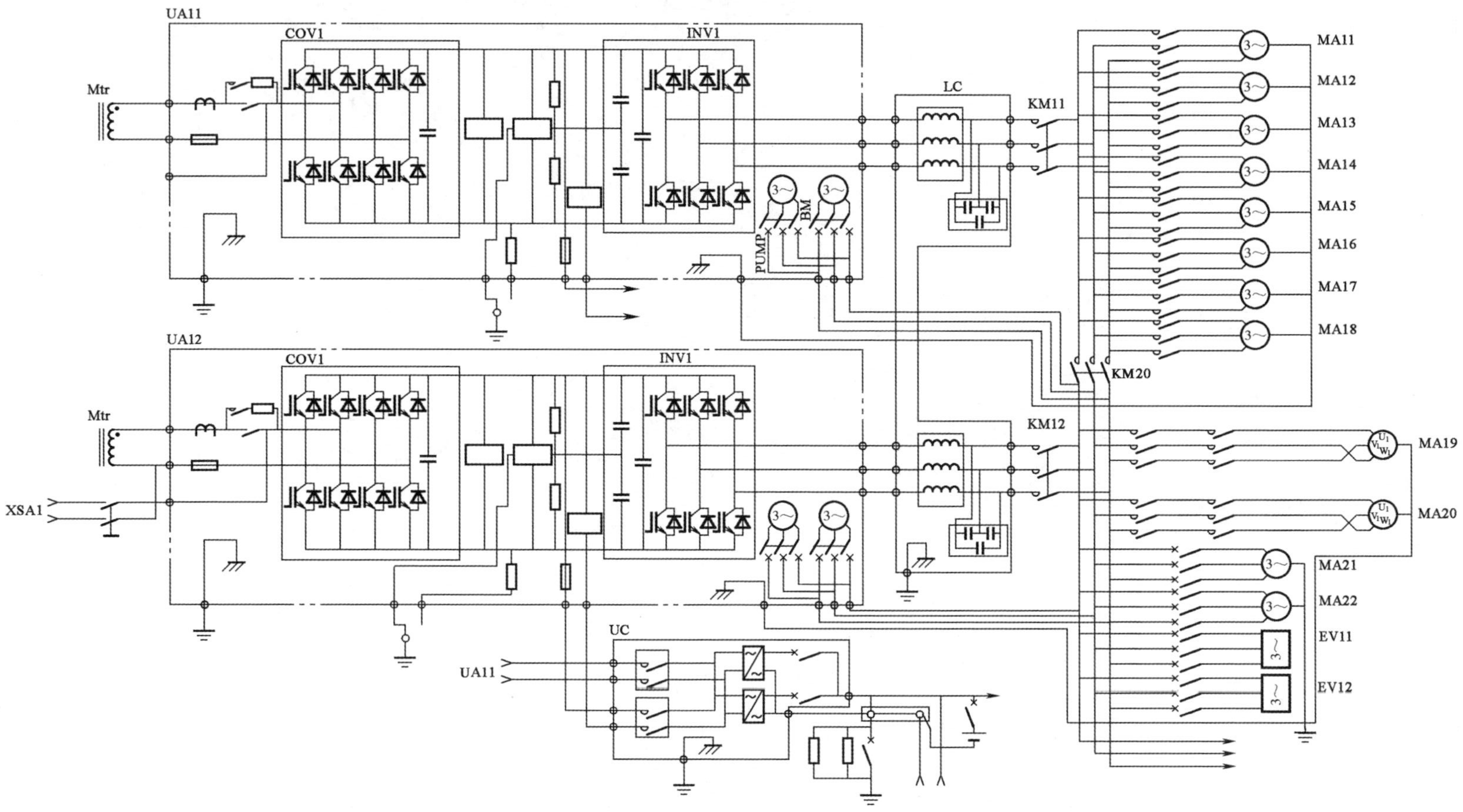

图 1-20-8　HXD3 型电力机车辅助电气系统原理图

UA11、UA12—辅助变流器 1、2；LC—滤波柜；UC—蓄电池充电机；KM11、KM12—辅助接触器；KM20—辅助冗余接触器；COV1—辅助变流器整流模块；INV1—辅助变流器逆变模块；Mtr—牵引变压器辅助绕组；XSA1—DC600 V 库用插座；EV11、EV12—司机室空调；MA11～16—牵引通风机；MA17、18—复合冷却器风机；MA19、20—空气压缩机；MA21、22—油泵；PUWP—变流器水泵；BM—变流器风机

三相交流变压变频(VVVF)电源,实现单轴独立控制。中间直流电路包含有直流支撑电容、接地检测单元和保护模块,取消了二次谐振电路。

(5)牵引电机

机车采用 YJ85A 型三相鼠笼式异步牵引电机。该电机主要由定子、转子、端盖、轴承、测速装置和主动齿轮等部分组成,采用滚动抱轴结构,单端输出;采用强迫外通风,冷却风从非传动端进入,传动端排出;采用三轴承结构,三个轴承均为绝缘轴承;在二端盖处设有注油口,使用中可补充润滑脂。

4. 辅助电气系统

HXD_3 型电力机车的辅助电气系统是由辅助变流器、各辅助机组及辅助加热设备等组成。机车装有两组辅助变流器,一组辅助变流器(UA11)采用 VVVF 控制,为两台复合冷却器通风机和六台牵引电机通风机供电,另一组辅助变流器(UA12)采用 CVCF 控制,为其他负载供电。辅助系统采用冗余设计,当某一组辅助变流器出现故障时,另外一组辅助变流器将采用 CVCF 控制模式为所有辅助负载提供能量。

辅助电气系统原理图如图 1-20-8 所示。

5. 微机网络控制系统

HXD_3 型电力机车微机网络控制系统采用标准化、模块化设计原则,以机车控制监视系统(TCMS)为核心,结合机车行车安全综合信息监控系统和 CCBⅡ空气制动系统,配以机车外围电路来进行设计的。TCMS 包括一个主控制装置和两个显示单元,其中主控制装置采用冗余设计,设有两套控制单元,一套为主控制单元(Master),一套为热备控制单元(从控制单元)(Slave)。当主控制单元(Master)发生故障时,从控制单元(Slave)立即自动投入工作。主控制装置在硬件上主要由电源模块、逻辑运算控制部分、数字量输入输出部分、模拟量信号采集部分、通信部分等组成。主控制单元采用 32 位 CPU,并在配置上采取冗余、双机热备措施,以提高系统的可靠性。

机车微机网络控制系统构成示意图如图 1-20-9 所示。

6. 车　　体

HXD_3 型电力机车车体为整体承载结构。车体采用框架式侧墙承载,其钢结构主要由上部的两端司机室、侧墙、顶棚、隔墙组焊成一个整体的全钢焊接结构,以及下部的底架、端部下骨架、排障器、牵引缓冲装置组成。主要承载构件采用 16Mn 低合金钢。车体垂直载荷由车架和侧壁共同承受,主要承载部件采用箱型结构。

为满足车体强度、刚度、工艺、寿命等性能的要求,承载结构选用的材质有碳素钢 Q235,低合金结构钢 Q345B,高耐侯性结构钢 09CuPCrNi 等。在车体的非承载部分的设计中,一般采用普通碳素结构钢 Q235A 和高耐侯性结构钢 09CuPCrNi 等。减振器安装座等采用铸钢材料。

牵引缓冲装置安装在车体底架两端牵引梁的车钩箱内,车钩为 E 级钢 13 号内燃、电力机车车钩(下作用式)、QKX100 型弹性胶泥缓冲器。

7. 转 向 架

HXD_3 型电力机车前、后两个转向架结构相同,其主要组成包括牵引装置、排石器、基础制动装置、构架、电动机悬挂装置、轮缘润滑装置、轮对、一系悬挂(轴箱)装配、二系悬挂(支承)和砂箱等。均为无心盘、无导框、独立弹性悬挂的三轴转向架。电机采用滚动抱轴式半悬挂。设

二十

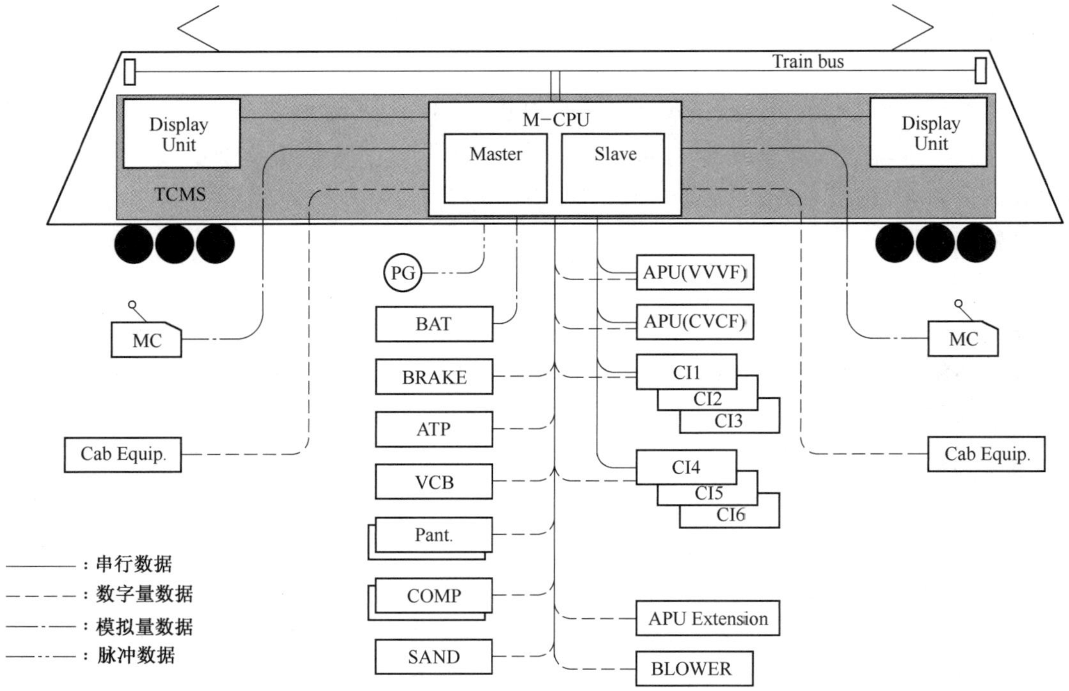

图 1-20-9　HXD3 型电力机车微机网络控制系统构成示意图

Train bus—列车(机车)总线；M-CPU—主控制装置；Serial Data—串行数据；Master—主控制单元；Slave—从控制单元；TCMS—列车(机车)控制及监视系统；MC—主控制器；PG—速度传感器；BAT—蓄电池组；BRAKE—制动系统；ATP—监控系统；VCB—主断路器；Pant—受电弓；COMP—空压机控制器；SAND—撒砂；APU—辅助控制单元；CI—牵引变流器；APU Extension—辅助控制单元扩展；BLOWER—空压机；Display Unit—显示设备；Cab Equip.—司机室设备

计中，通过动力学计算分析和结构参数优化，合理配置转向架的一、二系悬挂参数，使机车达到良好的动力学性能。

8. 制动系统

HXD3 型电力机车空气制动系统主要由风源系统、CCBⅡ制动机、基础制动及辅助系统几部分组成。主风源由两台螺杆式压缩机组提供，每台压缩机排风量大于 2 400 dm^3/min，与其配套两台双塔再生式干燥器。在干燥器的出口处装有精油过滤器和最小压力阀。压缩空气的储存容器为 4 个容积为 400 dm^3 的风缸，在车内立式安装，通过不锈钢软卡带固定。机车设有无油辅助压缩机组及干燥器作为辅助风源。

机车采用 CCBⅡ型微机式电空制动机，其主要部件由两个电子制动阀，两个制动显示屏，一个集成处理器，一个继电器接口模块和一个电空控制单元构成。基础制动采用轮盘制动装置。

9. 技术参数表

HXD3 型电力机车技术参数见表 1-20-1。

表 1-20-1　HXD3 型电力机车技术参数表

项　　目	序号	参数及说明
车　型　名　称		和谐 D_3
车　型　代　号		HXD_3
机　车　车　号		0001～0004(东芝公司) 0005～0940(连车公司) 8001～8150(同车公司)
项　　目	序号	参数及说明
用途	1	干线货运
制造年代	2	2004—2011 年
制造厂名	3	日本东芝公司、中车大连机车车辆有限公司、中车北京二七轨道交通装备有限责任公司、中车大同电力机车有限责任公司
轨距(mm)	4	1 435
车体　车底架长(mm)	5	19 630
车体　车体宽(mm)	6	3 100
车体　高(轨面至受电弓座平面)(mm)	7	4 100
司机室个数	8	2
机车前后车钩中心距(mm)	9	20 846
车钩型号,形式	10	内燃、电力机车车钩
缓冲器型号	11	QKX100
轴式	12	$C_0—C_0$
车钩中心线距轨面高度(mm)	13	880±10
转向架中心距(mm)	14	10 520
全轴距(mm)	15	14 700
动轮直径(新轮)(mm)	16	1 250
动轮直径(轮箍半磨耗)(mm)	17	1 200
落弓后滑板顶面距轨面高度(mm)	18	4 775±30
受电弓滑板距轨面工作高度(mm)	19	5 200～6 500
机车整备质量(t)	20	$138\times(1^{+3\%}_{-1\%})$　$150\times(1^{+1\%}_{-3\%})$
轴重(t)	21	23+2
通过最小曲线半径(m)	22	125
供电电流制	23	AC 25 kV/50 Hz
额定电压(kV)	24	25
最高电压(kV)	25	31.3
最低电压(kV)	26	17.2
电传动方式	27	交—直—交
持续功率(kW)	28	7 200
持续速度(km/h)	29	70(23 t),65(25 t)
持续牵引力(kN)	30	370(23 t),400(25 t)(半磨耗轮)
最高运用速度(km/h)	31	120

续上表

项目			序号	参数及说明
车型名称				和谐D_3
车型代号				HXD_3
机车车号				0001～0004(东芝公司) 0005～0940(连车公司)
				8001～8150(同车公司)
项目			序号	参数及说明
恒功率速度范围(km/h)			32	70～120(23 t),65～120(25 t)
最大启动牵引力(kN)			33	520(23 t),570(25 t)
最大再生制动力(kN)			34	370(23 t),400(25 t)
功率因数			35	≥0.98
等效干扰电流(A)			36	≤2.5
电网电流畸变率(%)			37	/
机车总效率			38	≥0.85
紧急制动距离(m)			39	平直道,初速度120 km/h时: 25 t轴重不大于900 m; 23 t轴重不大于800 m
库内动车电源制式			40	DC 600 V
转向架	构架外形尺寸(mm)		41	6 738×2 710×1 220
转向架	两侧梁横向中心距(mm)		42	2 050
转向架	转向架各轴间距(mm)		43	2 250,2 000
转向架	转向架固定轴距(mm)		44	4 250
转向架	同一轴两轴箱中心距(mm)		45	2 050
转向架	轮对质量(kg)		46	2 498
转向架	一系悬挂装置	一系悬挂静挠度(mm)	47	49.1
转向架	一系悬挂装置	垂向油压减振器型号,数量	48	421300001746,8
转向架	一系悬挂装置	垂向油压减振器阻尼系数(kN·s/m)	49	51
转向架	二系悬挂装置	二系悬挂静挠度(mm)	50	93.2
转向架	二系悬挂装置	垂向油压减振器型号,数量	51	421300000281,4
转向架	二系悬挂装置	垂向油压减振器阻尼系数(kN·s/m)	52	120
转向架	二系悬挂装置	横向油压减振器型号,数量	53	601300000247,4
转向架	二系悬挂装置	横向油压减振器阻尼系数(kN·s/m)	54	96
转向架	二系悬挂装置	抗蛇行减振器型号,数量	55	/
转向架	二系悬挂装置	抗蛇行减振器阻尼系数	56	/
转向架	牵引力传递方式		57	推挽式低位平直单牵引杆
转向架	牵引点高度(mm)		58	205
转向架	牵引电机悬挂方式		59	滚动抱轴承式半悬挂
转向架	齿轮传动比		60	101∶21
转向架	砂箱容量(dm^3)		61	2×65(前),2×75(后)
转向架	转向架质量(t)		62	29.8

续上表

车型名称			和谐 D_3
车型代号			HXD_3
机车车号			0001～0004(东芝公司) 0005～0940(连车公司) 8001～8150(同车公司)
项目		序号	参数及说明
基础制动装置	基础制动方式	63	轮盘式
	每台转向架制动器组数	64	6
	制动缸直径(mm)	65	4×203,8×254
	制动倍率	66	2
	传动效率(%)	67	≥85
	闸片与制动盘的恒定间隙(mm)	68	3±1.0(两侧之和)
	制动缸最大空气压力(kPa)	69	450
	闸片、制动盘形式	70	整体式轮盘式制动
	闸片、制动盘材质	71	有机合成闸片,铸铁轮盘
	每个夹钳上的闸片(或轮盘)压力(kN)	72	44.42
	停放制动器 停放制动方式	73	弹簧停放制动缸
	停放制动器 制动器数量	74	4
	停放制动器 闸片压力(kN)	75	52.25
	停放制动器 停放制动器质量(kg)	76	111.0
	制动单元质量(kg)	77	81.0
受电弓	型号	78	DSA200
	额定工作电压(kV)	79	25
	额定工作电流(A)	80	1 000
	运行最高速度(km/h)	81	200
	工作高度(mm)	82	969～3 081
	最大升弓高度(mm)	83	3 081(含 400 mm 绝缘子)
	落弓位高度(mm)	84	669(含 400 mm 绝缘子)
	升弓时间(s)	85	≤5.4
	降弓时间(s)	86	≤4
	传动风缸工作空气压力(kPa)	87	360～380
	总质量(kg)	88	约 130(绝缘子除外)
主断路器	型号	89	BVAC. N99/22CBDL
	额定电压(kV)	90	30
	额定电流(A)	91	1 000
	额定分断电流(kA)	92	20
	额定分断容量(MV·A)	93	600
	固有分闸时间(ms)	94	25～60/20～40
	额定工作气压(kPa)	95	450～1 000
	质量(kg)	96	135/115

二十

续上表

车型名称				和谐 D_3
车型代号				HXD_3
机车车号				0001～0004(东芝公司) 0005～0940(连车公司) 8001～8150(同车公司)
项目			序号	参数及说明
牵引变压器	型号,结构形式		97	FPWR1/JQFP2-9006/25(DL)
	各绕组额定容量(kV·A)	网侧高压绕组	98	9 006
		牵引绕组	99	8 400
		辅助绕组	100	606
		供电绕组	101	—
	各绕组额定电压(V)	网侧高压绕组	102	25 000
		牵引绕组	103	6×1 450
		辅助绕组	104	2×399
		供电绕组	105	—
	各绕组额定电流(A)	网侧高压绕组	106	360
		牵引绕组	107	966
		辅助绕组	108	759
		供电绕组	109	—
	短路阻抗		110	牵引 49%,辅助 17%
	绝缘等级		111	A 级
	冷却方式		112	强迫油循环风冷
	冷却油牌号		113	Diala S3 ZX-I
	冷却油流量(m^3/h)		114	2×48
	油泵型号		115	B2,148G,100
	效率(%)		116	97
	总质量(t)		117	13
谐振电抗器	每节机车台数		118	—
	额定电流(A)		119	—
	额定电压(V)		120	—
	电感值(mH)		121	—
牵引变流器	型号		122	/
	电路结构形式		123	电压型,两电平
	额定功率(kW)		124	每台 1 400
	额定输入电压		125	AC 1 450 V/50 Hz
	额定输入电流(A)		126	AC966
	中间电路电压(V)		127	DC 2 800
	二次谐振电容值(mF)		128	—
	支撑电容值(μF)		129	6 600
	额定输出电压(V)		130	3AC 2 150
	额定输出电流(A)		131	390

续上表

车型名称				和谐 D_3
车型代号				HXD_3
机车车号				0001～0004(东芝公司) 0005～0940(连车公司) 8001～8150(同车公司)
项目			序号	参数及说明
牵引变流器	四象限变流器开关频率(Hz)		132	450
牵引变流器	牵引逆变器最大开关频率(Hz)		133	450
牵引变流器	牵引逆变器输出频率范围(Hz)		134	0～91
牵引变流器	冷却方式		135	强制循环水冷
牵引变流器	效率(%)		136	≥98
牵引变流器	质量(kg)		137	3 650
牵引变流器	外形尺寸(长×宽×高,mm)		138	4 000×1 035×2 050
牵引变流器	每台机车牵引变流器台数		139	2
牵引变流器	四象限变流器功率模块	型号	140	/
牵引变流器	四象限变流器功率模块	电路形式	141	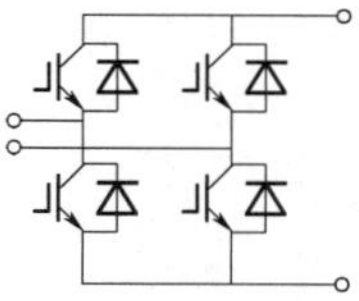
牵引变流器	四象限变流器功率模块	四象限变流器构成形式	142	每个四象限变流器由一个功率模块构成
牵引变流器	四象限变流器功率模块	电压(V)	143	4 500
牵引变流器	四象限变流器功率模块	电流(A)	144	900
牵引变流器	四象限变流器功率模块	开关频率(Hz)	145	450
牵引变流器	四象限变流器功率模块	功率元件型号	146	STC272-A0
牵引变流器	四象限变流器功率模块	功率元件参数	147	IGBT(4 500 V/900 A)
牵引变流器	四象限变流器功率模块	功率元件个数	148	4
牵引变流器	四象限变流器功率模块	冷却方式	149	强制循环水冷
牵引变流器	四象限变流器功率模块	质量(kg)	150	30
牵引变流器	四象限变流器功率模块	尺寸(长×宽×高,mm)	151	339.2×591.5×540
牵引变流器	牵引逆变器功率模块	型号	152	/
牵引变流器	牵引逆变器功率模块	电路形式	153	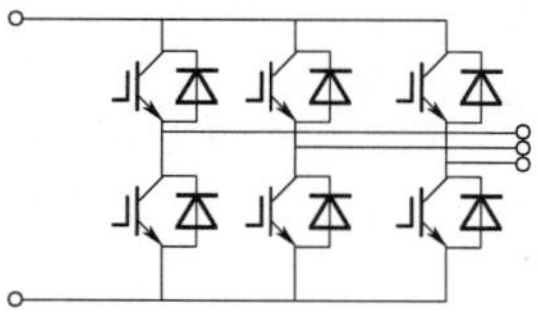
牵引变流器	牵引逆变器功率模块	牵引逆变器构成形式	154	每个牵引逆变器由一个功率模块构成
牵引变流器	牵引逆变器功率模块	电压(V)	155	3AC 2 150(线电压)
牵引变流器	牵引逆变器功率模块	电流(A)	156	520
牵引变流器	牵引逆变器功率模块	开关频率(Hz)	157	450
牵引变流器	牵引逆变器功率模块	功率元件型号	158	STC273-A0
牵引变流器	牵引逆变器功率模块	功率元件参数	159	IGBT(4 500 V/900 A)
牵引变流器	牵引逆变器功率模块	功率元件个数	160	6

续上表

车型名称				和谐 D_3
车型代号				HXD_3
机车车号				0001～0004(东芝公司) 0005～0940(连车公司) 8001～8150(同车公司)
项目			序号	参数及说明
牵引变流器	牵引逆变器功率模块	冷却方式	161	强制循环水冷
		质量(kg)	162	19
		尺寸(长×宽×高,mm)	163	339.2 × 591.5 × 540
	冷却系统	水泵型号	164	F41-217C4-0405S1-BV
		流量(m^3/h)	165	13.5
		驱动电机功率(kW)	166	3.7
	控制策略	四象限变流器	167	PWM 脉冲宽度调制
		牵引逆变器	168	PWM 脉冲宽度调制＋矢量控制
		瞬时电压限制器	169	/
交流异步牵引电动机	型号		170	YJ85A
	额定功率(持续制)(kW)		171	1 250
	额定电压(持续制)(V)		172	2 150
	额定电流(持续制)(A)		173	390
	最大启动电流(A)		174	536
	功率因数		175	0.9
	额定转速(持续制)(r/min)		176	1 365
	最高转速(r/min)		177	2 662
	额定频率(Hz)		178	46
	额定转差率		179	0.013
	额定转矩(N·m)		180	8 806
	最大转矩(N·m)		181	11 852
	额定效率(%)		182	95
	绝缘等级		183	200 级
	极数		184	4
	质量(kg)		185	2 600
	通风量(m^3/s)		186	1.53
牵引通风机组	型号		187	/
	台数		188	6
	最大转速(r/min)		189	2 930
	每台风机的风量(m^3/min)		190	132
	风压(Pa)		191	2 800
	额定功率(kW)		192	18.5
	质量(kg)		193	298

续上表

车型名称				和谐 D_3
车型代号				HXD_3
机车车号				0001～0004(东芝公司) 0005～0940(连车公司)
				8001～8150(同车公司)
项目			序号	参数及说明
复合冷却器	冷却方式		194	强迫通风
	水散热量(kW)		195	100
	油散热量(kW)		196	120
	通风量(m^3/min)		197	强迫通风 390
	水流量(m^3/h)		198	16
	油流量(m^3/h)		199	45
	质量(kg)		200	236
辅助变流器	CVCF逆变器	型号	201	/
		每台机车装用台数	202	1
		额定输入电压(V)	203	AC 399
		额定输入电流(A)	204	576
		额定输出电压(V)	205	AC 380
		额定输出电流(A)	206	605
		容量(kV·A)	207	230
		频率(Hz)	208	50
		功率元件参数	209	IGBT(1 700 V/1 200 A)
		冷却方式	210	强制风冷方式
		质量(kg)	211	45
	VVVF逆变器	型号	212	/
		每台机车装用台数	213	1
		额定输入电压(V)	214	AC 399
		额定输入电流(A)	215	576
		额定输出电压(V)	216	AC 2～380
		额定输出电流(A)	217	0～605
		容量(kV·A)	218	230
		频率(Hz)	219	0.2～50
		功率元件参数	220	IGBT(1 700 V/1 200 A)
		冷却方式	221	强制风冷方式
		质量(kg)	222	48
蓄电池充电器	型号		223	BC06-I
	输入电压(V)		224	DC 750
	输出电压(V)		225	负载电路 110,充电电路 109
	输出电流(A)		226	55
	输出容量(kV·A)		227	5
	质量(kg)		228	288

续上表

车型名称				和谐D_3
车型代号				HXD_3
机车车号				0001～0004(东芝公司) 0005～0940(连车公司)
				8001～8150(同车公司)
项目			序号	参数及说明
微机网络控制系统	列车网标准		229	HDLC
	车辆网标准		230	以太网
	列车网传输速率(kb/s)		231	100
	车辆网传输速率(Mb/s)		232	10
	机车控制功能	牵引特性控制	233	准恒速
		再生制动特性控制	234	恒转矩
		其他控制功能	235	顺序控制、自诊断功能、网络重联
	保护功能	网压保护限值(kV)	236	31.5,35
		网流保护限值(A)	237	800
		中间电压限值(V)	238	3 150、3 500
		防空转、滑行策略	239	矢量加速度控制
		最高速度限值(km/h)	240	132
风源系统	主空气压缩机组	型号	241	SL22
		压缩空气出口压力(kPa)	242	1 000
		压缩空气出口温度(℃)	243	环境温度+15
		排气量(m^3/min)	244	2.4
		冷却方式	245	风冷
		润滑油牌号	246	ANDROL3057
		润滑油储量(dm^3)	247	4
		润滑油压力(kPa)	248	/
		电机型号	249	/
		电机转速(r/min)	250	/
		额定功率(kW)	251	25
		额定电压(V)	252	380
		额定电流(A)	253	/
		机组质量(kg)	254	395
	辅空气压缩机组	型号	255	V10-T
		额定排气量(m^3/min)	256	0.07
		额定排气压力(kPa)	257	800
		电动机型号	258	\
		额定工作电压(V)	259	110
		额定工作电流(A)	260	\
		额定功率(kW)	261	0.79
		额定转速(r/min)	262	1 250

续上表

车型名称				和谐D_3
车型代号				HXD_3
机车车号				0001～0004(东芝公司) 0005～0940(连车公司) 8001～8150(同车公司)
项目			序号	参数及说明
风源系统	空气干燥器	型号	263	JKG1C
		形式	264	吸附式
		处理空气量(m^3/min)	265	3
		工作压力(kPa)	266	1 000
		整机质量(kg)	267	145
	风源系统部件	压力控制器(调压器)型号	268	/
		压力控制范围(kPa)	269	680～900,750～900
		总风缸空气压力范围(kPa)	270	0～900
		总风缸总容量 (dm^3)	271	1 600(400×4)
	调压阀调压范围(kPa)		272	/
制动机	型号		273	CCBⅡ
	自动制动阀		274	/
	单独制动阀		275	/
	分配阀型号,数量		276	/
	中继阀(双阀口式)		277	/
	紧急阀		278	/
	电动放风阀		279	/
	紧急电空阀(110 V)		280	/
	电空转换阀		281	/
蓄电池组	型号		282	DM170
	容量(A·h)		283	170
	装用数量(只)		284	48
	总标称电压(V)		285	96(2×48)

注:"—"表示无此设备;"/"表示数据空缺。

二十一、HXD_{3B}型电力机车技术简介

1. 概　　述

HXD_{3B}型电力机车是单轴功率为 1 600 kW、六轴、大功率交流传动干线货运电力机车。是为适应铁路运输快速发展，满足铁路货物重载快运战略需求，并提升企业自主研发和再创新能力，由连车公司自主设计制造，庞巴迪公司提供技术支持，开发研制的机车产品。该型机车采用了国内外重载货运电力机车先进、成熟、可靠的技术。持续功率 9 600 kW，轴重 25 t，最高运行速度 120 km/h，启动牵引力 570 kN，最大再生制动力 480 kN，具有单机功率大、牵引再生制动性能优越、节能、环保、自动化程度高、安全可靠、维护量少等特点。

HXD_{3B}型电力机车是我国铁路干线主型货运电力机车，该型机车采用大功率水冷 IGBT 牵引变流器、单轴控制技术、大功率异步交流牵引电动机、框架式承载车体，充分考虑了我国铁路线路运用的自然环境条件，提高了机车的防寒性能。

首台机车于 2009 年 7 月交付使用，全部 500 台机车(车号为 0001～0499 及 1893)于 2011 年底交付运用，其中，HXD_{3B}1893 号机车于 2010 年 12 月 26 日被命名为“毛泽东号”机车(注：“毛泽东号”机车由原 DF_{4D}型内燃机车换型为 HXD_{3B}型电力机车)。目前，分别配属沈阳和北京铁路局所属机务段，承担京九(北京—九龙)、京哈(北京—哈尔滨)、沈大(沈阳—大连)、石德(石家庄—德州)等铁路干线 5 000～5 500 t 重载货物列车牵引运输任务。

HXD_{3B}型电力机车外形如图 1-21-1 所示。

图 1-21-1　HXD_{3B}型电力机车外形图

2. 机车总体

HXD_{3B}型电力机车设备采用模块化结构，机车两端各设有一个司机室，两个司机室的中间为机械室。机械室内设备沿车内中间走廊两侧平行布置，采用导轨安装方式固定，中间走廊宽度为 600 mm。车内设备布置以平面斜对称布置为主。

除受电弓及支持绝缘子、避雷器以外，机车其他高压电器全部集中布置在车内高压柜内。

机车装用三组由大功率水冷 IGBT 元件组成的牵引变流器，采用单轴控制技术。在每组牵引变流器内集成一台由中间直流电路供电的辅助逆变器。

机车采用分布式微机网络控制系统。

机车装用两台三轴低位牵引转向架，车体中部悬挂 JQFP 11600/25 型一体化多绕组牵引变压器，内部集成三台谐振电抗器，冷却方式为强迫导向油循环风冷。

机车采用微机控制的 CCBⅡ空气制动系统。

机车设备布置如图 1-21-2 所示。

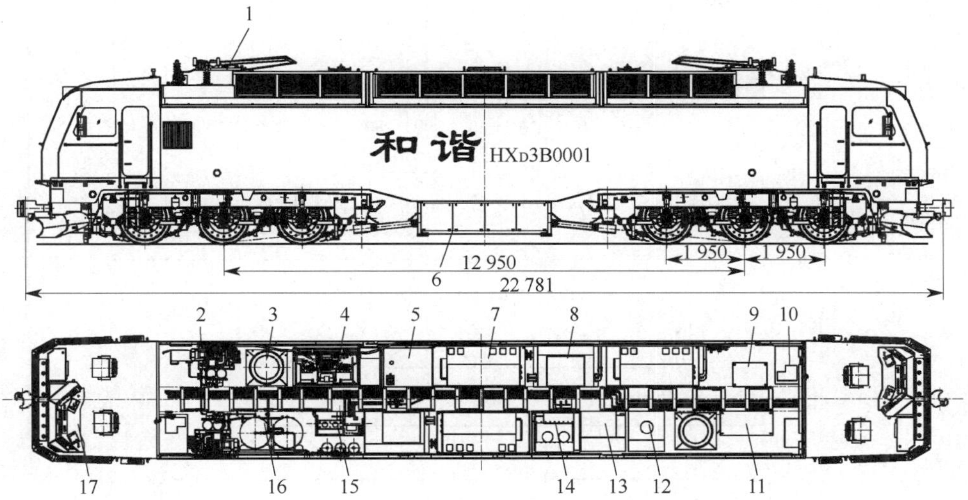

图 1-21-2　HXD3B 型电力机车设备布置图

1—受电弓；2—空压机组；3—牵引电机通风机；4—高压电器柜；5—低压电源柜；6—牵引变压器；7—牵引变流器；8—冷却塔；9—TCMS 柜；10—空调机组；11—行车安全柜；12—卫生间；13—控制电器柜；14—辅助滤波柜；15—制动柜；16—总风缸；17—操纵台

HXD3B 型电力机车采用独立通风冷却技术。通风冷却系统主要由四部分组成，第一部分为牵引电动机通风冷却；第二部分为冷却塔通风冷却；第三部分为辅助设备通风冷却；第四部分为机械间通风。各部分通风的进风口均和车体顶盖进气间相连接。在车体顶层斜面对称布置了 22 个离心沉降过滤器，其后装有过滤网和钢板网。

机车采用恒力矩、准恒速特性控制；牵引控制司机控制器手柄为 13 级，级间能平滑调节；牵引特性曲线如图 1-21-3 所示。

机车再生制动采用每级恒制动力特性控制；制动控制司机控制器手柄为 12 级，级间能平滑调节；每级制动力变化设定为 $\Delta F=40\text{kN}$；制动特性曲线如图 1-21-4 所示。

3. 牵引电传动系统

(1)牵引电路

HXD3B 型电力机车通过网侧电路的受电弓、主断路器等使牵引变压器原边得电。牵引变压器次边六个独立的牵引绕组分别向六个网侧四象限变流器供电，每两个四象限变流器输出并联后共用一个中间直流电路，每个中间直流电路同时向两个电机侧牵引逆变器和一个辅助逆变器供电，每一牵引逆变器对应一台牵引电机，实现了机车的单轴控制。再生制动过程电能的流向相反。三个辅助变流器经过降压、隔离、滤波后，形成三组独立的辅助电源，分别向机车的辅助系统供电。

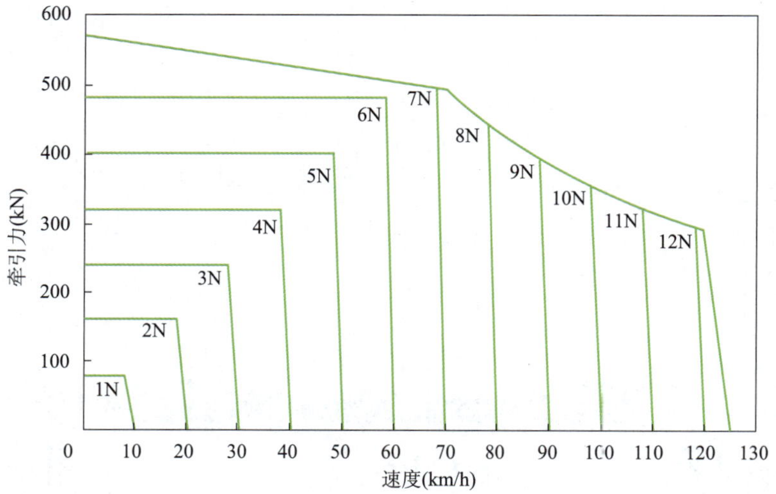

图 1-21-3　HXD3B 型电力机车牵引特性曲线

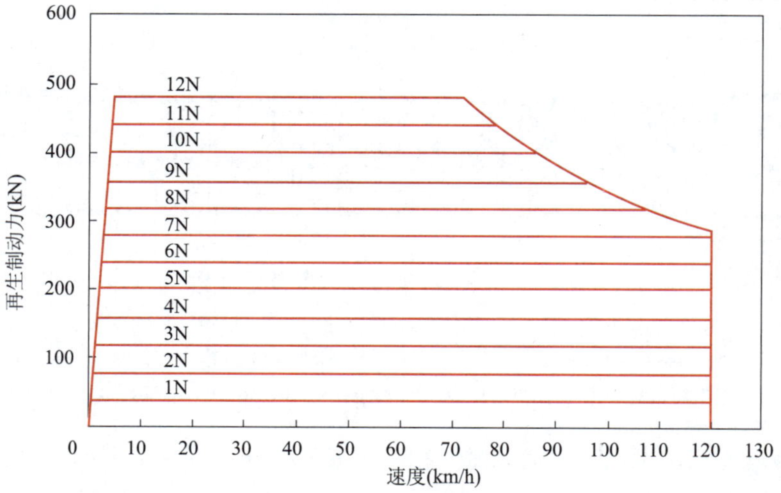

图 1-21-4　HXD3B 型电力机车再生制动特性曲线

机车牵引电路按其主要功能和电压等级可分为网侧电路、四象限变流电路、中间直流电路、牵引逆变电路、库内动车电路和控制保护电路等几部分，具体牵引电路结构如图 1-21-5 所示。

(2)网侧电路

网侧电路由受电弓、高压隔离开关、电流传感器、带三组独立次边绕组的高压电压互感器、主断路器、高压接地开关、避雷器、模拟监测保护装置、智能型电度表、牵引变压器原边绕组及回流接地装置等组成。

接触网电流通过受电弓进入机车，经 25 kV 高压电缆进入车内并经高压柜内的高压隔离开关和主断路器相连，并依次穿过电流传感器与牵引变压器的原边绕组 A 端子相连，经过牵引变压器原边，从 X 端子流出，再通过六个并联的回流接地装置，从轮对回流至钢轨。

两台受电弓和两台车顶避雷器位于车顶上部，六个回流装置装于车轴轴头，其余的网侧高压电器均装于车内高压柜。

(3)牵引变压器

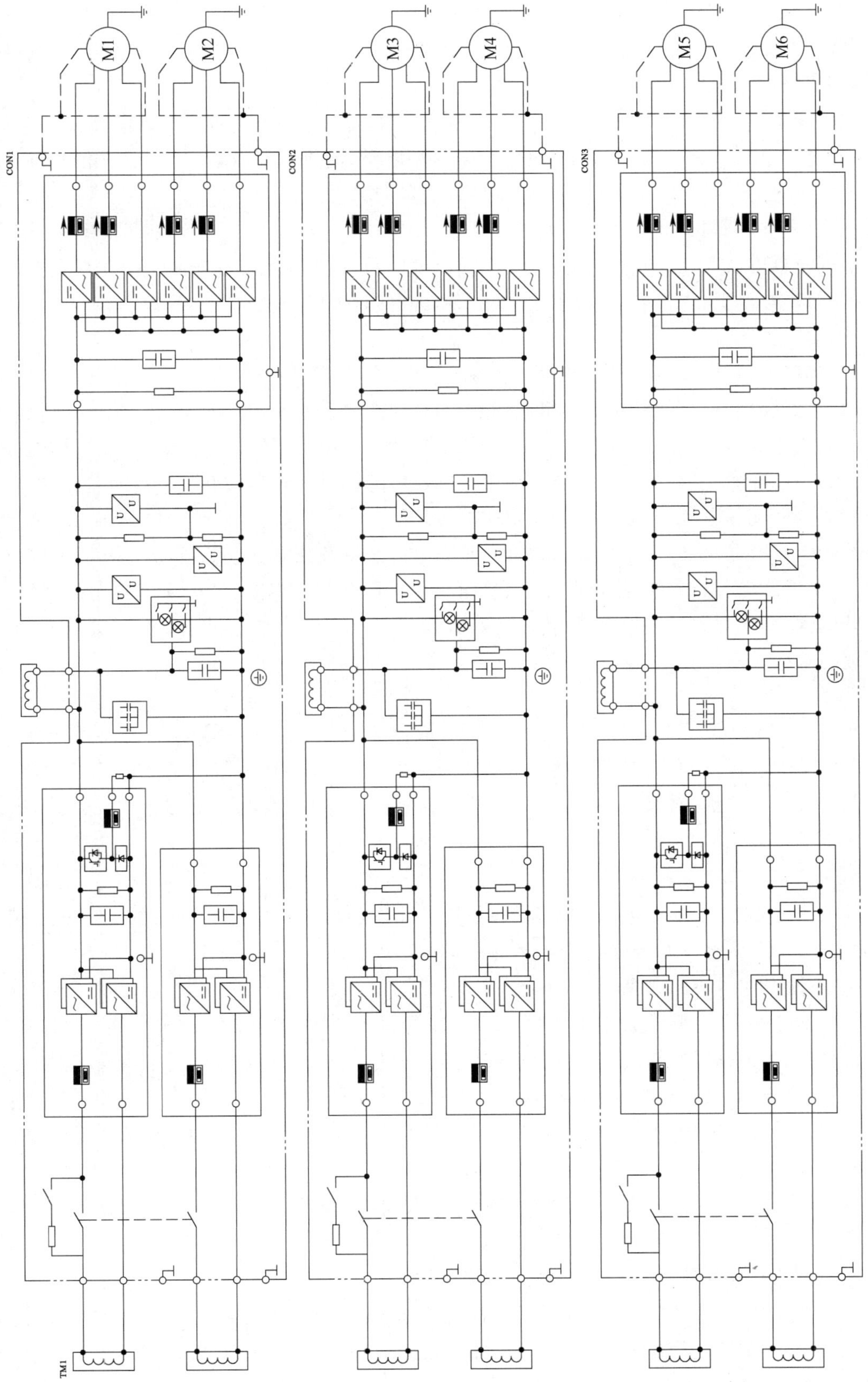

图 1-21-5　HXD3B 型电力机车牵引电路结构图

CON1、CON2、CON3—牵引变流器 1、2、3；M1～6—牵引电机 1～6；TM1—牵引变压器

机车采用的JQFP11600/25型牵引变压器是下悬式安装的一体化多绕组(全退耦)单相变压器,内装一台牵引变压器芯体和三台谐振电抗器。牵引变压器采用芯式卧放结构,A级绝缘,采用层式绕组结构。

牵引变压器有一个原边高压绕组和六个次边牵引绕组,将25 kV的网压转变成1 500 V送至三个变流柜中的六组网侧变流器,再经中间直流电路、电机侧变流器,向六台三相交流异步牵引电机供电,同时,由中间直流回路经辅助逆变器向辅机供电。

牵引变压器采用强迫导向油循环风冷。

牵引变压器安装有三个温度传感器、两个油流继电器、一个压力释放阀和一个瓦斯继电器(安装在2号冷却塔上)等设备,具有温度、油流、压力、气体等保护功能。

(4)牵引变流器

机车装有三台牵引变流器,每台牵引变流器由两个网侧变流器、一个中间直流电路、两个电机侧牵引逆变器和一个辅助逆变器组成,其中两个牵引逆变器分别生成两组三相变压变频电源来驱动机车的两个异步牵引电动机,一个辅助逆变器从中间直流电路取电,生成三相交流电经后续的辅助隔离变压器、滤波环节等向机车辅助系统供电。全车共有三个辅助逆变器,其中两个生成变压变频电源,一个生成定压定频电源。

机车牵引变流器主要包括输入主接触器、预充电接触器及预充电电阻、网侧变流器功率模块、中间直流电路电容、二次滤波电路电容、过电压斩波器及制动电阻、牵引逆变器功率模块、门极驱动电源、接地开关及接地电阻、辅助逆变器模块、变流器控制装置及由冷却水泵、冷却水箱等组成的水冷却系统。

(5)牵引电机

机车牵引电机是一个四极三相鼠笼式单轴承异步电动机,电机的结构主要由定子、转子、端盖、轴承和测速装置等部分组成。定子的主要零部件有定子铁芯、定子绕组等。转子由转子铁芯、导条、端环和转轴等组成。电机采用半悬挂、单级斜齿轮传动方式和强迫风冷方式。

4. 辅助电气系统

HXD_{3B}型电力机车辅助电气系统采用由IGBT元件(4.5 kV/600 A)组成的集成式三相PWM辅助逆变器,其输入取自牵引变流器的中间直流回路,与牵引变流器共用冷却系统的机械结构,电路简图如图1-21-6所示。

三个变流柜内的三组辅助逆变器可以独立提供两组PWM控制的变压变频(VVVF)三相电源和一组PWM控制的定压定频(CVCF)三相电源。每组电源由三相辅助逆变器、辅助滤波变压器、滤波电容、接触器、自动开关等构成,输出范围从115 V/15 Hz到460 V/60 Hz。当一组电源故障时,其他两组电源仍可保证机车辅助系统的正常工作,实现冗余控制。

三组辅助隔离变压器、滤波电容、接地检测保护装置、电源接触器、故障切换接触器、预充电接触器、预充电电阻等位于辅助滤波柜中。

5. 微机网络控制系统

HXD_{3B}型电力机车微机网络控制系统采用庞巴迪MITRAC系列产品,基于TCN网络标准结构形式,通过MVB车辆总线连接车上各相关设备,重联机车之间采用WTB列车总线连接,机车的网络控制系统由列车控制级、机车控制级和传动控制级组成,此外还包括CCBⅡ制

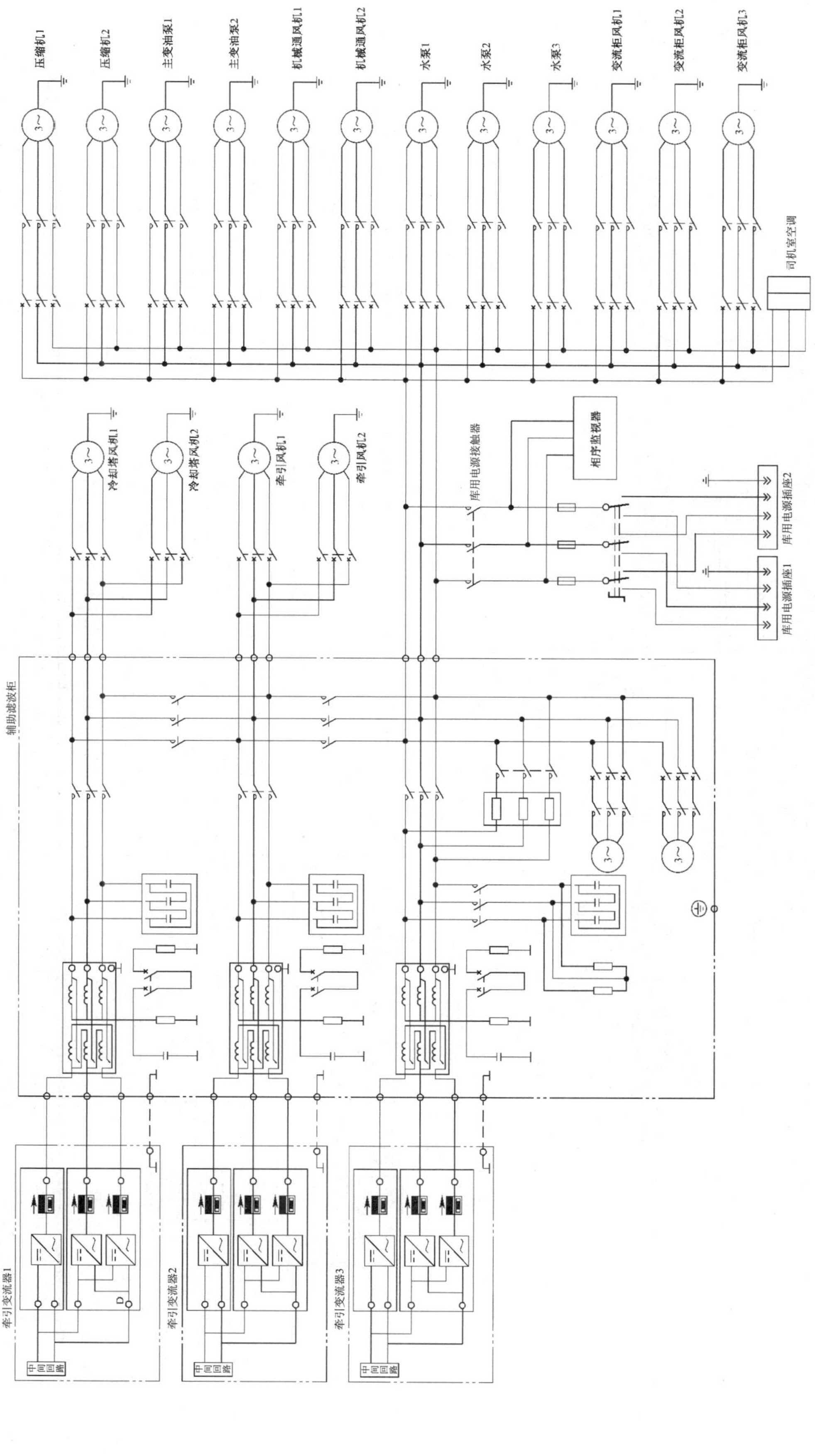

图 1-21-6 HXD3B 型电力机车辅助电气系统原理图

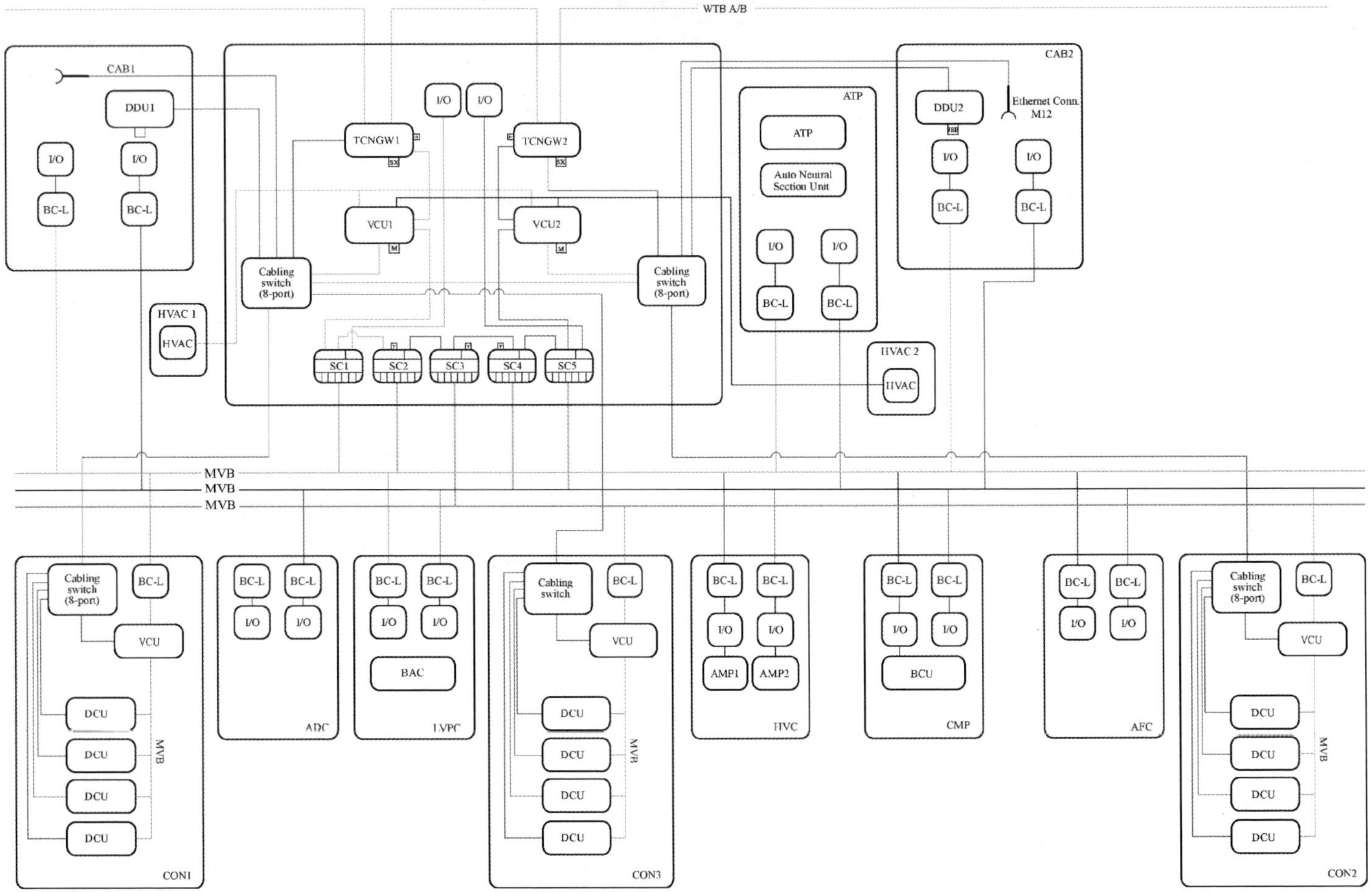

图 1-21-7　HXD3B 型电力机车微机网络控制系统

AFC—辅助滤波柜；CMP—空气管路柜；HVC—高压柜；LVPC—低压电源柜；ADC—辅助配电柜；CON1—牵引变流柜 1；CON2—牵引变流柜 2；CON3—牵引变流柜 3；HVAC1—空调 1；HVAC2—空调 2；ATP—行车安全柜；CAB1—Ⅰ端司机室；CAB2—Ⅱ端司机室；DDU1—司机显示单元 1；DDU2—司机显示单元 2；BCU—制动控制单元；DCU—驱动控制单元；VCU—机车控制单元；MVB—多功能车辆总线；WTB—绞线式列车总线；TCNGW1—网关 1；TCNGW2—网关 2；BC-L—光纤适配器；Cabling Switch(8-port)—以太网交换机(8 端口)；Auto Neutral Section Unit—自动过分相装置；Ethemt Conn M12—以太网与 M12(RJ45)连接线；SC1～SC5—星形适配器 1～5；BAC—蓄电池控制；AMP1—模拟监测保护装置 1；AMP2—模拟监测保护装置 2

动系统的控制系统及行车安全装置的控制系统。

列车及机车级功能的处理由机车控制单元 VCU 实现；驱动控制级功能由驱动控制单元 DCU 实现；外围设备信号输入及输出由分散的 I/O 模块完成；CCBⅡ制动系统由 IPM 集成处理模块完成；行车安全装置由其自带的微机网络系统完成。预留 Locotrol 系统接口。

HXD_{3B} 型电力机车微机网络控制系统如图 1-21-7 所示。

6. 车　　体

HXD_{3B} 型电力机车车体为双司机室内走廊框架承载结构，车体上部分成三部分，两端为司机室，中间为机械间，机械间与司机室之间具有可拆卸的司机室后墙。车体顶盖由三个独立的顶盖组成。

车体采用整体承载的框架式焊接结构。车体由底架、侧墙、顶盖、两端司机室、司机室隔墙等组成一个整体。车体底架主梁采用三纵六横结构，三纵包括左、右侧梁和中梁，六横包括前后端梁、前后旁承梁、前后牵引梁。

机车顶盖包括三个独立的活动顶盖和两个活动梁。活动顶盖可以拆卸以便装卸机械间设备。顶盖互相隔离形成独立的风腔，供内部设备通风冷却用。活动梁用于相邻顶盖的连接和密封。

Ⅰ、Ⅲ顶盖安装受电弓等高压设备，Ⅱ顶盖设置人孔盖，以方便检修人员登车。

车钩采用内燃、电力机车 E 级钢车钩，缓冲器为 QKX100 弹性胶泥缓冲器。

7. 转 向 架

HXD_{3B} 型电力机车转向架为三轴转向架，主要由构架、一系悬挂装置、轮对装配、二系悬挂装置、基础制动装置、驱动装置、电动机悬挂装置、牵引装置、附件、车梯、轮缘润滑装置、配管及进风道等组成。

构架采用箱型梁焊接结构，基础制动采用轮盘制动，采用进口整体辗钢车轮。牵引装置采用低位倾斜单牵引杆。驱动装置采用单级斜齿轮传动，整体承载式齿轮箱，牵引电机采用滚动抱轴悬挂方式。一系悬挂采用螺旋弹簧加单轴箱拉杆结构，配垂向减振器。二系悬挂装置采用高圆钢弹簧结构，配合横向减振器、垂向减振器、横向止挡、垂向止挡、摇头止挡、点头止挡等。

8. 制动系统

HXD_{3B} 型电力机车采用 CCBⅡ微机控制制动系统，CCBⅡ型空气制动机由电子制动阀、扩展集成处理模块、继电器接口模块、电空控制单元四个主要部件组成。

机车风源系统由螺杆式主空压机、空气干燥器、压力控制器、总风缸、止回阀、安全阀和主空气管路等组成。

基础制动采用轮盘制动，每个车轮安装一套独立的制动单元，采用三点吊挂式制动单元，无踏面清扫装置，采用合成闸片。每个转向架有两个带弹簧停车制动的制动单元，分别布置在每个转向架的一轴和三轴右侧，以满足在 30‰坡道停车的要求。

9. 技术参数表

HXD_{3B} 型电力机车技术参数见表 1-21-1。

表 1-21-1　HXD3B 型电力机车技术参数表

项目		序号	参数及说明
车型名称			和谐 D3B
车型代号			HXD3B
机车车号			0001～0499,1893
项目		序号	参数及说明
用途		1	干线货运
制造年代		2	2009 年
制造厂名		3	中车大连机车车辆有限公司
轨距(mm)		4	1 435
车体	车底架长(mm)	5	21 565
	车体宽(mm)	6	2 950
	高(轨面至受电弓座平面)(mm)	7	3 910
司机室个数		8	2
机车前后车钩中心距(mm)		9	22 781
车钩型号,形式		10	E 级钢 13 号车钩
缓冲器型号		11	QKX100
轴式		12	C_0—C_0
车钩中心线距轨面高度(mm)		13	880±10
转向架中心距(mm)		14	12 950
全轴距(mm)		15	16 850
动轮直径(新轮)(mm)		16	1 250
动轮直径(轮箍半磨耗)(mm)		17	1 200
落弓后滑板顶面距轨面高度(mm)		18	≤4 622
受电弓滑板距轨面工作高度(mm)		19	5 200～6 500
机车整备质量(t)		20	150×(1^{+1}_{-3}%)
轴重(t)		21	25
通过最小曲线半径(m)		22	125
供电电流制		23	AC 25 kV/50 Hz
额定电压(kV)		24	25
最高电压(kV)		25	31
最低电压(kV)		26	17.5
电传动方式		27	交—直—交
持续功率(kW)		28	≥9 600
持续速度(km/h)		29	68.2

续上表

车型名称				和谐 D_{3B}
车型代号				HXD_{3B}
机车车号				0001～0499,1893
项目			序号	参数及说明
持续牵引力(kN)			30	506.7
最高运用速度(km/h)			31	120
恒功率速度范围(km/h)			32	68.2～120
最大启动牵引力(kN)			33	≥570
最大再生制动力(kN)			34	480
功率因数			35	≥0.98
等效干扰电流 J_p(A)			36	≤0.8
电网电流畸变率(%)			37	≤0.4
机车总效率			38	0.88
紧急制动距离(m)			39	≤1 100(平直道,初速度 120 km/h)
库内动车电源制式			40	AC 380 V
转向架	构架外形尺寸(mm)		41	6 935×2 956×1 001
	两侧梁横向中心距(mm)		42	2 120
	转向架各轴间距(mm)		43	1 950
	转向架固定轴距(mm)		44	1 950×2
	同一轴两轴箱中心距(mm)		45	2 120
	轮对质量(kg)		46	2 546.1
	一系悬挂装置	一系悬挂静挠度(mm)	47	48.3
		垂向油压减振器型号,数量	48	421300001291,8
		垂向油压减振器阻尼系数(kN·s/m)	49	75
	二系悬挂装置	二系悬挂静挠度(mm)	50	118.6
		垂向油压减振器型号,数量	51	421300001292,4
		垂向油压减振器阻尼系数(kN·s/m)	52	150
		横向油压减振器型号,数量	53	421300001293,4
		横向油压减振器阻尼系数(kN·s/m)	54	75
		抗蛇行减振器型号,数量	55	—
		抗蛇行减振器阻尼系数	56	—
	牵引力传递方式		57	低位倾斜单牵引杆
	牵引点高(mm)		58	25
	牵引电动机悬挂方式		59	滚动抱轴
	齿轮传动比		60	4.95
	砂箱容量(m^3)		61	4×0.035
	转向架质量(t)		62	28.4

续上表

车型名称				和谐 D_{3B}
车型代号				HXD_{3B}
机车车号				0001～0499,1893
项目			序号	参数及说明
基础制动装置	基础制动方式		63	轮盘制动
	每台转向架制动器组数		64	6(含 2 个停放制动器)
	制动缸直径(mm)		65	254,203
	制动倍率		66	2/3.23
	传动效率(%)		67	≥85
	闸片与制动盘的恒定间隙(mm)		68	1.5
	制动缸最大空气压力(kPa)		69	450
	闸片、制动盘形式		70	整体式轮盘制动
	闸片、制动盘材质		71	合成闸片、铸铁轮盘
	每个夹钳上的闸片(或轮盘)压力(kN)		72	39.93(含停放制动侧)、40.38
	停放制动器	停放制动方式	73	弹簧储能制动
		制动器数量	74	2
		闸片压力(kN)	75	76.7
		停放制动器质量(kg)	76	112
	制动单元质量(kg)		77	79.9
受电弓	型号		78	DSA200
	额定工作电压(kV)		79	25
	额定工作电流(A)		80	1 000
	运行最高速度(km/h)		81	200
	工作高度(mm)		82	969～3 081
	最大升弓高度(mm)		83	$3\ 081^{+100}_{-25}$(含绝缘子)
	落弓位高度(mm)		84	669
	升弓时间(s)		85	<5.4
	降弓时间(s)		86	<4
	传动风缸工作空气压力(kPa)		87	735
	总质量(kg)		88	约 130(绝缘子除外)
主断路器	型号		89	22CBDP
	额定电压(kV)		90	25
	额定电流(A)		91	1 000
	额定分断电流(kA)		92	20
	额定分断容量(MV·A)		93	500
	固有分闸时间(ms)		94	≤40
	额定工作气压(kPa)		95	450～1 000
	质量(kg)		96	115

续上表

车型名称				和谐 D_{3B}
车型代号				HXD_{3B}
机车车号				0001～0499,1893
项目			序号	参数及说明
牵引变压器	型号,结构形式		97	JQFP-11620/25
	各绕组额定容量(kV·A)	网侧高压绕组	98	11 622
		牵引绕组	99	1 937×6
		辅助绕组	100	—
		供电绕组	101	—
	各绕组额定电压(V)	网侧高压绕组	102	25 000
		牵引绕组	103	1 500
		辅助绕组	104	—
		供电绕组	105	—
	各绕组额定电流(A)	网侧高压绕组	106	464.9
		牵引绕组	107	1 291×6
		辅助绕组	108	—
		供电绕组	109	—
	短路阻抗(%)		110	48
	绝缘等级		111	A 级
	冷却方式		112	强迫导向油循环风冷(ODAF)
	冷却油牌号		113	壳牌 Diala BX
	冷却油流量(m^3/h)		114	72×2
	油泵型号		115	B2/148/100
	效率(%)		116	97
	总质量(t)		117	13.8
谐振电抗器	每节机车台数		118	3
	额定电流(A)		119	1 040
	额定电压(V)		120	—
	电感值(mH)		121	0.55
牵引变流器	型号		122	MITRAC TC 3300
	电路结构形式		123	电压型,两电平
	额定功率(kW)		124	1 600
	额定输入电压(交流)(V)		125	1 500
	额定输入电流(交流)(A)		126	2×1 291
	中间电路电压(V)		127	DC 2 800
	二次谐振电容值(mF)		128	4.5
	支撑电容值(mF)		129	13.2
	额定输出电压(V)		130	3AC 0～2 183
	额定输出电流(A)		131	556

续上表

车　型　名　称				和谐 D3B
车　型　代　号				HXD3B
机　车　车　号				0001～0499,1893
项　目			序号	参数及说明
牵引变流器	四象限变流器开关频率(Hz)		132	350
	牵引逆变器最大开关频率(Hz)		133	360
	牵引逆变器输出频率范围(Hz)		134	0～103
	冷却方式		135	水冷
	效率(%)		136	≥98
	质量(t)		137	约 2.3
	外形尺寸(长×宽×高,mm)		138	2 300×1 050×2 050
	每台机车牵引变流器台数		139	3
	四象限变流器功率模块	型号	140	MITRAC CM-M 2800 W14-5
		电路形式	141	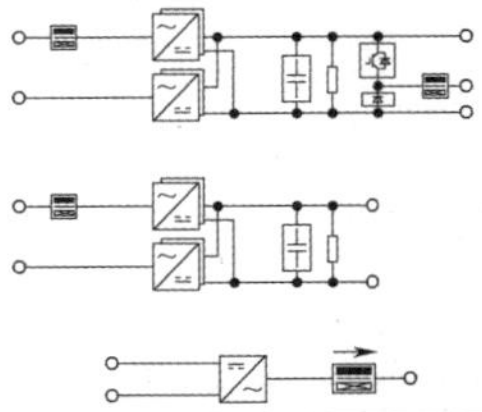
		四象限变流器构成形式	142	每个功率模块中含 2 个四象限变流器
		电压(V)	143	AC 1 500
		电流(A)	144	1 300
		开关频率(Hz)	145	350
		功率元件型号	146	CM900HG-90H-202
		功率元件参数	147	IGBT(4.5 kV/900 A)
		功率元件个数	148	16
		冷却方式	149	水冷
		质量(kg)	150	180±5
		尺寸(长×宽×高,mm)	151	366.6×695.2×1 054.5
	牵引逆变器功率模块	型号	152	MITRAC CM-M 2800 W37-5
		电路形式	153	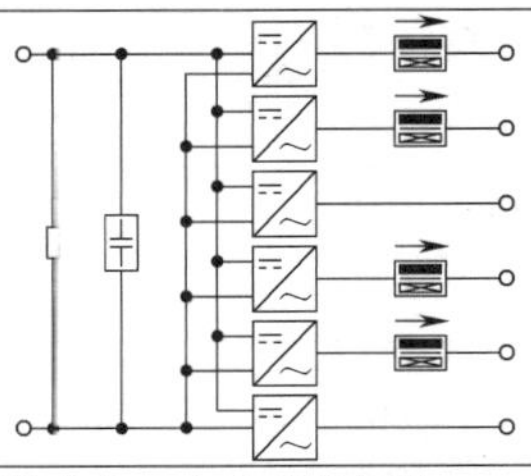
		牵引逆变器构成形式	154	每个功率模块中含 2 个牵引逆变器。
		电压(V)	155	0～2 183
		电流(A)	156	550
		开关频率(Hz)	157	360
		功率元件型号	158	CM900HG-90H-203
		功率元件参数	159	IGBT(4.5 kV/900 A)
		功率元件个数	160	12
		冷却方式	161	水冷
		质量(kg)	162	180
		尺寸(长×宽×高,mm)	163	665.7×366.6×1 054.5

续上表

车型名称				和谐 D_{3B}
车型代号				HXD_{3B}
机车车号				0001～0499,1893
项目			序号	参数及说明
牵引变流器	冷却系统	水泵型号	164	F20-3111H4-0305R1-BV
		流量(m^3/h)	165	18
		驱动电机功率(kW)	166	2.5
	控制策略	四象限变流器	167	PWM 脉宽调制
		牵引逆变器	168	PWM 脉宽调制＋矢量控制
		瞬时电压限制器	169	/
交流异步牵引电动机	型号		170	Mitrac TM 3800 F
	额定功率(持续制)(kW)		171	1 632
	额定电压(持续制)(V)		172	2 183
	额定电流(持续制)(A)		173	498
	最大启动电流(A)		174	555
	功率因数		175	0.904
	额定转速(持续制)(r/min)		176	1 494
	最高转速(r/min)		177	2 627
	额定频率(Hz)		178	50
	额定转差率(%)		179	1
	额定转矩(N·m)		180	10 434
	最大转矩(N·m)		181	11 745
	额定效率(%)		182	95 (持续点)
	绝缘等级		183	200 级
	极数		184	4
	质量(kg)		185	2 300
	通风量(m^3/s)		186	1.8
牵引通风机组	型号		187	Q39906
	台数		188	2
	最大转速(r/min)		189	3 550
	每台风机的风量(m^3/min)		190	330
	风压(Pa)		191	3 050
	额定功率(kW)		192	30
	质量(kg)		193	220
复合冷却塔	冷却方式		194	风冷
	水散热量(kW)		195	75
	油散热量(kW)		196	200
	通风量(m^3/min)		197	774(冷却塔 1),564(冷却塔 2)
	水流量(m^3/h)		198	18
	油流量(m^3/h)		199	72
	质量(kg)		200	1 050,1 200(含储油柜)

续上表

车型名称				和谐 D_{3B}
车型代号				HXD_{3B}
机车车号				0001～0499,1893
项目			序号	参数及说明
辅助逆变器	CVCF逆变器	型号	201	—
		每台机车装用台数	202	1
		额定输入电压(V)	203	DC 2 800
		额定输入电流(A)	204	64
		额定输出电压(V)	205	AC 1 130
		额定输出电流(A)	206	92
		容量(kV·A)	207	180
		频率(Hz)	208	60
		功率元件参数	209	IGBT(4.5 kV/600 A)
		冷却方式	210	水冷
		质量(kg)	211	—
	VVVF逆变器	型号	212	—
		每台机车装用台数	213	2
		额定输入电压(V)	214	DC 2 800
		额定输入电流(A)	215	0～64
		额定输出电压(V)	216	AC 1 130
		额定输出电流(A)	217	92
		容量(kV·A)	218	180
		频率(Hz)	219	15～60
		功率元件参数	220	4.5 kV/600 A
		冷却方式	221	水冷
		质量(kg)	222	—
蓄电池充电器	型号		223	BC08-Ⅰ
	输入电压		224	460 V/60 Hz
	输出电压(V)		225	DC 110×(1±1%)
	输出电流(A)		226	100
	输出容量(kV·A)		227	7.5×2(DC 110 V)
	质量(kg)		228	260
微机网络控制系统	列车网标准		229	WTB
	车辆网标准		230	MVB/以太网
	列车网传输速率(Mbit/s)		231	1
	车辆网传输速率(Mbit/s)		232	1.5(MVB)、100(以太网)
	机车控制功能	牵引特性控制	233	恒牵引力,准恒速控制
		再生制动特性控制	234	恒制动力控制
		其他控制功能	235	定速控制

续上表

车型名称				和谐 D_{3B}
车型代号				HXD_{3B}
机车车号				0001～0499,1893
项目			序号	参数及说明
微机网络控制系统	保护功能	网压保护限值(V)	236	17,31.5
		网流保护限值(A)	237	1 000
		中间电压限值(V)	238	2 900
		防空转滑行策略	239	黏着系数控制
		最高速度限值(km/h)	240	132
风源系统	主空气压缩机组	型号	241	SL20-5-102
		压缩空气出口压力(kPa)	242	1 000
		压缩空气出口温度(℃)	243	进气温度+15
		排气量(m^3/min)	244	2.4
		冷却方式	245	油润滑
		润滑油牌号	246	ANDEROL 3057M
		润滑油储量(dm^3)	247	5.7
		润滑油压力(kPa)	248	1 000
		电机型号	249	/
		电机转速(r/min)	250	3 515
		额定功率(kW)	251	25.2
		额定电压(V)	252	460
		额定电流(A)	253	25.4
		机组重量(kg)	254	284
	辅助空气压缩机组	型号	255	LP115
		额定排气量(m^3/min)	256	0.07
		额定排气压力(kPa)	257	800
		电动机型号	258	/
		额定工作电压(V)	259	110
		额定工作电流(A)	260	7.8
		额定功率(kW)	261	0.86
		额定转速(r/min)	262	/
	空气干燥器	型号	263	LTZ2.2-H
		形式	264	双塔吸附式
		处理空气量(m^3/min)	265	2.4
		工作压力(kPa)	266	900
		整机质量(kg)	267	78
	风源系统部件	压力控制器(调压器)型号	268	MCS11-G+S3-MCS
		压力控制范围(kPa)	269	680～900,750～900
		总风缸空气压力范围(kPa)	270	0～900
		各总风缸总容量(dm^3)	271	800×2

续上表

车型名称			和谐 D_{3B}
车型代号			HXD_{3B}
机车车号			0001～0499,1893
项目		序号	参数及说明
制动机	制动机型号	272	CCBⅡ
	自动制动阀	273	782581-1731
	单独制动阀	274	782581-1731
	分配阀型号,数量	275	16CP,1
	中继阀(双阀口式)	276	BP
	紧急阀	277	/
	电动放风阀	278	/
	紧急电空阀(110 V)	279	/
	电空转换阀	280	/
蓄电池组	型号	281	DLM-170
	容量(A·h)	282	170
	装用数量(只)	283	48
	总标称电压(V)	284	96

注:"—"表示无此设备;"/"表示数据空缺。

二十二、HXD$_{3C}$型电力机车技术简介

1. 概　　述

HXD$_{3C}$型电力机车是单轴功率 1 200 kW、六轴、交流传动干线货(客)运电力机车，是连车公司，在 HXD$_3$型和 HXD$_{3B}$型电力机车技术平台的基础上，自主开发研制的货(客)运电力机车产品。2010 年，为满足中国铁路对 120 km/h 运行速度旅客列车的牵引需求，弥补当前时速 120 km 客运电力机车的短缺局面，连车公司根据原铁道部的要求，又在 HXD$_{3C}$型电力机车上加装了 DC 600 V 列车直供电装置，实现“直供电功能”，以满足客运列车牵引要求。HXD$_{3C}$型电力机车持续功率 7 200 kW，最高运行速度 120 km/h，轴重可变，分为 23 t 或 25 t 两种，启动牵引力 520 kN(23 t)、570 kN(25 t)，持续牵引力 370 kN(23 t)、400 kN(25 t)，持续速度 65 km/h(25 t)、70 km/h(23 t)，最大再生制动力(车钩处)370 kN(23 t)、400 kN(25 t)，轴式 C_0—C_0，通过最小曲线半径 125m。

该型机车通过更换具有(或增加)供电绕组的牵引变压器，增加列车供电柜、供电插座、客货转换开关、双管供风装置等，使机车具有牵引旅客列车的功能，并可以向旅客列车提供风源及 DC 600 V 电源。

2010 年 9 月 25 日，首台 HXD$_{3C}$型电力机车交付运用。至 2014 年 12 月底，累计交付运用机车 1 200 台，其中：带 DC 600 V 直供电 HXD$_{3C}$型电力机车 1 065 台(车号为 0001～1065)；不带 DC 600 V 直供电 HXD$_{3C}$型电力机车 135 台，连车公司生产 70 台(车号为 A8001～A8070)，二七厂生产 65 台(车号为 A6001～A6065)。

目前，带 DC 600 V 直供电 HXD$_{3C}$型电力机车分别配属 15 个铁路局(注：全铁路 18 个铁路局除哈尔滨、兰州和青藏公司之外)所属的 17 个机务段承担旅客列车牵引任务。不带 DC 600 V 直供电 HXD$_{3C}$型电力机车配属郑州、济南、乌鲁木齐铁路局所属机务段承担干线货运列车牵引任务。

HXD$_{3C}$型电力机车外形如图 1-22-1 所示。

图 1-22-1　HXD$_{3C}$型电力机车外形图

2. 机车总体

HXD3C 型电力机车为六轴、客货运两用电力机车，在机车的两端各设有一个司机室，中间为机械室。在机械室内设有 600 mm 宽的中央通道，在通道两侧安装有变流器、通风机、空气压缩机等设备。在车体下设有两台三轴转向架及一台牵引变压器，在顶盖上设有高压电器。车内设备布置以平面斜对称布置为主，设备成套安装。全车分为司机室设备安装、车顶设备安装、车内机械室设备安装和车下设备安装五部分。

机车设备布置如图 1-22-2 所示。

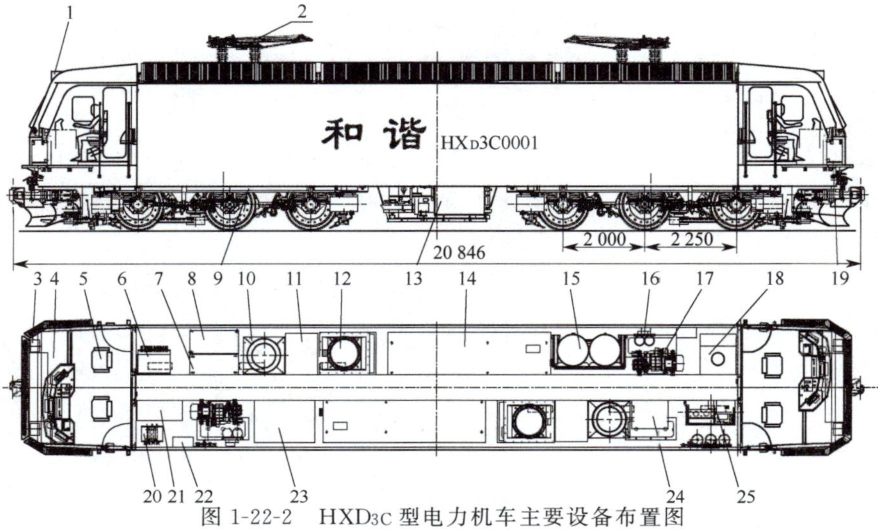

图 1-22-2 HXD3C 型电力机车主要设备布置图

1—前照灯；2—受电弓；3—标志灯；4—操纵台；5—司机室座椅；6—微机柜；7—蓄电池充电器及蓄电池箱；8—滤波柜；9—转向架；10—牵引通风机组；11—列车供电柜(客车)；12—复合冷却器通风机组；13—牵引变压器；14—牵引变流器；15—总风缸；16—空气干燥器；17—空气压缩机；18—卫生间；19—空调主机；20—辅助变压器；21—控制电气柜；22—端子柜；23—高压电器柜；24—第三方设备柜；25—空气制动柜

注：本车转向架中心距为车体旁承座中心距 10 520 mm。

机车牵引特性曲线如图 1-22-3、图 1-22-4 所示，机车再生制动特性曲线如图 1-22-5、图 1-22-6 所示。

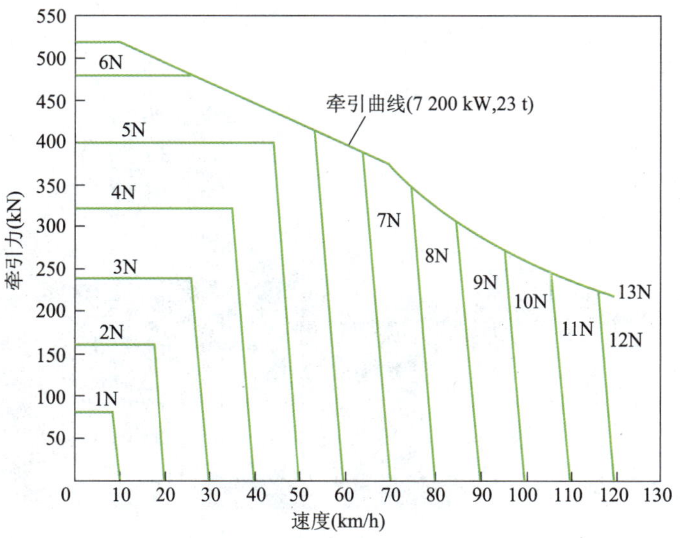

图 1-22-3 HXD3C 型电力机车 23 t 轴重限制及牵引特性控制曲线

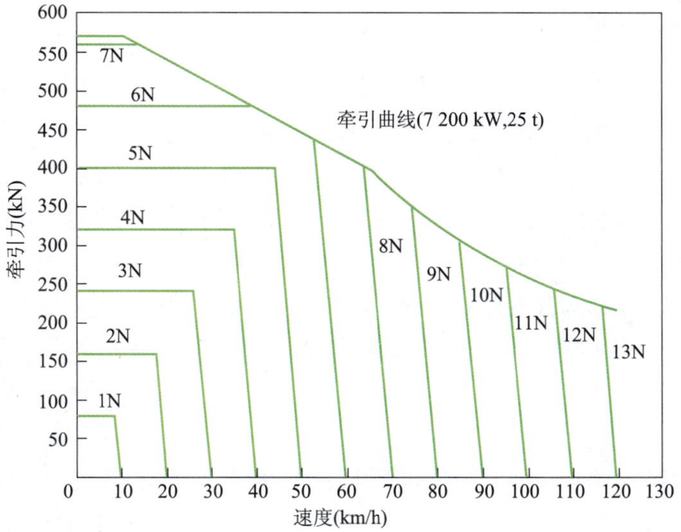

图 1-22-4　HXD3C 型电力机车 25 t 轴重限制及牵引特性控制曲线

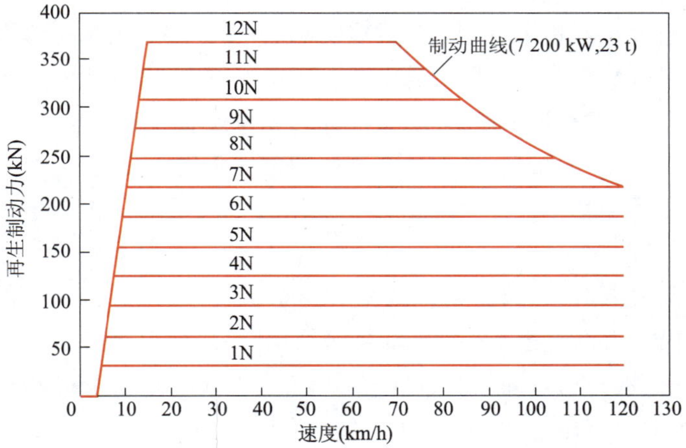

图 1-22-5　HXD3C 型电力机车 23 t 轴重限制及再生制动特性控制曲线

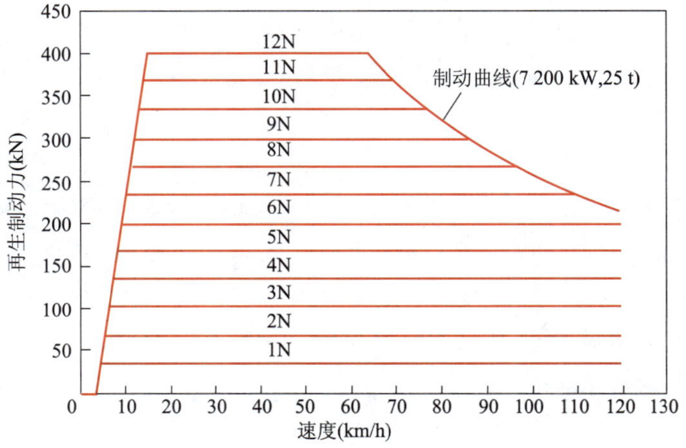

图 1-22-6　HXD3C 型电力机车 25 t 轴重限制及再生制动特性控制曲线

3. 牵引电传动系统

(1)牵引电路

HXD_{3C} 型电力机车牵引电传动系统采用交—直—交电传动形式。牵引设备主要包括各高压电器、牵引变压器、牵引变流器、牵引电机及相应控制系统。牵引电路主要由网侧电路、四象限变流电路、中间直流电路、牵引逆变电路等相关电路组成。每台受电弓后都设有隔离开关，主断路器与接地开关成整体设置，采用干式高压电压互感器和全分裂高压电流互感器。

机车采用六组相同的牵引电传动系统，实现单轴独立控制。牵引变流器中间直流环节取消了二次滤波电感和电容，减少了牵引变压器和牵引变流器的体积和质量。牵引电路线路如图 1-22-7 所示。

(2)网侧电路

机车的网侧电路由两台受电弓，两台高压隔离开关，一个高压电流互感器，一个高压电压互感器，一台主断路器，一台高压接地开关，一台避雷器 F1，牵引变压器网侧绕组，一个低压电流互感器和六个回流装置等组成。除了受电弓及其支撑绝缘子和车顶避雷器外，其余高压设备全部放置在车内高压柜内。

接触网电流通过受电弓进入机车，经过高压隔离开关、主断路器，穿过高压电流互感器，经 25 kV 高压电缆与牵引变压器网侧端子流入牵引变压器原边，电流从低压端子流出，通过六个并联的回流接地装置，从轮对回流至钢轨，最后返回变电所。

(3)牵引变压器

机车客运模式采用 JQFP-10160/25 型牵引变压器，货运模式采用 JQFP2-9006/25(DL)型牵引变压器。

牵引变压器采用芯式卧放结构，下悬式安装。牵引变压器采用 A 级绝缘，线圈导线采用 Nomex 纸绝缘，油箱采用磁屏蔽方式。变压器采用矿物油、强迫导向油循环风冷方式，油循环系统采用真空注油，储油柜封入高纯度氮气，构成与空气完全隔离的全封闭结构。变压器与储油柜一体化，冷却装置分开布置，总重 13.8 t。

(4)牵引变流器

每台机车装有两台变流装置，每台变流装置内含三组牵引变流器和一组辅助变流器。牵引变流器(CI)为牵引电动机提供三相交流的变压变频(VVVF)电源。每组牵引变流器主要由四象限变流单元、中间直流电路、PWM 牵引逆变单元和真空接触器等牵引电路部分和控制单元等的控制电路部分构成。

(5)牵引电机

机车采用 YJ85A 型三相鼠笼式异步牵引电机。该电机为滚动抱轴结构，单端输出。电机主要由定子、转子、端盖、轴承、测速装置和主动齿轮等部分组成。定子的主要零部件有定子铁芯、定子绕组等。转子由转子铁芯、导条、端环和转轴等组成。电机采用强迫外通风冷却，冷却风从非传动端进入，传动端排出。电机采用三轴承结构，三个轴承均为绝缘轴承；在二端盖处设有注油口，使用中可补充润滑脂。

4. 辅助电气系统

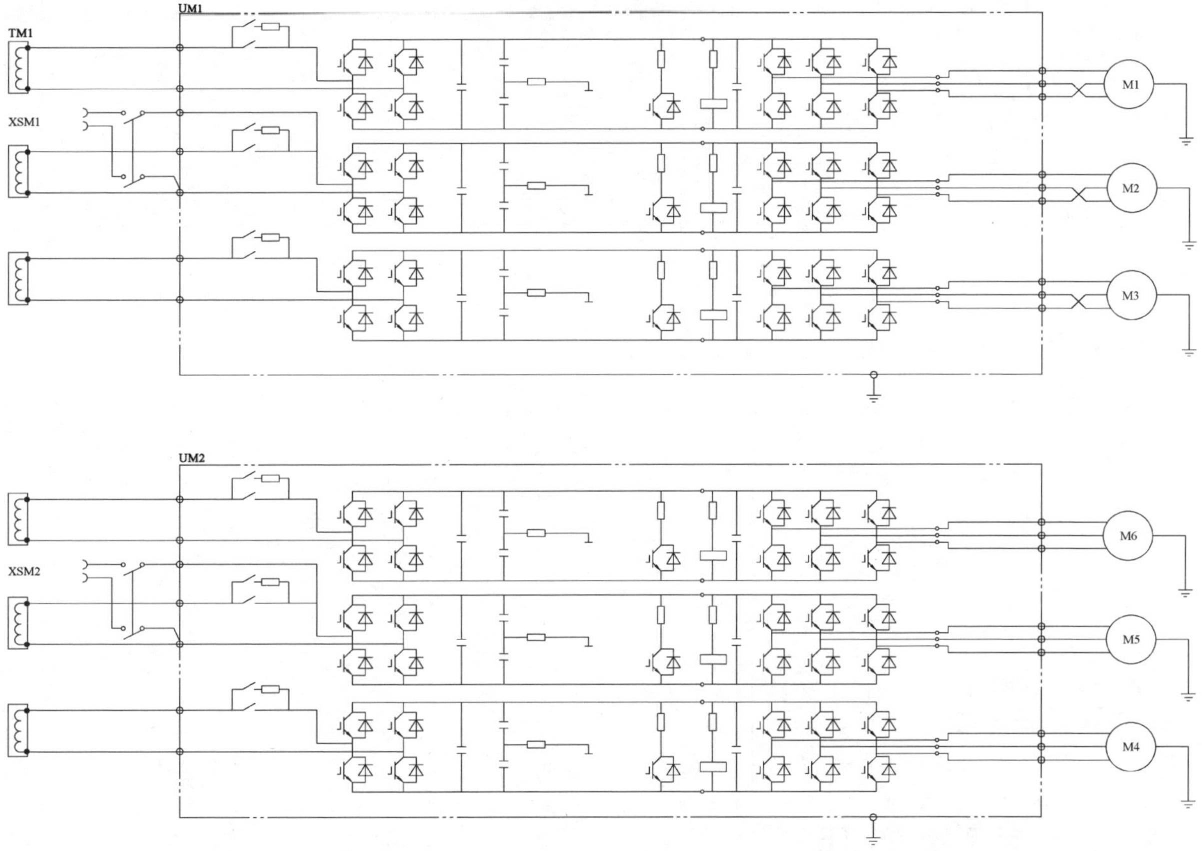

图 1-22-7　牵引电路线路图

TM1—牵引变压器；M1～6—牵引电机 1～6；UM1、2—牵引变流器 1、2；XSM1、2—库用电源插座；

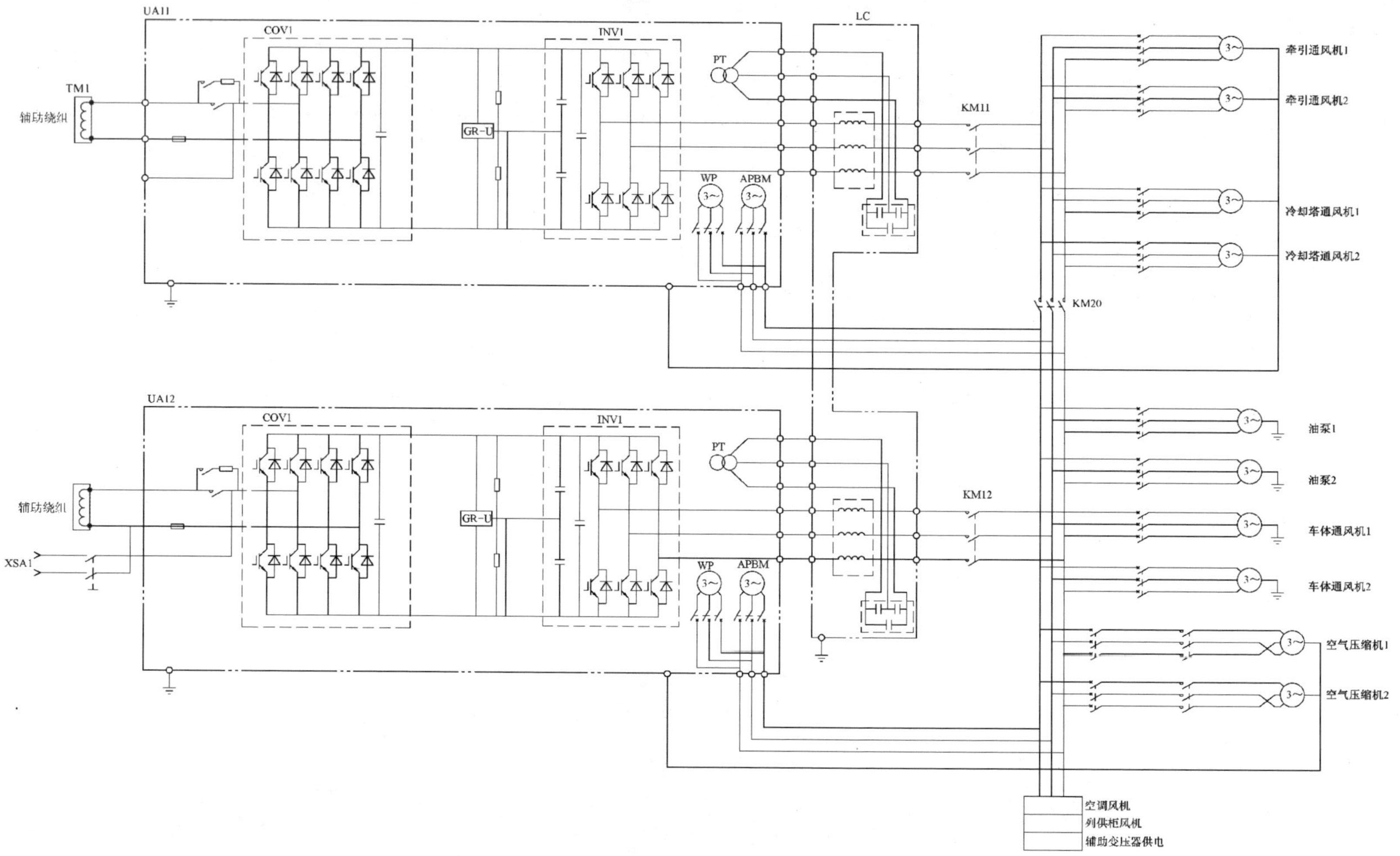

图 1-22-8 辅助供电部分电路图

TM1—牵引变压器；COV1—四象限变流器；GR-U—接地检测装置；INV1—辅助逆变器；PT—辅助变压器；WP—水泵；APBM—变流柜风机；XSA1—库用电源插座；UA11、UA12—辅助变流器 1、2；LC—滤波柜；KM11、KM12—辅助接触器；KM20—辅助冗余接触器

HXD_{3C}型电力机车的辅助电气系统由辅助变流器、各辅助机组及辅助加热设备等组成。机车装载有两组辅助变流器，采用冗余设计。正常工作时，一组采用 VVVF 控制，为复合冷却器通风机和两台牵引电机通风机供电，另一组采用 CVCF 控制，为压缩机等其他负载供电。当某一组辅助变流器出现故障时，另外一组辅助变流器将采用 CVCF 控制模式为所有辅助负载提供电源。

辅助电气系统原理图如图 1-22-8 所示。

机车上的各辅助电动机均通过各自的自动开关与辅助变流器连接。两台空气压缩机设有电磁接触器，电磁接触器受机车司机控制扳键开关和总风缸空气压力继电器的控制。

机车辅助加热装置主要有电热玻璃、脚炉、后墙暖风机及低温预热回路等，它们均由辅助变流器通过隔离变压器进行供电。

5. 微机网络控制系统

HXD_{3C}型电力机车微机网络控制系统是以机车微机控制监视系统（TCMS）为核心，结合机车行车安全综合信息监控系统和 CCBⅡ空气制动系统，配以机车外围电路构成。TCMS 主要包括一个主控制装置和两个显示单元以及接口单元等设备。其中主控制装置采用 32 位 CPU，并有冗余设计，设有两套控制单元，一套为主控制单元，一套为从控制单元。当主控制单元发生故障时，从控制单元立即自动投入工作，不影响机车正常运行。

机车的控制系统主要完成顺序逻辑控制、机车特性控制、定速控制、辅助电动机的控制、CCBⅡ制动机的空气制动控制、机车防滑行保护、机车黏着控制、故障诊断、显示与保护等功能。

TCMS 主控制装置在硬件上主要由电源模块、逻辑运算控制部分、数字量输入输出部分、模拟量信号采集部分、通信部分等组成。

HXD_{3C}型电力机车微机系统构成示意图如图 1-22-9 所示。

6. 车　　体

HXD_{3C}型电力机车车体是在 HXD_3 型机车车体技术平台上，同时借鉴 HXD_{3B} 型机车结构特点基础上优化而来。车体为整体承载结构。车体钢结构主要由司机室、底架、侧墙、顶盖以及排障器和牵引缓冲装置等组成。司机室采用纵横交错的板梁组成网格结构，外形采用小流线形式；侧墙骨架采用方管组成框架式；底架为带中梁结构。

车钩采用内燃、电力机车 E 级钢车钩，缓冲器为 QKX100 缓冲器。

7. 转 向 架

HXD_{3C}型电力机车转向架为三轴转向架，前、后两个转向架基本结构相同，其主要组成包括构架、电机悬挂装置、一系悬挂（轴箱）装配、轮对驱动装置、二系悬挂（支承）装配、基础制动装置、牵引装置、砂箱、轴温报警装置等。

牵引电机采用滚动抱轴式半悬挂。

8. 制动系统

HXD_{3C}型电力机车空气制动系统采用微机控制，基础制动采用轮盘制动，增加纯空气备份、列车电空制动及双管供风等功能，以满足客运牵引要求。

空气制动系统主要由风源系统、CCBⅡ制动机、基础制动及辅助系统几个部分组成。主风源由两台螺杆式压缩机组提供，每台压缩机排风量大于 2 400 dm^3/min，与其配套两

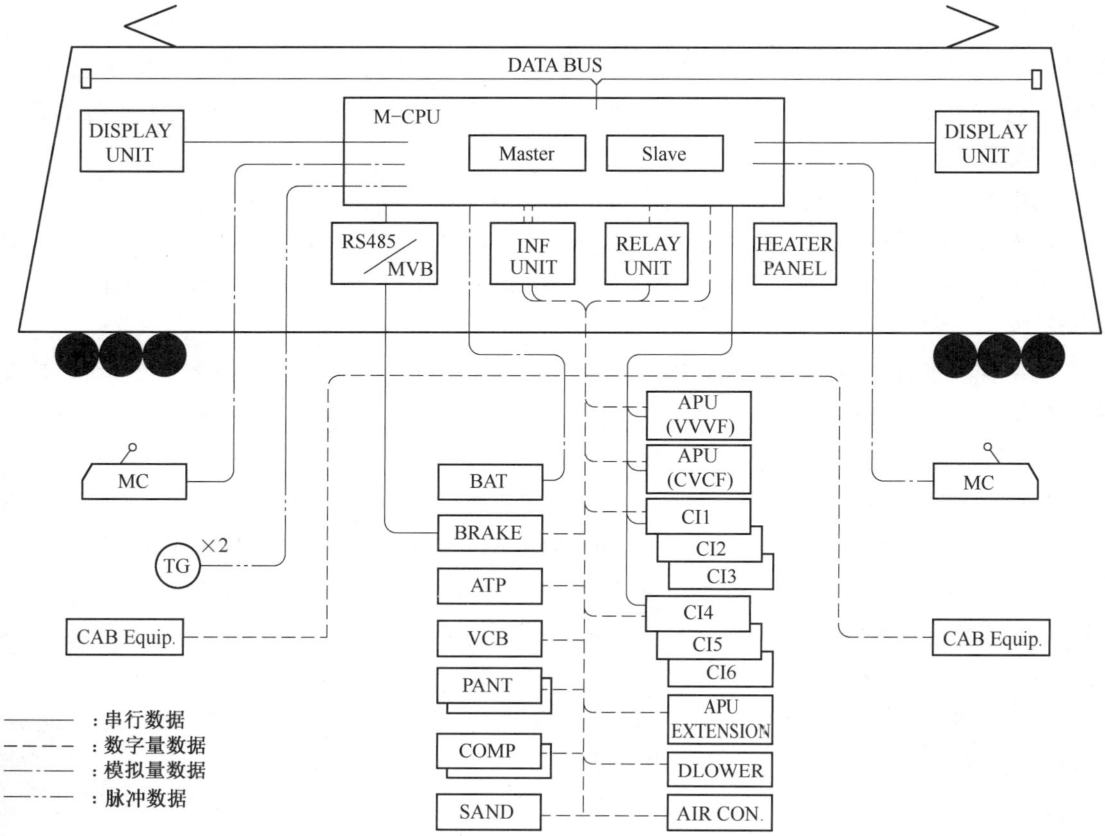

图 1-22-9　HXD3C 型电力机车微机系统构成示意图

DATA BUS—数据总线；M-CPU—主控制装置；Master—主控制单元；Slave—从控制单元；
DISPLAY UNIT—显示设备；CAB Equip. —司机室设备；MC—主司控器；
AIR CON. —空调装置；APU—辅助变流器控制单元；ATP—行车安全设备；
CI—牵引变流器；COMP—空气压缩机；INF UNIT—接口单元；PANT—受电弓；
SAND—撒砂装置；VCB—主断路器；TG—速度传感器；HEATER PANEL—加热盘；
BLOWER—通风机；APU EXTENSION—APU 扩展信号；BREAK—制动系统；
BAT—蓄电池组；RELAY UNIT—继电器装置；MVB—多功能车辆总线

台双塔再生式干燥器，在干燥器的出口处装有精油过滤器和最小压力阀。设有两个容积为 600 dm^3 的风缸，两风缸串联连接。机车辅助风源由无油辅助压缩机组及干燥器组成。

空气制动系统采用 CCBⅡ微机式电空制动机，其主要部件由两个电子制动阀，两个制动显示屏，一个集成处理器，一个继电器接口模块和一个电空控制单元构成。

机车通过列车管和总风管向全列车供风，分开了列车制动用风与辅助用风，使彼此功能相对独立，互不干扰。

9. 列车供电系统

在 HXD3C 型电力机车基础上加装了 DC 600 V 列车供电系统，主要是更换了增加供电绕组的牵引变压器，增加了列车供电柜、供电插座、客货转换开关等，使机车具有向旅客列车提供

DC 600 V 电源的功能。

列车供电系统主要由牵引变压器供电绕组、列车供电柜、供电插座等设备组成。供电绕组额定输出电压 860 V，通过列车供电柜内的相控整流器转变为稳定的 DC 600 V 电压向旅客列车供电。

机车设有两个完全相同的列车供电柜，采用两路独立供电方式向列车供电，每路容量 400 kW，当一路故障时，另一路可维持供电。

列车供电系统的相关状态和故障信息能在机车控制系统显示屏上显示。

10. 技术参数表

HXD$_{3C}$ 型电力机车技术参数见表 1-22-1。

表 1-22-1　HXD$_{3C}$ 型电力机车技术参数表

车型名称		和谐 D$_{3C}$
车型代号		HXD$_{3C}$
机车车号		0001～1065（带 DC 600 V 供电） A8001～A8070（连车公司） A6001～A6065（二七厂）
项目	序号	参数及说明
用途	1	干线客、货运
制造年代	2	2010—2015 年
制造厂名	3	中车大连机车车辆有限公司 中车北京二七轨道交通装备有限责任公司
轨距(mm)	4	1 435
车体　车底架长(mm)	5	19 630
车体　车体宽(mm)	6	3 100
车体　高(轨面至受电弓座平面)(mm)	7	4 100
司机室个数	8	2
机车前后车钩中心距(mm)	9	20 846
车钩型号,形式	10	13 号下作用式
缓冲器型号	11	QKX100
轴式	12	C$_0$—C$_0$
车钩中心线距轨面高度(mm)	13	880±10
转向架中心距(mm)	14	10 520
全轴距(mm)	15	14 700
动轮直径(新轮)(mm)	16	1 250
动轮直径(轮箍半磨耗)(mm)	17	1 200
落弓后滑板顶面距轨面高度(mm)	18	4 775±30

续上表

车型名称			和谐 D_{3C}
车型代号			HXD_{3C}
机车车号			0001～1065(带 DC 600 V 供电)
			A8001～A8070(连车公司)
			A6001～A6065(二七厂)
项目		序号	参数及说明
受电弓滑板距轨面工作高度(mm)		19	5 200～6 500
机车整备质量(t)		20	138×($1^{+3\%}_{-1\%}$) 150×($1^{+1\%}_{-3\%}$)
轴重(t)		21	23,25
通过最小曲线半径(m)		22	125
供电电流制		23	AC 25 kV/50 Hz
额定电压(kV)		24	25
最高电压(kV)		25	31.3
最低电压(kV)		26	17.2
电传动方式		27	交—直—交
持续功率(kW)		28	7 200
持续速度(km/h)		29	65(25 t),70(23 t)
持续牵引力(kN)		30	370(23 t),400(半磨耗轮)
最高运用速度(km/h)		31	120
恒功率速度范围(km/h)		32	70～120(23 t),65～120(25 t)
最大启动牵引力(kN)		33	520(23 t),570(25 t)
最大再生制动力(kN)		34	370(23 t),400(25 t)
功率因数		35	≥0.98
等效干扰电流 J_p(A)		36	≤2.5
电网电流畸变率(%)		37	/
机车总效率		38	≥0.85
紧急制动距离(m)		39	平直道,初速度 120 km/h: 25 t 轴重≤900 m; 23 t 轴重≤800 m
库内动车电源制式(V)		40	DC 600
转向架	构架外形尺寸(mm)	41	6 738×2 710×1 220
	两侧梁横向中心距(mm)	42	2 050
	转向架各轴间距(mm)	43	2 250,2 000
	转向架固定轴距(mm)	44	4 250
	同一轴两轴箱中心距(mm)	45	2 050
	轮对质量(kg)	46	2 492

续上表

车型名称				和谐D_{3C}
车型代号				HXD_{3C}
机车车号				0001～1065(带DC 600 V供电) A8001～A8070(连车公司) A6001～A6065(二七厂)
项目			序号	参数及说明
转向架	一系悬挂装置	一系悬挂静挠度(mm)	47	49.1
		垂向油压减振器型号,数量	48	421300001746,8
		垂向油压减振器阻尼系数(kN·s/m)	49	51
	二系悬挂装置	二系悬挂静挠度(mm)	50	93.2
		垂向油压减振器型号,数量	51	421300000281,4
		垂向油压减振器阻尼系数(kN·s/m)	52	120
		横向油压减振器型号,数量	53	601300000247,4
		横向油压减振器阻尼系数(kN·s/m)	54	96
		抗蛇行减振器型号,数量	55	/
		抗蛇行减振器阻尼系数	56	/
	牵引力传递方式		57	推挽式低位平直单牵引杆
	牵引点高(mm)		58	205
	牵引电动机悬挂方式		59	滚动抱轴承式半悬挂
	齿轮传动比		60	101∶21
	砂箱容量(dm^3)		61	2×65(前),2×75(后)
	转向架质量(t)		62	29.8
基础制动装置	基础制动方式		63	轮盘制动
	每台转向架制动器组数		64	12
	制动缸直径(mm)		65	4×203,8×254
	制动倍率		66	2
	传动效率(%)		67	≥85
	闸片与制动盘的间隙(mm)		68	1.5
	制动缸最大空气压力(kPa)		69	450
	闸片、制动盘形式		70	整体式轮盘制动
	闸片、制动盘材质		71	有机合成材料闸片,铸铁轮盘
	每个夹钳上的闸片(或轮盘)压力(kN)		72	44.42
	停放制动器	停放制动方式	73	弹簧停放制动缸
		制动器数量	74	4/台
		闸片压力(kN)	75	52.25
		停放制动器质量(kg)	76	111.0
	制动单元质量(kg)		77	81.0

续上表

车型名称				和谐 D_{3C}
车型代号				HXD_{3C}
机车车号				0001～1065(带 DC 600 V 供电)
				A8001～A8070(连车公司)
				A6001～A6065(二七厂)
项目			序号	参数及说明
受电弓	型号		78	DSA200
	额定工作电压(kV)		79	25
	额定工作电流(A)		80	1 000
	运行最高速度(km/h)		81	200
	工作高度(mm)		82	969～3 081
	最大升弓高度(mm)		83	3 081(含 400 mm 绝缘子)
	落弓位高度(mm)		84	669(含 400 mm 绝缘子)
	升弓时间(s)		85	≤5.4
	降弓时间(s)		86	≤4
	传动风缸工作空气压力(kPa)		87	360～380
	总质量(kg)		88	约 130(绝缘子除外)
主断路器	型号		89	22CBDP1
	额定电压(kV)		90	30
	额定电流(A)		91	1 000
	额定分断电流(kA)		92	20
	额定分断容量(MV·A)		93	600
	固有分闸时间(ms)		94	20～40
	额定工作气压(kPa)		95	450～1 000
	质量(kg)		96	115
牵引变压器	型号,结构形式		97	JQFP2-9000/25(DL),JQFP-10160/25 壳式
	各绕组额定容量(kV·A)	网侧高压绕组	98	9 006,10 160
		牵引绕组	99	8 400
		辅助绕组	100	606
		供电绕组	101	580×2
	各绕组额定电压(V)	网侧高压绕组	102	25 000
		牵引绕组	103	6×1 450
		辅助绕组	104	2×399
		供电绕组	105	860
	各绕组额定电流(A)	网侧高压绕组	106	360
		牵引绕组	107	966×6
		辅助绕组	108	759×2
		供电绕组	109	675×2

续上表

车型名称			和谐 D_{3C}
车型代号			HXD_{3C}
机车车号			0001～1065(带 DC 600 V 供电)
			A8001～A8070(连车公司)
			A6001～A6065(二七厂)
项目		序号	参数及说明
牵引变压器	短路阻抗(%)	110	牵引 49,辅助 17,供电 5.9
	绝缘等级	111	A 级
	冷却方式	112	强迫油循环风冷
	冷却油牌号	113	Diala S3 ZX-Ⅰ
	冷却油流量(m^3/h)	114	2×48
	油泵型号	115	B2/148G/100
	效率(%)	116	97
	总质量(t)	117	13.8
谐振电抗器	每节机车台数	118	—
	额定电流(A)	119	—
	额定电压(V)	120	—
	电感值(mH)	121	—
牵引变流器	型号	122	/
	电路结构形式	123	电压型,两电平
	额定功率(kW)	124	7 200
	额定输入电压(交流)(V)	125	1 450
	额定输入电流(交流)(A)	126	918
	中间电路电压(V)	127	DC 2 800
	二次谐振电容值(mF)	128	—
	支撑电容值(μF)	129	6 600
	额定输出电压(V)	130	2 150
	额定输出电流(A)	131	390
	四象限变流器开关频率(Hz)	132	450
	牵引逆变器最大开关频率(Hz)	133	450
	牵引逆变器输出频率范围(Hz)	134	0～91
	冷却方式	135	强制循环水冷
	效率(%)	136	>98
	质量(t)	137	3.050
	外形尺寸(长×宽×高,mm)	138	4 000×970×2 050
	每台机车牵引变流器台数	139	2

续上表

车型名称				和谐 D3C
车型代号				HXD3C
机车车号				0001～1065(带 DC 600 V 供电)
				A8001～A8070(连车公司)
				A6001～A6065(二七厂)
项目			序号	参数及说明
牵引变流器	四象限变流器功率模块	型号	140	STC330-A4
		电路形式	141	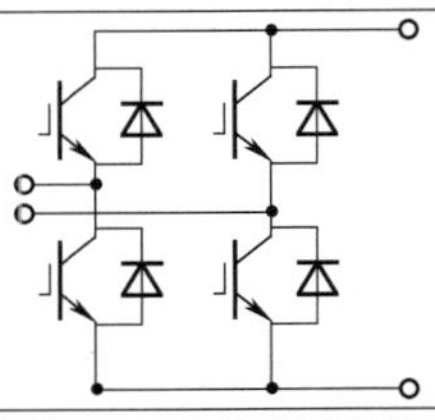
		四象限变流器构成形式	142	每个四象限变流器由一个功率模块构成
		电压(V)	143	2 800
		电流(A)	144	2 180
		开关频率(Hz)	145	450
		功率元件型号	146	MG900GXH1US53
		功率元件参数	147	IGBT(4.5 kV/0.9 kA)
		功率元件个数	148	4
		冷却方式	149	强制循环水冷
		质量(kg)	150	63
		尺寸(长×宽×高,mm)	151	339.2 × 591.5 × 540
	牵引逆变器功率模块	型号	152	STC331-A4
		电路形式	153	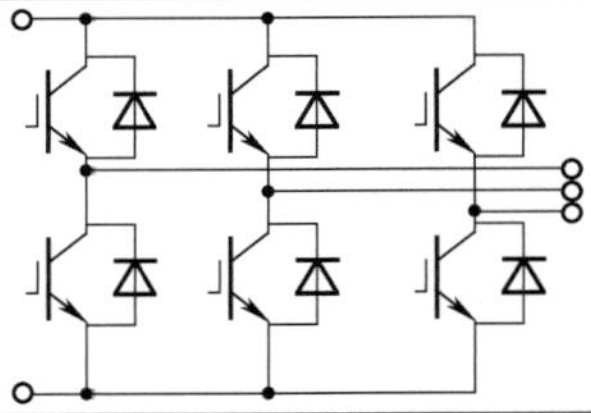
		牵引逆变器构成形式	154	每个牵引逆变器由一个功率模块构成
		电压(V)	155	2 800
		电流(A)	156	1 090
		开关频率(Hz)	157	450
		功率元件型号	158	MG900GXH1US53
		功率元件参数	159	IGBT(4.5 kV/0.9 kA)
		功率元件个数	160	6
		冷却方式	161	强制循环水冷
		质量(kg)	162	57
		尺寸(长×宽×高,mm)	163	339.2 × 591.5 × 540
	冷却系统	水泵型号	164	F40-3215H4-0405S1-BV
		流量(m^3/h)	165	13.5
		驱动电机功率(kW)	166	3.7
	控制策略	四象限变流器	167	PWM 脉冲宽度调制
		牵引逆变器	168	PWM 脉宽调制＋矢量控制
		瞬时电压限制器	169	PWM 电压控制

续上表

车型名称			和谐 D_{3C}
车型代号			HXD_{3C}
机车车号			0001～1065(带 DC 600 V 供电)
			A8001～A8070(连车公司)
			A6001～A6065(二七厂)
项目		序号	参数及说明
交流异步牵引电机	型号	170	YJ85A1/SEA-107C
	额定功率(持续制)(kW)	171	1 250
	额定电压(持续制)(V)	172	2 150
	额定电流(持续制)(A)	173	390
	最大启动电流(A)	174	520
	功率因数	175	0.9
	额定转速(持续制)(r/min)	176	1 365
	最高转速(r/min)	177	2 662(全磨耗轮)
	额定频率(Hz)	178	46
	额定转差率	179	0.013
	额定转矩(N·m)	180	8 806
	最大转矩(N·m)	181	11 852
	额定效率(%)	182	95
	绝缘等级	183	200 级
	极数	184	4
	质量(kg)	185	2 600
	通风量(m^3/s)	186	1.6
牵引通风机组	型号	187	BAF-80C,THTF8.0
	台数	188	2
	最大转速(r/min)	189	2 950
	每台风机的风量(m^3/min)	190	330
	风压(Pa)	191	3 600
	额定功率(kW)	192	35
	质量(kg)	193	500
复合冷却器	冷却方式	194	风冷
	水散热量(kW)	195	100
	油散热量(kW)	196	150
	通风量(m^3/min)	197	450
	水流量(m^3/h)	198	13.5
	油流量(m^3/h)	199	48
	质量(kg)	200	870

二十二

续上表

车型名称				和谐 D3C
车型代号				HXD3C
机车车号				0001～1065(带 DC 600 V 供电)
				A8001～A8070(连车公司)
				A6001～A6065(二七厂)
项目			序号	参数及说明
辅助变流器	CVCF逆变器	型号	201	STC326-A0
		每台机车装用台数	202	1
		额定输入电压(V)	203	AC 399
		额定输入电流(A)	204	576
		额定输出电压(V)	205	AC 380
		额定输出电流(A)	206	0～605
		容量(kV·A)	207	230
		频率(Hz)	208	50
		功率元件参数	209	IGBT(1 700 V/1 000 A)
		冷却方式	210	强制循环水冷
		质量(kg)	211	48
	VVVF逆变器	型号	212	STC326-A0
		每台机车装用台数	213	1
		额定输入电压(V)	214	AC 399
		额定输入电流(A)	215	576
		额定输出电压(V)	216	AC 2～380
		额定输出电流(A)	217	0～605
		容量(kV·A)	218	230
		频率(Hz)	219	0～50
		功率元件参数	220	IGBT(1 700 V/1 000 A)
		冷却方式	221	强制循环水冷
		质量(kg)	222	48
蓄电池充电器	型号		223	BC10-Ⅰ
	输入电压(V)		224	DC 750
	输出电压(V)		225	负载回路 110,充电回路 109
	输出电流(A)		226	90
	输出容量(kV·A)		227	9.9
	质量(kg)		228	290
微机网络控制系统	列车网标准		229	HDLC
	车辆网标准		230	以太网
	列车网传输速率(kbit/s)		231	100
	车辆网传输速率(Mbit/s)		232	10
	机车控制功能	牵引特性控制	233	准恒速
		再生制动特性控制	234	恒转矩
		其他控制功能	235	顺序控制、自诊断功能、网络重联

续上表

车型名称				和谐D_{3C}
车型代号				HXD_{3C}
机车车号				0001～1065(带 DC 600 V 供电)
				A8001～A8070(连车公司)
				A6001～A6065(二七厂)
项目			序号	参数及说明
微机网络控制系统	保护功能	网压保护限值(kV)	236	31.5,35
		网流保护限值(A)	237	800
		中间电压限值(V)	238	3 150,3 500
		防空转、滑行策略	239	矢量加速度控制
		最高速度限值(km/h)	240	132
风源系统	主空气压缩机组	型号	241	SL22
		压缩空气出口压力(kPa)	242	1 000
		压缩空气出口温度(℃)	243	环境温度+15
		排气量(m^3/min)	244	2.4
		冷却方式	245	风冷
		润滑油牌号	246	ANDROL3057
		润滑油储量(dm^3)	247	4
		润滑油压力(kPa)	248	/
		电机型号	249	/
		电机转速(r/min)	250	/
		额定功率(kW)	251	25
		额定电压(V)	252	380
		额定电流(A)	253	/
		机组质量(kg)	254	395
	辅空气压缩机组	型号	255	V10-T
		额定排气量(m^3/min)	256	0.07
		额定排气压力(kPa)	257	800
		电动机型号	258	/
		额定工作电压(V)	259	110
		额定工作电流(A)	260	/
		额定功率(kW)	261	0.79
		额定转速(r/min)	262	1 250
	空气干燥器	型号	263	JKG1C
		形式	264	吸附式
		处理空气量(m^3/min)	265	3
		工作压力(kPa)	266	1 000
		整机质量(kg)	267	145
	风源系统部件	压力控制器(调压器)型号	268	/
		压力控制范围(kPa)	269	680～900,750～900
		总风缸空气压力范围(kPa)	270	680～900,750～900
		风缸总容量(dm^3)	271	600×2
	调压阀调压范围(kPa)		272	/

续上表

车型名称			和谐 D_{3C}
车型代号			HXD_{3C}
机车车号			0001～1065(带 DC 600 V 供电)
			A3001～A8070(连车公司)
			A6001～A6065(二七厂)
项目		序号	参数及说明
制动机	型号	273	CCBⅡ
	自动制动阀	274	/
	单独制动阀	275	/
	分配阀型号,数量	276	/
	中继阀(双阀口式)	277	/
	紧急阀	278	/
	电动放风阀	279	/
	紧急电空阀(110 V)	280	/
	电空转换阀	281	/
蓄电池组	型号	282	DLM170
	容量(A·h)	283	170
	装用数量(只)	284	48
	总标称电压(V)	285	96(48 ×2.0)
列车供电柜	型号	286	/
	电路形式	287	相控整流
	额定输出功率(kW)	288	400
	额定交流输入电压	289	单相 860 V/50 Hz
	额定直流输出电压(V)	290	600
	额定直流输出电流(A)	291	667
	最大直流输出电流(A)	292	750
	输出电压控制精度(%)	293	5
	效率(额定工况)(%)	294	>90
	冷却方式	295	强迫通风冷却

注:"—"表示无此设备;"/"表示数据空缺。

二十三、HXD_{3D}型电力机车技术简介

1. 概　　述

HXD_{3D}型电力机车是单轴功率 1 200 kW、六轴、交流电传动快速客运电力机车，是为了满足我国铁路旅客快速运输的需求，由连车公司研制的机车产品，车型代号为 HXD_{3D}。该型机车集合了 HXD_3 系列（HXD_3、HXD_{3B}、HXD_{3C}）电力机车先进成熟的技术，采用 IGBT 水冷变流机组，1 250 kW 大转矩异步牵引电动机，具有启动（持续）牵引力大、恒功率速度范围宽、黏着性能好、功率因数高等特点。机车持续功率 7 200 kW，恒功率最高速度 160 km/h，持续速度 80 km/h，最大启动牵引力 420 kN，持续牵引力 324 kN，列车供电功率 800 kW，轴式 $C_0—C_0$，轴重 21 t，通过最小曲线半径 125 m。

2012 年 3 月首台 HXD_{3D} 型电力机车下线，先后通过形式试验、30 万 km 严格的线路运行考核试验、技术审查，并获得型号许可后，于 2013 年 9 月开始交付使用。截至 2016 年 12 月底共计生产交付 HXD_{3D} 型电力机车 636 台，连车公司生产交付 611 台，车号为 0001～0609 及 1893 和 1921 号，其中 HXD_{3D} 1893 号机车于 2014 年 11 月被命名为“毛泽东号”机车（注：“毛泽东号”机车由之前的 HXD_{3B} 型货运电力机车换型为 HXD_{3D} 型客运电力机车）；HXD_{3D} 1921 号机车由沈阳铁路局于 2016 年 4 月命名为“共产党员号”机车。同车公司生产交付 25 台，车号为 8001～8025。分别配属哈尔滨、沈阳、北京、太原、呼和浩特、西安、济南、南昌、昆明、兰州等铁路局所属机务段，承担干线旅客列车牵引任务。

HXD_{3D} 型电力机车外形如图 1-23-1 所示。

图 1-23-1　HXD_{3D} 型电力机车外形图

2. 机车总体

HXD_{3D} 型电力机车采用 $C_0—C_0$ 轴式，在机车的两端各设有一个司机室，两个司机室的中间为机械室。机械室内设有 600 mm 的中央通道，车内设备（牵引变流器、复合冷却器、列车供电柜、牵引电机通风机、空气压缩机等）以平面斜对称布置为主，设备成套安装。两台受电弓和两台车顶避雷器位于机车机械间顶盖上，六个接地装置安装于车轴轴头，其余的网侧高压电器均装在车内高压柜中。

司机室设备布置分为操纵台设备布置、前墙设备布置、后墙设备布置、侧墙设备布置、顶部设备布置五个部分。

车外设备布置有车端头灯、标志灯、辅照灯、车端连接设备、过分相设备、库用插座等。

机车采用独立通风方式。机车设有三个通风支路：牵引电机通风支路，冷却塔通风支路和压缩机通风散热支路。

机车设备布置如图 1-23-2 所示。

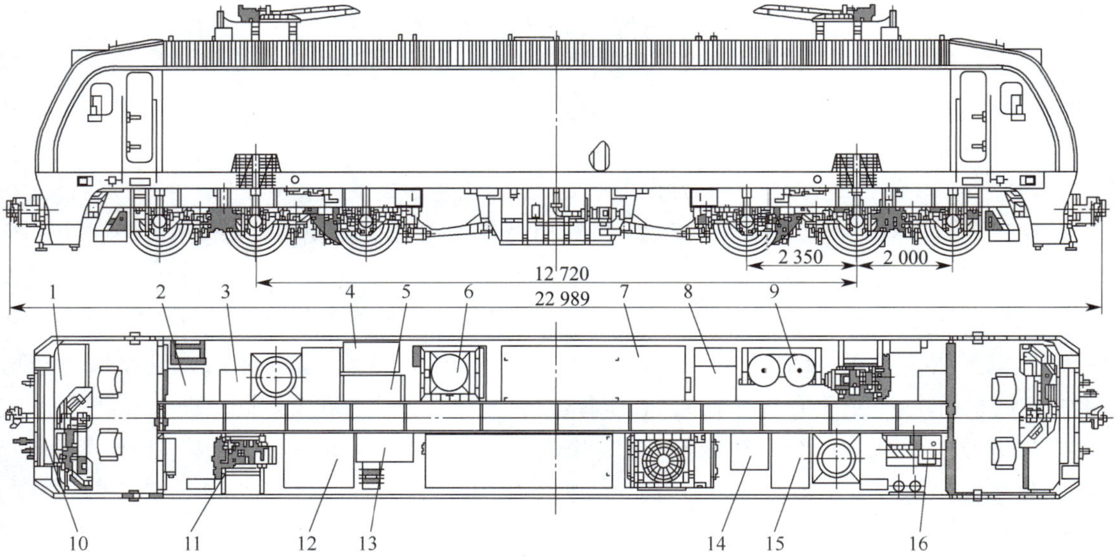

图 1-23-2 HXD$_{3D}$ 型电力机车总体布置图

1—操纵台；2—微机柜；3—6A 系统柜；4—辅助滤波柜；5—蓄电池充电器；6—复合冷却器；7—牵引变流器；8—卫生间；9—总风缸；10—空调；11—空气压缩机；12—高压柜；13—控制电器柜；14—第三方设备柜；15—列车供电柜；16—制动柜

HXD$_{3D}$ 型电力机车牵引与再生制动特性曲线如图 1-23-3、图 1-23-4 所示。

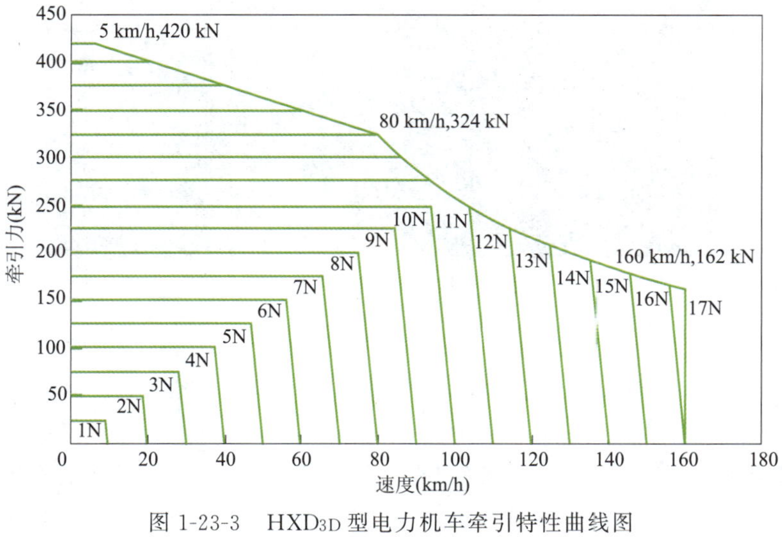

图 1-23-3 HXD$_{3D}$ 型电力机车牵引特性曲线图

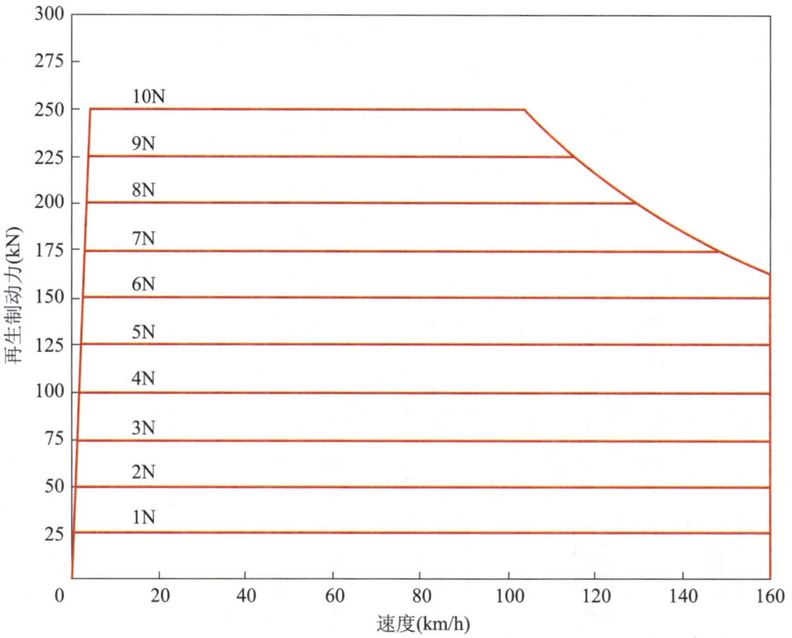

图 1-23-4　HXD3D 型电力机车再生制动特性曲线图

3. 牵引电传动系统

(1)牵引电路

HXD3D 型电力机车牵引电传动系统主要是由网侧电路(含受电弓、主断路器、受电弓隔离开关、避雷器、牵引变压器等)、牵引变流器和牵引电机等部分组成。机车采用交—直—交传动、单轴控制技术,牵引变压器次边六个独立的牵引绕组分别向六台牵引变流器供电,每台牵引变流器单独给一台牵引电机供电,以实现最佳黏着利用控制,并在电机或牵引设备发生故障时,影响范围尽可能小,牵引功率损失最少。电气系统主要由牵引电路、辅助电路、列车供电电路及控制电路组成。

牵引电路图如图 1-23-5 所示。

(2)网侧电路

接触网电流通过受电弓进入机车,经 25 kV 高压电缆进入高压柜,再经柜内的高压隔离开关和主断路器,穿过高压电流传感器与牵引变压器的原边绕组 A 端子相连,经过牵引变压器原边绕组后,从 X 端子流出,再穿过低压电流传感器后,通过六个并联的接地装置,经轮对回流至钢轨。

(3)牵引变压器

牵引变压器由一个原边绕组、六个次边牵引绕组、两个辅助绕组、两个列车供电绕组和钢制壳体构成,全封闭结构,无氧气。采用油循环、强迫风冷方式。

牵引变压器具有两路油循环冷却支路,各设有一个油流继电器对油流情况进行监测。如果一个油流继电器检测到无油循环,则该冷却支路对应的三组牵引变流器和一组辅助变流器禁止功率输出,机车的牵引功率下降 50%。如果两个油流继电器都检测到无油循环,牵引变流器封锁,停止输出功率。

牵引变压器设有压力继电器和布赫继电器,用于压力监测。

(4)牵引变流器

二十三

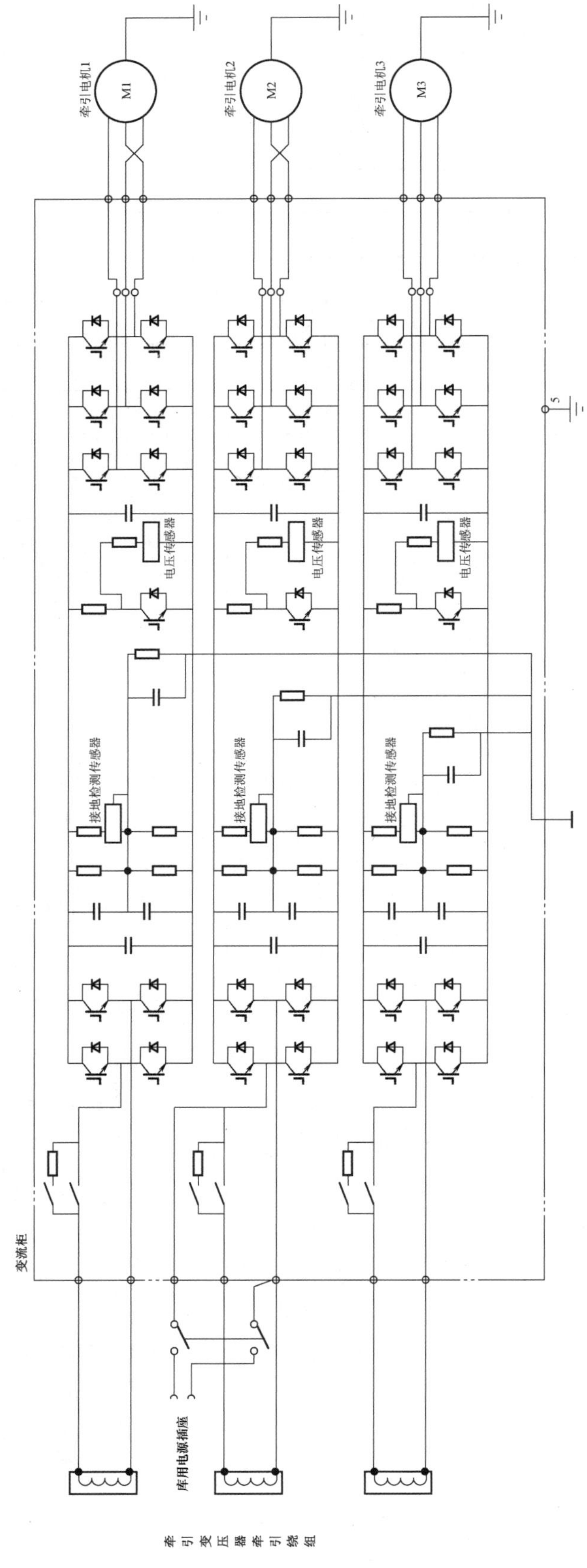

图 1-23-5 HXD3D 型电力机车牵引电路图

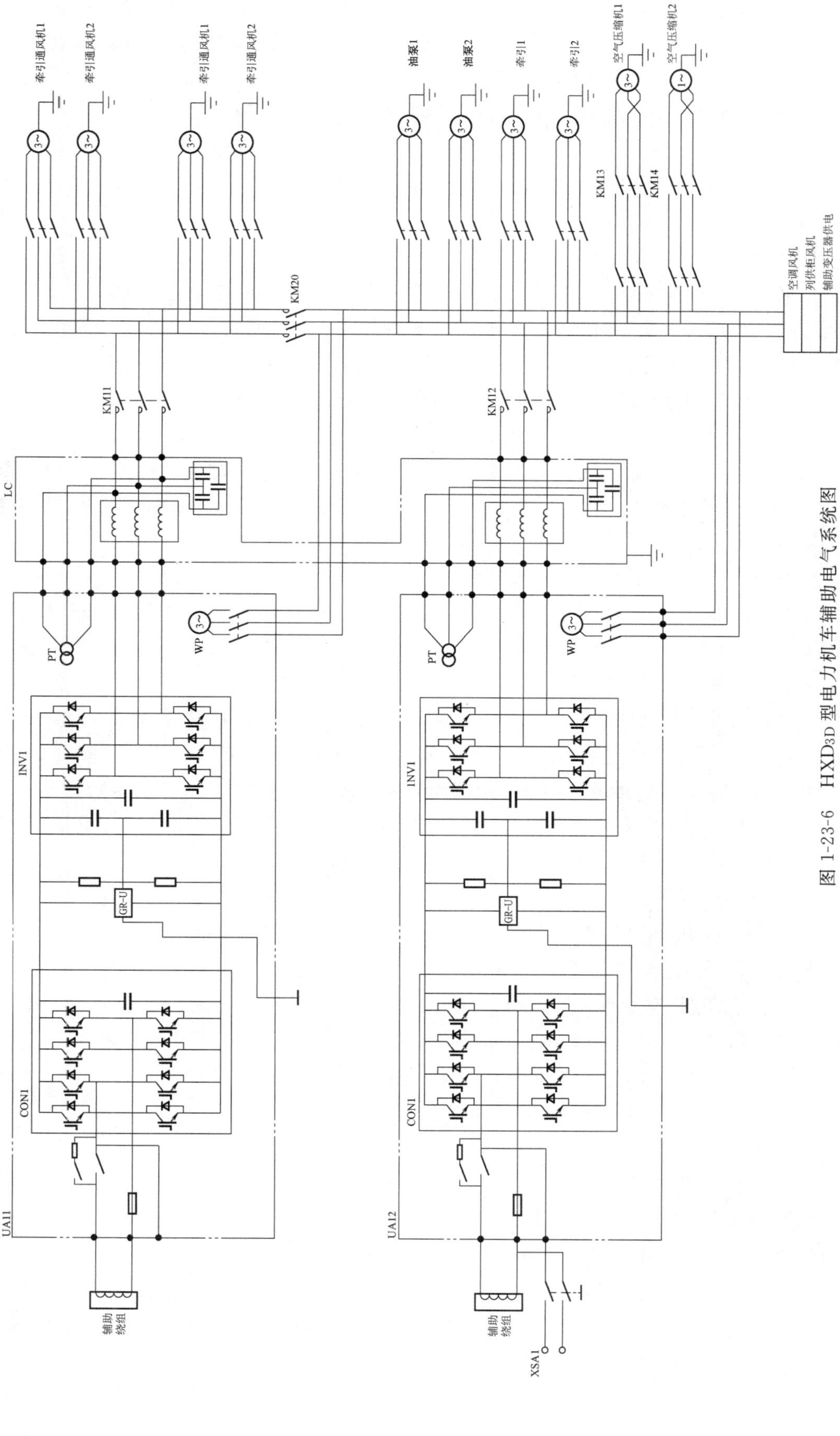

图 1-23-6 HXD3D型电力机车辅助电气系统图

KM13,KM14—空压机接触器;CON1—四象限变流器;GR-U—接地检测装置;INV1—牵引逆变器;PT—辅助变压器;WP—水泵;XSA1—库用电源插座

UA11,UA12—辅助变流器1,2;LC—滤波柜;KM11,KM12—辅助接触器1,2;KM20—辅助冗余接触器

机车六组牵引变流器的牵引电路和控制电路相对独立，分别为六个牵引电机提供交流变压变频电源。当其中一组或几组发生故障时，可通过 TCMS 微机显示屏，利用触摸开关将故障的牵引变流器切除，剩余单元仍可继续工作，实现整车的冗余控制。每个变流柜中有三组牵引变流器，每组牵引变流器由一台四象限变流器，一个中间直流回路和一台牵引逆变器构成。每台四象限变流器通过一个预充电电阻和两个交流接触器与牵引变压器的一个牵引绕组相连。当牵引变流器投入运行时，首先通过预充电电阻对中间直流电容进行充电，然后再闭合工作接触器，以避免大的电流冲击。

(5)牵引电机

机车采用 YJ217A/SEA-110B 型三相异步牵引电机。电机的结构主要由定子、转子、端盖、轴承、测速装置和主动齿轮等部分组成。定子的主要零部件有定子铁芯、定子绕组等。转子由转子铁芯、导条、端环和转轴等组成。牵引电机采用强迫通风冷却，其滚动轴承采用油润滑或脂润滑，并采用有效措施防止轴承电蚀，轴承密封采用非接触的迷宫式结构。

4. 辅助电气系统

HXD3D 型电力机车辅助电路从功能上可以分成相对独立的三部分电路：三相辅助电动机供电电路、辅助加热电路和库用电源电路。机车设有两组独立的三相辅助电源，每组电源由辅助变流器、辅助滤波装置、接触器、自动开关及辅助电动机等构成。

HXD3D 型电力机车辅助电气系统如图 1-23-6 所示。

机车两组辅助变流器分别位于两组牵引变流柜中，都有变压变频(VVVF)和定压定频(CVCF)两种工作方式。正常状态下，辅助变流器 1 工作在 VVVF 方式，其输出电压和频率将根据各牵引电机冷却的实际情况进行调整。辅助变流器 2 工作在 CVCF 方式，主要为泵类负载供电。每台辅助变流器的额定容量是按照独立带整车辅机负载的工况设计的，当某一组辅助变流器发生故障时，另一组辅助变流器可以承担机车全部的辅助电动机负载。此时，工作的辅助变流器以 CVCF 方式运行。辅助变流器的故障转换控制由机车微机控制系统(TCMS)自动完成。辅助变流器中间直流电路同时给 DC 110 V 电源装置供电。辅助变流器 UA12 的输出还经隔离变压器，给司机室各加热设备及低温预热电路供电。

5. 微机网络控制系统

HXD3D 型电力机车的微机网络控制系统是以机车控制与监视系统(TCMS)为核心，结合机车行车安全综合信息监控系统和 CCBⅡ电控制动系统，配以机车外围电路进行设计。TCMS 主要功能是实现机车特性控制、逻辑控制、故障监视和诊断，并将有关信息送到司机操纵台上的微机显示屏。TCMS 主要包括一个主控制装置和两个显示单元，其中主控制装置采用冗余设计，设有两套热备冗余的控制单元，一套为主控制单元，一套为从控制单元。当主控制单元发生故障时，从控制单元立即自动投入工作。

机车内部的各电子设备主要采用 RS-485 总线方式进行信息交换，TCMS 与制动系统采用 MVB 总线连接，重联机车之间采用以太网实现本机与重联机车的信息传递。

机车微机网络控制系统结构图如图 1-23-7 所示。

微机网络控制系统分为列车级和车辆级两级网络系统。

列车级总线由以太网构成，它的传输速率为 10 Mbit/s，接口为符合 IEEE 802.3 标准的串行链路，传输介质是双绞屏蔽线。该以太网采用基于 UDP/IP 协议的半双工通信网络，总线上各节点的信息采用令牌控制。

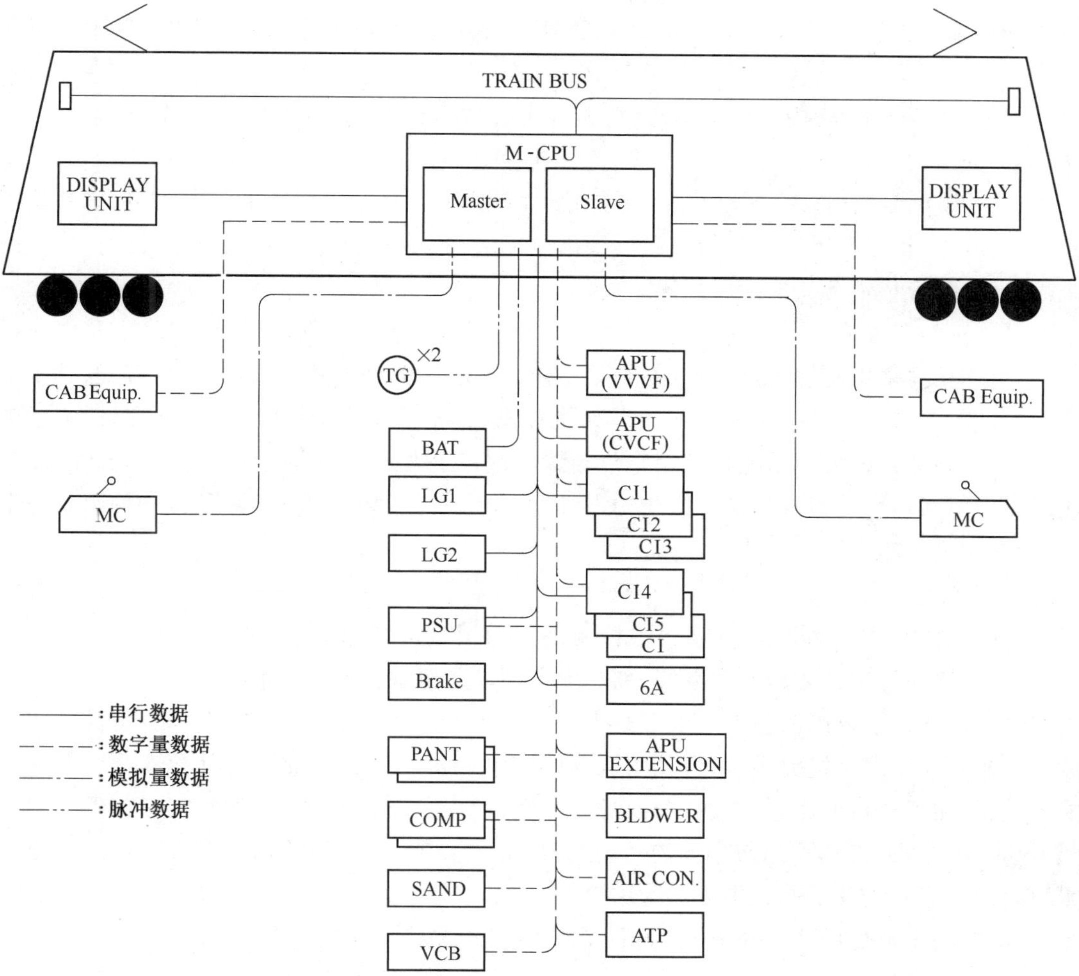

图 1-23-7　HXD_{3D} 型电力机车控制系统结构图

TRAIN BUS—列车（机车）总线；M-CPU—主控制装置；Master—主控制单元；Slave—从控制单元；DISPLAY UNIT—微机显示屏；MC—主控制器；CAB Equip.—司机室设备；TG—速度传感器；ATP—监控控制系统；VCB—主断路器；PANT—受电弓；COMP—压缩机；SAND—撒砂装置；APU—辅助电源装置控制单元；CI—主变换装置控制单元；BLOWER—通风装置；BAT—蓄电池；AIR CON.—空调装置；Brake—制动系统；APU EXTENSION—APU 故障切换控制；PSU—DC 110 V 电源装置；LG—列车供电柜；6A—机车安全防护系统柜

6. 车　　体

HXD_{3D} 型电力机车车体在 HXD_{3C} 型电力机车车体技术平台上，充分借鉴了 SS_{7E} 型、HXD_{3B} 型及 DF_{4D} 型（客）等机车钢结构特点，采用了标准化、简统化、模块化的设计理念，并充分考虑车体空气动力学影响因素而进行设计。采用有中梁式整体承载结构，分为前后端梁、前后旁承梁、变压器梁及边梁等几大部分。车体为中间内走廊式双司机室整体承载焊接结构，主要由前后司机室、左右侧墙、底架、活动横梁及顶盖等大部件组成。顶盖可拆卸，其密封结构可多次重复使用并保持其密封性能。车内设备都设有独立的设备安装骨架，安装骨架采用预焊燕尾式槽钢方式；底架盖板采用 5 mm 厚钢板，并根据车上设备安装布置具体情况预留孔口及管、线通过孔。中梁为盆形梁结构。边梁外板为与压型槽钢组成箱型梁结构。边梁预留机车整体起吊用吊车筒，端部预安装救援吊座。用于转向架相连的整体起吊座焊在边梁上。变压器梁为船形箱型梁结构，鱼腹部分预留安装变压器接口及牵引销安装座。

车钩采用15号小间隙C级钢车钩，基本形式尺寸符合TB/T 3046—2002标准。

7. 转向架

HXD_{3D}型电力机车装有两台结构相同的三轴转向架。每台转向架主要由构架、一系悬挂装置、驱动装置、轮对装置、二系悬挂装置、基础制动装置、电机悬挂装置、牵引杆装置、轮缘润滑执行装置、配管装置及其他附属装置组成。

牵引电机的布置采用二、三轴对置方式。驱动单元(包括牵引电机、齿轮箱总成和六连杆空心轴等)的悬挂采用刚性架悬；驱动系统采用轮对空心轴驱动方式，齿轮箱为承载式，轴承采用油润滑，以适应转向架160 km/h速度等级的要求；轴箱轴承采用免维护的双列圆柱滚子轴承单元；一系悬挂系统采用单拉杆轴箱定位加螺旋钢弹簧方式，一、三轴安装垂向减振器；二系悬挂系统采用高圆螺旋弹簧加橡胶垫结构，辅以各向减振器；牵引装置采用低位推挽牵引杆牵引；基础制动采用轮盘制动方式。

8. 制动系统

HXD_{3D}型电力机车空气制动系统主控制部分采用微机控制，为满足客运牵引需求，提高机车可用性，增加纯空气备份制动系统、列车电空制动及双管供风等功能。

空气制动系统主要由风源系统、CCBⅡ制动机、基础制动及辅助系统几个部分组成。主风源由两台螺杆式压缩机组提供，每台压缩机排风量大于2 400 dm^3/min，与其配套两台双塔再生式干燥器，在干燥器的出口处装有精油过滤器和最小压力阀。压缩空气的储存容器为两个容积为600 dm^3的风缸，两风缸串联连接，在车内立式安装，通过不锈钢软卡带固定。机车设有无油辅助压缩机组及干燥器作为辅助风源。

二十三

空气制动系统控制部分采用CCBⅡ型微机式电空制动机。其主要部件由两个电子制动阀，两个制动显示屏，一个集成处理器，一个继电器接口模块和一个电空控制单元构成。

机车通过列车管和总风管向全列车供风，分开了列车制动用风与辅助用风，使彼此功能相对独立，互不干扰。

9. 列车供电系统

HXD_{3D}型电力机车具有DC 600 V列车供电系统和双管供风装置。机车牵引变压器具有列车供电绕组、列车供电柜、供电插座、客货转换开关、双管供风装置等，使机车具有牵引旅客列车的功能，可以向旅客列车提供风源及稳定的DC 600 V电源。

列车供电系统主要由牵引变压器供电绕组、列车供电柜、供电插座等设备组成。供电绕组额定输出电压860 V，通过列车供电柜内的相控整流器转变为稳定的DC 600 V电压向旅客列车供电。

机车设有两个完全相同的列车供电柜，采用两路独立供电方式向列车供电，每路容量为400 kW，当一路故障时，另一路可维持供电。

10. 技术参数表

HXD_{3D}型电力机车技术参数见表1-23-1。

表 1-23-1 HXD_{3D} 型电力机车技术参数表

车型名称			和谐 D_{3D}
车型代号			HXD_{3D}
机车车号			0001～0609(连车公司), 1893、1921(连车公司), 8001～8025(同车公司)
项目		序号	参数及说明
用途		1	铁路干线客运
制造年代		2	2012—2016 年
制造厂名		3	中车大连机车车辆有限公司 中车大同电力机车有限公司
轨距(mm)		4	1 435
车体	车底架长(mm)	5	21 565
	车体宽(mm)	6	3 100
	高(轨面至受电弓座平面)(mm)	7	4 100
司机室个数		8	2
机车前后车钩中心距(mm)		9	22 989
车钩型号,形式		10	15 号小间隙 C 级钢
缓冲器型号		11	KC15 型弹性胶泥缓冲器
轴式		12	$C_0—C_0$
车钩中心线距轨面高度(mm)		13	880±10
转向架中心距(mm)		14	12 720
全轴距(mm)		15	16 720
动轮直径(新轮)(mm)		16	1 250
动轮直径(轮箍半磨耗)(mm)		17	1 200
落弓后滑板顶面距轨面高度(mm)		18	≤4 770
受电弓滑板距轨面工作高度(mm)		19	5 200～6 500
机车整备质量(t)		20	126
轴重(t)		21	21
通过最小曲线半径(m)		22	125
供电电流制		23	AC 25 kV/50 Hz
额定电压(kV)		24	25
最高电压(kV)		25	31
最低电压(kV)		26	17.5
电传动方式		27	交—直—交
持续功率(kW)		28	7 200
持续速度(km/h)		29	80
持续牵引力(kN)		30	324(半磨耗轮)
最高运用速度(km/h)		31	160
恒功率速度范围(km/h)		32	80～160
最大启动牵引力(kN)		33	420
最大再生制动力(kN)		34	250
功率因数		35	≥0.98
等效干扰电流 J_p(A)		36	≤2.5
电网电流畸变率(%)		37	/
机车总效率		38	≥0.85
紧急制动距离(m)		39	平直道,初速度 160 km/h,≤1 400 m
库内动车电源制式		40	DC 600

续上表

车型名称				和谐 D_{3D}
车型代号				HXD_{3D}
机车车号				0001～0609(连车公司), 1893、1921(连车公司), 8001～8025(同车公司)
项目			序号	参数及说明
转向架	构架外形尺寸(mm)		41	6 910×2 836×1 121
	两侧梁横向中心距(mm)		42	2 120
	转向架各轴间距(mm)		43	2 000,2 350
	转向架固定轴距(mm)		44	4 350
	同一轴两轴箱中心距(mm)		45	2 120
	轮对质量(kg)		46	2 413.7
	一系悬挂装置	一系悬挂静挠度(mm)	47	39.5
		垂向油压减振器型号,数量	48	421300002261,4
		垂向油压减振器阻尼系数(kN·s/m)	49	60
	二系悬挂装置	二系悬挂静挠度(mm)	50	132.5
		垂向油压减振器型号,数量	51	421300002262,2
		垂向油压减振器阻尼系数(kN·s/m)	52	75
		横向油压减振器型号,数量	53	421300002263,2
		横向油压减振器阻尼系数(kN·s/m)	54	50
		抗蛇行减振器型号,数量	55	601300002264,2
		抗蛇行减振器阻尼系数(kN·s/m)	56	/
	牵引力传递方式		57	低位单牵引杆
	牵引点高(mm)		58	367.5
	牵引电动机悬挂方式		59	架悬
	齿轮传动比		60	3.769
	砂箱容量(m^3)		61	(车体上)4×0.05
	转向架质量(t)		62	28.4
基础制动装置	基础制动方式		63	轮盘制动
	每台转向架制动器组数		64	6
	制动缸直径(mm)		65	254
	制动倍率		66	2.2
	传动效率(%)		67	85
	闸片与制动盘的恒定间隙(mm)		68	1.5
	制动缸最大空气压力(kPa)		69	450
	闸片、制动盘形式		70	整体式轮盘制动
	闸片、制动盘材质		71	粉末冶金,铸钢制动盘
	每个夹钳上的闸片(或轮盘)压力(kN)		72	44.42
	停放制动器	停放制动方式	73	弹簧储能制动
		制动器数量	74	2
		闸片压力(kN)	75	52.25
		停放制动器质量(kg)	76	107
	制动单元质量(kg)		77	85

续上表

车型名称				和谐D_{3D}
车型代号				HXD_{3D}
机车车号				0001～0609(连车公司)， 1893、1921(连车公司)， 8001～8025(同车公司)
项目			序号	参数及说明
受电弓	型号		78	DSA200D
	额定工作电压(kV)		79	25
	额定工作电流(A)		80	1 000
	运行最高速度(km/h)		81	200
	工作高度(mm)		82	969～3 081
	最大升弓高度(mm)		83	3 081
	落弓位高度(mm)		84	669
	升弓时间(s)		85	≤5.4
	降弓时间(s)		86	≤4
	传动风缸工作空气压力(kPa)		87	400～1 000
	总质量(kg)		88	130
主断路器	型号		89	22CBDP1
	额定电压(kV)		90	30
	额定电流(A)		91	1 000
	额定分断电流(kA)		92	20
	额定分断容量(MV·A)		93	600
	固有分闸时间(ms)		94	20～40
	额定工作气压(kPa)		95	450～1 000
	质量(kg)		96	115
牵引变压器	型号,结构形式		97	JQFP1-10160/25
	各绕组额定容量(kV·A)	网侧高压绕组	98	10 166
		牵引绕组	99	1 400×6
		辅助绕组	100	303×2
		供电绕组	101	580×2
	各绕组额定电压(V)	网侧高压绕组	102	25 000
		牵引绕组	103	1 450
		辅助绕组	104	401
		供电绕组	105	860
	各绕组额定电流(A)	网侧高压绕组	106	407
		牵引绕组	107	965×6
		辅助绕组	108	756×2
		供电绕组	109	675×2

续上表

车型名称			和谐 D_{3D}
车型代号			HXD_{3D}
机车车号			0001～0609(连车公司), 1893、1921(连车公司), 8001～8025(同车公司)
项目		序号	参数及说明
牵引变压器	短路阻抗	110	牵引 49%,辅助 17%,供电 5.9%
	绝缘等级	111	A 级
	冷却方式	112	强迫导向油循环风冷 ODAF
	冷却油牌号	113	Diala S3 ZX-Ⅰ
	冷却油流量(m^3/h)	114	48
	油泵型号	115	B2/148G/100
	效率(%)	116	97
	总质量(t)	117	13
谐振电抗器	每节机车台数	118	—
	额定电流(A)	119	—
	额定电压(V)	120	—
	电感值(mH)	121	—
牵引变流器	型号	122	COV097-A0
	电路结构形式	123	电压型,两电平
	额定功率(kW)	124	7 200
	额定输入电压(交流)(V)	125	1 450
	额定输入电流(交流)(A)	126	918
	中间回路电压(V)	127	DC 2 800
	二次谐振电容值(mF)	128	—
	支撑电容值(μF)	129	6 600
	额定输出电压(V)	130	2 150
	额定输出电流(A)	131	390
	四象限变流器开关频率(Hz)	132	450
	牵引逆变器最大开关频率(Hz)	133	450
	牵引逆变器输出频率范围(Hz)	134	0～91
	冷却方式	135	强制循环水冷
	效率(%)	136	>98
	质量(t)	137	3.050
	外形尺寸(长×宽×高,mm)	138	4 000×970×2 050
	每台机车牵引变流器台数	139	2

二十三

续上表

车型名称				和谐 D_{3D}
车型代号				HXD_{3D}
机车车号				0001～0609(连车公司)， 1893、1921(连车公司)， 8001～8025(同车公司)
项目			序号	参数及说明
牵引变流器	四象限变流器功率模块	型号	140	STC330-A4
		电路形式	141	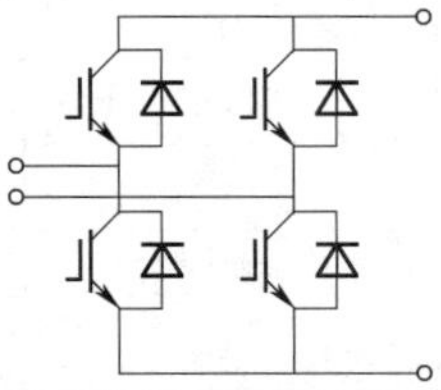
		四象限变流器构成形式	142	每个四象限变流器由一个功率模块构成
		电压(V)	143	2 800
		电流(A)	144	2 180
		开关频率(Hz)	145	450
		功率元件型号	146	MG900GXH1US53
		功率元件参数	147	IGBT(4.5 kV/0.9 kA)
		功率元件个数	148	4
		冷却方式	149	强制循环水冷
		质量(kg)	150	63
		尺寸(长×宽×高，mm)	151	339.2×591.5×540
	牵引逆变器功率模块	型号	152	STC331-A4
		电路形式	153	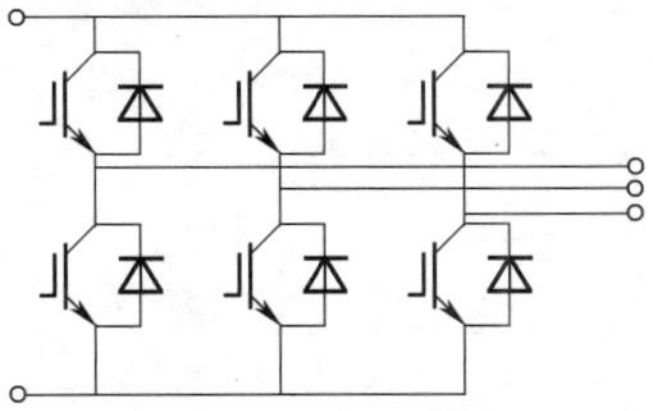
		牵引逆变器构成形式	154	每个牵引逆变器由一个功率模块构成
		电压(V)	155	2 800
		电流(A)	156	1 090
		开关频率(Hz)	157	450
		功率元件型号	158	MG900GXH1US53
		功率元件参数	159	IGBT(4.5 kV/0.9 kA)
		功率元件个数	160	6
		冷却方式	161	强制循环水冷
		质量(kg)	162	57
		尺寸(长×宽×高，mm)	163	339.2 × 591.5 × 540
	冷却系统	水泵型号	164	F40-3215H4-0405S1-BV
		流量(m^3/h)	165	13.5
		驱动电机功率(kW)	166	3.7

续上表

车型名称				和谐 D_{3D}
车型代号				HXD_{3D}
机车车号				0001～0609(连车公司), 1893、1921(连车公司), 8001～8025(同车公司)
项目			序号	参数及说明
牵引变流器	控制策略	四象限变流器	167	PWM 脉宽调制
		牵引逆变器	168	PWM 脉宽调制＋矢量控制
		瞬时电压限制器	169	/
交流异步牵引电机	型号		170	YJ217A/SEA-110B
	额定功率(持续制)(kW)		171	1 250
	额定电压(持续制)(V)		172	2 150
	额定电流(持续制)(A)		173	390
	最大启动电流(A)		174	536
	功率因数		175	0.9
	额定转速(持续制)(r/min)		176	1 333
	最高转速(r/min)		177	2 782(全磨耗轮)
	额定频率(Hz)		178	45
	额定转差率		179	0.013
	额定转矩(N·m)		180	8 940
	最大转矩(N·m)		181	11 380
	额定效率(%)		182	95
	绝缘等级		183	200 级
	极数		184	4
	质量(kg)		185	≤2 390
	通风量(m^3/s)		186	1.6
牵引通风机组	型号		187	BAF-80C,THTF8.0
	台数		188	2
	最大转速(r/min)		189	2 950
	每台风机的风量(m^3/min)		190	330
	风压(Pa)		191	3 600
	额定功率(kW)		192	35
	质量(kg)		193	500
复合冷却塔	冷却方式		194	风冷
	水散热量(kW)		195	100
	油散热量(kW)		196	150
	通风量(m^3/min)		197	450
	水流量(m^3/h)		198	13.5
	油流量(m^3/h)		199	48
	质量(kg)		200	900

续上表

车　型　名　称				和谐D_{3D}
车　型　代　号				HXD$_{3D}$
机　车　车　号				0001～0609(连车公司), 1893、1921(连车公司), 8001～8025(同车公司)
项　目			序号	参数及说明
辅助变流器	CVCF逆变器	型号	201	STC326-A2
		每台机车装用台数	202	1
		额定输入电压(V)	203	AC 399
		额定输入电流(A)	204	576
		额定输出电压(V)	205	AC 380
		额定输出电流(A)	206	0～605
		容量(kV·A)	207	230
		频率(Hz)	208	50
		功率元件参数	209	IGBT(1 700 V/1 000 A)
		冷却方式	210	强制循环水冷
		质量(kg)	211	45
	VVVF逆变器	型号	212	STC326-A2
		每台机车装用台数	213	1
		额定输入电压(V)	214	AC 399
		额定输入电流(A)	215	576
		额定输出电压(V)	216	AC 2～380
		额定输出电流(A)	217	0～605
		容量(kV·A)	218	230
		频率(Hz)	219	0.2～50
		功率元件参数	220	IGBT(1 700 V/1 000 A)
		冷却方式	221	强制循环水冷
		质量(kg)	222	45
蓄电池充电器	型号		223	BC10-IA
	输入电压(V)		224	DC 750
	输出电压(V)		225	负载电路 110,充电电路 109
	输出电流(A)		226	90
	输出容量(kV·A)		227	9.9
	质量(kg)		228	290
微机网络控制系统	列车网标准		229	HDLC
	车辆网标准		230	以太网
	列车网传输速率(kb/s)		231	100
	车辆网传输速率(Mb/s)		232	10
	机车控制功能	牵引特性控制	233	准恒速
		再生制动特性控制	234	恒转矩
		其他控制功能	235	顺序控制,自诊断功能,网络重联

续上表

车型名称				和谐 D_{3D}
车型代号				HXD_{3D}
机车车号				0001～0609(连车公司)，1893、1921(连车公司)，8001～8025(同车公司)
项目			序号	参数及说明
微机网络控制系统	保护功能	网压保护限值(V)	236	31.5,35
		网流保护限值(A)	237	800
		中间电压限值(V)	238	3 150,3 500
		防空转/滑行策略	239	矢量加速度控制
		最高速度限值(km/h)	240	170
风源系统	主空气压缩机组	型号	241	SL22
		压缩空气出口压力(kPa)	242	1 000
		压缩空气出口温度(℃)	243	环境温度+15(0～50℃时)
		排气量(m^3/min)	244	2.4
		冷却方式	245	风冷
		润滑油牌号	246	ANDROL3057
		润滑油储量(dm^3)	247	4
		润滑油压力(kPa)	248	/
		电机型号	249	/
		电机转速(r/min)	250	/
		额定功率(kW)	251	25
		额定电压(V)	252	380
		额定电流(A)	253	/
		机组质量(kg)	254	395
	辅助空气压缩机组	型号	255	V10-T
		额定排气量(m^3/min)	256	0.07
		额定排气压力(kPa)	257	800
		电动机型号	258	/
		额定工作电压(V)	259	110
		额定工作电流(A)	260	/
		额定功率(kW)	261	0.79
		额定转速(r/min)	262	1 250
	空气干燥器	型号	263	JKG1C
		形式	264	吸附式
		处理空气量(m^3/min)	265	3
		工作压力(kPa)	266	1 000
		整机质量(kg)	267	145
	风源系统部件	压力控制器(调压器)型号	268	/
		压力控制范围(kPa)	269	680～900,750～900
		总风缸空气压力范围(kPa)	270	0～900
		总风缸总容量(dm^3)	271	600×2
	调压阀调压范围(kPa)		272	/

续上表

车　型　名　称			和谐 D_{3D}
车　型　代　号			HXD_{3D}
机　车　车　号			0001～0609(连车公司)， 1893、1921(连车公司)， 8001～8025(同车公司)
项　目		序号	参数及说明
制动机	型号	273	CCBⅡ
	自动制动阀	274	782581-1731
	单独制动阀	275	782581-1731
	分配阀型号，数量	276	16CP，1
	中继阀(双阀口式)	277	BP
	紧急阀	278	/
	电动放风阀	279	/
	紧急电空阀(110 V)	280	/
	电空转换阀	281	/
蓄电池组	型号	282	DLM170
	容量(A·h)	283	170
	装用数量	284	48
	总标称电压(V)	285	96(2×48)
列车供电柜	型号	286	TGF69/TDPS03/2YDGD5-860/400
	电路形式	287	相控整流
	额定输出功率(kW)	288	400
	额定交流输入电压	289	单相 AC 860 V/50 Hz
	额定直流输出电压(V)	290	600
	额定直流输出电流(A)	291	667
	最大直流输出电流(A)	292	750
	输出电压控制精度(%)	293	5
	效率(额定工况)(%)	294	>90
	冷却方式	295	强迫通风冷却

注："—"表示无此设备；"/"表示数据空缺。

二十四、HXD$_{3G}$型电力机车技术简介

1. 概　　述

HXD$_{3G}$型电力机车是连车公司为满足牵引快速旅客列车的运用要求，根据中国铁路总公司2014年科技研究开发计划“和谐型机车关键技术自主深化研究——八轴交流传动快速客运电力机车研制”（课题编号：2014J003-C）正在研制的轴功率1 400 kW，八轴、交流传动快速客运电力机车。机车车型代号暂定为HXD$_{3G}$。HXD$_{3G}$型电力机车集合了HXD$_3$系列（HXD$_3$、HXD$_{3B}$、HXD$_{3C}$、HXD$_{3D}$型）电力机车先进成熟的技术，采用大功率异步牵引电机、卧式牵引变压器、IGBT元件组成的水冷变流器、单轴控制、微机网络控制系统、电子控制的制动系统、弹性架悬转向架、独立通风冷却以及模块化设计等技术，是满足高速及普速线路客运牵引要求的新型八轴交流传动快速客运电力机车。机车持续功率11 200 kW，轴式2(B_0—B_0)，轴重19.5 t，最高运营速度160 km/h（构造速度210 km/h），持续速度95 km/h，最大启动牵引力480 kN，持续牵引力424 kN，列车供电功率800 kW，通过最小曲线半径125 m。

2015年12月首台HXD$_{3G}$型电力机车下线，2016年4月机车进行整车形式试验。截至2017年1月机车形式试验已基本完成并通过中国铁路总公司的试用评审，现已进入运用考核阶段。

HXD$_{3G}$型电力机车外形如图1-24-1所示。

图1-24-1　HXD$_{3G}$型电力机车外形图

2. 机车总体

HXD$_{3G}$型电力机车采用2(B_0—B_0)轴式，由两节完整的单司机室四轴机车通过机械和电气重联的形式组成的八轴机车，故机车的设备布置以单节车为单元。在每节车的前端设有一个司机室，中间是机械室。在机械室内设有700 mm宽的中央通道，在通道左右两侧设有牵引变流装置、通风机、复合冷却器、空气压缩机等电气设备。在车体下设有两台两轴的转向架及牵引变压器，在顶盖上设有受电弓及避雷器。车内设备布置以平面斜对称布置为主，设备成套安装，有利于机车的质量分配和机车的制造、检修和部件的互换。

司机室设备布置分成操纵台设备布置、前墙设备布置、后墙设备布置、侧墙设备布置、顶部设备布置五个部分。

车外设备布置有车端头灯、标志、辅照灯、车端连接设备、过分相设备、库用插座等。

机车采用独立通风方式。机车设有三个通风支路：牵引电机通风支路、冷却塔通风支路和压缩机通风散热支路。

机车设备布置如图 1-24-2 所示。

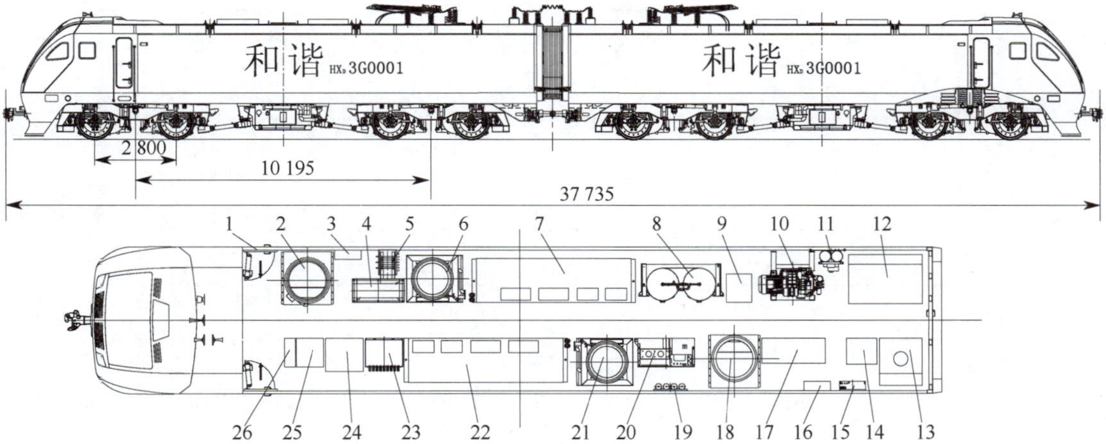

图 1-24-2　HXD3G 型电力机车总体布置图

1—侧入口门；2—牵引风机 1；3—端子柜；4—低压柜；5—辅助变压器；6—复合冷却器 1；7—变流柜 1；8—总风缸；9—工具柜；10—空压机；11—干燥器；12—网侧柜；13—卫生间；14——供电管理柜；15—端子柜 2；16—空气箱 1；17—蓄电池；18—牵引风机 2；19—辅助风缸；20—制动柜；21—复合冷却器 2；22—变流柜 2；23—微机柜；24—三方设备柜；25—6A 柜；26—空气箱 2

HXD3G 型电力机车牵引与再生制动特性曲线如图 1-24-3、图 1-24-4 所示。

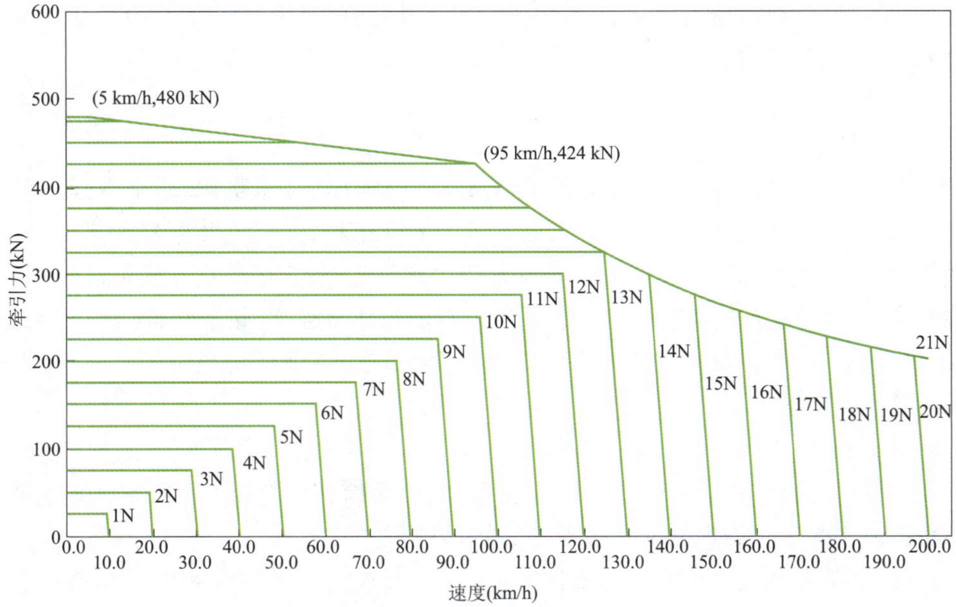

图 1-24-3　HXD3G 型电力机车牵引特性曲线图

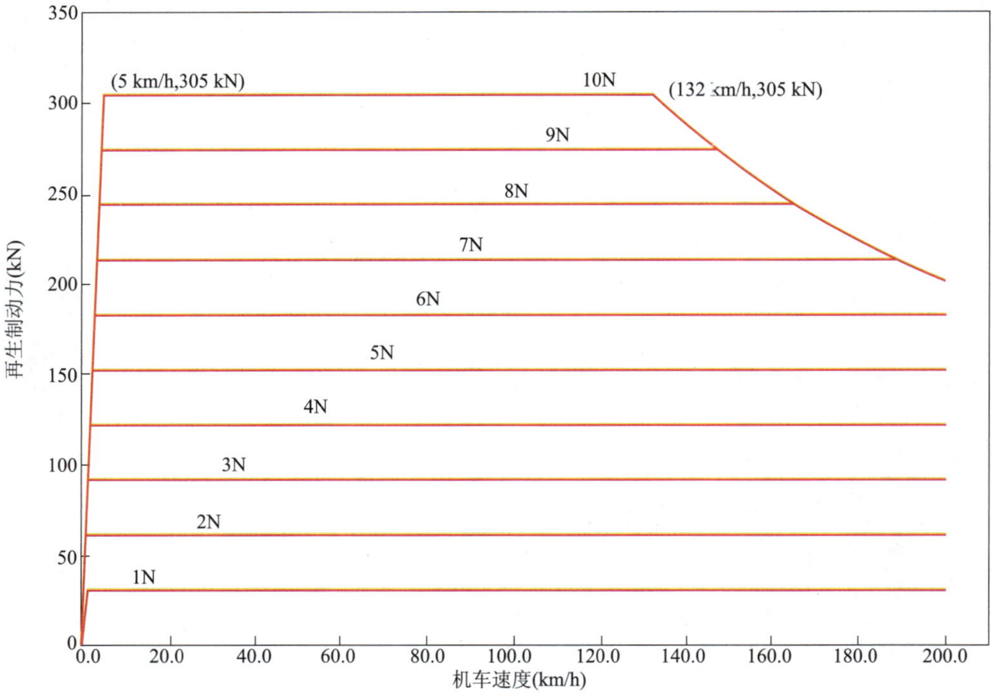

图 1-24-4　HXD3G 型电力机车再生制动特性曲线图

3. 牵引电传动系统

(1)牵引电路

HXD3G 型电力机车牵引电传动系统主要是由网侧电路、牵引变流器和牵引电机等部分组成。机车采用交—直—交传动、单轴控制技术，牵引变压器次边四个独立的牵引绕组分别向四台牵引变流器供电，每台牵引变流器单独给一台牵引电机供电，以实现最佳黏着利用控制，并在电机或牵引设备发生故障时，影响范围尽可能小，牵引功率损失最少。电气系统主要有牵引电路、辅助电路、列车供电电路及控制电路组成。

牵引电路图如图 1-24-5 所示。

(2)网侧电路

机车网侧电路包含受电弓、主断路器、隔离开关、避雷器、高压跳线、牵引变压器等。接触网电流通过受电弓进入机车，经 25 kV 高压电缆进入高压柜，并和主断路器的主触点相连，在经过主断路器后分成两路：一路经过高压隔离开关和高压跳线进入另一节车，给另一节车供电；一路穿过高压电流互感器与本节车牵引变压器的原边绕组 A 端子相连，在经过牵引变压器原边绕组后，从 X 端子流出，经过低压电流传感器及四个并联的接地装置后，经轮对回流至钢轨，最终返回到变电所。

(3)牵引变压器

机车牵引变压器由一组高压绕组、四组牵引绕组、两组辅助绕组、两组列车供电绕组和钢制壳体构成，采用无氧全封闭结构和油循环、强迫风冷方式。

牵引变压器具有两路油循环冷却支路，各设有一个油流继电器对油流情况进行监测。牵引变压器设有压力继电器和布赫继电器，用于压力监测。

(4)牵引变流器

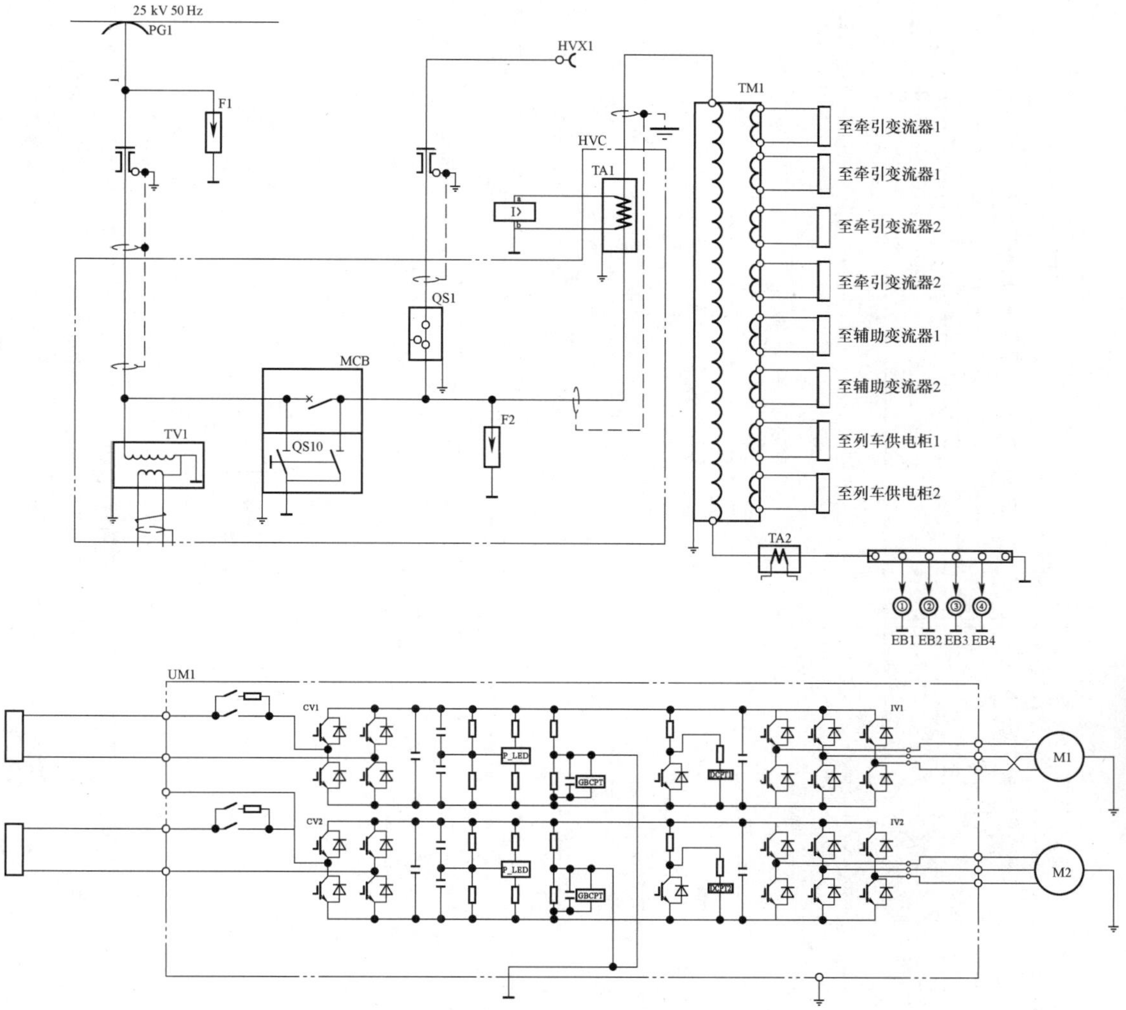

图 1-24-5　HXD3G 型电力机车牵引电路图

PG1—受电弓；QS1—高压隔离开关；HVX1—跳线；TV1—高压电压互感器；TM1—牵引变压器；TA1、2—电流互感器；M1、2—牵引电机；F1、2—避雷器；MCB—主断路器；QS1—主断路器主触点；QS10—接地开关；HVC—网侧高压柜；EB1～4—接地回流装置；UM1—牵引变流柜；CV1、2—四象限变流器，1、2；IV1、2—牵引逆变器 1、2；M1、2—牵引电机 1、2；P-LED—高压指示灯；GDCPT—接地检测传感器；DCPT1、2—电压传感器

机车四个牵引变流器的牵引电路和控制电路相对独立，分别为四个牵引电动机提供交流变压变频电源。当其中一组或几组发生故障时，可通过 TCMS 微机显示屏，利用触摸开关将故障的牵引变流器切除，剩余单元仍可继续工作，实现整车的冗余控制。每个变流柜中有两个牵引变流器，每组牵引变流器由一台四象限变流器，一个中间直流回路和一台牵引逆变器构成。每台四象限变流器通过一个预充电电阻和两个交流接触器与牵引变压器的一个牵引绕组相连。当牵引变流器投入运行时，首先通过预充电电阻对中间直流电容进行充电，然后再闭合

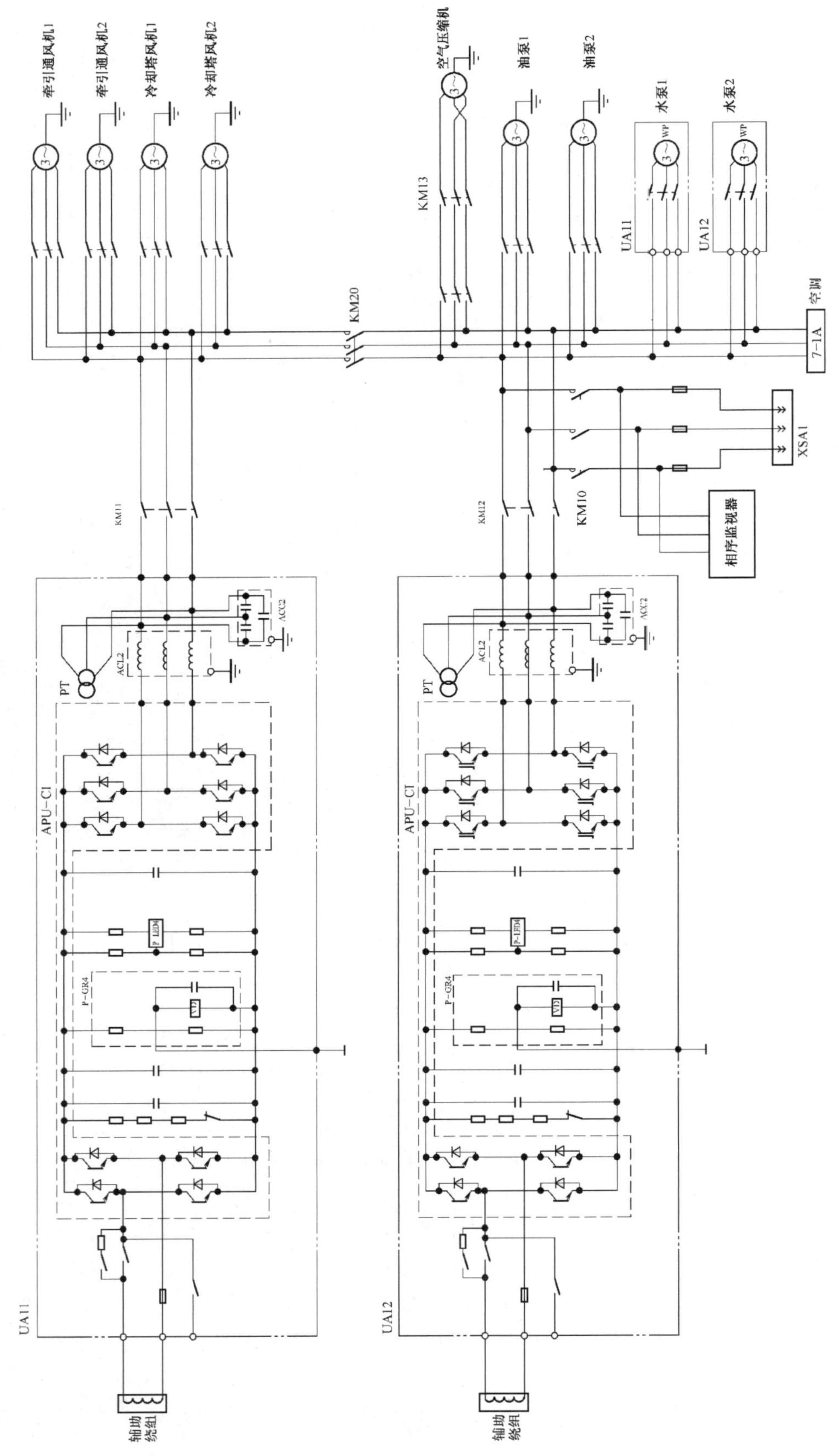

图 1-24-6　HXD3G 型电力机车辅助电气系统图

UA11、UA12—辅助变流柜 1、2；KM11、KM12—辅助接触器；KM20—辅助冗余接触器；APU-CI—辅助变流器；PT—辅助变压器；ACL2—滤波电抗器；ACC2—滤波电容器；XSA1—库用电源插座；KM10—库用电源开关；KM13—空压机接触器；P-GR4—接地检测装置；P-LED4—高压指示灯

工作接触器，以避免大的电流冲击。

(5)牵引电机

机车采用三相异步牵引电机。电机主要由定子、转子、端盖、轴承、测速装置和主动齿轮等部分组成。定子的主要零部件有定子铁芯、定子绕组等。转子由转子铁芯、导条、端环和转轴等组成。牵引电机采用强迫通风冷却，其滚动轴承采用脂润滑，并采用有效措施防止轴承电蚀，轴承密封采用非接触的迷宫式结构。

4. 辅助电气系统

HXD3G 型电力机车辅助电路从功能上可以分成相对独立的三部分电路：三相辅助电动机供电电路、辅助加热电路和库用电源电路。机车设有两组独立的三相辅助电源，每组电源由辅助变流器、辅助滤波装置、接触器、自动开关及辅助电动机等构成。

HXD3G 型电力机车辅助电气系统如图 1-24-6 所示。

机车两组辅助变流器分别位于两组牵引变流柜中，都有变压变频（VVVF）和定压定频（CVCF）两种工作方式。正常状态下，辅助变流器 1 工作在 VVVF 方式，其输出电压和频率将根据各牵引电机冷却的实际情况进行调节。辅助变流器 2 工作在 CVCF 方式，主要为泵类负载供电。每台辅助变流器的额定容量是按照独立带整车辅机负载的工况设计的，当某一组辅助变流器发生故障时，另一组辅助变流器可以承担机车全部的辅助负载。此时，工作的辅助变流器以 CVCF 方式运行。辅助变流器的故障转换控制由机车微机控制系统（TCMS）自动完成。辅助变流器 1 同时给 110 V 电源装置供电。辅助变流器 2 的输出还经隔离变压器，给司机室各加热设备及低温预热电路供电。

5. 微机网络控制系统

HXD3G 型电力机车的微机网络控制系统是以机车控制与监视系统（TCMS）为核心，结合机车行车安全综合信息监控系统和 CCBⅡ电控制动系统，配以机车外围电路进行设计。TCMS 主要功能是实现机车特性控制、逻辑控制、故障监视和诊断，并将有关信息送到司机操纵台上的微机显示屏。TCMS 主要包括一个主控制装置和一个显示单元，其中主控制装置采用冗余设计，设有两套热备冗余的控制单元，一套为主控制单元，一套为从控制单元。当主控制单元发生故障时，从控制单元立即自动投入工作。

机车内部的各电子设备主要采用以太网总线方式进行信息交换，TCMS 与制动系统采用 MVB 总线连接，重联机车之间采用以太网实现本机与重联机车的信息传递。

机车控制系统结构图如图 1-24-7 所示。

微机网络控制系统分为列车级和车辆级两级网络系统。

列车级总线由以太网构成，它的传输速率为 100 Mbit/s，接口为符合 IEC 61375，车辆级与牵引传动相关的系统采用环形以太网，其他与 TCMS 通信设备采用成熟的 RS-485 网络进行信息交换。

6. 车　　体

HXD3G 型电力机车车体为中间内走廊式整体承载焊接结构，单司机室双机固定重联。主要由司机室、左右侧墙、底架、活动横梁、顶盖、后端墙、前围板、排障器及牵引缓冲装置和连挂风挡等部件组成，车体前端（司机室、前围板、排障器）进行了流线形设计。

车体承载钢结构采用 Q460E 低合金高强度钢，车体钢结构承受作用在车钩高度的纵向 2 000 kN 压缩力和纵向 1 500 kN 拉伸力不发生永久性塑性变形。司机室蒙皮、侧墙蒙皮采

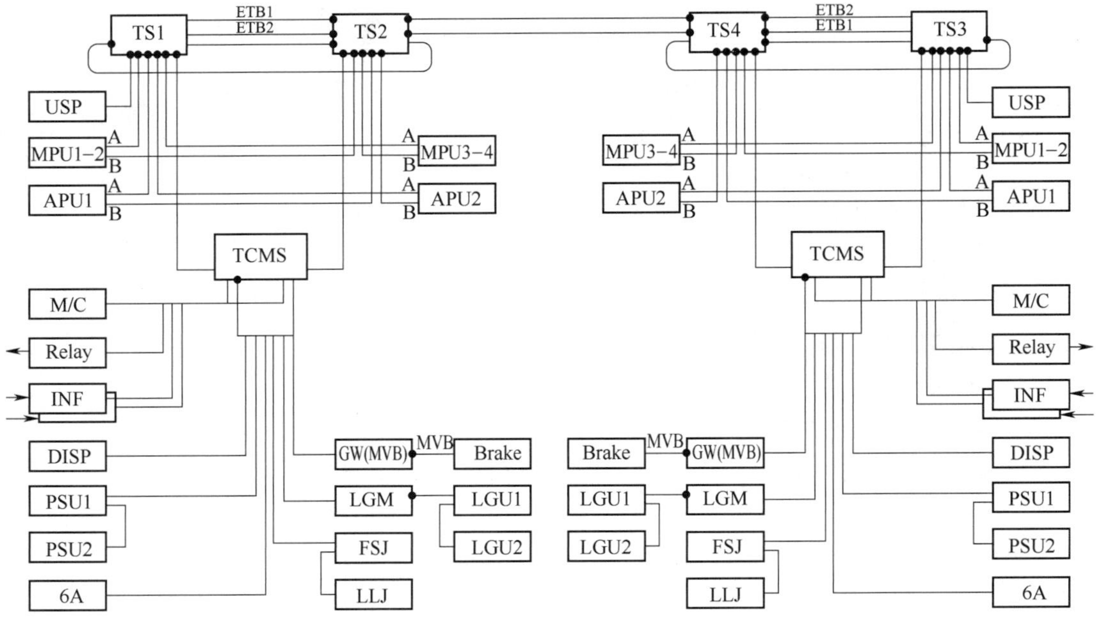

图 1-24-7　HXD3G 型电力机车控制系统结构图

TS1～TS4—列车交换机;ETB1、ETB2—列车以太网;MC—主控制器;Relay—继电器盘;MPU1～4—牵引变流器;APU1、2—辅助变流器;TCMS—机车控制监视系统;Brake—制动系统;PSU—DC 110 V 电源装置;LGM—列车供电柜;LGU—列车供电单元;FSJ—通风机风速监测;LLJ—双管供风流量监测;6A—机车安全防护系统柜;GW(MVB)—网关(MVB);INF—接口装置;DISP—显示器;USP—用户服务端口

用 2 mm 厚度的 09CuPCrNi-A 耐候钢板;采用单层铝合金顶盖。

车钩采用 15 号小间隙 C 级钢车钩(103 型),基本形式尺寸符合 TB/T 3046—2002 标准。重联端车钩缓冲装置采用半永久牵引杆式钩缓装置(106 型)。

7. 转 向 架

HXD3G 型电力机车每节装有两台结构相同的二轴转向架。每台转向架主要由构架、一系悬挂装置、驱动装置、轮对装置、二系悬挂装置、基础制动装置、电机悬挂装置、牵引杆装置、轮缘润滑执行装置、配管装置及其他附属装置组成。

牵引电机的布置采用对置方式。驱动单元(包括牵引电机、齿轮箱总成和六连杆空心轴等)的悬挂采用弹性架悬;驱动系统采用轮对空心轴驱动方式,齿轮箱为承载式,轴承采用油润滑;轴箱轴承采用免维护的双列圆柱滚子轴承单元;一系悬挂系统采用单拉杆轴箱定位加螺旋钢弹簧方式,一、三轴安装垂向减振器;二系悬挂系统采用高圆螺旋弹簧加橡胶垫结构,辅以各向减振器;牵引装置采用低位推挽牵引杆牵引;基础制动采用轮盘制动方式。

8. 制动系统

HXD3G 型电力机车空气制动系统主控制部分采用微机控制,为满足客运牵引需求,提高机车可用性,增加纯空气备份制动系统、列车电空制动及双管供风等功能。

空气制动系统主要由风源系统、CCBⅡ制动机、基础制动及辅助系统几个部分组成。主风源由两台螺杆式压缩机组提供,每台压缩机排风量大于 2 700 dm^3/min,与其配套两台双塔再生式干燥器,在干燥器的出口处装有精油过滤器和最小压力阀。压缩空气的储存容器为两个容积为 500 dm^3 的风缸。机车设有无油辅助压缩机组及干燥器作为辅助风源。

空气制动系统控制部分采用 CCBⅡ型微机式电空制动机。其主要部件由两个电子制动阀,两个制动显示屏,一个集成处理器,一个继电器接口模块和一个电空控制单元构成。

机车通过列车管和总风管向全列车供风,分开了列车制动用风与辅助用风,使彼此功能相对独立,互不干扰。

9. 列车供电系统

HXD3G 型电力机车具有 DC 600 V 列车供电系统。机车牵引变压器具有列车供电绕组,列车供电单元集成在变流柜中通过列车供电管理柜、供电插座等向旅客列车提供稳定的 DC 600 V 电源。列车供电系统主要由牵引变压器供电绕组、列车供电单元、列车供电管理柜、供电插座等设备组成。

每节车的牵引变压器有两个额定电压为 307 V 的供电绕组,分别为变流柜的列车供电单元供电,每个列车供电单元通过 PWM 整流提供 200 kW 的 DC 600 V 电源,在列车供电管理柜中并联后通过供电接触器向车端供电连接器供电。每节车向机车一侧的供电插座提供 2×200 kW 的 DC 600 V 电源。当一路故障时,另一路可维持供电。

10. 技术参数表

HXD3G 型电力机车技术参数见表 1-24-1。

表 1-24-1　HXD3G 型电力机车技术参数表

车型名称			和谐 D3G
车型代号			HXD3G
机车车号			0001、0002
项目		序号	参数及说明
用途		1	铁路干线客运
制造年代		2	2016 年
制造厂名		3	中车大连机车车辆有限公司
轨距(mm)		4	1 435
车体	车底架长(mm)	5	17 599
	车体宽(mm)	6	3 100
	高(轨面至受电弓座平面)(mm)	7	3 950
司机室个数		8	1
机车前后车钩中心距(mm)		9	37 735
车钩型号,形式		10	端部车钩:103 型,下作用式,中间钩缓装置:106 型
缓冲器型号		11	KC15 型弹性胶泥缓冲器
轴式		12	$2(B_0—B_0)$

二十四

续上表

车　型　名　称		和谐 D_{3G}
车　型　代　号		HXD_{3G}
机　车　车　号		0001、0002
项　目	序号	参数及说明
车钩中心线距轨面高度(mm)	13	880±10
转向架中心距(mm)	14	10 195
全轴距(mm)	15	12 995
动轮直径(新轮)(mm)	16	1 250
动轮直径(半磨耗)(mm)	17	1 200
落弓后滑板顶面距轨面高度(mm)	18	≤4 770
受电弓滑板距轨面工作高度(mm)	19	5 150～6 500
机车整备质量(t)	20	156
轴重(t)	21	19.5
通过最小曲线半径(m)	22	125
供电电流制	23	AC 25 kV/50 Hz
额定电压(kV)	24	25
最高电压(kV)	25	31
最低电压(kV)	26	17.5
电传动方式	27	交—直—交
持续功率(kW)	29	11 200
持续速度(km/h)	30	95
持续牵引力(kN)	31	424(半磨耗轮)
最高运用速度(km/h)	32	160
恒功率速度范围(km/h)	33	95～200
最大启动牵引力(kN)	34	480
最大再生制动力(kN)	35	305
功率因数	36	≥0.98
等效干扰电流 J_p(A)	37	≤2.5
电网电流畸变率(%)	38	/
机车总效率	39	≥0.85
紧急制动距离(m)	40	1 400(制动初速度 160 km/h 时)
库内动车电源制式	41	DC 600

二十四

续上表

车型名称				和谐 D_{3G}
车型代号				HXD_{3G}
机车车号				0001、0002
项目			序号	参数及说明
转向架	构架外形尺寸(mm)		42	6 910×2 836×1 121
	两侧梁横向中心距(mm)		43	2 120
	转向架轴距(mm)		44	2 800
	转向架固定轴距(mm)		45	2 800
	同一轴两轴箱中心距(mm)		46	2 120
	轮对质量(kg)		47	2 413.7
	一系悬挂装置	一系悬挂静挠度(mm)	48	39.5
		垂向油压减振器型号,数量	49	421300002261,4
		垂向油压减振器阻尼系数(kN·s/m)	50	60
	二系悬挂装置	二系悬挂静挠度(mm)	51	132.5
		垂向油压减振器型号,数量	52	421300002262,2
		垂向油压减振器阻尼系数(kN·s/m)	53	75
		横向油压减振器型号,数量	54	421300002263,2
		横向油压减振器阻尼系数(kN·s/m)	55	50
		抗蛇行减振器型号,数量	56	601300002264,2
		抗蛇行减振器阻尼系数(kN·s/m)	57	/
	牵引力传递方式		58	低位单牵引杆
	牵引点高(mm)		59	367.5
	牵引电动机悬挂方式		60	架悬
	齿轮传动比		61	3.96
	砂箱容量(m^3)		62	2×0.05
	转向架质量(t)		63	约 18
基础制动装置	基础制动方式		64	轮盘制动
	每台转向架制动器组数		65	4
	制动缸直径(mm)		66	254
	制动倍率		67	2.2
	传动效率(%)		68	85
	闸片与制动盘的恒定间隙(mm)		69	1.5

续上表

车型名称				和谐 D_{3G}
车型代号				HXD_{3G}
机车车号				0001、0002
项目			序号	参数及说明
基础制动装置	制动缸最大空气压力(kPa)		70	450
	闸片、制动盘形式		71	轮盘制动
	闸片、制动盘材质		72	粉末冶金闸片
	每个夹钳上的闸片(或轮盘)压力(kN)		73	44.42
	停放制动器	停放制动方式	74	弹簧储能制动
		制动器数量	75	2
		闸片压力(kN)	76	52.25
		停放制动器质量(kg)	77	107
	制动单元质量(kg)		78	85
受电弓	型号		79	DSA250
	额定工作电压(kV)		80	25
	额定工作电流(A)		81	1 000
	运行最高速度(km/h)		82	250
	工作高度(mm)		83	982～2 890
	最大升弓高度(mm)		84	3 090
	落弓位高度(mm)		85	682
	升弓时间(s)		86	≤5.4
	降弓时间(s)		87	≤4
	传动风缸工作空气压力(kPa)		88	400～1 000
	总质量(kg)		89	110
主断路器	型号		90	22CBDP1
	额定电压(kV)		91	30
	额定电流(A)		92	1 000
	额定分断电流(kA)		93	20
	额定分断容量(MV·A)		94	600
	固有分闸时间(ms)		95	20～40
	额定工作气压(kPa)		96	450～1 000
	质量(kg)		97	115
牵引变压器	型号,结构形式		98	JQFP-7050/25
	各绕组额定容量(kV·A)	网侧高压绕组	99	7 051
		牵引绕组	100	1 600×4
		辅助绕组	101	217×2
		供电绕组	102	217×2

续上表

车型名称				和谐 D_{3G}
车型代号				HXD_{3G}
机车车号				0001、0002
项目			序号	参数及说明
牵引变压器	各绕组额定电压(V)	网侧高压绕组	103	25 000
		牵引绕组	104	1 500
		辅助绕组	105	307
		供电绕组	106	307
	各绕组额定电流(A)	网侧高压绕组	107	282
		牵引绕组	108	1 067×4
		辅助绕组	109	713×2
		供电绕组	110	713×2
	短路阻抗		111	牵引 36.5%,辅助 30%,供电 30%
	绝缘等级		112	A 级
	冷却方式		113	强迫导向油循环风冷 ODAF
	冷却油牌号		114	Diala S3 ZX-Ⅰ
	冷却油流量(m^3/h)		115	60
	油泵型号		116	B2/148G/100-2
	效率(%)		117	97
	总质量(t)		118	8.6
谐振电抗器	每节机车台数		119	—
	额定电流(A)		120	—
	额定电压(V)		121	—
	电感值(mH)		122	—
牵引变流器	型号		123	COV113
	电路结构形式		124	电压型,两电平
	额定功率(kW)		125	8×1 400
	额定输入电压(交流)(V)		126	1 500
	额定输入电流(交流)(A)		127	1 067
	中间回路电压(V)		128	DC 2 800
	二次谐振电容值(mF)		129	—
	支撑电容值(μF)		130	8 325
	额定输出电压(V)		131	1 780
	额定输出电流(A)		132	560
	四象限变流器开关频率(Hz)		133	450
	牵引逆变器最大开关频率(Hz)		134	450
	牵引逆变器输出频率范围(Hz)		135	0~127
	冷却方式		136	强制循环水冷

续上表

车型名称				和谐 D_{3G}
车型代号				HXD_{3G}
机车车号				0001、0002
项目			序号	参数及说明
牵引变流器	效率(%)		137	>98
	质量(t)		138	2.6
	外形尺寸(长×宽×高,mm)		139	3 280 × 970 × 2 050
	每台机车牵引变流器台数		140	4
	四象限变流器功率模块	型号	141	STC365-A0
		电路形式	142	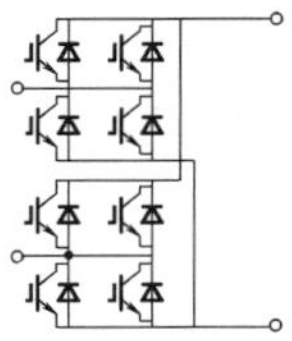
		四象限变流器构成形式	143	每个四象限变流器由一个功率模块构成
		电压(V)	144	2 800
		电流(A)	145	1 067
		开关频率(Hz)	146	450
		功率元件型号	147	CM1200HC
		功率元件参数	148	IGBT(4.5 kV/1.2 kA)
		功率元件个数	149	8
		冷却方式	150	强制循环水冷
		质量(kg)	151	70
		尺寸(长×宽×高,mm)	152	300×700×600
	牵引逆变器功率模块	型号	153	STC336-A0
		电路形式	154	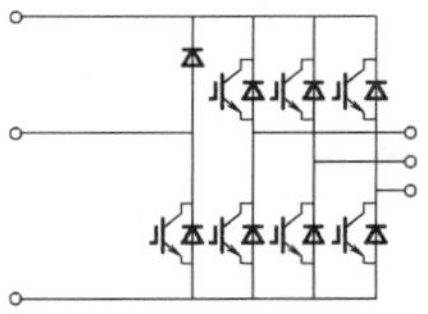
		牵引逆变器构成形式	155	每个牵引逆变器由一个功率模块构成,其中一相作为瞬时电压限制器
		电压(V)	156	2 800
		电流(A)	157	560
		开关频率(Hz)	158	450
		功率元件型号	159	CM1200HC
		功率元件参数	160	IGBT(4.5 kV/1.2 kA)
		功率元件个数	161	7
		冷却方式	162	强制循环水冷
		质量(kg)	163	65
		尺寸(长×宽×高,mm)	164	300×700×600

续上表

车型名称				和谐 D_{3G}
车型代号				HXD_{3G}
机车车号				0001、0002
项目			序号	参数及说明
牵引变流器	冷却系统	水泵型号	165	F41-217C4-0405S1-BV
		流量(m^3/h)	166	9.6
		驱动电机功率(kW)	167	3.0
	控制策略	四象限变流器	168	PWM 脉宽调制
		牵引逆变器	169	PWM 脉宽调制＋矢量控制
		瞬时电压限制器	170	/
交流异步牵引电机	型号		171	YJ227A/SEA-113
	额定功率(持续制)(kW)		172	1 430
	额定电压(持续制)(V)		173	1 780
	额定电流(持续制)(A)		174	560
	最大启动电流(A)		175	625
	功率因数		176	0.9
	额定转速(持续制)(r/min)		177	1 663
	最高转速(r/min)		178	3 654(全磨耗轮)
	额定频率(Hz)		179	56
	额定转差率		180	0.013
	额定转矩(N·m)		181	8 211
	最大转矩(N·m)		182	9 277
	额定效率(%)		183	95
	绝缘等级		184	200 级
	极数		185	4
	质量(kg)		186	≤2 150
	通风量(m^3/s)		187	1.8
牵引通风机组	型号		188	BAF-80D-8UDX
	台数		189	2
	最大转速(r/min)		190	2 950
	每台风机的风量(m^3/min)		191	250
	风压(Pa)		192	4 000
	额定功率(kW)		193	32
	质量(kg)		194	330
复合冷却塔	冷却方式		195	风冷
	水散热量(kW)		196	90
	油散热量(kW)		197	120
	通风量(m^3/min)		198	480
	水流量(m^3/h)		199	9.6
	油流量(m^3/h)		200	60
	质量(kg)		201	300

二十四

续上表

车型名称				$和谐D_{3G}$
车型代号				HXD_{3G}
机车车号				0001、0002
项目			序号	参数及说明
辅助变流器	CVCF逆变器	型号	202	STC367-A0
		每台机车装用台数	203	2
		额定输入电压(V)	204	AC 307
		额定输入电流(A)	205	713
		额定输出电压(V)	206	AC 380
		额定输出电流(A)	207	0～605
		容量(kV·A)	208	230
		频率(Hz)	209	50
		功率元件参数	210	IGBT(1 400 V/1 200 A)
		冷却方式	211	强制循环水冷
		质量(kg)	212	70
	VVVF逆变器	型号	213	STC367-A0
		每台机车装用台数	214	2
		额定输入电压(V)	215	AC 307
		额定输入电流(A)	216	713
		额定输出电压(V)	217	AC 2～380
		额定输出电流(A)	218	0～605
		容量(kV·A)	219	230
		频率(Hz)	220	0.2～50
		功率元件参数	221	IGBT(1 400 V/1 200 A)
		冷却方式	222	强制循环水冷
		质量(kg)	223	70
蓄电池充电器	型号		224	TGY26
	输入电压(V)		225	3AC 380
	输出电压(V)		226	109
	输出电流(A)		227	150
	输出容量(kV·A)		228	9.9
	质量(kg)		229	200
微机网络控制系统	列车网标准		230	以太网
	车辆网标准		231	以太网
	列车网传输速率(kb/s)		232	100
	车辆网传输速率(Mb/s)		233	100
	机车控制功能	牵引特性控制	234	准恒速
		再生制动特性控制	235	恒转矩
		其他控制功能	236	顺序控制,自诊断功能,网络重联

续上表

车型名称				和谐 D_{3G}
车型代号				HXD_{3G}
机车车号				0001、0002
项目			序号	参数及说明
微机网络控制系统	保护功能	网压保护限值(V)	237	31.5,35
		网流保护限值(A)	238	800
		中间电压限值(V)	239	3 150,3 500
		防空转、滑行策略	240	矢量加速度控制
		最高速度限值(km/h)	241	210
风源系统	主空气压缩机组	型号	242	SL22
		压缩空气出口压力(kPa)	243	1 000
		压缩空气出口温度(℃)	244	环境温度+15(0～50 ℃时)
		排气量(m^3/min)	245	2.75
		冷却方式	246	风冷
		润滑油牌号	247	ANDROL3057
		润滑油储量(dm^3)	248	4
		润滑油压力(kPa)	249	/
		电机型号	250	/
		电机转速(r/min)	251	2 920
		额定功率(kW)	252	25
		额定电压(V)	253	380
		额定电流(A)	254	46
		机组质量(kg)	255	383
	辅助空气压缩机组	型号	256	V10-T
		额定排气量(m^3/min)	257	0.07
		额定排气压力(kPa)	258	800
		电动机型号	259	KB/26C-180L
		额定工作电压(V)	260	110
		额定工作电流(A)	261	/
		额定功率(kW)	262	0.79
		额定转速(r/min)	263	1 250
	空气干燥器	型号	264	JKG1C
		形式	265	吸附式
		处理空气量(m^3/min)	266	3
		工作压力(kPa)	267	1 000
		整机质量(kg)	268	85
	风源系统部件	压力控制器(调压器)型号	269	/
		压力控制范围(kPa)	270	750～900
		总风缸空气压力范围(kPa)	271	0～900
		总风缸总容量(dm^3)	272	4×500
	调压阀调压范围(kPa)		273	/

二十四

续上表

车型名称			和谐 D_{3G}
车型代号			HXD_{3G}
机车车号			0001、0002
项目		序号	参数及说明
制动机	型号	274	CCBⅡ
	自动制动阀	275	/
	单独制动阀	276	/
	分配阀型号,数量	277	/
	中继阀(双阀口式)	278	/
	紧急阀	279	/
	电动放风阀	280	/
	紧急电空阀(110 V)	281	/
	电空转换阀	282	/
蓄电池组	型号	283	DLM170
	容量(A·h)	284	170
	装用数量	285	48
	总标称电压(V)	286	96(2×48)
列车供电柜	型号	287	/
	电路形式	288	PWM 整流
	额定输出功率(kW)	289	2×200
	额定交流输入电压	290	单相 AC 307 V/50 Hz
	额定直流输出电压(V)	291	600
	额定直流输出电流(A)	292	2×334
	最大直流输出电流(A)	293	2×375
	输出电压控制精度(%)	294	5
	效率(额定工况)(%)	295	>90
	冷却方式	296	水冷

注:“—”表示无此设备;“/”表示数据空缺。

二十五、时速 160 km 动力集中动车组动力车技术简介(在研-株洲)

1. 概　　述

时速 160 km 动力集中动车组动力车(以下简称“动力车”)是株机公司、株洲所和中车株洲电机有限公司等单位参与,根据中国铁路总公司科技研究开发计划课题合同要求正在研制的,用于中国普速线路及客运专线旅客运输的客运动车组动力车。该动力车依托八轴客运电力机车(HXD_{1G})技术平台,采用大功率 IGBT 水冷牵引变流器、大功率异步牵引电机、卧式牵引变压器、微机网络控制系统、电子控制的制动系统、轻量化设计整体承载结构车体、驱动装置全悬挂转向架、独立通风系统、机车车载安全防护系统等技术。持续功率 5 600 kW,运营速度 160 km/h,最高试验速度(新轮)为 231 km/h,持续速度 95 km/h,持续牵引力 212 kN,轴式 $B_0—B_0$,轴重 19.5 t,通过最小曲线半径 125 m(5 km/h)。

首台动力车样机 2016 年 8 月下线,2016 年底已达到出厂状态,并将进入试验验证阶段。

动力车外形图如图 1-25-1 所示。

图 1-25-1　动力车外形图

2. 动力车总体

动力车采用单端司机室,机械间为中间贯穿走廊结构(宽度≥600 mm),机械间设备布置基本按照斜对称布置的原则进行。车体下设有两台两轴转向架及牵引变压器。动力车顶盖上相应布置有受电弓(两个)及支撑绝缘子、避雷器(两个)、25 kV 穿墙套管等高压设备,对避雷器及穿墙套管等进行了绝缘防护。同时,车顶还布置有通信设备用的天线、辅助系统进风口、车顶门、受电弓监视摄像头等设备。司机室设备布置分成操纵台设备布置、前墙设备布置、后墙设备布置、侧墙设备布置、顶部设备布置五个部分。机械间内主要布置了牵引风机、牵引变流器、主冷却塔、辅助变压器柜、低压柜、6A 系统屏柜、蓄电池柜、控制电源柜、通信信号柜、制动柜、压缩机及干燥器、工具柜、列车供电柜、网侧柜、总风缸、空调主机柜等。

车外设备布置有头灯、标志灯/辅照灯、车端连接设备、过分相设备、库用插座等。

动力车通风系统的方案设计采用独立通风方式,包括牵引电机通风支路、冷却塔通风支路、辅助变压器柜通风支路、压缩机通风散热支路和司机室空调通风支路等。

动力车主要设备布置如图 1-25-2、图 1-25-3 所示。

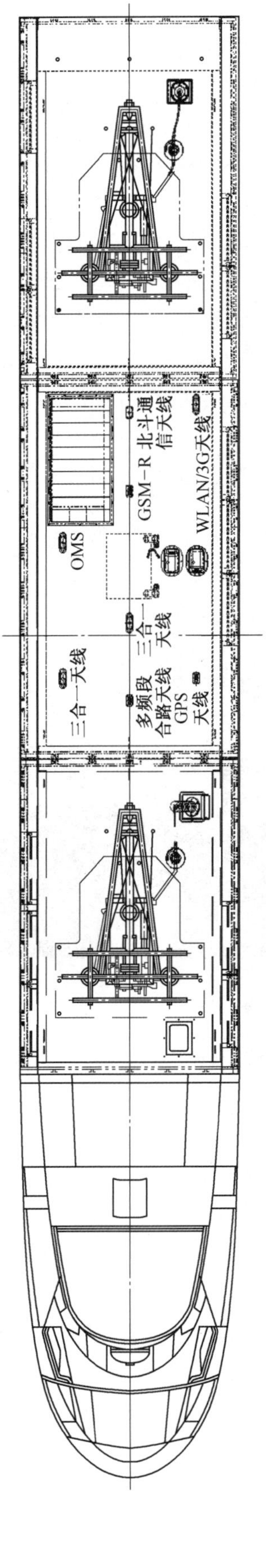

图 1-25-2 动力车车顶设备布置

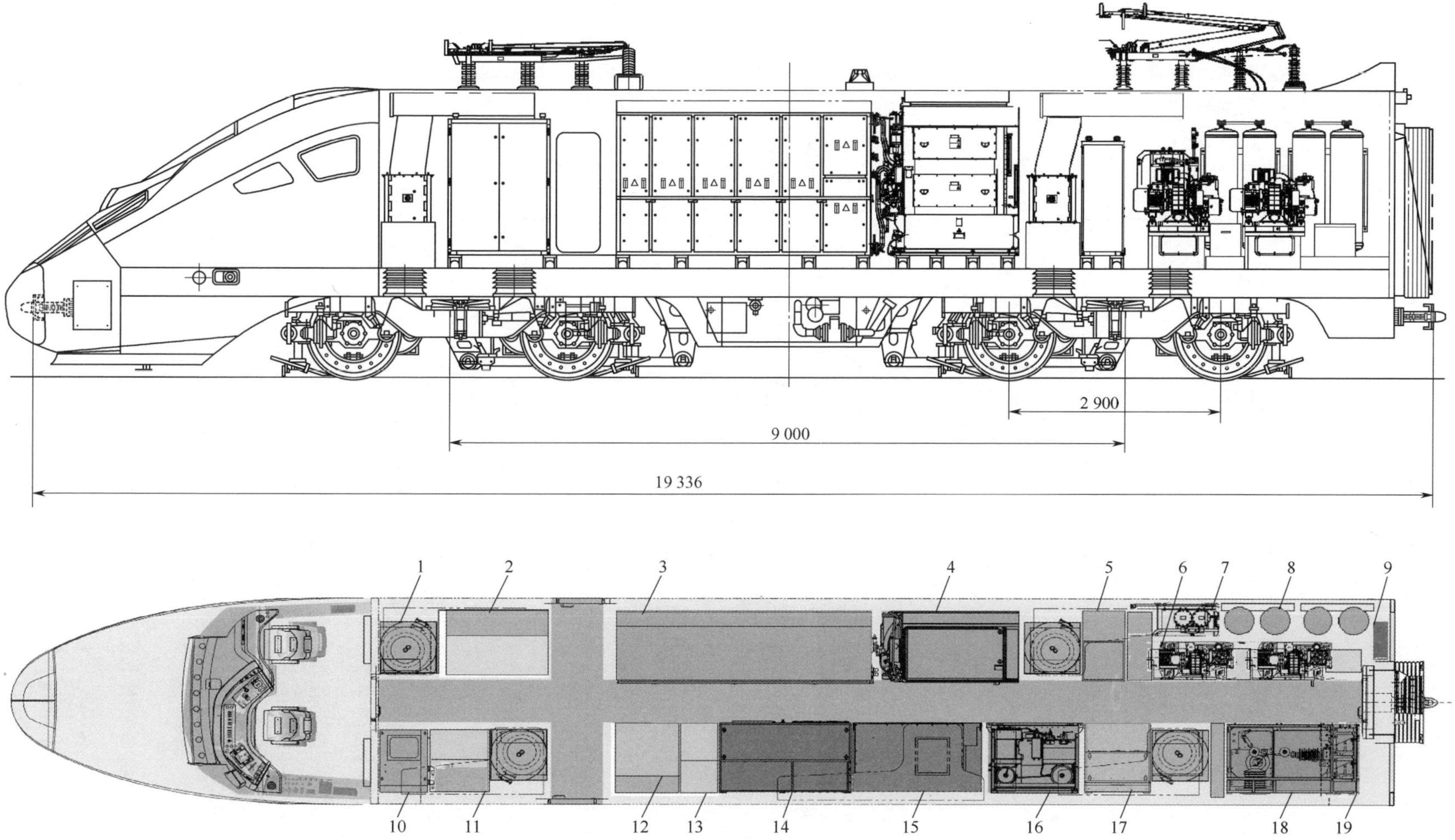

图 1-25-3　动力车机械间设备布置

1—牵引风机；2—通信信号柜；3—牵引变流器；4—冷却塔；5—6A 系统柜；6—压缩机；7—干燥器；8—总风缸；9—端子柜；10—空调；11—工具柜、冰箱、微波炉；12—列车供电柜；13—控制电源柜；14—低压柜；15—辅助变压器柜；16—制动柜；17—蓄电池柜；18—网侧柜；19—复轨器

动力车牵引、再生制动特性曲线如图 1-25-4 所示。

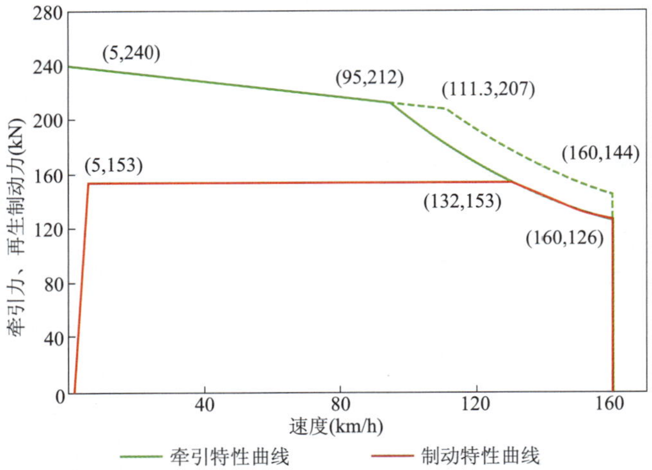

图 1-25-4　动力车牵引、再生制动特性曲线图

3. 牵引电传动系统

(1)牵引电路

动力车牵引变压器原边通过受电弓、主断路器得电，牵引变压器的次边有四个牵引绕组和两个列车供电绕组，其中牵引变压器四个独立的次边牵引绕组分别向四个四象限变流器供电，每两个四象限变流器并联输出，共用一个中间直流回路。这个中间直流回路同时向三个电压型 PWM 逆变器(两个牵引逆变器和一个辅助逆变器，辅助逆变器集成在牵引变流柜中)供电，每个牵引逆变器向一台异步牵引电机供电，实现牵引电机轴控。中间直流回路还连接有二次谐振电路、过电压保护电路和接地检测电路等。动力车采用再生制动，再生制动时动力车能量反馈回电网，达到节能的效果。

牵引主电路结构如图 1-25-5 所示。

(2)网侧电路

动力车网侧电路由两台受电弓、两台主断路器、一个接地开关、三台避雷器、两台高压电压互感器、一台高压电流互感器、牵引变压器原边、回流侧电流互感器和接地碳刷等组成。其中，两台受电弓和两个避雷器装在车顶，其他均装在网侧柜内。

每台受电弓可由装在其对应侧的主断路器进行隔离，接地装置用于牵引变压器原边的回流。

(3)牵引变压器

牵引变压器次边设有四个牵引绕组和两个列车供电绕组。四个牵引绕组用于给变流器中的四个四象限变流器供电；两个列车供电绕组用于给列车供电系统供电。牵引变压器中还安装了四个电抗器，其中两个为谐振电抗器，另外两个为列车供电电抗器。牵引变压器为芯式变压器，采用 A 级绝缘和普通矿物油。牵引变压器在材料和结构上考虑了±40 ℃的工作环境。

(4)牵引变流器

一台牵引变流器牵引电路由四个四象限变流器、四个 VVVF 逆变器、两个辅助逆变器组成。每两个四象限变流器、两个牵引逆变器和一个辅助逆变器组成一架(转向架单元)，为一台转向架的两台牵引电机和一组辅助系统供电，每架内共用中间直流回路和二次谐振回路，辅助逆变器从中间直流回路取电，支撑电容两端、二次谐振电容两端和接地检测环节有独立的固定放电电阻。每架内的两个牵引功率单元可通过隔离开关与该架的中间回路实现电气分断，当其中任意一轴功率单元发生短路等故障时，控制系统将其隔离，同时与之相连接的中间回路电动隔离开关断开，从硬件上使该轴故障功率单元与其他牵引电路实现电气分断，其余环节正常工作，整车只损失 1/4 的牵引功率。

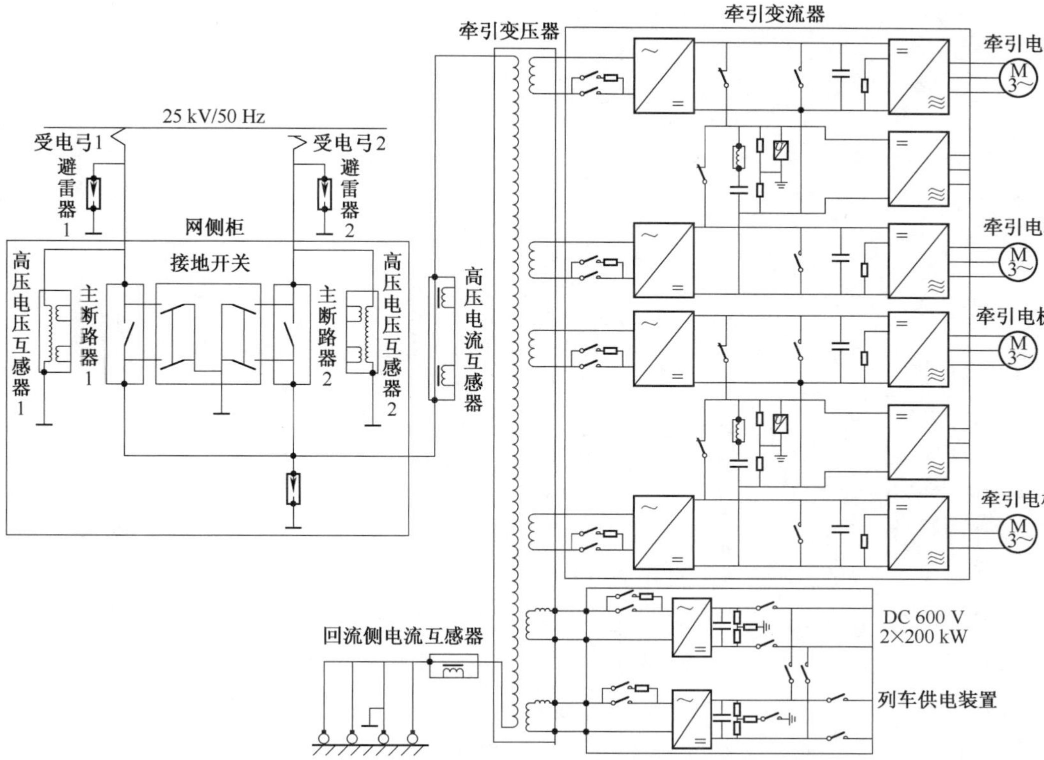

图 1-25-5　动力车牵引电路图

(5)牵引电机

牵引电机采用三相鼠笼式异步牵引电机。电机的结构主要由定子、转子、非传动端端盖、轴承和测速装置等部分组成。牵引电机采用强迫通风冷却，采用特有的单轴承配置结构。定子的主要零部件有定子铁芯、定子绕组等。转子由转子铁芯、导条、端环、护环和转轴等组成。非传动端轴承采用润滑脂润滑，并采用有效措施防止轴承电蚀，轴承密封采用非接触的迷宫式结构。

牵引电机为轮对空心轴弹性架悬系统，采用柔性联轴节双侧六连杆弹性驱动，电机齿轮箱一体化传动结构。每台机车装有八个牵引电机。

4. 辅助电气系统

动力车辅助电气系统由辅助变流器和辅助设备，如通风机组、空气压缩机组、空调、油泵、水泵等组成，采用三相电源供电方式。全车共有两个辅助逆变器，集成在牵引变流器柜内，由牵引变流器的中间直流电路供电。动力车辅助电源系统采用冗余设计，在正常情况下，能够分别向辅助系统提供 VVVF 和 CVCF 电源。当一组辅助变流器故障时，另一组辅助变流器能维持动力车辅助系统供电，此时辅助变流器工作在 CVCF 方式。

动力车辅助系统具有自诊断和故障记录功能，并能在司机室显示屏上显示辅助系统运行状态及故障情况，便于故障分析和维修。

动力车辅助电气系统电路如图 1-25-6 所示。

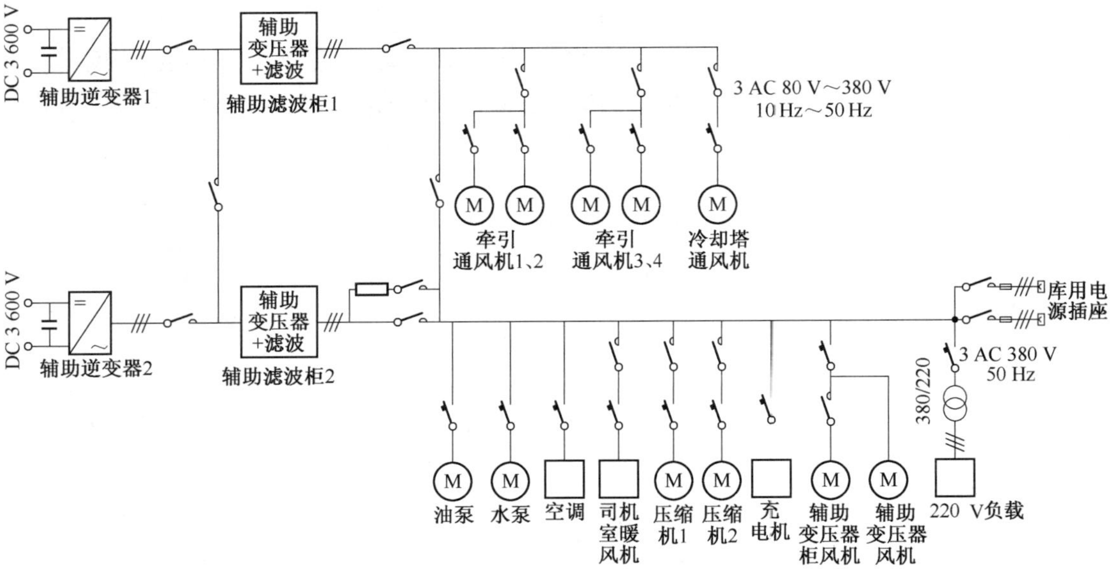

图 1-25-6 动力车辅助电气系统电路图

5. 微机网络控制系统

网络控制系统采用两级总线式拓扑结构分别为列车级总线 WTB 和车辆级总线 MVB＋以太网，列车级和车辆级数据转换采用 WTB/MVB 网关。列车级总线具有动态编组能力，列车级总线具有冗余功能。

车辆级总线采用固定网络配置，车辆级各子系统的控制设备通过 MVB＋以太网通信接口直接连接至车辆总线，当子系统或子系统控制器不具有 MVB＋以太网通信接口时，提供输入输出信号通过 MVB＋以太网输入/输出设备接入车辆网络。

网络控制系统使用分布式控制技术，由交换机 ECNN、WTB/MVB 网关模块 EGWM、事件记录模块 EDRM、IOM 单元和智能显示单元 DDU 等组成。

网络控制系统有两种车辆总线进行通信。

(1)通过车辆总线 MVB(EMD)/以太网与牵引控制单元 TCU、制动控制单元 BCU、列车供电系统 ETS 等进行通信。

(2)显示器 DDU、IOM 单元、EDRM、CCU、牵引控制单元 TCU、制动控制单元 BCU、列车供电系统 ETS、LonWorks 网关等通过以太网线缆连接到以太网交换机，通过以太网进行通信。

网络控制系统的结构图如图 1-25-7 所示。

6. 车　　体

动力车车体包括车体承载钢结构和车体附属部件两大部分。车体承载钢结构采用整体承载结构，主要由底架、司机室、侧墙、后端墙组焊成一个整体的单司机室框架式全钢焊接结构，材料为 Q460E、16MnDR 和耐候钢板 05CuPCrNi 等；车体附属部件主要包括顶盖、排障器、牵引缓冲装置、机车门窗、内装饰、裙板、开闭装置、风挡等，顶盖、车门采用铝合金材料，在受电弓下方采用绝缘顶盖。

前端钩缓装置采用 15X 托梁车钩缓冲装置(105A 型)，并可以更换为 10 号钩头全自动车钩缓冲装置(105 型)。后端钩缓装置采用 MJGH-25T。

动力车前端设有手动开闭机构，与拖车间设有双层折棚气密内风挡及外风挡。

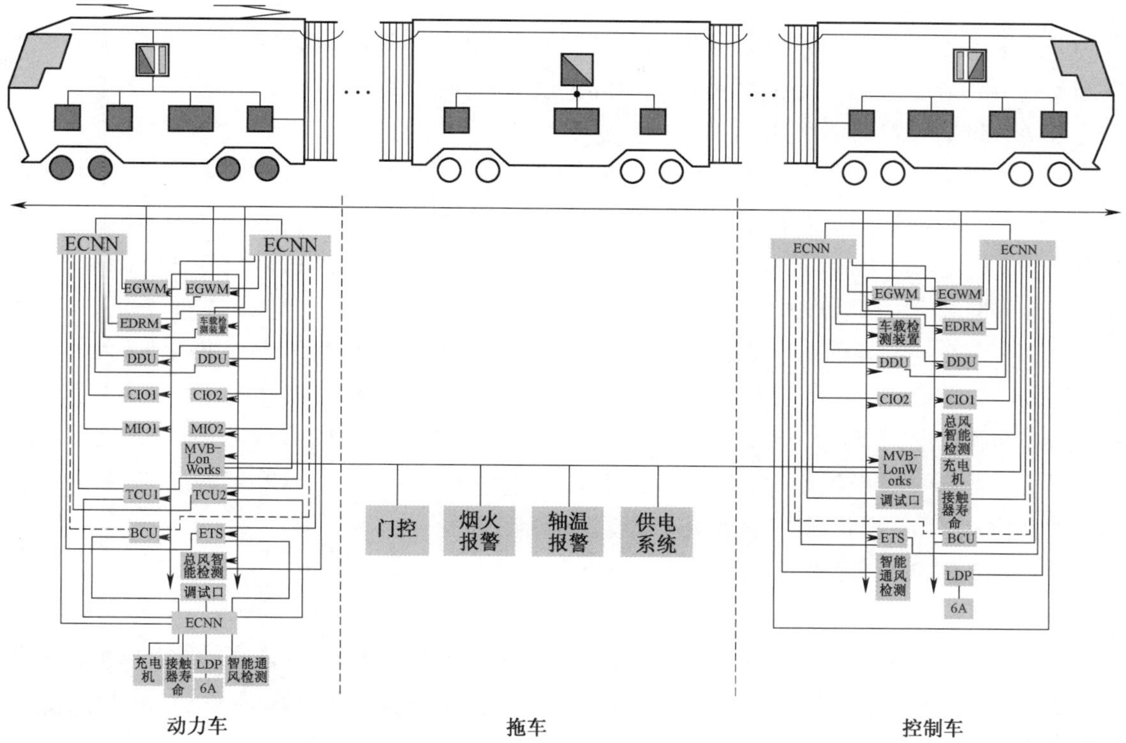

图 1-25-7　动力集中型动车组网络控制系统拓扑图

DDU—司机室显示器；ETS—列车供电系统；EDRM—事件记录模块；EGWM—以太网网关模块；MVB-LonWorks—MVB 转 LonWorks 网关；TCU—牵引控制单元；BCU—制动控制单元；MIO—机械间输入/输出模块；CIO—司机室输入/输出模块；ECNN—以太网编组网节点；LDP—机车车载综合信息监测装置

7. 转 向 架

动力车转向架主要由轮对驱动装置、构架、牵引装置、一系悬挂、二系悬挂、电机悬挂、基础制动以及附属装置等组成。牵引电机采用对置布置方式。驱动系统(含牵引电机)采用弹性架悬结构、端面齿挠性联轴器、主动齿轮双侧支承、空心轴六连杆传动装置、单侧圆柱斜齿轮传动、承载式铸造齿轮箱,大齿轮传动轴承采用圆柱滚子轴承。轴箱轴承采用整体式免维护圆柱滚子轴承。采用整体车轮,车轮踏面采用 JM3 磨耗型踏面。轮对采用轴箱转臂定位。牵引装置采用推挽式低位单牵引杆。构架采用 16MnDR 低合金钢板箱形焊接结构,呈“日”字形。一系由钢弹簧、垂向减振器、橡胶垫组成。二系由钢弹簧、垂向减振器、横向减振器、抗蛇行减振器等组成。基础制动采用轮盘制动。

8. 制动系统

动力车制动系统主要包括风源及干燥系统、制动控制系统(含司机室主要设备)、基础制动系统和空气防滑系统等。

动力车设有两台螺杆压缩机,排量为 1.6 m^3/min,压缩空气进入总风缸前,采用双塔式干燥器对压缩空气进行干燥及净化处理,处理空气量与主空气压缩机排量配套。动力车总风缸由四个容积为 250 dm^3 的铝制风缸组成(机械间布置)。动力车设置贯通全车的总风管和列车管,列车管定压 600 kPa。总风管风压为正常工作压力 750~900 kPa。

动力车制动控制系统采用了 DK-2 和 CAB 两种制动机。其功能一致,具有自动制动、单独制动、后备制动、紧急制动、停放制动、空电联合、车列电空、断钩保护以及无火回送等功能。

(1)DK-2 制动机是一种具备微机模拟控制、网络通信、故障智能诊断等信息化功能的电空制动机,由制动控制器、后备制动阀、制动柜(包括制动控制单元 BCU、分配阀等阀类部件、压力开关、传感器等部件)组成。

(2)CAB 制动机是一种具备微机模拟控制、网络通信、故障智能诊断等信息化功能的电空制动机,由制动控制器、后备制动阀、制动柜等组成。制动柜集成了电空制动单元 EPCU、系统控制模块 SCM 以及停放制动、压缩机启停开关、撒砂控制、踏面清扫、车列电空等功能模块,另集成了空气防滑主机和辅助风源系统,方便操纵检修。

动力车基础制动装置采用轮盘制动方式,轮盘制动装置由制动盘、制动夹钳单元、闸片等组成。制动夹钳单元分为带停放制动和不带停放制动两种,制动夹钳单元采用三点浮动的方式吊挂在转向架构架上;制动盘为整体铸钢或锻钢制动盘,制动闸片采用标准型燕尾粉末冶金闸片。

动力车配备一套空气制动防滑系统。空气防滑系统采用基于单轴控制的方式,主要部件包括防滑主机、测速齿轮、防滑速度传感器、防滑阀。

动力车还具有撒砂、踏面清扫等辅助功能系统。

9. 列车供电系统

动力车列车供电系统主要由牵引变压器供电绕组、列车供电柜、供电插座等设备组成。单路供电绕组额定输出电压 AC 340 V ,通过列车供电柜内的四象限变流器转变为稳定的 DC 600 V 电压向旅客列车供电。

动力车根据不同的编组形式采用不同的供电方式。短编组双路独立供电,每路 200 kW;单路故障时不影响另一路正常供电。长编组时两辆动力车供电需互锁,每辆动力车承担一路供电,每路 400 kW。当单路模块故障时,另一路模块可单独输出,输出电流有效值不低于 500 A(当接触网电压不低于 25 kV)。

10. 技术参数表

时速 160 km 动力集中动车组动力车技术参数见表 1-25-1。

表 1-25-1 时速 160 km 动力集中动车组动力车技术参数表

车型名称			时速 160 km 动力集中动车组动力车
车型代号			暂无
动力车车号			暂无
项目		序号	参数及说明
用途		1	普速线路及客运专线客运动车组牵引
制造年代		2	2016 年
制造厂名		3	中车株洲电力机车有限公司
轨距(mm)		4	1 435
车体	车底架长(mm)	5	17 465
	车体宽(mm)	6	3 105
	高(轨面至受电弓座平面)(mm)	7	4 030
司机室个数		8	1
动力车前后车钩中心距(mm)		9	19 336
前端钩缓装置		10	105A 型
后端钩缓装置		11	MJGH-25T 型

续上表

车型名称			时速 160 km 动力集中动车组动力车
车型代号			暂无
动力车车号			暂无
项目		序号	参数及说明
轴式		12	B_0—B_0
车钩中心线距轨面高度(mm)		13	前端 105A 型:880^{+10}_{-25} 后端 MJGH-25T 型:880^{0}_{-30}
转向架中心距(mm)		14	9 000
全轴距(mm)		15	11 900
动轮直径(新轮)(mm)		16	1 250
动轮直径(半磨耗)(mm)		17	1 200
落弓后滑板顶面距轨面高度(mm)		18	≤4 750
受电弓滑板距轨面工作高度(mm)		19	5 200～6 500
动力车整备质量(t)		20	78
轴重(t)		21	19.5
通过最小曲线半径(m)		22	125(5 km/h)
供电电流制		23	AC 25 kV/50 Hz
额定电压(kV)		24	25
最高电压(kV)		25	31
最低电压(kV)		26	17.5
电传动方式		27	交—直—交
持续功率(kW)		28	5 600
持续速度(km/h)		29	95
持续牵引力(kN)		30	212
最高运用速度(km/h)		31	≥160
恒功率速度范围(km/h)		32	95～160
最大启动牵引力(kN)		33	240
最大再生制动力(kN)		34	212
功率因数		35	≥0.985(动力车功率大于 20%额定功率时)
等效干扰电流 J_p(A)		36	≤2.5
电网电流畸变率(%)		37	/
动力车总效率		38	≥0.85
紧急制动距离(m)(初速 160 km/h)		39	≤1 400
库内动车电源制式		40	AC 380 V
转向架	构架外形尺寸(mm)	41	5 200×2 690×1 082
	两侧梁横向中心距(mm)	42	2 110
	转向架轴距(mm)	43	2 900
	转向架固定轴距(mm)	44	2 900

续上表

车型名称				时速 160 km 动力集中动车组动力车
车型代号				暂无
动力车车号				暂无
项目			序号	参数及说明
转向架	同一轴两轴箱中心距(mm)		45	2 110
	轮对质量(kg)		46	约 2 280
	一系悬挂装置	一系悬挂静挠度(mm)	47	47
		垂向油压减振器型号,数量	48	AB01015630,4/转向架
		垂向油压减振器阻尼系数	49	1.7 kN (0.1 m/s), 3 kN (0.3 m/s)
	二系悬挂装置	二系悬挂静挠度(mm)	50	123
		垂向油压减振器型号,数量	51	AB01015631,2/转向架
		垂向油压减振器阻尼系数	52	7.5 kN (0.1 m/s), 14.5 kN (0.3 m/s)
		横向油压减振器型号,数量	53	AB01015632,2/转向架
		横向油压减振器阻尼系数	54	2.5 kN (0.1 m/s), 5.5 kN (0.3 m/s)
		抗蛇行减振器型号,数量	55	AB01015633,2/转向架
		抗蛇行减振器阻尼系数	56	16 kN (0.02 m/s), 20 kN (0.15 m/s)
	牵引力传递方式		57	低位单牵引杆
	牵引点高(mm)		58	230
	牵引电动机悬挂方式		59	弹性架悬
	齿轮传动比		60	102 : 23
	砂箱容量(m^3)		61	2×0.005
	转向架质量(t)		62	约 17.8
基础制动装置	基础制动方式		63	轮盘制动
	每台转向架制动器组数		64	4
	制动缸直径(mm)		65	254
	制动倍率		66	2
	传动效率(%)		67	95
	闸片与制动盘的恒定间隙(mm)		68	3～6
	制动缸最大空气压力(kPa)		69	450
	闸片、制动盘形式		70	钢盘
	闸片、制动盘材质		71	粉末冶金闸片,钢盘
	每个夹钳上的闸片(或轮盘)压力(kN)		72	40(紧急制动)
	停放制动	停放制动方式	73	弹簧蓄能
		制动器数量	74	2(每架)
		闸片压力(kN)	75	/
		停放制动器质量(kg)	76	约 100
	制动单元质量(kg)		77	约 80
受电弓	型号		78	TSG20A005
	额定工作电压(kV)		79	25
	额定工作电流(A)		80	700
	运行最高速度(km/h)		81	250
	工作高度(mm)		82	300～2 400

续上表

车型名称				时速160 km动力集中动车组动力车
车型代号				暂无
动力车车号				暂无
项目			序号	参数及说明
受电弓	最大升弓高度(mm)		83	2 500
	落弓位高度(mm)		84	670
	升弓时间(s)		85	6～10
	降弓时间(s)		86	≤6
	传动风缸工作空气压力(kPa)		87	400～1 000
	总质量(kg)		88	≤130(不包括绝缘子)
主断路器	型号		89	TDV10(01)
	额定电压(kV)		90	31.5
	额定电流(A)		91	1 000
	额定分断电流(kA)		92	20
	额定分断容量(MV·A)		93	600
	固有分闸时间(ms)		94	20～60
	额定工作气压(kPa)		95	450～1 000
	质量(kg)		96	120 kg
牵引变压器	型号,结构形式		97	TBQ60-6752/25A,芯式
	各绕组额定容量(kV·A)	网侧高压绕组	98	6 752
		牵引绕组	99	4×1 588
		辅助绕组	100	—
		供电绕组	101	2×200
	各绕组额定电压(V)	网侧高压绕组	102	25 000
		牵引绕组	103	4×2 011
		辅助绕组	104	—
		供电绕组	105	AC 340
	各绕组额定电流(A)	网侧高压绕组	106	270
		牵引绕组	107	4×790
		辅助绕组	108	—
		供电绕组	109	588
	短路阻抗		110	38%±10%(6 752 kV·A时)
	绝缘等级		111	A级
	冷却方式		112	强迫导向油循环风冷(ODAF)
	冷却油牌号		113	45
	冷却油流量(m^3/h)		114	55
	油泵型号		115	2BY1.55-20/5.5V-A
	效率(%)		116	96
	总质量(t)		117	7.47
谐振电抗器	每节机车台数		118	2
	额定电流(A)		119	736
	额定电压(V)		120	/

二十五

续上表

车型名称				时速160 km动力集中动车组动力车
车型代号				暂无
动力车车号				暂无
项目			序号	参数及说明
谐振电抗器	电感值(mH)		121	0.35
供电电抗器	每节机车台数		122	2
	额定电流(A)		123	670
	额定电压(V)		124	/
	电感值(mH)		125	0.35
牵引变流器	型号		126	tPower-TI10.EL/JP2
	电路结构形式		127	电压型,两电平
	额定功率(kW)		128	4×1 430
	额定输入电压(交流)(V)		129	4×2 011
	额定输入电流(交流)(A)		130	4×802
	中间电路电压(V)		131	DC 3 600
	二次谐振电容值(mF)		132	2×7.2
	支撑电容值(mF)		133	2×4.0
	额定输出电压(V)		134	3AC 0～2 808
	额定输出电流(A)		135	4×AC 430
	四象限变流器开关频率(Hz)		136	250
	牵引逆变器最大开关频率(Hz)		137	350
	牵引逆变器输出频率范围(Hz)		138	0～137.5
	冷却方式		139	水冷
	效率(%)		140	97
	质量(t)		141	3.34×(1±3%)
	外形尺寸(长×宽×高,mm)		142	3 500×1 060×2 160
	每台机车牵引变流器台数		143	1
	四象限变流器功率模块	型号	144	TE6245250000
		电路形式	145	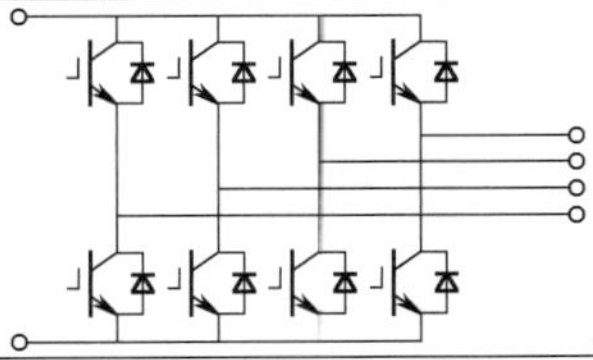
		四象限变流器构成形式	146	每个四象限变流器由一个功率模块构成
		电压(V)	147	2 011
		电流(A)	148	802
		开关频率(Hz)	149	250
		功率元件型号	150	FZ750R65KE3
		功率元件参数	151	IGBT(6.5 kV/750 A)
		功率元件个数	152	8
		冷却方式	153	水冷
		质量(kg)	154	55
		尺寸(长×宽×高,mm)	155	763 × 480 × 185

续上表

车型名称				时速160 km动力集中动车组动力车
车型代号				暂无
动力车车号				暂无
项目			序号	参数及说明
牵引变流器	牵引逆变器功率模块	型号	156	TE6245250000
		电路形式	157	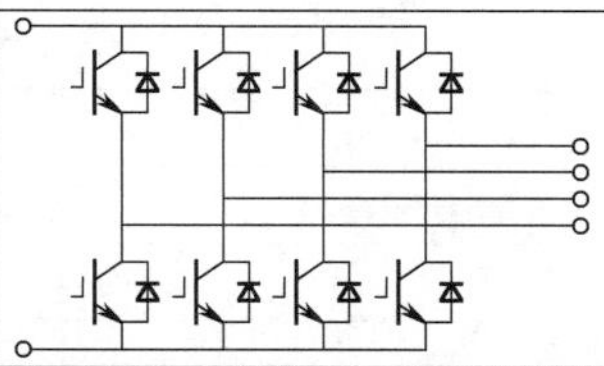
		牵引逆变器构成形式	158	每个牵引逆变器由一个功率模块构成,其中一相作为瞬时电压限制器
		电压(V)	159	2 808
		电流(A)	160	430
		开关频率(Hz)	161	350
		功率元件型号	162	FZ750R65KE3
		功率元件参数	163	IGBT(6.5 kV/750 A)
		功率元件个数	164	8
		冷却方式	165	水冷
		质量(kg)	166	55
		尺寸(长×宽×高,mm)	167	763 × 480 × 185
	冷却系统	水泵型号	168	F41-3215H4-0406SC1-BV
		流量(m^3/h)	169	24
		驱动电机功率(kW)	170	5.5
	控制策略	四象限变流器	171	两电平四象限控制
		牵引逆变器	172	直接转矩控制
		瞬时电压限制器	173	过压触发斩波
交流异步牵引电动机	型号		174	YQ-1430-1
	额定功率(持续制)(kW)		175	1 430
	额定电压(持续制)(V)		176	2 550
	额定电流(持续制)(A)		177	387
	最大启动电流(A)		178	430
	功率因数		179	0.873
	额定转速(持续制)(r/min)		180	1 863
	最高转速(r/min)		181	4 094
	额定频率(Hz)		182	62.55
	额定转差率(%)		183	0.76
	额定转矩(N·m)		184	7 322
	最大转矩(N·m)		185	8 283
	额定效率(%)		186	95
	绝缘等级		187	200 级
	极数		188	4
	质量(kg)		189	2 180
	通风量(m^3/s)		190	1.8

续上表

车型名称				时速 160 km 动力集中动车组动力车
车型代号				暂无
动力车车号				暂无
项目			序号	参数及说明
牵引通风机组		型号	191	THTF5.5B
		台数	192	4
		最大转速(r/min)	193	2 920
		每台风机的风量(m^3/min)	194	108
		风压(Pa)	195	4 300
		额定功率(kW)	196	15
		质量(kg)	197	160
复合冷却塔		冷却方式	198	水/空气—油/空气
		水散热量(kW)	199	140
		油散热量(kW)	200	285
		通风量(m^3/s)	201	12
		水流量(m^3/h)	202	24
		油流量(m^3/h)	203	55
		质量(kg)	204	1 203
辅助逆变器	CVCF逆变器	型号	205	主辅一体
		每台机车装用台数	206	1
		额定输入电压(V)	207	3 600
		额定输入电流(A)	208	/
		额定输出电压(V)	209	经变压器输出 380
		额定输出电流(A)	210	/
		容量(kV·A)	211	260
		频率(Hz)	212	750
		功率元件参数	213	IGBT(6.5 kV/500 A)
		冷却方式	214	水冷
		质量(kg)	215	45
	VVVF逆变器	型号	216	主辅一体
		每台机车装用台数	217	1
		额定输入电压(V)	218	3 600
		额定输入电流(A)	219	/
		额定输出电压(V)	220	经变压器输出 80～380
		额定输出电流(A)	221	/
		容量(kV·A)	222	260
		频率(Hz)	223	750
		功率元件参数	224	IGBT(6.5 kV/500 A)
		冷却方式	225	水冷
		质量(kg)	226	45
蓄电池充电机		型号	227	TGY32A 型电源柜;TED13 型电源柜
		输入电压(V)	228	3AC 380×(1±5%)/50 Hz

二十五

续上表

车型名称				时速 160 km 动力集中动车组动力车
车型代号				暂无
动力车车号				暂无
项目			序号	参数及说明
蓄电池充电机	输出电压(V)		229	DC 112.8×(1±1%),DC 110×(1±1%),DC 24×(1±2%)
	输出电流(A)		230	4×37.5(110 V),2×12.5(24 V)
	输出容量(kV·A)		231	4×4.13
	质量(kg)		232	190
微机网络控制系统	列车网标准		233	IEC 61375-1
	车辆网标准		234	IEC 61375-1
	列车网传输速率(Mbit/s)		235	1
	车辆网传输速率(Mbit/s)		236	1.5
	机车控制功能	牵引特性控制	237	准恒速控制
		再生制动特性控制	238	恒力矩控制
		其他控制功能	239	自动过分相等
	保护功能	网压保护限值(V)	240	17.5～31
		网流保护限值(A)	241	原边电流 I>400 A,时间大于 2.5 s,分断主断路器
		中间电压限值	242	TCU 实时保护
		防空转/滑行策略	243	TCU 黏着利用率控制
		最高速度限(km/h)	244	162
风源系统	主空气压缩机组	型号	245	TSA-1.6AD Ⅱ
		压缩空气出口压力(kPa)	246	1 000
		压缩空气出口温度(℃)	247	环境温度+15
		排气量(m^3/min)	248	1.6
		冷却方式	249	风冷
		润滑油牌号	250	Anderol 3057M
		润滑油储量(dm^3)	251	7
		润滑油压力(kPa)	252	1 000
		电机型号	253	FS200-2BT
		电机转速(r/min)	254	1 440
		额定功率(kW)	255	16
		额定电压(V)	256	380
		额定电流(A)	257	28
		机组重量(kg)	258	335
	辅助空气压缩机组	辅压缩机型号	259	DWTZ-70
		额定排气量(m^3/min)	260	0.07(500 kPa)
		额定排气压力(kPa)	261	800
		电动机型号	262	130SZD
		额定工作电压(V)	263	110
		额定工作电流(A)	264	8
		额定功率(kW)	265	0.88
		额定转速(r/min)	266	1 500

续上表

车型名称				时速 160 km 动力集中动车组动力车	
车型代号				暂无	
动力车车号				暂无	
项目			序号	参数及说明	
风源系统	空气干燥器	空气干燥器型号	267	TAD-4.8-H 或 DHTWG3-5	
		空气干燥器形式	268	双塔再生	
		处理空气量(m^3/min)	269	约 5	
		工作压力(kPa)	270	1 000	
		整机质量(kg)	271	115/95	
	风源系统部件	压力控制器(调压器)型号	272	/	
		压力控制范围(kPa)	273	750～900	
		总风缸空气压力范围(kPa)	274	750～900	
		各总风缸总容量(dm^3)	275	4×250	
	调压阀调压范围(kPa)		276	/	
制动机	制动机型号		277	DK-2	CAB
	自动制动阀		278	TKS42B	TKJ602BV02
	单独制动阀		279	与自动制动阀集成	与自动制动阀集成
	分配阀型号，数量		280	—	—
	中继阀(双阀口式)		281	—	—
	紧急阀		282	95	—
	电动放风阀		283	94	—
	紧急电空阀(110V)		284	94YV	—
	电空转换阀		285	—	
蓄电池组	型号		286	DLM170	
	容量(A·h)		287	170	
	装用数量(只)		288	48	
	总标称电压(V)		289	96	
列车供电系统	型号		290	tPower-AS10、TDPS06	
	电路形式		291	四象限整流	
	额定输出功率(kW)		292	400	
	额定输入电压(V)		293	2×AC 340	
	额定输出电压(V)		294	DC 600	
	额定输出电流(A)		295	2×334	
	最大输出电流(A)		296	≤2×DC 375	
	输出电压控制精度		297	±5%	
	效率(额定工况)		298	≥97%	
	冷却方式		299	水冷	

注："—"表示无此设备；"/"表示数据空缺。

二十六、时速 160 km 动力集中动车组动力车技术简介(在研-大连)

1. 概　　述

时速 160 km 动力集中动车组动力车(以下简称动力车)是大连公司为提升我国铁路普速旅客舒适性,根据中国铁路总公司科技研究开发计划课题合同要求正在研制的,用于中国普速线路及客运专线旅客运输的客运动车组动力车。该动力车是结合 HXD_3 系列电力机车技术,以 HXD_{3G} 型八轴交流传动客运电力机车为基础,采用 IGBT 水冷变流机组,1 400 kW 大转矩异步牵引电动机。动力车持续功率 5 600 kW,短时(半小时)功率 6 400 kW,运营速度 160 km/h,恒功率最高速度 200 km/h,持续速度 95 km/h,最大启动牵引力 240 kN,持续牵引力 212 kN,可根据编组形式提供最大单路 400 kW 或双路 200 kW 的列车供电电源,轴式 $B_0—B_0$,轴重 19.8 t,通过最小曲线半径 125 m。

该动力车样车于 2016 年 10 月完成设计并开始制造组装,整车及编组效果图如图 1-26-1 所示。

图 1-26-1　时速 160 km 动力集中动车组整车及编组效果图

2. 机车总体

动力车为四轴单司机室结构,采用流线型设计,在前端设有开闭机构及司机室,机械室内设有 700 mm 宽的中央通道,车内主要设备(牵引变流器、复合冷却器、牵引电机通风机等)布置以平面斜对称布置为主,设备成套安装。车体下设有两台两轴转向架及一个牵引变压器。车顶布置两台受电弓和两台车顶避雷器,四个接地装置安装于车轴轴头,其余的网侧高压电器均装在车内高压柜中。

司机室两侧各设有一个可打开的侧窗,后墙中部设有通向机械间的门。整个司机室分为操纵台设备布置、前墙设备布置、后墙设备布置、左侧墙设备布置、右侧墙设备布置、顶面设备布置共六个部分,另外布置有两个司机座椅。

车外设备布置有头灯、标志灯、辅照灯、车端连接设备、过分相设备、库用插座等。

动力车采用独立通风方式,设有三个通风支路:牵引电机通风支路,冷却塔通风支路和压缩机通风散热支路。

动力车设备布置如图 1-26-2 所示,半磨耗情况下的牵引与再生制动特性外包络线如图

1-26-3 所示。

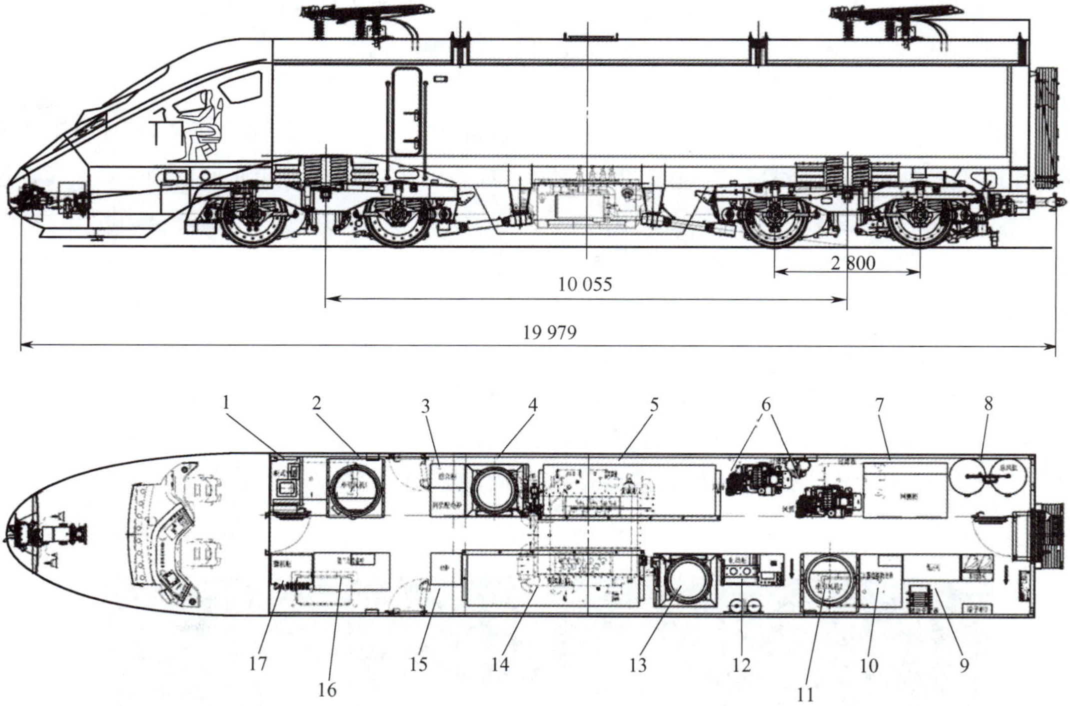

图 1-26-2　时速 160 km 动力集中动车组动力车总体布置图

1—空调；2—牵引风机 1；3—列供配电柜；4—冷却塔风机 1；5—变流柜 1；6—空压机；7—高压柜；8—总风缸；9—低压柜；10—控制电源；11—牵引风机 2；12—制动柜；13—冷却塔风机 2；14—变流柜 2；15—6A 柜；16—第三方设备柜；17—微机柜

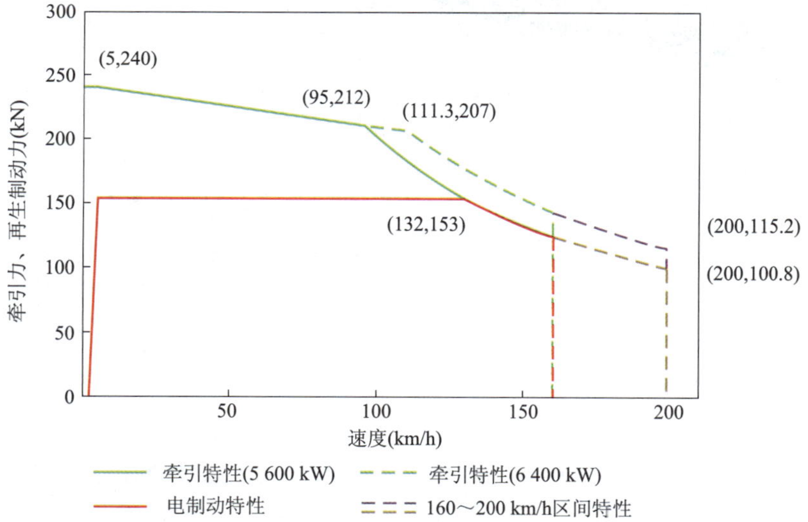

图 1-26-3　时速 160 km 动力集中动车组动力车牵引、再生制动特性曲线图

3. 牵引电传动系统

(1)牵引电路

动力车牵引电传动系统主要由网侧电路(含受电弓、主断路器、避雷器、牵引变压器等)、牵引变流器和牵引电机等部分组成，采用交—直—交传动、单轴控制技术。牵引变压器四个独立的牵

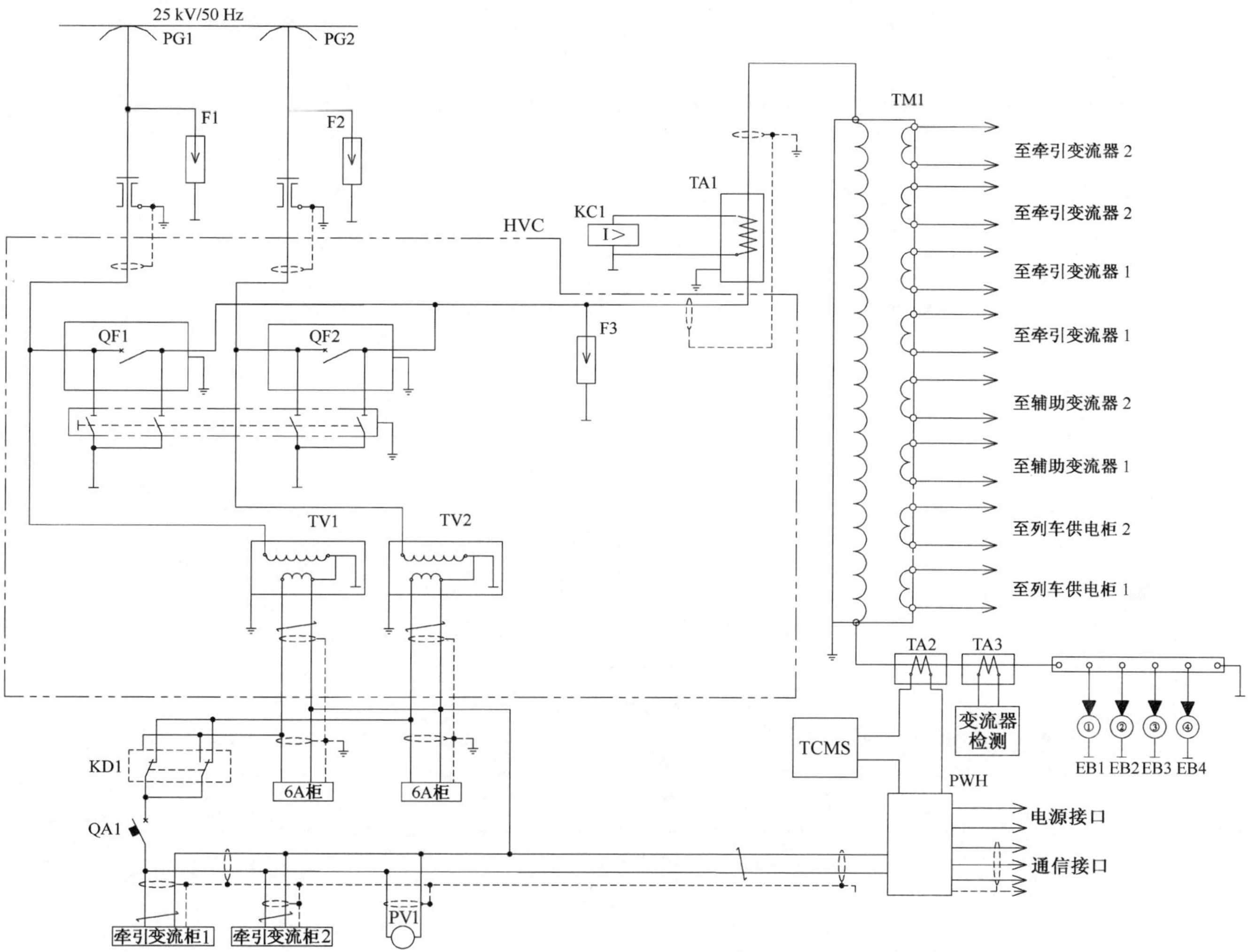

图 1-26-4　时速 160 km 动力集中动车组动力车网侧电路原理图

PG1、2—受电弓；TA1～3—电流互感器；TV1、2—高压电压互感器；TM1—牵引变压器；QF1、2—主断路器；F1～3—避雷器；HVC—网侧高压柜；KD1—网压转换继电器；QA1—网压断路器；PV1—网压表；PWH—电度表；KC1—过流继电器；TCMS—机车监视系统；EB1～4—接地回流装置

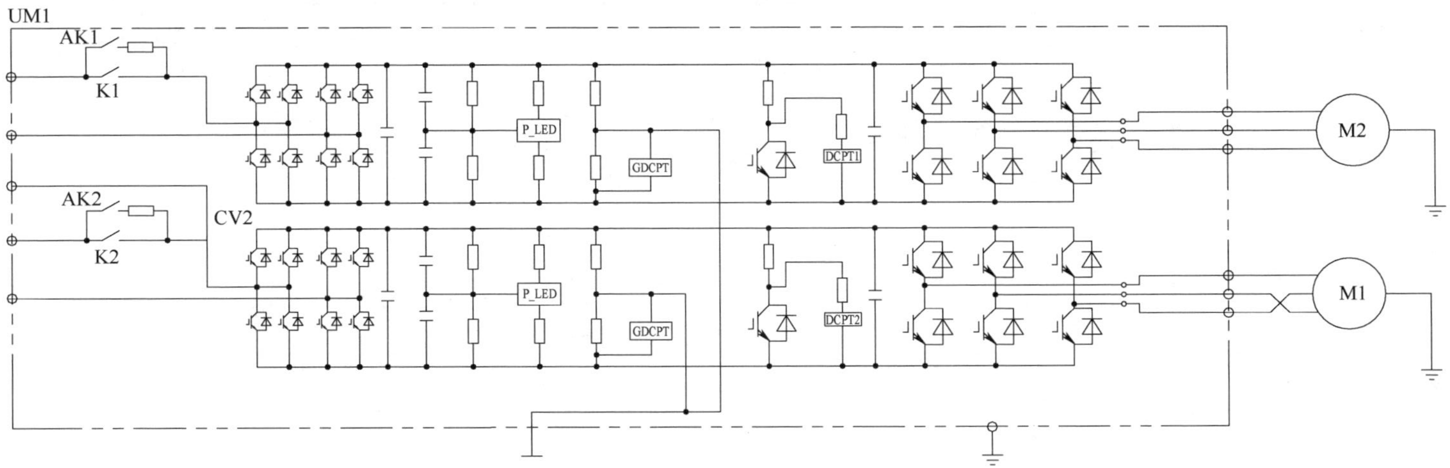

图 1-26-5　时速 160 km 动力集中动车组动力车牵引电路图

UM1—牵引变流器 1；M1、2—牵引电机；K1、2—工作接触器；AK1、2—充电接触器；
P_LED—高压指示灯；GDCPT—接地检测传感器；DCPT1、2—电压检测传感器

引绕组分别向四组牵引变流器供电,每组牵引变流器单独给一台牵引电机供电,电气系统主要有牵引电路、辅助电路、列车供电电路及控制电路组成。

网侧电路如图 1-26-4 所示,牵引电路如图 1-26-5 所示。

(2)网侧电路

网侧电路采用双受电弓、双主断路器方案,每台受电弓与其对应的主断路器连接。动力车正常时采用单弓受流运行,当运行的受电弓故障时,可通过主断路器切除,用另一台受电弓维持运行。接触网电流通过受电弓进入动力车,经 25 kV 高压电缆进入高压柜,再经高压柜内的主断路器后,穿过高压电流互感器与牵引变压器的原边绕组 1U 端子相连,经过牵引变压器原边绕组后,从牵引变压器 1V 端子流出,再穿过低压电流互感器后,通过四个并联的接地装置,经轮对回流至钢轨。两个高压电压互感器分别检测两台受电弓对应的网侧电压,并经过网压继电器后传送给牵引变流器或电度表。网侧电路通过原边电流传感器和过流继电器进行原边过流保护。

(3)牵引变压器

牵引变压器由一个原边绕组、四个牵引绕组、两个辅助绕组、两个列车供电绕组和钢制壳体等构成,油箱内含有四个串联电抗器,全封闭结构,采用油循环、强迫风冷方式。

牵引变压器具有两路油循环冷却支路,各设有一个油流继电器对油流情况进行监测。

牵引变压器设有压力释放阀和布赫继电器,用于压力监测和保护。

(4)牵引变流器

动力车四组牵引变流器的牵引电路和控制电路相对独立,分别为四个牵引电动机提供交流变压变频电源。当其中一组或几组发生故障时,可通过司机室显示单元,利用触摸开关将故障的牵引变流器切除,剩余仍可继续工作。每个变流柜中有两组牵引变流器,每组牵引变流器由一台四象限变流器,一个中间直流电路和一台牵引逆变器构成。每台四象限变流器通过一个预充电电阻和两个交流接触器与牵引变压器的一个牵引绕组相连。当牵引变流器投入运行时,首先通过预充电电阻对中间直流电容进行充电,然后再闭合工作接触器,以避免大的电流冲击。

(5)牵引电机

动力车采用三相异步牵引电机。电机的结构主要由定子、转子、端盖、轴承、测速装置和主动齿轮等部分组成。定子的主要零部件有定子铁芯、定子绕组等。转子由转子铁芯、导条、端环和转轴等组成。牵引电机采用强迫通风冷却,其滚动轴承采用油润滑或脂润滑,并采用有效措施防止轴承电蚀,轴承密封采用非接触的迷宫式结构。

4. 辅助电气系统

动力车辅助电路从功能上可以分成相对独立的三部分电路:三相辅助电动机供电电路、辅助加热电路和库用电源电路。动力车设有两组独立的三相辅助变流器,分别集成在两个牵引变流器柜内,采用水循环冷却方式。辅助电源具有过分相不间断供电功能。动力机辅助电气系统如图 1-26-6 所示。

两组辅助变流器都有变压变频(VVVF)和定压定频(CVCF)两种工作方式。正常状态下,辅助变流器 1 工作在 VVVF 方式,其输出电压和频率将根据各牵引电机冷却的实际情况进行调整。辅助变流器 2 工作在 CVCF 方式,主要为泵类负载供电。每组辅助变流器的额定容量都能独立承担整车辅机负载,当某一组辅助变流器发生故障时,另一组辅助变流器可以承担整车全部的辅助电动机负载,此时工作的辅助变流器以 CVCF 方式运行。辅助变流器的故

二十六

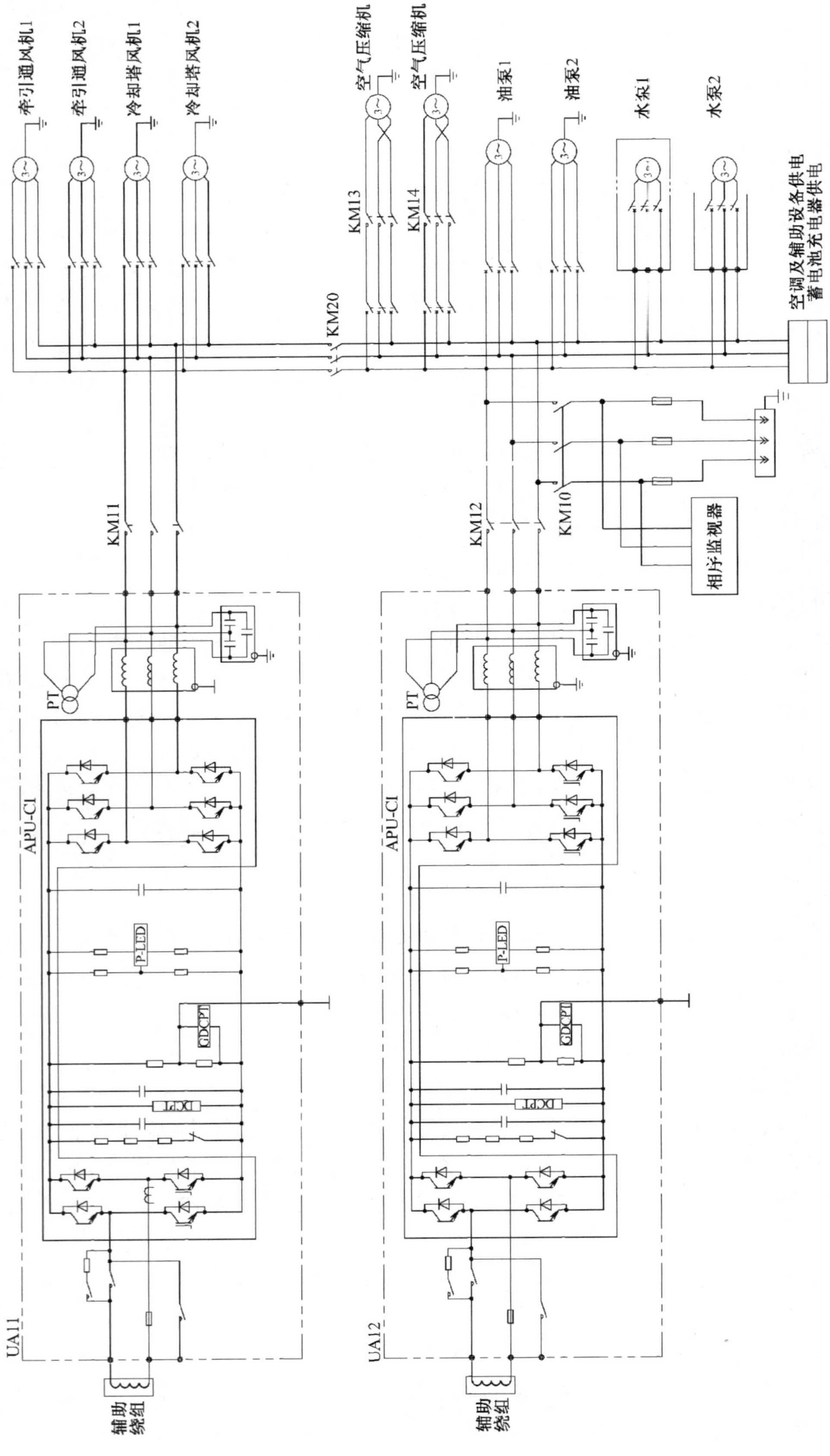

图 1-26-6　时速 160 km 动力集中动车组动力车辅助电气系统图

UA11、12—辅助变流柜；KM10～20—辅助电路接触器；APU-CI—辅助变流器；PT—辅助变压器；DCPT—电压传感器；GDCPT—接地检测传感器；P-LED—高压指示灯

障转换控制由机车微机控制系统（TCMS）自动完成。辅助变流器 2 的输出还经隔离变压器，给司机室各加热设备及低温预热设备供电。

5．微机网络控制系统

动力车的微机网络控制系统是以机车控制与监视系统（TCMS）为核心，结合机车行车安全综合信息监控系统和电控制动系统，配以外围电路进行设计。TCMS 主要功能是实现动力车特性控制、逻辑控制、故障监视和诊断，并将有关信息送到司机操纵台上的司机室显示单元。同时综合考虑动车组运输需求，实现动车组的互联互通和互控，以及短编组动车组的重联运行功能。TCMS 主要由中央控制单元、远程 I/O、网关、交换机和司机室显示单元等设备构成，主要部件及网络均采用了冗余设计。

动力车网络控制系统采用两级总线式拓扑结构，分为列车级和车辆级总线。列车级总线为 WTB，用于重联通信；车辆级总线为 MVB＋以太网冗余方式，用于车内设备间的通信。WTB、MVB 网络控制系统符合 GB/T 28029．1—2011《牵引电气设备　列车总线 第 1 部分：列车通信网络》。以太网符合 IEC 61375-3-4—2014《铁路电子设备 列车通信网络（TCN）-3-4 部分：以太编组网（ECN）》。

列车级和车辆级数据转换采用 WTB 网关，动力车与拖车之间采用 LonWorks 网络通信。

动力车控制系统结构图如图 1-26-7 所示。

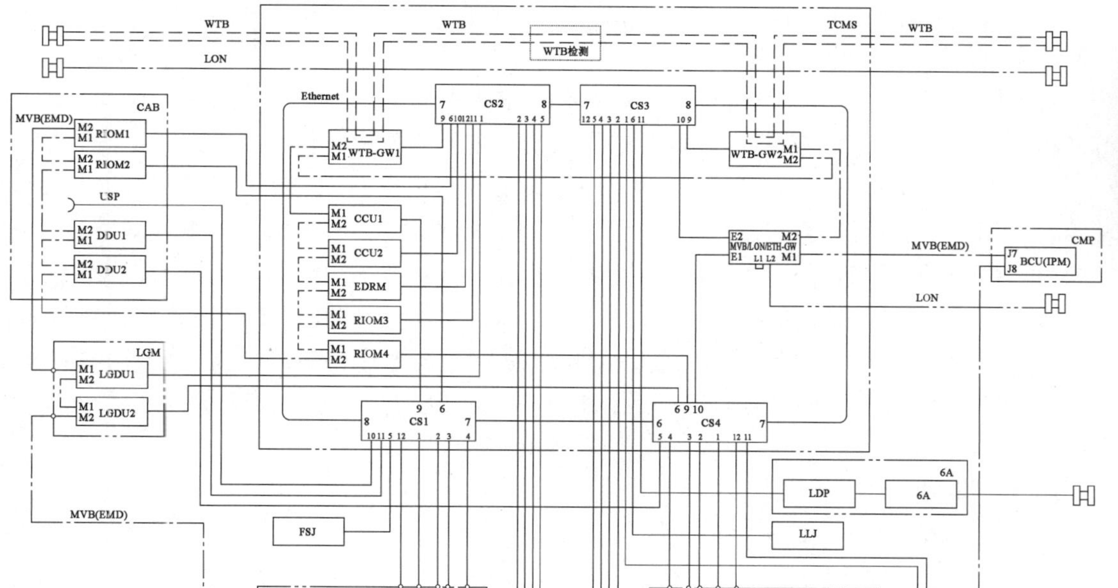

图 1-26-7　时速 160 km 动力集中动车组动力车控制系统结构图

ACU—辅助控制单元；BCU—制动控制单元；CCU—中央控制单元；CS—车辆以太网交换机；DDU—司机室显示单元；ECN—以太编组网；EMD—电气中距离传输介质；EDRM—事件记录单元；ETH—以太网；FSJ—风速监测；GW—网关；LLJ—流量监测；LDP—机车车载综合信息监测装置；LGDU—列车供电配电单元；LGU—列车供电控制单元；LON—现场总线；MVB—多功能车辆总线；PSU—蓄电池充电单元；RIOM—远程输入输出单元；TCU—牵引控制单元；USP—用户服务端口；WTB—绞线式列车总线；6A—机车车载安全防护系统；TCMS—机车控制与监视系统；WTB—绞线式列车总线；CAB—司机室；LGM—列车供电柜；UM1、2—牵引变流器 1、2；Ethernet—以太网；CMP—制动柜

6. 车　体

动力车车体为中间内走廊式单司机室整体承载结构，主要由司机室、左右侧墙、前后端梁、前后旁承梁、变压器梁、边梁、活动横梁及顶盖等大部件组成整体箱形结构。顶盖采用螺栓固定方式，安装在侧墙及活动梁上，为可拆卸式。机械间内为中间走廊方式，走廊地板为平整防滑的地板，走廊两侧为设备安装台架。司机室曲面采用板梁结构，后墙采用U形梁做为骨架，靠机械间侧焊接有蒙皮。后墙梁和蒙皮与司机室侧墙后柱焊接，使得司机室钢结构成为一个整体框架结构。司机室头罩采用玻璃钢整体成形。底架采用有中梁式整体承载结构，分为前后端部、前后旁承梁、变压器梁及边梁等几大部分，能够承载2 000 kN纵向压缩载荷和1 500 kN纵向拉伸载荷而不发生永久性变形。顶盖采用铝合金材料，分为三个顶盖。第一和第三顶盖上集成了牵引通风机风道，侧面为迸风进风口，顶盖上安装受电弓和避雷器等的底座。第二顶盖上安装活动天窗和梯子，用于登上车顶检修作业。侧墙采用框架结构，上悬梁采用方管可增加整车刚度。侧墙上弦梁预焊安装大盖用活螺座及安装密封胶条用弯板。

动力车前端采用15X托梁车钩缓冲装置(105A型)，具有密接式车钩缓冲装置的安装接口，可安装带电气的密接式车钩缓冲装置。尾端车钩采用MJGH-25T型密接车钩，可实现机械自动连挂。

动力车前端设有开闭机构，与拖车间设有双层折棚气密内风挡及外风挡。

7. 转向架

转向架主要由构架、一系悬挂装置、驱动装置、轮对装配、二系悬挂装置、基础制动装置、电机悬挂装置、牵引杆装配、轮缘润滑执行装置、配管装配及其他附属装置组成。

牵引电机的布置采用对置方式。驱动单元(包括牵引电机、齿轮箱总成和六连杆空心轴等)的悬挂采用弹性架悬；驱动系统采用轮对空心轴驱动方式，齿轮箱为承载式铸铝齿轮箱，轴承采用油润滑，以适应200 km/h速度等级的牵引要求。轴箱轴承采用免维护的双列圆柱滚子轴承单元(CRU160×270)。一系悬挂系统采用单拉杆轴箱定位＋螺旋弹簧方式，各轴均安装垂向减振器；二系悬挂系统采用高圆螺旋弹簧＋橡胶垫结构，辅以各向减振器。牵引装置采用低位推挽牵引杆牵引，以提高机车的黏着利用率。基础制动采用轮盘制动方式。

8. 制动系统

动力车采用分布式网络智能模块空气制动系统。为满足动车组运用需求，配置列车电空制动功能、纯空气备用制动系统和空气防滑装置。动力车空气制动系统主要由风源及干燥系统、制动控制系统、基础制动装置及辅助控制系统组成。主风源包括两台螺杆式空气压缩机组、一台空气干燥器、两个总风缸等，每台压缩机排量不小于1 600 dm^3/min，与两台空压机配套一台双塔再生式干燥器，在干燥器的出口后装有微油过滤器，压缩空气的储存容器为两个容积500 dm^3 串联的总风缸。动力车设有无油辅助压缩机组及辅助干燥器作为动力车辅助风源。制动控制系统主要包括电子制动阀、制动柜(集成了电空控制单元、辅助控制、防滑控制、列车电空制动控制等)、紧急放风阀、防滑排风阀、备用制动阀、备用制动中继阀等。制动信息通过司机室显示单元进行显示。

动力车通过列车管和总风管分别向全列车供风，保证列车制动用风与辅助用风彼此功能相对独立，互不干扰。

9. 列车供电系统

列车供电系统由列车供电功率单元、列车供电配电柜及供电插座等部件组成，可向车辆提供最大单路 400 kW 或双路 200 kW 的 DC 600 V 电源。列车供电功率单元采用四象限整流控制技术，集成安装在牵引变流柜中，共用水冷却系统，每个供电功率单元额定功率为 200 kW。

动力车设置有一个列车供电配电柜，用于管理和监视两组供电功率单元的工作。列车供电管理柜对供电单元输出电压、电流、电能进行实时监测，并根据 TCMS 传送的指令配置供电系统的输出方式。

10. 技术参数表

时速 160 km 动力集中动车组动力车技术参数见表 1-26-1。

表 1-26-1　时速 160 km 动力集中动车组动力车技术参数表

车型名称			时速 160 km 动力集中动车组动力车
车型代号			暂无
动力车车号			暂无
项目		序号	参数及说明
用途		1	铁路干线客运
制造年代		2	2017
制造厂名		3	中车大连机车车辆有限公司
轨距(mm)		4	1 435
车体	车底架长(mm)	5	18 081
	车体宽(mm)	6	3 105
	高(轨面至受电弓座平面)(mm)	7	4 030
司机室个数		8	1
机车前后车钩中心距(mm)		9	19 979
前端车钩型号,形式		10	MJGH-D32,15 号托梁车钩缓冲器/ MJGH-D31,电钩(可替换)
尾端车钩型号,形式		11	MJGH-25T,密接车钩缓冲器
轴式		12	B_0—B_0
车钩中心线距轨面高度(mm)		13	880
转向架中心距(mm)		14	10 055
全轴距(mm)		15	12 855
动轮直径(新轮)(mm)		16	1 250
动轮直径(半磨耗)(mm)		17	1 200
落弓后滑板顶面距轨面高度(mm)		18	≤4 750
受电弓滑板距轨面工作高度(mm)		19	5 150～6 500
机车整备质量(t)		20	79.2
轴重(t)		21	19.8
通过最小曲线半径(m)		22	125
供电电流制		23	AC 25 kV/50 Hz
额定电压(kV)		24	25

续上表

车型名称				时速160 km动力集中动车组动力车
车型代号				暂无
动力车车号				暂无
项目			序号	参数及说明
最高电压(kV)			25	31
最低电压(kV)			26	17.5
电传动方式			27	交—直—交
持续功率(kW)			28	5 600
持续速度(km/h)			29	95
持续牵引力(kN)			30	212(半磨耗轮)
最高运用速度(km/h)			31	200
恒功率速度范围(km/h)			32	95～200
最大启动牵引力(kN)			33	240
最大再生制动力(kN)			34	153
功率因数			35	≥0.985
等效干扰电流 J_p(A)			36	≤2.5
电网电流畸变率(%)			37	/
机车总效率			38	≥0.85
紧急制动距离(m)			39	1 400(初速度 160 km/h)
库内动车电源制式			40	DC 600 V
转向架	构架外形尺寸(mm)		41	5 496×2 896×998
	两侧梁横向中心距(mm)		42	2 120
	转向架轴距(mm)		43	2 800
	转向架固定轴距(mm)		44	2 800
	同一轴两轴箱中心距(mm)		45	2 120
	轮对质量(kg)		46	2 340.4
	一系悬挂装置	一系悬挂静挠度(mm)	47	39.5
		垂向油压减振器型号,数量	48	421300002261(萨克斯)/ 02A-2286(康尼)/ 9025-40(阿尔斯通),4
		垂向油压减振器阻尼系数(kN·s/m)	49	60
	二系悬挂装置	二系悬挂静挠度(mm)	50	131.5
		垂向油压减振器型号,数量	51	421300002262(萨克斯)/ 02V-2287(康尼)/ 9027-40(阿尔斯通),2
		垂向油压减振器阻尼系数(kN·s/m)	52	75
		横向油压减振器型号,数量	53	421300002263(萨克斯)/ 02H-2288(康尼)/ 9026-40(阿尔斯通),2

续上表

车型名称				时速 160 km 动力集中动车组动力车
车型代号				暂无
动力车车号				暂无
项目			序号	参数及说明
转向架	二系悬挂装置	横向油压减振器阻尼系数(kN·s/m)	54	50
		抗蛇行减振器型号,数量	55	601300002261;601300002128(萨克斯)/04R-1996;04R-1996-001(康尼)/9028-41(阿尔斯通),2
		抗蛇行减振器阻尼系数(kN·s/m)	56	800
	牵引力传递方式		57	低位单牵引杆
	牵引点高(mm)		58	334.5×2
	牵引电动机悬挂方式		59	架悬
	齿轮传动比		60	99/25
	砂箱容量(m^3)		61	0.05×2
	转向架质量(t)		62	17.9
基础制动装置	基础制动方式		63	轮盘制动
	每台转向架制动器组数		64	4
	制动缸直径(mm)		65	254
	制动倍率		66	2
	传动效率(%)		67	85
	闸片与制动盘的恒定间隙(mm)		68	1.5
	制动缸最大空气压力(kPa)		69	450
	闸片、制动盘形式		70	轮盘制动
	闸片、制动盘材质		71	粉末冶金闸片、铸钢盘
	每个夹钳上的闸片(或轮盘)压力(kN)		72	40.72
	停放制动器	停放制动方式	73	弹簧储能制动
		制动器数量	74	4
		闸片压力(kN)	75	35
		停放制动器质量(kg)	76	117.4
	制动单元质量(kg)		77	92.8
受电弓	型号		78	DSA250
	额定工作电压(kV)		79	25
	额定工作电流(A)		80	1 000
	运行最高速度(km/h)		81	250
	工作高度(mm)		82	982～2 890(含绝缘子)
	最大升弓高度(mm)		83	2 690
	落弓位高度(mm)		84	682
	升弓时间(s)		85	≤5.4
	降弓时间(s)		86	≤4
	传动风缸工作空气压力(kPa)		87	400～1 000
	总质量(kg)		88	130

续上表

车型名称				时速 160 km 动力集中动车组动力车
车型代号				暂无
动力车车号				暂无
项目			序号	参数及说明
主断路器	型号		89	22CBDP2
	额定电压(kV)		90	30
	额定电流(A)		91	1 000
	额定分断电流(kA)		92	20
	额定分断容量(MV·A)		93	600
	固有分闸时间(ms)		94	20～60
	额定工作气压(kPa)		95	450～1 000
	质量(kg)		96	110
牵引变压器	型号,结构形式		97	JQFP-6770/25
	各绕组额定容量(kV·A)	网侧高压绕组	98	6 777
		牵引绕组	99	1 540×4
		辅助绕组	100	217×2
		供电绕组	101	200×2
	各绕组额定电压(V)	网侧高压绕组	102	25 000
		牵引绕组	103	1 950
		辅助绕组	104	307
		供电绕组	105	307
	各绕组额定电流(A)	网侧高压绕组	106	271
		牵引绕组	107	790×4
		辅助绕组	108	707×2
		供电绕组	109	652×2
	短路阻抗		110	牵引 34.5%,辅助 28%,供电 26%
	绝缘等级		111	A 级
	冷却方式		112	强迫导向油循环风冷 ODAF
	冷却油牌号		113	Diala S4 ZX-I
	冷却油流量(m^3/h)		114	60
	油泵型号		115	B2/148G/100-2(凯络文); BG-148/100-2(敏锐)
	效率(%)		116	96
	总质量(t)		117	7.6
谐振电抗器	每节机车台数		118	—
	额定电流(A)		119	—
	额定电压(V)		120	—
	电感值(mH)		121	—

续上表

车型名称				时速160 km动力集中动车组动力车
车型代号				暂无
动力车车号				暂无
项目			序号	参数及说明
串联电抗器	每节机车台数		122	4
	额定电流(A)		123	707
	额定电压(V)		124	307
	电感值(mH)		125	0.3
牵引变流器	型号		126	QYBLQ-8UGD
	电路结构形式		127	电压型，两电平
	额定功率(kW)		128	2×1 400
	额定输入电压(交流)(V)		129	1 950
	额定输入电流(交流)(A)		130	939
	中间回路电压(V)		131	DC 3 500
	二次谐振电容值(mF)		132	—
	支撑电容值(μF)		133	2×9 500(永济)/2×6 000(株洲所)
	额定输出电压(V)		134	2 300
	额定输出电流(A)		135	445
	四象限变流器开关频率(Hz)		136	350(永济)/250(株洲所)
	牵引逆变器最大开关频率(Hz)		137	450(永济)/350(株洲所)
	牵引逆变器输出频率范围(Hz)		138	0～135
	冷却方式		139	强制循环水冷
	效率(%)		140	>98.5
	质量(t)		141	2 550
	外形尺寸(长×宽×高，mm)		142	3 460×950×2 050(永济)/ 3 460×960×2 050(株洲所)
	每台机车牵引变流器台数		143	2
	四象限变流器功率模块	型号	144	YQM26Q81A(永济)/ TE6245250000(株洲所)
		电路形式	145	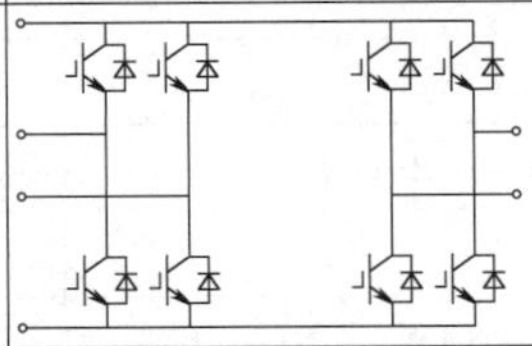
		四象限变流器构成形式	146	每个四象限变流器由一个功率模块构成
		电压(V)	147	3 500
		电流(A)	148	2 180
		开关频率(Hz)	149	350
		功率元件型号	150	FZ750R65KE3
		功率元件参数	151	IGBT(6.5 kV/750 A)

续上表

车型名称				时速 160 km 动力集中动车组动力车
车型代号				暂无
动力车车号				暂无
项目			序号	参数及说明
牵引变流器	四象限变流器功率模块	功率元件个数	152	8
		冷却方式	153	强制循环水冷
		质量(kg)	154	55
		尺寸(长×宽×高,mm)	155	305×680×370
	牵引逆变器功率模块	型号	156	YQM26Q81A(永济)/ TE6245250000(株洲所)
		电路形式	157	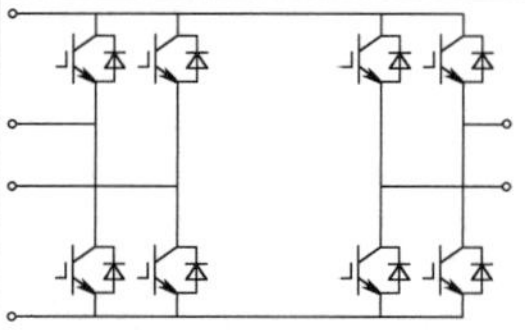
		牵引逆变器构成形式	158	每个牵引逆变器由一个功率模块构成,其中一相作为瞬时电压限制器
		电压(V)	159	3 500
		电流(A)	160	1 090
		开关频率(Hz)	161	450
		功率元件型号	162	FZ750R65KE3
		功率元件参数	163	IGBT(6.5 kV/750 A)
		功率元件个数	164	8
		冷却方式	165	强制循环水冷
		质量(kg)	166	55
		尺寸(长×宽×高,mm)	167	305×680×370
	冷却系统	水泵型号	168	F20-3211H4-0305S1-BV-26/13.2
		流量(m^3/h)	169	≥9.6
		驱动电机功率(kW)	170	3.4
	控制策略	四象限变流器	171	PWM 脉宽调制
		牵引逆变器	172	PWM 脉宽调制+矢量控制
		瞬时电压限制器	173	/
交流异步牵引电机	型号		174	QYDJ-8UGD
	额定功率(持续制)(kW)		175	1 430
	额定电压(持续制)(V)		176	2 300
	额定电流(持续制)(A)		177	435
	最大启动电流(A)		178	515
	功率因数		179	0.87
	额定转速(持续制)(r/min)		180	1 663
	最高转速(r/min)		181	3 654(全磨耗轮)

续上表

车型名称				时速 160 km 动力集中动车组动力车
车型代号				暂无
动力车车号				暂无
项目			序号	参数及说明
交流异步牵引电机	额定频率(Hz)		182	56
	额定转差率		183	0.010 1
	额定转矩(N·m)		184	8 211
	最大转矩(N·m)		185	9 277
	额定效率(%)		186	95
	绝缘等级		187	200 级
	极数		188	4
	质量(kg)		189	≤2 180
	通风量(m^3/s)		190	1.8
牵引通风机组	型号		191	QYTFJ-8UGX(大连机车)/ THTF8.0D-8UGX(联诚)/ CS4-65No.6.5A-8UGX(大连所)
	台数		192	2
	最大转速(r/min)		193	3 000
	每台风机的风量(m^3/min)		194	270
	风压(Pa)		195	4 000
	额定功率(kW)		196	32
	质量(kg)		197	500
复合冷却塔	冷却方式		198	风冷
	水散热量(kW)		199	90/80
	油散热量(kW)		200	126
	通风量(m^3/min)		201	480
	水流量(m^3/h)		202	≥9.6
	油流量(m^3/h)		203	60
	质量(kg)		204	550
辅助变流器	CVCF 逆变器	型号	205	QYBLQ-8UGD
		每台机车装用台数	206	1
		额定输入电压(V)	207	AC 307
		额定输入电流(A)	208	707
		额定输出电压(V)	209	AC 380
		额定输出电流(A)	210	0～605
		容量(kV·A)	211	230
		频率(Hz)	212	50
		功率元件参数	213	四象限 IGBT(1 700 V/2 400 A) 逆变器 IGBT(1 700 V/1 600 A)

二十六

续上表

车型名称				时速160 km动力集中动车组动力车
车型代号				暂无
动力车车号				暂无
项目			序号	参数及说明
辅助变流器	CVCF逆变器	冷却方式	214	强制循环水冷
		质量(kg)	215	45
	VVVF逆变器	型号	216	QYBLQ-8UGD
		每台机车装用台数	217	1
		额定输入电压(V)	218	AC 307
		额定输入电流(A)	219	707
		额定输出电压(V)	220	AC 2～380
		额定输出电流(A)	221	0～605
		容量(kV·A)	222	230
		频率(Hz)	223	0～50
		功率元件参数	224	四象限IGBT(1 700 V/2 400 A) 逆变器IGBT(1 700 V/1 600 A)
		冷却方式	225	强制循环水冷
		质量(kg)	226	45
蓄电池充电器	型号		227	CDQ-8UGD
	输入电压(V)		228	AC 380
	输出电压(V)		229	DC 110
	输出电流(A)		230	150
	输出容量(kV·A)		231	17.2
	质量(kg)		232	170
微机网络控制系统	列车网标准		233	WTB(GB/T 28029.1)
	车辆网标准		234	MVB(GB/T 28029.1) 以太网(IEC 61375-3-4)
	列车网传输速率(kbit/s)		235	1 024
	车辆网传输速率(Mbit/s)		236	1.5(MVB),100(以太网)
	机车控制功能	牵引特性	237	力矩百分比
		电制动特性	238	力矩百分比
		其他控制功能	239	顺序控制,自诊断功能,网络重联
	保护功能	网压保护限值(kV)	240	31.5,35
		网流保护限值(A)	241	800
		中间电压限值(V)	242	3 150,3 500
		防空转/滑行策略	243	矢量加速度控制
		最高速度限值(km/h)	244	170
风源系统	主空气压缩机组	型号	245	SL16(克诺尔)/ TSA-16.ADII(嘉祥)
		压缩空气出口压力(kPa)	246	1 000

续上表

车型名称				时速160 km动力集中动车组动力车
车型代号				暂无
动力车车号				暂无
项目			序号	参数及说明
风源系统	主空气压缩机组	压缩空气出口温度(℃)	247	0～50℃时不高于环境温度
		排气量(m^3/min)	248	≥1.6
		冷却方式	249	风冷
		润滑油牌号	250	Anderol 3057M
		润滑油储量(dm^3)	251	约6
		润滑油压力(kPa)	252	/
		电机型号	253	/
		电机转速(r/min)	254	/
		额定功率(kW)	255	≤19
		额定电压(V)	256	AC 380
		额定电流(A)	257	/
		机组质量(kg)	258	≤300
	辅助空气压缩机组	型号	259	durr D-061
		额定排气量(m^3/min)	260	0.06
		额定排气压力(kPa)	261	800
		电动机型号	262	/
		额定工作电压(V)	263	DC 110
		额定工作电流(A)	264	3.7
		额定功率(kW)	265	0.4
		额定转速(r/min)	266	2 610
	空气干燥器	型号	267	JKG1C-L
		形式	268	双塔交替吸附式
		处理空气量(m^3/min)	269	与空压机排量匹配(不小于4)
		工作压力(kPa)	270	1 000
		整机质量(kg)	271	90
	风源系统部件	压力控制器(调压器)型号	272	/
		压力控制范围(kPa)	273	680～900,750～900
		总风缸空气压力范围(kPa)	274	0～900
		总风缸总容量(dm^3)	275	2×500
	调压阀调压范围(kPa)		276	/
制动机	型号		277	CAB(纵横)/ZJZ(四方所)
	自动制动阀		278	/
	单独制动阀		279	/
	分配阀型号,数量		280	/

续上表

车型名称			时速 160 km 动力集中动车组动力车
车型代号			暂无
动力车车号			暂无
项目		序号	参数及说明
制动机	中继阀(双阀口式)	281	/
	紧急阀	282	/
	电动放风阀	283	/
	紧急电空阀(110 V)	284	/
	电空转换阀	285	/
蓄电池组	型号	286	DLM170
	容量(A·h)	287	170
	装用数量	288	48
	总标称电压(V)	289	96(2×48)
列车供电系统	型号	290	QYBLQ-8UGD
	电路形式	291	四象限整流
	额定输出功率(kW)	292	200×2
	额定交流输入电压(V)	293	单相 AC 370/50 Hz
	额定直流输出电压(V)	294	600
	额定直流输出电流(A)	295	2×334
	最大直流输出电流(A)	296	2×1 061
	输出电压控制精度(%)	297	≤5
	效率(额定工况)(%)	298	>97.5
	冷却方式	299	强迫水循环冷却

注:"—"表示无此设备;"/"表示数据空缺。

第二部分

内燃机车

一、NJ$_1$ 型内燃机车技术简介

1. 概　　述

NJ$_1$ 型内燃机车是交流传动调车内燃机车，是由四方公司根据原铁道部铁路科技研究开发计划而研制的我国第一台交流传动内燃机车，用于编组站的编组、调车作业及小运转。该机车于 1999 年 9 月研制完成，2001 年通过鉴定。

NJ$_1$ 型内燃机车的标称功率为 1 050 kW，动轮直径为 1 050 mm，轴重 25 t，轴式 C_0—C_0；机车最高速度为 80 km/h，持续速度为 9 km/h，启动牵引力为 470 kN，持续牵引力为 380 kN，具有启动牵引力大、恒功区宽的特点。高的启动牵引力及持续牵引力，使 NJ$_1$ 型内燃机车的作业效率明显高于同等功率的交直传动内燃机车。

NJ$_1$ 型内燃机车装用 8240ZJC 型柴油机，最大运用功率为 1 320 kW。柴油机的主要零部件可与 DF$_5$ 型、DF$_4$ 型机车互换。机车主传动为架控式交直交电传动，采用了无刷励磁牵引发电机、大功率整流元件、IPM 牵引逆变器及鼠笼式三相异步牵引电机。冷却风扇、通风机采用交流电机驱动。控制系统为多微机处理系统，设有故障诊断、检测、记录等功能，操纵台上设有彩色液晶显示器。

NJ$_1$ 型内燃机车累计生产三台。车号为 0001～0003。出厂后一直在济南铁路局使用，已于 2015 年初报废。

NJ$_1$ 型内燃机车外观如图 2-1-1 所示。

图 2-1-1　NJ$_1$ 型内燃机车外形图

2. 机车总体

NJ$_1$ 型内燃机车采用中梁承载的外走廊式车体，机车整个上部结构通过八个橡胶旁承座落在两台三轴转向架上。机车上部由前至后依次为冷却室、动力室、辅助室、电器室、司机室及变频室。机车下部布置两台三轴转向架，中间布置燃油箱，燃油箱两侧布置蓄电池，燃油箱两端布置总风缸。

冷却室前端布置两台 NPT5 型空气压缩机、一台 JKG2F 型空气干燥器，空气压缩机冷却管布置在前墙上。冷却室前端设有活动顶棚，冷却室后端上部布置“V”形排列的 28 组双流道散热器，散热器内布置外转子风扇电机组，散热装置前端设有检修门。散热器下部布置前转向架通风机及辅助电器柜，辅助电器柜内布置辅助电机接触器。冷却室两侧布置百叶窗，根据柴油机水温自动控制百叶窗的开关，百叶窗下部设有检修门。

动力室内布置水箱、预热锅炉、启动润滑油泵、燃油泵、燃油预热器及柴油发电机组。柴油发电机组弹性安装在动力室后部。动力室上部设有三个活动顶棚，动力室侧墙与车架用螺栓连接。

辅助室上部布置柴油机的进气滤清器，下部布置直流启动发电机、交流辅助发电机、辅助传动箱。辅助室上部设有活动顶棚，两侧设有检修门。

电器室内布置两台牵引逆变器、电器柜、制动电阻柜、后转向架通风机、整流柜及工具箱等装置。电器室上部设有活动顶棚，逆变器两侧设有折叠门。

司机室内布置两个操纵台、制动阀柜、微机柜、空调、电暖器、电热壁等设备。司机室前后各设一扇门，与机车前后走台板相通。

变频室内设有柴油机变频启动装置及三项设备柜，变频室与车架用螺栓连接。

NJ1 型调车内燃机车总体布置如图 2-1-2 所示。

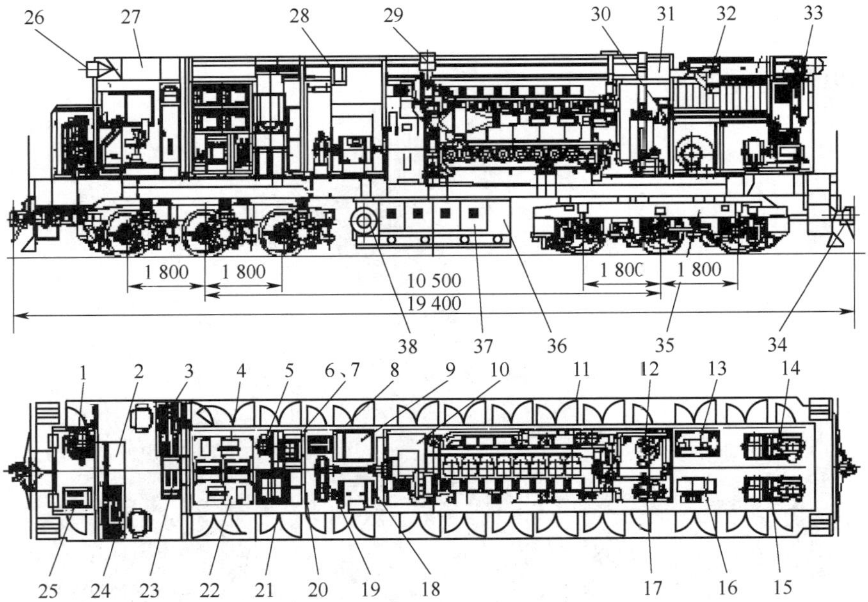

图 2-1-2 NJ1 型调车内燃机车总体布置图

1—制动阀柜；2—微机柜；3—操纵台Ⅰ；4—逆变器Ⅰ；5—后通风机；6—整流柜；
7—电抗器；8—辅发励磁电器柜；9—变频启动机组；10—牵引发电机；11—柴油机；12—预热锅炉；
13—辅助电器柜；14—空气压缩机组Ⅰ；15—空气压缩机组Ⅱ；16—前通风机；17—燃油预热器；18—启动发电机；
19—辅助传动箱；20—工具柜；21—制动电阻柜；22—逆变器Ⅱ；23—主电器柜；24—副操纵台；25—三项设备柜；
26—头灯；27—空调；28—进气滤清器；29—排气装置；30—预热锅炉燃油箱；31—膨胀水箱；32—冷却风扇电机组；
33—空气干燥器；34—车钩及缓冲器；35—转向架；36—燃油箱；37—蓄电池箱；38—总风缸

牵引特性曲线如图 2-1-3 所示，电阻制动特性曲线如图 2-1-4 所示。

3. 牵引电传动系统

(1)牵引电路

NJ1 型内燃机车牵引电传动系统采用转向架控制式交—直—交电传动，主要有牵引发电机、整流柜、电抗器、牵引变流器、牵引电机、制动电阻等部件组成。牵引电路原理如图 2-1-5 所示。

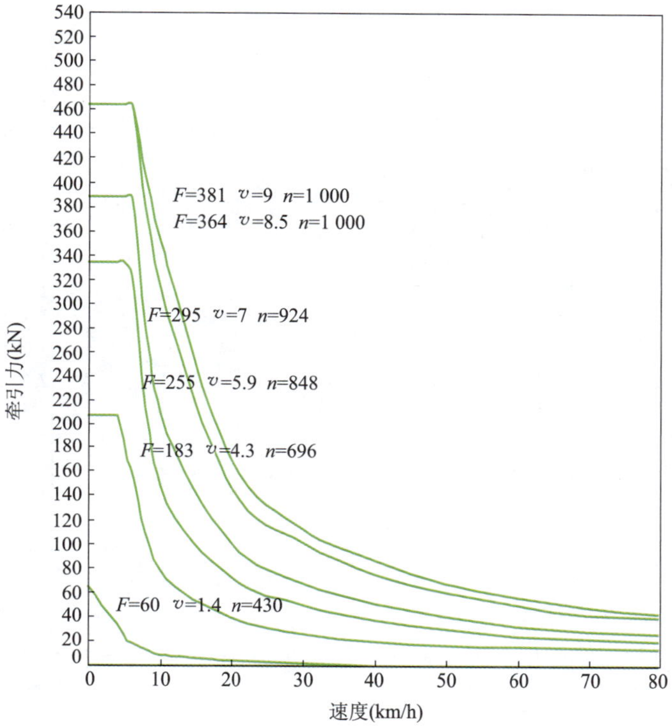

图 2-1-3　NJ1 型调车内燃机车牵引特性曲线

在牵引工况下，柴油机的恒功率控制由机车主微机完成。按机车运行方向和轴重转移的情况，分别控制前后转向架电机的转矩大小，以充分利用机车的黏着质量。

电阻制动工况下，柴油机的转速恒定为 500 r/min，不同的手柄位具有不同的最大制动力限制值。为了使机车具有较大的制动力，在电阻制动力低于挡位制动力时，电阻制动力按牵引电机恒功率控制。

(2)牵引发电机及辅助发电机

采用先进的 JF208S 型三相凸极式无刷励磁同步发电机，发电机为卧式单轴承结构，三相凸极式。在轴伸端装有单列圆柱滚子轴承，用于辅助传动，另一端通过弹性联轴器与柴油机连接。发电机采用防护式径向自通风，冷却风从端盖的进风口进入电机，由机座上下两排风口排出。

(3)牵引变流器

机车设一台整流装置。本装置选用铜散热器配大功率元件，采用独立通风方式。整流装置由六个整流元件及保护电容组成一个三相整流桥，元件组装为串联压装方式。

牵引逆变器采用电压型 VVVF 逆变器，半导体元件采用 3 300 V/1 200 A 的 IPM 模块。逆变器采用强迫风冷方式，逆变器内设有带 32 位数字信号处理器的电子控制系统，主要完成对电机逆变器系统的运行功能控制、系统的故障诊断保护，以及对外通信，具有防滑、防空转功能。此外，逆变器控制系统内还设有过电压、欠电压、过电流、短路、缺相、控制电路故障等保护功能。

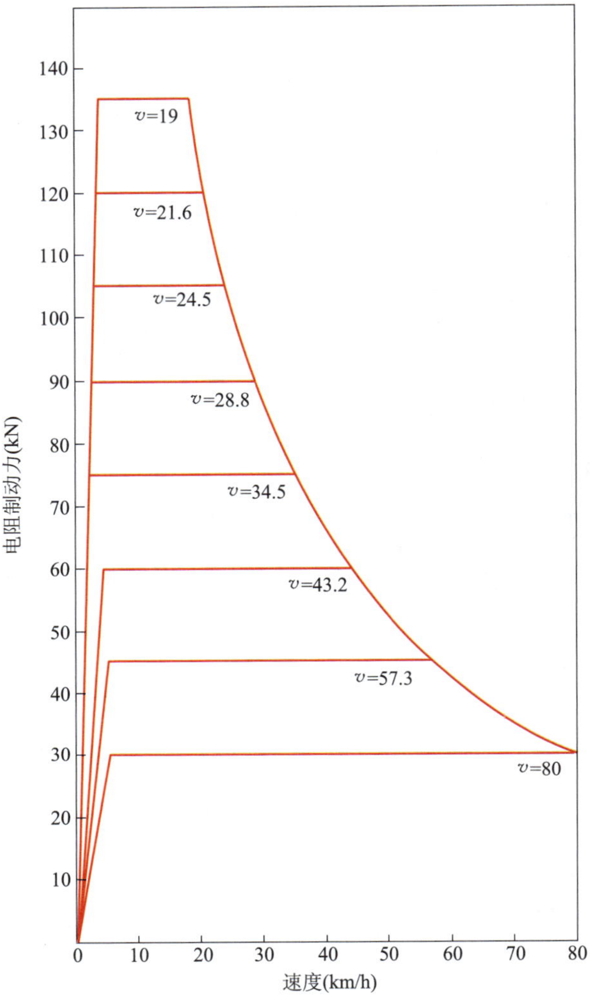

图 2-1-4　NJ1 型调车内燃机车电阻制动特性曲线

(4)牵引电机

采用 JD108S 交流异步牵引电动机，单边齿轮传动，强迫通风冷却。在定子铁芯外圆与机座内圆间，设有通风槽。转子采用鼠笼式结构。轴承部分设有润滑脂注入口，构成中间加油形式。设有用数字量检测转速的非接触式测速装置。

(5)电阻制动装置

NJ1 型机车设有电阻制动功能，在电阻制动工况下，中间电压由牵引逆变器内制动斩波器控制，通过控制牵引电机的转差来控制电阻制动功率，制动能量消耗在制动电阻上。制动电阻的冷却由装在制动电阻柜内的通风机进行强迫冷却。在电阻制动力低于挡位制动力时，电阻制动按牵引电机恒功率控制。

4. 辅助电气系统

NJ1 型内燃机车辅助系统主要包括柴油机的启动、辅助电源的供给、蓄电池的充电以及空气压缩机、通风机、冷却风扇的驱动。

柴油机采用变频启动，由蓄电池供电，经变频启动机组逆变成三相交流电后，供给交流启动发电机，经传动箱、万向轴驱动柴油机。柴油机启动后，变频启动机组停止工作，交流启动发电机转为发电工况。通过交流启动发电机的励磁调节装置对交流启动发电机实施恒电压频率比控制。交流启动发电机发出的三相交流电，一路直接向辅助系统的交流电动机供电，驱动通风机、冷却风扇和空气压缩机，另一路经蓄电池充电装置向 DC 110 V 电路供电并向蓄电池充电。

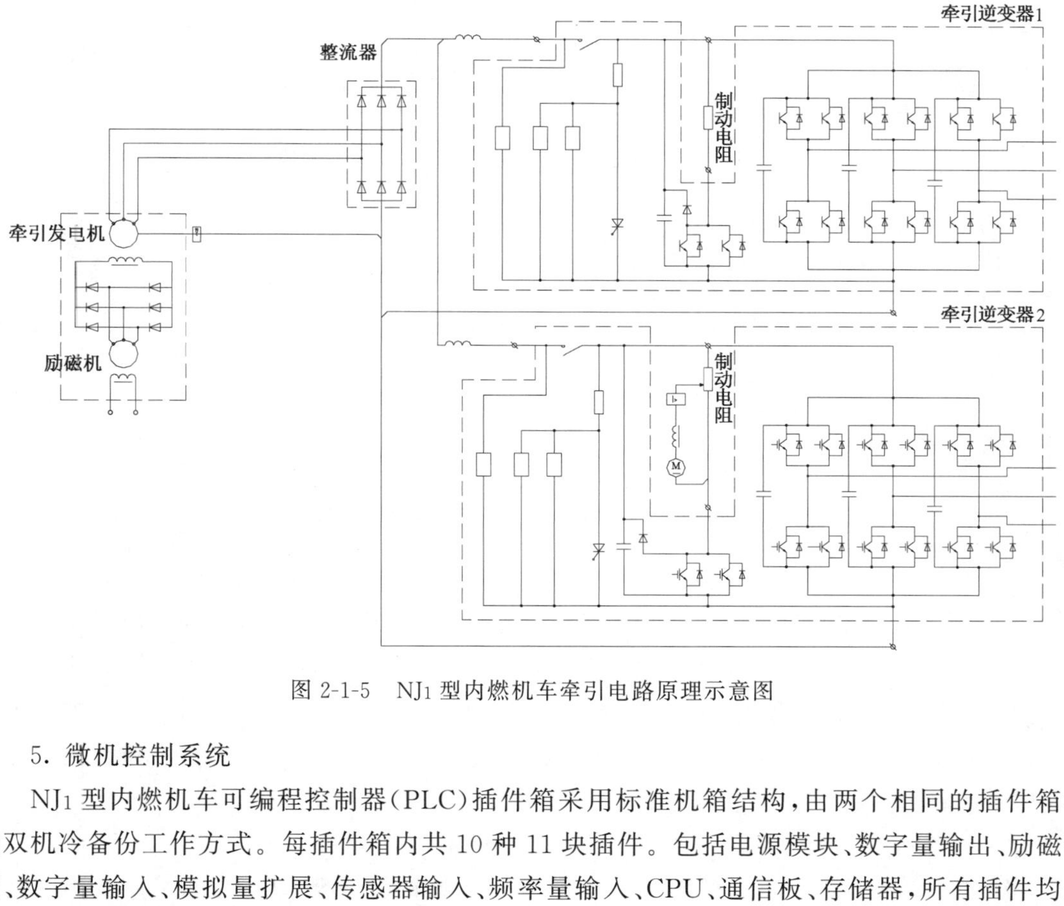

图 2-1-5　NJ1 型内燃机车牵引电路原理示意图

5. 微机控制系统

NJ1 型内燃机车可编程控制器(PLC)插件箱采用标准机箱结构，由两个相同的插件箱构成双机冷备份工作方式。每插件箱内共 10 种 11 块插件。包括电源模块、数字量输出、励磁控制、数字量输入、模拟量扩展、传感器输入、频率量输入、CPU、通信板、存储器，所有插件均通过母板总线相互连接。

微机控制系统原理如图 2-1-6 所示。

6. 车　　体

NJ1 型内燃机车车体钢结构为外走廊式、主车架承载的结构，四周设走廊扶手。主车架上依次布置有冷却室、动力室、辅助室、电器室、司机室及变频室，它们都是独立的模块，各模块与主车架用螺栓连接，各室顶盖是独立安装的，有利于设备的吊装及维修。

车架的左、右侧梁前后设有牵引拉杆座，与转向架牵引杆连接。牵引拉杆座上设有吊车筒和架车支座。在车架前后端下部安装了排障器和牵引装置。

在机车端部四角设有上车梯子和调车踏板。

7. 转 向 架

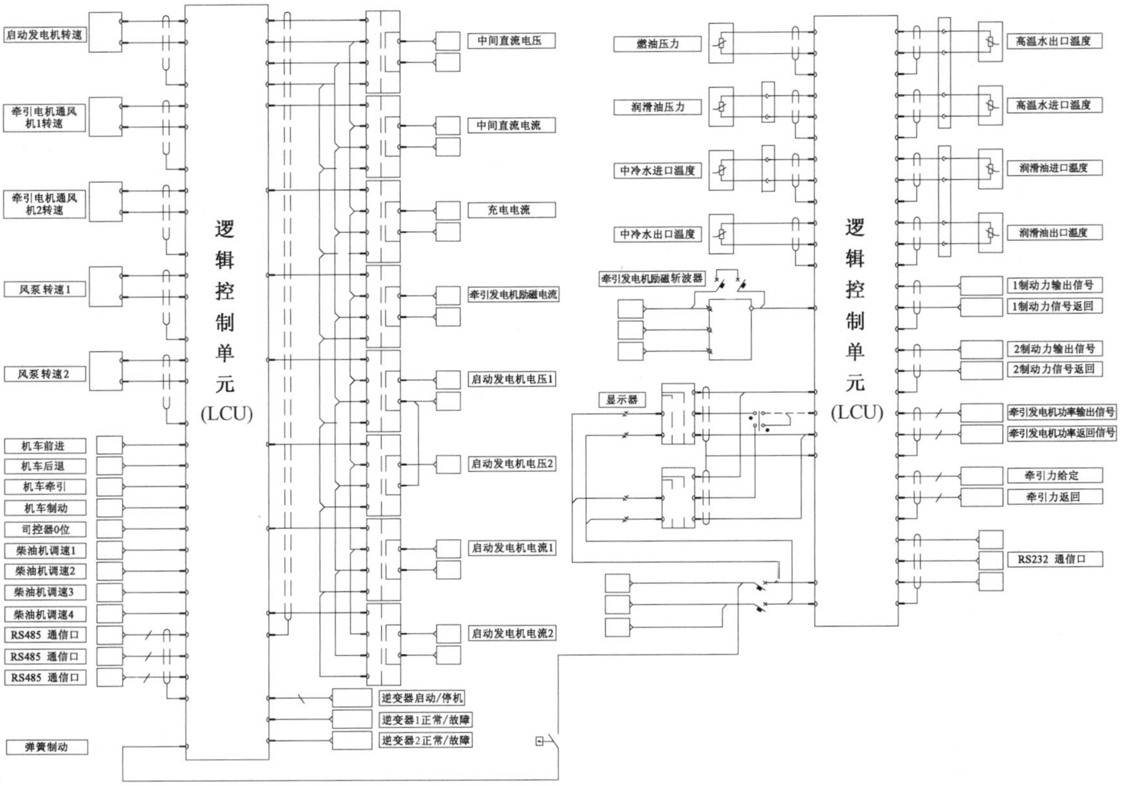

图 2-1-6　NJ1 型内燃机车控制系统原理图

NJ1 型内燃机车走行部采用两台三轴转向架。牵引电机采用内顺置布置、轮对单侧齿轮驱动；轴箱定位采用弹性轴箱拉杆定位；一系悬挂采用轴箱圆弹簧、橡胶垫与油压减振器并联结构；二系悬挂采用橡胶弹性旁承。牵引电机采用滚动抱轴承悬挂方式。基础制动采用 XFD 型踏面制动单元，主要包括制动缸、力的放大机构及闸瓦单向间隙调整器。制动单元本身带有弹簧停车制动器。在转向架四角的下盖板处各装有一个砂箱，砂箱的下部装有撒砂阀和撒砂管，并对称布置在端轴的车轮上。

8. 制动系统

NJ1 型内燃机车采用 JZ-7 型空气制动机，空气压缩机型号为 NPT5 型，采用交流电机驱动，每台机车装有二组，安装 JKG2F 型双塔式空气干燥装置，机车设有手制动装置。

9. 柴 油 机

NJ1 型内燃机车装用 8240ZJC 型柴油机，8 缸，直列，气缸直径为 240 mm，活塞行程 275 mm，四冲程，直接喷射式、开式燃烧室，废气涡轮增压，增压空气中间冷却的柴油机。标定功率 1 470 kW，标定转速 1 000 r/min，在标定工况时的燃油消耗率为 208 g/(kW · h)，最大运用功率为 1 320 kW。机体采用牌号为 QT500-7 的球墨铸铁整体铸造；曲轴采用 42CrMoA 合金钢锻坯，采用钢顶铝裙组合活塞、润滑油振荡冷却方式；并列连杆为 42CrMoA 钢制；湿式气缸套。采用单体式喷油泵、多孔闭式喷油器及全制式液压联合调节器。齿轮传动机构用于驱动凸轮轴、高温水泵、中冷水泵、润滑油泵、调速器、超速停车装置和柴油机转速表等部件。凸轮轴驱动气缸的进、排气门和单体式喷油泵。机体输出端通过连接箱与牵引发电机壳体连接。安装在曲轴自由端上的减振器，用来降低曲轴系统的扭转振动。柴油机排气管外包有耐热石棉布以隔热。柴油机采用 ZN300 型涡轮增压器，它由一个单级轴流式涡轮机和一个单级离心式压气机共轴组成，采用内置式轴承结构，最高转速达到 25 000 r/min 以上。

柴油机辅助系统主要由燃油系统、润滑油、冷却水、预热、空气滤清系统以及牵引电机通风系统组成。

燃油系统由柴油机燃油系统和柴油机以外的机车燃油系统两部分组成。润滑油系统由机车润滑油系统和柴油机润滑油系统共同构成一个完整的润滑油循环系统。冷却水系统分为高、低温两部分。高温水系统用水直接冷却与燃气直接接触的零部件，低温水系统通过润滑油热交换器冷却润滑油，以及通过空气冷却器（中冷器）冷却增压空气。散热器采用双流道散热器，以 V 形安装在冷却室的钢骨架上。冷却装置内设有一个风扇。高、低温冷却水泵均为离心式。

预热系统由螺旋管式预热锅炉等设备组成。

空气滤清系统为两级过滤，一级为旋风式滤清器，二级为纸质精滤器。空气滤清装置安装在机车动力室车体侧壁上，对增压器的进气进行滤清。

机车设置两台牵引电机通风机，分别为机车前后转向架的三台牵引电动机冷却。

10. 技术参数表

NJ1 型内燃机车参数见表 2-1-1。

表 2-1-1　NJ1 型内燃机车技术参数表

车型名称			NJ1
车型代号			NJ1
机车车号			0001～0003
项目		序号	参数及说明
机车总体参数	用途	1	调车作业及小运转
	制造年代	2	1998—2001 年
	制造厂名	3	四方公司
	轨距(mm)	4	1 435
	车体形式	5	外走廊式、主车架承载
	轴式	6	$C_0—C_0$
	前后转向架中心距(mm)	7	10 500
	全轴距(mm)	8	14 100
	动轮直径(新轮)(mm)	9	1 050
	动轮直径(半磨耗轮)(mm)	10	980
	整备质量(t)	11	138
	轴重(t)	12	23
	通过最小曲线半径(m)	13	100
	电传动方式	14	交—直—交

续上表

车型名称			NJ1
车型代号			NJ1
机车车号			0001～0003
项目		序号	参数及说明
机车总体参数	标称功率(kW)	15	1 050
	轮周牵引功率(kW)	16	970
	最高速度(km/h)	17	80
	恒功率速度范围(km/h)	18	10～80
	持续速度(km/h)	19	9
	持续牵引力(kN)	20	380
	启动牵引力(kN)	21	470
	最大电阻制动力(kN)	22	135
	紧急制动距离(m)	23	800
	柴油机停机下的移车方式	24	他车牵引
	控制器手柄挡位	25	无级调速，无挡位
车体	车底架长(mm)	26	18 340
	车体宽(mm)	27	3 285
	车体高(mm)	28	4 648.5
	司机室个数	29	1
	机车前后车钩中心距(mm)	30	19 400
	车钩型号，形式	31	内燃、电力机车车钩
	缓冲器型号	32	MT-3
装载量	燃油(dm^3)	33	6 500
	润滑油(kg)	34	800
	水(kg)	35	800
	砂(kg)	36	500
转向架	构架(长×宽，mm)	37	5 900×2 250
	两侧梁横向中心距 (mm)	38	2 050
	轴距(mm)	39	1 800+1 800
	一系悬挂垂向减振器型号	40	SFK1
	一系悬挂静挠度(mm)	41	123
	二系悬挂垂向减振器型号	42	—
	二系悬挂横向减振器型号	43	—
	二系悬挂抗蛇行减振器型号	44	—
	二系悬挂弹簧静挠度(mm)	45	16
	牵引力和制动力传递方式	46	拐臂式双牵引杆
	牵引电动机悬挂方式	47	滚动抱轴承方式
	齿轮传动比	48	5.78(81∶14)
	轴箱与转向架构架定位方式	49	双弹性定位拉杆

续上表

车型名称			NJ1
车型代号			NJ1
机车车号			0001～0003
项目		序号	参数及说明
转向架	每轴簧下质量(t)	50	3.2
	转向架总成质量(t)	51	16
基础制动装置	基础制动方式	52	踏面制动
	单元制动器型号	53	XFD-1,XFD-2
	制动缸数	54	2(XFD-1)+4(XFD-2)
	制动缸直径(mm)	55	177.8
	制动倍率	56	4.5
	传动效率(%)	57	38.8
	闸瓦与车轮踏面恒定间隙(mm)	58	4～8
	制动缸最大空气压力(kPa)	59	450
	闸瓦制动形式	60	单侧闸瓦踏面制动
	闸瓦材质	61	88-Ⅱ型半金属摩擦材料
	每台机车闸瓦块数(块)	62	24
	制动单元质量(kg)	63	46(XFD-1),68(XFD-2)
	停放制动形式	64	单元式停放制动
	手制动率	65	—
	总闸瓦压力(kN)	66	45×12
柴油机	型号	67	8240ZJC
	外形尺寸(长×宽×高,mm)	68	4 794.5×1 783×2 525
	机体结构	69	球墨铸铁整体铸造,龙门式
	曲轴材质	70	42CrMoA
	主轴颈的直径(mm)	71	220
	连杆颈的直径(mm)	72	195
	气缸排列及夹角	73	直列
	气缸数目	74	8
	气缸直径×活塞行程(mm)	75	240×275
	冲程数	76	四冲程
	压缩比	77	11.6
	气缸总排量(dm^3)	78	12.44×8
	标定转速(r/min)	79	1 000
	最低空载转速(r/min)	80	430
	标定功率(kW)	81	1 470
	最大运用功率(kW)	82	1 320
	启动方式	83	电机启动
	最高爆发压力(MPa)	84	13.5
	标定功率平均有效压力(MPa)	85	1.775
	喷油泵形式,数量	86	单体柱塞泵,8
	喷油器形式	87	低惯性多孔闭式

续上表

车型名称				NJ1
车型代号				NJ1
机车车号				0001～0003
项目			序号	参数及说明
柴油机	喷油器启喷压力(MPa)		88	25.5
	喷油泵供油提前角		89	21.5°
	喷射方式		90	直接喷射
	标定功率燃油消耗率[g/(kW·h)]		91	208×(1+3%)
	润滑油消耗率[g/(kW·h)]		92	≤2
	冷却水最高允许温度(℃)		93	88
	润滑油最高允许温度(℃)		94	88
	调节器形式		95	PGMV
	高温水泵	形式	96	离心泵
		额定转速(r/min)	97	2 570
		流量(m^3/h)	98	68
	低温水泵	形式	99	离心泵
		额定转速(r/min)	100	2 570
		流量(m^3/h)	101	68
	主润滑油泵	形式	102	齿轮泵
		转速(r/min)	103	1 420
		出口油压力(kPa)	104	800
		流量(m^3/h)	105	1.1
	增压器	型号,台数	106	ZN300D1C,1
		允许转速(r/min)	107	22 000～24 000
		允许最高转速(r/min)	108	25 000
		增压比	109	3.15
		增压空气额定流量(kg/s)	110	2.96
		进气空气滤清器形式	111	旋风式空滤+纸质精滤器
		涡轮前允许废气温度(℃)	112	540～580
		涡轮最高允许废气温度(℃)	113	620
		润滑方式	114	压力润滑
		质量(kg)	115	260
	中冷器	结构形式	116	管带式
		进气温度(℃)	117	160～180
		进水温度(℃)	118	50～55
		水流量(m^3/h)	119	68
	排放指标	碳氢化合物(HC)[g/(kW·h)]	120	/
		一氧化碳(CO)[g/(kW·h)]	121	/
		氮氧化物(NO_x)[g/(kW·h)]	122	/
		颗粒	123	/
		烟度(Bosch)	124	≤1.6
	柴油机总质量(kg)		125	17 192

续上表

车型名称				NJ_1
车型代号				NJ_1
机车车号				0001～0003
项目			序号	参数及说明
机车冷却系统	水散热器	形式	126	SD6P42-1
		高温水散热器单节数(组)	127	高低温共 28
		低温水散热器单节数(组)	128	高低温共 28
		水流道(单或双)方式	129	双流道
	冷却风扇	高、低温水系统风扇数	130	1
		驱动方式	131	交流电机驱动
		直径(mm)	132	1 396
		最高转速(r/min)	133	1 485
		功率(kW)	134	40
牵引发电机	型号		135	JF208
	额定转速(r/min)		136	1 000
	额定容量(kV·A)		137	2 170
	额定电压(V)		138	1 170
	额定电流(A)		139	1 070
	额定频率(Hz)		140	150
	额定功率因数		141	0.95
	励磁方式		142	无刷励磁
	额定励磁电压(直流)(V)		143	<110
	额定励磁电流(直流)(A)		144	<10
	绝缘等级,定子/转子		145	H/F 级
	通风冷却方式		146	径向自通风
	电刷牌号,尺寸(mm)		147	—
	总质量(kg)		148	4 000
主整流柜	型号		149	TGZ-800/1500
	额定输入电压(V)		150	AC 1 170
	额定输入电流(A)		151	AC 1 070
	额定输入频率(Hz)		152	150
	输出	最大电压(V)	153	DC 1 500
		额定电流(A)	154	DC 800
		最大电流(1 h)(A)	155	DC 850
	整流电路连接方式		156	三相全波桥式整流
	硅整流元件型号		157	ZP1800A-33
	通风冷却方式		158	强迫风冷
	质量(kg)		159	400
牵引逆变器	型号		160	MAP-173-15VD76
	电路结构形式		161	两电平 VVVF
	额定功率(kW)		162	1 200
	额定输入电压(V)		163	1 500

续上表

车型名称			NJ1
车型代号			NJ1
机车车号			0001～0003
项目		序号	参数及说明
牵引逆变器	额定输入电流(A)	164	400
	支撑电容值(mF)	165	8.6
	额定输出电压(V)	166	1 170
	额定输出电流(A)	167	900
	最大开关频率(Hz)	168	500
	输出频率范围(Hz)	169	0.5～130
	冷却方式	170	热管冷却＋强迫风冷
	效率	171	0.98
	质量(t)	172	1 186
	外形尺寸(长×宽×高,mm)	173	1 600×1 400×2 130(两组安装)
	每台机车牵引变流器台数	174	2
	功率模块电路形式	175	/
	功率模块电压(V)	176	/
	功率模块电流(A)	177	/
	功率模块开关频率(Hz)	178	/
	功率元件型号	179	/
	功率元件参数	180	/
	功率元件个数	181	/
	功率模块质量(kg)	182	/
	功率模块尺寸(长×宽×高,mm)	183	/
牵引电动机	型号	184	JD108S
	额定功率(kW)	185	165
	额定电压(V)	186	567
	额定电流(A)	187	242
	最高电压(V)	188	1 170
	最大电流(A)	189	300
	额定转速(r/min)	190	273
	额定转矩(N·m)	191	5 820
	最大转矩(N·m)	192	7 200
	最大转速(r/min)	193	2 510
	功率因数	194	0.82
	极数	195	6
	额定效率(%)	196	85
	绝缘等级	197	200 级
	允许温升(定子/电枢)(K)	198	200
	额定频率(Hz)	199	45.5
	额定转差率(%)	200	3
	通风冷却方式	201	强迫风冷

续上表

车型名称			NJ1
车型代号			NJ1
机车车号			0001～0003
项目		序号	参数及说明
牵引电动机	冷却空气量(m^3/min)	202	80
	总质量(kg)	203	1 828
辅助发电机	型号	204	JQF409
	额定转速(r/min)	205	3 000
	额定容量(kV·A)	206	260
	额定电压(V)	207	400
	额定电流(A)	208	375
	额定频率(Hz)	209	100
	额定功率因数	210	0.85
	励磁方式	211	他励
	额定励磁电压(直流)(V)	212	60
	额定励磁电流(直流)(A)	213	43
	绝缘等级,定子/转子	214	F/F 级
	通风冷却方式	215	自通风
	电刷牌号,尺寸(mm)	216	—
	总质量(kg)	217	735
辅助变流器	型号	218	—
	每台机车装用台数	219	—
	额定输入电压(V)	220	—
	额定输入电流(A)	221	—
	额定输出电压(V)	222	—
	额定输出电流(A)	223	—
	频率(Hz)	224	—
	功率元件参数	225	—
	冷却方式	226	—
	质量(kg)	227	—
	容量(kV·A)	228	—
牵引通风机	型号	229	JD307
	台数	230	2
	最大转速(r/min)	231	2 970
	每台风机的风量(m^3/min)	232	200
	风压(Pa)	233	3 500
	额定功率(kW)	234	30
	质量(kg)	235	256
启动电机	型号	236	JQF409
	电压(V)	237	—
	电流(A)	238	870
	启动转距(N·m)	239	1 880

续上表

车型名称				NJ$_1$
车型代号				NJ$_1$
机车车号				0001～0003
项目			序号	参数及说明
蓄电池充电器	型号		240	CED
	输入电压(V)		241	172～400
	输出电压(V)		242	110
	输出电流(A)		243	200
	输出容量(kV·A)		244	22
	质量(kg)		245	120
网络控制系统	列车网标准		246	—
	车辆网标准		247	RS-485
	列车网传输速率		248	—
	车辆网传输速率(bit/s)		249	19 200
	控制和保护功能	牵引特性控制	250	柴油机恒功率控制
		电阻制动特性控制	251	根据制动曲线
		空转滑行保护	252	自动保护
		故障诊断与保护内容	253	机车电器及柴油机
空气制动系统	制动机主要部件	型号	254	JZ-7
		自动制动阀	255	2
		单独制动阀	256	2
		分配阀型号,数量	257	1
		中继阀(双阀口式)(个)	258	1
		作用阀	259	1
		紧急放风阀	260	1
		常用限压阀	261	1
		紧急限压阀	262	1
		客货车转换阀	263	2
		总风遮断阀	264	1
		变向阀	265	3
	空气压缩机	型号,台数	266	NPT5,2
		工作形式	267	交流异步电动机驱动
		结构形式	268	活塞式
		额定转速(r/min)	269	975
		额定排气压力(kPa)	270	900
		排气量(m^3/min)	271	2.4
		一级压缩空气的冷却方式	272	风冷
		润滑油压力(kPa)	273	440
		驱动功率(kW)	274	22
		净重(kg)	275	350
	空气干燥器	型号	276	JKG2F
		处理空气量(m^3/min)	277	4.8
		工作压力(kPa)	278	900

续上表

车型名称			NJ1
车型代号			NJ1
机车车号			0001～0003
项目		序号	参数及说明
空气制动系统	压力控制器(调压器)型号	279	YQ-1
	总风缸空气压力范围(kPa)	280	750～900
	各总风缸总容量(dm^3)	281	500×2
电阻制动柜	电阻制动装置型号,台数	282	1
	持续功率(kW)	283	720
	输入电压(V)	284	1 500
	输入电流(A)	285	480
	电阻带最高工作温度(℃)	286	640
	冷却风机功率(kW)	287	30
	冷却风机转速(r/min)	288	3 300
	冷却通风量(m^3/min)	289	390
	质量(kg)	290	640
蓄电池组	型号	291	NM-500
	容量(A·h)	292	500
	装用数量(只)	293	12
	总标称电压(V)	294	96

注:“—”表示无此设备;“/”表示数据空缺。

二、DF_{8BJ}型内燃机车技术简介

1. 概　　述

DF_{8BJ}型内燃机车是交流传动六轴干线货运内燃机车，是资机公司和株洲所联合研制，由资机公司设计制造的交流传动干线货运内燃机车。机车额定功率 3 710 kW，轮径 1 050 mm，轴式 $C_0—C_0$，25 t 轴重，最高运行速度 120 km/h，最大启动牵引力 560 kN，持续牵引力 410 kN，恒功率速度范围 22～110 km/h，持续速度 28.8 km/h，通过最小曲线半径 145 m。该型机车装用 16V280ZJG 型电喷柴油机，最大运用功率为 4 000 kW(5 500 马力)。

DF_{8BJ}型内燃机车于 2001 年研制完成，共生产 1 台，车号为 0001。2002 年在郑州北—商丘固定牵引行包快运。2006 年完成样车考核拆检、恢复后放置资机公司内。

DF_{8BJ}型内燃机车外观如图 2-2-1 所示。

图 2-2-1　DF_{8BJ}型内燃机车外形图

2. 机车总体

DF_{8BJ}型内燃机车为内走廊、桁架式侧墙承载结构。上部由 5 道隔墙将车体分隔为 6 个室，依次为Ⅰ端司机室、电器室、动力室、冷却室、辅助室、Ⅱ端司机室；下部为燃油箱、蓄电池箱和两台可以互换的三轴转向架。

两司机室具有同等操纵功能，设备布置基本相同，设有正副司机操纵台，正副司机座椅，正司机操纵台上安装有司机控制器、制动装置的自动制动阀和单独制动阀、各种操纵按钮、仪表和信号显示装置等，还设有暖风机、电风扇、电炉等。

电器室内安装有制动电阻柜、电器柜、牵引变流柜、三项设备及工具箱。辅助传动机构的启动变速箱与启动发电机和前转向架牵引电机的通风机相连。阀类安装架和三项设备及工具柜座落在电器室后墙上。电器柜安装在司机室后墙处，在司机室内可以对电器柜进行检修，牵引变流柜安装在启动发电机与电器柜之间。

动力室内主要安装柴油机、牵引发电机组及为它服务的空气滤清器、燃油滤清器、燃油输送泵、辅助润滑油泵、冷却水系统的管路和阀类、膨胀水箱等。侧壁上装有车体通风机，用以排出

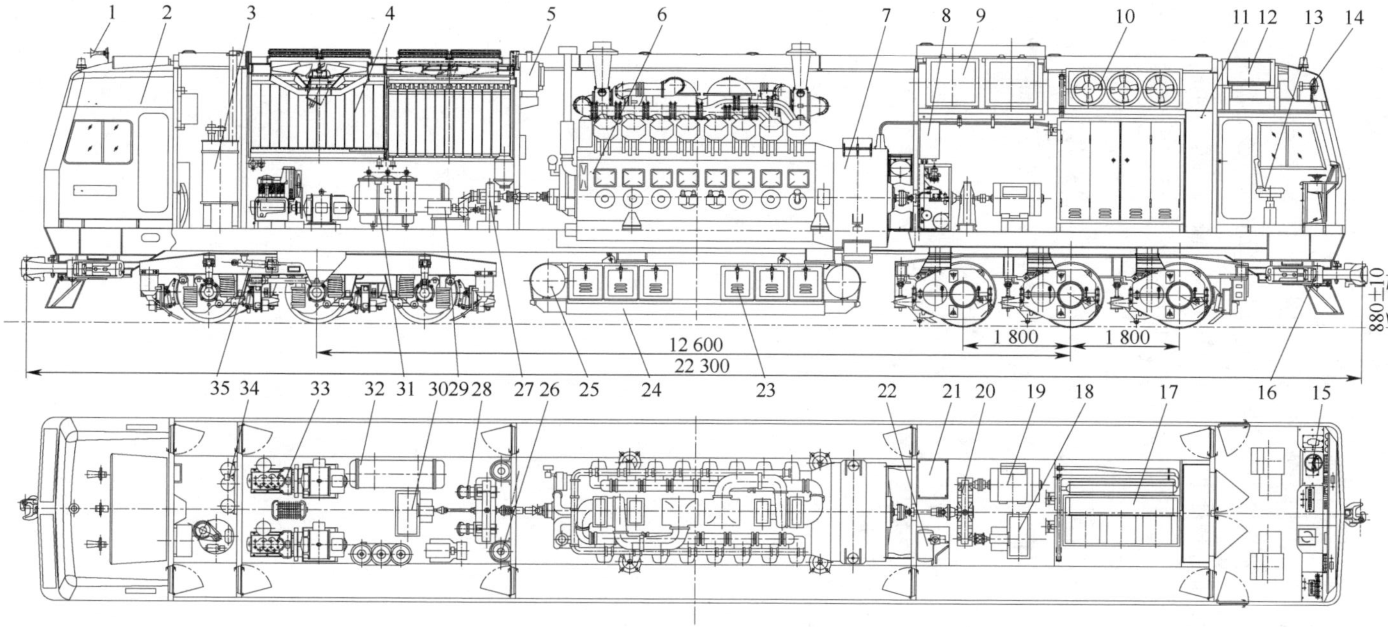

图 2-2-2　DF8BJ 型内燃机车总体布置图

1—风喇叭；2—司机室；3—预热锅炉；4—散热器；5—膨胀水箱；6—柴油机；7—牵引发电机；8—空调电源；9—制动电阻柜；10—牵引变流柜散热装置；11—电器柜；12—空调；13—司机座椅；14—头灯；15—操纵台；16—牵引缓冲装置；17—牵引变流柜；18—前架牵引电机通风机；19—启动发电机；20—前变速箱；21—三项设备及工具柜；22—阀类安装架；23—蓄电池箱；24—燃油箱；25—总风缸；26—静液压油箱；27—后变速箱；28—静液压泵；29—辅助润滑油泵；30—后架牵引电机通风机；31—润滑油滤清器；32—润滑油热交换器；33—空气压缩机；34—空气干燥器；35—转向架

二

室内烟气。

冷却室内装有散热器组、冷却风扇、静液压马达等。散热器组下部装有静液压变速箱、后转向架牵引电机通风机、润滑油滤清器、润滑油热交换器、空气压缩机等。

辅助室内左侧为预热锅炉循环水泵，右侧为预热锅炉。前间壁左侧设有风源净化装置（双塔式）。后间壁左侧设有可通车顶的扶梯，右侧设预热锅炉控制箱。下部中间设有手制动传动装置，下部两侧为复轨器。

车架下部中央吊装着燃油箱，燃油箱两侧装有蓄电池组，前后端装有总风缸。

辅助传动装置主要由机械传动、静液压传动和直流电机驱动三种形式组成。机械传动装置由万向轴、启动变速箱、传动轴和后变速箱及它们的输入轴、输出轴及联轴器组成。静液压变速箱由柴油机自由端曲轴驱动，之间用传动轴连接。后变速箱有三根输出轴，其中两根输出轴驱动两个结构完全相同的静液压泵，另一根通过锦纶丝绳传动轴带动后通风机。冷却风扇的驱动采用了静液压传动技术，由静液压马达，实现了无级变速和自动控制。

DF_{8BJ} 型内燃机车总体布置图如图 2-2-2 所示。牵引及电阻制动特性曲线如图 2-2-3、图 2-2-4 所示。

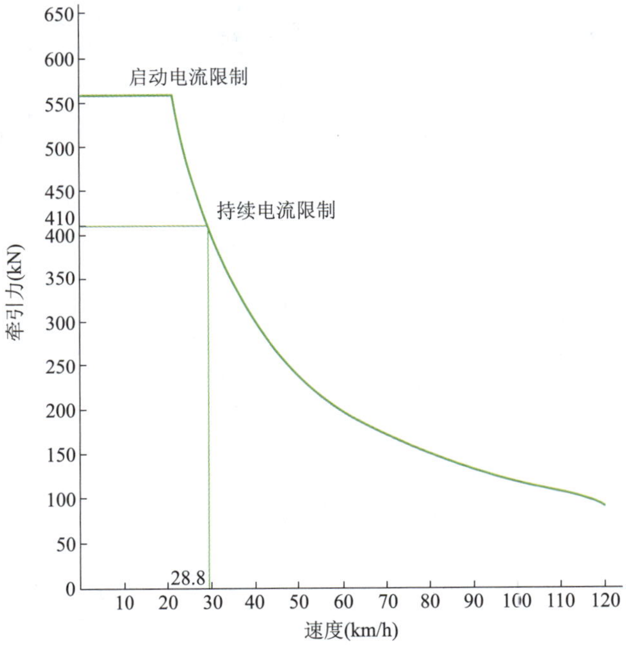

图 2-2-3 DF_{8BJ} 型内燃机车牵引特性曲线

3. 牵引电传动系统

（1）牵引电路

DF_{8BJ} 型内燃机车主传动系统包括整流器、三相牵引逆变器模块，电阻制动装置和过电压斩波器开关模块，各种电压、电流传感器、输入接触器等。

牵引电路包括牵引发电机向牵引电机的供电电路、牵引电路的保护电路及测量电路和牵引发电机的励磁电路。DF_{8BJ} 型内燃机车牵引电路图如图 2-2-5 所示。

机车交流牵引传动系统采用转向架控制方式。牵引发电机的电枢为双绕组，两套绕组发出的三相交流电，分别经两组相互独立的牵引整流单元转变为高压直流电，高压直流电再通过牵引逆变器逆变为三相交流电为一台转向架上的三台并联的牵引电机供电。

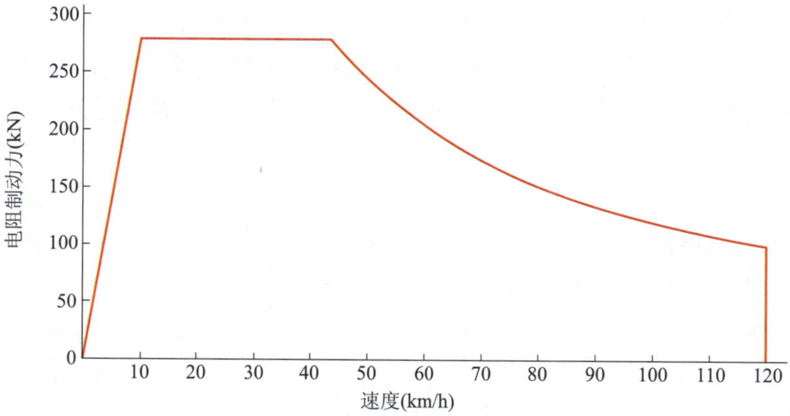

图 2-2-4　DF8BJ 型内燃机车电阻制动特性曲线

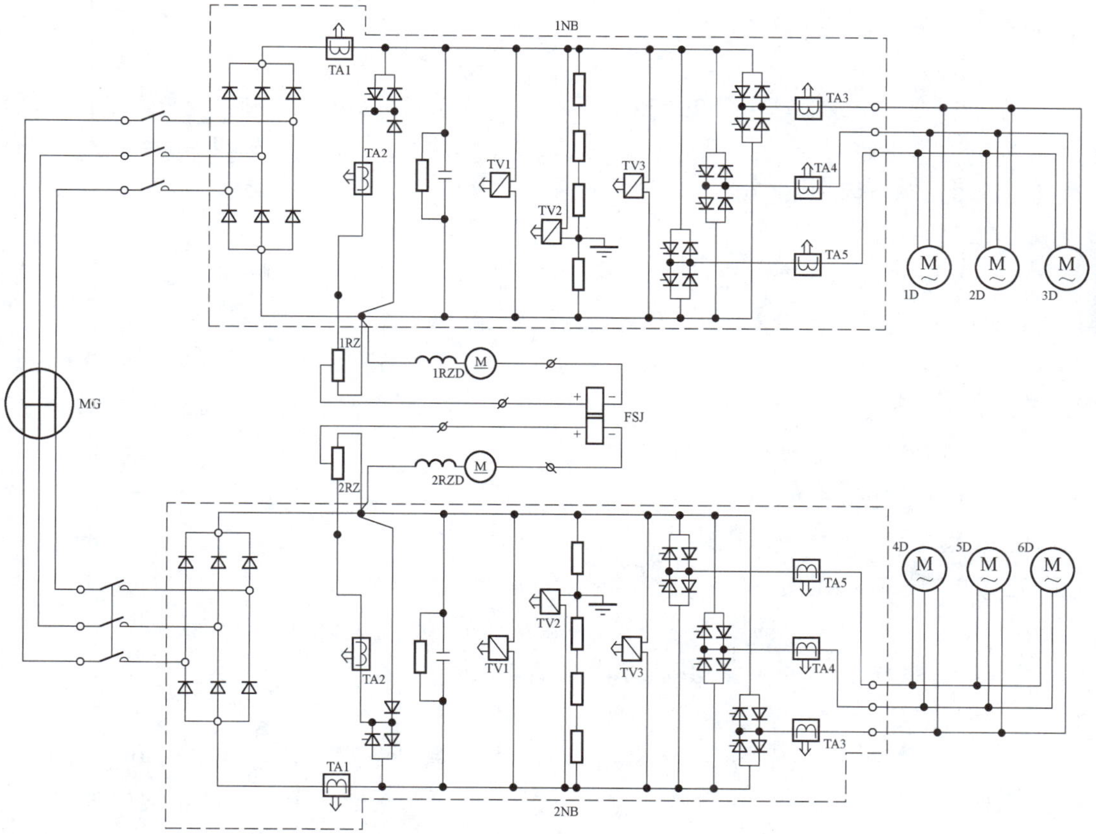

图 2-2-5　DF8BJ 型内燃机车牵引电路图

MG—柴油机-主发电机组；1NB，2NB—牵引变流器；1D～6D—牵引电机；1RZ～2RZ—制动电阻；1RZD、2RZD—制动电阻风机；TA1～5—电流传感器；TV1～3—电压传感器；FSJ—电阻制动失风保护

机车设有两套电阻制动单元，分别并联在两台牵引变流器的中间直流电路上。

(2)牵引发电机及辅助发电机

机车采用型号为 TQFR-4000 三相交流无刷励磁同步牵引发电机，牵引发电机定子采用星形双绕组结构，额定功率 4 000 kV · A、额定电压 2 030 V、额定电流 2×570 A、额定转速

1 000 r/min、额定频率 150 Hz，输出电压特性为与转速成正比的过零点直线。

机车采用 ZQF413 型启动发电机，额定功率 90 kW、额定电压 110 V，额定转速 1078～2728 r/min。在启动柴油机时，电机为串励电机运行，即启动绕组起作用，由蓄电池供电，因串励绕组电阻很小，启动瞬时电流很大，在轴上能产生足够大的转矩使柴油机启动。当柴油机启动后，电机转而由柴油机拖动，变为它励发电机运行，由电压调整器调节输出 110 V 恒定直流电。

(3)牵引变流器

牵引变流器有整流器和牵引逆变器构成。牵引逆变器采用 3 000 A/4 500 V GTO 器件。构成牵引逆变器的功率模块采用半桥电路，由上、下臂两个 GTO 开关元件及其三角形吸收电路和反并联二极管组成。牵引逆变器控制柜，冷却系统(热交换器除外)均放在一个电器柜内。

(4)牵引电机

机车采用 JD120 型交流牵引电机，额定功率 550 kW、额定电压 1 288 V、额定电流 280 A、最大电流 386 A，额定转速 889 r/min、最大转速 3 546 r/min，冷却方式采用强迫风冷，每台牵引电机的通风量 88 m^3/min。

(5)电阻制动装置

机车采用两组卧式制动电阻单元安装于一个安装架上，两组电阻制动分别通过两个斩波支路与中间直流电路相连，额定功率 2×1 900 kW、额定电压 2 600 V，通风机采用直流电机驱动，其电源由制动电阻抽头供给。

4. 辅助电气系统

DF_{8BJ} 型内燃机车辅助电路包括启动发电机发电电路、蓄电池组充电电路、固定发电电路、车体通风机电路、空压机启动电路和其他控制电路。

控制电路包括机车电源电路、柴油机启动电路、机车操纵电路和控制电路的保护电路、照明电路和信号灯电路、行车安全电路、电子喷射控制电路及预热锅炉控制电路等。

DF_{8BJ} 型内燃机车辅助电气系统图如图 2-2-6 所示。

5. 微机网络控制系统

DF_{8BJ} 型内燃机车微机励磁调节器通过控制励磁系统的励磁电流，使牵引发电机输出的电流、电压和功率在规定的范围内，并与电喷系统一起，使柴油机恒功率运行。它能控制牵引发电机电流，使其具有最佳的增长率，使机车具有良好的牵引启动和加速性能。

DF_{8BJ} 型内燃机车微机控制系统图如图 2-2-7 所示。

6. 车　　体

DF_{8BJ} 型内燃机车车体包括车体钢结构和车体设备两大部分。车体采用桁架式侧墙承载，其钢结构主要由上部的两端司机室、侧墙、顶棚、隔墙组焊成一个整体的全钢焊接结构，以及下部的底架、端部下骨架、排障器、牵引缓冲装置组成。主要承载构件采用 Q345C 低合金钢。车体垂直载荷由车架和侧壁共同承受，主要承载杆件采用箱型结构。

车钩采用 TB/T 1595 标准的内燃、电力机车下作用式车钩，缓冲器为 MT-3 型缓冲器。

7. 转 向 架

DF_{8BJ} 型内燃机车走行部为两台可以互换的三轴转向架，无心盘、无导框、拉杆式轴箱定位。转向架主要由构架、轮对、轴箱、旁承、牵引装置、电机悬挂及基础制动装置等组成。轴箱是滚动轴承轴箱，采用弹性拉杆定位，转向架的一系悬挂由轴箱两边的弹簧和安装在轴箱端部的减振器组成。转向架的二系悬挂装置由每个转向架的四个橡胶旁承组成，支承机车上部的全部质量。转向架的牵引装置是一个四杆机构，使转向架与车体连接在一起，传递牵引力和制动力。牵引电机采用轴悬式悬挂，电动机的一端通过轴承悬挂在车轴上，另一端通过弹性吊杆悬挂在转向架构架上。机车基础制动装置采用每轮一套的单侧单闸瓦踏面制动装置，并带有闸瓦间隙自动调整器。

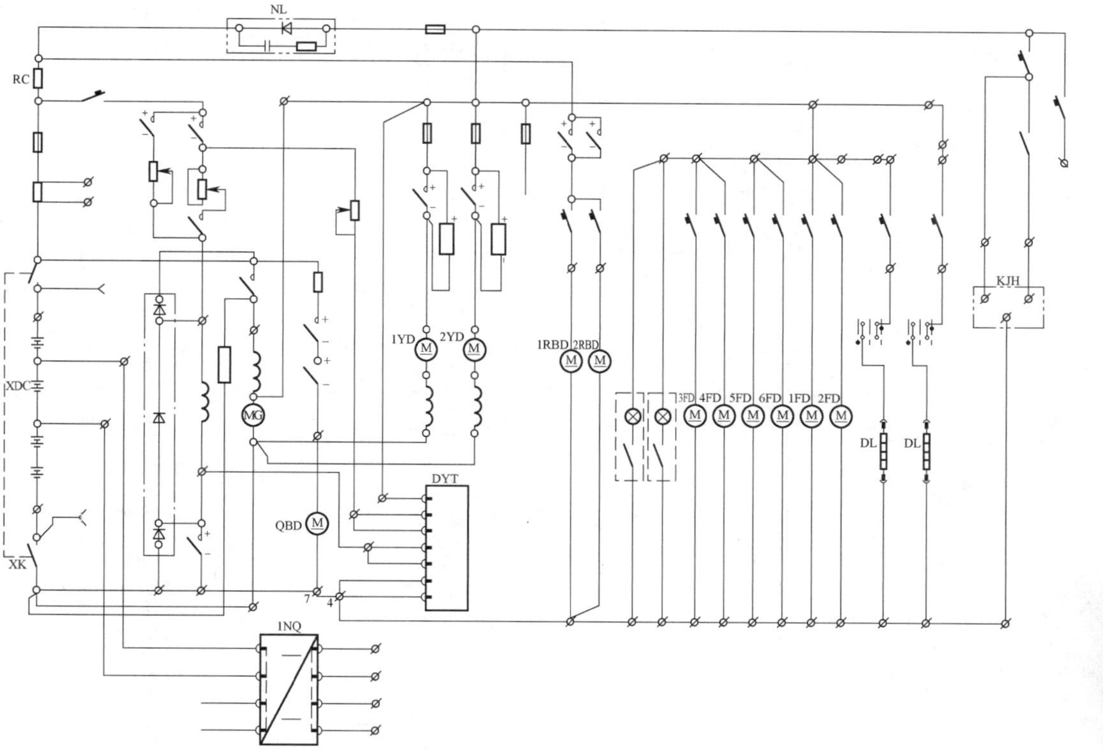

图 2-2-6　DF8BJ 型内燃机车辅助电气系统图

XDC—蓄电池；XK—蓄电池闸刀开关；MG—起动发电机；DYT—电压调整器；NL—逆流二极管；RC—充电电阻；1YD、2YD—空气压缩机电机；1NQ—低压电源；QBD—启动滑油泵电机；1RBD、2RBD—燃油泵电机；1FD、2FD—车体通风机电机；3FD～6FD—除尘通风机电机；DL—电取暖；KJH—空气干燥器

8. 制动系统

DF8BJ 型内燃机车的空气系统由空气制动装置和辅助用风装置两部分组成。空气制动装置由机车风源系统和 JZ-7 型空气制动机组成。JZ-7 型空气制动机主要由自动制动阀、单独制动阀、均衡风缸、中继阀、过充风缸、分配阀、作用阀、变向阀、滤尘止回阀、紧急制动阀等组成。设有两台 NPT5 型空气压缩机供风。

9. 柴 油 机

DF8BJ 型内燃机车装用 16V280ZJG 型柴油机。

柴油机机体为铸造结构、气缸排列 V 形 50°夹角、四冲程、电子燃油喷射、直接喷射式燃烧室、废气涡轮增压、增压空气中间冷却，采用高强度锻钢曲轴、并列连杆、气缸直径 280 mm、活塞行程 285 mm、气缸数 16、标定转速 1 000 r/min，最低空载转速 400 r/min，标定功率 4 200 kW，装车功率 4 000 kW。

辅助系统包括燃油系统、润滑油、冷却水、预热、空气滤清系统以及牵引电机通风系统。

燃油系统由柴油机燃油系统和柴油机以外的机车燃油系统两部分组成，是为供应柴油机和预热锅炉的燃料油而设置的。机车燃油系统由燃油箱、燃油粗滤器、燃油输送泵、燃油预热器、安全阀、逆止阀和截止阀、仪表及管件组成，并与柴油机燃油系统的首尾相接，构成整个机车统一的循环系统。柴油机燃油系统包括燃油精滤器、低压输油管、喷油泵、高压输油管、喷油器、电子喷射控制系统、限压阀及喷油泵和喷油器的回油管系。系统设有两个并联的燃油输送泵，可同时工作，也可单独工作。燃油粗滤器为RC-40W型滤网填料式。燃油输送泵为外啮合齿轮油泵，由直流电机驱动。燃油预热器采用油—水换热方式，利用冷却柴油机的热水加热燃油，以确保燃油雾化质量。

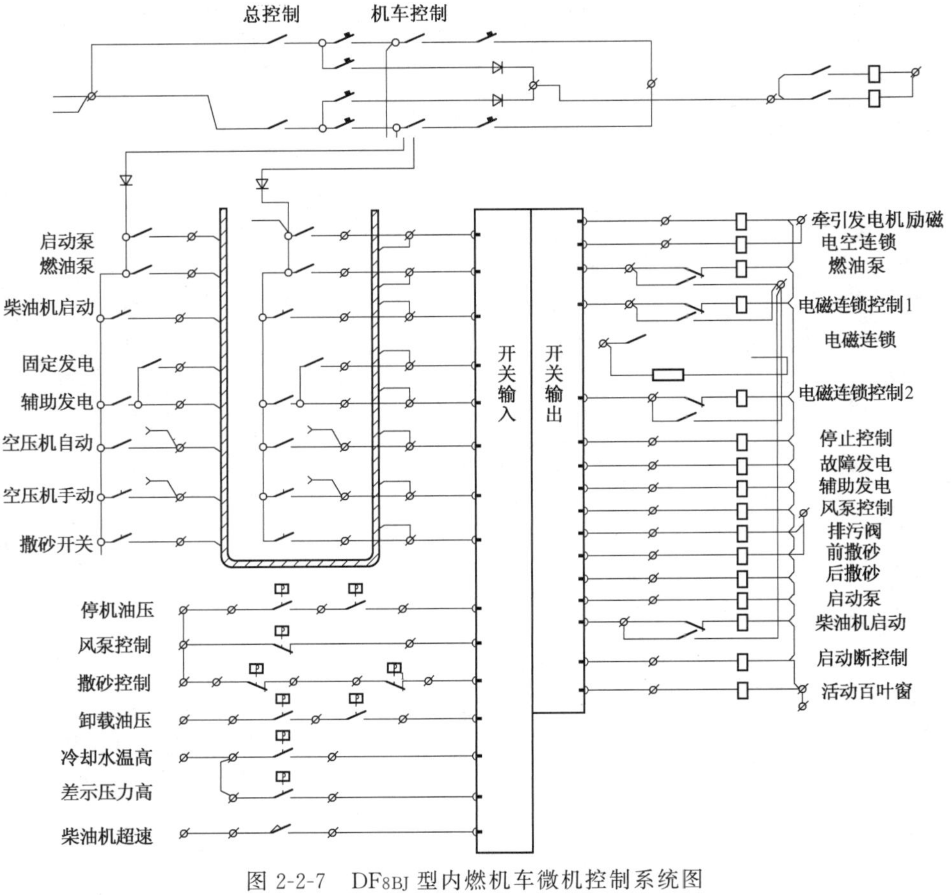

图 2-2-7　DF8BJ型内燃机车微机控制系统图

润滑油系统由机车润滑油系统和柴油机润滑油系统共同构成一个完整的润滑油循环系统。机车润滑油系统主要由润滑油滤清器、润滑油热交换器、启动润滑油泵以及阀类、管路和仪表组成，保证向柴油机供应一定压力、温度和容量的清洁润滑油；柴油机润滑油系统由柴油机油底壳、主润滑油泵、润滑油滤清器、润滑油热交换器、润滑油精滤器、柴油机内部各润滑和冷却处所、管路等组成。

冷却水系统分为高、低温两个冷却系统。主要部件有膨胀水箱、冷却水泵、空气冷却器（中冷器）、润滑油热交换器、散热器、冷却风扇、静液压油热交换器及逆止阀、管路等。高温水系统用水直接冷却与燃气直接接触的零部件，如气缸套、气缸盖、增压器涡轮出气壳；低温水系统通过润滑油热交换器冷却润滑油，以及通过空气冷却器（中冷器）冷却增压空气。散热器采用铜管筋片式，以V形安装在冷却室的钢骨架上，共54组。高、低温冷却水系统各有一个风扇。高、低温冷却水泵均为离心式。

预热系统由螺旋管式预热锅炉、燃油泵组、水泵组、风机组、喷油点火装置及电控设备组成。

空气滤清系统为四级过滤，一级为防沙网，主要滤除空气中质量较大的杂质；二级为惯性式空气滤清器；三级为纸质精滤器；四级为铝板网滤清器。滤清元件分别装在滤清器的壳体中。两套空气滤清装置分别安装在机车动力室车体左、右侧壁上，对前、后两台增压器的进气进行滤清。

牵引电机通风系统共设置两台牵引电机通风用鼓风机，是前向叶片型离心式通风机，分别由柴油机经前后变速箱输出轴并经尼龙绳驱动，为机车前后转向架的三台牵引电机通风。

10. 技术参数表

DF_{8BJ} 型内燃机车技术参数见表 2-2-1。

表 2-2-1　DF_{8BJ} 型内燃机车技术参数表

车型名称			东风 $_{8BJ}$
车型代号			DF_{8BJ}
机车车号			0001
项目		序号	参数及说明
机车总体参数	用途	1	干线货运
	制造年代	2	2001 年
	制造厂名	3	中车资阳机车有限公司
	轨距(mm)	4	1 435
	车体形式	5	内走廊、双司机室
	轴式	6	C_0—C_0
	前后转向架中心距(mm)	7	12 600
	全轴距(mm)	8	16 200
	动轮直径(新轮)(mm)	9	1 050
	动轮直径(半磨耗轮)(mm)	10	1 013
	整备质量(t)	11	$150\times(1^{+1\%}_{-3\%})$
	轴重(t)	12	$25\times(1^{+1\%}_{-3\%})$
	通过最小曲线半径(m)	13	145
	电传动方式	14	交—直—交
	额定功率(kW)	15	3 710
	轮周牵引功率(kW)	16	3 280
	最高速度(km/h)	17	120
	恒功率速度范围(km/h)	18	22～110
	持续速度(km/h)	19	28.8
	持续牵引力(kN)	20	410
	启动牵引力(kN)	21	560
	最大电阻制动力(kN)	22	280
	紧急制动距离(m)	23	1 100
	柴油机停机下的移车方式	24	—
	控制器手柄挡位	25	16
车体	车底架长(mm)	26	21 740
	车体宽(mm)	27	3 105
	车体高(mm)	28	4 700

续上表

车型名称			东风$_{8BJ}$
车型代号			DF_{8BJ}
机车车号			0001
项目		序号	参数及说明
车体	司机室个数	29	2
	机车前后车钩中心距(mm)	30	22 300
	车钩型号,形式	31	内燃、电力机车,下作用式车钩
	缓冲器型号	32	MT-3
装载量	燃油(dm^3)	33	9 000
	润滑油(kg)	34	1 200
	水(kg)	35	1 200
	砂(kg)	36	800
转向架	构架(长×宽,mm)	37	5 900×2 250
	两侧梁横向中心距 (mm)	38	2 050
	轴距(mm)	39	1 800×1 800
	一系悬挂垂向减振器型号	40	TPJ61-00-00
	一系悬挂静挠度(mm)	41	128
	二系悬挂垂向减振器型号	42	/
	二系悬挂横向减振器型号	43	ZJT020-000
	二系悬挂抗蛇行减振器型号	44	04R-1651
	二系悬挂弹簧静挠度(mm)	45	9
	牵引力和制动力传递方式	46	平行四连杆牵引
	牵引电动机悬挂方式	47	滚动抱轴悬挂
	齿轮传动比	48	79∶14
	轴箱与转向架构架定位方式	49	轴箱双拉杆
	每轴簧下质量(t)	50	4.03
	转向架总质量(t)	51	20.8
基础制动装置	基础制动方式	52	踏面单元制动器
	单元制动器型号	53	QB-2 和 QB-2S 型
	制动缸数	54	16
	制动缸直径(mm)	55	177.8
	制动倍率	56	4
	传动效率(%)	57	85
	闸瓦与车轮踏面恒定间隙(mm)	58	6～8
	制动缸最大空气压力(kPa)	59	450
	闸瓦制动形式	60	单侧闸瓦踏面制动
	闸瓦材质	61	粉末冶金材料
	每台机车闸瓦块数	62	32
	制动单元质量(kg)	63	63.5
	停放制动形式	64	手制动
	手制动率(%)	65	6.7
	总闸瓦压力(kN)	66	604.8

续上表

车型名称				东风$_{8BJ}$
车型代号				DF$_{8BJ}$
机车车号				0001
项目			序号	参数及说明
柴油机	型号		67	16V280ZJG
	外形尺寸(长×宽×高,mm)		68	4 867.5×1 725×2 895
	机体结构		69	六边形球铁整体铸造
	曲轴材质		70	42CrMo 合金钢
	主轴颈的直径(mm)		71	230
	连杆颈的直径(mm)		72	210
	气缸排列及夹角		73	V 形 50°夹角
	气缸数目		74	16 缸
	气缸直径×活塞行程(mm)		75	280×285
	冲程数		76	四冲程
	压缩比		77	12.8
	气缸总排量(dm^3)		78	280.8
	标定转速(r/min)		79	1 000
	最低空载转速(r/min)		80	400
	标定功率(kW)		81	4 200
	最大运用功率(kW)		82	4 000
	启动方式		83	电机启动
	最高爆发压力(MPa)		84	15
	标定功率平均有效压力(MPa)		85	1.795
	喷油泵形式,数量		86	电子燃油喷射泵,16
	喷油器形式		87	多孔闭式
	喷油器启喷压力(MPa)		88	25.5～26.0
	喷油泵供油提前角		89	22°
	喷射方式		90	直接喷射
	标定功率燃油消耗率[g/(kW·h)]		91	≤207
	机油消耗率[g/(kW·h)]		92	≤燃油消耗率的 1.5%
	冷却水最高允许温度(℃)		93	88
	机油最高允许温度(℃)		94	90
	调节器形式		95	电子调速
	高温水泵	形式	96	离心式
		额定转速(r/min)	97	2 354
		流量(m^3/h)	98	130
	低温水泵	形式	99	离心式
		额定转速(r/min)	100	2 354
		流量(m^3/h)	101	130
	主机油泵	形式	102	齿轮式
		转速(r/min)	103	1 110
		出口油压力(kPa)	104	830
		流量(m^3/h)	105	50×2

续上表

车型名称				东风$_{8BJ}$
车型代号				DF_{8BJ}
机车车号				0001
项目			序号	参数及说明
柴油机	增压器	型号,台数	106	VTC254-13G,2
		允许转速(r/min)	107	32 100
		允许最高转速(r/min)	108	33 000
		增压比	109	3.5
		增压空气额定流量(kg/s)	110	4.36
		进气空气滤清器形式	111	单元式滤清器
		涡轮前允许废气温度(℃)	112	630
		涡轮最高允许废气温度(℃)	113	680
		润滑方式	114	压力润滑
		质量(kg)	115	480
	中冷器	结构形式	116	胀接圆管片式
		进气温度(℃)	117	55
		进水温度(℃)	118	55
		水流量(m^3/h)	119	106
	排放指标	碳氢化合物(HC)[g/(kW·h)]	120	0.06(厂内测试)
		一氧化碳(CO)[g/(kW·h)]	121	1.7
		氮氧化物(NO_x)[g/(kW·h)]	122	10.8
		颗粒[g/(kW·h)]	123	/
		烟度(Rb)	124	1.24
	柴油机总质量(kg)		125	24 930
机车冷却系统	水散热器	形式	126	抗振补偿型双流道散热器
		高温水散热器单节数(组)	127	54
		低温水散热器单节数(组)	128	54
		水流道(单或双)方式	129	双流道
	冷却风扇	高、低温水系统风扇数	130	两台
		驱动方式	131	液压马达
		直径(mm)	132	1 600
		最高转速(r/min)	133	1 260
		功率(kW)	134	70
牵引发电机	型号		135	/
	额定转速(r/min)		136	1 000
	额定容量(kV·A)		137	4 000
	额定电压(V)		138	2 030
	额定电流(A)		139	2×570
	额定频率(Hz)		140	150
	额定功率因数		141	0.97
	励磁方式		142	他励
	额定励磁电压(直流)(V)		143	70

续上表

车型名称				东风8BJ
车型代号				DF8BJ
机车车号				0001
项目			序号	参数及说明
牵引发电机	额定励磁电流(直流)(A)		144	6.6
	绝缘等级,定子/转子		145	H/F 级
	通风冷却方式		146	自通风级
	电刷牌号,尺寸(mm)		147	/
	总质量(kg)		148	/
主整流器	型号		149	/
	额定交流输入电压(V)		150	2 030
	额定交流输入电流(A)		151	2×570
	额定交流输入频率(Hz)		152	/
	输出	最大直流电压(V)	153	2 600
		额定直流电流(A)	154	/
		最大直流电流(1 h)(A)	155	/
	整流电路结构形式		156	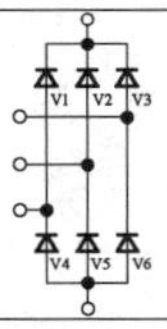
	硅整流元件型号		157	ZPA1500-44
	通风冷却方式		158	水冷+强迫风冷
	质量(kg)		159	1 550
牵引逆变器	型号		160	/
	电路结构形式		161	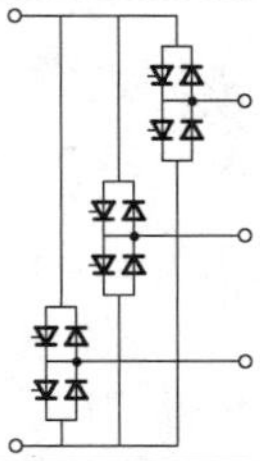
	额定功率(kW)		162	/
	额定输入电压(V)		163	2 600
	额定输入电流(A)		164	800
	支撑电容值(mF)		165	/
	额定输出电压(V)		166	2 028
	额定输出电流(A)		167	885
	最大开关频率(Hz)		168	/
	输出频率范围(Hz)		169	0.5～190
	冷却方式		170	水冷+强迫风冷
	效率		171	0.98
	质量(t)		172	/
	外形尺寸(长×宽×高,mm)		173	/
	每台机车牵引变流器台数		174	2

续上表

车型名称			东风 8BJ
车型代号			DF_{8BJ}
机车车号			0001
项目		序号	参数及说明
牵引逆变器	功率模块电路形式	175	/
	功率模块电压(V)	176	/
	功率模块电流(A)	177	/
	功率模块开关频率(Hz)	178	/
	功率元件型号	179	GTO
	功率元件参数	180	GTO(4 500 V/3 000 A)
	功率元件个数	181	/
	功率模块质量(kg)	182	/
	功率模块尺寸(长×宽×高,mm)	183	/
牵引电机	型号	184	JD120
	额定功率(kW)	185	550
	额定电压(V)	186	1 288
	额定电流(A)	187	280
	最高电压(V)	188	2 028
	最大电流(A)	189	386
	额定转速(r/min)	190	889
	额定转矩(N·m)	191	6 447
	最大转矩(N·m)	192	9 206
	最大转速(r/min)	193	3 546
	功率因数	194	0.85
	极数	195	6
	额定效率(%)	196	93
	绝缘等级	197	H/H 级
	允许温升(定子/电枢)(K)	198	60
	额定频率(Hz)	199	81.5
	额定转差率(%)	200	/
	通风冷却方式	201	强迫风冷
	冷却空气量(m^3/min)	202	88
	总质量(kg)	203	2 100
辅助发电机	型号	204	—
	额定转速(r/min)	205	—
	额定容量(kV·A)	206	—
	额定电压(V)	207	—
	额定电流(A)	208	—
	额定频率(Hz)	209	—
	额定功率因数	210	—
	励磁方式	211	—
	额定励磁电压(直流)(V)	212	—

续上表

车　型　名　称			东风$_{8BJ}$
车　型　代　号			DF_{8BJ}
机　车　车　号			0001
项　目		序号	参数及说明
辅助发电机	额定励磁电流(直流)(A)	213	—
	绝缘等级,定子/转子	214	—
	通风冷却方式	215	—
	电刷牌号,尺寸(mm)	216	—
	总质量(kg)	217	—
辅助变流器	型号	218	—
	每台机车装用台数	219	—
	额定输入电压(V)	220	—
	额定输入电流(A)	221	—
	额定输出电压(V)	222	—
	额定输出电流(A)	223	—
	频率(Hz)	224	—
	功率元件参数	225	—
	冷却方式	226	—
	质量(kg)	227	—
	容量(kV·A)	228	—
牵引通风机	型号	229	/
	台数	230	2
	最大转速(r/min)	231	2 680
	每台风机的风量(m^3/min)	232	4.5
	风压(Pa)	233	3 920
	额定功率(kW)	234	45
	质量(kg)	235	140
启动电机	型号	236	ZQF413
	电压(V)	237	110
	电流(A)	238	818
	启动转距(N·m)	239	2 842
蓄电池充电器	型号	240	—
	输入电压(V)	241	—
	输入电流(A)	242	—
	输出电压(V)	243	—
	输出电流(A)	244	—
	输出容量(kV·A)	245	—
	质量(kg)	246	—
网络控制系统	列车网标准	247	/
	车辆网标准	248	/
	列车网传输速率	249	/
	车辆网传输速率	250	/

续上表

车型名称				东风$_{8BJ}$
车型代号				DF_{8BJ}
机车车号				0001
项目			序号	参数及说明
网络控制系统	控制和保护功能	牵引特性控制	251	/
		电阻制动特性控制	252	/
		空转滑行保护	253	/
		故障诊断与保护内容	254	/
空气制动系统	制动机主要部件	制动机型号	255	JZ-7
		自动制动阀	256	2
		单独制动阀	257	2
		分配阀型号,数量	258	F-7,2
		中继阀(双阀口式)	259	2
		作用阀	260	1
		紧急放风阀	261	1
		常用限压阀	262	1
		紧急限压阀	263	1
		客货车转换阀	264	2
		总风遮断阀	265	2
		变向阀	266	2
	空气压缩机	型号,台数	267	Z-2.4/9,2
		工作形式	268	间歇型
		结构形式	269	活塞式
		额定转速(r/min)	270	1 000
		额定排气压力(kPa)	271	900
		排气量(m^3/min)	272	2.4
		一级压缩空气的冷却方式	273	风冷
		润滑油压力(kPa)	274	430
		驱动功率(kW)	275	22
		净重(kg)	276	360
	空气干燥器	型号	277	JKG1
		处理空气量(m^3/min)	278	6
		工作压力(kPa)	279	900
	压力控制器(调压器)型号		280	704 型
	总风缸空气压力范围(kPa)		281	750～900
	各总风缸总容量(dm^3)		282	1 250
电阻制动柜	电阻制动装置型号,台数		283	ZJJ24-80-10-000,[illegible]
	持续功率 (kW)		284	2×1 900
	输入电压(V)		285	/
	输入电流(A)		286	/
	电阻带最高工作温度(℃)		287	/
	冷却风机功率(kW)		288	/

续上表

车型名称			东风 $_{8BJ}$
车型代号			DF_{8BJ}
机车车号			0001
项目		序号	参数及说明
电阻制动柜	冷却风机转速(r/min)	289	/
	冷却通风量(m^3/min)	290	/
	质量(kg)	291	1 184
蓄电池组	型号	292	/
	容量(A·h)	293	420
	装用数量(只)	294	48
	总标称电压(V)	295	96

注:"—"表示无此设备;"/"表示数据空缺。

三、DF_{4DJ} 型内燃机车技术简介

1. 概　　述

DF_{4DJ} 型内燃机车是交流传动客(货)运内燃机车,是由连车公司根据原中车公司“中车划(96)1 号文”的安排及我国铁路机车市场的需求,同德国西门子公司合作开发研制的产品。1998 年 5 月连车公司同德国西门子公司签署了合作协议备忘录,确定了技术方案。1999 年 5 月开始机车技术设计工作,1999 年 7 月 9 日通过了机车的设计方案评审。1999 年 9 月完成了机车施工设计图纸。

2000 年 2 月首台 DF_{4DJ} 型 0001 号交流传动内燃机车组装完成,2000 年 10 月第二台 DF_{4DJ} 型 0002 号内燃机车落成。

DF_{4DJ} 型内燃机车与 DF_{4D} 型内燃机车的外形及尺寸相同,机车车体仍采用内走廊、框架式承载式车体,其内部布局除了电器室内安装了以变流器为主的交流传动部件外,其他各室的布置和结构都保留了 DF_{4D} 型内燃机车原有的设计。DF_{4DJ} 型内燃机车额定功率为 2 720 kW,轮径 1 050 mm,轴式 $C_0—C_0$,23 t 轴重,最高运行速度 145 km/h,最大启动牵引力 560 kN,持续牵引力 410 kN,恒功率速度范围 25～145 km/h,持续速度 19.95 km/h,通过最小曲线半径 145 m。机车的动力装置采用 16V240ZJD 型柴油机,最大运用功率为 2 940 kW;机车主传动采用交直交电传动技术,并采用微机控制系统;走行部为两台可以互换的三轴转向架,交流牵引电机采用滚动轴承整体式抱轴承结构轴悬式安装。2010 年 6 月 DF_{4DJ} 型 0001 号内燃机车被中国铁路博物馆收藏,2011 年 11 月底,DF_{4DJ} 型 0002 号内燃机车在北京铁路局丰台机务段拆解。

DF_{4DJ} 型内燃机车外观如图 2-3-1 所示。

图 2-3-1　DF_{4DJ} 型内燃机车外形图

2. 机车总体

DF_{4DJ} 型内燃机车的总体布置与 DF_{4D} 型内燃机车基本相同,即最前端为Ⅰ司机室,依次为电器室、动力室、冷却室、辅助室和Ⅱ司机室,两个司机室具有完全相同的布置和操纵功能。

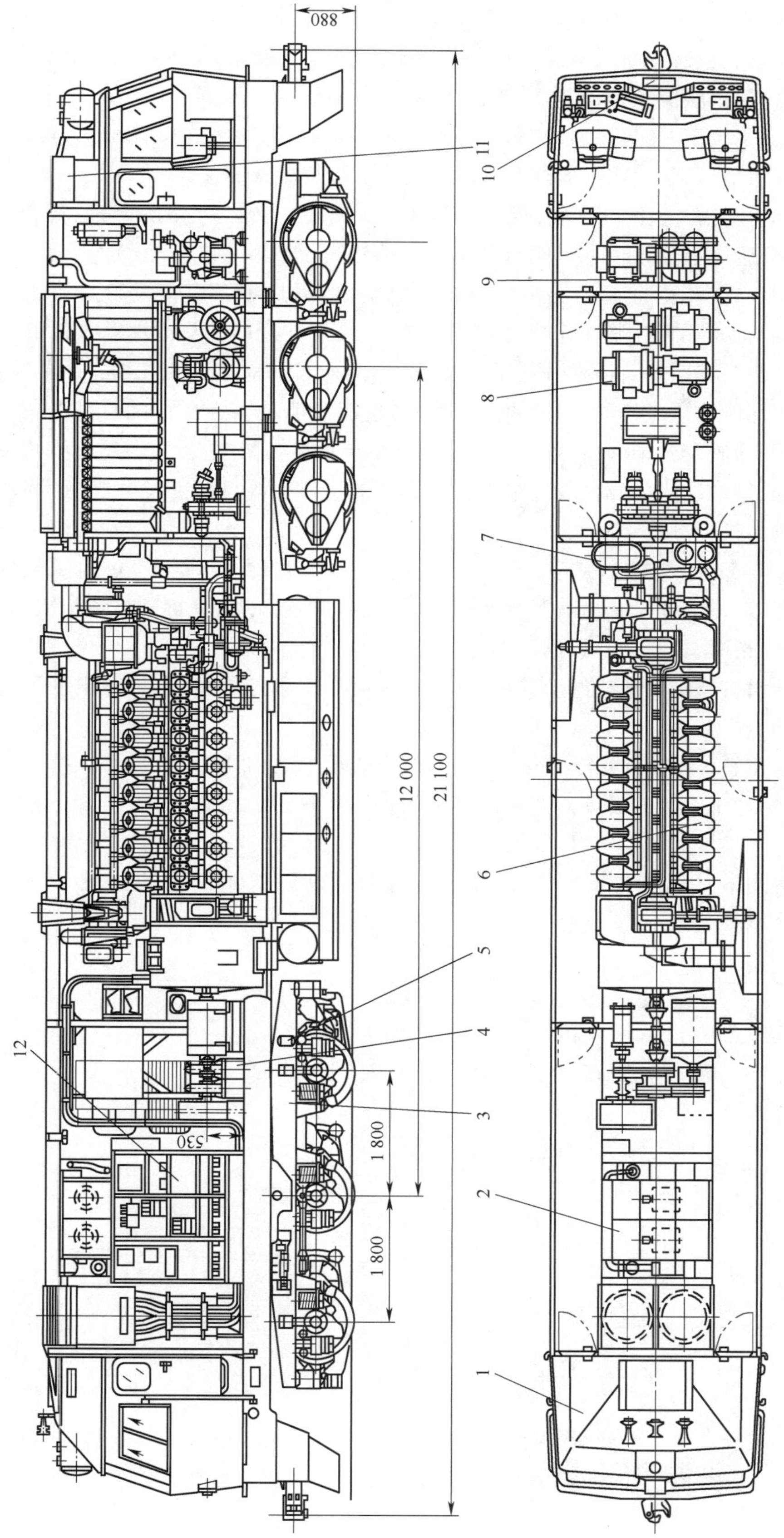

图 2-3-2　DF4DJ 型内燃机车总体布置图

1—车体；2—电气设备；3—转向架；4—辅助传动机构；5—轮缘润滑装置；
6—柴油发电机组；7—辅助系统；8—空气制动系统；9—预热系统；10—行车安全设备；11—空调机组；12—牵引逆变器

三

司机室基本保持 DF_{4D} 型内燃机车的原貌。前端设有左侧操纵的操纵台，操纵台上布置司机控制器操纵手柄、制动机手柄、监控装置显示器及各种开关、按钮、仪表等。司机室还配备有机车信号显示器、司机座椅、吹风式电暖器、空调装置、风扇、雨刮器、顶灯等，前窗采用电热玻璃，侧窗采用铝合金拉窗。司机室顶棚采用平顶式结构。与 DF_{4D} 型内燃机车不同的是操纵台上布置微机显示屏，以图表或数值显示机车的运行参数和故障信息。

电器室中主要安装有电阻制动柜、牵引变流柜及启动变速箱，启动发电机、辅助交流发电机及牵引电机通风机等。另外，在上部装有行车安全装置的控制柜，动力室侧隔墙上安装有电器柜等。变流柜上部设有由异步交流电机驱动的水泵、冷却风扇及散热器。

动力室的布置与 DF_{4D} 型内燃机车完全相同。装有 16V240ZJD 型柴油机发电机组，输出端通过万向轴驱动启动变速箱，自由端通过传动轴驱动静液压变速箱。在柴油机自由端装设有机车辅助系统的润滑油热交换器、润滑油滤清器、启动润滑油泵、燃油预热器、膨胀水箱、预热系统电加热器、联动阀及各种阀、管路等。柴油机两侧装用燃油泵电机组、辅助润滑油泵等。两侧墙上装有柴油机进气空气滤清装置、车体通风机及测量仪表等。牵引发电机为无刷励磁式同步牵引发电机。

冷却室的布置与 DF_{4D} 型机车完全相同。上部装设有冷却装置、冷却风扇、静液压马达、散热器及连接管路等，下部装设有静液压变速箱、静液压泵、静液压油箱、静液压油热交换器及空气压缩机、后转向架牵引电机通风机等。

辅助室主要装设有柴油发电机组及其控制箱，另装设有空调控制箱、风源净化装置、机车工具箱等。

DF_{4DJ} 型内燃机车下部的布置与 DF_{4D} 型内燃机车相同。是由两个结构相同的三轴转向架（装有横向减振器和抗蛇行减振器），两转向架中间是燃油箱，燃油箱的两侧是蓄电池箱，两端是总风缸。

DF_{4DJ} 型内燃机车总体布置图如图 2-3-2 所示，牵引及电阻制动特性曲线如图 2-3-3 所示。

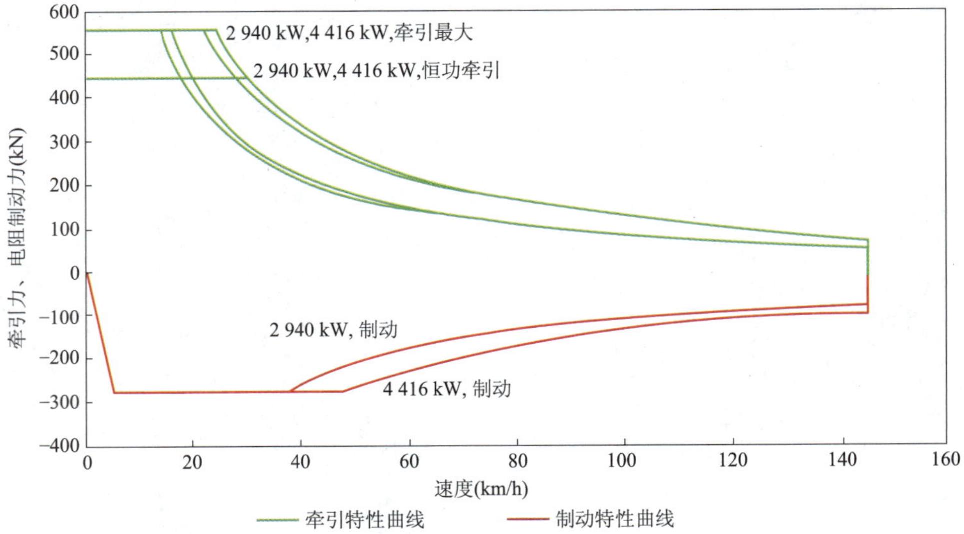

图 2-3-3　DF_{4DJ} 型内燃机车牵引特性和电阻制动特性曲线

3. 牵引电传动系统

(1)牵引电路

DF_{4DJ} 型内燃机车的牵引电传动装置包括 JF216 型同步牵引发电机，由西门子公司提供的牵引变流柜和 1TB2630 型交流异步牵引电机。机车交流牵引传动系统采用转向架控制方式。牵引发电机的电枢为双绕组，两套绕组发出的三相交流电，分别经两组相互独立的牵引整流单元转变为高压直流电，高压直流电再通过牵引逆变器逆变为三相交流电为一台转向架上的三台并联的牵引电机供电。

机车设有两套电阻制动装置，分别并联在两台牵引变流器的中间直流回路上。

DF_{4DJ} 型内燃机车牵引电路图如图 2-3-4 所示。

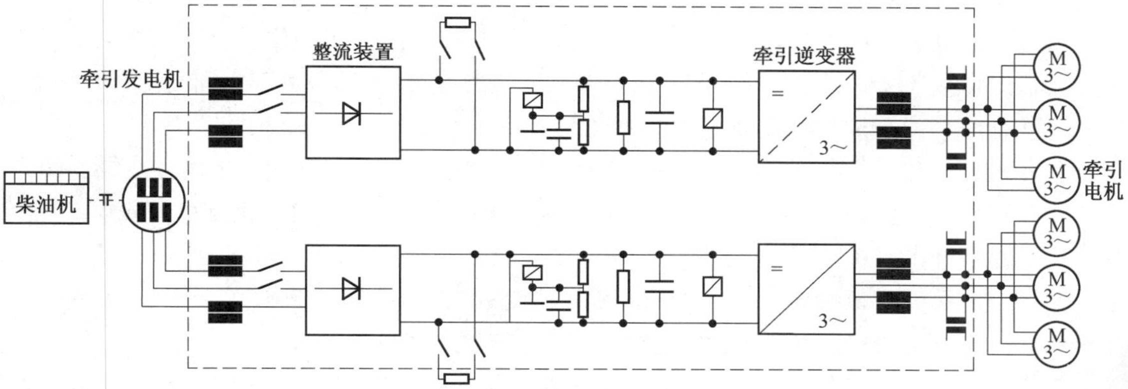

图 2-3-4　DF_{4DJ} 型内燃机车牵引电路原理图

(2)牵引发电机及辅助发电机

机车装有 JF216 型同步牵引发电机。该发电机具有两个完全相同的带中性线的 Y 形绕组，采用无刷励磁方式。机车牵引时，发电机两个绕组发出的三相交流电，经主变流柜中的两组整流装置整流后分别供给两组牵引逆变器。

(3)牵引变流器

机车的牵引变流器具有两个独立支路，其中每个支路包含一个三相全波整流桥、一个中间直流电路和一个脉宽调制牵引逆变器。牵引逆变器采用由 IGBT 大功率开关元件组成的水冷相模块。水冷却系统安装在牵引变流柜上面，由冷却水泵组、散热器和冷却风扇机组组成，辅助逆变器和辅助交流发电机的冷却也包含在这个冷却系统中。

牵引变流器包含两个独立的牵引控制单元。

(4)牵引电机

机车采用 1TB2630 型四极异步牵引电机，是强迫通风冷却、无机壳、轴悬式电机，最高工作转速为 3 310 r/min。冷却空气是从非驱动端的轴承壳上部进风口进入，经电机后从驱动端轴承的开口处排出。驱动齿轮是压装在电机轴头的内圆锥形座中，电机的转矩通过小齿轮传给轴悬驱动装置。

(5)电阻制动装置

电阻制动装置布置于电器间，其外形及接口尺寸与 DF_{4D} 型内燃机车相同，内部结构为新设计的，它的构成是两个独立的各为 5 Ω 的电阻箱，分别为两台转向架上各三台电机制动使用，额定功率为 2×1 425 kW。制动电阻柜的通风机电机仍为制动电阻分压获取动力的直流电机。

4. 辅助电气系统

DF$_{4DJ}$ 型内燃机车交流辅助供电设备包括一台 ELFA 型永磁交流同步辅助发电机和一台辅助逆变器组。

ELFA 型永磁交流同步辅助发电机通过启动变速箱进行驱动，额定容量 25 kV · A，励磁方式为自励磁，与牵引变流柜采用相同的水冷却方式。

辅助逆变器安装在牵引变流柜侧边，由辅助发电机提供电源，为变流器冷却系统的冷却水泵与两个风扇电机、变流器内部的风扇和司机室空调机供应三相 400 V/50 Hz 交流电。

牵引电机通风机为离心式，机械式驱动，每台转向架的三台牵引电机共用一个风机供风冷却。牵引电机通风系统中后转向架牵引电机通风机的安装方式、安装位置、传动方式、进风方式与 DF$_{4D}$ 型内燃机车安全相同。前转向架牵引电机的通风机安装，由于空间的限制，采用了短轴承箱体结构的风机，并采用尼龙绳联轴器连接。

机车辅助电传动及控制、照明电路采用 110 V 直流电。如机车空气压缩机的驱动是由启动发电机供电工作的，而燃油输送泵、启动润滑油泵和车体通风机则可以由蓄电池或启动发电机供电。这些辅助系统沿用 DF$_{4D}$ 型内燃机车的设计。

机车设有可调焦距的头灯，车体内部、底架下部设有足够的照明设备。

机车的蓄电池采用酸性免维护蓄电池。并设有蓄电池外充电插座。

机车在辅助室内装有一组辅助柴油发电机组，由一台 6105 型柴油机和一台额定容量为 50 kV · A、额定输出电压为 400 V、频率为 50 Hz 的无刷励磁三相同步发电机组成的，其主要作用有下列四个方面：

(1)在寒冷季节，给机车冷却水系统中的电加热器供电，通过加热冷却水，预热机车柴油机。

(2)与机车柴油机共用一个冷却水系统，可提供大约 15 kW 的余热加热水系统。

(3)在主柴油机停机时，可向机车空调装置、照明电路、电取暖器、电炉等提供电源。

(4)在主柴油机停机时，可为机车蓄电池充电。

5. 微机网络控制系统

DF$_{4DJ}$ 型内燃机车控制采用微机控制系统。上位机为 DLC 机车控制微机，它控制柴油机调速、辅助电机电压调整及机车的有关保护装置，并向下位机下达牵引或制动指令。下位机为 SIBAS32 牵引控制单元(TCU)，它的控制功能包括牵引变流器调频控制、牵引功率控制、牵引发电机的励磁控制、电阻制动控制、机车自负荷控制及主传动装置的各种保护功能等。

机车柴油机转速控制采用无极调速，由 DLC 上位机的无级调速控制装置控制。

机车的下位机 TCU 设置在牵引变流器柜内，是以 intel80386 为基础的 32 位微机。

司机操纵台上装有微机显示屏，通过 MVB 总线与牵引控制单元 TCU 相连，显示各种工况下有关参数及机车运行状态的有关参数。

机车设有柴油机及电气保护功能。

6. 车　体

DF$_{4DJ}$ 型内燃机车车体采用 DF$_{4D}$ 型内燃机车的结构形式，机车采用框架式侧壁承载车体。主要由上部的司机室、侧墙、顶棚、隔墙和下部的底架、端部下骨架、排障器和牵引缓冲装置等组成。六道隔墙将车体分隔成七个工作间，依次为Ⅰ端司机室、电器室、传动室、动力室、冷却室、辅助室和Ⅱ端司机室。除司机室外，各室顶部均设有宽 2 350 mm 的开口，以供吊装各室的机组和设备。各开口均用活动顶盖覆盖。钢结构主要承载梁、杆件和板均采用高强度 16Mn 低合金钢制成。各室侧壁设有百叶窗，除冷却室外各室侧壁上部左右侧设有采光用玻璃窗，动力室顶棚左右侧装有通风机。电器室顶棚左右侧设有牵引逆变器柜冷却通风用百叶窗。车体下部中间悬挂安装燃油箱，两端部安装牵引装置及排障器。

车体的底架主要由两根侧梁、前后端部、前后旁承组梁、柴油机发电机组座梁等组成。底架左右侧梁前后设有牵引拉杆座，用以与转向架牵引杆相连。牵引拉杆座上设有吊车筒和架车座。在底架端部两侧设有救援吊车筒。

前后端部有牵引梁，梁内装有牵引缓冲装置。车钩采用 TB 1595 标准的内燃、电力机车车钩(下作用式)。缓冲器采用 HT92-00-91 二号缓冲器。端部安装有排障器。

司机室内设有司机座椅、空调机、冰箱、半自动遮阳帘、照明灯、顶吹式风扇等设备，司机室内壁和顶棚覆盖有装饰性多孔铝板，顶棚和墙壁内腔填充有多孔阻燃性软聚氨酯声学材料，以产生隔热和吸声效果。

司机室地板为多块活动结构，以便维修下部管路及设备。地板为多层板结构，表面是用橡塑胶料现场浇注在木地板上，起到防滑和便于清扫的作用，四周镶嵌铝边框。地板下填充吸声材料，并覆盖多孔铝板，四周均有橡胶条，支承在地板梁上，起到隔振的效果。

7. 转 向 架

DF_{4DJ} 型内燃机车转向架由构架、驱动传动装置(包括轮对和滚动抱轴箱)、轴箱、基础制动装置、支承和牵引杆装置等组成。

转向架构架由两根左右对称布置的侧梁、两根相同结构的横梁、前端梁和后端梁等组成。每个梁焊成封闭式的箱型结构。两根侧梁的顶面焊有支承座板和横向油压减振器座；侧面焊有垂向油压减振器座、抗蛇行减振器座和侧挡座；底面焊有轴箱上下拉杆座，牵引杆拐臂座，砂箱座板；横梁和后端梁上焊有电机吊杆座；前后端梁和后横梁上焊有制动座。

驱动传动装置由轮对、滚动抱轴箱、主从动齿轮和齿轮箱、牵引电机和吊杆等组成。

牵引电机采用轴悬式安装，一端通过滚动抱轴箱与车轴相连，另一端通过吊杆挂在构架的横梁或后端梁上。轮对上的从动齿轮由电机轴端上的小齿轮驱动。

转向架基础制动装置采用具有闸瓦间隙自动调整功能的踏面制动单元，主要由安装板、制动单元和粉末冶金闸瓦等组成。机车的第一轴和第六轴的制动单元带有弹簧停车制动器。

每个转向架有四个橡胶金属堆旁承，支撑着机车上部结构质量。转向架与车体之间装有横向油压减振器和抗蛇行减振器。

牵引杆装置是一个四杆牵引机构，每根牵引杆的一端通过牵引销与车体底架侧梁上的牵引座相连，另一端用销子与构架上的拐臂相连，左右拐臂用一根连接杆相连，以保证左右牵引杆的同步作用。

机车装有 HB-2 型轮缘润滑装置。轮缘润滑装置的四个喷嘴装在转向架侧梁内侧，分别装在机车第一轴和第六轴左右车轮的上方。

8. 制动系统

DF_{4DJ} 型内燃机车空气制动系统采用 JZ-7 型空气制动机，其布置和作用与 DF_{4D} 型内燃机车的完全相同。每台机车装有两组 NPT5 型空气压缩机。

9. 柴油机

DF_{4DJ} 型内燃机车装有 16V240ZJD 型柴油机，其总体结构与 16V240ZJC 型柴油机相同，曲轴的输出端通过联轴器与牵引发电机的转子相连，机体的输出端通过连接箱与牵引发电机定子连接，齿轮系统布置在自由端，压装在曲轴自由端上的曲轴齿轮，通过传动齿轮驱动凸轮轴，泵支承箱布置在机体的自由端，箱体上安装有润滑油泵和高低温水泵。安装在曲轴自由端的减振器用来降低曲轴系统的扭振振幅。泵主动齿轮安装在减振器体上，用来驱动润滑油泵和高低温水泵，泵主动齿轮上的法兰伸出箱体外，可用来驱动机车上的辅助装置。调速器设置在自由端的左上方，由左侧凸轮轴通过调控传动装置驱动。

16 个气缸套分两排按 V 形排列在机体里，夹角为 50°，气缸盖用气缸螺栓连同气缸套一起紧固在机体上。两排气缸的外侧有各自的喷油泵和气门驱动机构，由布置在机体两侧腔内的凸轮驱动。机体两侧中部有进水总管和支管，向气缸套供冷却水。机体 V 形夹角内，其上层为空气腔，与安装在机体顶部的稳压箱共同形成空气稳压腔，其下层为主润滑油道。稳压箱上方安装了一根排气总管，两端各与一台 VTC254-13 增压器相连，中冷器设置在增压器旁边，压气机出来的增压空气经中冷器冷却后进入稳压箱，按配气相位先后次序要求进入到各气缸。

柴油机设有超速停车机构、润滑油末端油压继电器和曲轴箱压力差示压力计等装置，对柴油机实行保护，在调控传动装置上还有紧急停车按钮，当出现非常状况时，可实行手动紧急停车保护。

整个柴油机发电机组采用四个橡胶弹性机座支承在机车底架上。

燃油系统设有燃油精滤器，低压进油管、喷油泵、高压油管、喷油器、定压阀、喷油泵和喷油器泄漏的回油管系统。此外，机车上还设有燃油箱、燃油粗滤器、燃油输送泵、安全阀、燃油预热器及管件等。柴油机燃油进口压力为 170～250 kPa。

润滑油系统由润滑油泵、滤清器、油压继电器、定压阀及管路组成。润滑油泵将油底壳里的润滑油抽出，泵入热交换器，润滑油滤清器由进油法兰进入柴油机主润滑油道，分五路去润滑和冷却各运动部件：一路通往曲轴主轴承、连杆大端轴承、连杆小端衬套和活塞；一路通往左右凸轮轴轴承、喷油泵下体、供油凸轮；一路经精滤器通往前后增压器；一路自前后两端进入左右两排气缸盖顶部的摇臂轴座箱内，相继润滑进排气摇臂、气门横臂、顶杆、推杆、配气凸轮；还有一路通往配气齿轮、泵传动齿轮、可调支承、水泵、调控传动装置。各路润滑油最终落入油底壳。

冷却水系统分中冷水(低温)和柴油机水(高温)两个独立系统，各由一台冷却水泵进行压力循环。面对自由端看：中冷器水泵在左侧，出口向上，一路经三通弯头进入前中冷器，另一路经布置在排气总管一侧的进水管通往后中冷器，后中冷器的回水管经布置在排气总管另一侧的回水管与前中冷器出水口处的三通管汇合，通往机车的冷却系统。柴油机水泵在右侧，出口向右，经三通弯头通往柴油机的左右进水总管，然后由进水支管引入各气缸套，对气缸套、气缸盖冷却后，由出水支管进入布置在排气总管两侧的左右出水总管。右出水总管经布置在前增压器涡轮进气壳下方的连通管与左出水总管汇合，通往机车的冷却系统。

柴油机采用定压增压系统，由空气滤清器、涡轮增压器、空气中间冷却器、弯管、进气稳压箱、进气支管、排气支管和排气总管等组成。

冷却室的布置与 DF_{4D} 型内燃机车完全相同。上部装设有冷却装置、冷却风扇、静液压马达、散热器及连接管路等；下部装设有静液压变速箱、静液压泵、静液压油箱、静液压油热交换器及空气压缩机、后转向架牵引电机通风机等。

散热器为扁管肋片式强化散热器，热交换器为管式。机车冷却装置设有两个直径为1600mm 的轴流式风扇，风扇采用静液压传动装置驱动，风扇转速随冷却水温度变化而自行调节。风扇驱动采用 ZB732B 型静液压泵和 ZM732B 型静液压马达。

10. 技术参数表

DF_{4DJ} 型内燃机车技术参数见表 2-3-1。

表 2-3-1　DF4DJ 型内燃机车技术参数表

车型名称			东风 $_{4DJ}$
车型代号			DF_{4DJ}
动力车车号			0001～0002
项目		序号	参数及说明
机车总体参数	用途	1	干线客、货运
	制造年代	2	2000 年
	制造厂名	3	中车大连机车车辆有限公司
	轨距(mm)	4	1 435
	车体形式	5	棚式
	轴式	6	$C_0—C_0$
机车总体参数	前后转向架中心距(mm)	7	12 000
	全轴距(mm)	8	15 600
	动轮直径(新轮)(mm)	9	1 050
	动轮直径(半磨耗轮)(mm)	10	1 050
	整备质量(t)	11	138
	轴重(t)	12	23
	通过最小曲线半径(m)	13	145
	电传动方式	14	交—直—交
	额定功率(kW)	15	2 720
	轮周牵引功率(kW)	16	2 360
	最高速度(km/h)	17	145
	恒功率速度范围(km/h)	18	25～145
	持续速度(km/h)	19	19.95
	持续牵引力(kN)	20	444

续上表

车型名称			东风4DJ
车型代号			DF_{4DJ}
动力车车号			0001～0002
项目		序号	参数及说明
机车总体参数	启动牵引力(kN)	21	555
	最大电阻制动力(kN)	22	280
	紧急制动距离(初速度 120km/h,m)	23	1 200(无明确标准)
	柴油机停机下的移车方式	24	蓄电池
	控制器手柄挡位	25	16
车体	车底架长(mm)	26	20 200
	车体宽(mm)	27	3 309
	车体高(mm)	28	4 532
	司机室个数	29	2
	机车前后车钩中心距(mm)	30	21 100
	车钩型号,形式	31	TB/T 1595 内燃电力机车车钩(下作用)
	缓冲器型号	32	HT92-00-91 二号缓冲器
装载量	燃油(dm^3)	33	9 000
	润滑油(kg)	34	1 200
	水(kg)	35	1 200
	砂(kg)	36	400
转向架	构架(长×宽,mm)	37	5 900×2 250
	两侧梁横向中心距(mm)	38	2 050
	轴距(mm)	39	1 800×2
	一系悬挂垂向减振器型号	40	CZ01
	一系悬挂静挠度(mm)	41	131
	二系悬挂垂向减振器型号	42	—
	二系悬挂横向减振器型号	43	HJ01
	二系悬挂抗蛇行减振器型号	44	04R-1206-012
	二系悬挂弹簧静挠度(mm)	45	15
	牵引力和制动力传递方式	46	四连杆机构
	牵引电机悬挂方式	47	滚动抱轴半悬挂
	齿轮传动比	48	77∶18
	轴箱与转向架构架定位方式	49	双拉杆
	每轴簧下质量(t)	50	4.61
	转向架总成质量(t)	51	23.623
基础制动装置	基础制动方式	52	单侧制动单元
	单元制动器型号	53	—
	制动缸数	54	12

续上表

车　型　名　称			东风$_{4DJ}$
车　型　代　号			DF_{4DJ}
动　力　车　车　号			0001～0002
项　目		序号	参数及说明
基础制动装置	制动缸直径(mm)	55	177.8
	制动倍率	56	4.47
	传动效率(%)	57	85
	闸瓦与车轮踏面恒定间隙(mm)	58	6～8
	制动缸最大空气压力(kPa)	59	440
	闸瓦制动形式	60	单侧闸瓦
	闸瓦材质	61	粉末冶金
	每台机车闸瓦块数	62	12
	制动单元质量(kg)	63	—
	停放制动形式	64	弹簧停车
	手制动率(%)	65	6
	总闸瓦压力(kN)	66	96
柴油机	型号	67	16V240ZJD
	外形尺寸(长×宽×高,mm)	68	5 339×1 790×3 085
	机体结构	69	球墨铸铁整体铸造,龙门式结构
	曲轴材质	70	球墨铸铁
	主轴颈的直径(mm)	71	220
	连杆颈的直径(mm)	72	195
	气缸排列及夹角	73	V形50°夹角
	气缸数目	74	16
	气缸直径×活塞行程(mm)	75	240×275
	冲程数	76	4
	压缩比	77	12.4
	气缸总排量(dm^3)	78	199.05
	标定转速(r/min)	79	1 000
	最低空载转速(r/min)	80	430
	标定功率(kW)	81	3 240
	最大运用功率(kW)	82	2 940
	启动方式	83	电机启动
	最高爆发压力(MPa)	84	14
	标定功率平均有效压力(MPa)	85	1.95
	喷油泵形式,数量	86	柱塞式机械喷油泵,16
	喷油器形式	87	多孔高压单体喷油器
	喷油器启喷压力(MPa)	88	34～35

三

续上表

车型名称				东风4DJ
车型代号				DF4DJ
动力车车号				0001～0002
项目			序号	参数及说明
柴油机	喷油泵供油提前角		89	20.5°
	喷射方式		90	直接喷射
	标定功率燃油消耗率[g/(kW·h)]		91	≤214
	润滑油消耗率[g/(kW·h)]		92	≤燃油消耗率的1.5%
	冷却水最高允许温度(℃)		93	≤98(柴油机出口)
	润滑油最高允许温度(℃)		94	≤98(柴油机出口)
	调节器形式		95	机械液压、全行程、恒速式调速器
	高温水泵	形式	96	叶片式离心水泵
		额定转速(r/min)	97	2 570
		流量(m^3/h)	98	135
	低温水泵	形式	99	叶片式离心水泵
		额定转速(r/min)	100	2 570
		流量(m^3/h)	101	135
	主润滑油泵	形式	102	齿轮泵
		转速(r/min)	103	1 420
		出口油压力(kPa)	104	900
		流量(m^3/h)	105	105
	增压器	型号,台数	106	VTC254-13,2
		允许转速(r/min)	107	—
		允许最高转速(r/min)	108	/
		增压比	109	3.3
		增压空气额定流量(kg/s)	110	3.2
		进气空气滤清器形式	111	—
		涡轮前允许废气温度(℃)	112	≤570
		涡轮最高允许废气温度(℃)	113	620
		润滑方式	114	油润滑
		质量(kg)	115	425
	中冷器	结构形式	116	圆管肋片式
		进气温度(℃)	117	190
		进水温度(℃)	118	50～55
		水流量(m^3/h)	119	67.5

续上表

车　型　名　称				东风 4DJ
车　型　代　号				DF4DJ
动　力　车　车　号				0001～0002
项　目			序号	参数及说明
柴油机	排放指标	碳氢化合物(HC)(g/(kW·h))	120	0.8(TB 2783—2006　UIC I)
		一氧化碳(CO)(g/(kW·h))	121	3.0
		氮氧化物(NO_x)(g/(kW·h))	122	12
		颗粒	123	—
		烟度	124	1.6
	柴油机总质量(kg)		125	22 790×(1±2%)
机车冷却系统	水散热器	形式	126	扁管肋片式强化铜散热器
		高温水散热器单节数(组)	127	—
		低温水散热器单节数(组)	128	—
		水流道(单或双)方式	129	—
	冷却风扇	高、低温水系统风扇数	130	—
		驱动方式	131	静液压
		直径(mm)	132	1 600
		最高转速(r/min)	133	—
		功率(kW)	134	—
牵引发电机	型号		135	JF216
	额定转速(r/min)		136	1 000
	额定容量(kV·A)		137	3 000
	额定电压(V)		138	2030(AC),2600(DC)
	额定电流(A)		139	854(AC)
	额定频率(Hz)		140	150
	额定功率因数		141	—
	励磁方式		142	无刷励磁
	额定励磁电压(直流)(V)		143	80
	额定励磁电流(直流)(A)		144	7.5
	绝缘等级,定子/转子		145	H/H
	通风冷却方式		146	自通风
	电刷牌号,尺寸(mm)		147	—
	总质量(kg)		148	5 500
主整流柜	型号		149	—
	额定交流输入电压(V)		150	—
	额定交流输入电流(A)		151	—
	额定交流输入频率(Hz)		152	—
	输出	最大直流电压(V)	153	—
		额定直流电流(A)	154	—
		最大直流电流(1h)(A)	155	—
	整流电路连接方式		156	—
	硅整流元件型号		157	—

续上表

车型名称			东风4DJ
车型代号			DF4DJ
动力车车号			0001～0002
项目		序号	参数及说明
主整流柜	通风冷却方式	158	—
	质量(kg)	159	—
牵引逆变器	型号	160	—
	电路结构形式	161	—
	额定功率(kW)	162	—
	额定输入电压(V)	163	—
	额定输入电流(A)	164	—
	支撑电容值(mF)	165	—
	额定输出电压(V)	166	0～2 080
	额定输出电流(A)	167	825
	最大开关频率(Hz)	168	120
	输出频率范围(Hz)	169	0～126
	冷却方式	170	水冷
	效率	171	—
	质量(t)	172	—
	外形尺寸(mm)	173	—
	每台机车牵引变流器台数	174	—
	功率模块电路形式	175	—
	功率模块电压	176	—
	功率模块电流	177	—
	功率模块开关频率(Hz)	178	—
	功率元件型号	179	—
	功率元件参数	180	—
	功率元件个数	181	—
	功率模块质量	182	—
	功率模块尺寸(mm)	183	—
牵引电机	型号	184	1TB2630
	额定功率(kW)	185	418
	额定电压(V)	186	2 030
	额定电流(A)	187	—
	最高电压(V)	188	—
	最大电流(A)	189	300
	额定转速(r/min)	190	379
	额定转矩(N·m)	191	10 462
	最大转矩(N·m)	192	12 600
	最大转速(r/min)	193	3 310
	功率因数	194	—
	极数	195	4

三

续上表

车型名称			东风4DJ
车型代号			DF4DJ
动力车车号			0001～0002
项目		序号	参数及说明
牵引电机	额定效率(%)	196	94
	绝缘等级	197	—
	允许温升(定子/电枢)(K)	198	—
	额定频率(Hz)	199	0～126
	额定转差率(%)	200	—
	通风冷却方式	201	强迫外通风
	冷却空气量(m^3/min)	202	84
	总质量(kg)	203	2 850
辅助发电机	型号	204	ELFA(SIMMENS)
	额定转速(r/min)	205	2 583
	额定容量(kV·A)	206	80
	额定电压(V)	207	400
	额定电流(A)	208	—
	额定频率(Hz)	209	50
	额定功率因数	210	—
	励磁方式	211	自励磁
	额定励磁电压(直流)(V)	212	—
	额定励磁电流(直流)(A)	213	—
	绝缘等级,定子/转子	214	—
	冷却方式	215	水冷(与主逆变柜同一水系统)
	电刷牌号,尺寸(mm)	216	—
	总质量(kg)	217	/
辅助变流器	型号	218	—
	每台机车装用台数	219	—
	额定输入电压(V)	220	—
	额定输入电流(A)	221	—
	额定输出电压(V)	222	—
	额定输出电流(A)	223	—
	频率(Hz)	224	—
	功率元件参数	225	—
	冷却方式	226	—
	质量(kg)	227	—
	容量(kV·A)	228	—
牵引通风机	型号	229	—
	台数	230	—
	最大转速(r/min)	231	2 600
	每台风机的风量(m^3/min)	232	330
	风压(Pa)	233	4 000

三

续上表

车型名称				东风4DJ
车型代号				DF4DJ
动力车车号				0001～0002
项目			序号	参数及说明
牵引通风机	额定功率(kW)		234	—
	质量(kg)		235	—
启动电机	型号		236	ZQF-80
	电压(V)		237	110
	电流(A)		238	728
	启动转距(N·m)		239	启动电流在 2 100 A 时转矩不小于 3 295
蓄电池充电器	型号		240	DLC 控制启动发电机励磁进行充电
	输入电压(V)		241	—
	输出电压(V)		242	110
	输出电流(A)		243	
	输出容量(kV·A)		244	
	质量(kg)		245	
网络控制系统	列车网标准		246	—
	车辆网标准		247	—
	列车网传输速率		248	—
	车辆网传输速率		249	—
	控制和保护功能	牵引特性控制	250	—
		电阻制动特性控制	251	—
		空转/滑行保护	252	—
		故障诊断与保护内容	253	—
空气制动系统	制动机主要部件	制动机型号	254	JZ-7
		自动制动阀	255	2
		单独制动阀	256	2
		分配阀型号,数量	257	1
		中继阀(双阀口式)	258	2
		作用阀	259	1
		紧急放风阀	260	2
		常用限压阀	261	1
		紧急限压阀	262	1
		客货车转换阀	263	1
		总风遮断阀	264	2
		变向阀	265	2
	空气压缩机	型号,台数	266	NPT5,2
		工作形式	267	活塞式
		结构形式	268	三缸,立式
		额定转速(r/min)	269	1 000
		额定排气压力(kPa)	270	900
		排气量(m^3/min)	271	2.4

续上表

车型名称				东风$_{4DJ}$
车型代号				DF_{4DJ}
动力车车号				0001～0002
项目			序号	参数及说明
空气制动系统	空气压缩机	一级压缩空气的冷却方式	272	风冷
		润滑油压力(kPa)	273	400　(1±10%)
		驱动功率(kW)	274	19
		净重(kg)	275	370
	空气干燥器	型号	276	JKG1
		处理空气量(m^3/min)	277	2.4
		工作压力(kPa)	278	900
	压力控制器(调压器)型号		279	704-1
	总风缸空气压力范围(kPa)		280	750～900
	总风缸总容量(dm^3)		281	2×625
电阻制动柜	电阻制动装置型号,台数		282	128D120000
	持续功率(kW)		283	2×1 425
	输入电压(V)		284	—
	输入电流(A)		285	2×520
	电阻带最高工作温度(℃)		286	600
	冷却风机功率(kW)		287	30
	冷却风机转速(r/min)		288	—
	冷却通风量(m^3/min)		289	—
	质量(kg)		290	—
蓄电池组	型号		291	NM-500
	容量(A·h)		292	500(10h放电率)
	装用数量(只)		293	48
	总标称电压(V)		294	96

注:"—"表示无此设备;"/"表示数据空缺。

四、DF_{8CJ} 型内燃机车技术简介

1. 概　　述

DF_{8CJ} 型内燃机车是交流传动货运内燃机车，是根据铁路技术政策“积极发展交流传动技术和重载运输”的要求，1999 年在原中国铁路机车车辆工业总公司组织下，由戚机公司，与株洲所有，原永济电机厂（后为永济新时速电机电器有限责任公司，现为中车永济新时速电机电器有限责任公司）等单位，共同开发的新型交流传动重载货运内燃机车。机车额定功率 4 100 kW，轮径 1 050 mm，轴式 C_0—C_0，25 t 轴重，最高运行速度 120 km/h，最大启动牵引力 560 kN，持续牵引力 440 kN，恒功率速度范围 27.5～120 km/h，持续速度 27.5 km/h，通过最小曲线半径 145 m。该型机车装用 R16V280ZJ 型柴油机，最大运用功率达 4 410 kW。

为满足不同线路的需求，001 号机车有 23t 和 25t 两种轴重，2003 年 3 月出厂，0002 号和 0003 号机车于 2007 年 2 月交付，并以 25t 轴重出厂，加大了燃油箱，取消了压铁。

DF_{8CJ} 型内燃机车共计生产三台，车号为：0001～0003，配属郑州铁路局新乡机务段，承担货运列车牵引任务。

DF_{8CJ} 型内燃机车的外形如图 2-4-1 所示。

图 2-4-1　DF_{8CJ} 型内燃机车外形图

2. 机车总体

DF_{8CJ} 型内燃机车分上、下两部分，上部为车体及安装在其上的设备，下部两端为转向架，中间为承载式燃油箱，燃油箱左、右两侧为蓄电池箱，后端的总风缸直接吊挂在车架底部。

车体以五道间壁分成七个室，从前往后依次为Ⅰ司机室、电器室、电机室、动力室、冷却室、辅助室、Ⅱ司机室。

两端司机室均开有侧门，各室之间均设有内门，动力室、电机室两侧设可打开的百叶窗。

第Ⅰ司机室和第Ⅱ司机室的布置基本相同，仅第Ⅱ司机室的间壁上设置手制动装置手把。

司机操纵台上安置了驾驶和信息控制设备，左侧为正司机操纵台、右侧为副司机操纵台。正司机侧布置有制动阀、控制手柄、换向手柄、控制开关、按钮、仪表、故障集中显示屏、

LJK2000 运行监控装置显示器和微机显示屏，副司机侧设有控制开关等信息控制设备、生活用电炉，操纵台中部还设有电冰箱。

司机室内设有电取暖器，顶置式空调和风扇，此外，间壁上还设有紧急放风阀、灭火装置等设施。前窗玻璃采用镀膜电热钢化平面玻璃，前窗下部设有雨刮器及玻璃自动洗涤器。司机室顶部设有天花板，其上安置有照明灯和电风扇。此外，间壁上还设有紧急放风阀、灭火装置、添乘椅、饮水机、电烤箱等设施。

电器室左侧为牵引变流器柜，其内部包含主整流柜、牵引逆变器和水冷系统。牵引变流器上方是为其冷却所设置的铝制外进风通风道。电器室右侧后部为电器柜，其内部包含低压电器、接触器、机车级微机、行车安全装置等。电器室前端上方为两台卧式电阻制动装置。

在电器室与电机室的间壁右上方设有前转向架牵引电机通风机电机组，其出风道与间壁合为一体，同时还可向电器室提供正压通风。电器室两侧壁上设有玻璃窗和带滤网的百叶窗，以利于采光、通风。

电机室下部有变速箱，其输入端通过万向轴与动力室的主发电机相连，输出端分别与左侧的交流辅助发电机、右侧的直流启动发电机相连。变速箱采用斜齿轮结构。在电机室后间壁上设有辅机电传动的辅助变流控制柜，前间壁上设有辅助变压器及空气净化装置。在牵引发电机前增加的间壁中部通过风道与动力室的牵引发电机冷却通风进风口相通。左右两侧壁设有带滤网的百叶窗，作为电机室的通风过滤进口。

动力室内中部为柴油机发电机组，柴油机为 R16V280ZJ 型，牵引发电机为无刷励磁，并采用自通风方式。牵引发电机从电机室进风，分别排风于车下和车顶两侧。牵引发电机左前上方设有登车顶的扶梯，柴油机发电机组右侧设有燃油预热器、空气制动系统中的工作风缸，左侧设有两组燃油输送泵—电机组、燃油粗滤器，左后端设燃油精滤器。

在动力室左右两侧壁前端均设有带滤网的百叶窗。动力室中部每侧均设有五组新型单元式增压空气滤清器，右侧壁后部设有两台车体通风机。

后间壁中部为贯穿动力室与冷却室间壁的干式冷却系统的水箱，其上布有测量仪表装置。

冷却室上部为冷却装置，其上部为顶置式散热器，下部为两个冷却风扇—电动机组。冷却装置下方前端左侧为板式润滑油热交换器，中间为水箱，右侧为启动润滑油泵、化纤润滑油滤清器。

冷却装置下方中间设有两台空气压缩机电机组，空压机为螺杆泵，配直流电动机。冷却装置下方后端左侧为后转向架牵引电动机通风机电机组，从冷却室吸风。

冷却室后间壁右侧设工具箱，左侧设灭火器、信号旗箱。

冷却室两侧壁上共设六个侧百叶窗，其上半部可根据冷却水温度而自动开启、关闭，采用电磁阀控制气动风缸再驱动百叶窗的温控机构。

辅助室右侧为制动机阀类集中安装箱，内含制动机阀类板式安装架、电动紧急放风阀、紧急降压风缸、作用风缸、制动电器、轮轨润滑装置控制盒、百叶窗温控电磁阀等。其上方布置有空调机组的逆变电源控制箱。辅助室左侧为集便式整体卫生间，其正面上方布置有柴油机电子喷射控制箱及其机车接口箱。辅助室后间壁中间设有手制动装置。

DF_{8CJ} 型内燃机车总体布置图如图 2-4-2 所示。

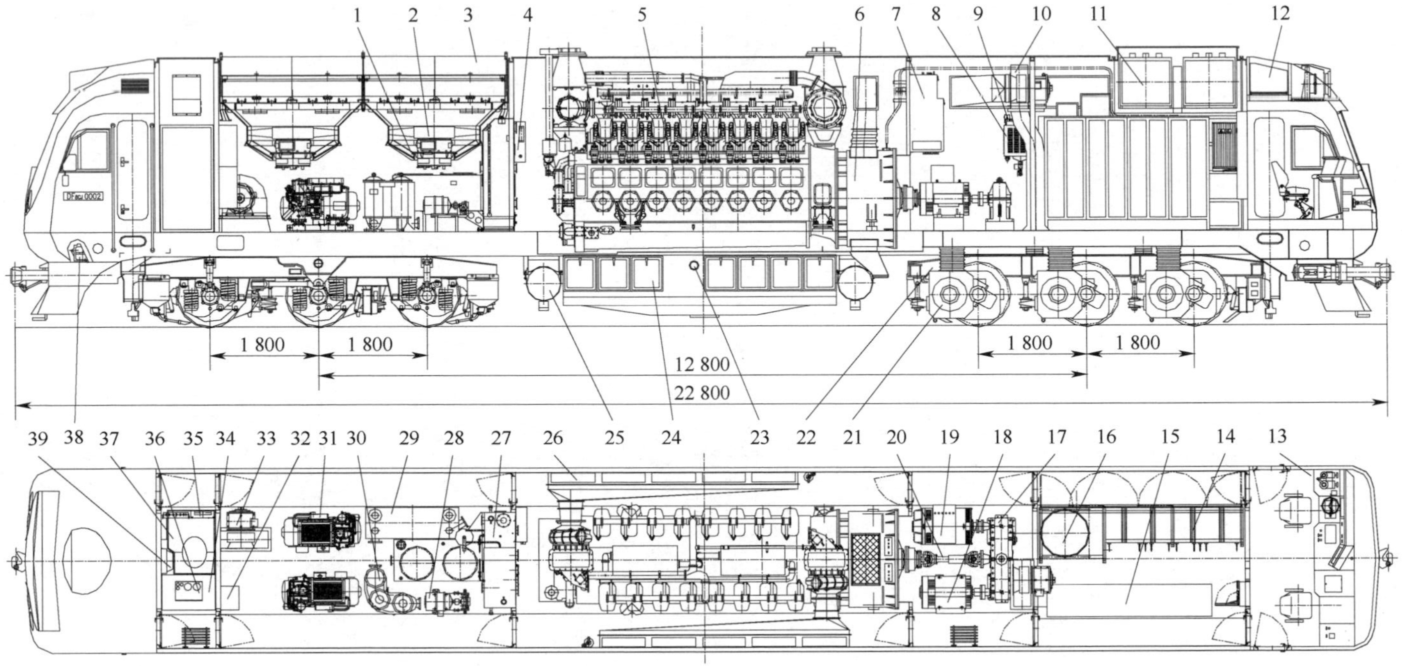

图 2-4-2 DF8CJ 型内燃机车总体布置图

1—风扇电机；2—风扇；3—板式散热器；4—测量仪表；5—柴油机；6—牵引发电机；7—辅助变流器；8—变流柜辅助变压器；9—空气干燥器；10—前牵引电动机通风机；11—电阻制动装置；12—空调；13—操纵台；14—牵引变流柜；15—电器柜；16—变流柜风道；17—变速箱；18—直流启动发电机；19—交流辅助发电机；20—万向轴；21—交流异步牵引电动机；22—转向架；23—承载式燃油箱；24—蓄电池；25—总风缸；26—空气滤清器；27—干式水箱；28—启动润滑油泵；29—润滑油热交换器；30—润滑油滤清器；31—螺杆型空气压缩机组；32—更衣箱；33—后牵引电动机通风机；34—制动阀类集中安装箱；35—柴油机电喷控制箱；36—空调电源；37—整体卫生间；38—复轨器；39—手制动装置

牵引特性及电阻制动特性曲线如图 2-4-3、图 2-4-4 所示。

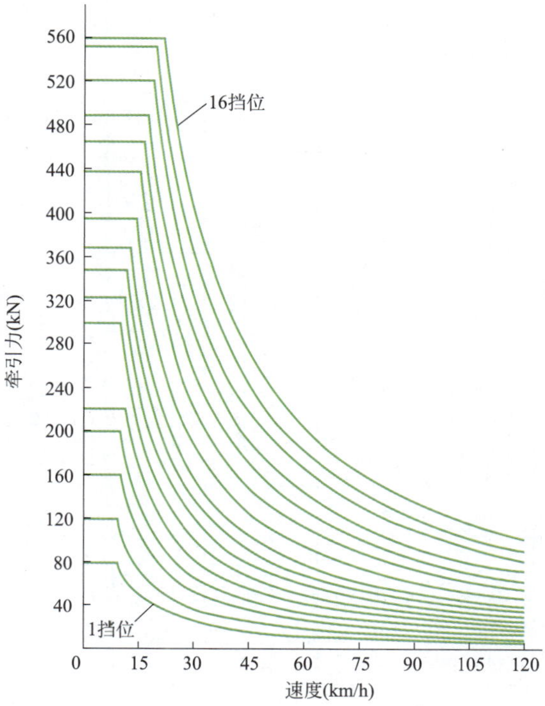

图 2-4-3　DF_{8CJ} 型内燃机车牵引特性曲线

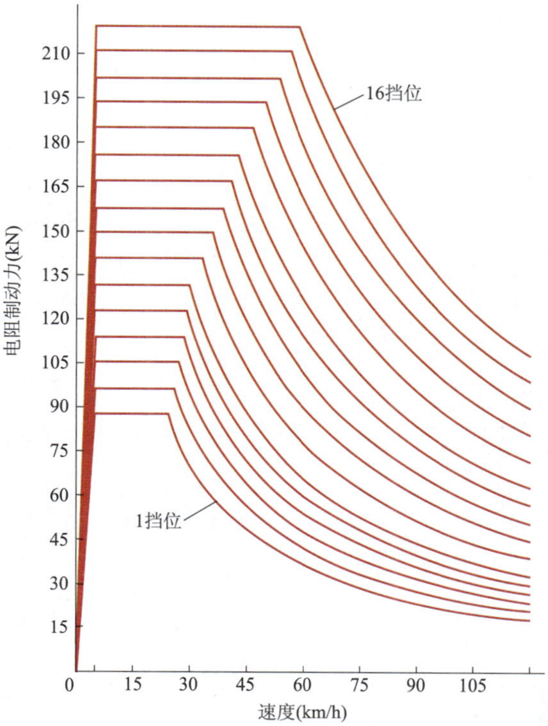

图 2-4-4　DF_{8CJ} 型内燃机车电阻制动特性曲线

3. 牵引电传动系统

(1)牵引电路

DF_{8CJ} 型内燃机车采用交直交电传动系统，单轴控制方式。机车牵引电传动系统主要由交流牵引发电机、主整流器和牵引逆变器(做成一体)、交流异步牵引电机和制动电阻装置等组成。牵引发电机定子为双星形绕组，输出两路三相交流电，每一路通过一个三相全波整流桥将三相交流电整流成稳定的中间直流电，再经过三组牵引逆变器变换成电压、频率可调的三相交流电，分别供给一个转向架上的三台异步牵引电机。

DF_{8CJ} 型内燃机车牵引电路图如图 2-4-5 所示。

(2)牵引发电机及辅助发电机

机车采用三相凸极式无刷励磁同步牵引发电机，发电机的转子上设牵引发电机的励磁绕组和励磁机的三相电枢绕组，励磁机输出电压经设置在同一转子上的旋转整流器向牵引发电机的励磁绕组供电，而励磁机的励磁绕组则设在牵引发电机的定子上。励磁电流由机车控制级微机将 110 V 直流电经斩波调节供给，通过调节励磁电流来控制牵引发电机的输出电压，从而控制中间直流电压。中间直流电压随柴油机转速的升高按线性变化关系上升，电压与转速的关系曲线为一过零直线。对应柴油机转速 1 000 r/min 的中间直流电压为 1 500 V。

交流辅助发电机为无刷励磁辅助发电机，通过变速箱与柴油机相连，恒压频比控制，输出的三相交流电经辅助变流控制柜供给冷却风扇电机、牵引电机通风机电机和牵引变流器内部的冷却风扇电机及循环水泵电机。冷却方式为防护式自通风。该交流辅助发电机自带励磁控制装置并采用双备份，故障时可切换到另一组励磁控制装置继续工作。

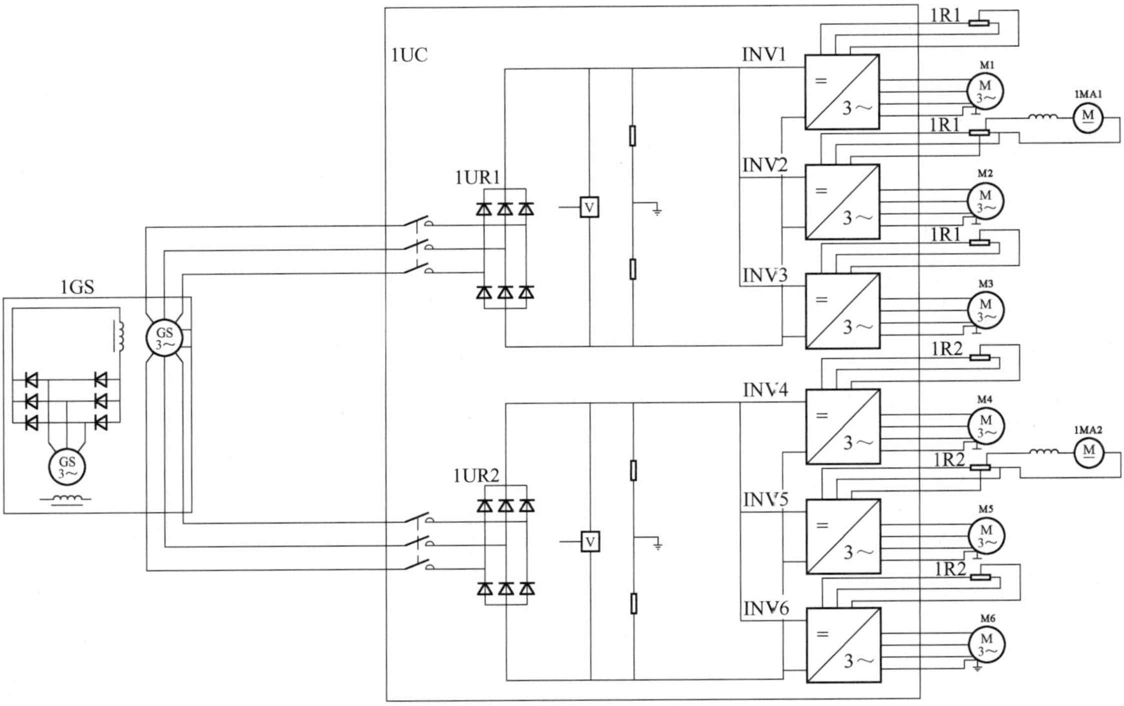

图 2-4-5　DF$_{8CJ}$ 型内燃机车牵引电路图

1GS—牵引发电机；1UC—牵引变流柜；1UR1、1UR2—主整流器；INV1～INV6—牵引逆变器；

M1～M6—牵引电机；1MA1、1MA2—制动电阻风机；1R1，1R2—制动电阻

(3)牵引变流器

牵引变流器包括主整流柜和牵引逆变器。主整流柜的整流元件型号为 ZPA2000-44，牵引逆变器模块采用 IGBT(3300V/1200A)元件，两种元件均采用水冷方式，柜内自带冷却水循环及风扇冷却系统。

(4)牵引电机

牵引电机为 JD123 型三相交流异步牵引电机。该型电机额定功率为 630 kW，采用强迫通风冷却，定子绝缘等级为 200 级。牵引电机采用滚动抱轴承，鼻式悬挂。小齿轮采用内插式结构。

(5)电阻制动装置

机车设电阻制动，制动电阻采用变流器控制投入。制动电阻设两组，卧式安装。机车在使用电阻制动时，通过司控器的手柄 1～16 位给定制动力，再经辅助变流控制柜即可实现调整电阻制动功率。

4. 辅助电气系统

DF$_{8CJ}$ 型内燃机车辅助传动采用机械传动、交流辅机电传动、直流辅机电传动三种形式。

启动发电机及交流辅助发电机采用机械传动。柴油机启动时，由蓄电池向启动电机供电，通过变速箱、万向轴带动柴油机启动；柴油机启动后通过万向轴、变速箱直接驱动直流启动电机和交流辅助发电机。

柴油机启动后，交流辅助发电机经辅助变流控制柜向两台牵引电机通风机及牵引变流器

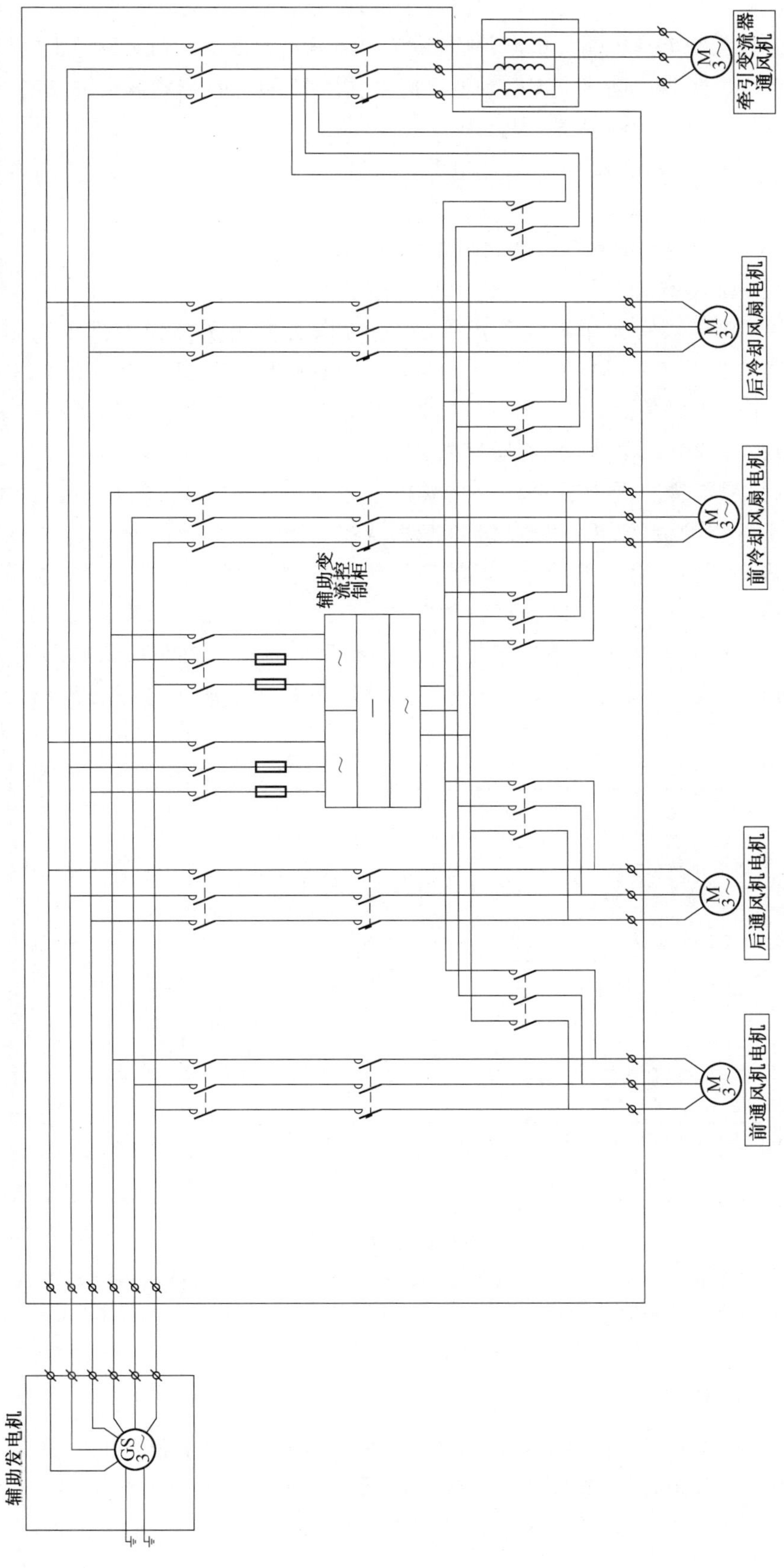

图 2-4-6　DF8CJ 型内燃机车辅助传动回路

四

内部的冷却风扇电机和循环水泵电机供电。两个冷却风扇分别由交流电机驱动，由辅助变流控制柜对电机进行无级调速控制。机车的前、后两个通风机均采用三相交流异步电机驱动，并由辅助变流控制柜实现软启动。直流启动电机向空气压缩机电机、启动润滑油泵电机、燃油泵电机及车体通风机电机等辅助设备供电。

机车控制及照明电路采用 110 V 直流电源，启机前由机车蓄电池供电、启机后由直流启动电机供电。

DF8CJ 型内燃机车辅助电路系统图如图 2-4-6 所示。

5. 微机网络控制系统

DF8CJ 型内燃机车采用分布式计算机控制系统，微机控制系统分为机车控制级(简称 LCS32)、变流器控制级和人机界面级三级结构，机车控制级负责管理、协调机车各控制部分的工作，实现机车的重联控制、逻辑控制、柴油机功率控制、给定牵引或制动特性和自负荷特性控制，以及故障诊断及处理；变流器控制级负责牵引逆变器的控制，从而实现牵引电机的调速控制；人机界面级实现人机对话。重联机车之间通过 WTB 总线(双通道)实现机车控制命令和状态数据的传送，机车控制级与变流器控制级和人机界面级之间通过 MVB 总线(双通道)实现命令传递和信息交换，机车控制级与辅机控制变流器之间通过 RS-485 总线进行信息交换。微机控制系统结构框图如图 2-4-7 所示。微机控制系统具有较完善的诊断、显示功能，可将故障发生前后数据进行自动记录，以供分析。机车级微机系统采用双机冷备份，故障时可通过一个转换开关切换到另一台微机系统继续工作，以提高机车工作的可靠性。

四

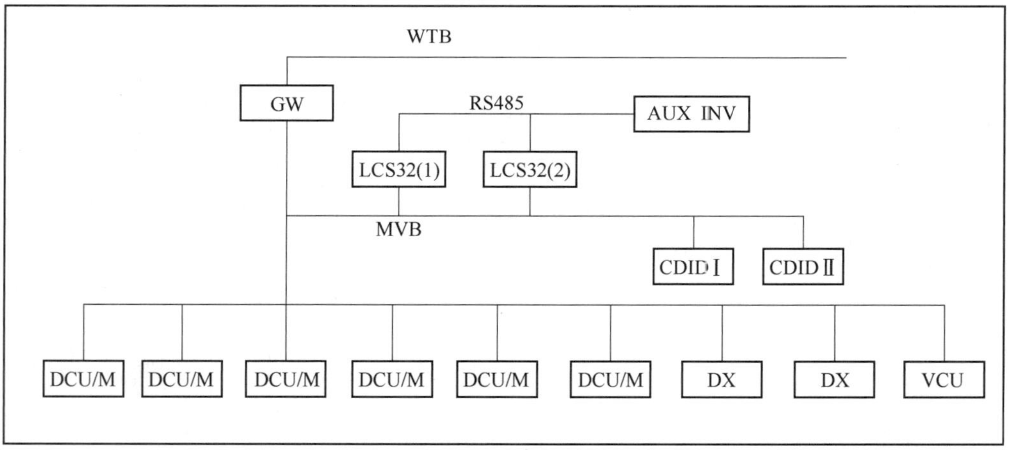

图 2-4-7 DF8CJ 型内燃机车微机控制系统结构框图

CDID—诊断信息显示器；LCS32—机车控制单元；GW—TCN 网关；AUX INV—辅助变流器；WTB—绞线式列车总线；VCU—车辆控制单元；DCU—驱动控制单元；DCU/M—逆变器控制计算机；MVB—多功能车辆总线；DX—输入/输出单元

6. 车体

DF8CJ 型内燃车体采用框桁架组合式侧壁承载结构和承载式燃油箱结构。

车内各室两边均设有门，内壁喷涂阻尼浆，达到隔热、吸振、降噪声的作用。

机车装用下作用式内燃、电力机车车钩(C 级钢)及 MT-3 型大容量车钩缓冲器。

7. 转向架

DF_{8CJ} 型内燃机车采用两台三轴、无心盘、轴箱拉杆式两系悬挂转向架，交流异步牵引电机采用滚动轴承抱轴式悬挂，轴箱采用滚动轴承加拉杆的定位方式，车体与转向架之间采用低位牵引杆装置，轮对采用全加工整体辗钢车轮。

机车基础制动装置采用每轮一套的单侧踏面制动装置，并带有闸瓦间隙自动调整器。

转向架增加扫石器。

8. 制动系统

DF_{8CJ} 型内燃机车采用 JZ-7 型空气制动机，装用 2 台螺杆型空气压缩机。空气压缩机由直流电机驱动，经 704-1 型调压器控制空气压缩机的开启和关闭，使总风缸空气压力保持在 750～900 kPa 范围内。总风缸安装在车架下部燃油箱的后端。在空气压缩机与总风缸之间设有风源净化装置（双塔式），该净化装置安装于电机室侧间壁Ⅱ电机室侧。空气制动系统中还装有空气制动与电阻制动的空电联锁装置、风喇叭和雨刮器等。

机车设有重联阀及相应的重联管路。

9. 柴油机

DF_{8CJ} 型内燃机车装用 R16V280ZJ 型柴油机，柴油机配 VTC304P 增压器或 TPL61 增压器，采用电子喷射控制喷油泵。

燃油系统按柴油机喷油系统的要求设计，燃油滤清系统采用三级滤清系统，适当提高过滤面积，以提高纳污能力、延长滤芯运用更换周期。

燃油设预热设施。燃油箱为承载式结构。燃油箱左右两侧安装蓄电池箱。油箱表面喷涂阻尼浆以及新型隔热材料保护层，外表面再覆盖薄钢板，使燃油箱有较好的保温性能。

采用板式润滑油热交换器。冷却装置设计成整体吊装的结构，由散热器、钢结构、冷却风扇电机组等组成。散热器采用顶置式，由八块板式双流道铜散热器组成。机车采用干式冷却系统，该系统将机车高低温水系统分成大小两个循环回路，通过冷却水系统中加装的调温器来控制大小循环的工作。冷却风扇布置在散热器下方，风扇采用压风式，冷却风扇由双速交流电机驱动，电机转速由微机根据机车高低温水系统水温联合控制，两风扇转速有五种组合。

当柴油机停机后，散热器内不存水，大大地减小了散热面积，而水箱里的冷却水散热比较慢，可在较长时间内保持水温，故采用启动柴油机来循环油、水，利用柴油机工作自身加热柴油机，并同时利用启动发电机向布置在水箱中的电加热器供电，大大缩短升温预热时间。

为了减小柴油机增压器进风阻力，增压器吸气弯头采用单侧轴向进风直管，同时为了减重，进风道采用铝板焊接结构。

空气滤清系统采用新型二级单元式滤清器，每侧共五个单元。每个单元第一级为 2 只新型旋风筒滤清器，第二级为四只纸质滤芯。

机车共设两台相同的牵引电机通风机，均由交流电动机独立驱动，分别供前、后转向架牵引电机通风。

10. 技术参数表

DF_{8CJ} 型内燃机车技术参数见表 2-4-1。

表 2-4-1 DF8CJ 型内燃机车技术参数表

车型名称			东风 8CJ
车型代号			DF8CJ
机车车号			0001～0003
项目		序号	参数及说明
机车总体参数	用途	1	干线货运
	制造年代	2	2003
	制造厂名	3	中车戚墅堰机车有限公司
	轨距(mm)	4	1 435
	车体形式	5	框桁架组合式侧壁承载结构、承载式燃油箱
	轴式	6	$C_0—C_0$
	前后转向架中心距(mm)	7	12 800
	全轴距(mm)	8	16 400
	动轮直径(新轮)(mm)	9	1 050
	动轮直径(半磨耗轮)(mm)	10	1 013
	整备质量(t)	11	150±4.5
	轴重(t)	12	25±0.75
	通过最小曲线半径(m)	13	145
	电传动方式	14	交—直—交
	额定功率(kW)	15	4 090
	轮周牵引功率(kW)	16	3 540
	最高速度(km/h)	17	120
	恒功率速度范围(km/h)	18	27.5～120
	持续速度(km/h)	19	27.5
	持续牵引力(kN)	20	440
	启动牵引力(kN)	21	560
	最大电阻制动力(kN)	22	220
	紧急制动距离(m)	23	≤1 100(单机平直道,初速 120 km/h)
	柴油机停机下的移车方式	24	无
	控制器手柄挡位	25	16 挡
车体	车底架长(mm)	26	21 700
	车体宽(mm)	27	3 100
	车体高(mm)	28	4 700
	司机室个数	29	2
	机车前后车钩中心距(mm)	30	22 800
	车钩型号,形式	31	TB/T 1595　内燃、电力机车车钩(下作用)
	缓冲器型号	32	MT-3
装载量	燃油(dm^3)	33	10 500
	润滑油(kg)	34	1 500

续上表

车　型　名　称			东风8CJ
车　型　代　号			DF8CJ
机　车　车　号			0001～0003
项　目		序号	参数及说明
装载量	水(kg)	35	2 600
	砂(kg)	36	800
转向架	构架(长×宽×高,mm)	37	5 900×2 490×1 185
	两侧梁横向中心距(mm)	38	2 050
	轴距(mm)	39	1 800×2
	一系悬挂垂向减振器型号	40	421300000684
	一系悬挂静挠度(mm)	41	105
	二系悬挂垂向减振器型号	42	/
	二系悬挂横向减振器型号	43	421300000687
	二系悬挂抗蛇行减振器型号	44	—
	二系悬挂弹簧静挠度(mm)	45	16
	牵引力和制动力传递方式	46	平行四连杆牵引机构
	牵引电动机悬挂方式	47	滚动轴承抱轴悬挂
	齿轮传动比	48	79∶14
	轴箱与转向架构架定位方式	49	双轴箱拉杆
	每轴簧下质量(t)	50	4.2
	转向架总成质量(t)	51	20.4
基础制动装置	基础制动方式	52	踏面单元制动器
	单元制动器型号	53	QB-2 和 QB-2S
	制动缸数	54	12
	制动缸直径(mm)	55	205
	制动倍率	56	4
	传动效率	57	0.85
	闸瓦与车轮踏面恒定间隙(mm)	58	4～7
	制动缸最大空气压力(kPa)	59	450
	闸瓦制动形式	60	踏面摩擦制动
	闸瓦材质	61	粉末冶金材料
	每台机车闸瓦块数	62	24
	制动单元质量(kg)	63	67
	停放制动形式	64	手制动
	手制动率	65	0.023
	总闸瓦压力(kN)	66	605.88
柴油机	型号	67	R16V280ZJ
	外形尺寸(长×宽×高,mm)	68	5 330×1 772×3 044
	机体结构	69	球墨铸铁整体铸造
	曲轴材质	70	合金钢全纤维挤压成形

四

续上表

车型名称			东风8CJ
车型代号			DF8CJ
机车车号			0001～0003
项目		序号	参数及说明
柴油机	主轴颈的直径(mm)	71	250
	连杆颈的直径(mm)	72	215
	气缸排列及夹角	73	V形50°夹角
	气缸数目	74	16
	气缸直径×活塞行程(mm)	75	280×300
	冲程数	76	4
	压缩比	77	13
	气缸总排量(dm^3)	78	296
	标定转速(r/min)	79	1 000
	最低空载转速(r/min)	80	400
	标定功率(kW)	81	4 705
	最大运用功率(kW)	82	4 410
	启动方式	83	电机启动
	最高爆发压力(MPa)	84	15.5
	标定功率平均有效压力(MPa)	85	1.91
	喷油泵形式,数量	86	单体电控泵,16
	喷油器形式	87	多孔闭式
	喷油器启喷压力(MPa)	88	35
	喷油泵供油提前角	89	上止点前16°
	喷射方式	90	直喷
	标定功率燃油消耗率[g/(kW·h)]	91	≤199×(1±3%)
	润滑油消耗率[g/(kW·h)]	92	≤1%燃油消耗率
	冷却水最高允许温度(℃)	93	92
	润滑油最高允许温度(℃)	94	88
	调节器形式	95	电喷控制
	高温水泵 形式	96	离心式
	高温水泵 额定转速(r/min)	97	2 354
	高温水泵 流量(m^3/h)	98	130
	低温水泵 形式	99	离心式
	低温水泵 额定转速(r/min)	100	2 354
	低温水泵 流量(m^3/h)	101	130
	主润滑油泵 形式	102	齿轮式
	主润滑油泵 转速(r/min)	103	1 111
	主润滑油泵 出口油压力(kPa)	104	850
	主润滑油泵 流量(m^3/h)	105	65×2
	增压器 型号,台数	106	TPR61-A10,2
	增压器 允许转速(r/min)	107	≤33120(监控报警)
	增压器 允许最高转速(r/min)	108	33120

四

续上表

车型名称				东风$_{8CJ}$
车型代号				DF$_{8CJ}$
机车车号				0001～0003
项目			序号	参数及说明
柴油机	增压器	增压比	109	3.5
		增压空气额定流量(kg/s)	110	4.9
		进气空气滤清器形式	111	单元空滤器
		涡轮前允许废气温度(℃)	112	≤650(监控)
		涡轮最高允许废气温度(℃)	113	650
		润滑方式	114	压力润滑
		质量(kg)	115	680
	中冷器	结构形式	116	三流程管片式铜中冷器
		进气温度(℃)	117	195(设计值)
		进水温度(℃)	118	50±3
		水流量(m^3/h)	119	65
	排放指标	碳氢化合物(HC)[g/(kW·h)]	120	0.8
		一氧化碳(CO)[g/(kW·h)]	121	3
		氮氧化物(NO_x)[g/(kW·h)]	122	12
		颗粒	123	—
		烟度	124	—
	柴油机总质量(kg)		125	28 500
机车冷却系统	水散热器	形式	126	干式冷却系统
		高温水散热器单节数(组)	127	8
		低温水散热器单节数(组)	128	8
		水流道(单或双)方式	129	双流道
	冷却风扇	高、低温水系统风扇数	130	2
		驱动方式	131	变极电机驱动
		直径(mm)	132	1 500
		最高转速(r/min)	133	1 500
		功率(kW)	134	标准状态下风扇消耗功率≤110
牵引发电机	型号		135	JF222
	额定转速(r/min)		136	1 000
	额定容量(kV·A)		137	4 200
	额定电压(V)		138	1 170
	额定电流(A)		139	1 035
	额定频率(Hz)		140	150
	额定功率因数		141	0.95
	励磁方式		142	无刷励磁
	额定励磁电压(直流)(V)		143	72
	额定励磁电流(直流)(A)		144	7
	绝缘等级,定子/转子		145	H/F级(主机/励磁机)
	通风冷却方式		146	自通风

续上表

车型名称				东风8CJ
车型代号				DF8CJ
机车车号				0001～0003
项目			序号	参数及说明
牵引发电机	电刷牌号,尺寸(mm)		147	—
	总质量(kg)		148	6 200
主整流柜	型号		149	含牵引变流柜
	额定交流输入电压(V)		150	1 170
	额定交流输入电流(A)		151	/
	额定交流输入频率(Hz)		152	/
	输出	最大直流电压(V)	153	1 500
		额定直流电流(A)	154	2×1 400
		最大直流电流(1h)(A)	155	/
	整流电路连接方式		156	三相桥式
	硅整流元件型号		157	ZPA2000-44
	通风冷却方式		158	水冷
	质量(kg)		159	/
牵引逆变器	型号		160	ICON-M 1500
	电路结构形式		161	电压型,两电平
	额定功率(kW)		162	/
	额定输入电压(V)		163	1 500
	额定输入电流(A)		164	6×460
	支撑电容值(mF)		165	/
	额定输出电压(V)		166	0～1 170
	额定输出电流(A)		167	6×520
	最大开关频率(Hz)		168	/
	输出频率范围(Hz)		169	0～190
	冷却方式		170	水冷
	效率		171	0.96
	质量(t)		172	2.15
	牵引逆变器柜外形尺寸(长×宽×高,mm)		173	3 400×925×1 900
	每台机车牵引变流器台数		174	6
	牵引逆变器功率模块	功率模块电路形式	175	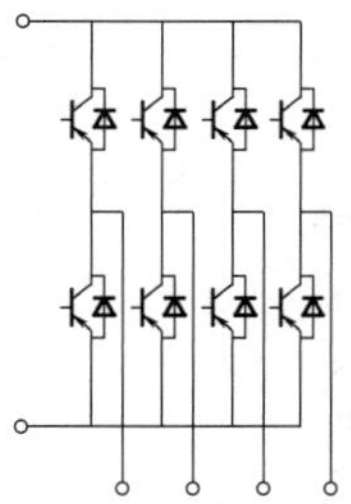

续上表

车型名称				东风8CJ
车型代号				DF8CJ
机车车号				0001～0003
项目			序号	参数及说明
牵引逆变器	牵引逆变器功率模块	功率模块电压(V)	176	1 500
		功率模块电流(A)	177	460
		功率模块开关频率(Hz)	178	0～200
		功率元件型号	179	/
		功率元件参数	180	IGBT(3 300 V /1 200 A)
		功率元件个数	181	8
		功率模块质量(kg)	182	130
		功率模块尺寸(长×宽×高,mm)	183	900×544×395
牵引电机	型号		184	JD123
	额定功率(kW)		185	630
	额定电压(V)		186	937
	额定电流(A)		187	503
	最高电压(V)		188	/
	最大电流(A)		189	645
	额定转速(r/min)		190	885
	额定转矩(N·m)		191	6 798
	最大转矩(N·m)		192	9 063
	最大转速(r/min)		193	3 685
	功率因数		194	0.825
	极数		195	6
	额定效率(%)		196	93.65
	绝缘等级		197	200（耐电晕）
	允许温升(定子/电枢)(K)		198	/
	额定频率(Hz)		199	45.05
	额定转差率(%)		200	1.756
	通风冷却方式		201	强迫风冷
	冷却空气量(m^3/min)		202	90
	总质量(kg)		203	1 800(带工艺轴)
辅助发电机	型号		204	JF417C1
	额定转速(r/min)		205	3 048
	额定容量(kV·A)		206	210,210
	额定电压(V)		207	480,480
	额定电流(A)		208	253,253
	额定频率(Hz)		209	101.6
	额定功率因数		210	0.85

四

续上表

车型名称			东风8CJ
车型代号			DF8CJ
机车车号			0001～0003
项目		序号	参数及说明
辅助发电机	励磁方式	211	无刷励磁
	额定励磁电压(直流)(V)	212	80
	额定励磁电流(直流)(A)	213	5
	绝缘等级,定子/转子	214	H/H级
	通风冷却方式	215	自通风
	电刷牌号,尺寸(mm)	216	—
	总质量(kg)	217	/
辅助变流器	型号	218	OCP15A
	每台机车装用台数	219	1
	额定输入电压(V)	220	480
	额定输入电流(A)	221	/
	额定输出电压(V)	222	480
	额定输出电流(A)	223	170
	频率(Hz)	224	101.6
	功率元件参数	225	1 200 V/400 A
	冷却方式	226	强迫通风
	质量(kg)	227	250
	容量(kV·A)	228	400
牵引通风机	型号	229	QSJ16-11-01-000(通风机)+电机(JD342D)
	台数	230	2
	最大转速(r/min)	231	3 000
	每台风机的风量(m^3/min)	232	270
	风压(Pa)	233	全压大于5 500
	额定功率(kW)	234	45
	质量(kg)	235	75.234(通风机)+200(电机)
启动电机	型号	236	ZQF412
	电压(V)	237	110
	电流(A)	238	728
	启动转距(N·m)	239	2 842
蓄电池充电器	型号	240	—
	输入电压(V)	241	—
	输出电压(V)	242	—
	输出电流(A)	243	—
	输出容量(kV·A)	244	—

续上表

车型名称				东风$_{8CJ}$
车型代号				DF_{8CJ}
机车车号				0001～0003
项目			序号	参数及说明
蓄电池充电器	质量(kg)		245	—
网络控制系统	列车网标准		246	WTB
	车辆网标准		247	MVB
	列车网传输速率(Mbit/s)		248	1
	车辆网传输速率(Mbit/s)		249	1.5
	控制和保护功能	牵引特性控制	250	具备
		电阻制动特性控制	251	具备
		空转/滑行保护	252	具备
		故障诊断与保护内容	253	具备
空气制动系统	制动机主要部件	制动机型号	254	JZ-7 型
		自动制动阀,数量	255	TPJ90-00-00,2
		单独制动阀,数量	256	TPJ90-00-00,2
		分配阀型号,数量	257	TPJ92-00-000,1
		中继阀(双阀口式),数量	258	TPJ91-00-000,2
		作用阀,数量	259	TPJ73-00-000,1
		紧急放风阀,数量	260	TB119-74,2
		常用限压阀,数量	261	TPJ92-16-06,1
		紧急限压阀,数量	262	TPJ92-16-03A,1
		客货车转换阀,数量	263	TPJ90-07-02,2
		总风遮断阀,数量	264	TPJ81-01-00,2
		变向阀	265	DLJ6-04-01-062A
	空气压缩机	型号,台数	266	TSA-330A、TSA-230D，　2
		工作形式	267	连续,单级
		结构形式	268	螺杆式
		额定转速(r/min)	269	1 500
		额定排气压力(kPa)	270	900
		排气量(m^3/min)	271	2.4
		一级压缩空气的冷却方式	272	风冷
		润滑油压力(kPa)	273	900
		驱动功率(kW)	274	18.5,25
		净重(kg)	275	约 560,约 400
	空气干燥器	型号	276	SJKG-C1,SJKG-A
		处理空气量(m^3/min)	277	3～6
		工作压力(kPa)	278	1 000

续上表

车型名称			东风 8CJ
车型代号			DF8CJ
机车车号			0001～0003
项目		序号	参数及说明
空气制动系统	压力控制器(调压器)型号	279	704-1 型
	总风缸空气压力范围(kPa)	280	750～900
	各总风缸总容量(dm^3)	281	625×2
电阻制动柜	电阻制动装置型号,台数	282	/,2
	持续功率 (kW)	283	2 050
	输入电压(V)	284	/
	输入电流(A)	285	250
	电阻带最高工作温度(℃)	286	640
	冷却风机功率(kW)	287	32
	冷却风机转速(r/min)	288	3 500
	冷却通风量(m^3/min)	289	/
	质量(kg)	290	600
蓄电池组	型号	291	NM-450 阀控式密封铅酸蓄电池
	容量(A·h)	292	450
	装用数量(只)	293	48
	总标称电压(V)	294	96

注:“—”表示无此设备;“/”表示数据空缺。

五、NJ2 型内燃机车技术简介

1. 概　　述

NJ2 型内燃机车是客(货)型交流传动内燃机车,由美国 GE 公司制造的专用于青藏铁路的机车产品,采用了客、货运完全统一的机型。NJ2 型内燃机车额定功率为 3 000 kW,轮径 1 050 mm,轴式 C_0—C_0,23 t 轴重,最高运行速度 120 km/h,启动牵引力为 534 kN,持续牵引力为 427 kN,恒功率速度范围 16～120 km/h(AAR 标准状态),通过最小曲线半径 145 m。机车装用 GE7FDL-16AD1 型柴油机(柴油机最大运用功率 3 356 kW),采用交直交电传动,具有微机网络控制功能,牵引方式为中心销,车轮为整体碾钢轮。

为适应青藏铁路诸多特殊运行条件,NJ2 型内燃机车具有特殊的技术结构和技术特性。首先,为适应青藏高原特殊的气候地理条件,有防风沙雨雪、防紫外线、防雷电设施,设有供氧装置,机车采用了具有电子喷射系统、功率自动修正的 GE7FDL-16AD1 型柴油机,机车上采用了微机网络控制系统和交直交电传动系统。

2006 年,原铁道部共计向美国 GE 公司采购 NJ2 型内燃机车 78 台,车号为:0001～0078,全部配属青藏铁路公司,承担青藏线客货列车牵引任务。

NJ2 型内燃机车的外形如图 2-5-1 所示。

图 2-5-1　NJ2 型内燃机车外形图

2. 机车总体

NJ2 型内燃机车上部以车体车顶、隔墙将机车分隔为 4 个室:司机室、辅助/电器室、动力室和冷却室;其中动力室分为两间,即发电机间和柴油机间。NJ2 型内燃机车总体布置图如图 2-5-2 所示。

五

五

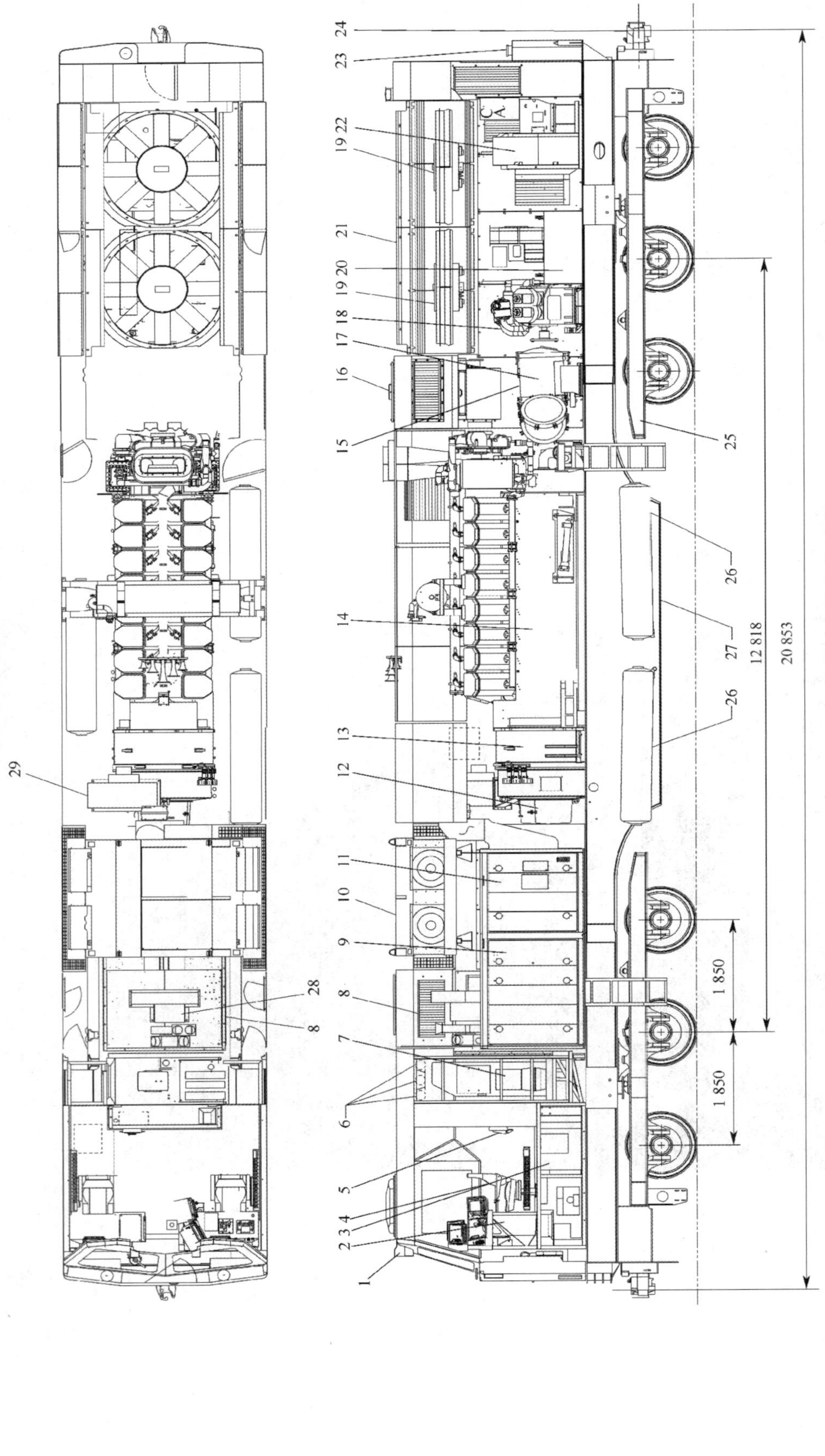

图 2-5-2 NJ$_2$型内燃机车总体布置图

1—头灯；2—操纵台；3—地面电源蓄电池充电系统；4—座椅；5—折叠座椅；6—应急氧气罐；7—盥洗室；8—旋风式滤清器；9—低压电气柜；10—制动电阻箱；11—高压电器柜；12—辅助发电机；13—主发电机；14—柴油机；15—润滑油冷却器；16—空滤器；17—润滑油滤清器；18—空压机；19—冷却风扇；20—蓄电池箱；21—散热器百叶窗；22—牵引电机通风机；23—砂箱；24—车钩；25—转向架；26—总风缸；27—燃油箱；28—辅助通风机；29—逆变器、牵引发电机通风机

司机室前端下部左右两侧，设有前转向架的砂箱，中间设有重联通过门；上部装有两块具有防霜、防紫外线及加热功能的NVB夹层玻璃的前窗，窗外设有气动雨刮器。前窗下面左右两侧，设有指示灯。两侧墙上部设有侧窗，侧窗下部有电热丝式加热器；两侧墙前外端还装有后视镜。

司机室内部以铺有防滑、吸声特性材料的底板将司机室内部隔为上、下两部分：底板上部前端设有操纵台，操纵台布置有司机主控制器、电子制动阀、智能显示器等，还设有热水配送器、灭火器、冰箱、电热盘等。操纵台后端设有司机座椅。后隔墙前右侧为盥洗室，其上部放有两个应急氧气管；左侧放有一个应急氧气管；中部为无线/电子设备柜，下部装有接触器箱。盥洗室和无线/电子柜的前部左侧设有控制装置柜，右侧为柴油机控制柜；控制装置柜外前方设置了折叠座椅。司机室上部设有天花板，中央有照明灯，照明灯右侧装有氧气分配中心组件，前端设有顶置控制台，天花板左右侧均装有一个氧气分配中心，一个座上灯及开关；室内还备有三个氧气面罩。司机室底板下部右侧为空气制动设备间，其中还安装有地面电源电池充电系统、冷却空气滤清器、轨道喷气除雪控制阀、压力开关等其他设备。左侧安装有制氧机、加热器、地面电源蓄电池充电系统的LC蓄电池充电器电感器、地面电源蓄电池充电系统和CA6控制区以及其他设备。

辅助/电器室的电器室内部以车顶底板将其分隔为上、下两部分：下部为电器柜，电器柜内以中间隔板为前、后两室；前室为低压电器柜、后室为高压电器柜。在这些控制区内布置有两个计算机板和一个计算机电源；作为可调节的辅助电源，有三个AC/DC和三个AC/AC电源板。牵引系统的主要部件有主整流器、牵引逆变器、逆变器专用电源等。电器柜内还安装有一些电子控制板、传感器、接触器和继电器。低压电器柜内还设有辅助通风机和逆变器、牵引发电机通风机的通风道。

上部前端为辅助通风机逆变器、牵引发电机通风机的进风区间，其车顶两侧设有V形滤网和旋风式滤清器，车顶前端中间设有排尘风机出风口；内部设置辅助通风机和排尘风机。后端为电阻制动装置工作区间，其车顶两侧装有制动电阻进风滤网和排风百叶窗，内部安装电阻制动柜。

电器室与发电机间交界区设有逆变器冷却用风出风管。

动力室分为发电机间和柴油机间。

发电机间安装有交流发电机和向其提供冷却空气的逆变器、牵引发电机通风机。

柴油机间内安装GE7FDL-16AD1型柴油机，其右侧由前向后为燃油切断系统的燃油截止阀、燃油系统的燃油泵、燃油加热器、AMOT阀等；左侧由前向后为燃油切断系统燃油截止阀、燃油系统的燃油滤清器组件；柴油机输出端右侧设有盘车机构的接口。

柴油机上方，车体顶盖中间部位上装有储水箱，其前顶盖外端还安装有风喇叭。

柴油机排气管安装于柴油机自由端增压器出口，与后顶盖相关联。

冷却室分为前、中、后三部分。前部上方为空气滤清器，下方左侧为润滑油滤清器、中右侧为润滑油冷却器。润滑油冷却器前右侧，安装有燃油输送系统支座。

中部上面为冷却系统散热器装置封闭作业区。其顶上安有压力空气驱动的冷却系统中的散热器顶百叶窗，顶百叶窗下为散热器，散热器下部装有冷却风扇；其左右两侧安装有压力空气驱动的散热器进风百叶窗。此封闭作业区内，还装有空压机后冷却系统的第二级翅片管式冷却器。散热器装置封闭作业区下面，前端为空压机，空压机左侧安有柴油机保温系统的保温加热装置。中间左右各安装蓄电池箱。左蓄电池箱上方安有排放空气滤清装置和牵引电机的空气旋风式滤清器灰尘的排尘风机；右蓄电池箱上方装有空压机控制板。右后端为牵引电机通风机和牵引电机通风过滤箱。牵引电机通风机右后部，安装有CA9控制部分；牵引电机通风机左后部上方，装有空压机后冷却系统的风缸。对应牵引电机通风机部位的车体两侧墙上，设有牵引电机通风机进风滤清器用的 V 形滤网。

后部为通道，后隔墙左右两侧为后转向架用砂的砂箱，中间为重联通过门。车体两侧墙上，设有牵引电机通风机进风滤清用的 V 形滤网。车顶盖中间设有排尘风机的风道出口。

牵引特性曲线及电阻制动特性曲线分别如图 2-5-3、图 2-5-4 所示。

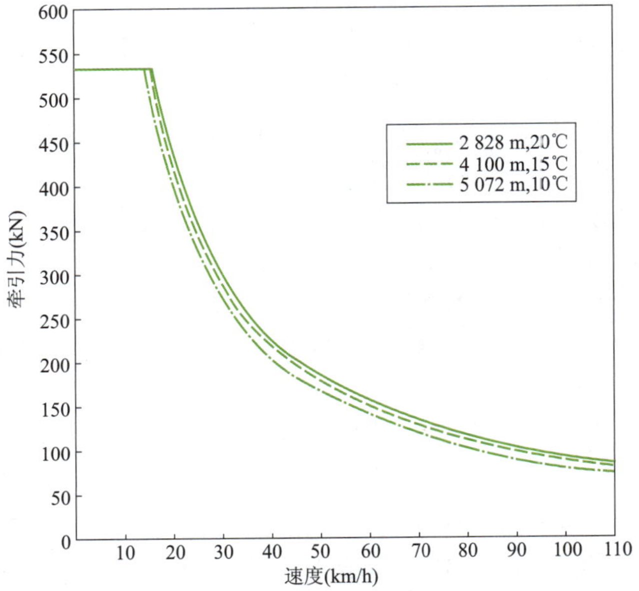

图 2-5-3　NJ2 型内燃机车设计牵引特性曲线图

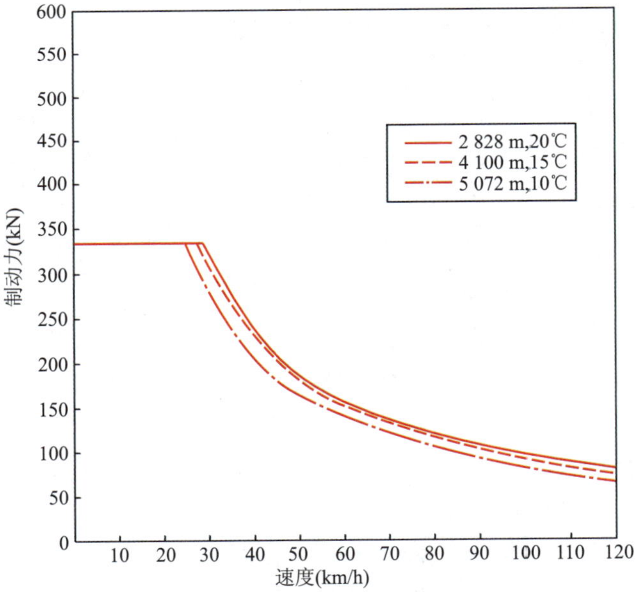

图 2-5-4　NJ2 型内燃机车的制动特性曲线图

3. NJ2 型内燃机车电传动系统

(1)牵引电路

机车的牵引传动系统采用交流传动，GE7FDL-16AD1 型柴油机驱动 5GMG207 型交流发

注：所有牵引力/制动力曲线，均以轮径 1.013 m 计算；曲线垂向误差为−5%。

五

电机发出三相交流电，送到主整流器，经三个整流模块整流，将三相交流电变换成直流电源，形成中间直流回路，额定的中间直流电压为 1 250 V（柴油机 1 050 r/min）。NJ_2 型机车采用单轴控制驱动方式，即有六台牵引逆变器分别向两个转向架的六台牵引电机供电。NJ_2 型内燃机车牵引及辅助电气系统电路图如图 2-5-5 所示。

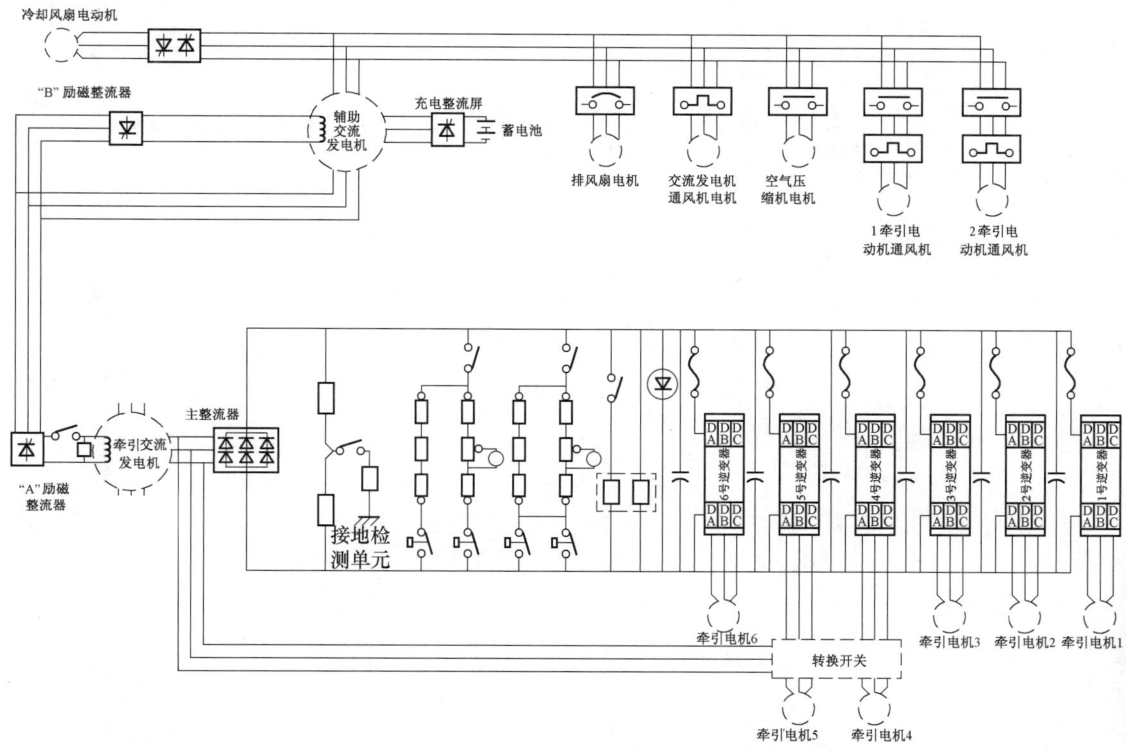

图 2-5-5　NJ_2 型内燃机车牵引、辅助电气系统电路图

（2）牵引发电机及辅助发电机

机车发电机型号为 5GMG207，位于柴油机输出端，由牵引发电机和辅助发电机组成，两者同轴安装于同一机壳内。牵引发电机将柴油机曲轴旋转运动产生的机械能转换成电能，输出三相交流电压。辅助发电机包括一个励磁绕组和三个独立的输出线圈，三个输出线圈为机车的控制系统、冷却系统和蓄电池充电系统提供电源。

牵引、辅助发电机采用强迫风冷，冷却用风由通风机将冷风吸入，经牵引逆变器后吹入牵引、辅助发电机，空气离开发电机后直接进入动力室，在柴油机室形成正压，有助于防止脏物进入。

（3）牵引变流器

机车牵引变流器由牵引整流装置、中间直流电路和牵引逆变器组成，牵引整流装置采用三相桥式二极管整流电路，将牵引发电机发出的三相交流电转换成直流电，额定输出直流电压为 1 250 V。

中间直流电路并联有 12 个 2 250 μF（微法）支撑电容，每两个电容并联连接在一台牵引逆变器的输入端。这些电容均并联有放电电阻板。

牵引逆变器将中间直流电路的直流电转换为三相交流电，供给牵引电机，牵引逆变器采用 IGBT 作为开关元件，冷却方式为强迫风冷。

(4)牵引电机

机车的5GEB30型牵引电机是三相异步感应子交流电机,每台功率约为460 kW。该电机定子采用铸钢机座,H级绝缘,嵌线后进行真空压力浸漆;转子为鼠笼式,由铜导条与铜端环焊接形成鼠笼。电机采用强迫通风冷却,半悬挂安装方式。

电动机传动端、非传动端端盖与轴承室之间采用非整体的分离结构。非传动端采用绝缘球轴承,传动端采用圆柱滚子轴承。

(5)电阻制动装置

机车的电阻制动装置用于机车电阻制动和自负荷,由两台电机、四个风扇和四组电阻带组成。安装于电器室顶部。

4. 辅助电气系统

NJ_2型内燃机车的辅助电气系统采用交流传动,5GMG207型交流发电机中的辅助发电机为机车的辅助系统提供电源。辅助发电机具有三套独立的输出绕组,分别给牵引发电机和辅助发电机提供励磁;给蓄电池充电;给六台驱动通风机的交流电动机供电,它们是两台冷却风扇电机、牵引电机通风机电机、牵引发电机通风机电机、电器室通风机电机、排尘风机电机。

5. 微机网络控制系统

NJ_2型内燃机车的微机系统,主要由通信网络、微机及显示器(智能显示器)、牵引电机控制器、集成输入/输出控制板、柴油机控制单元等软硬件系统组成。

NJ_2型内燃机车的3个智能显示器DS1、DS2、DS3是控制微机和显示器的结合体,是机车上主要控制计算机,通过ARCNet网络控制机车上其他电气设备,同时适时显示机车有关运行信息。

牵引电机控制器TMC由6个微机I/O卡和2个光纤卡组成,实现每台牵引电机的独立控制。

6. 车　体

NJ_2型内燃机车车体采用底架承载、单司机室结构。车体采用全封闭内走廊,底板采用具有防滑和吸声特性的橡胶材料。司机室有两个门与内走廊相通。

车体底架采用双箱型梁结构,整体式油箱。底架中心框梁、端板、底板等均选用耐低温材料。底架端部有牵引梁,梁内装有牵引缓冲装置。

车钩采用AAR M201 Grade E型车钩,结构与GB 4952、TB/T 3044、TB/T 3046中的轮廓尺寸兼容。缓冲器采用NC-390型缓冲器。前端部下方设有排障器。排障器下端面距轨面高度在车轮踏面磨耗允许范围内可调整110 mm+10 mm。排障器能在仅有局部变形时承受140 kN的静压力。排障器除了能够排除轨道障碍物外,还具有一定的除雪功能。

7. 转向架

NJ_2型内燃机车转向架是三轴、轴箱导框定位、无摇枕转向架,由构架、轴箱及其定位结构、弹簧装置及减振器、轮对、牵引电机悬挂装置、牵引缓冲装置、基础制动装置、转向架附件等组成。转向架构架与车体间由三个橡胶堆旁承直接连接;采用非承载式中心销牵引方式。

牵引电机顺置排列,采用滚动轴承抱轴悬挂方式。

基础制动装置采用踏面制动单元,带有闸瓦间隙调整器;停放制动为弹簧式制动装置。

在转向架一侧的所有轴箱前盖上均安装有AW接地电刷系统,在转向架另一侧的所有轴箱上安装有遮盖板,以阻止雨雪进入轴箱。

在转向架导轮构架上装有一个高度可调的支架，支架上装有撒砂喷嘴、除雪器喷嘴和扫石板。支架高度可以提升以补偿车轮磨耗。

8. 制动系统

NJ_2 型内燃机车空气系统由风源系统、辅助用风系统和电控制动系统等组成。

风源系统由空气压缩机、空气压缩机控制元件、后冷却装置、总风缸及自动排水阀、J1 安全阀、风源净化装置、止回阀等组成。

电控制动系统可分为控制分系统和风动分系统。

NJ_2 型内燃机车采用 CCBⅡ电空制动系统，它由电子制动阀、集成处理器模块、继电器接口模块、电控控制单元及一些其他部件组成。

辅助用风系统由撒砂系统、风喇叭系统、风动百叶窗系统及其他辅助用风设备组成。

9. 柴 油 机

NJ_2 型内燃机车装用 GE7FDL-16AD1 型柴油机，16 缸，V 形排列，45°夹角，四冲程，气缸直径为 228.6 mm，冲程为 226.7 mm，压缩比为 15.5∶1。最大标定功率为 3 356 kW，额定转速为 1 050 r/min，额定功率为 3 000 kW，额定功率下的燃油消耗率为 $195.0\times(1+3\%)$g/(kW·h)。

柴油机独立的气缸动力组件支承在半隧道式的曲轴箱上。气缸动力组件主要包括气缸水套、气缸套、气门机构、活塞和连杆等部件。低底板的半隧道式曲轴箱具有高的弯曲和扭转刚度。曲轴支承在悬挂式、侧面用螺栓紧固的钢轴承盖里。连杆为主、副连杆，活塞销用螺栓固定在连杆端。活塞为钢顶铝裙组合式结构，二者用螺栓紧固。采用四气门扰流式气缸盖。

电子控制燃油喷射(EFI)系统主要由电子控制喷射装置、柴油机控制单元和多种传感器组成。电子控制喷射装置的高压燃油泵和喷油器安装在气缸上，两者由高压燃油管连接。高压燃油泵向喷油器供油，由柴油机控制单元通过装在高压燃油泵上的电磁阀控制。

采用两个模块式脉冲转换器排气管向涡轮增压器供气。

NJ_2 型内燃机车的辅助系统包括润滑油系统、燃油系统、冷却系统、空气滤清系统、设备通风系统、保温系统、机车燃油重联系统、乘务员氧气系统和空气系统等。

燃油系统位于车架中央部分、柴油机两侧。润滑油系统及其主要部件安装于柴油机间和冷却室的各个区域内。

冷却系统采用一台由柴油机曲轴通过齿轮直接驱动的单级离心式水泵。柴油机冷却水泵出来的冷却水分别并联进入柴油机和增压器以及空气压缩机。从柴油机和增压器出来的冷却水与经空气压缩机后的冷却水汇合直接进入主散热器。从散热器主芯子出来的冷却水进入副散热器。

在柴油机上方装有一个储水箱。

两台 90 kW 交流电机驱动的冷却风扇给散热器提供冷却，可根据系统所需要的散热量，选择百叶窗开或闭两种冷却方式。

空气滤清系统共有三级滤清：一级为 V 形滤网，二级为旋风式滤清器，三级为玻璃纤维袋式滤清器。

设备通风系统有 4 个独立的通风回路：变流器/交流发电机通风回路，电器室通风回路，牵引电机通风回路和地面电源蓄电池充电通风回路。

保温系统包括水保温循环系统和润滑油保温循环系统，这两个系统通过润滑油热交换器进行热交换。同时还需要利用机车(含柴油机)的润滑油系统和冷却系统。

机车装有燃油重联系统，可在相邻机车间进行燃油的相互传输。

五

10. 技术参数表

NJ_2型内燃机车技术参数见表 2-5-1。

表 2-5-1 NJ_2型内燃机车技术参数表

车型名称			NJ_2客(货)
车型代号			NJ_2
机车车号			0001～0078
项目		序号	参数及说明
机车总体参数	用途	1	客、货运
	制造年代	2	2006
	制造厂名	3	GE 公司
	轨距(mm)	4	1 435
	车体形式	5	单司机室车架承载的内走廊罩式结构
	轴式	6	$C_0—C_0$
	前后转向架中心距(mm)	7	12 818±6
	全轴距(mm)	8	16 518±6
	动轮直径(新轮)(mm)	9	1 050
	动轮直径(半磨耗轮)(mm)	10	1 013
	整备质量(t)	11	$138^{+0}_{-4}\%$
	轴重(t)	12	≤23
	通过最小曲线半径(m)	13	145
	电传动方式	14	交直交
	额定功率(kW)	15	3 000
	轮周牵引功率(kW)	16	2 560(AAR 标准状态) 2 580(海拔 2 828 m,温度 20 ℃) 2 513(海拔 4 100 m,温度 15 ℃) 2 333(海拔 5 072 m,温度 10 ℃)
	最高速度(km/h)	17	120
	恒功率速度范围(km/h)	18	16～120 (AAR 标准状态) 16.1～120 (海拔 2 828 m,温度 20 ℃) 15.7～120 (海拔 4 100 m,温度 15 ℃) 14.2～120 (海拔 5 072 m,温度 10 ℃)
	持续速度(km/h)	19	20.2 (AAR 标准状态) 20.4 (海拔 2 828 m,温度 20 ℃) 19.8 (海拔 4 100 m,温度 15 ℃) 18.3 (海拔 5 072 m,温度 10 ℃)
	持续牵引力(kN)	20	427
	启动牵引力(kN)	21	534
	最大电阻制动力(kN)	22	338
	紧急制动距离(m)	23	≤800(单台机车在平直道,120 km/h 速度下,采用空气紧急制动的距离)
	柴油机停机下的移车方式	24	蓄电池移车
	控制器手柄挡位	25	8

五

续上表

车型名称			NJ2客(货)
车型代号			NJ2
机车车号			0001～0078
项目		序号	参数及说明
车体	车底架长(mm)	26	19 914±6
	车体宽(mm)	27	3 119±6
	车体高(mm)	28	4 765±6
	司机室个数	29	1
	机车前后车钩中心距(mm)	30	20 853±6
	车钩型号,形式	31	AAR M201 E型
	缓冲器型号	32	NC-390
装载量	燃油(dm^3)	33	9 000±90
	润滑油(dm^3)	34	1 675±80
	水(kg)	35	925±80
	砂(kg)	36	1 360±67
转向架	构架(长×宽×高,mm)	37	/
	两侧梁横向中心距（mm)	38	/
	轴距(mm)	39	2×(1 850±4)
	一系悬挂垂向减振器型号	40	/
	一系悬挂静挠度(mm)	41	124±10
	二系悬挂垂向减振器型号	42	/
	二系悬挂横向减振器型号	43	/
	二系悬挂抗蛇行减振器型号	44	/
	二系悬挂弹簧静挠度(mm)	45	11(外侧旁承),12(中间旁承)
	牵引力和制动力传递方式	46	中心销
	牵引电机悬挂方式	47	滚动轴承抱轴悬挂
	齿轮传动比	48	85∶16
	轴箱与转向架构架定位方式	49	导框式
	每轴簧下质量(t)	50	4.42
	转向架总成质量(t)	51	/
基础制动装置	基础制动方式	52	单侧踏面制动
	单元制动器型号	53	/
	制动缸数	54	12
	制动缸直径(mm)	55	178
	制动倍率	56	4
	传动效率（%)	57	95.7
	闸瓦与车轮踏面恒定间隙(mm)	58	9
	制动缸最大空气压力(kPa)	59	430

五

续上表

车型名称			NJ2 客(货)
车型代号			NJ2
机车车号			0001～0078
项目		序号	参数及说明
基础制动装置	闸瓦制动形式	60	单侧单闸瓦
	闸瓦材质	61	复合材料
	每台机车闸瓦块数	62	12
	制动单元质量(kg)	63	/
	停放制动形式	64	空气缓解型弹簧制动器
	手制动率	65	—
	总闸瓦压力(kN)	66	/
柴油机	型号	67	GE7FDL-16AD1
	外形尺寸(长×宽×高,mm)	68	6 538×1 740×2 984
	机体结构	69	铸铁整体铸造
	曲轴材质	70	合金钢
	主轴颈的直径(mm)	71	/
	连杆颈的直径(mm)	72	/
	气缸排列及夹角	73	V形45°夹角
	气缸数目	74	16
	气缸直径×活塞行程(mm)	75	228.6×226.7
	冲程数	76	4
	压缩比	77	15.5∶1
	气缸总排量(dm^3)	78	175.2
	标定转速(r/min)	79	1 050
	最低空载转速(r/min)	80	335
	标定功率(kW)	81	3 356(1 050 r/min)
	最大运用功率(kW)	82	3 000
	启动方式	83	蓄电池供电通过变流器和牵引发电机启动
	最高爆发压力(MPa)	84	16.2
	标定功率平均有效压力(MPa)	85	1.97
	喷油泵形式,数量	86	电磁阀控制的升压泵,16
	喷油器形式	87	全机械式
	喷油器启喷压力(MPa)	88	35.853
	喷油泵供油提前角	89	/
	喷射方式	90	直接喷射
	标定功率燃油消耗率[g/(kW·h)]	91	195×(1+3%)
	机油消耗率[g/(kW·h)]	92	1
	冷却水最高允许温度(℃)	93	115.6
	润滑油最高允许温度(℃)	94	115.6
	调节器形式	95	电子喷射控制单元

五

续上表

车型名称				NJ_2 客(货)
车型代号				NJ_2
机车车号				0001～0078
项目			序号	参数及说明
柴油机	高温水泵	形式	96	离心式
		额定转速(r/min)	97	1 050
		流量(m^3/h)	98	124.92
	低温水泵	形式	99	—
		额定转速(r/min)	100	—
		流量(m^3/h)	101	—
	主润滑油泵	形式	102	斜齿齿轮容积泵
		转速(r/min)	103	1 050
		出口油压力(kPa)	104	/
		流量(m^3/h)	105	79.5
	增压器	型号,台数	106	GE7S1716
		允许转速(r/min)	107	21 760×(1±1%)(海拔 2 828 m,温度 20 ℃) 22 500×(1±1%)(海拔 4 100 m,温度 15 ℃) 22 500×(1±1%)(海拔 5 072 m,温度 10 ℃)
		允许最高转速(r/min)	108	23 500
		增压比	109	4.0∶1
		增压空气额定流量(kg/s)	110	4.6(海拔 2 828 m,温度 20 ℃)
		进气空气滤清器形式	111	V形网+旋风+袋式
		涡轮前允许废气温度(℃)	112	/
		涡轮最高允许废气温度(℃)	113	/
		润滑方式	114	压力润滑
		质量(kg)	115	/
	中冷器	结构形式	116	铜制管和散热翅片、钢制壳体
		出口空气温度(℃)	117	65 ℃(海拔 2 828 m,温度 20 ℃) 66 ℃(海拔 4 100 m,温度 15 ℃) 69 ℃(海拔 5 072 m,温度 10 ℃)
		进水温度(℃)	118	52 ℃(海拔 2 828 m,温度 20 ℃) 52 ℃(海拔 4 100 m,温度 15 ℃) 57 ℃(海拔 5 072 m,温度 10 ℃)
		水流量(m^3/h)	119	/
	排放指标	碳氢化合物(HC)[g/HP·h]	120	0.55
		一氧化碳(CO)[g/HP·h]	121	2.2
		氮氧化物(NO_x)[g/(HP·h)]	122	11.5 海拔 2 828 m、温度 20 ℃ 12.5 海拔 5 072 m、温度 10 ℃
		颗粒[g/(HP·h)]	123	0.45
		烟度(%)	124	25(不透明度)
	柴油机总质量(kg)		125	19 730

续上表

车型名称				NJ2 客(货)
车型代号				NJ2
机车车号				0001～0078
项目			序号	参数及说明
机车冷却系统	水散热器	形式	126	/
		高温水散热器单节数(组)	127	—
		低温水散热器单节数(组)	128	—
		水流道(单或双)方式	129	—
	冷却风扇	高、低温水系统风扇数	130	2
		驱动方式	131	电机驱动
		直径(mm)	132	1 829
		最高转速(r/min)	133	/
		功率(kW)	134	90
牵引发电机	型号		135	GE 5GM207A
	额定转速(r/min)		136	1 050
	额定容量(kV·A)		137	3 007
	额定电压(V)		138	DC 1 250(整流后)
	额定电流(A)		139	DC 2 228(整流后)
	额定频率(Hz)		140	87.5
	额定功率因数		141	0.955
	励磁方式		142	它励
	额定励磁电压(直流)(V)		143	74
	额定励磁电流(直流)(A)		144	340
	绝缘等级,定子/转子		145	H/H 级
	通风冷却方式		146	强迫冷却
	电刷牌号,尺寸(mm)		147	—
	总质量(kg)		148	6 672
主整流柜	型号		149	—
	额定交流输入电压(V)		150	—
	额定交流输入电流(A)		151	—
	额定交流输入频率(Hz)		152	—
	输出	最大直流电压(V)	153	—
		额定直流电流(A)	154	—
		最大直流电流(1h)(A)	155	—
	整流电路连接方式		156	—
	硅整流元件型号		157	—
	通风冷却方式		158	—
	质量(kg)		159	—

续上表

车型名称				NJ2客(货)
车型代号				NJ2
机车车号				0001～0078
项目			序号	参数及说明
牵引逆变器	型号		160	17KG525
	电路结构形式		161	电压型两电平
	额定功率(kW)		162	574
	额定输入电压(V)		163	1 400
	额定输入电流(A)		164	410
	支撑电容值(mF)		165	/
	额定输出电压(V)		166	1 100
	额定输出电流(A)		167	850
	最大开关频率(Hz)		168	500
	输出频率范围(Hz)		169	200
	冷却方式		170	强迫风冷
	效率		171	≥0.98
	质量(t)		172	2.5
	外形尺寸(长×宽×高,mm)		173	/
	每台机车牵引变流器台数		174	/
	牵引逆变器功率模块	功率模块电路形式	175	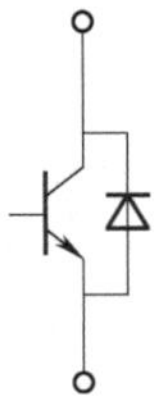
		功率模块电压(V)	176	1 400
		功率模块电流(A)	177	410
		功率模块开关频率(Hz)	178	200
		功率元件型号	179	17FM789(＋),17FM7790(－)
		功率元件参数	180	/
		功率元件个数	181	1
		功率模块质量(kg)	182	24.9
		功率模块尺寸(长×宽×高,mm)	183	432×356×127
牵引电机	型号		184	GE 5GEB30A1
	额定功率(kW)		185	445～465
	额定电压(V)		186	491～543
	额定电流(A)		187	620～642

续上表

车型名称			NJ2 客(货)
车型代号			NJ2
机车车号			0001～0078
项目		序号	参数及说明
牵引电机	最高电压(V)	188	/
	最大电流(A)	189	/
	额定转速(r/min)	190	569
	额定转矩(N·m)	191	/
	最大转矩(N·m)	192	/
	最大转速(r/min)	193	3 560
	功率因数	194	/
	极数	195	6
	额定效率	196	0.92
	绝缘等级	197	H 级
	允许温升(定子/电枢)(K)	198	/
	额定频率(Hz)	199	28.8～29.4
	额定转差率(%)	200	/
	通风冷却方式	201	强迫风冷
	冷却空气量(m^3/min)	202	>75
	总质量(kg)	203	2 177
辅助发电机	型号	204	/
	额定转速(r/min)	205	1 050
	额定容量(kV·A)	206	480
	额定电压(V)	207	402,201,68
	额定电流(A)	208	580,390,330
	额定频率(Hz)	209	105
	额定功率因数	210	/
	励磁方式	211	/
	额定励磁电压(直流)(V)	212	74
	额定励磁电流(直流)(A)	213	330
	绝缘等级,定子/转子	214	H/H 级
	通风冷却方式	215	强迫通风
	电刷牌号,尺寸(mm)	216	/
	总质量(kg)	217	1 152
其他辅助变流装置	型号	218	/
	每台机车装用台数	219	/
	额定输入电压(V)	220	/
	额定输入电流(A)	221	/

五

续上表

车型名称			NJ₂客(货)
车型代号			NJ2
机车车号			0001～0078
项目		序号	参数及说明
其他辅助变流装置	额定输出电压(V)	222	/
	额定输出电流(A)	223	/
	频率(Hz)	224	/
	功率元件参数	225	/
	冷却方式	226	/
	质量(kg)	227	/
	容量(kV·A)	228	/
牵引通风机	型号	229	5GDY91
	台数	230	1
	最大转速(r/min)	231	/
	每台风机的风量(m^3/min)	232	/
	风压(Pa)	233	/
	额定功率(kW)	234	/
	质量(kg)	235	1 007
启动电机	型号	236	—
	电压(V)	237	—
	电流(A)	238	—
	启动转距(N·m)	239	—
蓄电池充电器	型号	240	/
	输入电压(V)	241	201
	输出电压(V)	242	74
	输出电流(A)	243	420
	输出容量(kV·A)	244	/
	质量(kg)	245	624
网络控制系统	列车网标准	246	/
	车辆网标准	247	/
	列车网传输速率	248	/
	车辆网传输速率	249	/
	控制和保护功能：牵引特性控制	250	具备
	控制和保护功能：电阻制动特性控制	251	具备
	控制和保护功能：空转/滑行保护	252	具备
	控制和保护功能：故障诊断与保护内容	253	具备

五

续上表

车型名称				NJ2客(货)
车型代号				NJ2
机车车号				0001～0078
项目			序号	参数及说明
空气制动系统	制动机主要部件	制动机型号	254	CCBⅡ
		自动制动阀	255	1
		单独制动阀	256	1
		分配阀型号,数量	257	/
		中继阀(双阀口式)	258	/
		作用阀	259	/
		紧急放风阀	260	/
		常用限压阀	261	/
		紧急限压阀	262	/
		客货车转换阀	263	/
		总风遮断阀	264	/
		变向阀	265	/
	空气压缩机	型号,台数	266	WLGC9B
		工作形式	267	6缸、二级、水冷、往复式
		结构形式	268	往复式
		额定转速(r/min)	269	1 050
		额定排气压力(kPa)	270	1 034
		排气量(m^3/min)	271	9.2(1 050 r/min), 3.8(440 r/min)
		一级压缩空气的冷却方式	272	水冷
		润滑油压力(kPa)	273	/
		驱动功率(kW)	274	/
		净重(kg)	275	/
	空气干燥器	型号	276	GW994
		处理空气量(m^3/min)	277	/
		工作压力(kPa)	278	/
	压力控制器(调压器)型号		279	/
	总风缸空气压力范围(kPa)		280	/
	总风缸总容量(dm^3)		281	400×3
电阻制动柜	电阻制动装置型号,台数		282	/
	持续功率 (kW)		283	2 767
	输入电压(V)		284	1 150
	输入电流(A)		285	2 406
	电阻带最高工作温度(℃)		286	650

续上表

车　型　名　称			NJ2 客(货)
车　型　代　号			NJ2
机　车　车　号			0001～0078
项　目		序号	参数及说明
电阻制动柜	冷却风机功率(kW)	287	50
	冷却风机转速(r/min)	288	/
	冷却通风量(m^3/min)	289	/
	质量(kg)	290	358
蓄电池组	型号	291	Saft,SRX1900
	容量(A·h)	292	190×(1±10%)
	装用数量(只)	293	/
	总标称电压(V)	294	/

注:"—"表示无此设备;"/"表示数据空缺。

六、HXN3 型内燃机车技术简介

1. 概　　述

HXN3 型内燃机车是 6 000 马力大功率交流传动干线货运内燃机车，是连车公司在美国 EMD 公司 SD90MAC 型交流传动内燃机车技术平台的基础上，结合我国铁路机车运用实践与美国 EMD 公司联合设计研制的产品。机车额定功率 4 410 kW，轮径 1 050 mm，轴式 $C_0—C_0$，25 t 轴重，最高运行速度 120 km/h，最大启动牵引力 620 kN，持续牵引力 598 kN，恒功率速度范围 23～120 km/h，通过最小曲线半径 145 m。该型机车装用 16V265H 型柴油机，最大运用功率达 4 660 kW。该型机车是国际上首台同等功率等级的双司机室内走廊机车，采用先进的 16V265H 型大功率低排放电喷柴油机、交流传动及控制、32 位 EM2000 微机网络控制和故障诊断、CCBⅡ电控制动等先进技术，能够满足双机牵引 5 000 t，平直道上 120 km/h 运行的要求。

2005 年，在原铁道部主导下，以连车公司为主体，对先进的美国 EMD 公司交流传动内燃机车进行技术引进、消化吸收。HXN3 型内燃机车的研制生产分二个阶段：第一阶段为散件进口国内组装阶段，由 EMD 公司提供主要系统和散件，连车公司负责车体、转向架等制造以及机车总成 75 台(车号为 0001～0075)，首台散件组装机车于 2009 年 5 月交付。第二阶段为国内制造阶段，共计生产机车 225 台(车号为 0076～0300)，首台国内制造机车于 2009 年 12 月交付。

2014 年，为满足拉日线(拉萨—日喀则)开通对机车使用的需求，连车公司按照铁路总公司的要求，在 6 000 马力的 HXN3 型交流传动内燃机车平台上进行了高原适应性调整，作为过渡方案高原内燃机车，并充分考虑了将来将机车恢复到平原地区运用的相关措施。为适应高原环境及机车重联模式，在保持 HXN3 型内燃机车主体结构不变基础上，将双司机室操纵改为单司机室操纵(将Ⅱ端司机室改为乘务员休息室)，并针对高原运用环境和高可靠性的要求，在主传动参数、电气系统、冷却性能、柴油机等方面进行了适应性调整，增加了制氧系统、CMD 系统、6A 系统等。机车功率可随海拔高度自动修正。

截至 2014 年 12 月底，累计生产交付 HXN3 型内燃机车 330 台，其中，HXN3 型内燃机车 300 台，车号为 0001～0300，目前配属沈阳和北京铁路局所属机务段，承担干线货物列车牵引任务(其中：沈阳铁路局通辽机务段承担通辽—霍林河区段重载列车牵引任务，北京铁路局怀柔北机务段承担丰台西—隆化区段重载列车牵引任务)；在交付的 300 台 HXN3 机车之中，有八台机车的排放等级达到 Tier 2 等级，车号分别为 0201～0203，0296～0300。区别于另外 292 台机车的两组变极控制冷却风扇设计，此八台机车采用变频控制的三组冷却风扇设计，冷却能力进一步提高。

HXN3 型(高原过渡方案)内燃机车 30 台，车号为：0301～0330，配属青藏公司格尔木机务段，承担拉萨至日喀则铁路的客货列车牵引任务。

为达到机车冬季保温、降低油耗、减排降噪的目的，HXN3 型内燃机车增加了柴油机自动启停机功能，具备完善、可靠的系统投入、柴油机自动启机及停机的逻辑控制功能。自动启停过程中对机车(柴油机)油水温度、蓄电池电压、总风压力、制动状态等项点进行监控。

HXN3 型及 HXN3 型(高原过渡方案)内燃机车外观如图 2-6-1、图 2-6-2 所示。

2. 机车总体

图 2-6-1 HXN3 型内燃机车外形图

图 2-6-2 HXN3 型(高原过渡方案)内燃机车外形图

HXN3 型内燃机车为双司机室、内走廊、承载式燃油箱、桁架式侧墙的整体式承载结构。机车底架将机车分为上部和下部,车体底架前后两端都装有 102 型车钩和 NC-390 型橡胶缓冲器;车钩左、右两侧有列车管,空气重联管及重联电缆等。车架中部为承载式燃油箱,燃油箱两侧设有两个总风缸;前后有两个 3 轴转向架、独立的蓄电池及复轨器箱、启动风缸等;机车上部从前向后分为Ⅰ端司机室、电器室、电阻制动室、清洁空气室、动力室、冷却室及Ⅱ端司机室,总体布置如图 2-6-3 所示。

HXN3 型内燃机车牵引特性曲线如图 2-6-4 所示。

HXN3 型内燃机车电阻制动特性曲线如图 2-6-5 所示。

3. 牵引电传动系统

(1)牵引电路

HXN3 型内燃机车牵引电传动系统主要由牵引发电机、牵引整流单元、牵引逆变器、牵引电机、电阻制动装置等组成。机车交流牵引传动系统采用转向架控制方式。主发电机的电枢为双绕组,两套绕组发出的三相交流电,分别经两组相互独立的、集成在主发电机端部的牵引整流单元转变为高压直流电,高压直流电再通过牵引逆变器逆变为三相交流电为一台转向架上三台并联的牵引电机供电。机车配置一个圆形、顶置的电阻制动装置,由一台直流电机驱动的冷却风扇进行冷却。电阻制动装置可完成 3 500 kW 的自负荷试验。

牵引电路原理图如图 2-6-6 所示。

(2)牵引发电机及辅助发电机

机车装有一台 YJ117A 型三相同步发电机。该发电机采用牵引、辅助发电机一体化结构,牵引发电机和辅助发电机机械上连接在一起,电气上相互独立。它们安装在同一个机体内,同轴连接,由机车柴油机拖动,辅助发电机位于靠近柴油机的一端。

牵引发电机有两组独立的三相绕组,发出两组三相交流电,分别通过两台牵引逆变器为机车前、后转向架的牵引电机供电。

(3)牵引逆变器

机车牵引逆变器由牵引整流单元和牵引逆变器组成,其中牵引整流单元安装在牵引发电机的端部。

机车装有两台牵引逆变器,每台牵引逆变器由三个单相功率模块组成。牵引逆变器安装在电器室的顶部,由前牵引通风机提供空气冷却。牵引逆变器的两块控制板在车载

六

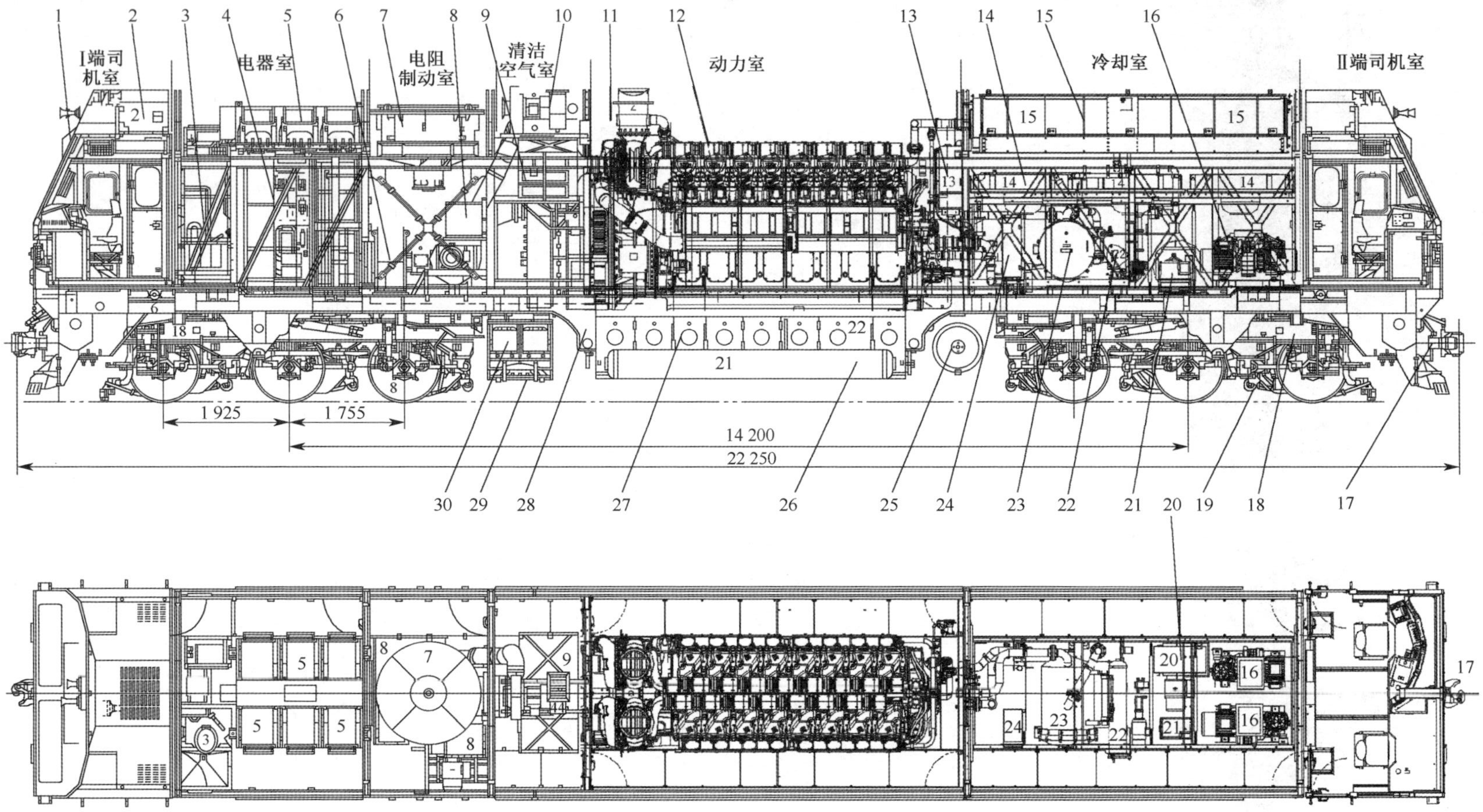

图 2-6-3　HXN3 型内燃机车总体布置

1—头灯；2—空调；3—卫生间；4—电器屏柜；5—牵引逆变器；6—Ⅰ转向架通风机；7—电阻制动；8—牵引发电机通风机；9—空气滤清器；10—电器间除尘风机；11—牵引、辅助发电机；12—柴油机；13—水箱；14—冷却风扇；15—散热器；16—空气压缩机；17—车钩缓冲器；18—转向架；19—牵引电机；20—Ⅱ转向架通风机；21—启动空压机；22—燃油滤清器；23—润滑油滤清器；24—工具箱；25—启动风缸；26—总风缸；27—燃油箱；28—砂箱；29—复轨器；30—蓄电池；31—旋风空气滤清器

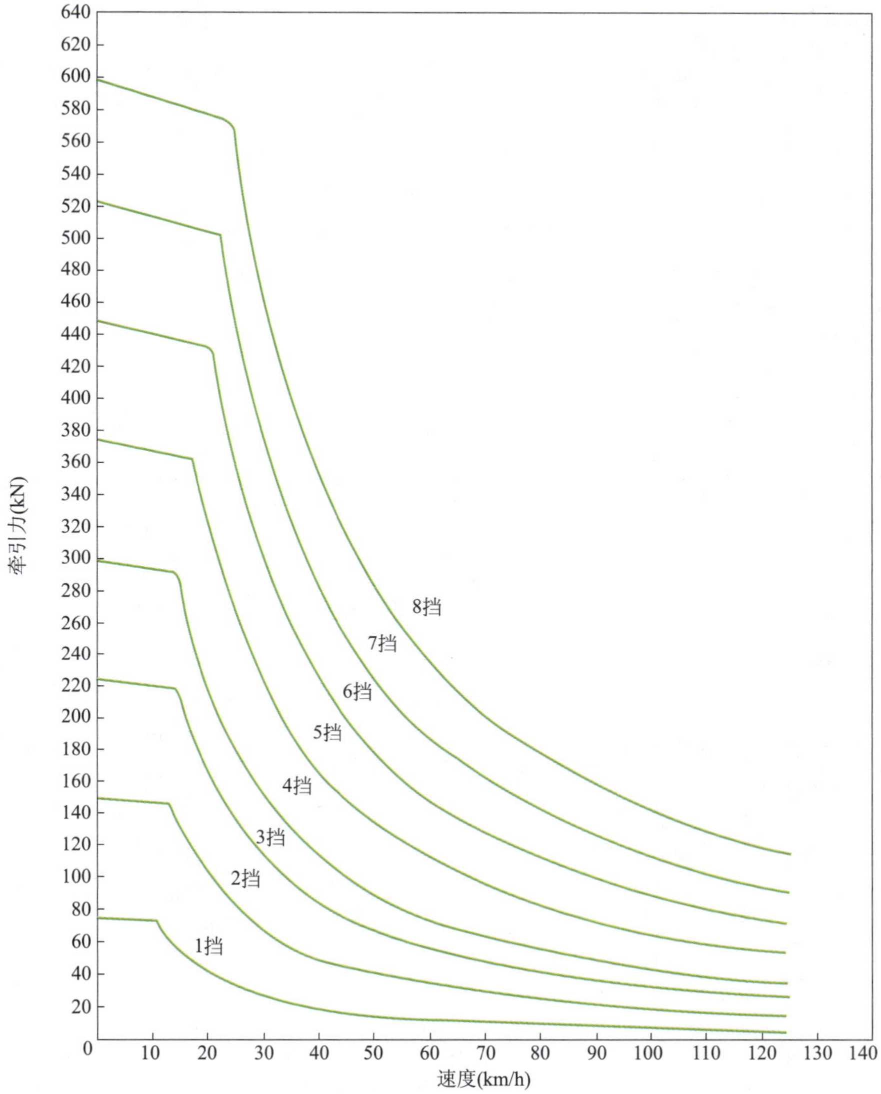

图 2-6-4　HXN3 型内燃机车牵引特性曲线图

微机 EM2000 的机箱内，通过接口模块进行光电转换来控制安装在相模块附近的驱动板。

(4)牵引电机

机车装用三相鼠笼式异步牵引电机，电机最高转速 3 490 r/min。该电机定子采用全叠片焊接结构，200 级绝缘，嵌线后进行真空压力浸漆；转子为鼠笼式，由铜导条与铜端环焊接形成鼠笼，在端环上有高强度优质合金护环。电机强迫外通风冷却，冷却风从非传动端进入，传动端排出；两端轴承采用绝缘结构，非传动端采用深沟球轴承定位，端盖处不设注油口，运行中不需补充润滑脂，可实现免维护运行；传动端采用圆柱滚子轴承油润滑结构；转子轴锥与小齿轮配合为内锥配合。

(5)电阻制动装置

机车电阻制动装置采用顶置式结构，每台车一个，安装在机车电阻制动室的上部，风向为下进上出，额定电压 2 700 V(DC)、额定电流 670 A、额定功率 2×1 800 kW。

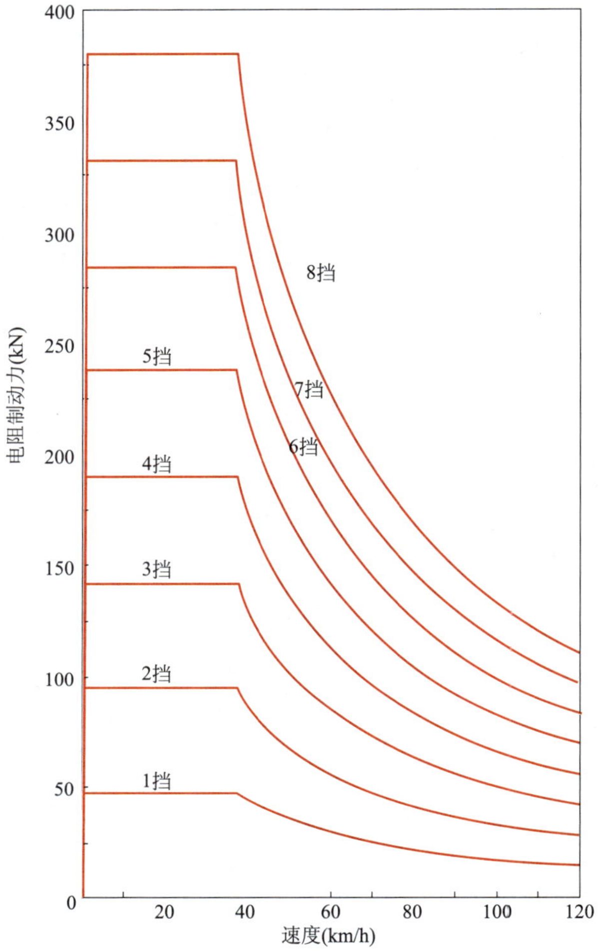

图 2-6-5 HXN3 型内燃机车电阻制动特性曲线图

电阻制动装置内部由四个电阻单元和一台风机电机构成两个彼此独立的电阻带电路，一组是牵引逆变器和前转向架装置的电阻带电路，另一组是牵引逆变器和后转向架装置的电阻带电路，风机电机直接安装在电阻单元的底部。

4. 辅助电气系统

HXN3 型内燃机车 YJ117A 交流发电机机壳内除牵引发电机外，还包括一台辅助发电机。该辅助发电机不仅为牵引发电机提供励磁，同时还为其他辅助设备提供电源。辅助发电机共有两组隔离线圈，一组线圈(2 号定子)通过 APC(辅助电源变换器)输出 DC 74V 电源，用于蓄电池充电和机车控制电源等；另一组线圈(1 号定子)采用中间抽头的方式，提供两个不同电压等级的输出：一个为机车冷却风扇及各种辅机提供三相交流电源；另一个中间抽头的输出通过主发电机励磁斩波器为主发电机提供励磁电流。辅助供电结构简图如图 2-6-7 所示。

5. 微机网络控制系统

HXN3 型内燃机车微机系统 EM2000 由各个功能模块组成，不仅实现了机车控制的高度

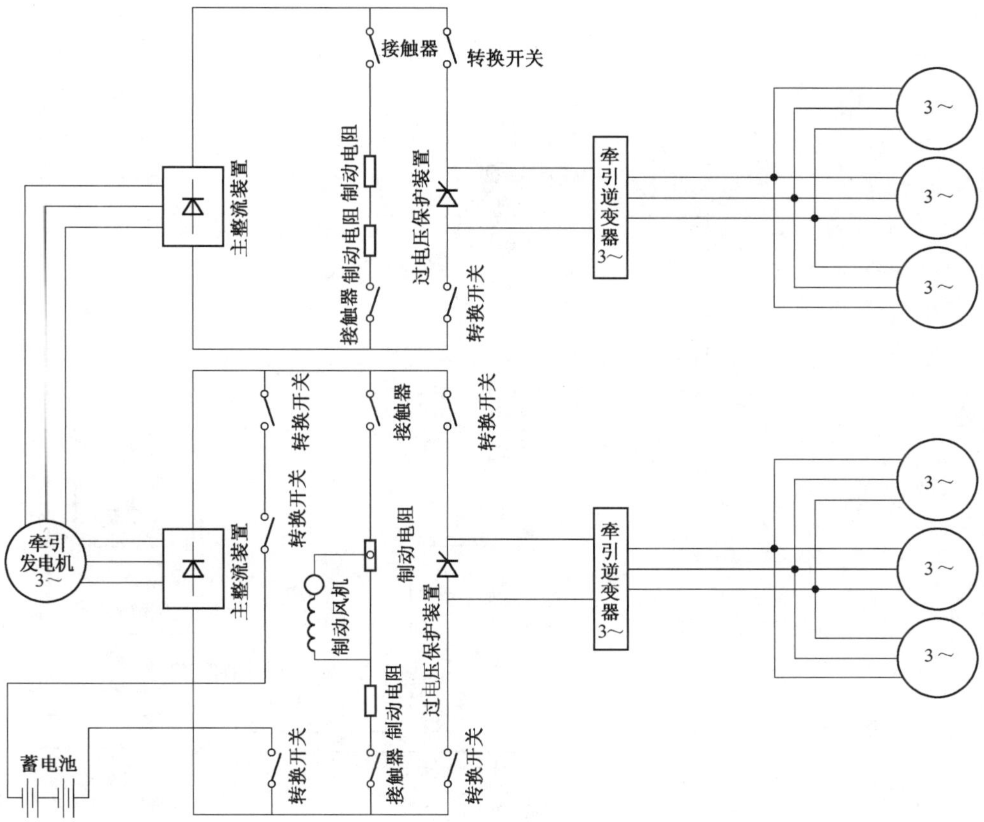

图 2-6-6　HXN3 型内燃机车牵引电路原理图

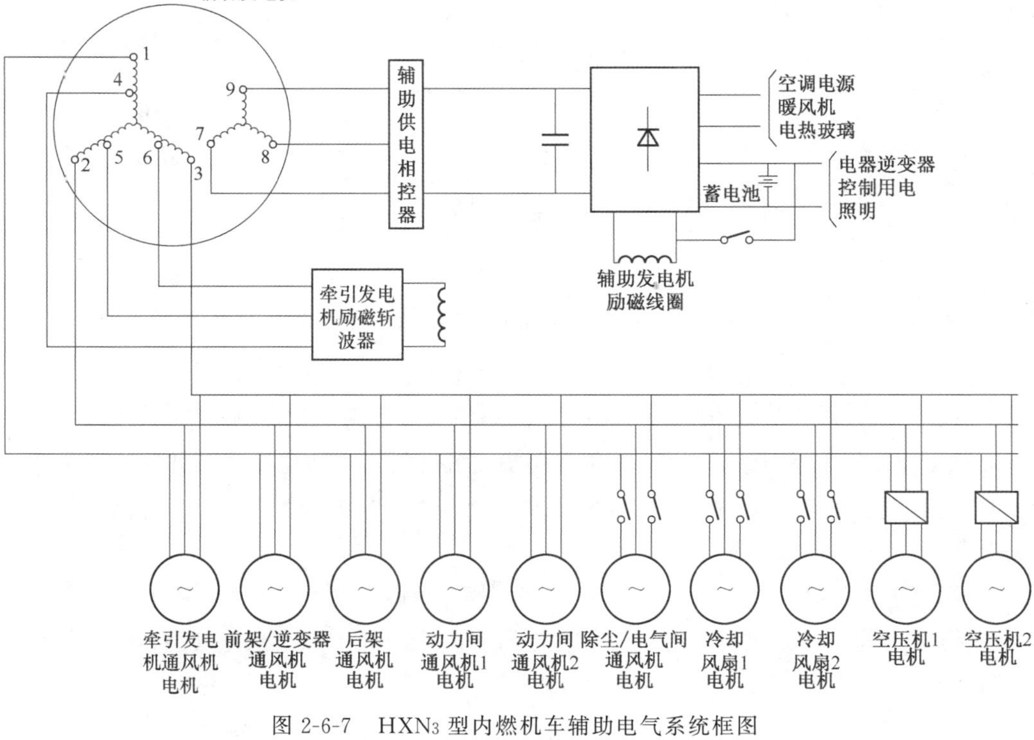

图 2-6-7　HXN3 型内燃机车辅助电气系统框图

六

自动化,还提供了有效的元器件和系统故障检测手段。同时 EM2000 微机系统具有“自检”功能,有利于机车状态检测及故障排除。

EM2000 微机系统通过 DIO(数字量输入输出)、ADA(模数转换)、ASC(模拟信号调节)等外设模块,检测机车各个模拟量和数字量输入。微机系统中上位机中央处理模块 CPM 与下位机牵引处理模块 MPU 之间采用 VME 总线通信。上位机 CPM 模块根据机车不同的工况控制外设模块输出数字量和模拟量,控制机车各个子系统功能。同时给下位机 MPU 发出给定指令,控制机车牵引主传动性能。FIRE 显示屏为整个微机网络系统提供显示终端,并提供人机交互平台。

机车采用 CAN 总线结构作为机车主网络,车载微机通过 CAN 总线与冷却风扇逆变器、空压机逆变器、电子控制燃油喷射系统(简称“电喷系统”)、FIRE 显示屏进行通信。两个操纵台上的 FIRE 显示屏采用以太网通信方式。机车级网络通信示意图如图 2-6-8 所示。

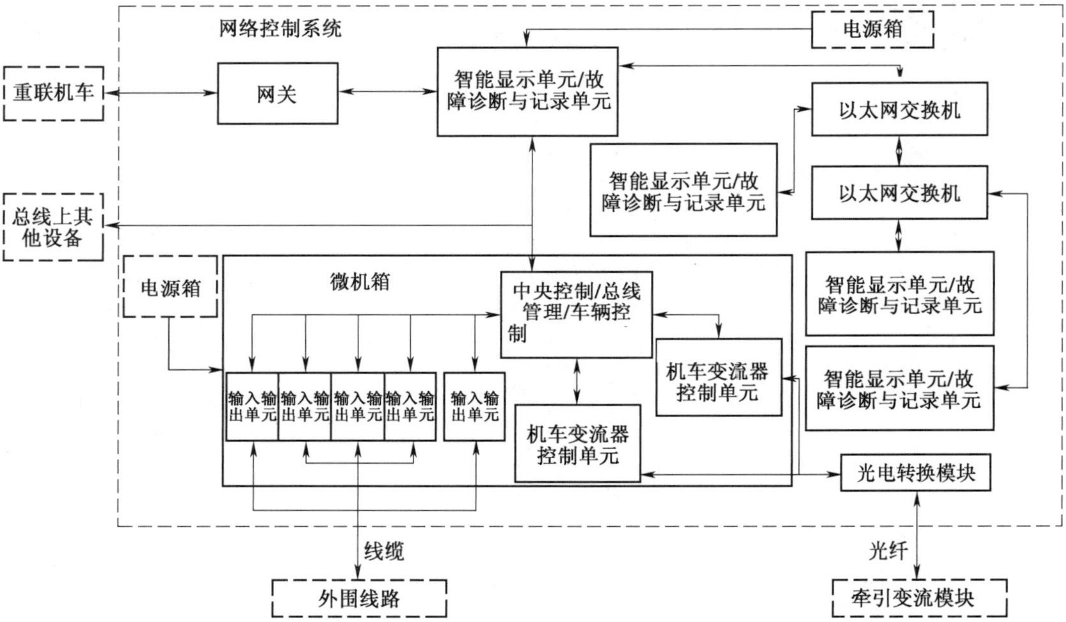

图 2-6-8 HXN_3 型内燃机车微机网络控制系统图

6. 车　　体

HXN_3 型内燃机车车体采用整体承载式桁架结构。

车体结构主要包括底架、侧墙、隔墙、大盖、顶盖等。车体底架采用整体承载式燃油箱结构,由三段组成,即前后端部和中间燃油箱。中间燃油箱采用网状结构,将底架前后端部连接成整体,承受上部柴油发电机组的质量和盛放柴油机燃料。车体侧墙为整体焊接的桁架结构,侧墙蒙皮为提高车体承载强度设计成瓦楞板结构,活动顶盖拆装方便。车体从前向后被隔墙分为几个独立室。

机车司机室内布置了仪表显示、电气控制、机车操纵等设备以及司乘人员的生活设施。该司机室为独立的模块化结构,通过橡胶支撑、弹簧、减振器形成阻尼结构使其与车体钢结构完全隔离。

机车装用了美国铁路 AAR 标准的 E4936AE 型车钩和 NC390 型缓冲装置,国产化后采用了 102 型带防脱车钩。

7. 转 向 架

HXN_3 型内燃机车转向架主要组成包括构架、轮对电动机悬挂装配、轮缘润滑扫石器装配、二系悬挂(支承)装配、基础制动装置、牵引装置、一系悬挂(轴箱)装配、转向架配管等。一系悬挂系统为圆钢弹簧加橡胶减振垫及油压减振器，二系悬挂系统为四点橡胶堆旁承，辅以横向减振器和抗蛇行减振器，在承担机车全部质量的同时保证机车的运行平稳和舒适性。牵引装置是一个四杆机构，使转向架与车体连接在一起，传递牵引力和制动力。牵引电机采用轴悬式悬挂，电机一端通过轴瓦悬挂在车轴上，另一端通过弹性吊杆悬挂在转向架构架上。

8. 制动系统

HXN_3 型内燃机车采用 CCBⅡ制动系统。该制动系统是基于网络控制的电控空气制动系统，主要由风源系统、CCBⅡ制动机以及辅助用风装置等部分组成。CCBⅡ微机控制空气制动系统主要包括电空控制单元，中央处理模块，制动控制器。辅助空压机为柴油机提供启动风源。

制动系统中的风源部分由交流电机驱动的螺杆式空压机、干燥器、风缸、阀类部件和管路组成。

基础制动装置采用单侧的踏面单元制动器，每轮一套的单侧单闸瓦制动装置，并带有闸瓦间隙自动调整器。

9. 柴 油 机

HXN_3 型内燃机车装用 16V265H 型柴油机，其主要部件包括机体装配、油底壳装配、曲轴装配、凸轮轴装配、动力组装配、传动机构、配气机构、泵支承箱装配、增压系统、润滑油系统、冷却水系统、燃油系统、控制系统、启动系统等。

16V265H 为四冲程增压柴油机，16 个气缸分两列呈 V 形排列在柴油机左右两侧，V 形夹角为 45°，增压空气和气缸套的冷却媒介均为压力冷却水，采用电子控制单体式喷油泵—高压油管—喷油嘴[(简称“泵—管—嘴(PPN)”)]燃油喷射系统，活塞冷却为润滑油振荡方式，柴油机采用空气马达启动。

16V265H 柴油机采用电子控制方式，通过温度、压力和转速传感器随时采集柴油机的各项性能参数并将其反馈给车载微机系统，继而通过对喷油泵电磁阀的控制来调整或改变柴油机的运行工况。同时，车载微机系统还对曲轴转速、增压器转速、润滑油压力、曲轴箱压力，冷却水压力、润滑油温度、冷却水温度等影响柴油机运转安全的参数随时进行监控，针对柴油机的异常状况进行降载或通过切断燃油进行停机保护。

为柴油机提供服务的辅助系统包括润滑油系统、燃油系统、冷却水系统以及给增压器提供清洁空气的空气滤清系统。

机车润滑油系统(或称柴油机外部润滑油系统)与柴油机内部润滑油系统连接为一体，共同构成完整的润滑油循环系统，对柴油机运动部件发挥润滑、冷却、清洗、密封及防锈等作用。系统主要由启动润滑油泵电机组、主润滑油泵、润滑油粗滤器、润滑油精滤器、增压器滤清器、润滑油热交换器、辅助润滑油热交换器、流量控制阀、逆止阀、截止阀及管路管件组成。润滑系统分为柴油机预润滑、主润滑、后润滑三部分。

预润滑系统是在柴油机启动之前，通过启动润滑油泵从油底壳吸取润滑油，再将这些润滑油注入到柴油机的主润滑油系统中，使润滑油充满管路，对柴油机的所有部件进行预润滑。

主润滑系统：主润滑油泵将润滑油从油底壳内抽出来，在泵口安装了一个安全阀，在冷机启动时以及在滤器等发生堵塞时安全阀可以限制系统内的最大压力，润滑油被输送到润滑油热交换器和辅助润滑油热交换器，两个热交换器为并联关系，其中润滑油热交换器放在高温水系统中，辅助热交换器放在低温水系统中。润滑油热交换器是可以满足较高的系统压力和流量。柴油机冷却水流过润滑油热交换器可以降低流入柴油机的润滑油温度。流向柴油机的润滑油和从散热器流回的水在润滑油热交换器中进行热交换。

后润滑系统：在柴油机停机后，EM2000 微机控制启动润滑油泵以顺时针方向旋转（电机以逆时针方向旋转），经过逆止阀 A 从柴油机的油底壳抽取润滑油，然后将润滑油输送到增压器滤清器。滤清后的润滑油进入两侧增压器的两条管路中，对增压器进行润滑 15 min。

燃油系统配有两个燃油输送泵：一个为电机驱动的启动燃油泵，是用于柴油机启动前为柴油机注满燃油而使柴油机能正常启动；另一个为机械驱动的主燃油泵，为柴油机正常工作时提供燃油。在冬季或寒冷地区由于燃油的温度过低而造成无法启动柴油机，因此在柴油机的高温水系统里放置了燃油预热器。当燃油温度低于 24 ℃时，燃油经过燃油预热器被加热后进入柴油机。当燃油温度高于 24 ℃时，燃油不经过燃油预热器而直接进入柴油机，燃油是否经过燃油预热器是由温控阀来控制的。

根据柴油机所需冷却的零部件、润滑油及增压空气的不同要求，冷却水系统分为两个部分，即冷却柴油机气缸套、气缸盖及润滑油的为高温冷却水系统，或称柴油机冷却水系统；冷却增压空气的为低温冷却水系统，或称中冷水系统。

在冷却水系统中安装有膨胀水箱。膨胀水箱上安装有水表可以检查冷却水的液位。随着系统温度的升高，系统中冷却水膨胀，同时压力增大。由于冷却系统压力的增加导致冷却水的沸点增高，在膨胀水箱上安装了 138 kPa（20 psi）压力阀。

冷却系统中的主要部件都安装在冷却间内。冷却间的侧面为气动百叶窗，散热器安装于顶部的冷却室钢结构中，冷却风扇安装于散热器的底部，膨胀水箱安装于动力室与冷却室的隔墙上。冷却水系统最低位置设有自动排水阀，当系统水温过低时，自动排水阀开启将系统中冷却水排出，防止设备及管路冻裂。

HXN$_3$ 型机车空气滤清系统由三级滤清元件组成。第一级为多孔板压成的 V 形波浪网，第二级为两个惯性滤清器，分别安装在空气滤清间车体的侧墙上。第三级为柴油机空气滤清器，安装在主发电机上。当柴油机运行时，空气滤清间的各个门都是关闭的，空气只能从惯性滤清器进入，然后在通过柴油机空气滤清器，最后进入柴油机。

10. 技术参数表

HXN$_3$ 型交流传动内燃机车技术参数见表 2-6-1。

表 2-6-1　HXN$_3$ 型交流传动内燃机车技术参数表

车型名称			和谐 N$_3$
车型代号			HXN$_3$
机车车号			0001～0300 0301～0330（高原过渡方案）
项目		序号	参数及说明
机车总体参数	用途	1	干线货运
	制造年代	2	2009—2014
	制造厂名	3	连车公司

续上表

车　型　名　称			和谐 N_3
车　型　代　号			HXN_3
机　车　车　号			0001～0300 0301～0330(高原过渡方案)
项　目		序号	参数及说明
机车总体参数	轨距(mm)	4	1 435
	车体形式	5	棚式
	轴式	6	$C_0—C_0$
	前后转向架中心距(mm)	7	14 200
	全轴距(mm)	8	18 050
	动轮直径(新轮)(mm)	9	1 050
	动轮直径(半磨耗轮)(mm)	10	1 050
	整备质量(t)	11	150
	轴重(t)	12	25
	通过最小曲线半径(m)	13	145
	电传动方式	14	交—直—交
	额定功率(kW)	15	4 410
	轮周牵引功率(kW)	16	3 780
	最高速度(km/h)	17	120
	恒功率速度范围(km/h)	18	23～120
	持续速度(km/h)	19	20
	持续牵引力(kN)	20	598
	启动牵引力(kN)	21	620
	最大电阻制动力(kN)	22	380
	紧急制动距离(初速度 120 km/h)(m)	23	1 000
	柴油机停机下的移车方式	24	蓄电池移车
	控制器手柄挡位	25	8
车体	车底架长(mm)	26	21 780
	车体宽(mm)	27	3 100
	车体高(mm)	28	4 760
	司机室个数	29	2
	机车前后车钩中心距(mm)	30	22 250
	车钩型号，形式	31	102 型，上作用式
	缓冲器型号	32	NC390

六

续上表

车型名称			和谐 N_3
车型代号			HXN_3
机车车号			0001～0300 0301～0330(高原过渡方案)
项目		序号	参数及说明
装载量	燃油(dm^3)	33	9 000
	润滑油(kg)	34	1 200
	水(kg)	35	1 200
	砂(kg)	36	750
转向架	构架(长×宽×高,mm)	37	5 368×2 320×758.6
	两侧梁横向中心距 (mm)	38	2 100
	轴距(mm)	39	1 925+1 755
	一系悬挂垂向减振器型号	40	02A 1924 011
	一系悬挂静挠度(mm)	41	241
	二系悬挂垂向减振器型号	42	—
	二系悬挂横向减振器型号	43	04H 1755
	二系悬挂抗蛇行减振器型号	44	04R 1754
	二系悬挂弹簧静挠度(mm)	45	20
	牵引力和制动力传递方式	46	四连杆
	牵引电动机悬挂方式	47	滚动抱轴半悬挂
	齿轮传动比	48	85∶16
	轴箱与转向架构架定位方式	49	单轴箱拉杆
	每轴簧下质量(t)	50	4.4
	转向架总成质量(t)	51	22 317
基础制动装置	基础制动方式	52	踏面制动
	单元制动器型号	53	Knorr PEC 7
	制动缸数	54	12
	制动缸直径(mm)	55	177.8
	制动倍率	56	4.3
	传动效率(%)	57	85
	闸瓦与车轮踏面恒定间隙(mm)	58	6～12
	制动缸最大空气压力(kPa)	59	450
	闸瓦制动形式	60	单侧制动单元
	闸瓦材质	61	高摩合成闸瓦
	每台机车闸瓦块数	62	12
	制动单元质量(kg)	63	55,85
	停放制动形式	64	弹簧停车
	手制动率	65	—
	总闸瓦压力(kN)	66	528

续上表

车　型　名　称				和谐 N_3
车　型　代　号				HXN_3
机　车　车　号				0001～0300 0301～0330(高原过渡方案)
项　目			序号	参数及说明
柴油机	型号		67	16V265H
	外形尺寸(长×宽×高,mm)		68	5 890×1 780×2 760
	机体结构		69	球墨铸铁整体铸造,龙门式结构
	曲轴材质		70	合金锻钢曲轴
	主轴颈的直径(mm)		71	260
	连杆颈的直径(mm)		72	213
	气缸排列及夹角		73	V形夹角45°
	气缸数目		74	16
	气缸直径×活塞行程(mm)		75	265×300
	冲程数		76	4
	压缩比		77	15.4
	气缸总排量(dm^3)		78	264.61
	标定转速(r/min)		79	1 000
	最低空载转速(r/min)		80	325
	标定功率(kW)		81	4 660
	最大运用功率(kW)		82	4 660
	启动方式		83	空气马达启动
	最高爆发压力(MPa)		84	17.2
	标定功率平均有效压力(MPa)		85	2.1
	喷油泵形式,数量		86	柱塞式单体喷油泵,16
	喷油器形式		87	多孔高压单体喷油器
	喷油器启喷压力(MPa)		88	34.6
	喷油泵供油提前角		89	14°
	喷射方式		90	泵—管—嘴,电子控制直接喷射
	标定功率燃油消耗率[g/(kW·h)]		91	199.5×(1±3%)
	机油消耗率[g/(kW·h)]		92	≤燃油消耗率的0.6%
	冷却水最高允许温度(℃)		93	99(柴油机入口处)
	机油最高允许温度(℃)		94	107(柴油机入口处)
	调节器形式		95	电子喷射控制单元
	高温水泵	形式	96	叶片式离心水泵
		额定转速(r/min)	97	2 893
		流量(m^3/h)	98	≥272.55

续上表

车型名称				和谐 N_3
车型代号				HXN_3
机车车号				0001～0300 0301～0330(高原过渡方案)
项目			序号	参数及说明
柴油机	低温水泵	形式	99	叶片式离心水泵
		额定转速(r/min)	100	2 893
		流量(m^3/h)	101	≥70.044
	主润滑油泵	形式	102	齿轮泵
		转速(r/min)	103	1 274
		出口油压力(kPa)	104	965.5
		流量(m^3/h)	105	≥130
	增压器	型号,台数	106	HA 型增压器,2
		允许转速(r/min)	107	24 500～27 500
		允许最高转速(r/min)	108	29 500
		增压比	109	3.5～3.8
		增压空气额定流量(kg/s)	110	7.6～9.2
		增压器空气滤清器形式	111	玻璃纤维袋式滤清单元
		涡轮前允许废气温度(℃)	112	620
		涡轮最高允许废气温度(℃)	113	675
		润滑方式	114	油润滑
		质量(kg)	115	500
	中冷器	结构形式	116	箱型管片式空气冷却器
		进气温度(℃)	117	164～204
		进水温度(℃)	118	59
		水流量(m^3/h)	119	34.5(单侧)
	排放指标	碳氢化合物(HC)[g/(kW·h)]	120	<1.34(美国标准 EPATier0)
		一氧化碳(CO)[g/(kW·h)]	121	<6.7(美国标准 EPATier0)
		氮氧化物(NO_x)[g/(kW·h)]	122	<12.7(美国标准 EPATier0)
		颗粒	123	<0.8(美匡标准 EPATier0)
		烟度	124	不透光度 30%(换算为直径为 1m 的管径)(美国标准 EPATier0)
	柴油机总质量(kg)		125	25 000×(1±2%)
机车冷却系统	水散热器	形式	126	大片式、顶置
		高温水散热器单节数(组)	127	2
		低温水散热器单节数(组)	128	2
		水流道(单或双)方式	129	单流道

续上表

车型名称				和谐 N_3	
车型代号				HXN_3	
机车车号				0001～0300 0301～0330(高原过渡方案)	
项目			序号	参数及说明	
机车冷却系统	冷却风扇	高、低温水系统风扇数	130	2(Tier 0)	3(Tier 2)
		驱动方式	131	变极(Tier 0)	变频(Tier 2)
		直径(mm)	132	1 372	
		最高转速(r/min)	133	1 995	
		功率(kW)	134	60	
牵引发电机	型号		135	YJ117A	
	额定转速(r/min)		136	1 000	
	额定容量(kV·A)		137	4 715	
	额定电压(V)		138	2 100	
	额定电流(A)		139	1 296	
	额定频率(Hz)		140	83.3	
	额定功率因数		141	0.95	
	励磁方式		142	他励	
	额定励磁电压(直流)(V)		143	363	
	额定励磁电流(直流)(A)		144	135	
	绝缘等级,定子/转子		145	H	
	通风冷却方式		146	强迫风冷	
	电刷牌号,尺寸(mm)		147	DE869-12.7,31.75	
	总质量(kg)		148	8 570(包括辅助发电机)	
主整流装置	型号		149	40132045	
	额定交流输入电压(V)		150	2 100	
	额定交流输入电流(A)		151	900	
	额定交流输入频率(Hz)		152	83.3	
	输出	最大直流电压(V)	153	2 900	
		额定直流电流(A)	154	1 200	
		最大直流电流(1h)(A)	155	1 200	
	整流电路形式		156	三相桥式	
	硅整流元件型号		157	40053998/40053999	
	通风冷却方式		158	强迫风冷	
	质量(kg)		159	2×43	
牵引逆变器	型号		160	40130077	
	电路结构形式		161	电压型,两电平	
	额定功率(kW)		162	4 000	

续上表

车型名称				和谐 N_3
车型代号				HXN_3
机车车号				0001～0300 0301～0330(高原过渡方案)
项目			序号	参数及说明
牵引逆变器	额定输入电压(V)		163	2 650
	额定输入电流(A)		164	754
	支撑电容值(mF)		165	1.667
	额定输出电压(V)		166	2 066
	额定输出电流(A)		167	550
	最大开关频率(Hz)		168	480
	输出频率范围(Hz)		169	0～120
	冷却方式		170	风冷
	效率		171	0.99
	质量(t)		172	1.3
	外形尺寸(长×宽×高,mm)		173	2 158×1 813×775
	每台机车牵引逆变器台数		174	2
	牵引逆变器功率模块	功率模块电路形式	175	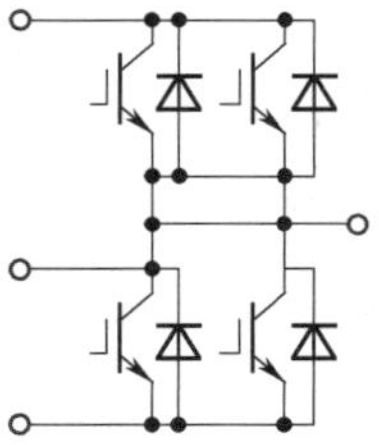
		功率模块电压(V)	176	2 800
		功率模块电流(A)	177	1 200
		功率模块开关频率(Hz)	178	480
		功率元件型号	179	40122067
		功率元件参数	180	IGBT(4 500 V/1 200 A)
		功率元件个数	181	4
		功率模块质量(kg)	182	145
		功率模块尺寸(长×宽×高,mm)	183	550×590×525
牵引电动机	型号		184	A2938-5
	额定功率(kW)		185	600
	额定电压(V)		186	1 440
	额定电流(A)		187	293
	最高电压(V)		188	2 066
	最大电流(A)		189	295
	额定转速(r/min)		190	590

续上表

车型名称			和谐 N_3
车型代号			HXN_3
机车车号			0001～0300 0301～0330(高原过渡方案)
项目		序号	参数及说明
牵引电动机	额定转矩(N·m)	191	9 566
	最大转矩(N·m)	192	11 400
	最大转速(r/min)	193	3 490
	功率因数	194	0.883
	极数	195	4
	额定效率(%)	196	93
	绝缘等级	197	200 级
	允许温升(定子/电枢)(K)	198	200(定子与电枢都是 200)
	额定频率(Hz)	199	20
	额定转差率(%)	200	1.67
	通风冷却方式	201	强迫风冷
	冷却空气量(m^3/min)	202	72
	总质量(kg)	203	2 600
辅助发电机	型号	204	CA9C
	额定转速(r/min)	205	1 000
	额定容量(kVA)	206	375
	额定电压(V)	207	444
	额定电流(A)	208	500
	额定频率(Hz)	209	133.3
	额定功率因数	210	0.7
	励磁方式	211	他励
	额定励磁电压(直流)(V)	212	74
	额定励磁电流(直流)(A)	213	82
	绝缘等级,定子/转子	214	H 级
	通风冷却方式	215	强迫风冷
	电刷牌号,尺寸(mm)	216	DE869-12.7,31.75
	总质量(kg)	217	与牵引发电机集成
辅助变流器(Tier2)	型号	218	0127302
	每台机车装用台数	219	2
	额定输入电压(V)	220	600
	额定输入电流(A)	221	165
	额定输出电压(V)	222	165
	额定输出电流(A)	223	98.5

续上表

车型名称				和谐 N_3
车型代号				HXN_3
机车车号				0001～0300 0301～0330(高原过渡方案)
项目			序号	参数及说明
辅助变流器(Tier2)	频率(Hz)		224	90
	功率元件参数		225	/
	冷却方式		226	强迫风冷
	质量(kg)		227	17
	容量(kVA)		228	100
牵引通风机	型号		229	TFJZ001-8G0X,TFJZ001-8G0X
	台数		230	2
	最大转速(r/min)		231	3 950
	每台风机的风量(m^3/min)		232	266,226
	风压(Pa)		233	5 470,3 737
	额定功率(kW)		234	34,21
	质量(kg)		235	340,230
启动马达	型号		236	40077851
	质量(kg)		237	<31.75
	工作压力范围(kPa)		238	550～1 035
	启动转距(N·m)		239	203
蓄电池充电器	型号		240	40155040
	输入电压(V)		241	220
	输出电压(V)		242	74
	输出电流(A)		243	425
	输出容量(kV·A)		244	31.5
	质量(kg)		245	20
网络控制系统	列车网标准		246	Lonworks
	车辆网标准		247	CAN
	列车网传输速率(Mbit/s)		248	1
	车辆网传输速率(Mbit/s)		249	1
	控制和保护功能	牵引特性控制	250	矢量控制
		电阻制动特性控制	251	矢量控制
		空转、滑行保护	252	蠕滑控制
		故障诊断与保护内容	253	柴油机保护、接地保护、过流保护、过压保护、辅助系统保护等等,故障诊断靠逻辑判断

续上表

车型名称				和谐 N_3
车型代号				HXN_3
机车车号				0001～0300 0301～0330(高原过渡方案)
项目			序号	参数及说明
空气制动系统	制动机主要部件	制动机型号	254	CCBⅡ型微机控制空气制动系统
		ER 模块,数量	255	1
		16 模块,数量	256	1
		20 模块,数量	257	1
		13 模块,数量	258	1
		BC 模块,数量	259	1
		BP 模块,数量	260	1
		DBTV,数量	261	1
		PSJB,数量	262	1
		制动控制器(EBV),数量	263	2
		中央处理器(B-IPM),数量	264	1
		紧急放风阀(8 号阀),数量	265	3
	空气压缩机	型号,台数	266	SL22-56 ,BT-2.4A/TSA-2.8A,2
		工作形式	267	连续式
		结构形式	268	螺杆式
		额定转速(r/min)	269	2 650
		额定排气压力(kPa)	270	900
		排气量(m^3/min)	271	2.4
		一级压缩空气的冷却方式	272	风冷
		润滑油压力(kPa)	273	—
		驱动功率(kW)	274	22
		净重(kg)	275	402
	辅助空压机	型号,台数	276	LFX2.0,1
		最大排气压力(kPa)	277	1 000
		容积流量(dm^3/min)	278	120
		转速(r/min)	279	1 500
		主回路电压(V)	280	AC220
	空气干燥器	型号	281	944-501M
		处理空气量(m^3/min)	282	4.8
		工作压力(kPa)	283	739
	压力控制器(调压器)型号		284	2091200PG2M11P1GM1
	总风缸空气压力范围(kPa)		285	750～900
	第一总风缸容量(dm^3)		286	600

六

续上表

车型名称			和谐 N_3
车型代号			HXN_3
机车车号			0001～0300 0301～0330(高原过渡方案)
项目		序号	参数及说明
空气制动系统	第二总风缸容量(dm^3)	287	600
	第三总风缸容量(dm^3,启动风缸)	288	735
电阻制动柜	电阻制动装置型号,台数	289	40131620,1
	持续功率 (kW)	290	3 500
	输入电压(V)	291	2 700
	输入电流(A)	292	665
	电阻带最高工作温度(℃)	293	650
	冷却风机功率	294	75
	冷却风机转速(r/min)	295	2 000
	冷却通风量(m^3/min)	296	1 200
	质量(kg)	297	1 360
蓄电池组	型号	298	NM-360
	容量(A·h)	299	360
	装用数量(只)	300	32
	总标称电压(V)	301	64

注:“—”表示无此设备;“/”表示数据空缺。

七、HXN3B型内燃机车技术简介

1. 概　　述

HXN3B型内燃机车是4 400马力交流传动调车内燃机车，是连车公司于2011年，在原铁道部科技研究开发计划课题招标中中标，并根据与原铁道部签订的科技研究开发计划课题《交流传动机车关键技术深化研究——交流传动调车机车技术方案研究》合同(课题编号：2011J010-B)，以及原铁道部科技司下发的“4 400马力交流传动调车内燃机车设计任务书”而研制的机车产品，机车型号为HXN3B，适应中国铁路的路网性和区域性编组站的使用环境，是现代化的交流传动调车内燃机车。

HXN3B型内燃机车额定功率3 250 kW(4 400马力)，轮径为1 250 mm，轴重25 t，轴式$C_0—C_0$；最高运行速度100 km/h，最大启动牵引力560 kN，持续牵引力540 kN；最大电阻制动力300 kN，恒功率速度范围19～120 km/h，通过最小曲线半径为100 m；该型机车采用12V265柴油机，柴油机最大运用功率3 500 kW。该型机车在车轮全磨耗状态下，仍能发挥最大牵引力，同时满足过驼峰作业要求。能够安全通过峰顶最小竖曲线半径为300 m的驼峰，并保持车钩连挂的可靠性。该机车沿用了HXN3机车主要技术特点和成熟结构，是大功率交流传动内燃机车技术平台的拓展，搭建起新一代交流化调车机车技术和产品平台。截至2015年12月底，共计生产交付机车136台，其中，连车公司生产116台，车号为：0001～0116，二七厂生产20台，车号为：6001～6020，分别配属哈尔滨、沈阳、呼和浩特、郑州、武汉、济南铁路局所属机务段承担路网大型编组场站的调车任务。

HXN3B型内燃机车外观如图2-7-1所示。

图2-7-1　HXN3B型内燃机车外形图

2. 机车总体

HXN3B型内燃机车采用单司机室、外走廊、整体式油箱、底架承载式结构。底架上部分为7大部分，依次为辅助室、司机室、电器室、通风室、动力室、冷却室、制动室，各部分与底架活连接，同时底架可以进行预布管。机车长端为前进方向端。

辅助室钢结构为罩式结构，与司机室整合为一体，内部主要布置有监控柜、6A系统、接触器和断路器柜等部件，设备布置留有足够的检修和维护空间。

司机室为悬浮式结构，设置有两个具有同样操作功能的操纵台，分别设在司机室中心对称两侧端。司机室内宽敞明亮，司机能够方便的接近司机室内的每一个部位。主司机位布置于司机室的左前侧。

电器室为整体式结构，可以进行预组装，组装完成后再与底架螺栓连接。内部布置有牵引逆变器，低压电器部件，高压电器部件、功率元件和通风道、微机主机箱等。

通风室主要设备有Ⅱ转向架牵引电机通风机、牵引发电机通风机、电器室通风机、除尘风机以及柴油机风启动控制模块和放电电阻等。

动力室主要设备有柴油发电机组、膨胀水箱及相关系统管路等。动力室两侧侧墙靠近主发电机位置设有柴油机进气通风道，内部设有二级空气滤清装置。

冷却室设有冷却架构、Ⅰ转向架牵引电机通风机、润滑油泵、燃油泵、润滑油和燃油滤清器及相关的系统管路。大片式散热器为顶置式安装。

制动室内设有两个螺杆式空压机组、两个干燥器及空气系统相关管路、第一总风缸等。

机车下部的布置为两个结构相同的三轴转向架，两转向架中间是整体式燃油箱，燃油箱的两端是第二总风缸和柴油机启动风缸，燃油箱可用容积为 7 500 dm^3，蓄电池箱嵌入在整体燃油箱两侧并用螺栓连接。机车总体布置如图 2-7-2 所示。

牵引特性曲线如图 2-7-3 所示，制动特性曲线如图 2-7-4 所示。

3. 牵引电传动系统

(1)牵引电路

HXN3B 型内燃机车牵引电传动系统主要由牵引发电机、牵引整流单元、牵引逆变器、牵引电机、电阻制动装置等组成。

机车交流牵引传动系统采用转向架控制方式。主发电机的电枢为双绕组，两套绕组发出的三相交流电，分别经两组相互独立的、集成在主发电机端部的牵引整流单元转变为高压直流电，高压直流电再通过牵引逆变器逆变为三相交流电为一台转向架上的三台并联的牵引电机供电。机车配置一个圆形、顶置的电阻制动装置，由一台直流电机驱动的冷却风扇进行冷却。电阻制动装置可完成 3 500 kW 的自负荷试验。

HXN3B 型内燃机车牵引电路图如图 2-7-5 所示。

(2)牵引发电机及辅助发电机

机车装有一台 YJ117A 型三相同步发电机。该发电机采用牵引、辅助发电机一体化结构，牵引发电机和辅助发电机机械连接在一起，但电气上相互独立。他们安装在同一个发电机机体内部，同轴连接，由机车柴油机拖动。辅助发电机位于靠近柴油机的一端。牵引发电机与整流器集成在一起。

辅助发电机输出三套交流电源，主输出(1—2—3)为交流辅助传动系统的冷却风扇电机、空压机电机、牵引通风机电机供电；辅助输出(4—5—6)为蓄电池充电、照明等辅助用电电源；中间抽头输出(7—8—9)为牵引发电机励磁绕组供电。

发电机采用强迫通风冷却结构，冷却空气先冷却集成于发电机端部的牵引整流装置，之后进入主发电机内部，分别对牵引、辅助发电机定子、转子进行通风冷却。

(3)牵引逆变器

机车牵引逆变器由牵引整流单元和牵引逆变器组成，其中牵引整流单元安装在牵引发电机的端部，牵引逆变器由单相功率模块、MPU 控制板(在 EM2000 微机内)和接口模块构成。

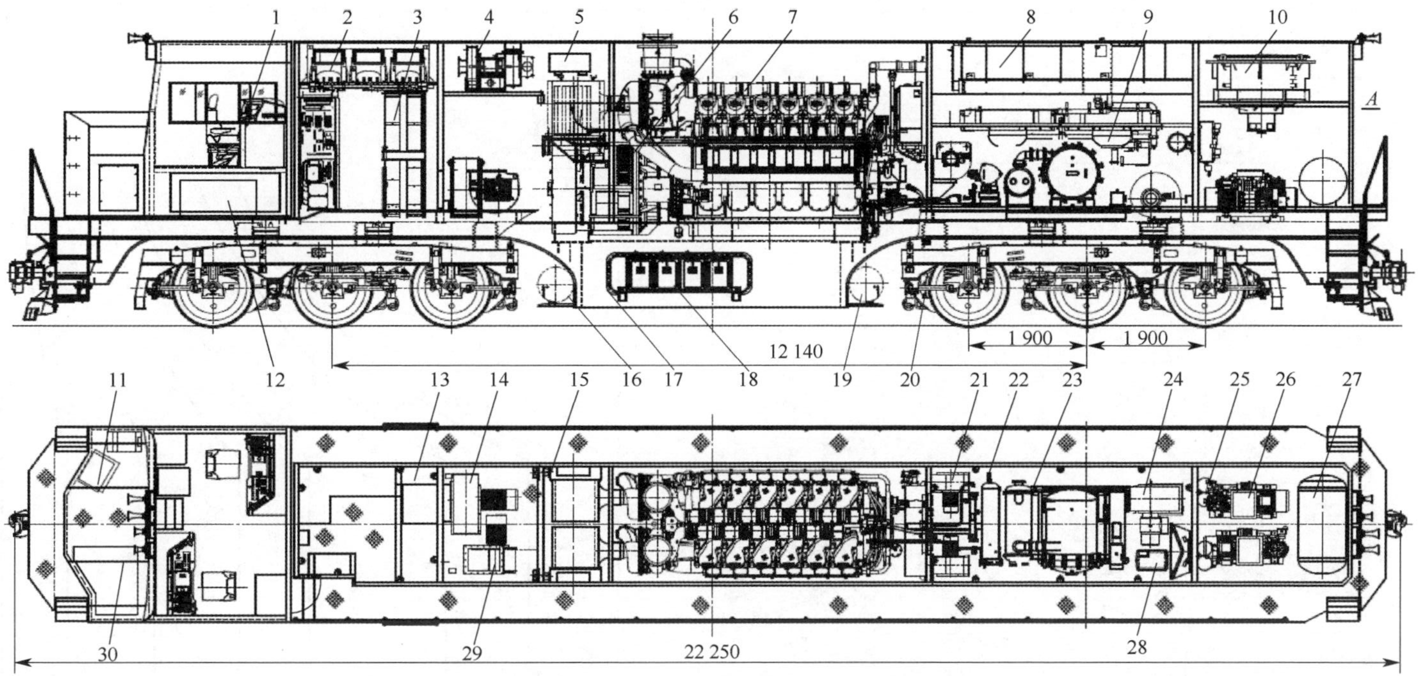

图 2-7-2　HXN3B 型内燃机车总体布置图

1—操作台；2—牵引逆变器；3—整体电器柜；4—除尘风机；5—放电电阻；6—主辅发电机；7—柴油机；8—散热器；9—冷却风扇；10—电阻制动；11—监控柜；12—制动柜；13—电器室滤清器；14—Ⅰ架通风机；15—柴油机空气滤器；16—第二主风缸；17—整体燃油箱底架；18—蓄电池箱；19—启动风缸；20—转向架；21—动力间通风机；22—燃油系统模块；23—润滑系统模块；24—Ⅱ架通风机；25—空气干燥器；26—空压机；27—第一主风缸；28—辅助空压机；29—主发电机通风机风道；30—断路器柜

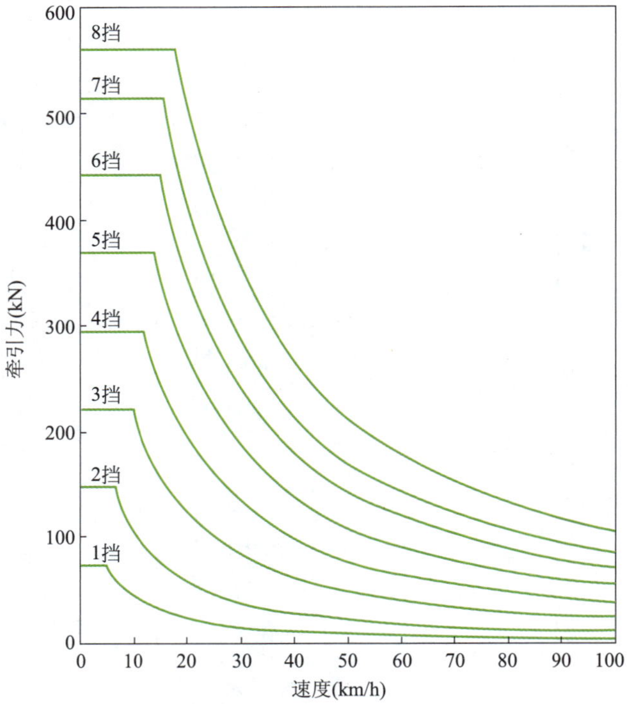

图 2-7-3　HXN3B 型内燃机车牵引性能曲线图

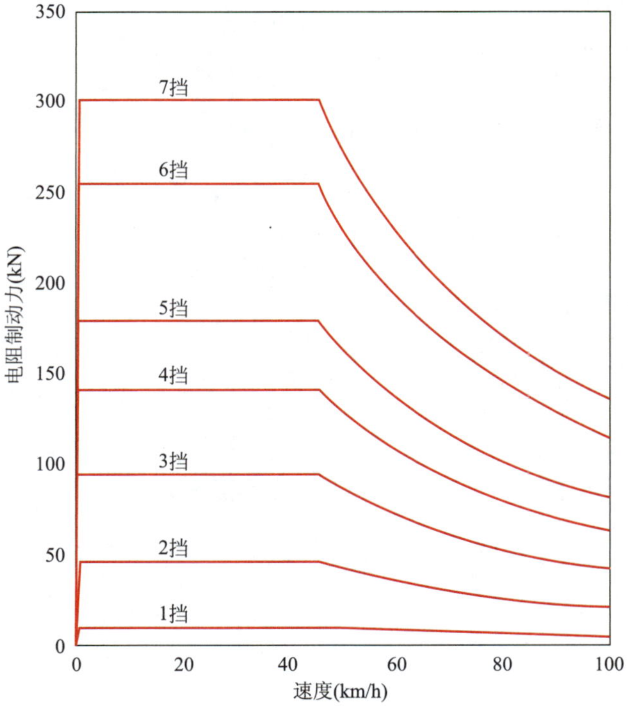

图 2-7-4　HXN3B 型内燃机车电阻制动性能曲线图

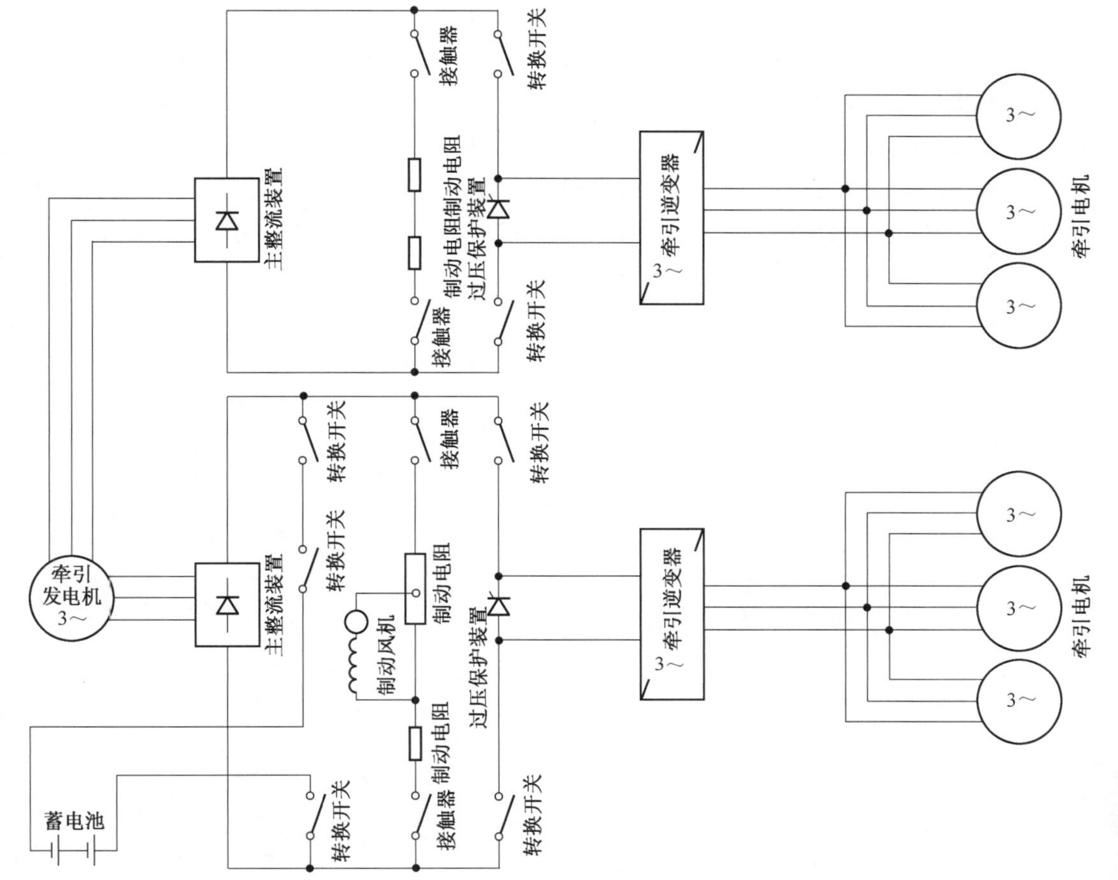

图 2-7-5　HXN3B 型内燃机车牵引电路原理图

HXN3B 型机车装有六个单相模块，每三个单相功率模块组成一台牵引逆变器，因此一台车上装有两台牵引逆变器。六个单相功率模块安装在电气间的顶部，由前牵引通风机提供空气冷却。牵引逆变器的 MPU 控制板通过接口模块控制安装在相模块上 IGBT 的驱动板。

(4)牵引电机

机车装用三相鼠笼式异步牵引电机，电机最高转速 3 490 r/min；该电机定子全叠片滚抱结构，200 级绝缘，嵌线后进行真空压力浸漆，转子为鼠笼式，由铜导条与铜端环焊接形成鼠笼，在端环上有高强度优质合金护环。电机强迫外通风，冷却风从非传动端进入传动端排出；两端轴承采用绝缘结构，非传动端深沟球轴承定位，端盖处不设注油口，运行中不需补充润滑脂，可实现免维护运行，传动端采用圆柱滚子轴承油润滑结构，转子轴锥与小齿轮配合为内锥配合。

(5)电阻制动装置

机车电阻制动装置采用的是顶置式结构，每台车一个，安装在机车电阻制动间的上部，风向为下进上出，额定电压 2 700 V(DC)、额定电流 670 A、额定功率 2×1 800 kW。

电阻制动装置内部由四个电阻单元分别构成两个彼此独立的电阻带电路，一个是前转向架牵引逆变器的电阻带电路，另一个是后转向架牵引逆变器的电阻带电路，一台风机电机直接安装在电阻单元的底部。

4. 辅助电气系统

HXN3B 型内燃机车 YJ117A 交流发电机机壳内除牵引发电机外，还包括一台辅助发电机。该辅助发电机不仅负责牵引发电机励磁，同时还负责为其他辅助设备提供电源。辅助发电机共有两组隔离线圈，一组线圈(2 号定子)通过 APC(辅助电源变换器)输出 DC 74V 电源用于蓄电池充电和机车控制用电等；另一组线圈(1 号定子)采用了中间抽头的方式，提供两个不同电压等级的输出：一个为机车冷却风扇及各种辅机提供三相交流电源；另一个中间抽头的输出通过牵引发电机励磁斩波器为牵引发电机提供励磁电流。辅助风机有直接驱动和变极控制驱动两种方式；空压机由辅助逆变器驱动。辅助电气系统简图如图 2-7-6 所示。

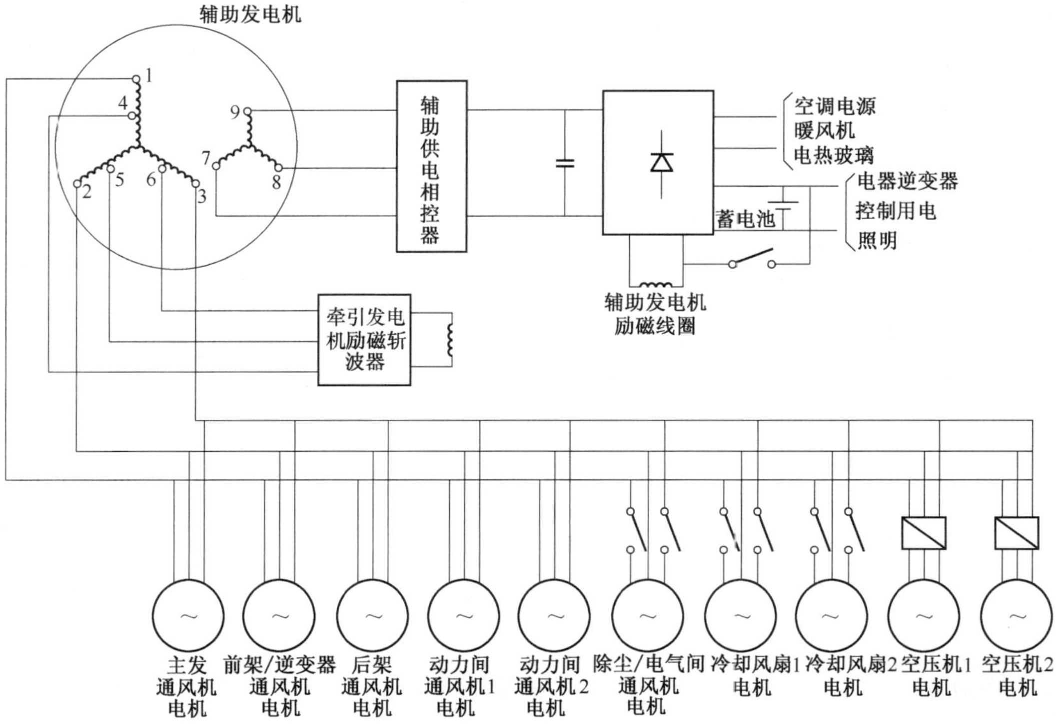

图 2-7-6 HXN3B 型内燃机车辅助电气系统图

HXN3B 型内燃机车牵引发电机的励磁回路主要由斩波器控制模块 CCM 实现，由辅助发电机 4，5，6 输出端输出三相交流电供给整流装置，在三相电和整流装置之间连接两个 100 A GEN FLD 断路器及两个 GFC 接触器进行保护，整流输出的直流电压为斩波器提供电压；同时斩波器通过辅助发电机 4，5 两个输出端检测辅助发电机输出电压的幅值和频率。交流牵引发电机励磁装置由整流装置、斩波器控制模块 CCM 及斩波器组成，整流装置将辅助发电机发出的 60～200 V 交流电整流为 90～300 V 直流电，该直流电经过 4 400 μF 电容滤波，斩波器斩波后为交流牵引发电机提供可控的励磁电流。

控制电源和蓄电池充电绕组输出 AC 72～220 V、27～83.3 Hz 的三相交流电源，经辅助电源变换器 APC 整流变压输出 DC 74 V 控制电源，为控制系统、蓄电池充电、照明、启动燃油泵、电暖器、司机室风扇、空调逆变器等供电。所有主要用电设备均采用微机控制。

辅助设备供电绕组输出 AC 136～420 V、27～83.3 Hz 的三相交流电，直接驱动前后牵引通风机电机、一个牵引发电机通风机电机、两个冷却风扇变频电机、经逆变器供电的两个空压机电机、一个电器柜通风机电机等。

5. 微机网络控制系统

HXN3B 型内燃机车 EM2000 微机系统由各个功能模块组成。EM2000 微机系统设有

DIO(数字量输入输出)、ADA(模数转换)、ASC(模拟信号调节)等外设模块,检测机车各个模拟量和数字量输入。上位机 CPM 模块根据机车不同的工况控制外设模块输出数字量和模拟量,控制机车各个子系统功能。同时给下位机 MPU 发出给定指令,控制机车牵引主传动性能。FIRE 显示屏为整个微机网络系统提供显示终端,并提供人机交互平台。

机车采用 CAN 总线结构作为机车主网络,车载微机通过 CAN 总线与冷却风扇逆变器、空压机逆变器、电喷系统、FIRE 显示屏进行通信。两个操纵台上的 FIRE 显示屏通过以太网路由器连接,采用以太网通信方式。FIRE 显示屏可根据具体需要,配置串口通信和 LONWORKS 通信,与相关子系统或设备交互。机车级网络通信示意图如图 2-7-7 所示。

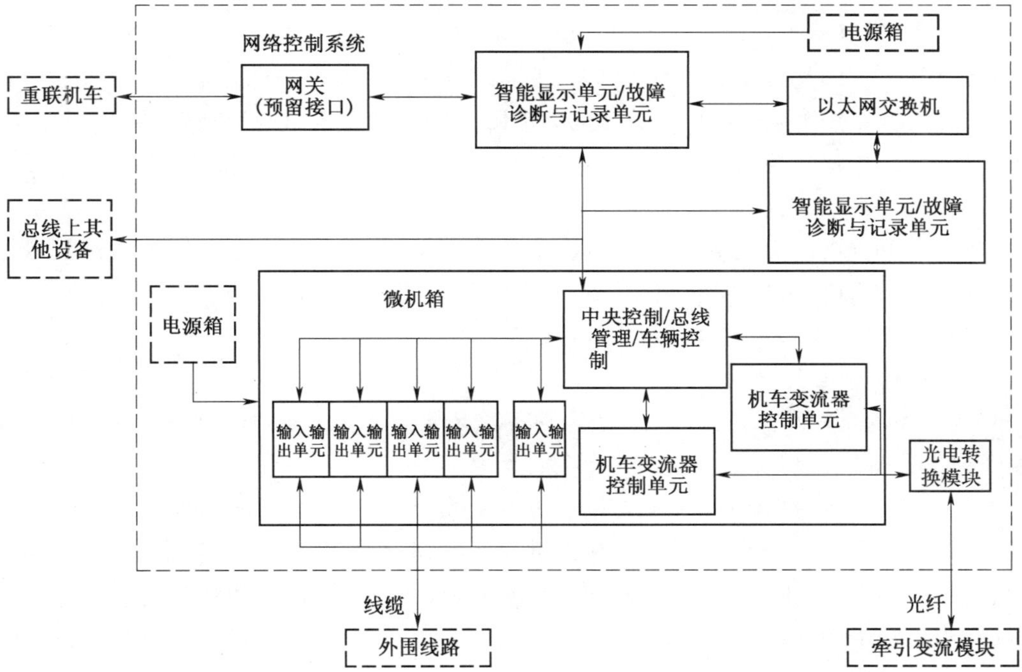

图 2-7-7　HXN3B 型内燃机车微机网络控制系统图

6. 车　　体

HXN3B 型内燃机车车体采用底架承载外走廊单司机室结构。司机室采用悬浮式整体独立结构,司机室与车间底架之间通过设置减振元件隔离来自柴油机等车内设备所产生的振动和噪声。机车周边布置走台板及登车和安全扶手。辅助室和司机室为一体结构,电器室、冷却室、制动室为整体结构,通风室、动力室顶盖为可拆卸结构,侧墙也采用可拆式结构。机车燃油箱采用与底架一体的整体式结构,燃油箱总容量可以达到 7 500 dm^3。

底架结构满足 3 000 kN 纵向压缩载荷和 2 500 kN 纵向拉伸载荷而不发生永久性变形的强度要求;车体焊接执行 EN 15085 焊接标准。底架侧梁上设有四个吊车销孔,并在前后端牵引梁上设有四个救援用的吊车座;牵引拉杆座底部设有四个架车支承座和供检修用的四个支承点;车体与转向架之间设有备用的连接装置,以便在需要时将车体同转向架一并吊起;车体两端前下部安装排障器,车体前端结构保证在不拆除排障器的情况下能方便地更换车钩及缓冲器。

采用 102 型车钩和 NC390 型缓冲器,同时装有上作用式两侧手提杆,连接轮廓符合 TB/T 2950 标准要求,车钩结构形式与 TB/T 3044、TB/T 3046 标准规定的车钩兼容。

七

7. 转 向 架

HXN_{3B}型内燃机车 C_0—C_0 转向架主要组成包括构架、轮对电动机悬挂装配、轮缘润滑扫石器装配、二系悬挂(支承)装配、基础制动装置、牵引装置、一系悬挂(轴箱)装配、转向架配管等。一系悬挂系统为圆钢弹簧加橡胶减振垫及油压减振器,二系悬挂系统为四点橡胶堆旁承,辅以横向减振器和抗蛇行减振器;轴箱定位采用单轴箱拉杆及轴箱弹簧定位。牵引装置是一个四杆机构,使转向架与车体连接在一起,传递牵引力和制动力。牵引电机采用轴悬式悬挂,电机一端通过轴瓦悬挂在车轴上,另一端通过弹性吊杆悬挂在转向架构架上。

车轮采用 1 250 mm 轮径,提升了机车的底部通过高度。

8. 制动系统

HXN_{3B}型内燃机车采用 CCBⅡ型微机控制空气制动系统。风源系统采用螺杆式压缩机和双塔式干燥器。制动管路采用不锈钢管,卡套式管接头。制动功能包括自动空气制动、单独制动、紧急制动、采用弹簧储能的停放制动和电阻制动。具有电阻制动与空气制动联锁功能。基础制动装置采用单侧的踏面单元制动器,每轮一套单侧单闸瓦制动装置,带有闸瓦间隙自动调整器,具有弹簧停放功能。

辅助控制部分由柴油机空气启动系统、柴油机油气分离器、停放制动控制、轮缘润滑控制、喇叭控制、撒砂控制等组成,柴油机空气启动系统为柴油机启动提供动力源,在启动时可减少对电气部件的冲击。

9. 柴 油 机

HXN_{3B}型内燃机车采用 12V265 柴油机,其设计以 16V265H 柴油机为技术平台,关键的动力组装配和 16V265H 完全相同。

12V265 柴油机的主要部件包括机体装配、曲轴装配、动力组装配、凸轮轴装配、传动机构、配气机构、泵支承箱装配、油底壳装配、增压系统、润滑油系统、水系统、燃油系统、控制系统、启动系统等。

机车润滑油系统(或称柴油机外部润滑油系统)与柴油机内部润滑油系统连接为一体,共同构成完整的润滑油循环系统,对柴油机运动部件发挥润滑、冷却、清洗、密封及防锈等作用。系统主要由启动润滑油泵电机组、主润滑油泵、润滑油粗滤器、润滑油精滤器、增压器滤清器、润滑油热交换器、辅助润滑油热交换器、流量控制阀、逆止阀、截止阀及管路管件组成。润滑系统分为柴油机预润滑、主润滑、后润滑三部分。

预润滑系统是在柴油机启动之前,通过启动润滑油泵从油底壳吸取润滑油,再将这些润滑油注入到柴油润滑的主润滑油系统中,使润滑油充满管路,对柴油机的所有部件进行预润滑。

主润滑系统:主润滑油泵将润滑油从油底壳内抽出来,在泵口安装了一个安全阀,在冷机启动时以及在滤器等发生堵塞时安全阀可以限制系统内的最大压力,润滑油被输送到润滑油热交换器和辅助润滑油热交换器,两个热交换器为并联关系,其中润滑油热交换器放在高温水系统中,辅助热交换器放在低温水系统中。润滑油热交换器是可以满足较高的系统压力和流量。柴油机冷却水流过润滑油热交换器可以降低流入柴油机的润滑油温度。流向柴油机的润滑油和从散热器流回的水在润滑油热交换器中进行热交换。

后润滑系统:在柴油机停机后,EM2000 微机控制启动润滑油泵以顺时针方向旋转(电机以逆时针方向旋转),经过逆止阀 A 从柴油机的油底壳抽取润滑油,然后将润滑油输送到增压器滤清器。滤清后的润滑油进入两侧增压器的两条管路中,对增压器进行润滑 15 min。

燃油系统配有两个燃油输送泵:一个为电机驱动的启动燃油泵,是用于柴油机启动前为柴油机注满燃油而使柴油机能正常启动；另一个为机械驱动的主燃油泵，为柴油机正常工作时提供燃油。在冬季或寒冷地区由于燃油的温度过低而造成无法启动柴油机，因此在柴油机的高温水系统里放置了燃油预热器。当燃油温度低于 24 ℃时，燃油经过燃油预热器被加热后进入柴油机。当燃油温度高于 24 ℃时，燃油不经过燃油预热器而直接进入柴油机，燃油是否经过燃油预热器是由温控阀来控制的。

根据柴油机所需冷却的零部件、润滑油及增压空气的不同要求，冷却水系统分为两个部分，即冷却柴油机气缸套、气缸盖及润滑油的为高温冷却水系统，或称柴油机冷却水系统；冷却增压空气的为低温冷却水系统，或称中冷水系统。

在冷却水系统中安装有膨胀水箱。膨胀水箱上安装有水表可以检查冷却水的液位。随着系统温度的升高，系统中冷却水膨胀，同时压力增大。由于冷却系统压力的增加导致冷却水的沸点增高，在膨胀水箱上安装了 138 kPa(20 psi)压力阀。

冷却系统中的主要部件都安装在冷却间内。冷却间的侧面为气动百叶窗，散热器安装于顶部的冷却室钢结构中，冷却风扇安装于散热器的底部，膨胀水箱安装于动力室与冷却室的隔墙上。冷却水系统最低位置设有自动排水阀，当系统水温过低时，自动排水阀开启将系统中冷却水排出，防止设备及管路冻裂。

机车空气滤清系统由三级滤清元件组成。第一级为多孔板压成的 V 形波浪网，第二级为两个惯性滤清器，分别安装在空气滤清间车体的侧墙上。第三级为柴油机空气滤清器，安装在主发电机上。当柴油机运行时，空气滤清间的各个门都是关闭的，空气只能从惯性滤清器进入，然后在通过柴油机空气滤清器，最后进入柴油机。

10. 技术参数表

HXN3B 型内燃机车技术参数见表 2-7-1。

表 2-7-1　HXN3B 型内燃机车技术参数表

车型名称			和谐 N3B
车型代号			HXN3B
机车车号			0001～0116(连车公司) 6001～6020(二七厂)
项目		序号	参数及说明
机车总体参数	用途	1	调车机车
	制造年代	2	2014 年
	制造厂名	3	连车公司；二七厂
	轨距(mm)	4	1 435
	车体形式	5	罩式
	轴式	6	C_0—C_0
	前后转向架中心距(mm)	7	12 140
	全轴距(mm)	8	15 940
	动轮直径(新轮)(mm)	9	1 250
	动轮直径(半磨耗轮)(mm)	10	1 200
	整备质量(t)	11	150
	轴重(t)	12	25
	通过最小曲线半径(m)	13	100

续上表

车型名称			和谐 N_{3B}
车型代号			HXN_{3B}
机车车号			0001～0116(连车公司) 6001～6020(二七厂)
项目		序号	参数及说明
机车总体参数	电传动方式	14	交—直—交
	额定功率(kW)	15	3 250
	轮周牵引功率(kW)	16	2 850
	最高速度(km/h)	17	100
	恒功率速度范围(km/h)	18	19～100
	持续速度(km/h)	19	18
	持续牵引力(kN)	20	540
	启动牵引力(kN)	21	560
	最大电阻制动力(kN)	22	300
	紧急制动距离(初速度 100 km/h)(m)	23	800
	柴油机停机下的移车方式	24	蓄电池移车
	控制器手柄挡位	25	8 挡牵引,电阻制动预置位,8 挡电阻制动
车体	车底架长(mm)	26	21 780
	车体宽(mm)	27	3 200
	车体高(mm)	28	4 710
	司机室个数	29	1
	机车前后车钩中心距(mm)	30	22 250
	车钩型号,形式	31	102 型,上作用式
	缓冲器型号	32	NC 390
装载量	燃油(dm^3)	33	7 500
	润滑油(kg)	34	1 200
	水(kg)	35	1 200
	沙(kg)	36	750
转向架	构架(长×宽×高,mm)	37	6 127×2 324×758.6
	两侧梁横向中心距 (mm)	38	2 100
	轴距 (mm)	39	1 900×2
	一系悬挂垂向减振器型号	40	02A 1924 011
	一系悬挂静挠度(mm)	41	117
	二系悬挂垂向减振器型号	42	—
	二系悬挂横向减振器型号	43	04H 1755
	二系悬挂抗蛇行减振器型号	44	04R 1754
	二系悬挂弹簧静挠度(mm)	45	19
	牵引力和制动力传递方式	46	四连杆
	牵引电动机悬挂方式	47	滚动抱轴半悬挂
	齿轮传动比	48	91/16
	轴箱与转向架构架定位方式	49	单侧轴箱拉杆
	每轴簧下质量(t)	50	4.98
	转向架总成质量(t)	51	23.5

续上表

车型名称			和谐 N_{3B}
车型代号			HXN_{3B}
机车车号			0001～0116(连车公司) 6001～6020(二七厂)
项目		序号	参数及说明
基础制动装置	基础制动方式	52	踏面制动
	单元制动器型号	53	DT-2
	制动缸数	54	12
	制动缸直径(mm)	55	177.8
	制动倍率	56	4.3
	传动效率(%)	57	85
	闸瓦与车轮踏面恒定间隙(mm)	58	6～12
	制动缸最大空气压力(kPa)	59	450
	闸瓦制动形式	60	单侧制动单元
	闸瓦材质	61	高摩合成闸瓦
	每台机车闸瓦块数	62	12
	制动单元质量(kg)	63	55,85
	停放制动形式	64	弹簧停车
	手制动率	65	—
	总闸瓦压力(kN)	66	528
柴油机	型号	67	12V265
	外形尺寸(长×宽×高,mm)	68	5 000×1 780×2 600
	机体结构	69	球墨铸铁整体铸造,龙门式结构
	曲轴材质	70	合金锻钢曲轴
	主轴颈的直径(mm)	71	260
	连杆颈的直径(mm)	72	213
	气缸排列及夹角	73	V形45°夹角
	气缸数目	74	12
	气缸直径×活塞行程(mm)	75	265×300
	冲程数	76	4
	压缩比	77	15.4
	气缸总排量(dm^3)	78	198.6
	标定转速(r/min)	79	1 000
	最低空载转速(r/min)	80	325
	标定功率(kW)	81	3 500
	最大运用功率(kW)	82	3 500
	启动方式	83	空气马达启动
	最高爆发压力(MPa)	84	16.5
	标定功率平均有效压力(MPa)	85	2.1
	喷油泵形式,数量	86	柱塞式单体喷油泵,12
	喷油器形式	87	多孔高压单体喷油器
	喷油器启喷压力(MPa)	88	34.6
	喷油泵供油提前角	89	15°(排放模式),22°(油耗模式)
	喷射方式	90	泵—管—嘴,电子控制直接喷射

续上表

车型名称				和谐 N_{3B}
车型代号				HXN_{3B}
机车车号				0001～0116(连车公司) 6001～6020(二七厂)
项目			序号	参数及说明
柴油机	标定功率燃油消耗率[g/(kW·h)]		91	209×(1±3%)(排放模式),199.5×(1±3%)(油耗模式)
	润滑油消耗率[g/(kW·h)]		92	≤燃油消耗率的0.6%
	冷却水最高允许温度(℃)		93	96(柴油机进口处)
	润滑油最高允许温度(℃)		94	107(柴油机入口处)
	调节器形式		95	电子喷射控制单元
	高温水泵	形式	96	叶片式离心水泵
		额定转速(r/min)	97	2 893
		流量(m^3/h)	98	≥238.5
	低温水泵	形式	99	叶片式离心水泵
		额定转速(r/min)	100	2 893
		流量(m^3/h)	101	≥68
	主润滑油泵	形式	102	齿轮泵
		转速(r/min)	103	1 274
		出口油压力(kPa)	104	965.5
		流量(m^3/h)	105	≥108
	增压器	型号,台数	106	TPR56-F32,2
		允许转速(r/min)	107	41 320
		允许最高转速(r/min)	108	42 500
		增压比	109	3.5～3.8
		增压空气额定流量(kg/s)	110	6.5
		进气空气滤清器形式	111	袋式滤清
		涡轮前允许废气温度(℃)	112	620
		涡轮最高允许废气温度(℃)	113	650
		润滑方式	114	油润滑
		质量(kg)	115	312
	中冷器	结构形式	116	箱型管片式空气冷却器
		进气温度(℃)	117	249
		进水温度(℃)	118	50
		水流量(m^3/h)	119	29.1(单侧)
	排放指标	碳氢化合物(HC)[g/(kW·h)]	120	<0.8 (美国标准 EPA Tier2)
		一氧化碳(CO)[g/(kW·h)]	121	<3.2 (美国标准 EPA Tier2)
		氮氧化物(NO_x)[g/(kW·h)]	122	<10.9 (美国标准 EPA Tier2)
		颗粒	123	<0.32 (美国标准 EPA Tier2)
		烟度	124	不透光度30%(换算为直径为1m的管径)(美国标准 EPA Tier2)
	柴油机总质量(kg)		125	20 500×(1±2%)(净重)

续上表

车型名称				和谐 N_{3B}
车型代号				HXN_{3B}
机车车号				0001～0116(连车公司) 6001～6020(二七厂)
项目			序号	参数及说明
机车冷却系统	水散热器	形式	126	大片式、顶置
		高温水散热器单节数(组)	127	2
		低温水散热器单节数(组)	128	2
		水流道(单或双)方式	129	单流道
	冷却风扇	高、低温水系统风扇数	130	2
		驱动方式	131	变频
		直径(mm)	132	1 372
		最高转速(r/min)	133	1 995
		功率(kW)	134	60
牵引发电机	型号		135	YJ117A
	额定转速(r/min)		136	1 000
	额定容量(kV·A)		137	4 480
	额定电压(V)		138	2 100
	额定电流(A)		139	1 296
	额定频率(Hz)		140	83.3
	额定功率因数		141	0.95
	励磁方式		142	他励
	额定励磁电压(直流)(V)		143	120
	额定励磁电流(直流)(A)		144	135
	绝缘等级,定子/转子		145	H
	通风冷却方式		146	强迫风冷
	电刷牌号,尺寸(mm)		147	DE869-12.7,31.75
	总质量(kg)		148	8 570(包括辅助发电机)
主整流柜	型号		149	GTF1200/2900
	额定交流输入电压(V)		150	2 100
	额定交流输入电流(A)		151	900
	额定交流输入频率(Hz)		152	83.3
	输出	最大直流电压(V)	153	2 900
		额定直流电流(A)	154	1 200
		最大直流电流(1h)(A)	155	1 200
	整流电路形式		156	三相桥式
	硅整流元件型号		157	40053998/40053999
	通风冷却方式		158	强迫风冷
	质量(kg)		159	2×43
牵引逆变器	型号		160	8F9D07010000
	电路结构形式		161	电压型,两电平
	额定功率(kW)		162	4 000
	额定输入电压(V)		163	2 650

续上表

车型名称				和谐 N_{3B}
车型代号				HXN_{3B}
机车车号				0001～0116(连车公司) 6001～6020(二七厂)
项目			序号	参数及说明
牵引逆变器	额定输入电流(A)		164	754
	支撑电容值(mF)		165	1.667
	额定输出电压(V)		166	2 066
	额定输出电流(A)		167	550
	最大开关频率(Hz)		168	480
	输出频率范围(Hz)		169	0～120
	冷却方式		170	风冷
	效率		171	0.99
	质量(t)		172	1.3
	外形尺寸(长×宽×高,mm)		173	2 158×1 813×775 (总成)
	每台机车牵引逆变器台数		174	2
	牵引逆变器功率模块	功率模块电路形式	175	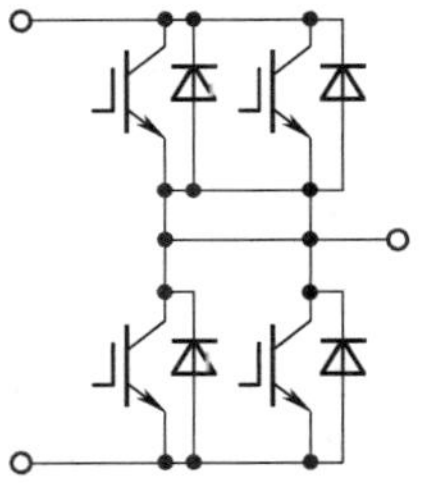
		功率模块电压(V)	176	2 800
		功率模块电流(A)	177	1 200
		功率模块开关频率(Hz)	178	480
		功率元件型号	179	40122067
		功率元件参数	180	IGBT(4 500 V/1 200 A)
		功率元件个数	181	4
		功率模块质量(kg)	182	145
		功率模块尺寸(长×宽×高,mm)	183	550×590×525
牵引电动机	型号		184	YJ116A1
	额定功率(kW)		185	495
	额定电压(V)		186	1 150
	额定电流(A)		187	310
	最高电压(V)		188	2 066
	最大电流(A)		189	320
	额定转速(r/min)		190	457
	额定转矩(N·m)		191	10 188
	最大转矩(N·m)		192	10 639

续上表

车型名称			和谐 N_{3B}
车型代号			HXN_{3B}
机车车号			0001～0116(连车公司) 6001～6020(二七厂)
项目		序号	参数及说明
牵引电动机	最大转速(r/min)	193	3 490
	功率因数	194	0.92
	极数	195	4
	额定效率(%)	196	0.92
	绝缘等级	197	200 级
	允许温升(定子/电枢)(K)	198	200
	额定频率(Hz)	199	15.7
	额定转差率(%)	200	1.29
	通风冷却方式	201	强迫风冷
	冷却空气量(m^3/min)	202	60
	总质量(kg)	203	2 900
辅助发电机	型号	204	YJ117A
	额定转速(r/min)	205	1 000
	额定容量(kV·A)	206	375
	额定电压(V)	207	444
	额定电流(A)	208	500
	额定频率(Hz)	209	133.3
	额定功率因数	210	0.7
	励磁方式	211	它励
	额定励磁电压(直流)(V)	212	74
	额定励磁电流(直流)(A)	213	82
	绝缘等级,定子/转子	214	H 级
	通风冷却方式	215	强迫风冷
	电刷牌号,尺寸(mm)	216	/
	总质量(kg)	217	与牵引发电机集成
辅助变流器	型号	218	CNR0000237965
	每台机车装用台数	219	4
	额定输入电压(V)	220	600
	额定输入电流(A)	221	165
	额定输出电压(V)	222	444
	额定输出电流(A)	223	122
	频率(Hz)	224	133.3
	功率元件参数	225	/
	冷却方式	226	强迫风冷
	质量(kg)	227	17
	容量(kV·A)	228	100

七

续上表

车型名称				和谐 N_{3B}
车型代号				HXN_{3B}
机车车号				0001～0116(连车公司) 6001～6020(二七厂)
项目			序号	参数及说明
牵引通风机	型号		229	TFJZ001-8G0X,TFJZ001-8G0X
	台数		230	2
	最大转速(r/min)		231	3 950
	每台风机的风量(m^3/min)		232	266,226
	风压(Pa)		233	5 470,3 737
	额定功率(kW)		234	34,21
	质量(kg)		235	340,230
启动电机	型号		236	—
	电压(V)		237	—
	电流(A)		238	—
	启动转距(N·m)		239	—
蓄电池充电器	型号		240	CNR0000237332
	输入电压(V)		241	220
	输出电压(V)		242	74
	输出电流(A)		243	425
	输出容量(kV·A)		244	31.5
	质量(kg)		245	20
网络控制系统	列车网标准		246	Lonworks
	车辆网标准		247	CAN
	列车网传输速率(Mbit/s)		248	1
	车辆网传输速率(Mbit/s)		249	1
	控制和保护功能	牵引特性控制	250	矢量控制
		电阻制动特性控制	251	矢量控制
		空转滑行保护	252	蠕滑控制
		故障诊断与保护内容	253	柴油机保护、接地保护、过流保护、过压保护、辅助系统保护等等,故障诊断靠逻辑判断
空气制动系统	制动机主要部件	制动机型号	254	CCBⅡ型微机控制空气制动系统
		ER 模块,数量	255	1
		16 模块,数量	256	1
		20 模块,数量	257	1
		13 模块,数量	258	1
		BC 模块,数量	259	1
		BP 模块,数量	260	1

续上表

车型名称				和谐 N_{3B}
车型代号				HXN_{3B}
机车车号				0001～0116(连车公司) 6001～6020(二七厂)
项目			序号	参数及说明
空气制动系统	制动机主要部件	DBTV,数量	261	1
		PSJB,数量	262	1
		制动控制器(EBV),数量	263	2
		中央处理器(M-IPM),数量	264	1
		紧急放风阀(KM-2),数量	265	1
	空气压缩机	型号,台数	266	SL-56,2
		工作形式	267	间歇或连续
		结构形式	268	螺杆式
		额定转速(r/min)	269	2 660
		额定排气压力(kPa)	270	1 000
		排气量(m^3/min)	271	2.4
		一级压缩空气的冷却方式	272	油冷
		润滑油压力(kPa)	273	1 000
		驱动功率(kW)	274	22
		净重(kg)	275	380
	辅助空压机	型号,台数	276	LFX2.0,1
		最大排气压力(kPa)	277	1 000
		容积流量(dm^3/min)	278	120
		转速(r/min)	279	1 500
		额定容积流量(dm^3/min)	280	150
		主回路电压(V)	281	AC220
	空气干燥器	型号	282	JKG1C
		处理空气量(m^3/min)	283	2.4
		工作压力(kPa)	284	1 000
	压力控制器(调压器)型号		285	YWK-100
	总风缸空气压力范围(kPa)		286	0～1 000
	第一总风缸容量(dm^3)		287	625
	第二总风缸容量(dm^3)		288	625
	第三总风缸容量(dm^3,启动风缸)		289	720
电阻制动柜	电阻制动装置型号,台数		290	TZDZ3600,1
	持续功率 (kW)		291	3 500
	输入电压(V)		292	2 700
	输入电流(A)		293	665
	电阻带最高工作温度(℃)		294	650

七

续上表

车型名称			和谐 N_{3B}
车型代号			HXN_{3B}
机车车号			0001～0116(连车公司) 6001～6020(二七厂)
项目		序号	参数及说明
电阻制动柜	冷却风机功率(kW)	295	75
	冷却风机转速(r/min)	296	2 000
	冷却通风量/(m^3/min)	297	1 200
	质量(kg)	298	1 360
蓄电池组	型号	299	NM-450
	容量(A·h)	300	450
	装用数量(只)	301	32
	总标称电压(V)	302	64

注:"—"表示无此设备;"/"表示数据空缺。

八、HXN3K 型内燃机车技术简介

1. 概　　述

HXN3K 型内燃机车是连车公司，依据中国铁路总公司科技立项题目《和谐型机车关键技术自主化深化研究——时速 160 km 客运内燃机车研制》科研课题合同（合同编号为 2014J003-B），研制的时速 160 km、4 400 马力交流传动客运内燃机车。以满足我国铁路干、支线内燃客运、快速货运牵引及应急动力储备，实现 160 km/h 内燃机车装备直流传动向交流传动的升级。

机车采用双机固定重联模式，额定功率 2×3 250 kW，轴式 2×（A1A-A1A）（注："A1A"是指"中间轴为非驱动轴的三轴转向架"），持续牵引力 2×200 kN，启动牵引力 2×245 kN，恒功率速度范围 48～160 km/h，最高运营速度 160 km/h。轴重 23 t，轮径 1 250 mm，通过最小曲线半径 145 m。机车装用 12V265 型柴油机（装车功率 2×3 500 kW），具有列车供电功能，列车供电系统将来自牵引电路的中间直流环节电压变换为稳定的 DC 600V 供给客车，标定供电功率 2×400 kW。

2016 年 7 月 19 日，首台 HXN3K 型机车样车出厂，进入机车形式试验阶段。

HXN3K 型内燃机车外观如图 2-8-1 所示。

图 2-8-1　HXN3K 型内燃机车外形图

2. 机车总体

HXN3K 内燃机车每节车有一个独立的隔离式司机室、内走廊、整体承载的车体结构，燃油箱为与底架一体的整体式油箱。车体底架将机车分为上下两部分，上部从前到后依次划分为司机室、电器间、通风室、动力室、冷却室、制动室。下部燃油箱前后布置了两个三轴转向架。该型机车采用主辅一体式交流传动系统，微机控制制动系统及 MVB 网络通信，柴油机采用变频启动等技术，以提高机车节能环保、操纵方便及运行可靠性。车体底架前端装有 15x 小间隙型车钩、HN-1 型缓冲器；内重联端采用半永久式卡环车钩配管式 HN-1 缓冲器，包含一个带缓冲器的半永久车钩和一个带压溃管的半永久车钩。

车钩左、右两侧有列车管、总风管、平均管、110 V 重联插座、600 V 列车供电插座、集中控制插座等。底架中部燃油箱前端及两侧共布置了 48 节蓄电池；前后有 2 个 3 轴转向架；机车总体布置如图 2-8-2 所示。

机车通风系统设置牵引电机和主发电机通风、主辅逆变通风机、牵引电机和动力室通风三个通风系统。

HXN3K 型内燃机车牵引特性曲线如图 2-8-3 所示。

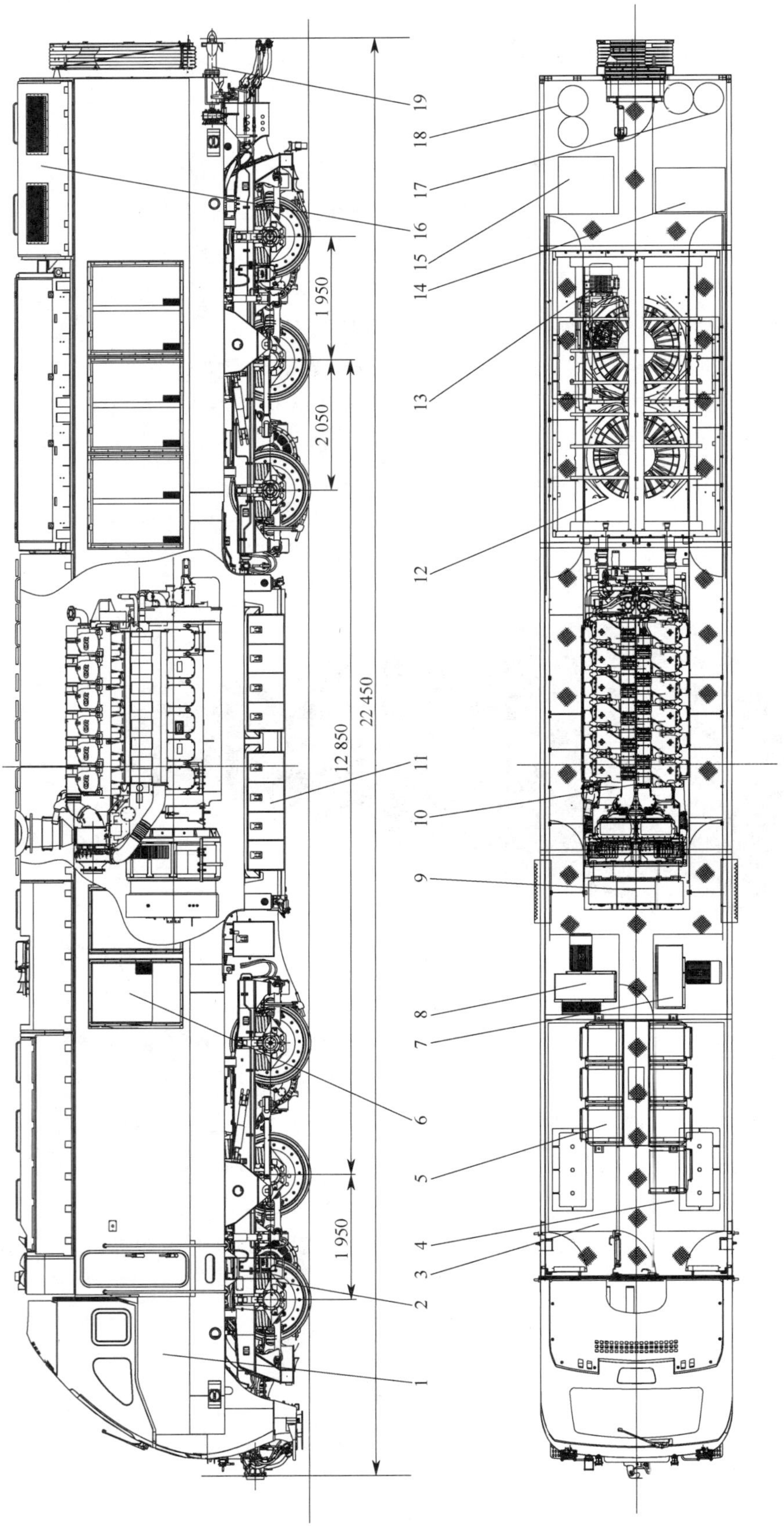

图 2-8-2 HXN3K 型内燃机车总体布置图

1—司机室；2—转向架；3—辅助电器柜；4—主电器柜；5—牵引逆变器；6—惯性滤清器；7—主发及Ⅰ架通风机；
8—主辅逆变通风机；9—主发电机；10—12V265 柴油机；11—蓄电池；12—冷却装置；
13—空压机；14—制动柜；15—卫生间；16—电阻制动；17—第二总风缸；
18—第一总风缸；19—半永久车钩

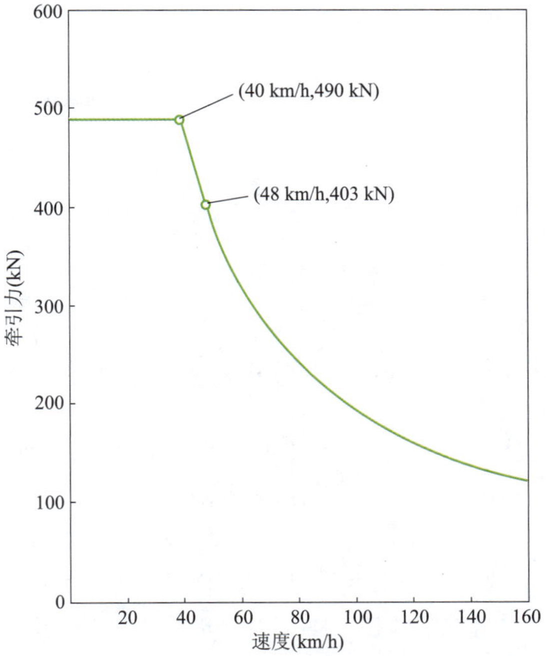

图 2-8-3 HXN3K 型内燃机车牵引特性曲线图

HXN3K 型内燃机车电阻制动特性曲线如图 2-8-4 所示。

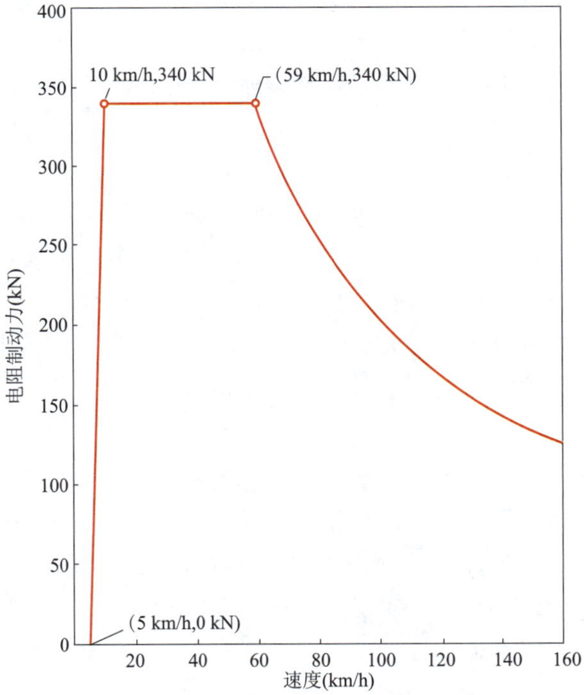

图 2-8-4 HXN3K 型内燃机车电阻制动特性曲线图

3. 牵引电传动系统

机车电传动系统为主辅一体式交流传动系统(图 2-8-5),即每节机车仅配备一台同步主发电机,发出的交流电经整流后,同时为主传动系统、辅助系统及列车供电系统供电。主辅一体式交流传动系统原理图如图 2-8-6 所示。

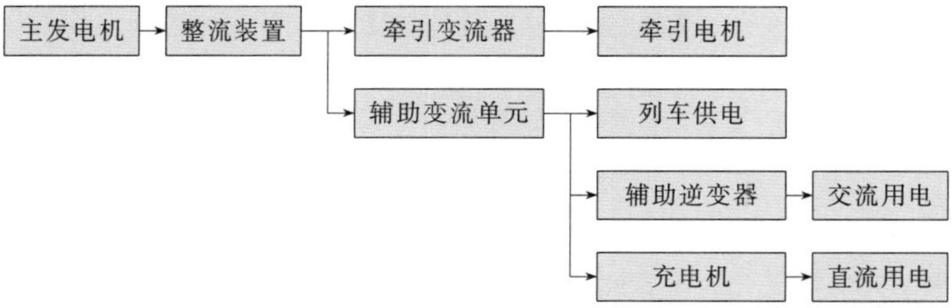

图 2-8-5 主辅一体式交流传动系统示意图

(1)牵引电路

牵引电传动系统主要包括:同步主发电机、牵引变流器(集成制动斩波模块)、交流异步牵引电动机和制动电阻装置。

主发电机是一种在磁路上共用的,独立双绕组同步发电机,有两组输出绕组,分别接入集成在主发电机内部的两个整流单元,经整流后,输出两路直流电。

主传动系统为架控形式,由六个相模块组成的两组相同的变流器,将来自于主发电机的两路直流电逆变后,分别供给两个转向架上的四个牵引电机。

制动电阻装置通过制动斩波模块接入主发整流输出中间直流环节。电阻制动工况下,电制能量回馈到牵引中间直流环节,可为辅助系统回收使用。

(2)主发电机(集成整流装置)

主发电机为交流同步发电机,同时为机车的牵引和辅助系统供电。主发电机具有两组独立的三相绕组,采用强迫通风冷却方式。

整流装置采用多并联的螺栓式整流二极管,并带有快速熔断器保护,整个装置集成在主发电机机壳内。

(3)牵引逆变器

牵引逆变器的基本组成单位为相模块、制动斩波模块及安装架三部分。

三个相模块组成一组牵引逆变器,为一个转向架上的两个牵引电机供电。机车采用架控的方式,共两架六个相模块。每个相模块由上下桥臂的两组 IGBT 元件和反并联二极管构成,还包括风冷却散热器和控制 IGBT 栅极电压的驱动电路以及电源转换电路。

制动电阻通过制动斩波模块接入牵引中间直流环节。

(4)牵引电机

牵引电机为三相鼠笼式异步牵引电机,该电机采用定子全叠片滚抱结构,200 级绝缘,嵌线后进行真空压力浸漆,转子由铜导条与铜端环焊接形成鼠笼,在端环上有高强度优质合金护环。电机采用强迫外通风冷却,两端轴承采用绝缘结构,非传动端深沟球轴承定位,端盖处不设注油口,运行中不需补充润滑脂,可实现免维护运行,传动端采用圆柱滚子轴承油润滑结构,转子轴锥与小齿轮配合为内锥配合。

(5)制动电阻装置

制动电阻装置为侧面进风、侧面出风形式,安装在机车Ⅱ端部的制动间顶部。

装置由两个独立的卧式制动电阻单元、承重钢结构组成。

每个制动电阻单元含有一个制动风机,风机从制动电阻带抽头取电,并在电机电路设置有电流传感器,用于制动电阻装置的保护功能。

4. 辅助电气系统

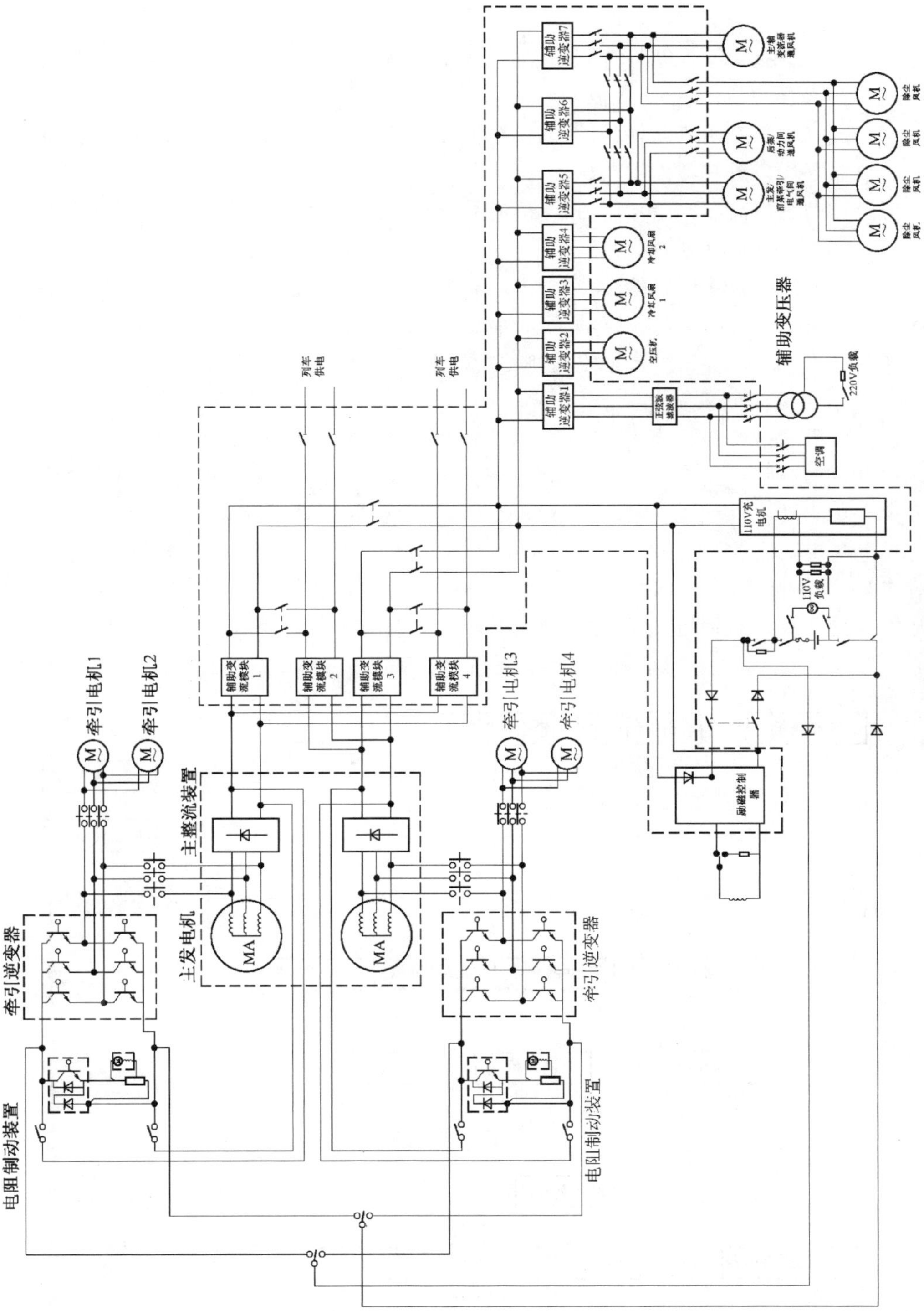

图 2-8-6　主辅一体式交流传动系统原理图

八

机车辅助系统分为交流辅助系统和直流辅助系统。

交流辅助系统主要包括600 V辅助变流环节、辅助逆变器、各类风机电机、空压机电机、冷却风扇电机、空调、生活设备(AC 220 V)、励磁斩波器、DC 110V充电机,以及相应配套的接触器、滤波器等。

600 V辅助变流环节包括四个200 kW辅助变流模块(1~4),分两组接在主发电机中间直流环节上,输出四路稳定的直流600 V电源。

600 V辅助变流环节部件与辅助逆变器、励磁斩波器、DC 110 V充电机以及与他们相配套的滤波器等均集成在辅助供电柜内,以提供集中强迫风冷。

交流辅助系统具有冗余功能,机车微机可通过通信网络对辅助逆变器及相应接触器进行控制,实现辅助供电电路的切换。

直流辅助系统包含所有的110 V用电设备以及机车蓄电池。在柴油机启动前,110 V直流用电设备由蓄电池组供电。柴油机启动后,转由DC 110V充电机发出的电源供电,来维持机车控制电路、照明电路、微机网络控制系统用电,并同时对蓄电池进行充电。

5. 微机网络控制系统

机车微机网络控制系统由机车微机系统、牵引变流控制系统、数据采集系统及显示单元组成,包括中央处理单元、牵引变流控制单元、数字量输入输出模块、模拟信号调节模块和显示单元等多个功能模块,板卡整合装在一个机箱内,显示终端设置在机车司机室操纵台上。

机车微机网络控制系统以中央控制单元为主,通过以太网通信实现与显示屏的高速、大数据流交互;采用标准的CAN2.0B通信协议与空压机、冷却风扇、通风机等辅助系统进行数据交互和控制;中央控制单元牵引控制单元与牵引控制单元间采用VME总线;显示屏与制动机间的通信采用MVB总线,机车微机网络系统拓扑图如图2-8-7所示。

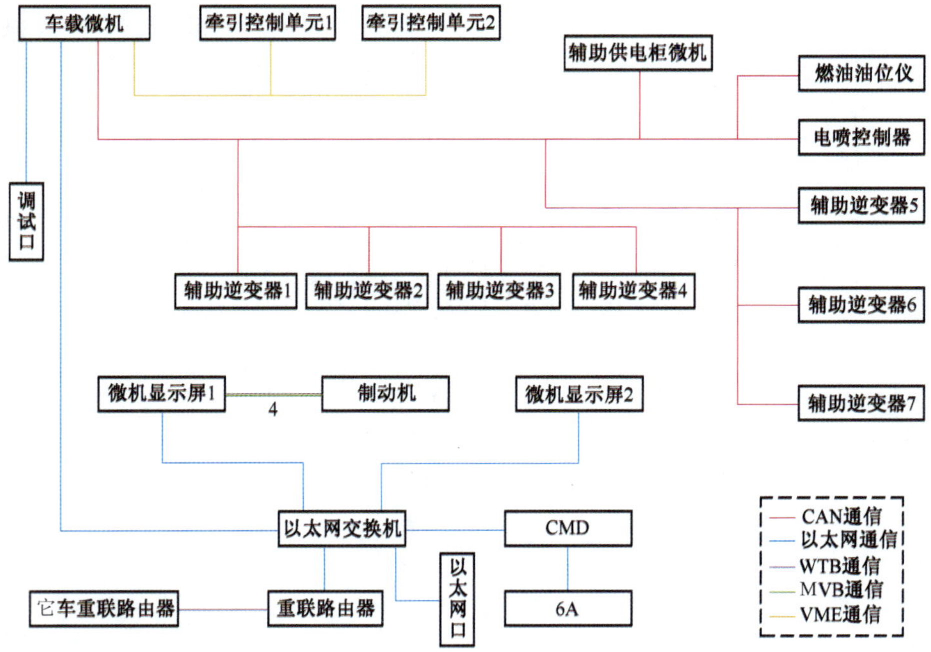

图2-8-7 机车微机网络拓扑图

6. 车 体

HXN3K型内燃机车车体采用整体承载式框架结构。

车体结构主要包括底架、侧墙、隔墙、顶盖、司机室等。车体底架采用整体承载式燃油箱结构，由三段组成，即前后端部和中间燃油箱。中间燃油箱采用网状结构，将底架前后端部连接成整体，承受上部柴油发电机组的质量和盛放柴油机燃料。车体侧墙为整体焊接的框架结构，侧墙为通风室及冷却室供风而安装有侧墙过滤器，活动顶盖拆装方便。车体从前向后被隔墙分为几个独立室。

机车司机室前面和两侧面设有防撞墙，前窗与车钩之间设有防爬结构；司机室内布置了仪表显示、电气控制、机车操纵等设备以及司乘人员的生活设施。该司机室为独立的模块化结构，通过橡胶支撑、弹簧、减振器形成阻尼结构，使其与车体钢结构完全隔离。

7. 转 向 架

HXN_{3K} 型内燃机车转向架主要组成包括构架、轮对驱动装置、二系悬挂（支承）装配、基础制动装置、牵引装置、一系悬挂（轴箱）装配、轮缘润滑装置、附件装配、转向架配管等。一系悬挂系统为圆钢弹簧加油压减振器，二系悬挂系统为高圆弹簧加减振垫，辅以垂向减振器、横向减振器和抗蛇行减振器，在承担机车全部质量的同时保证机车的运行平稳和舒适性。牵引装置是一个四杆机构，使转向架与车体连接在一起，传递牵引力和制动力。驱动装置结构为刚性架悬结构，采用 HXD_{3D} 电力机车转向架的驱动装置，主要由牵引电动机、齿轮箱装配、空心轴、传动盘及六连杆机构、传动销、橡胶关节等组成。

8. 制动系统

HXN_{3K} 型内燃机车制动系统主要由风源系统、微机控制制动机以及机车辅助用风组成。

风源主要包含由螺杆式空压机、双塔干燥器、总风缸、过滤器、安全阀、排水阀等阀类和管路组成。第一总风缸排水采用自动排水方式。空压机至第一总风缸及过滤器安装有电加热防寒装置。

微机控制制动机主要包括自动制动阀和单独制动阀、电空控制单元，集成处理模块，继电器接口模块，紧急放风阀等。

本车具有车辆供风装置，给车辆提供 600 kPa 辅助用风。具有车辆五线制电空制动装置。

机车辅助用风提供撒砂、喇叭、轮缘润滑、雨刮器等接口。

基础制动采用轮盘制动，每个车轮安装一套独立的制动单元，制动单元采用三点吊挂式，无踏面清扫装置，采用铸钢制动盘，粉末冶金闸片。每个转向架有两个带弹簧停车制动的制动单元，布置在一轴和三轴的右侧，以满足在 30‰坡道停车的要求。

9. 柴 油 机

HXN_{3K} 型内燃机车装用 12V265A 型柴油机，其主要部件包括机体装配、油底壳装配、曲轴装配、凸轮轴装配、动力组装配、传动机构、配气机构、泵支承箱装配、增压系统、润滑油系统、冷却水系统、燃油系统、控制系统等。

12V265A 为四冲程增压柴油机，12 个气缸分两列呈 V 形排列在柴油机左右两侧，V 形夹角为 45°，增压空气和气缸套的冷却媒介均为压力冷却水，采用电子控制单体式喷油泵—高压油管—喷油嘴[泵—管—嘴(PPN)]燃油喷射系统，活塞冷却为润滑油振荡方式，柴油机采用变频启动。

12V265A 柴油机采用 TPR56FV 型增压器。

12V265A 柴油机采用电子控制方式，控制系统的核心单元包括电喷控制器和控制柜。

12V265A 柴油机采用改进型防火罩。排气总管全隔热层覆盖，增压器涡轮端外包隔热层，中冷进气道外包隔热层。隔热层外部温度低于 220 ℃。柴油机 A 侧加装 4 个曲轴箱防爆阀装置，防爆阀具有阻燃功能，开启压力不大于 50 kPa。

柴油机辅助系统包括润滑油系统、燃油系统、冷却水系统以及给增压器提供清洁空气的空气滤清系统。

机车润滑油系统设置两级过滤，粗滤安装于柴油机，采用纸滤芯形式；精滤安装于机车动力室内，采用反冲洗式过滤器和离心式过滤器的组合形式。

机车燃油系统设置两级，均安装于冷却间，粗滤采用细目滤网形式；精滤采用纸滤芯形式。

机车冷却水系统分别采用顶置冷却装置，干式冷却形式。冷却装置均安装于冷却间，采用双流道散热器和冷却风扇配合的鼓风式冷却。高温散热器冷却柴油机和润滑油，低温散热器冷却中冷器。

机车空气滤清系统设置三级过滤，一级为钢板网，二级为惯性过滤器，三级为袋式滤芯。

10. 技术参数表

HXN$_{3K}$ 型交流传动客运内燃机车技术参数见表 2-8-1。

表 2-8-1　HXN$_{3K}$ 型交流传动客运内燃机车技术参数表

车型名称			和谐 N$_{3K}$
车型代号			HXN$_{3K}$
机车车号			0001～0002
项目		序号	参数及说明
机车总体参数	用途	1	干线客运
	制造年代	2	2016 年
	制造厂名	3	连车公司
	轨距(mm)	4	1 435
	车体形式	5	棚式
	轴式	6	A1A—A1A
	前后转向架中心距(mm)	7	12 850/节
	全轴距(mm)	8	16 750/节
	动轮直径(新轮)(mm)	9	1 250
	动轮直径(半磨耗轮)(mm)	10	1 200
	整备质量(t)	11	138
机车总体参数	轴重(t)	12	23
	通过最小曲线半径(m)	13	145
	电传动方式	14	交—直—交
	额定功率(kW)主发输入功率	15	≥2×3 250
	轮周牵引功率(kW)(持续制，不带供电时)	16	2×2 700
	最高速度(km/h)	17	160
	恒功率速度范围(km/h)	18	48～160
	持续速度(km/h)	19	48
	持续牵引力(kN)	20	2×200
	启动牵引力(kN)	21	2×245
	最大电阻制动力(kN)	22	2×170
	最大制动距离(m)	23	1 400
	柴油机停机下的移车方式	24	蓄电池移车
	控制器手柄挡位	25	12

续上表

车型名称			和谐 N3K
车型代号			HXN3K
机车车号			0001～0002
项目		序号	参数及说明
车体	车底架长(mm)	26	21 770/节
	车体宽(mm)	27	3 100
	车体高(mm)	28	4 680
	司机室个数	29	2×1
	机车前后车钩中心距(mm)	30	22 450/节
	车钩型号,形式	31	端部:15 号小间隙车钩,重联端:半永久车钩
	缓冲器型号	32	HN-1
装载量	燃油(dm^3)	33	7 500
	润滑油(kg)	34	878
	水(kg)	35	860
	砂(kg)	36	640
转向架	构架(长×宽×高,mm)	37	5 368×2 490×758.6
	两侧梁横向中心距 (mm)	38	2 120
	轴距(mm)	39	1 950+2 050
	一系悬挂垂向减振器型号	40	02A 2416/421300003183
	一系悬挂静挠度(mm)	41	42
	二系悬挂垂向减振器型号	42	02V 2417/421300003184
	二系悬挂横向减振器型号	43	02H 2418/421300003185
	二系悬挂抗蛇行减振器型号	44	04R 1983/601300003186
	二系悬挂弹簧静挠度(mm)	45	113
转向架	牵引力和制动力传递方式	46	四连杆
	牵引电动机悬挂方式	47	刚性架悬
	齿轮传动比	48	98∶26
	轴箱与转向架构架定位方式	49	单轴箱拉杆
	每轴簧下质量(t)	50	3
	转向架总成质量(t)	51	23
基础制动装置	基础制动方式	52	轮盘制动
	单元制动器型号	53	—
	制动缸数	54	24
	制动缸直径(mm)	55	254
	制动倍率	56	2.2
	传动效率(%)	57	95
	闸瓦与车轮踏面恒定间隙(mm)	58	2～4
	制动缸最大空气压力(kPa)	59	450
	闸片制动形式	60	轮盘制动
	闸片材质	61	粉末冶金闸瓦

八

续上表

车型名称			和谐 N3K
车型代号			HXN3K
机车车号			0001～0002
项目		序号	参数及说明
基础制动装置	每台机车闸瓦块数	62	48
	制动单元质量(kg)	63	85,107
	停放制动形式	64	弹簧停车
	手制动率	65	—
	总闸片压力(kN)	66	533(每节车)
柴油机	型号	67	12V265A
	外形尺寸(长×宽×高,mm)	68	5 000×1 780×2 600
	机体结构	69	球墨铸铁整体铸造,龙门式结构
	曲轴材质	70	合金锻钢曲轴
	主轴颈的直径(mm)	71	260
	连杆颈的直径(mm)	72	213
	气缸排列及夹角	73	V 形 45°夹角
	气缸数目	74	12
	气缸直径×活塞行程(mm)	75	265×300
	冲程数	76	4
	压缩比	77	15.4
	气缸总排量(dm^3)	78	198.6
	标定转速(r/min)	79	1 000
	最低空载转速(r/min)	80	325
	标定功率(kW)	81	3 500
	最大运用功率(kW)	82	3 500
	启动方式	83	机车变频启动
	最高爆发压力(MPa)	84	16.5
	标定功率平均有效压力(kPa)	85	2.1
	喷油泵形式,数量	86	柱塞式单体喷油泵,12
	喷油器形式	87	多孔高压单体喷油器
	喷油器启喷压力(MPa)	88	34.6
	喷油泵供油提前角	89	15°(排放模式),22°(油耗模式)
	喷射方式	90	泵—管—嘴,电子控制直接喷射
	标定功率燃油消耗率[g/(kW·h)]	91	209×(1±3%)(排放模式),199.5×(1±3%)(油耗模式)
	机油消耗率[g/(kW·h)]	92	≤燃油消耗率的 0.6%
	冷却水最高允许温度(℃)	93	90(柴油机进口处)
	机油最高允许温度(℃)	94	98(柴油机出口处)
	调节器形式	95	电子喷射控制调速器

续上表

车　型　名　称				和谐 N_{3K}
车　型　代　号				HXN_{3K}
机　车　车　号				0001～0002
项　目			序号	参数及说明
柴油机	高温水泵	形式	96	叶片式离心水泵
		额定转速(r/min)	97	2 893
		流量(m^3/h)	98	≥238.5
	低温水泵	形式	99	叶片式离心水泵
		额定转速(r/min)	100	2 893
		流量(m^3/h)	101	≥70.044
	主润滑油泵	形式	102	齿轮泵
		转速(r/min)	103	1 274
		出口油压力(kPa)	104	965.5
		流量(m^3/h)	105	≥108
	增压器	型号,台数	106	TPR56-F32,2
		允许转速(r/min)	107	42 000
		允许最高转速(r/min)	108	43 000
		增压比	109	3.5～3.8
		增压空气额定流量(kg/s)	110	6.5
		增压器空气滤清器形式	111	袋式滤清
		涡轮前允许废气温度(℃)	112	650
		涡轮最高允许废气温度(℃)	113	675
		润滑方式	114	油润滑
		质量(kg)	115	312
	中冷器	结构形式	116	箱型管片式空气冷却器
		进气温度(℃)	117	164～204
		进水温度(℃)	118	50
		水流量(m^3/h)	119	29.1(单侧)
	排放指标	碳氢化合物(HC)[g/(kW·h)]	120	<0.8
		一氧化碳(CO)[g/(kW·h)]	121	<3.2
		氮氧化物(NO_x)[g/(kW·h)]	122	<10.9
		颗粒	123	<0.32
		烟度	124	不透光度 30%(换算为直径为 1 m 的管径)
	柴油机总质量(kg)		125	20 500×(1±2%)(净重)
机车冷却系统	水散热器	形式	126	大片式、顶置
		高温水散热器单节数(组)	127	2/节
		低温水散热器单节数(组)	128	2/节
		水流道(单或双)方式	129	双流道

续上表

车型名称				和谐 N3K
车型代号				HXN3K
机车车号				0001～0002
项目			序号	参数及说明
机车冷却系统	冷却风扇	高、低温水系统风扇数	130	2/节
		驱动方式	131	变频
		直径(mm)	132	1 600
		最高转速(r/min)	133	1 260
		功率(kW)	134	76
主发电机	型号		135	YJ293A
	额定转速(r/min)		136	1 000
	额定容量(kV·A)		137	3 400
	额定电压(V)		138	2 100
	额定电流(A)		139	984
	额定频率(Hz)		140	83.3
	额定功率因数		141	0.95
	励磁方式		142	他励
	额定励磁电压(直流)(V)		143	110
	额定励磁电流(直流)(A)		144	126
	绝缘等级,定子/转子		145	H 级
	通风冷却方式		146	强迫风冷
	电刷牌号,尺寸(mm)		147	DE869 或 M170
	总质量(kg)		148	6 800
主整流装置	型号		149	GTF1200/2900
	额定交流输入电压(V)		150	1 926
	额定交流输入电流(A)		151	900
	额定交流输入频率(Hz)		152	83.3
	输出	最大直流电压(V)	153	2 900
		额定直流电流(A)	154	1 200
		最大直流电流(1h)(A)	155	1 200
	整流电路连接方式		156	GTF1200/2900
	硅整流元件型号		157	1 926
	通风冷却方式		158	强迫风冷
	质量(kg)		159	83.3
牵引逆变器	型号		160	8GCD02100000
	电路结构形式		161	电压型,两电平
	额定功率(kW)		162	4 000

续上表

车　型　名　称			和谐 N_{3K}
车　型　代　号			HXN_{3K}
机　车　车　号			0001～0002
项　目		序号	参数及说明
牵引逆变器	额定输入电压(V)	163	2 650
	额定输入电流(A)	164	754
	支撑电容值(mF)	165	1.667
	额定输出电压(V)	166	2 066
	额定输出电流(A)	167	1 200
	最大开关频率(Hz)	168	480
	输出频率范围(Hz)	169	0～120
	冷却方式	170	风冷
	效率	171	0.98
	质量(t)	172	1.67(总装配质量,包括制动斩波模块)
	外形尺寸(长×宽×高,mm)	173	3 264×1 572×815(总装配尺寸,包括制动斩波模块)
	每台机车牵引逆变器台数	174	2
	功率模块电路形式	175	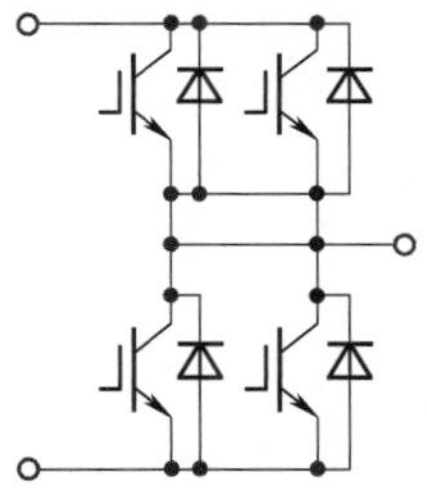
	功率模块电压(V)	176	2 800
	功率模块电流(A)	177	1 200
	功率模块开关频率(Hz)	178	480
	功率元件型号	179	5SNA1200G450
	功率元件参数	180	IGBT(4 500 V/1 200 A)
	功率元件个数	181	4
	功率模块质量(kg)	182	145
	功率模块尺寸(长×宽×高,mm)	183	630×600×521
牵引电动机	型号	184	YJ217C
	额定功率(kW)	185	697
	额定电压(V)	186	1 846
	额定电流(A)	187	265
	最高电压(V)	188	2 060
	最大电流(A)	189	425
	额定转速(r/min)	190	799
	额定转矩(N·m)	191	8 353

续上表

车型名称			和谐 N_{3K}
车型代号			HXN_{3K}
机车车号			0001～0002
项目		序号	参数及说明
牵引电动机	最大转矩(N·m)	192	10 080
	最大转速(r/min)	193	3 336
	功率因数	194	0.88
	极数	195	4
	额定效率(%)	196	93
	绝缘等级	197	200 级
	允许温升(定子/电枢)(K)	198	200
	额定频率(Hz)	199	27
	额定转差率(%)	200	2
	通风冷却方式	201	强迫风冷
	冷却空气量(m^3/min)	202	96
	总质量(kg)	203	2 230
辅助变流器	型号	218	CNR0000472016
	每台机车装用台数	219	1
	额定输入电压(V)	220	DC2650
	额定输入电流(A)	221	322
	额定输出电压(V)	222	DC600
	额定输出电流(A)	223	1 333
	频率(Hz)	224	100(辅助逆变器输出频率)
	功率元件参数	225	/
辅助变流器	冷却方式	226	强迫风冷
	质量(kg)	227	3 700
	容量(kV·A)	228	800
牵引电机&动力室通风机	形式	229	离心式
	装用数量(台)	230	2
	额定转速(r/min)	231	2 978
	通风量(m^3/s)	232	≥7.5
	静压(Pa)	233	≥3 150
	轴功率(kW)	234	≤34
	噪声[dB(A)]	235	≤103
牵引电机和主发电机通风机	形式	236	离心式
	装用数量(台)	237	2
	额定转速(r/min)	238	2 973
	通风量(m^3/s)	239	≥7.5
	静压(Pa)	240	≥3 635
	轴功率(kW)	241	≤40
	噪声[dB(A)]	242	≤103

续上表

车型名称				和谐 N_{3K}
车型代号				HXN_{3K}
机车车号				0001～0002
项目			序号	参数及说明
主辅逆变通风机	形式		243	离心式
	装用数量(台)		244	2
	额定转速(r/min)		245	2 973
	通风量(m^3/s)		246	≥5.98
	静压(Pa)		247	≥5 250
	轴功率(kW)		248	≤45
	噪声[dB(A)]		249	≤103
蓄电池充电器	型号		250	40155040
	输入电压(V)		251	220
	输出电压(V)		252	74
	输出电流(A)		253	425
	输出容量(kV·A)		254	31.5
	质量(kg)		255	20
网络控制系统	列车网标准		256	WTB
	车辆网标准		257	以太网
	列车网传输速率(Mbit/s)		258	1
	车辆网传输速率(Mbit/s)		259	100
	控制和保护功能	牵引特性控制	260	矢量控制
		电阻制动特性控制	261	矢量控制
		空转、滑行保护	262	蠕滑控制
		故障诊断与保护内容	263	柴油机保护、接地保护、过流保护、过压保护、辅助系统保护等等，故障诊断靠逻辑判断
空气制动系统	制动机主要部件	制动机型号	264	CCBⅡ
		自动制动阀，数量	265	2
		单独制动阀，数量	266	2
		分配阀型号，数量	267	16CP 模块(电子阀)，1；DPTV(机械阀)，1
		中继阀(双阀口式)，数量	268	1
		作用阀，数量	269	1
		紧急放风阀，数量	270	1
		常用限压阀，数量	271	—
		紧急限压阀，数量	272	—
		客货车转换阀，数量	273	—
		总风遮断阀，数量	274	—
		变向阀，数量	275	—

续上表

车型名称				和谐 N3K
车型代号				HXN3K
机车车号				0001～0002
项目			序号	参数及说明
空气制动系统	空气压缩机	型号,台数	276	SL22-66 ,/TSA-230AVI,2
		工作形式	277	连续式
		结构形式	278	螺杆式
		额定转速(r/min)	279	2 950
		额定排气压力(kPa)	280	900
		排气量(m^3/min)	281	2.75
		一级压缩空气的冷却方式	282	风冷
		润滑油压力(kPa)	283	—
		驱动功率(kW)	284	25
		净重(kg)	285	385
	空气干燥器	型号	286	JKG1C-L
		处理空气量(m^3/min)	287	大于 3
		工作压力(kPa)	288	900
	压力控制器(调压器)型号		289	2091200PG2M11P1GM1
	总风缸空气压力范围(kPa)		290	750～900
	各总风缸总容量(dm^3)		291	1 000
电阻制动	电阻制动装置型号,台数		292	CNR0000255904(2 个)/CNR0000506732(2 个),4/台
	持续功率 (kW)		293	4×1 650
	输入电压(V)		294	2 695
	输入电流(A)		295	4×612
	电阻带最高工作温度(℃)		296	720
	冷却风机功率(kW)		297	36
	冷却风机转速(r/min)		298	3 600
	冷却通风量(m^3/min)		299	308
	质量(kg)		300	570(单个单元重量,包括风机)
蓄电池组	型号		301	NM-360
	容量(A·h)		302	360
	装用数量(只)		303	48
	总标称电压(V)		304	96

注:"—"表示无此设备;"/"表示数据空缺。

八

九、HXN_5型内燃机车技术简介

1. 概　　述

HXN_5型内燃机车是6 000马力大功率交流传动干线货运内燃机车，是在美国GE公司AC6000型交流传动内燃机车技术平台的基础上，由戚机公司与美国GE公司联合生产的产品。该型机车额定功率为4 400 kW(6 000马力)，轮径1 050 mm，轴式为$C_0—C_0$，轴重25 t，最高运行速度120 km/h，恒功率速度范围22.3～120 km/h，持续速度为25 km/h，最大启动牵引力620 kN，持续牵引力为565 kN，通过最小曲线半径145 m。该型机车装用GEVO-16型柴油机(柴油机最大运用功率4 660 kW)，采用多微机模块化控制系统，具有足够的冗余度，一旦发生故障，系统可对自己进行重新组合，从而获得更高的可靠性，微机控制中具有先进的故障诊断和记录功能，便于故障的处理；采用CCBⅡ制动机，满足重载列车制动的需要。

2005年，在原铁道部主导下，以戚机公司为主体，对先进的GE公司交流传动内燃机车进行技术引进、消化吸收。HXN_5型内燃机车的研制生产分三个阶段：第一阶段为整车进口阶段，从GE公司进口整车2台(车号为0001、0002)。第二阶段为散件进口国内组装阶段。由GE公司提供主要系统和散件，戚机公司负责车体、转向架等制造以及机车总成48台(车号为0003～0050)，首台散件机车于2009年5月交付。第三阶段为国内制造阶段，由GE公司提供部分系统和部件，共计生产机车250台(车号为0051～0300)，首台国内制造机车于2009年6月交付，总共交付300台。

2010～2012年，为满足东北和西北地区铁路新线建设运输需求，原铁道部再次采购了350台HXN_5型内燃机车(车号为0301～0650)。

2013年，戚机公司结合我国铁路机车运用实践，针对HXN_5型内燃机车投用过程中出现的问题，自主对其进行了设计改进，包括双司机室车体、采用单拉杆转向架、加装6A系统、电传动系统及司机室操纵台等改造，并于同年生产交付50台HXN_5型(双司机室)机车(车号为2001～2050)，配属沈阳铁路局白城机务段担当锡林浩特至乌兰浩特铁路货运列车牵引任务。

截至2013年12月底，累计生产交付HXN_5型内燃机车700台，其中，HXN_5型机车650台，HXN_5型(双司机室)机车50台，分别配属哈尔滨、沈阳、北京、西安、上海、乌鲁木齐铁路局所属机务段，承担干线货运列车牵引任务。

HXN_5型内燃机车外观如图2-9-1所示。

图2-9-1　HXN_5型内燃机车外形图

HXN_5型内燃机车总体布置如图2-9-2所示。

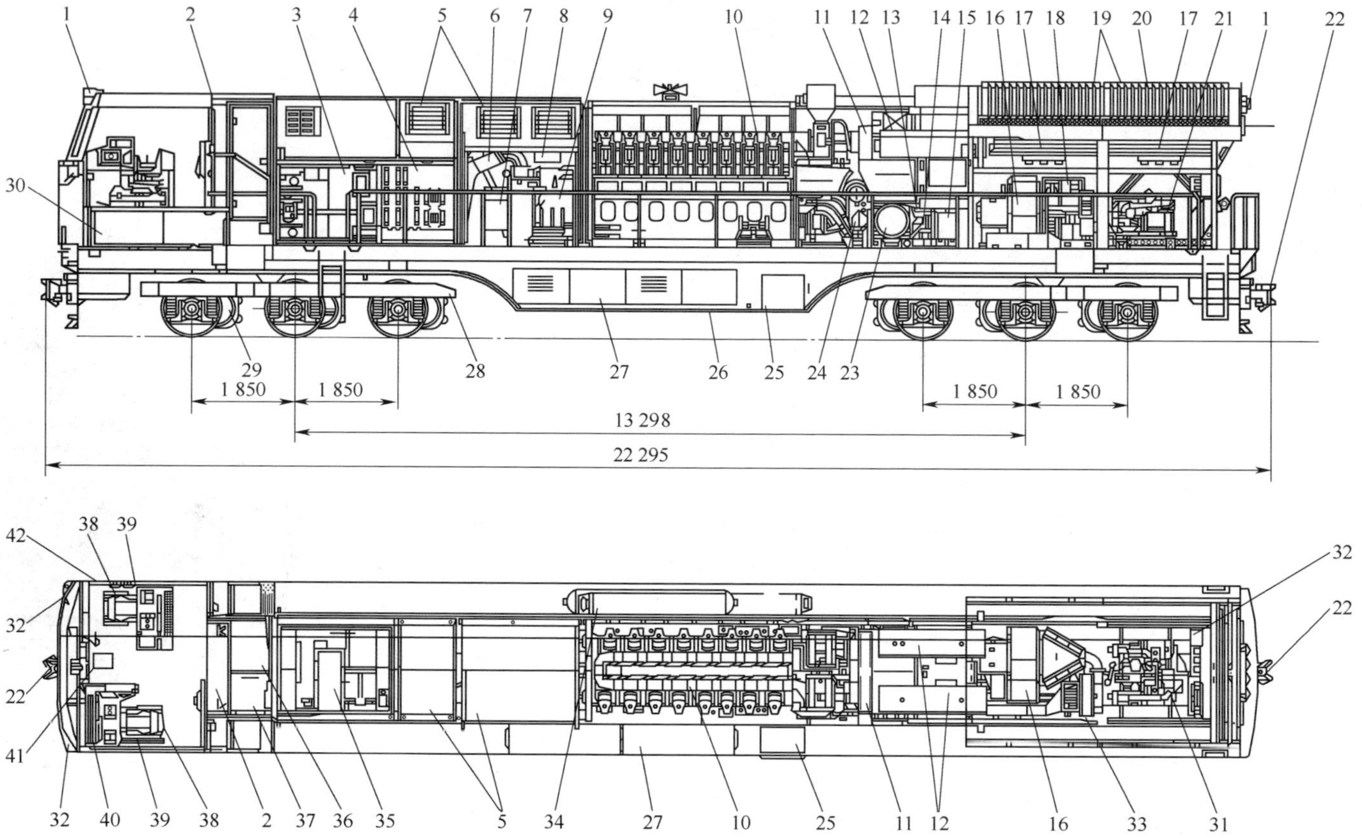

图 2-9-2　HXN5 型内燃机车总体布置图

1—头灯；2—控制设备柜；3—牵引逆变器；4—功率装置柜；5—电阻制动装置；6—牵引发电机通风道；7—辅助发电机；8—CTS 启机转换开关；9—主发电机；10—柴油机；11—空滤箱；12—冷却水箱；13—低压燃油泵；14—启动润滑油泵；15—润滑油热交换器；16—牵引电机通风机；17—冷却风扇；18— 惯性滤清器；19—散热器百叶窗；20—散热器；21—空压机；22—车钩；23—润滑油滤清器；24—燃油滤清器；25—污油箱；26—燃油箱；27—蓄电池箱；28—转向架；29—牵引电机；30—空调；31—标志灯；32—砂箱；33—排尘风机；34—总风缸；35—逆变/牵引发电机通风机；36—卫生间；37—行车安全设备柜；38—座椅；39—电暖器；40—操纵台；41—冰箱；42—制动柜

2. 机车总体

HXN_5 型内燃机车采用车架承载式结构车体，设有单端司机室、双侧外走廊；车体底架采用双箱型梁结构及整体承载式燃油箱。机车上部从前向后分为司机室、牵引变流器室、发电机室、柴油机室及冷却室。

司机室内部前后装有主、副两个操纵台，设有司机控制台、微机显示屏、电台等操纵设备，以及冰箱、微波炉、电炉、厕所等司机生活设备；司机室地板下设有外接电源变压器、空气制动机和空调装置。

牵引变流器室内装有牵引变流器、发电机励磁控制器、牵引电机控制器等各种电气设备。

发电机室内设有牵引发电机、辅助发电机及配套冷却风机组，上方装有三个卧式电阻制动模块。

柴油机室安装了一台柴油机，以及空气滤清器、膨胀水箱、燃油泵、润滑油热交换器、润滑油滤清器等辅助设备及各种管路。

冷却室内安装了散热器、冷却风扇等设备，并设有牵引电动机通风机和两台螺杆式空气压缩机。机车下部燃油箱两侧分别设有蓄电池箱和主风缸。空气制动系统采用克诺尔公司的CCBⅡ微机控制电空制动系统。机车具有最多三台机车重联运用的功能，可通过 27 芯重联电缆和重联空气软管连接。

HXN_5 型内燃机车牵引特性曲线如图 2-9-3 所示，电阻制动特性曲线如图 2-9-4 所示。

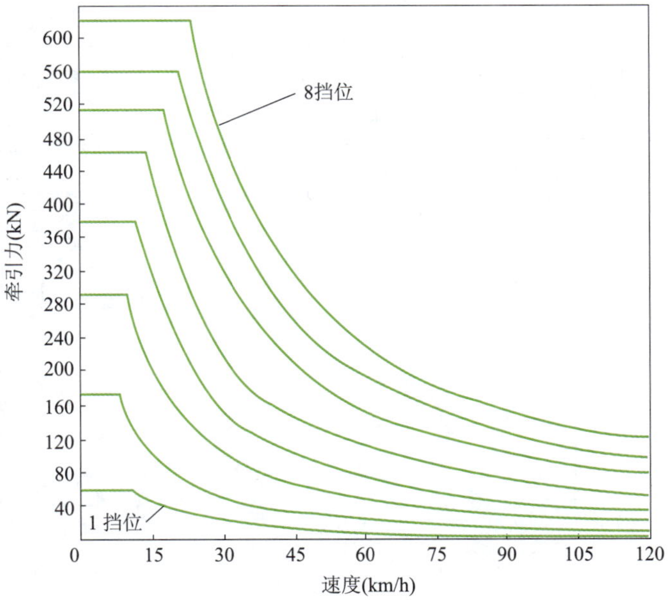

图 2-9-3　HXN_5 型内燃机车牵引特性曲线图(各挡位)

3. 牵引电传动系统

(1)牵引电路

HXN_5 型内燃机车牵引电传动系统主要由牵引发电机、牵引整流装置、牵引逆变器、牵引电机及电阻制动装置等组成，采用轴控方式。牵引状态时，柴油机驱动同步牵引发电机发出三相交流电，经由一个牵引整流装置转换成中间直流电路，然后经由六台独立的牵引逆变器，将直流电转换成频率、电压可调节的三相交流电，分别向两台转向架上的六台三相异步牵引电机

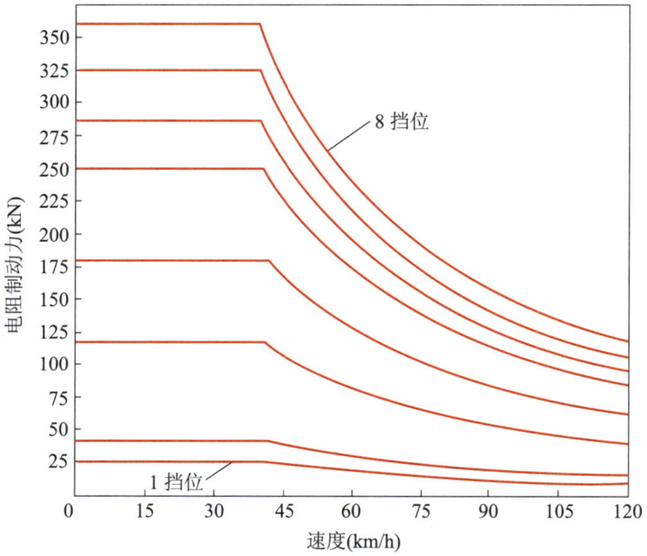

图 2-9-4 HXN5 型内燃机车电阻制动特性曲线图(各挡位)

独立供电。电阻制动状态时，牵引电机作发电机运行，发出的电能经牵引逆变器馈送到中间直流电路，消耗到制动电阻上。牵引电路原理图如图 2-9-5 所示。

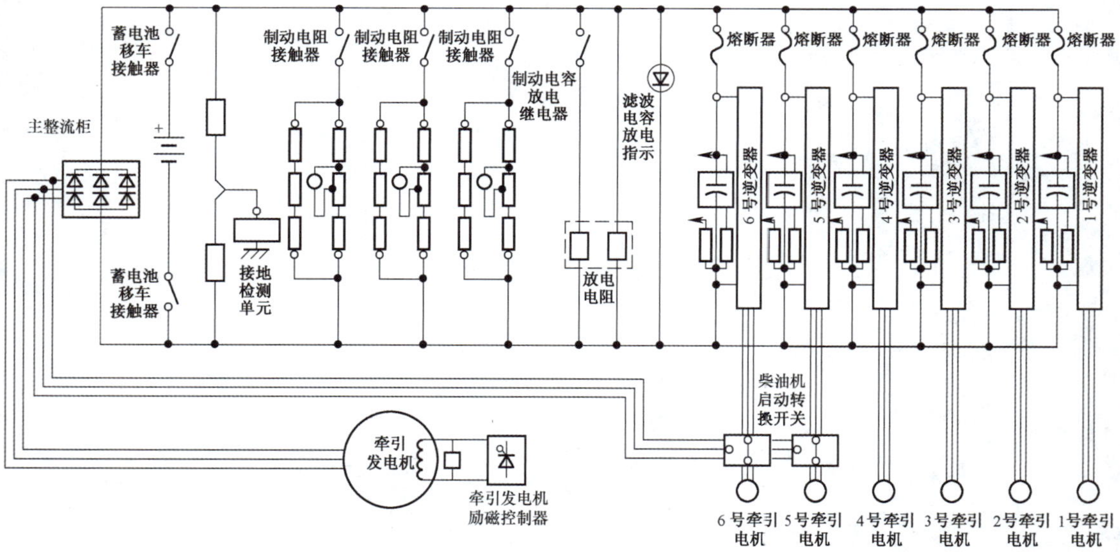

图 2-9-5 HXN5 型内燃机车牵引电路原理图

(2)牵引发电机及辅助发电机

机车采用 5GMG201 型牵引、辅助发电机，牵引发电机与辅助发电机安装在同一机壳内，采用一体化同轴双转子结构，牵引发电机输入功率为 4 400 kW，牵引、辅助发电机额定容量分别为 4 607、490 kV·A，辅助发电机用于牵引发电机励磁、各种设备的冷却风机、蓄电池充电器、辅助电机电器等供电。

(3)牵引变流器

机车牵引变流器由牵引整流装置和牵引逆变器组成，牵引整流装置采用三相桥式二极管整流电路，将牵引发电机发出的三相交流电转换成直流电，额定输出直流电压为 1 400 V，为牵引逆变器供电。每台机车上装有六台牵引逆变器，每台逆变器独立驱动一台牵引电机，采用 IGBT(2 400 V/2 200 A)功率控制器件，冷却方式为强迫风冷。

(4)牵引电机

机车装用 5GEB32B1 型鼠笼式三相异步牵引电机，额定功率为 640.5 kW。电机采用强迫通风冷却，半悬挂安装方式。该电机采用铸钢机座。定子铁芯由定子冲片、端板冲片经叠压后焊接、两端用压圈通过螺母及螺杆连接固定而成。定子冲片、端板冲片由优质冷轧硅钢片冲制而成。转子装配由转轴，转子铁芯，端环和导条焊接几部分组成。转子转轴采用齿轮与转轴一体的结构。转子铁芯由优质冷轧硅钢板冲制的冲片、端板和合金钢压圈叠压而成。

电动机传动端、非传动端端盖与轴承室之间采用非整体的分离结构。非传动端采用绝缘球轴承，传动端采用圆柱滚子轴承。

(5)电阻制动装置

机车装有三组电阻制动装置，其中两组合成一个单元，安装在牵引发电机室上部，另一组安装在辅助室上部，用于机车的电阻制动和自负荷试验，其持续功率(三组合计)为 4 233 kW。电阻制动装置冷却风机电机为直流电动机，采用电机、风扇一体结构。

4. 辅助电气系统

HXN_5 型内燃机车辅助电源由与牵引发电机同轴的辅助发电机提供，为机车各辅助设备供电。机车控制电源为 DC 74 V。辅助发电机与牵引发电机安装在一起，统称发电机组。其中，辅助发电机包括一套励磁绕组和三套互相独立的输出绕组。柴油机启动后，在辅助发电机励磁绕组通有励磁电流的情况下，三个输出绕组分别输出不同等级的交流电源供给机车辅助电路。主要包含励磁供电系统、辅助电动机供电回路、蓄电池充电系统以及控制系统等。辅助电气系统框图如图 2-9-6 所示。

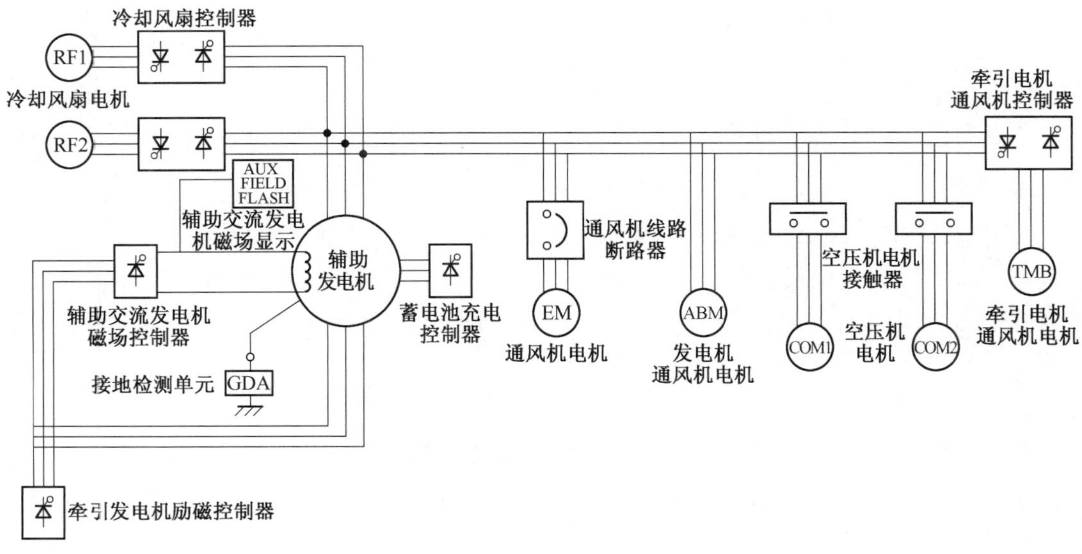

图 2-9-6　HXN_5 型内燃机车辅助系统供电框图

5. 微机网络控制系统

HXN5 型内燃机车的控制系统采用“综合控制架构”(Consolidated Control Architecture，CCA)系统。该系统以 3 台智能显示器作为机车的控制计算机，采用主频为 166 MHz 的英特尔“奔腾 MMX”微处理器，通过一个串联的 ARCNET 通信网络控制机车上所有其他计算机和控制装置的运行，包括柴油机控制、牵引控制、制动控制、辅助电源控制、重联控制、黏着控制、故障诊断和检测等功能。网络传输介质为屏蔽双绞线，数据传输率为 5 Mbit/s。

控制系统由机车控制单元、牵引控制单元、柴油机控制单元及其输入输出接口单元、显示单元及各类传感器等组成。

微机网络控制系统图如图 2-9-7 所示。

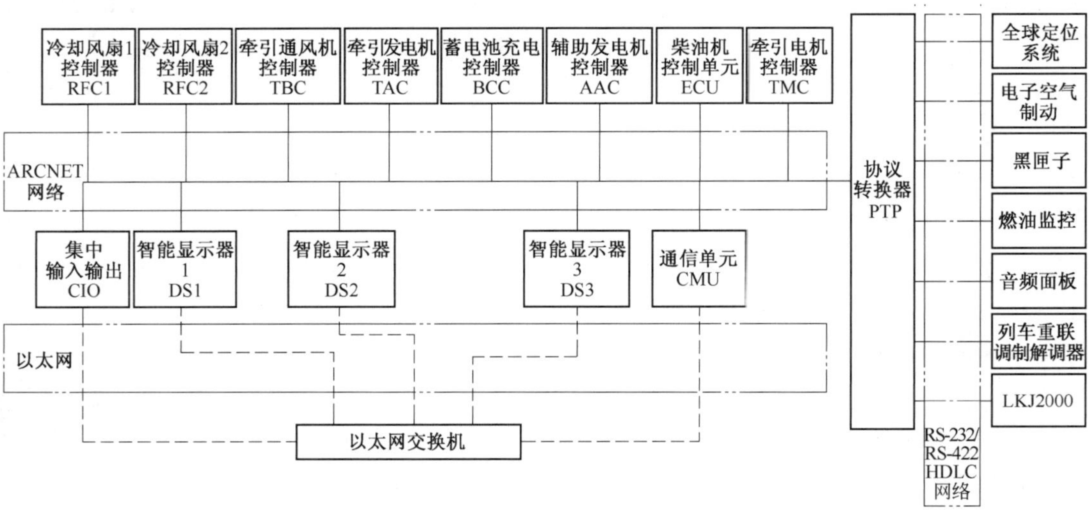

图 2-9-7 HXN5 型内燃机车微机网络控制系统图

6. 车　　体

HXN5 型内燃机车采用单司机室外走廊罩式结构，车架承载方式，整体承载式燃油箱设计，燃油箱容积(可用燃油量)9 000 dm^3。车架采用双箱型梁结构，由车架端部Ⅰ、车架端部Ⅱ、整体承载式燃油箱、侧脚蹬以及扶手等组成。

7. 转 向 架

HXN5 型内燃机车走行部为两台三轴转向架。转向架采用钢板焊接构架和无摇枕结构，轮对轴箱采用导框方式定位，车轮为整体式碾钢车轮。一系悬挂为轴箱两侧螺旋钢弹簧，配垂向油压减振器；二系悬挂为构架和车体之间的三点式橡胶钢板复合旁承，配横向油压减振器、抗蛇行减振器。牵引电机采用滚动轴承抱轴半悬挂安装方式，采用单侧斜齿轮传动方式驱动轮轴。基础制动装置采用踏面制动单元装置，带有闸瓦间隙调整器；停放制动为弹簧式制动装置。

8. 制动系统

HXN5 型内燃机车的制动系统采用 CCB Ⅱ型电子控制空气制动机，带有空气备份。主要部件包括电子控制阀、电子空气控制单元、综合处理模块等。

9. 柴 油 机

HXN5 型内燃机车装用 GEVO-16 型柴油机，其主要部件包括机体装配、油底壳装配、曲轴装配、凸轮轴装配、动力组装配、传动机构、配气机构、增压系统、润滑油系统、冷却水系统、燃油系统、控制系统等。

GEVO-16 型柴油机为 16 缸、四冲程增压柴油机，采用直接喷射式燃烧室、废气涡轮增压、增压空气中间冷却、整体球墨铸铁机体、全纤维锻造钢曲轴、并列连杆、电子控制燃油喷射，排放指标能够符合美国环保局二级(EPA Tier 2)排放标准。

柴油机采用牵引逆变器变频启动，由蓄电池向一台牵引逆变器供电，使牵引发电机变为交流电动机运转，从而驱动柴油机启动。

HXN_5 型内燃机车的柴油机辅助系统包括燃油系统、润滑油系统、冷却水系统、进气系统。

燃油系统和润滑油系统各主要部件集成在安装设备架上，布置于柴油机室柴油机自由端车底架上。润滑油系统主要由润滑油冷却器、润滑油滤清器、预润滑油泵以及相应的管路、阀类等组成。燃油系统主要由燃油箱、燃油粗滤器、燃油泵电机组、燃油预热器、燃油精滤器及相应的管路、阀类等组成。

冷却水系统主要由散热器、膨胀水箱、流向控制阀、燃油预热器以及相应的管路、阀门等组成。冷却水系统为高温闭式加压系统。采用顶置式散热器。冷却水系统具有低水压、高水温等保护功能。

柴油机进气空滤系统主要由空滤箱体钢结构、冬夏转换门、惯性式空气滤清器、袋式滤清器及进气软管等组成，从柴油机自由端两侧进风。空气滤清途径为：外界空气→一级滤清(V形多孔钢板网)→二级滤清(惯性式空气滤清器)→三级滤清(玻璃纤维袋式滤清器)→增压器。

10. 技术参数表

HXN_5 型内燃机车技术参数见表 2-9-1。

表 2-9-1　HXN_5 型内燃机车技术参数表

车型名称			和谐 N_5
车型代号			HXN_5
机车车号			0001～0002(GE 公司) 0003～0650(戚机公司)
			2001～2050(双司机室，戚机公司)
项目		序号	参数及说明
机车总体参数	用途	1	干线货运
	制造年代	2	2008～2013 年
	制造厂名	3	GE 公司 中车戚墅堰机车有限公司
	轨距(mm)	4	1 435
	车体形式	5	单司机室外走廊、双司机室外走廊
	轴式	6	$C_0—C_0$
	前后转向架中心距(mm)	7	13 298
	全轴距(mm)	8	16 998
	动轮直径(新轮)(mm)	9	1 050
	动轮直径(半磨耗轮)(mm)	10	1 000
	整备质量(t)	11	150×(1±3%)

九

续上表

车型名称			和谐 N_5
车型代号			HXN_5
机车车号			0001～0002(GE 公司) 0003～0650(戚机公司)
			2001～2050(双司机室,戚机公司)
项目		序号	参数及说明
机车总体参数	轴重(t)	12	25×(1±3%)
	通过最小曲线半径(m)	13	145
	电传动方式	14	交—直—交
	额定功率(kW)	15	4 400
	轮周牵引功率(kW)	16	4 003
	最高速度(km/h)	17	120
	恒功率速度范围(km/h)	18	22.3～120
	持续速度(km/h)	19	25
	持续牵引力(kN)	20	565
	启动牵引力(kN)	21	620
	最大电阻制动力(kN)	22	338
	紧急制动距离(m)	23	1 100(单机平直道上,初速 120 km/h 速度)
	柴油机停机下的移车方式	24	蓄电池移车
	控制器手柄挡位	25	8
车体装载量	车底架长(mm)	26	21 133 (两端面间)
	车体宽(mm)	27	3 119
	车体高(mm)	28	4 770
	司机室个数	29	1
	机车前后车钩中心距(mm)	30	22 295
	车钩型号,形式	31	102 型下作用式车钩
	缓冲器型号	32	102(NC390)
	燃油(dm^3)	33	9 000
	润滑油(kg)	34	1 144
	水(kg)	35	1 100
	砂(kg)	36	800
转向架	构架(长×宽×高,mm)	37	5 809×2 690×1 009
	两侧梁横向中心距 (mm)	38	2 040
	轴距(mm)	39	1 850×2
	一系悬挂垂向减振器型号	40	/
	一系悬挂静挠度(mm)	41	/

九

续上表

车型名称			和谐 N_5
车型代号			HXN_5
机车车号			0001～0002(GE 公司) 0003～0650(戚机公司)
			2001～2050(双司机室,戚机公司)
项目		序号	参数及说明
转向架	二系悬挂垂向减振器型号	42	—
	二系悬挂横向减振器型号	43	/
	二系悬挂抗蛇行减振器型号	44	/
	二系悬挂弹簧静挠度(mm)	45	/
	牵引力和制动力传递方式	46	中心销
	牵引电动机悬挂方式	47	滚动轴承抱轴悬挂
	齿轮传动比	48	85∶16
	轴箱与转向架构架定位方式	49	导框
	每轴簧下质量(t)	50	4.35
	转向架总成质量(t)	51	21.8
基础制动装置	基础制动方式	52	踏面制动方式
	单元制动器型号	53	PEC7,BCRK
	制动缸数(个)	54	12
	制动缸直径(mm)	55	177.8
	制动倍率	56	3.45
	传动效率 (%)	57	85 以上
	闸瓦与车轮踏面恒定间隙(mm)	58	6～17
	制动缸最大空气压力(kPa)	59	450
	闸瓦制动形式	60	闸瓦踏面制动
	闸瓦材质	61	复合材料
	每台机车闸瓦块数	62	12
	制动单元质量(kg)	63	68,53
	停放制动形式	64	弹簧
	蓄能制动率	65	0.11
	总闸瓦压力(kN)	66	423.6
柴油机	型号	67	GEVO-16 型柴油机
	外形尺寸(长×宽×高,mm)	68	5 105×1 771×2 603
	机体结构	69	带加强筋和角撑的单件球墨铸铁结构
	曲轴材质	70	合金钢
	主轴颈的直径(mm)	71	250

续上表

车型名称				和谐N5
车型代号				HXN5
机车车号				0001～0002(GE公司) 0003～0650(戚机公司)
				2001～2050(双司机室,戚机公司)
项目			序号	参数及说明
柴油机	连杆颈的直径(mm)		72	205
	气缸排列及夹角		73	V形45°夹角
	气缸数目		74	16
	气缸直径×活塞行程(mm)		75	250×320
	冲程数		76	4
	压缩比		77	16.8∶1
	气缸总排量(dm^3)		78	251.3
	标定转速(r/min)		79	1 050
	最低空载转速(r/min)		80	335
	标定功率(kW)		81	4 660
	最大运用功率(kW)		82	4 660
	启动方式		83	蓄电池供电,通过逆变器和牵引发电机启动
	最高爆发压力(MPa)		84	19.5
	标定功率平均有效压力(kPa)		85	2 120
	喷油泵形式,数量		86	单体电喷泵,16
	喷油器形式		87	低惯性闭式喷油器
	喷油器启喷压力(MPa)		88	/
	喷油泵供油提前角		89	/
	喷射方式		90	直喷式
	标定功率燃油消耗率[g/(kW·h)]		91	200×(1±3%)(油耗优先模式) 214×(1±3%)(排放优先模式)
	润滑油消耗率[g/(kW·h)]		92	小于燃油消耗率的0.35%
	冷却水最高允许温度(℃)		93	110(进口)
	润滑油最高允许温度(℃)		94	91(进口)
	调节器形式		95	电子喷射控制单元
	高温水泵	形式	96	单级离心泵
		额定转速(r/min)	97	1 790
		流量(m^3/h)	98	136.2
	低温水泵	形式	99	—
		额定转速(r/min)	100	—
		流量(m^3/h)	101	—
	主润滑油泵	形式	102	齿轮泵
		转速(r/min)	103	1 790
		出口油压力(kPa)	104	/
		流量(m^3/h)	105	130.5

九

续上表

车型名称				和谐 N_5
车型代号				HXN_5
机车车号				0001～0002(GE 公司) 0003～0650(戚机公司)
				2001～2050(双司机室,戚机公司)
项目			序号	参数及说明
柴油机	增压器	型号,台数	106	84E902627G5/84E902627G6,2
		允许转速(r/min)	107	≤26 500
		允许最高转速(r/min)	108	27 500
		增压比	109	3.35
		增压空气额定流量(kg/s)	110	3.75
		进气空气滤清器形式	111	袋式滤清器
		涡轮最高允许废气温度(℃)	112	718
		润滑方式	113	压力润滑
		质量(kg)	114	567.5
	中冷器	结构形式	115	管片式铜中冷器
		进气温度(℃)	116	194
		进水温度(℃)	117	50
		水流量(m^3/h)	118	25,极限时<50
	排放指标	碳氢化合物(HC)[g/(kW·h)]	119	0.4 (美国标准 EPA Tier2)
		一氧化碳(CO)[g/(kW·h)]	120	2.0 (美国标准 EPA Tier2)
		氮氧化物(NO_x)[g/(kW·h)]	121	7.4 (美国标准 EPA Tier2)
		颗粒[g/(kW·h)]	122	0.27 (美国标准 EPA Tier2)
		烟度(%)	123	20 (美国标准 EPA Tier2)
	柴油机总质量(kg)		124	24 857
机车冷却系统	水散热器	形式	125	大板块铜散热器
		高温水散热器单节数(组)	126	/
		低温水散热器单节数(组)	127	/
		水流道(单或双)方式	128	单流道
	冷却风扇	高、低温水系统风扇数	129	2
		驱动方式	130	电机驱动
		直径(mm)	131	1 829
		最高转速(r/min)	132	1 036
		功率(kW)	133	80
牵引发电机	型号		134	5GMG201E1
	额定转速(r/min)		135	1 050
	额定容量(kV·A)		136	4 607
	额定电压(V)		137	1 110
	额定电流(A)		138	2 396

续上表

车 型 名 称				和谐 N_5
车 型 代 号				HXN_5
机 车 车 号				0001～0002(GE 公司) 0003～0650(戚机公司)
				2001～2050(双司机室,戚机公司)
项 目			序号	参数及说明
牵引发电机	额定频率(Hz)		139	87.5
	额定功率因数		140	0.955
	励磁方式		141	他励
	额定励磁电压(直流)(V)		142	74
	额定励磁电流(直流)(A)		143	400
	绝缘等级,定子/转子		144	H/H 级
	通风冷却方式		145	强迫通风
	电刷牌号		146	84C603599P1
	总质量(kg)		147	9 069(包括辅助发电机)
主整流柜	型号		148	包含于牵引变流器中
	额定交流输入电压(V)		149	1 110(整流后)
	额定交流输入电流(A)		150	2 396(整流后)
	额定交流输入频率(Hz)		151	87.5
	输出	最大直流电压(V)	152	1 400
		额定直流电流(A)	153	3 082
		最大直流电流(1h)(A)	154	—
	整流电路形式		155	三相桥式
	硅整流元件型号		156	—
	通风冷却方式		157	强迫风冷
	质量(kg)		158	—
牵引逆变器	型号		159	17KG530E2
	电路结构形式		160	电压型,两电平
	额定功率(kW)		161	/
	额定输入电压(V)		162	1 400
	额定输入电流(A)		163	410
	支撑电容值(μF)		164	2×2 250
	额定输出电压(V)		165	1 100
	额定输出电流(A)		166	6×850
	最大开关频率(Hz)		167	200
	输出频率范围(Hz)		168	0～200
	冷却方式		169	强迫风冷
	效率		170	0.98
	质量(t)		171	/

九

续上表

车型名称				和谐 N_5
车型代号				HXN_5
机车车号				0001～0002(GE公司) 0003～0650(戚机公司)
				2001～2050(双司机室,戚机公司)
项目			序号	参数及说明
牵引逆变器	牵引变流器柜外形尺寸(长×宽×高,mm)		172	3 306×1 884×1 730
牵引逆变器	每台机车牵引逆变器台数		173	1
牵引逆变器	牵引逆变器功率模块	功率模块电路形式	174	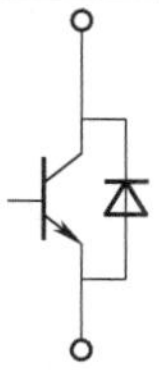
牵引逆变器	牵引逆变器功率模块	功率模块电压(V)	175	1 100
牵引逆变器	牵引逆变器功率模块	功率模块电流(A)	176	850
牵引逆变器	牵引逆变器功率模块	功率模块开关频率(Hz)	177	0～200
牵引逆变器	牵引逆变器功率模块	功率元件型号	178	MBN1200E25C
牵引逆变器	牵引逆变器功率模块	功率元件参数	179	IGBT(2 500 V/1 200 A)
牵引逆变器	牵引逆变器功率模块	功率元件个数	180	1
牵引逆变器	牵引逆变器功率模块	功率模块质量(kg)	181	24.9
牵引逆变器	牵引逆变器功率模块	功率模块尺寸(长×宽×高,mm)	182	432×356×127
牵引电机	型号		183	5GEB32B1
牵引电机	额定功率(kW)		184	640.5
牵引电机	额定电压(V)		185	626
牵引电机	额定电流(A)		186	760
牵引电机	最高电压(V)		187	1 000
牵引电机	最大电流(A)		188	853
牵引电机	额定转速(r/min)		189	686
牵引电机	额定转矩(N·m)		190	8 916
牵引电机	最大转矩(N·m)		191	9 888
牵引电机	最大转速(r/min)		192	3 560
牵引电机	功率因数		193	/
牵引电机	极数		194	6
牵引电机	额定效率(%)		195	92.2
牵引电机	绝缘等级		196	H级
牵引电机	允许温升(定子/电枢)(K)		197	180/无
牵引电机	额定频率(Hz)		198	35
牵引电机	额定转差率(%)		199	2
牵引电机	通风冷却方式		200	强迫风冷

续上表

车型名称			和谐 N_5
车型代号			HXN_5
机车车号			0001～0002(GE公司) 0003～0650(戚机公司)
			2001～2050(双司机室,戚机公司)
项目		序号	参数及说明
牵引电机	冷却空气量(m^3/min)	201	≥72
	总质量(kg)	202	2 450
辅助发电机	型号	203	5GMG201E1
	额定转速(r/min)	204	1 050
	额定容量(kV·A)	205	490
	额定电压(V)	206	68,201,402
	额定电流(A)	207	585,312,700
	额定频率(Hz)	208	105
	额定功率因数	209	0.95,0.95,0.87
	励磁方式	210	他励
	额定励磁电压(直流)(V)	211	/
	额定励磁电流(直流)(A)	212	/
	绝缘等级,定子/转子	213	H/H级
	通风冷却方式	214	强迫通风
	电刷牌号	215	84C603599P1
	总质量(kg)	216	9 069(包括牵引发电机)
辅助变流器	型号	217	17FM690
	每台机车装用台数	218	2
	输入电压(V)	219	3.83×(1±5%)
	输入电流(A)	220	1 100
	输出电压(V)	221	3.83×(1±5%)
	输出电流(A)	222	1 000(RMS)
	频率(Hz)	223	输入频率的1/4倍,1/2倍或1倍
	功率元件参数	224	—
	冷却方式	225	强迫风冷
	质量(kg)	226	30
	容量(kV·A)	227	89.5
牵引通风机	型号	228	5GDY91A6
	台数	229	1
	最大转速(r/min)	230	3 125
	每台风机的风量(m^3/min)	231	526.8
	风压(Pa)	232	4 800(最小静压)
	额定功率(kW)	233	60
	质量(kg)	234	≤897

续上表

车型名称			和谐 N_5
车型代号			HXN_5
机车车号			0001～0002(GE 公司) 0003～0650(戚机公司)
			2001～2050(双司机室,戚机公司)
项目		序号	参数及说明
排尘风机	排尘风机型号	235	5GDY90D1
	排尘风机台数	236	1
	最大转数(r/min)	237	3 125
	每台风机的风量(m^3/min)	238	113
	风压(Pa)	239	1 090
	额定功率(kW)	240	6.4
	质量(kg)	241	250
牵引发电机通风机(含小排尘风机)	型号(含排尘)	242	5GDY89A2
	台数	243	1
	每台通风机风量(m^3/min)	244	372
	风压(Pa)	245	6 020
	每台排尘风机的风量(m^3/min)	246	45.6
	排尘风机风压(Pa)	247	2 036
	最大转速(r/min)	248	3 125
	额定功率(kW)	249	3.58
	质量(kg)	250	885
启动电机	型号	251	—
	电压(V)	252	—
	电流(A)	253	—
	启动转距(N·m)	254	—
蓄电池充电器	型号	255	包含于牵引变流器中
	输入电压(V)	256	201
	输出电压(V)	257	74
	输出电流(A)	258	/
	输出容量(kV·A)	259	30
	质量(kg)	260	/
网络控制系统	列车网标准	261	ARCNET，ETHERNET
	车辆网标准	262	—
	列车网传输速率(Mbit/s)	263	5
	车辆网传输速率(Mbit/s)	264	—
	控制和保护功能　牵引特性控制	265	根据柴油机负载率进行有限度的柴油机恒功控制,机车牵引功率与辅助功率之间动态转移,通过矢量控制电机转矩

九

续上表

车型名称				和谐 N_5
车型代号				HXN_5
机车车号				0001～0002(GE公司) C003～0650(戚机公司)
				2001～2050(双司机室,戚机公司)
项目			序号	参数及说明
网络控制系统	控制和保护功能	电阻制动特性控制	266	根据限制下的各个挡位最大允许制动力以及制动功率进行恒转矩以及恒功控制,通过矢量控制控制电机转矩
网络控制系统	控制和保护功能	空转、滑行保护	267	重联机车中的一辆或多辆机车发生空转滑行后,驱动撒砂电磁阀动作,同时驱动重联空转滑行信号,牵引系统给定调整牵引力,从而恢复黏着
网络控制系统	控制和保护功能	故障诊断与保护内容	268	设备故障检测与保护,安全驾驶检测与保护,柴油机系统检测与保护,牵引变流系统检测与保护,系统设置保护
空气制动系统	制动机主要部件	制动机型号	269	CCBⅡ
空气制动系统	制动机主要部件	自动制动阀	270	2(自动、单独制动阀集成在一起)
空气制动系统	制动机主要部件	单独制动阀	271	2(自动、单独制动阀集成在一起)
空气制动系统	制动机主要部件	分配阀型号,数量	272	没有独立的分配阀,系统配用1个EPCU
空气制动系统	制动机主要部件	中继阀(双阀口式)	273	没有独立的中继阀,系统配用1个EPCU
空气制动系统	制动机主要部件	作用阀	274	没有独立的作用阀,系统配用1个EPCU
空气制动系统	制动机主要部件	紧急放风阀	275	2
空气制动系统	制动机主要部件	常用限压阀	276	没有独立的常用限压阀,系统配用1个EPCU
空气制动系统	制动机主要部件	紧急限压阀	277	没有独立的紧急限压阀,系统配用1个EPCU
空气制动系统	制动机主要部件	客货车转换阀	278	没有独立的客货车转换阀,系统配用1个EPCU
空气制动系统	制动机主要部件	总风遮断阀	279	没有独立的总风遮断阀,系统配用1个EPCU
空气制动系统	制动机主要部件	变向阀	280	没有独立的变向阀,系统配用1个EPCU
空气制动系统	空气压缩机	型号,台数	281	LSEC9A/TYPH00N-5.6D2/4U,2
空气制动系统	空气压缩机	工作形式	282	间歇式
空气制动系统	空气压缩机	结构形式	283	主要包括电机、机头、冷却装置
空气制动系统	空气压缩机	额定转速(r/min)	284	3 100
空气制动系统	空气压缩机	额定排气压力/(kPa)	285	最大为965
空气制动系统	空气压缩机	排气量(m^3/min)	286	最大为2.8
空气制动系统	空气压缩机	一级压缩空气的冷却方式	287	水冷,风冷
空气制动系统	空气压缩机	润滑油压力(kPa)	288	最大为965
空气制动系统	空气压缩机	驱动功率(kW)	289	25.2,30
空气制动系统	空气压缩机	净重(kg)	290	940,960
空气制动系统	空气干燥器	型号	291	994-501MC/JKG-5
空气制动系统	空气干燥器	处理空气量(m^3/min)	292	2.8
空气制动系统	空气干燥器	工作压力(kPa)	293	900

续上表

车　型　名　称			和谐 N_5
车　型　代　号			HXN_5
机　车　车　号			0001～0002(GE 公司) 0003～0650(戚机公司)
			2001～2050(双司机室,戚机公司)
项　目		序号	参数及说明
空气制动系统	压力控制器(调压器)型号	294	41B510557P14
	总风缸空气压力范围(kPa)	295	750～900
	各总风缸总容量 (dm^3)	296	482.5×2
电阻制动	电阻制动装置型号,台数	297	17EM151A1,1/17EM152A1,1
	持续功率 (kW)	298	4 233
	输入电压(V)	299	1 430×(1±8%)
	输入电流(A)	300	2 960×(1±8%)
	电阻带最高工作温度(℃)	301	650
	冷却风机功率(kW)	302	36
	冷却风机转速(r/min)	303	3 600
	冷却通风量(m^3/min)	304	396.4×3
	质量(kg)	305	2 575
蓄电池组	型号	306	84a218622P1
	容量(A·h)	307	450
	装用数量(只)	308	32
	总标称电压(V)	309	64

注:"—"表示无此设备;"/"表示数据空缺。

十、HXN_{5B}型内燃机车技术简介

1. 概　　述

HXN_{5B}型内燃机车是新一代 4 400 马力交流传动调车内燃机车，是戚机公司研制的具有完全自主知识产权的交流传动机车产品。机车额定功率 3 250 kW，轮径为 1 250 mm，轴重 25 t，轴式 $C_0—C_0$；最高速度 100 km/h，恒功率速度范围 18.2～100 km/h，持续速度 18.2 km/h，最大启动牵引力 560 kN，持续牵引力 540 kN，最大电阻制动力 351 kN，最大空气制动力 127 kN，通过最小曲线半径 100 m。

机车装用 R12V280ZJ 型中速柴油机（柴油机最大运用功率 3 530 kW）、CDJF212 型主辅发电机和 CDJD113 型交流感应异步牵引电动机。采用燃油电子喷射系统、高压比可变涡轮增压系统、IGBT 模块单轴控制式大功率交流牵引系统、基于 MVB 总线和多处理器的实时网络分布式微机控制系统、远程故障诊断系统、集中通风系统及轴箱单拉杆定位转向架等先进技术。适用于铁路路网大型编组场的调车及小运转作业。该型机车在车轮全磨耗状态下，仍能发挥最大牵引力，同时满足过驼峰作业要求。

2012 年 6 月和 2013 年 5 月，HXN_{5B}型 0001 号和 HXN_{5B}型 0002 号两台样车下线，2013 年完成了全部形式试验，2014 年完成运用考核。截至 2015 年 12 月底，共计生产交付 HXN_{5B}型内燃机车 195 台，车号为 0001～0195，分别配属哈尔滨、西安、上海、南昌、广州、南宁、成都、昆明、兰州、乌鲁木齐等铁路局所属机务段，承担铁路网大型编组场站的调车任务。HXN_{5B}型内燃机车的外观如图 2-10-1 所示。

图 2-10-1　HXN_{5B}型内燃机车外形图

2. 机车总体

HXN_{5B}型内燃机车采用前鼻室加单司机室外走廊结构，整体式燃油箱车架承载结构，车架上部布置有七个室，从前往后分别为辅助室、司机室、辅变流柜和电器柜室、牵引变流柜室、

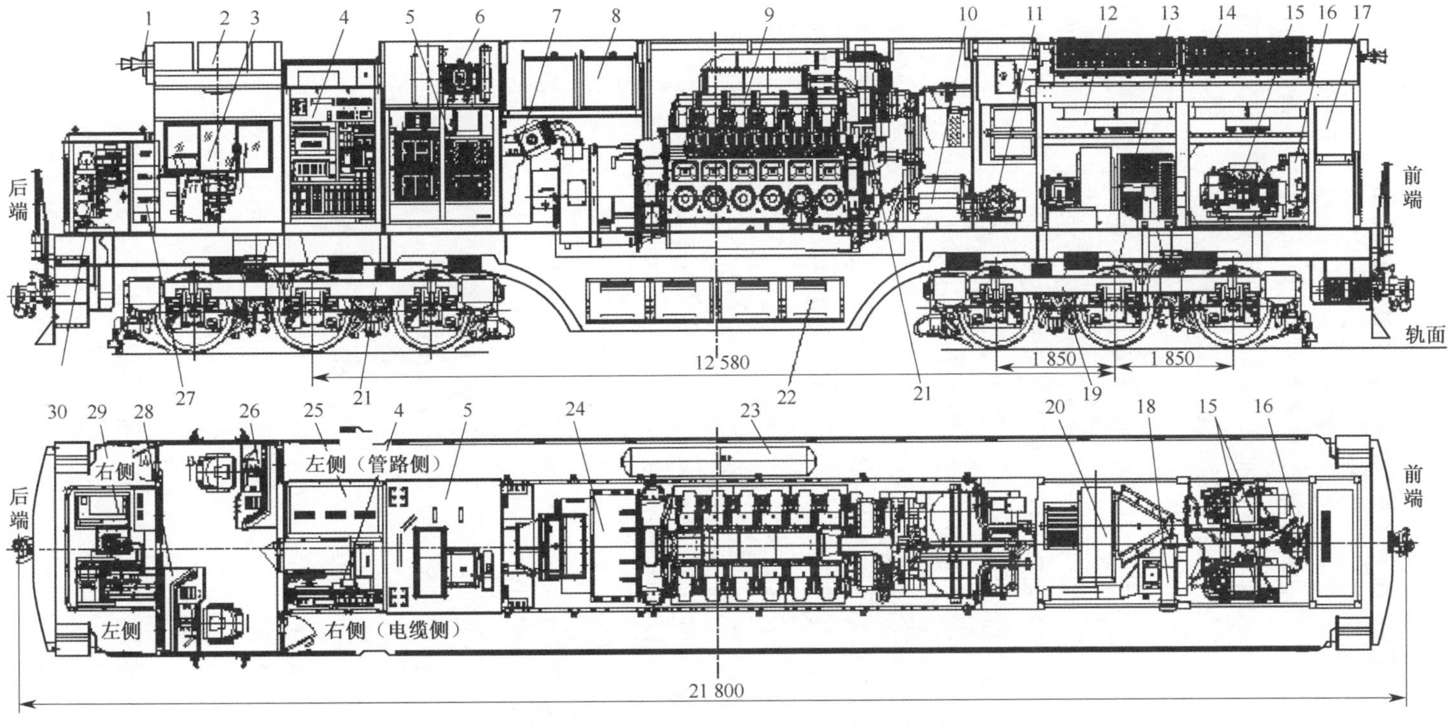

图 2-10-2　HXN5B 型内燃机车总体布置图

1—风喇叭；2—空调装置；3—司机室；4—电器柜；5—牵引变流柜；6—牵引发电机通风机；7—牵引发电机风道；8—电阻制动装置；9—柴油机；10—润滑油热交换器；11—润滑油滤清器；12—冷却风扇；13—惯性滤清器；14—散热器；15—空气压缩机；16—空气干燥器；17—空压机变频柜；18—排尘风机；19—转向架；20—牵引电机通风机；21—燃油滤清器；22—蓄电池；23—总风缸；24—主辅发电机；25—辅变流柜；26—主操纵台；27—生活柜；28—副操纵台；29—行车安全设备柜；30—阀类安装架

主发电机室、柴油机室、冷却室，各室采用模块化设计。车架下部安装有车钩缓冲器、蓄电池、总风缸以及相应的管路及电缆。车架下部安装有前后转向架，转向架通过牵引销进行牵引。

HXN_{5B} 型内燃机车总体布置如图 2-10-2 所示。

辅助室室内右前侧布置三项设备柜，左侧布置 DK-2 型制动机。辅助室顶盖为可拆卸结构，左右侧壁设计有防撞梁结构。

司机室顶部布置顶置空调、风扇、照明灯、阅读灯、语音警报器等。主、副操纵台呈对角布置，在前后间壁墙上布置有灭火器、添乘座椅、取暖器、电热水壶、微波炉、电加热盘、6A 监控系统主机等。冰箱及 CMD 主机分别布置于两个操纵台内。前墙预留了平调、编组场第三方设备等的安装空间。

辅助变流柜和电器柜室分左右布置，呈“凹”型结构，可通过司机室中门进入。辅变流柜内布置有冷却风扇变流器、牵引电机通风机变流器、充电控制器，主发电机励磁控制器、辅助发电机励磁控制器等。电器柜内主要布置微机控制柜、蓄电池闸刀开关、各种接触器、断路器、继电器、燃油监控仪、电子喷射控制器等。

牵引变流柜模块分为上下两部分，上部为通风机室，下部为牵引变流器柜。通风机室内布置通风机和排尘风机，空气经过两侧的 V 形滤网和惯性式空气滤清器进入室内，对下部变流器进行通风冷却，并通过风道进入牵引、辅助发电机，对牵引、辅助发电机进行冷却。牵引变流柜内主要布置由大功率 IGBT 模块组成的牵引变流器，包括不可控三相整流器、中间直流电路、VVVF 三相逆变器及相关接触器。

牵引发电机室上部为两组电阻制动装置，上部两侧设有百叶窗，电阻制动装置从左侧进风，右侧出风。下部安装同轴连接的牵引发电机和辅助发电机。在牵引发电机室与电阻制动室隔板下底面安装有柴油机启机转换开关 CTS。

柴油机室罩壳呈 n 形结构，通过螺栓与车底架连接，柴油机室顶盖与两侧壁通过拉紧装置紧固。柴油机通过连接箱与牵引、辅助发电机相连形成柴油发电机组，整个柴油发电机组通过四个弹性支承安装于车底架上，另在牵引发电机上设置有两个浮动辅助支承。同时在柴油机室与冷却室连接处布置了辅助系统集中安装架。该安装架为模块结构，集成了润滑油热交换器、润滑油滤清器、启动润滑油泵、燃油泵机组、燃油粗滤器、温度控制阀等。

冷却室前半部分上方装有膨胀水箱、空气滤清器箱；后半部分上部为冷却装置，冷却装置上方设有由压缩空气驱动的散热器百叶窗，百叶窗下方为散热器，散热器下部装有两个冷却风扇电机组；冷却室左右两侧有 V 形滤网窗，下部前端为牵引电动机通风机、通风机滤清器箱装配及排尘风机；中后端为空气压缩机组和干燥器。冷却室最后端上部安装空压机变频柜，下部为预留的置物空间。

机车通风系统主要包括牵引电机通风及排尘风机、主发电机通风及排尘风机。牵引电机采用集中通风模式，牵引电机通风机安装在机车冷却室，进风口安装旋风筒惯性滤清器。其排尘通风机安装在牵引电机通风机一侧，对柴油机进气系统及牵引电机通风机进气旋风筒进行抽尘。牵引发电机则采用独立的通风机及排尘风机进行通风冷却，整个部件集成为通风机室模块安装在牵引变流柜顶部。

机车牵引特性曲线和电阻制动特性曲线分别如图 2-10-3、图 2-10-4 所示。

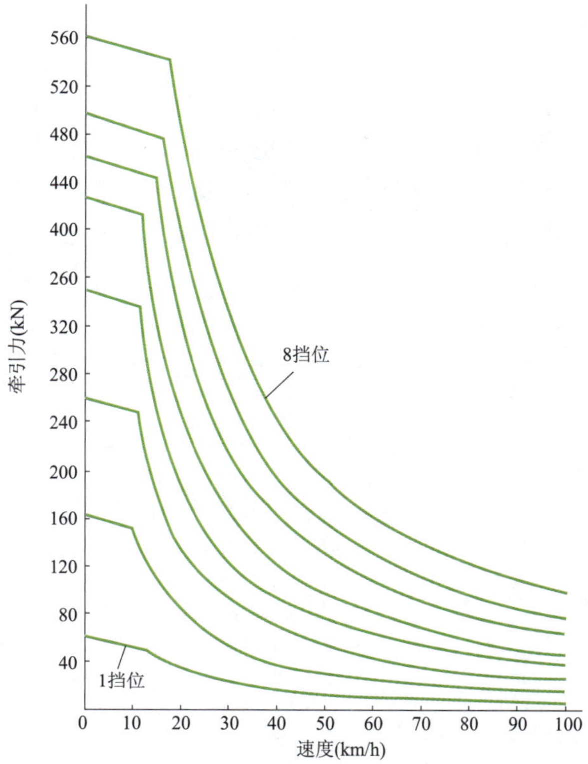

图 2-10-3　HXN5B 型内燃机车牵引特性曲线图

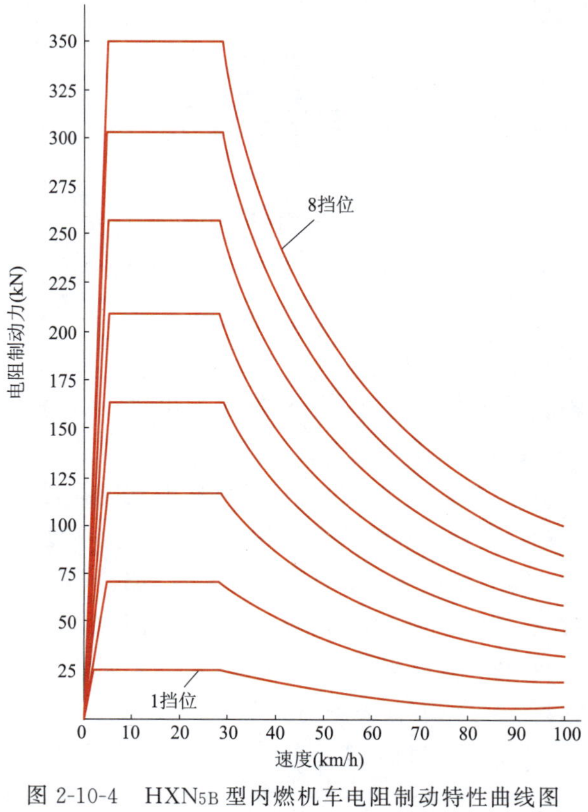

图 2-10-4　HXN5B 型内燃机车电阻制动特性曲线图

3. 牵引电传动系统

(1)牵引电路

HXN5B型内燃机车牵引电传动系统采用交直交传动方式,利用制动斩波器实现电阻制动调速,具备自负荷功能,由牵引发电机、牵引变流柜、交流牵引电机和制动电阻等组成。机车牵引传动采用轴控方式,牵引状态时,柴油机驱动同步主发电机发出三相交流电,分别经由两个牵引整流装置转换成两个独立的中间直流电路,每个中间直流电路并联有三台独立的牵引逆变器,将直流电转换成频率、电压可调节的三相交流电,分别向二台转向架上的六台三相异步牵引电机独立供电。电阻制动状态时,牵引电机作发电机运行,发出的电能经牵引逆变器馈送到中间直流电路,消耗到制动电阻上。HXN5B型内燃机车牵引电路图如图2-10-5所示。

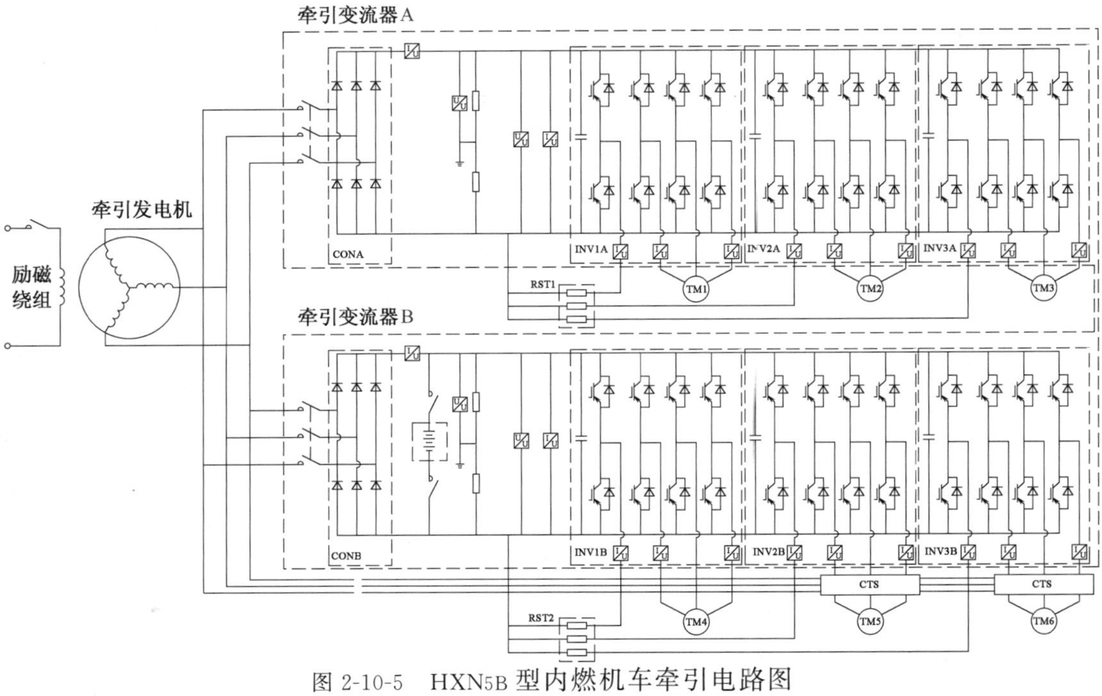

图2-10-5　HXN5B型内燃机车牵引电路图

CONA、CONB—整流模块;INV1A～3A、INV1B～3B—逆变模块;RST1、RST2—制动电阻;TM1～TM6—牵引电机;CTS—柴动机启动转换开关

(2)主发电机和辅助发电机

主发电机为卧式、轴向强迫通风的三相凸极同步发电机,主发电机和辅助发电机同轴安装,一体式结构,轴承为单列圆柱滚子轴承。

主、辅助发电机带有温度传感器,机车控制系统将根据电机温度反馈,控制通风机转速。

主、辅助发电机的冷却采用轴向强迫通风冷却,冷却空气由辅助发电机外围的大端盖上方的入口进入,一条支路冷却主发电机定子和转子,另一条支路冷却辅助发电机定子和转子,冷却空气在主发电机后端汇合,从后端排出。滑环另需旁路通风冷却。

牵引发电机的引出线母排将位于面对滑环端的右上方。辅助发电机的引出线位于滑环端的端盖侧下方。励磁引线位于滑环保护罩侧方。

主发电机定子铁芯由扇形冲片拼成,定子绕组为三相星形连接。辅助发电机定子为内定子形式,通过止口与端盖连接。辅助发电机定子有三套独立绕组:电池绕组、励磁绕组、风机绕组，分别为蓄电池充电器、主发电机励磁电路、冷却风机等供电。

（3）牵引变流器

牵引变流器由两个输入二极管整流模块、中间直流电路电气部件、驱动两台转向架六台牵引电机的六个 IGBT 逆变模块、两个 DCU 驱动控制单元以及必要的控制接触器等部件组成，实现机车牵引、制动、库内动车、柴油机启动、网络通信等功能。

（4）牵引电机

机车装用 CDJD113 型鼠笼式三相异步牵引电机，额定功率为 520 kW。电机采用强迫通风冷却，半悬挂安装方式。牵引电机定子结构采用全叠片式。转子为鼠笼式，采用转轴与主传动齿轮一体化的齿轮轴设计，导条与端环采用高强度铜合金材料。

为了完全防止电腐蚀，非传动端轴承采用进口陶瓷绝缘轴承。传动端采用圆柱滚子轴承。

（5）电阻制动装置

电阻制动装置用于机车的电阻制动和自负荷试验，共有两组，合成一个单元，安装在主发电机室上部。电阻制动装置冷却风机电机为直流电动机。

4. 辅助电气系统

HXN5B 型内燃机车辅助电路图如图 2-10-6 所示。电气辅助系统由辅助电机及其控制系统组成。辅助电机主要由牵引、辅助发电机中的辅助交流发电机、两台冷却风扇电机、一台牵引电机通风机电机、两台空压机电机、一台主、辅助发电机通风机（带排尘）电机、一台排尘风机电机等组成。辅助发电机输出供电，实现牵引电机通风机电机、冷却风扇电机、空压机电机变频控制，并直接驱动发电机通风机电机以及排尘风机电机。

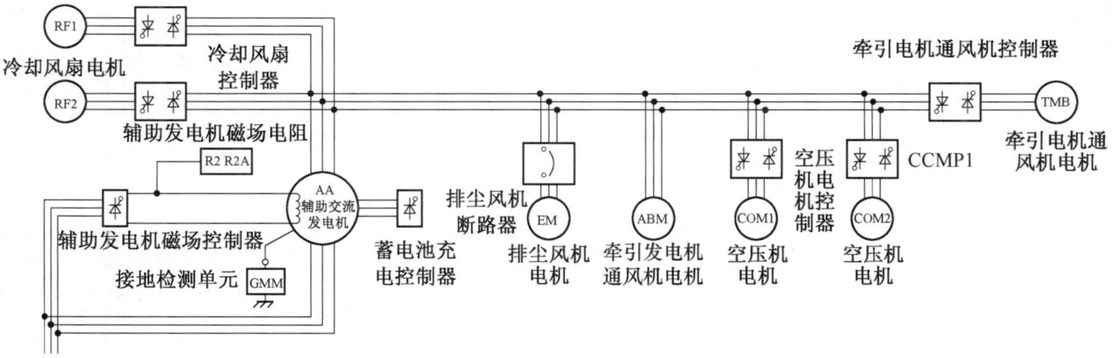

图 2-10-6　HXN5B 型内燃机车辅助系统原理图

5. 微机网络控制系统

HXN5B 型内燃机车控制系统采用中央集中处理，分布式执行控制方式，实现机车控制、柴油机控制、发电机励磁控制、辅助系统控制等。机车主发电机励磁控制，辅助发电机励磁控制，主传动控制，辅助传动控制等采用分立式执行控制单元，提高系统的实时响应能力。中间直流电路电压控制采用相控整流一级直接励磁控制方式。

机车采用多级网络结构，MVB 总线采用冗余热备份。辅助 CAN 通信、RS-485 串行通信网络等方式实现各控制单元与机车的联合控制和信息共享。机车中央控制单元 VCU 与传动控制单元 DCU、显示器单元 IDU、相控整流单元 TAC/AAC/BCC 等通过 MVB 网络互联；VCU 与电子喷射控制器通信采用 CAN 总线，与辅助变流器通信采用 RS-485 串行通信方式。

HXN5B 型内燃机车微机网络控制系统如图 2-10-7 所示。

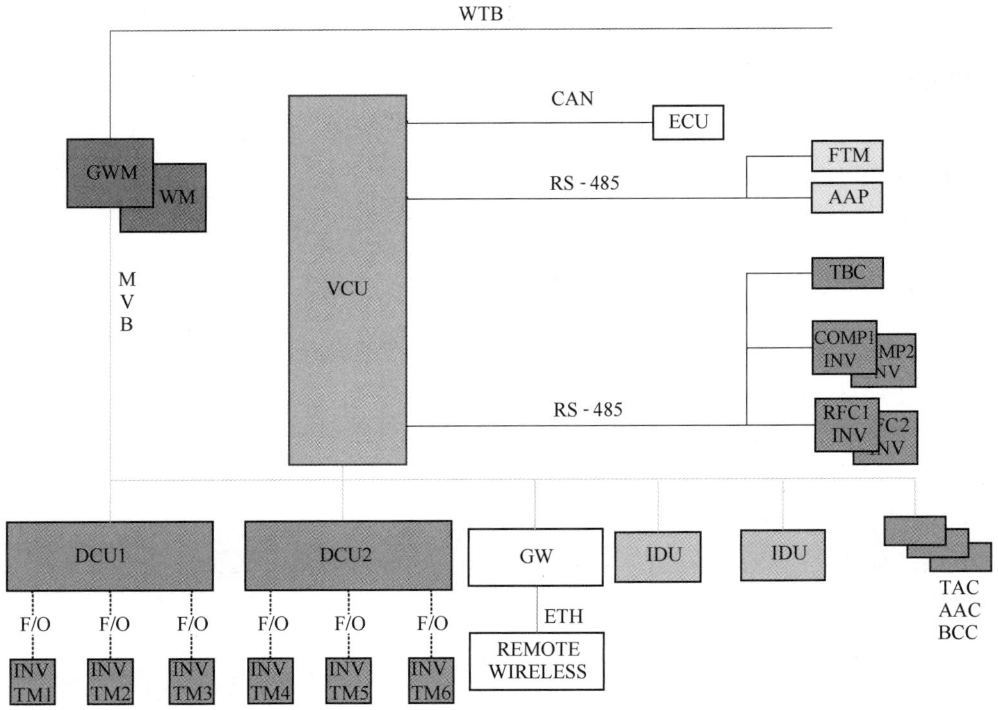

图 2-10-7 HXN5B 型内燃机车微机网络控制系统图

VCU—中央控制单元(LCS);IDU—智能显示单元;GWM—TCN 网关模块;GW—MVB 至以太网网关;WTB—绞线式列车总线;MVB—多功能车辆总线;DCU—驱动控制单元;INV TM—牵引电机逆变器;CAN—CAN 现场总线;RS-485—异步串行通信;ECU—电喷控制单元;FTM—燃油监控仪;AAP—语音报警装置;TBC—牵引电机通风机控制器;COMP1、2 INV—空压机控制器;RFC1、2 INV—散热器风扇控制器;TAC—牵引发电机控制器;AAC—辅助发电机控制器;BCC—电池充电控制器;REMOTE WIRELESS—无线远程诊断记录装置;ETH:以太网

6. 车 体

HXN5B 型内燃机车车体钢结构主要由上部的辅助室、司机室、辅助变流柜和电器柜室、牵引变流柜、牵引发电机室、柴油机室、冷却室钢结构,以及下部的车底架、排障器、牵引缓冲装置等组成。车底架采用双箱型梁,整体承载式油箱结构,主要由前后端梁、左右中梁、各横梁、吊座梁、上下盖板、外走廊地板、承载油箱等组成,前后端梁用于安装车钩缓冲器和排障器;车体及司机室设防爬、防碰撞保护装置、上作用 102 式车钩(E 型轮廓)及 NC390 型大容量车钩缓冲器。车底架左右中梁由钢板组焊成箱型梁结构,贯穿车架前后,直接支撑在转向架橡胶旁承之上,为机车的主要承载结构。两中梁间上、下平面设有盖板,中部形成牵引电机冷却风道。

7. 转 向 架

HXN5B 型内燃机车采用轴箱单侧拉杆定位的新型转向架,三点式旁承、中心销牵引、牵引电机滚动轴承抱轴悬挂、1 250 mm 轮径车轮。转向架主要由构架、轴箱组成、支撑装配、轮对电机驱动装置、牵引装置、基础制动装置、附件安装等组成。构架采用钢板焊接成箱型成为承载主体,由左右对称布置的侧梁、牵引梁、横梁、后端梁及各座组成;二系旁承采用橡胶堆承载结构;基础制动采用单元制动器,单侧闸片踏面制动;另外,在转向架每端的车轮前部均设有砂箱。

8. 制动系统

HXN_{5B}型内燃机车制动系统包括空气制动和电阻制动。电阻制动与空气制动连锁。

空气管路系统主要由空气制动系统和辅助用风系统组成。空气制动系统由风源系统和制动系统组成，机车具有停放制动功能，可通过操纵台上的停放制动“施加”和“缓解”按钮进行停放制动的自动施加和缓解。制动系统装用一个中继阀，主副操纵台的制动阀之间连接一个转换阀，用于操纵台之间的切换。机车风源系统为两台螺杆式空气压缩机，在空气压缩机的出风口装有水分离器，第一总风缸之前安装有吸附式空气干燥器。

机车上采用 DK-2 型电空制动系统。DK-2 型制动机是一种具备微机模拟控制、网络通信、故障智能诊断等信息化功能的机车电空制动机。能实现列车自动制动与机车单独制动，具有断钩保护、列车充风流量检测、无动力回送、制动重联、列车电空制动、列车速度监控配合等制动基本功能。具备单机自检、故障诊断、数据记录与存储等智能化、信息化等功能，具备 MVB、CAN 等网络通信接口，适应现代机车制动机信息化以及网络控制的发展要求。辅助用风系统由撒砂系统、风喇叭和雨刮器系统等组成。撒砂系统可与空气制动、防空转滑行等装置配合动作。

9. 柴 油 机

HXN_{5B}型内燃机车装用 R12V280ZJ 型柴油机。

柴油机气缸采用 V 形排列，V 形夹角内自上而下布置中冷器、稳压箱、空气腔、高温水腔及主润滑油道。

柴油机自由端上部，平行轴线方向布置两台高压比增压器。采用集成式增压器支架，支架内布置有燃油精滤器、润滑油管路和冷却水管路。

凸轮轴、单体式电控喷油泵布置在机体两侧，在气缸盖外侧设计全封闭防护罩，对喷油泵、燃油管路等进行防护，防止燃油泄漏造成的火灾

齿轮传动装置布置在机体前端的齿轮箱内，曲轴齿轮通过传动齿轮驱动两侧的凸轮轴、冷却水泵及润滑油泵。

曲轴传动齿轮和扭转振动减振器通过锥度配合方式与曲轴自由端相连，联轴器通过连接螺栓与曲轴输出法兰相连。

柴油机辅助系统包括燃油系统、润滑油系统、冷却水系统、进气系统。

燃油系统和润滑油系统各主要部件集成在安装设备架上，布置于柴油机室柴油机自由端车底架上

冷却水系统根据 R12V280ZJ 型柴油机双水泵设计，高、低温冷却系统各自独立冷却的要求，采用双水回路冷却系统，主要由散热器、膨胀水箱以及相应的管路、阀、管卡安装等模块组成，其中膨胀水箱为柴油机工作时消耗的（高、低温）冷却水补水。此外，冷却水还经由润滑油冷却器、燃油加热器，分别跟润滑油和燃油进行热交换。

柴油机进气空滤系统主要由空滤箱体钢结构、冬夏转换门、惯性式空气滤清器、袋式滤清器及进气软管等组成，从柴油机自由端两侧进风。空气滤清途径为：外界空气→一级滤清（V 形多孔钢板网）→二级滤清（惯性式空气滤清器）→三级滤清（玻璃纤维袋式滤清器）→增压器。

10. 技术参数表

HXN_{5B}型内燃机车技术参数见表 2-10-1。

表 2-10-1 HXN5B 型内燃机车技术参数表

车型名称			和谐 N5B
车型代号			HXN5B
机车车号			0001～0195
项目		序号	参数及说明
机车总体参数	用途	1	调车兼小运转
	制造年代	2	2012～2015 年
	制造厂名	3	中车戚墅堰机车有限公司
	轨距(mm)	4	1 435
	车体形式	5	罩式
	轴式	6	C_0—C_0
	前后转向架中心距(mm)	7	12 580
	全轴距(mm)	8	16 280
	动轮直径(新轮)(mm)	9	1 250
	动轮直径(半磨耗轮)(mm)	10	1 200
	整备质量(t)	11	150
	轴重(t)	12	25
	通过最小曲线半径(m)	13	100
	电传动方式	14	交—直—交
	额定功率(kW)	15	3 250
	轮周牵引功率(kW)	16	≥2 700
	最高速度(km/h)	17	100
	恒功率速度范围(km/h)	18	18.2～100
	持续速度(km/h)	19	18.2
	持续牵引力(kN)	20	540
	启动牵引力(kN)	21	560
	最大电阻制动力(kN)	22	351
	紧急制动距离(m)	23	535(单机平直道上,初速 100 km/h 速度)
	柴油机停机下的移车方式	24	蓄电池移车
	控制器手柄挡位	25	8
车体	车底架长(mm)	26	21 300
	车体宽(mm)	27	3 284
	车体高(mm)	28	4 750
	司机室个数	29	1
	机车前后车钩中心距(mm)	30	21 800
	车钩型号,形式	31	102 车钩(上作用)
	缓冲器型号	32	NC390

续上表

车型名称			和谐 N_{5B}
车型代号			HXN_{5B}
机车车号			0001～0195
项目		序号	参数及说明
装载量	燃油(dm^3)	33	8 500
	润滑油(kg)	34	1 000
	水(kg)	35	1 100
	砂(kg)	36	800
转向架	构架(长×宽×高,mm)	37	5 929×2 380×1 109
	两侧梁横向中心距 (mm)	38	2 040
	轴距(mm)	39	1 850×2
	一系悬挂垂向减振器型号	40	421300002338
	一系悬挂静挠度(mm)	41	105
	二系悬挂垂向减振器型号	42	—
	二系悬挂横向减振器型号	43	421300002339
转向架	二系悬挂抗蛇行减振器型号	44	—
	二系悬挂弹簧静挠度(mm)	45	/
	牵引力和制动力传递方式	46	中心销
	牵引电动机悬挂方式	47	滚动抱轴承式半悬挂
	齿轮传动比	48	86∶15
	轴箱与转向架构架定位方式	49	单拉杆
	每轴簧下质量(t)	50	4.97
	转向架总成质量(t)	51	23.8
基础制动装置	基础制动方式	52	踏面制动方式
	单元制动器型号	53	PEC7/BCRK
	制动缸数	54	12
	制动缸直径(mm)	55	177.8
	制动倍率	56	3.45
	传动效率 (%)	57	>85
	闸瓦与车轮踏面恒定间隙(mm)	58	6～17
	制动缸最大空气压力(kPa)	59	450
	闸瓦制动形式	60	闸瓦踏面制动
	闸瓦材质	61	合成
	每台机车闸瓦块数	62	12
	制动单元质量(kg)	63	68,53
	停放制动形式	64	弹簧
	蓄能制动率	65	0.096
	总闸瓦压力(kN)	66	422.5

续上表

车型名称				和谐 N_{5B}
车型代号				HXN_{5B}
机车车号				0001～0195
项目			序号	参数及说明
柴油机	型号		67	R12V280ZJ
	外形尺寸(长×宽×高,mm)		68	4 122×1 804×3 098
	机体结构		69	球墨铸铁整体铸造
	曲轴材质		70	合金钢
	主轴颈的直径(mm)		71	250
	连杆颈的直径(mm)		72	215
	气缸排列及夹角		73	V形夹角50°
	气缸数目		74	12
	气缸直径×活塞行程(mm)		75	280×300
	冲程数		76	4
	压缩比		77	13
	气缸总排量(dm^3)		78	221.6
	标定转速(r/min)		79	1 000
	最低空载转速(r/min)		80	330
	标定功率(kW)		81	3 530
	最大运用功率(kW)		82	3 530
	启动方式		83	电机启动
	最高爆发压力(MPa)		84	15.5
	标定功率平均有效压力(MPa)		85	1.91
	喷油泵形式,数量		86	电子控制高压柱塞式燃油喷射泵，12
	喷油器形式		87	低惯性多孔闭式喷油器
	喷油器启喷压力(MPa)		88	35
	喷油泵供油提前角		89	16°
	喷射方式		90	直喷式
	标定功率燃油消耗率[g/(kW·h)]		91	198×(1±3%)
	润滑油消耗率[g/(kW·h)]		92	≤0.5%燃油消耗率
	冷却水最高允许温度(℃)		93	95(柴油机出口)
	机油最高允许温度(℃)		94	92(柴油机出口)
	调节器形式		95	电子喷射控制单元
	高温水泵	形式	96	离心式
		额定转速(r/min)	97	2 354.5
		流量(m^3/h)	98	100

续上表

车型名称				和谐N_{5B}
车型代号				HXN_{5B}
机车车号				0001～0195
项目			序号	参数及说明
柴油机	低温水泵	形式	99	离心式
		额定转速(r/min)	100	2 354.5
		流量(m^3/h)	101	130
	主润滑油泵	形式	102	齿轮式
		转速(r/min)	103	1 111
		出口油压力(kPa)	104	850
		流量(m^3/h)	105	55×2
	增压器	型号,台数	106	TPR56FV 或 TPR56F2,2
		允许转速(r/min)	107	≤41 160
		允许最高转速(r/min)	108	41 160(保护)
		增压比	109	3.4
		增压空气额定流量(kg/s)	110	3.4
		进气空气滤清器形式	111	单元空气滤清器
		涡轮前允许废气温度(℃)	112	≤650
		涡轮最高允许废气温度(℃)	113	650(保护)
		润滑方式	114	压力油润滑
		质量(kg)	115	410
	中冷器	结构形式	116	双流程铜中冷器
		进气温度(℃)	117	220
		进水温度(℃)	118	50±3
		水流量(m^3/h)	119	80
	排放指标	碳氢化合物(HC)[g/(kW·h)]	120	0.8 (美国标准 EPA Tier2)
		一氧化碳(CO)[g/(kW·h)]	121	3.2(美国标准 EPA Tier2)
		氮氧化物(NO_x)[g/(kW·h)]	122	10.9 (美国标准 EPA Tier2)
		颗粒	123	0.32 (美国标准 EPA Tier2)
		烟度	124	—(美国标准 EPA Tier2)
	柴油机总质量(kg)		125	23 500
机车冷却系统	水散热器	形式	126	大板块铜散热器
		高温水散热器单节数(组)	127	2
		低温水散热器单节数(组)	128	2
		水流道(单或双)方式	129	双流道
	冷却风扇	高、低温水系统风扇数	130	2
		驱动方式	131	交流电机变频驱动
		直径(mm)	132	1 600
		最高转速(r/min)	133	1 350
		功率(kW)	134	75

续上表

车型名称				和谐N_{5B}
车型代号				HXN_{5B}
机车车号				0001～0195
项目			序号	参数及说明
牵引发电机		型号	135	CDJF212
牵引发电机		额定转速(r/min)	136	1 000
牵引发电机		额定容量(kV·A)	137	4 000
牵引发电机		额定电压(V)	138	1 346
牵引发电机		额定电流(A)	139	1 716
牵引发电机		额定频率(Hz)	140	116.7
牵引发电机		额定功率因数	141	0.95
牵引发电机		励磁方式	142	它励
牵引发电机		额定励磁电压(直流)(V)	143	80
牵引发电机		额定励磁电流(直流)(A)	144	350
牵引发电机		绝缘等级,定子/转子	145	H/H 级
牵引发电机		通风冷却方式	146	强迫通风
牵引发电机		电刷牌号,尺寸(mm)	147	JF210C-300-500,20×40
牵引发电机		总质量(kg)	148	7 580(包括辅助发电机)
主整流器		型号	149	包含于牵引变流器中
主整流器		额定交流输入电压(V)	150	3AC 1326
主整流器		额定交流输入电流(A)	151	3AC 2×762
主整流器		额定交流输入频率(Hz)	152	/
主整流器	输出	最大电压(V)	153	DC 1 700
主整流器	输出	额定电流(A)	154	DC 2×968
主整流器	输出	最大电流(1h)(A)	155	DC 2×1 035
主整流器		整流电路连接方式	156	三相全波整流桥
主整流器		硅整流元件型号	157	DZ950N44
主整流器		通风冷却方式	158	强迫风冷
主整流器		质量(kg)	159	56
牵引逆变器		型号	160	TGA22
牵引逆变器		电路结构形式	161	电压型,两电平
牵引逆变器		额定功率(kW)	162	545
牵引逆变器		额定输入电压(V)	163	1 700
牵引逆变器		额定输入电流(A)	164	/
牵引逆变器		支撑电容值(mF)	165	4.3
牵引逆变器		额定输出电压(V)	166	3AC 1326
牵引逆变器		额定输出电流(A)	167	3AC 478
牵引逆变器		最大开关频率(Hz)	168	500

续上表

车型名称				和谐 N_{5B}
车型代号				HXN_{5B}
机车车号				0001～0195
项目			序号	参数及说明
牵引逆变器	输出频率范围(Hz)		169	0～500
	冷却方式		170	强迫风冷
	效率		171	0.99
	质量(t)		172	3
	牵引逆变器柜外形尺寸(长×宽×高,mm)		173	2 363×2 072×2 156
	每台机车牵引逆变器台数		174	1
	牵引逆变器功率模块	功率模块电路形式	175	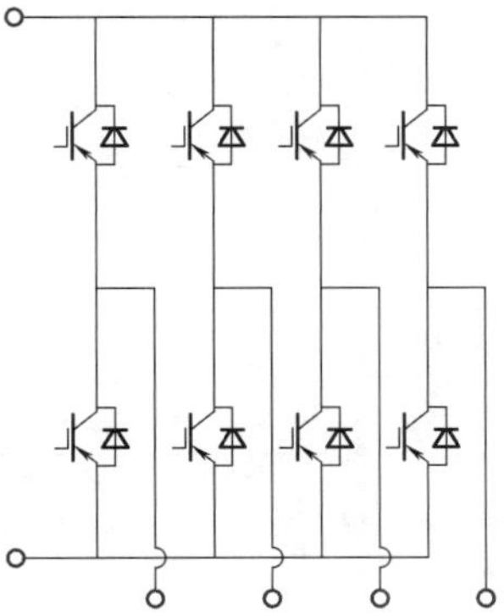
		功率模块电压(V)	176	3AC 1326
		功率模块电流(A)	177	3AC 478
		功率模块开关频率(Hz)	178	0～500
		功率元件型号	179	FZ1500R33HE3
		功率元件参数	180	IGBT(3.3 kV/1 500 A)
		功率元件个数	181	8
		功率模块质量(kg)	182	110
		功率模块尺寸(长×宽×高,mm)	183	708×480×590
牵引电机	型号		184	CDJD113
	额定功率(kW)		185	520
	额定电压(V)		186	805
	额定电流(A)		187	478
	最高电压(V)		188	1 326
	最大电流(A)		189	545
	额定转速(r/min)		190	513
	额定转矩(N·m)		191	9 670
	最大转矩(N·m)		192	10 500
	最大转速(r/min)		193	2 630
	功率因数		194	/

续上表

车型名称			和谐 N_{5B}
车型代号			HXN_{5B}
机车车号			0001～0195
项目		序号	参数及说明
牵引电机	极数	195	6
	额定效率(%)	196	91.5
	绝缘等级	197	200 级
	允许温升(定子/电枢)(K)	198	200
	额定频率(Hz)	199	26.4
	额定转差率(%)	200	2.84
	通风冷却方式	201	强迫风冷
	冷却空气量(m^3/min)	202	73
	总质量(kg)	203	2 470
辅助发电机	型号	204	CDJD402
	额定转速(r/min)	205	1 000
	额定容量(kV·A)	206	490
	额定电压(V)	207	68,201,402
	额定电流(A)	208	585,312,700
	额定频率(Hz)	209	100
辅助发电机	额定功率因数	210	0.95,0.95,0.87
	励磁方式	211	它励
	额定励磁电压(直流)(V)	212	/
	额定励磁电流(直流)(A)	213	/
	绝缘等级,定子/转子	214	H/H 级
	通风冷却方式	215	强迫通风
	电刷牌号,尺寸(mm)	216	JF210C-300-500,20×40
	总质量(kg)	217	7 580(包括牵引发电机)
辅助变流柜	型号	218	TGF77
	每台机车装用台数	219	1
	额定输入电压(V)	220	3AC 402
	额定输入电流(A)	221	/
	额定输出电压(V)	222	3AC 402
	额定输出电流(A)	223	3AC 175
	频率(Hz)	224	113.5
	功率元件参数	225	/
	冷却方式	226	强迫风冷
	质量(kg)	227	1 400
	容量(kV·A)	228	3×110

续上表

车型名称			和谐 N_{5B}
车型代号			HXN_{5B}
机车车号			0001～0195
项目		序号	参数及说明
牵引通风机	型号	229	TJL670-1C
	台数	230	1
	最大转速(r/min)	231	3 125
	每台风机的风量(m^3/min)	232	527
	风压(Pa)	233	4 804(静压)
	额定功率(kW)	234	60
	质量(kg)	235	800
排尘风机	排尘风机型号	236	TJL370-3
	排尘风机组台数	237	1
	最大转速(r/min)	238	2 976
	每台风机的风量(m^3/min)	239	84
	风压(Pa)	240	900(静压)
	额定功率(kW)	241	5
	质量(kg)	242	180
牵引发电机通风机(含小排尘风机)	型号(含排尘,与排尘风机共电机)	243	TJL640-1/ TJL330-3
	台数	244	1
	每台通风机的风量(m^3/min)	245	270
	风压(Pa)	246	4 800(静压)
	每台排尘风机的风量(m^3/min)	247	30
	排尘风机风压(Pa)	248	800(静压)
	最大转速(r/min)	249	2 976
	额定功率(kW)	250	42
	质量(kg)	251	680
启动电机	型号	252	—
	电压(V)	253	—
	电流(A)	254	—
	启动转距(N·m)	255	—
蓄电池充电器	型号	256	包含于辅助变流器中
	输入电压(V)	257	3AC 201
	输出电压(V)	258	DC 73.5
	输出电流(A)	259	0～430
	输出容量(kV·A)	260	13
	质量(kg)	261	/

续上表

车型名称				和谐 N_{5B}
车型代号				HXN_{5B}
机车车号				0001～0195
项目			序号	参数及说明
网络控制系统	列车网标准		262	IEC 61375
	车辆网标准		263	IEC 61375
	列车网传输速率(Mbit/s)		264	1.5
	车辆网传输速率(Mbit/s)		265	1
	控制和保护功能	牵引特性控制	266	根据柴油机转速确定机车整车功率,机车牵引功率与辅助功率之间动态转移,通过矢量控制电机转矩
		电阻制动特性控制	267	根据限制下的各个挡位最大允许制动力以及制动功率进行恒转矩以及恒功率控制,通过矢量控制电机转矩
		空转、滑行保护	268	重联机车中的某辆机车发生空转滑行后,驱动撒砂电磁阀动作,同时驱动重联空转滑行信号,牵引系统给定调整牵引力,从而恢复黏着
		故障诊断与保护内容	269	设备故障检测与保护,安全驾驶检测与保护,柴油机系统检测与保护,牵引变流系统检测与保护,系统设置保护
空气制动系统	制动机主要部件	型号	270	DK-2
		制动控制器,数量	271	TKS42B(04),2
		制动柜,数量	272	ZDG-DK2-1,1
	空气压缩机	型号,台数	273	BT-2.4/10A,TSA-2.8A,2
		工作形式	274	间歇式
		结构形式	275	螺杆式
		额定转速(r/min)	276	2 660
		额定排气压力(kPa)	277	900±20
		排气量(m^3/min)	278	2.4
		一级压缩空气的冷却方式	279	风冷
		润滑油压力(kPa)	280	900±20
		驱动功率(kW)	281	22
		净重(kg)	282	450,420
	空气干燥器	型号	283	SJKG-C3/TAD-4.8-H
		处理空气量(m^3/min)	284	4.8
		工作压力(kPa)	285	900
	压力控制器(调压器)型号		286	NCP5E1 传感器
	总风缸空气压力范围(kPa)		287	750～900
	各总风缸总容量(dm^3)		288	500×2

续上表

车型名称			和谐 N_{5B}
车型代号			HXN_{5B}
机车车号			0001～0195
项目		序号	参数及说明
电阻制动	电阻制动装置型号,台数	289	QZSSD1,1;QZSSD2,1
	持续功率(kW)	290	1 550
	输入电压(V)	291	1 700
	输入电流(A)	292	320
	电阻带最高工作温度(℃)	293	640
	冷却风机功率(kW)	294	32
	冷却风机转速(r/min)	295	3 500
	冷却通风量(m^3/min)	296	/
	质量(kg)	297	640×2
蓄电池组	型号	298	NM-450
	容量(A·h)	299	450
	装用数量(只)	300	32
	总标称电压(V)	301	64

注:"—"表示无此设备;"/"表示数据空缺。

十一、HXN_{5K}型内燃机车技术简介

1. 概　　述

HXN_{5K}型内燃机车是戚机公司，依据中国铁路总公司科技立项题目《和谐型机车关键技术自主化深化研究——时速 160 km 客运内燃机车研制》科研课题合同（合同编号为 2014J003-B），与中车株洲电力机车研究所有限公司、中车株洲电机有限公司等单位合作，正在研制的时速 160 公里、4 400 马力交流传动客运内燃机车，满足中国铁路干、支线旅客运输的需求。

该型机车采用双节机车固定重联模式，单节机车采用内走廊侧壁桁架式承载结构、承载式燃油箱，单节机车采用一个独立弹性安装司机室。机车装 R12V280ZJ 型柴油机，装车功率 3 530 kW。机车额定功率 2×3 270 kW（不带供电），轮径 1 250 mm，轴式 2×（A1A-A1A）（注："A1A"是指"中间轴为非驱动轴的三轴转向架"），23 t 轴重，最高运行速度 170 km/h，最大启动牵引力 2×245.5 kN，持续牵引力 2×210.5 kN，恒功率速度范围 41.1～160 km/h，持续速度 47.5 km/h（不带供电），通过最小曲线半径 145 m。该型机车装用 R12V280ZJ 型柴油机，最大运用功率达 2×3 530 kW。

机车车钩中心距为 44 220 mm（2×22 110）mm，转向架中心距 33 820 mm，转向架全轴距 37 820 mm。单节机车车钩中心距为 22 110 mm，单节机车转向架中心距为 11 800 mm、单节机车全轴距为 15 800 mm。

机车装用动力组结构柴油机，采用干式冷却系统。机车采用主辅一体交流传动系统，具备列车供电功能。机车牵引系统、辅助传动系统和列车供电系统均从牵引变流器中间直流环节获取能量，牵引工况下能量由柴油发电机组提供，电阻制动工况下辅助传动系统和列车供电系统优先使用牵引电机反馈的能量，实现节能减排。机车采用微机控制空气制动系统，制动系统具备防滑功能。转向架采用 1 250 mm 轮径整体辗钢车轮、双及六连杆轮对空心轴驱动装置、承载式齿轮箱及摆杆悬挂系统，基础制动采用轮装盘式制动。

首台机车样车于 2016 年 11 月 11 日下线，进入机车形式试验阶段。

HXN_{5K}型内燃机车的外观照片如图 2-11-1 所示。

图 2-11-1　HXN_{5K}型内燃机车外形图

2. 机车总体

HXN5K 机车由两节单司机室内走廊结构机车固定重联组成，单节机车采用内走廊侧壁桁架式承载结构，单节机车分上、下两部分，上部为车体及安装在车体内的设备，下部为转向架及承载式燃油箱，燃油箱左、右两侧为蓄电池箱，后端的总风缸直接吊挂在车架底部。

机车上部车体通过间壁分隔为六大室，分别为司机室、电器室、电机室、动力室、冷却室和辅助室。通过辅助室后部的风挡与另一节机车连挂。

司机室采用弹性安装的独立司机室结构，司机室不设侧门，通过后间壁上设置的中门可通往机车侧门和尾部。

司机操纵台上安置了驾驶和信息控制设备，左侧为正司机操纵台、右侧为副司机操纵台。正司机侧布置有制动控制器、后备制动阀、司机控制器、控制开关、按钮、仪表、监控显示器和微机显示屏，副司机侧设有控制开关等信息控制设备。

司机室内设有电取暖器，顶置式空调和风扇。前窗玻璃采用电热钢化平面玻璃，前窗上部设有雨刮器、下部设有玻璃自动洗涤器。司机室顶部天花板上安置有照明灯和电风扇。此外，间壁上还设有紧急放风阀、添乘椅、空调控制盒、储物箱及衣帽钩等设施。

电器室采用中间走廊布置结构。电器室内布置有电器柜、行车安全设备柜、牵引变流柜、辅助变流柜及励磁变压器、电抗器安装架。行车安全设备柜和电器柜分别设置在电器室前部两侧紧贴司机室间壁处。进出机车的侧门设置在电器室中部。辅助变流柜和励磁变压器、电抗器安装架布置在电器室后部左侧，励磁变压器、电抗器安装架下部设有电器室正压通风的风道，由前架牵引电机通风机提供正压通风风源。牵引变流柜布置在电器室后部右侧。牵引变流器和辅助变流器均采用水冷方式。

电机室为中间走廊结构，前部左侧设有冷却塔，对牵引变流柜、辅助变流柜进行冷却，同时也对主发电机进行通风。电机室前部右侧设有前架牵引电机通风机及隔离变压器安装。电机室两侧壁上设置机械分离空气过滤器，冷却塔及前架牵引电机通风机从电机室内部进风。

电机室后部为主发电机，主发电机为有刷励磁，采用强迫通风方式，电机室通过主发电机前部的走道由中间走廊结构过渡为两侧走廊结构。电机室顶部装有两台卧式电阻制动装置。

动力室前部为柴油发电机组，柴油机为 R12V280ZJ 型，柴油机发电机组通过四个弹性支承安装于车底架上。柴油机右侧设有燃油泵和燃油粗滤器。

动力室后部下方设有柴油机支持系统，包括预润滑油泵、润滑油热交换器、自清式润滑油滤清器、润滑油离心滤清器、燃油加热器和燃油粗滤器。动力室后部上方设有柴油机进气空滤系统，采用集中进气方式。空滤系统采用滤网、惯性滤清和袋式滤清三级滤清结构。

机车采用干式冷却系统。干式冷却水箱布置在动力室与冷却室的间壁上。

冷却室分上下两部分。上部为冷却装置，散热器为大板块式散热器，冷却风扇由外转子交流电机驱动。冷却装置下方设置有牵引电机通风机、排尘风机、空气压缩机组及干燥器。冷却室左右两侧壁前端均设有 V 形滤网。

辅助室后部左右两侧分别设有制动柜和卫生间(仅 A 车，B 车为生活柜)，通过辅助室前部走道汇合后形成中间走廊，并通过后间壁的车门和风挡进入另一节机车，内风挡采用双包折棚式风挡，外部采用橡胶风挡。

HXN5K 型内燃机车总体布置图如图 2-11-2 所示。

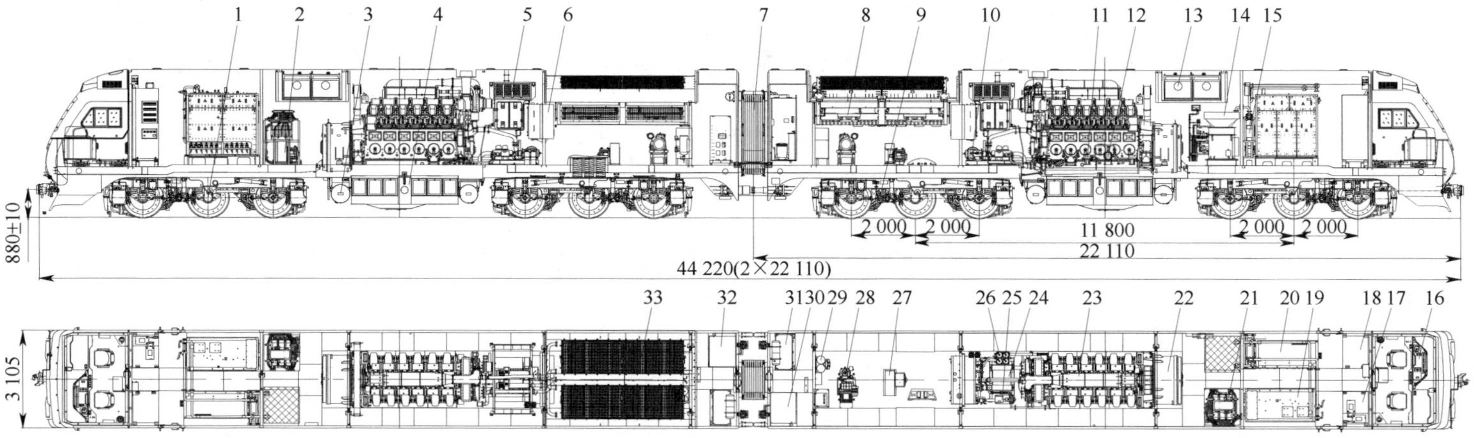

图 2-11-2　HXN5K 型内燃机车总体布置图

1—转向架；2—前转向架通风机；3—总风缸；4—承载式燃油箱；5—空滤箱；6—十式冷却水箱；7—风挡；
8—冷却风扇电机组；9—交流异步牵引电机；10—自清式润滑油滤清器；11—燃油泵；12—燃油粗滤器；
13—电阻制动装置；14—冷却塔；15—励磁变压器、电抗器安装架；16—操纵台；17—电器柜；
18—行车安全设备柜；19—牵引变流柜；20—辅助变流柜；21—前架牵引电机通风机及隔离变压器安装；
22—主发电机；23—柴油机；24—润滑油热交换器；25—预润滑油泵；26—润滑油离心滤清器；
27—后架牵引电机通风机；28—空气压缩机组；29—干燥器；30—卫生间；31—制动柜；
32—生活柜；33—大板块式散热器

牵引特性及电阻制动特性曲线如图 2-11-3、图 2-11-4、图 2-11-5 所示。

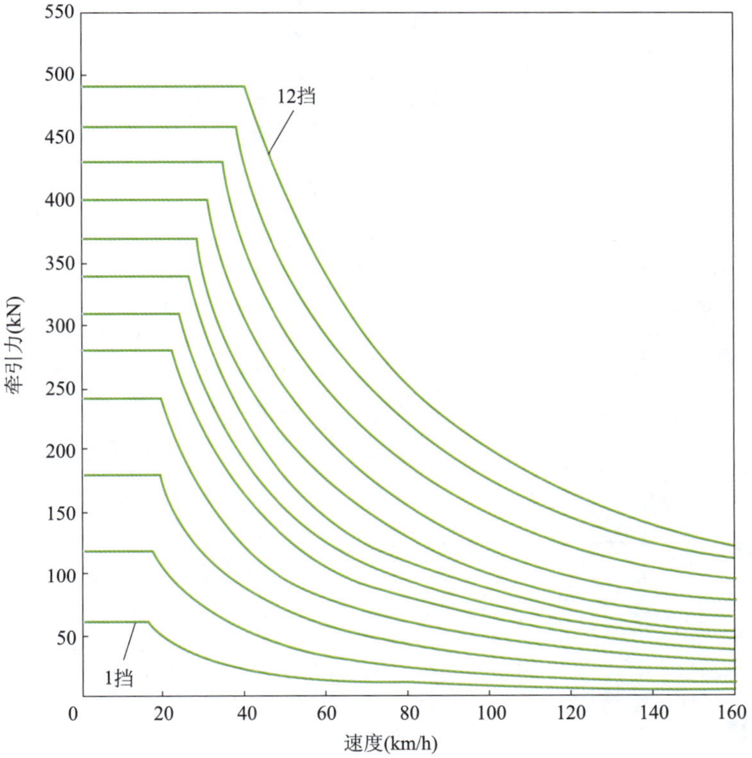

图 2-11-3　HXN$_{5K}$ 型内燃机车牵引特性曲线图(不带供电)

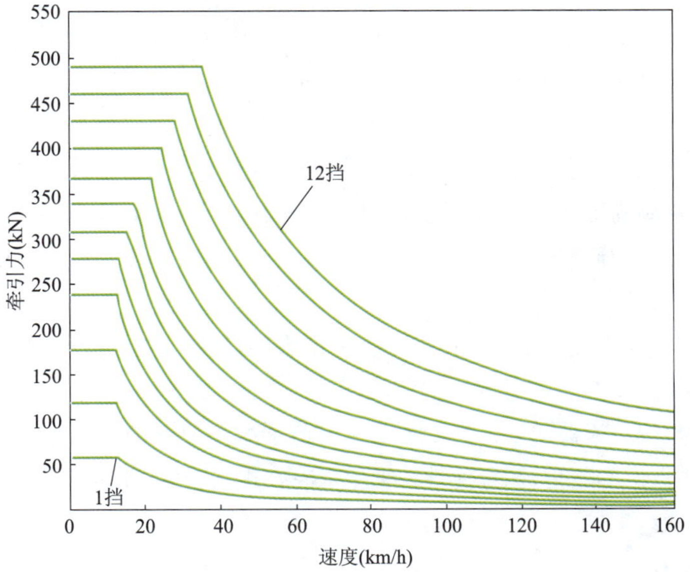

图 2-11-4　HXN$_{5K}$ 型内燃机车牵引特性曲线图(带供电)

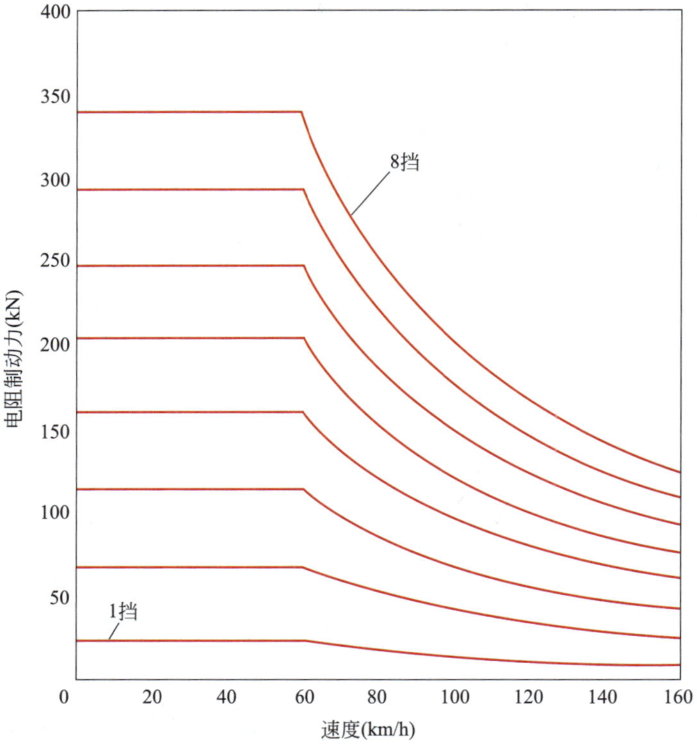

图 2-11-5 HXN5K 型内燃机车电阻制动特性曲线图

3. 牵引电传动系统

(1)牵引电路

HXN5K 型内燃机车采用交—直—交主辅一体化电传动系统，单轴控制方式。机车牵引电传动系统主要由交流主发电机、主整流器和牵引逆变器(集成于牵引变流器)、交流异步牵引电机和制动电阻装置等组成。主发电机输出的三相交流电经牵引变流器的整流模块整流为直流电，逆变模块将直流电逆变成 VVVF 的三相交流电，给异步牵引电机供电。

HXN5K 型内燃机车牵引电路图如图 2-11-6 所示。

(2)主发电机

机车采用 CDJF212B 型三相凸极同步主发电机。励磁电流由励磁变压器和主发电机控制器调节供给，通过调节励磁电流来控制主发电机的输出电压，从而控制中间直流电压。中间直流电压随柴油机转速的升高按线性变化关系上升。柴油机转速 1 000 r/min 时对应中间直流电压为 1 700 V。

主发电机冷却方式为强迫通风，由集成于冷却塔中的主发电机冷却风机冷却通风。

(3)牵引变流器

牵引变流器包括主整流器和牵引逆变器。主整流器采用成熟的整流元件，牵引逆变器模块采用 IGBT(3 300 V/1 200 A)元件，两种元件均采用水冷方式，柜内自带冷却水循环及风扇冷却系统。

(4)牵引电机

牵引电机为 CDJD113C 型六极鼠笼形交流变频调速异步电动机。该型电机额定功率为 735 kW，采用强迫通风冷却，定子绝缘等级为 200 级，安装方式为架承式全悬挂结构，电机非传动端轴承润滑采用脂润滑形式，传动端轴承采用油润滑形式。

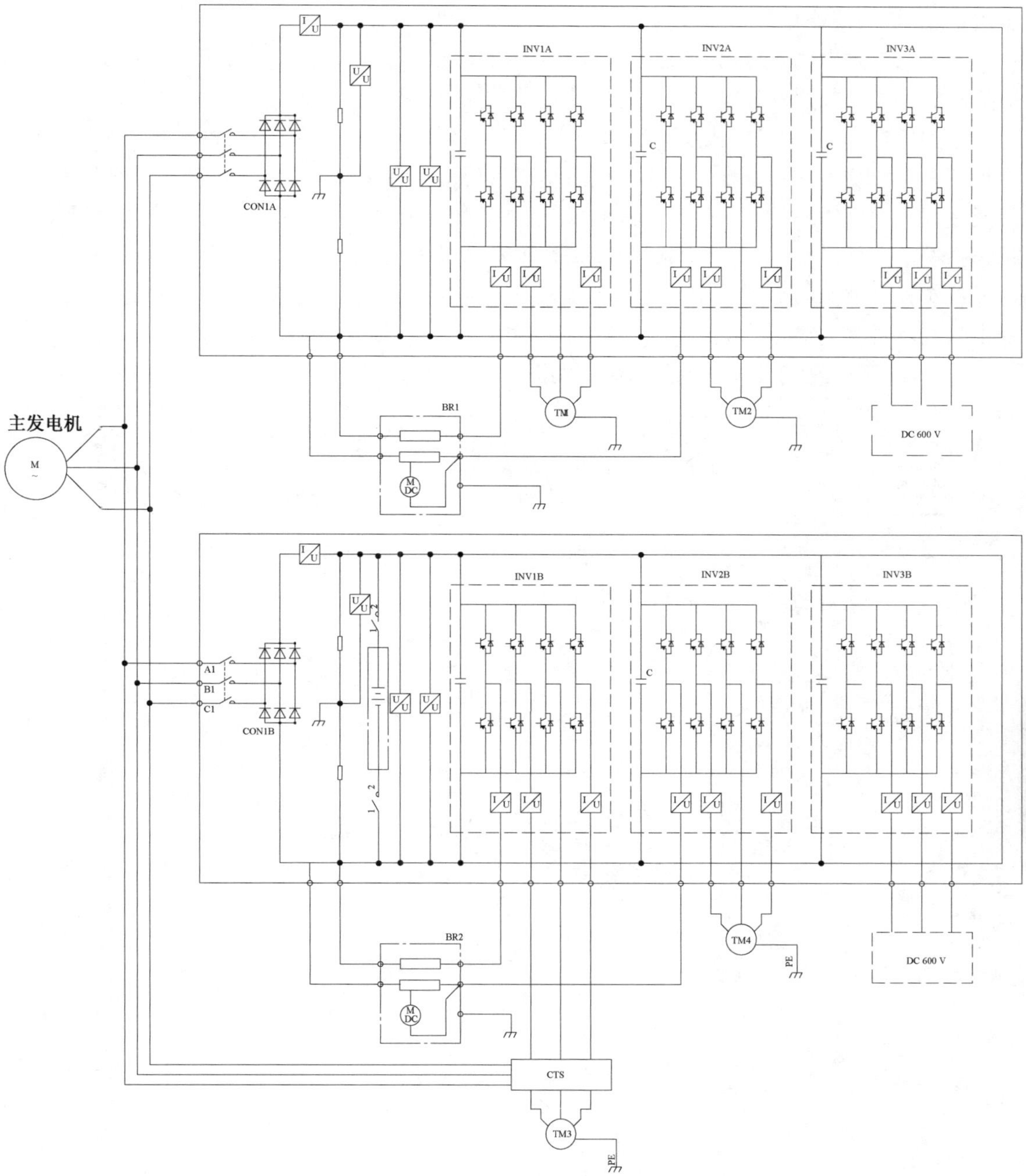

图 2-11-6　HXN5K 型内燃机车牵引电路图

CON1A、CON1B—整流模块；INV1A～3A、INV1B～3B—逆变器模块；BR1、BR2—电阻制动装置；
TM1～TM4—牵引电机；CTS—柴油机启动转换开关

（5）电阻制动装置

机车具备电阻制动功能，制动电阻采用牵引变流器控制投入。制动电阻设两组，卧式安装。机车在电阻制动工况时，通过司控器的手柄 1～8 位给定电阻制动力。

4. 辅助/列车供电系统

HXN5K 型内燃机车辅助/列车供电系统由辅助变流器、隔离变压器、电抗器、辅助电机等组成。

机车采用 CTS 逆变器启动，启动时利用蓄电池供电给 3 位牵引逆变模块，由模块给主发电机供电，带动柴油机转动爆发，从而完成柴油机启动。

主发电机发电励磁分两步，由蓄电池、启动励磁接触器和发电机绕组完成启励磁，启动励磁成功后由励磁控制器托管供电。

柴油机启动后，主发电机供电给牵引变流器，由辅助列车供电模块经过三相隔离变压器、整流器和电抗器为辅助系统和列车供电系统提供稳定高品质的 DC 600 V 电源。列车供电系统通过列车供电插座给客车供电；辅助系统供电给控制器，由控制器为辅助电机供电，辅助电机包括两个冷却风扇、两个牵引通风机、一个主发电机风机、一个空压机、三个排尘风机。

机车控制及照明电路采用 110 V 直流电源，启机前由机车蓄电池供电、启机后由辅助变流器中的充电机供电。

HXN5K 型内燃机车辅助电路系统图如图 2-11-7 所示。

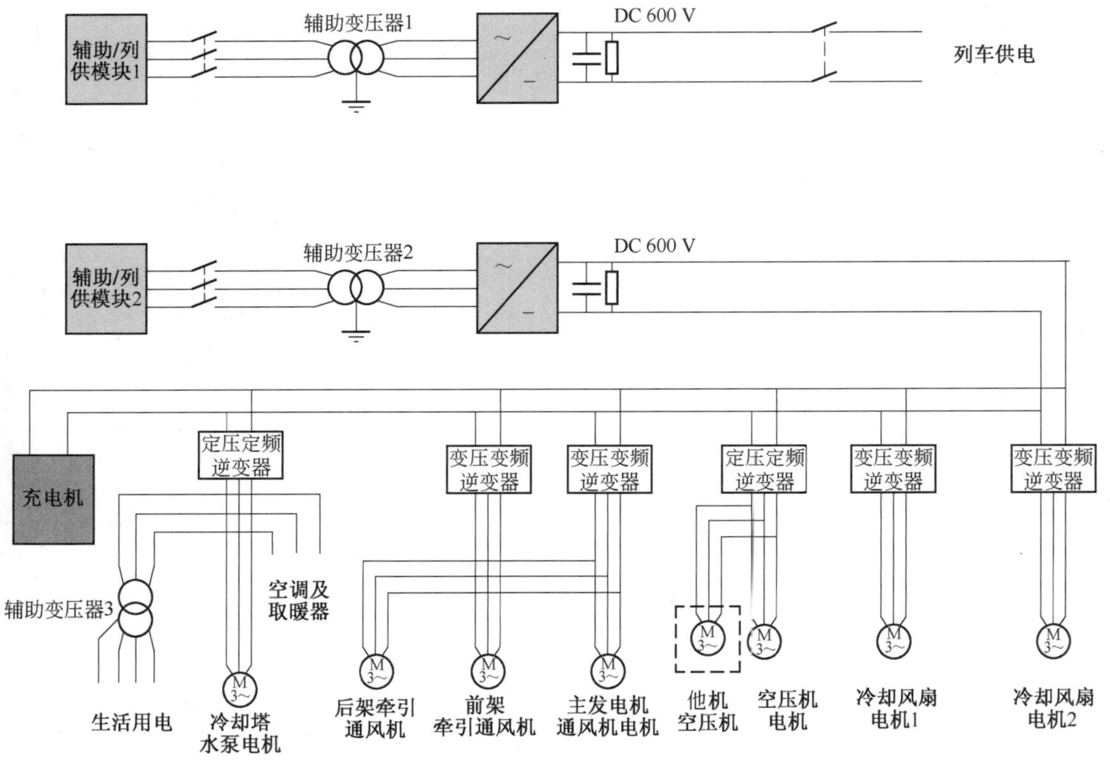

图 2-11-7 HXN5K 型内燃机车辅助/列车供电回路

5. 微机网络控制系统

HXN5K 型内燃机车采用分布式网络控制系统，微机控制系统分为机车控制级（简称 LCS32）、变流器控制级和人机界面级三级结构，机车控制级负责管理、协调机车各控制部分的工作，实现机车的重联控制、逻辑控制、柴油机功率控制、给定牵引或制动特性和自负荷特性控制，以及故障诊断及处理；变流器控制级负责牵引逆变器的控制，从而实现牵引电机的调速控制；人机界面级实现人机对话。

重联机车之间通过 WTB 总线（双通道）实现机车控制命令和状态数据的传送，机车控制级与变流器控制级和人机界面级之间通过两个 GWM 网关模块作为 MVB 总线主模块（双通道）实现命令传递和信息交换。微机控制系统结构框图如图 2-11-8 所示。

机车配备以太网接口，通过以太网将各设备与司机室调试接口连接起来，便于软件维护及数据下载。微机控制系统具有较完善的诊断、显示功能，可将故障发生前后数据进行自动记录，同时通过事件记录仪纪录重要信息。

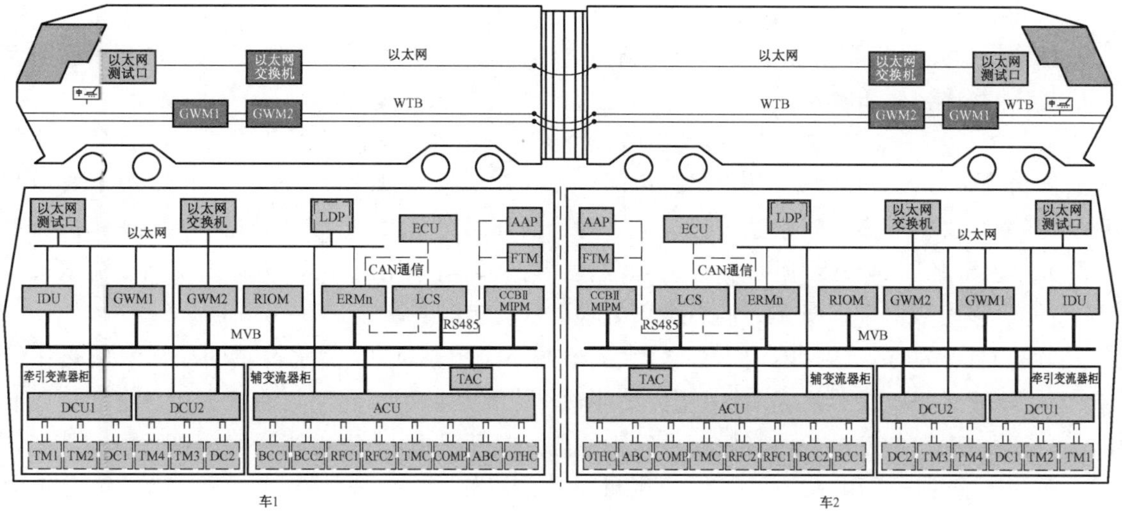

图 2-11-8　HXN5K 型内燃机车微机控制系统结构框图

GWM1～GWM2—网关 1～2；LDP—机车车载综合信息监测装置；IDU—微机显示屏；RIOM—远程输入输出模块；ERMn—事件记录仪；ECU—柴油机控制单元；LCS—微机控制系统；AAP—语音报警器；FTM—燃油监控仪；CCBⅡ MIPM—制动控制器；TAC—励磁控制器；DCU1～DCU2—牵引控制单元 1～2；TM1～TM4—牵引电机 1～4；DC1～DC2—辅助/列车供电模块；ACU—辅助控制单元；BCC1～BCC2—蓄电池充电机控制器 1～2；RFC1～RFC2—冷却风扇控制器 1～2；TMC—牵引电机通风机控制器；COMP—空压机电机控制器；ABC—主发电机通风机控制器；OTHC—冷却塔水泵电机及生活用电控制器

6. 车　　体

HXN5K 型内燃车体采用框桁架组合式侧壁承载结构和承载式燃油箱结构。

车内各室两边均设有门，内壁喷涂阻尼浆，达到隔热、吸振、降噪的作用。

机车外重联采用 15 号小间隙车钩及 HN-1 型车钩缓冲器，内重联采用半永久式卡环车钩及管式 HN-1 缓冲器。

7. 转 向 架

HXN5K 型交流传动内燃机车单机采用两台三轴转向架。A1A 轴式，牵引电机采用架悬结构，轴箱采用单侧拉杆定位方式，车轮使用 1 250 mm 轮径的车轮，旁承由高柔度螺旋圆弹簧、垂向油压减振器、横向油压减振器、抗蛇行减振器等组成，牵引装置采用平行四连杆牵引机构，基础制动采用轮盘制动方式。另外，每个转向架装有扫石器等附属设施。

8. 制动系统

HXN5K 型内燃机车空气管路系统有电空制动系统、撒砂系统，风喇叭系统、供风系统和列车电空系统等组成。

电空制动系统采用 CCBⅡ 型制动机。机车装用两台(每单节机车装用一台)螺杆型空气压缩机。空气压缩机由交流电机驱动，经总风压力调压器控制空气压缩机的开启和关闭，使总风缸空气压力保持在 750～900 kPa 范围内。两个 625 dm^3 的总风缸安装在车架下部燃油箱的两端。在空气压缩机与总风缸之间设有筒体为不锈钢无热再生双塔式空气干燥器，该净化装置安装于冷却室后间壁左侧。电空制动系统具有电空联合、后备制动和停放制动等功能。

9. 柴 油 机

HXN5K 型内燃机车装用 R12V280ZJ 型柴油机，该柴油机采用 VTG 增压技术，大幅降低柴油机部分负荷点的燃油消耗和排气温度。采用电子燃油控制喷射系统，大幅降低柴油机燃油消耗。

燃油设预热设施。燃油箱为承载式结构。燃油箱左右两侧安装蓄电池箱。油箱表面喷涂阻尼浆，外表面再覆盖薄钢板。

采用板式润滑油热交换器。冷却装置设计成整体吊装的结构，由散热器、钢结构、冷却风扇电机组等组成。散热器采用顶置式，由两块板式双流道铜散热器组成。机车采用干式冷却系统，该系统将机车高低温水系统分成大小两个循环回路，通过冷却水系统中加装的调温器来控制大小循环的工作。冷却风扇布置在散热器下方，风扇采用压风式，冷却风扇由交流电机驱动，电机转速由微机根据机车高低温水系统水温联合控制。

当柴油机停机后，散热器内不存水，大大地减小了散热面积，而水箱里的冷却水散热比较慢，可在较长时间内保持水温，故采用启动柴油机来循环油、水，利用柴油机工作自身加热柴油机，并同时利用启动发电机向布置在水箱中的电加热器供电，大大缩短升温预热时间。

空气滤清系统采用三级滤清系统，由机车顶部两侧进气。第一级为 V 形滤网，第二级为八只惯性空气滤清器，第三级为六只袋式滤清器。

机车共设两台相同的牵引电机通风机，均由交流电动机独立驱动，分别供前、后转向架牵引电机通风。

10. 技术参数表

HXN5K 型内燃机车技术参数见表 2-11-1。

表 2-11-1　HXN5K 型内燃机车技术参数表

车型名称			和谐 N5K
车型代号			HXN5K
机车车号			0001～
项目		序号	参数及说明
机车总体参数	用途	1	干、支线客运
	制造年代	2	2016 年
	制造厂名	3	中车戚墅堰机车有限公司
	轨距(mm)	4	1 435
	车体形式	5	框桁架组合式侧壁承载结构、承载式燃油箱
	轴式	6	2(A1A—A1A)
	前后转向架中心距(mm)	7	33 820(11 800/节)
	机车全轴距(mm)	8	37 820(15 800/节)
	动轮直径(新轮)(mm)	9	1 250
	动轮直径(半磨耗轮)(mm)	10	1 200
	整备质量(t)	11	$2\times(138^{+4.14}_{-1.38})$
	轴重(t)	12	23±0.69
	通过最小曲线半径(m)	13	145
	电传动方式	14	交—直—交
	额定功率(kW)	15	2×3 270

续上表

车型名称			和谐 N_{5K}
车型代号			HXN_{5K}
机车车号			0001～
项目		序号	参数及说明
机车总体参数	轮周牵引功率(kW)	16	2×2 750
	最高速度(km/h)	17	170
	恒功率速度范围(km/h)	18	47.5(不带供电)～160
	持续速度(km/h)	19	47.5(不带供电)
	持续牵引力(kN)	20	2×210.5
	启动牵引力(kN)	21	2×245.5
	最大电阻制动力(kN)	22	2×170
	紧急制动距离(m)	23	≤800(单机平直道,初速 120 km/h) ≤1 400(单机平直道,初速 160 km/h)
	柴油机停机下的移车方式	24	蓄电池移车
	控制器手柄挡位	25	12
车体	车底架长(mm)	26	21 510(单节)
	车体宽(mm)	27	3 105
	车体高(mm)	28	4 685
	司机室个数	29	2
	机车前后车钩中心距(mm)	30	44 220(2×22 110)
	车钩型号,形式	31	15 号小间隙车钩(外重联) 半永久式卡环车钩(内重联)
	缓冲器型号	32	HN-1 缓冲器(外重联) 管式 HN-1 缓冲器(内重联)
装载量	燃油(dm^3)	33	2×7 500
	润滑油(kg)	34	2×1 000
	水(kg)	35	2×1 300
	砂(kg)	36	2×800
转向架	构架(长×宽×高,mm)	37	6 330×2 930×1 893
	两侧梁横向中心距 (mm)	38	2 110
	轴距(mm)	39	2 000×2
	一系悬挂垂向减振器型号	40	QSJZ23-30-05-000-P1
	一系悬挂静挠度(mm)	41	46
	二系悬挂垂向减振器型号	42	QSJZ23-30-05-000-P2
	二系悬挂横向减振器型号	43	QSJZ23-30-05-000-P3
	二系悬挂抗蛇行减振器型号	44	QSJZ23-30-05-000-P4
	二系悬挂弹簧静挠度(mm)	45	121
	牵引力和制动力传递方式	46	平行四连杆牵引机构
	牵引电动机悬挂方式	47	滚动轴承抱轴悬挂
	齿轮传动比	48	103∶22
	轴箱与转向架构架定位方式	49	单轴箱拉杆

续上表

车型名称			和谐 N_{5K}
车型代号			HXN_{5K}
机车车号			0001～
项目		序号	参数及说明
转向架	每轴簧下质量(t)	50	3.17/2.85(动力轴/非动力轴)
	转向架总成质量(t)	51	21.575
基础制动装置	基础制动方式	52	轮盘制动
	单元制动器制动夹钳型号	53	Ⅱ96026/2RT、Ⅱ96026/1RT、Ⅱ95703/2RT
	制动缸夹钳数	54	12
	制动缸直径(mm)	55	127.5
	制动倍率	56	2.2
	传动效率	57	0.95
	闸片与制动盘恒定间隙(mm)	58	1.5
	制动缸最大空气压力(kPa)	59	450
	闸片制动形式	60	制动盘摩擦制动
	闸片材质	61	粉末冶金材料
	每台机车闸片块数	62	24
	制动单元质量(kg)	63	85/106(带停放)
	停放制动形式	64	蓄能制动
	手制动率	65	—
	总闸瓦压力(kN)	66	537.50
柴油机	型号	67	R12V280ZJ
	外形尺寸(长×宽×高,mm)	68	4 122×1 804×3 098
	机体结构	69	球墨铸铁整体铸造
	曲轴材质	70	合金钢全纤维齐压成型
	主轴颈的直径(mm)	71	250
	连杆颈的直径(mm)	72	215
	气缸排列及夹角	73	V形50°夹角
	气缸数目	74	12
	气缸直径×活塞行程(mm)	75	280×300
	冲程数	76	4
	压缩比	77	13
	气缸总排量(dm^3)	78	221.7
	标定转速(r/min)	79	1 000
	最低空载转速(r/min)	80	330
	标定功率(kW)	81	3 530
	最大运用功率(kW)	82	3 530
	启动方式	83	电机启动

续上表

车型名称				和谐 N_{5K}
车型代号				HXN_{5K}
机车车号				0001～
项目			序号	参数及说明
柴油机	最高爆发压力(MPa)		84	15.5
	标定功率平均有效压力(MPa)		85	1.91
	喷油泵形式,数量		86	单体电控泵,12
	喷油器形式		87	多孔闭式
	喷油器启喷压力(MPa)		88	35
	喷油泵供油提前角		89	上止点前 16°
	喷射方式		90	直喷
	标定功率燃油消耗率[g/(kW·h)]		91	≤198×(1±3%)
	润滑油消耗率[g/(kW·h)]		92	≤0.5%燃油消耗率
	冷却水最高允许温度)(℃)		93	95
	润滑油最高允许温度(℃)		94	92
	调节器形式		95	电喷控制
	高温水泵	形式	96	离心式
		额定转速(r/min)	97	2 354
		流量(m^3/h)	98	100
	低温水泵	形式	99	离心式
		额定转速(r/min)	100	2 354
		流量(m^3/h)	101	130
	主润滑油泵	形式	102	齿轮式
		转速(r/min)	103	1 111
		出口油压力(kPa)	104	850
		流量(m^3/h)	105	55×2
	增压器	型号,台数	106	TPR56FV33,2
		允许转速(r/min)	107	≤41 160
		允许最高转速(r/min)	108	41 160
		增压比	109	3.4
		增压空气额定流量(kg/s)	110	3.4×2
		进气空气滤清器形式	111	单元空滤器
		涡轮前允许废气温度(℃)	112	≤650(监控)
		涡轮最高允许废气温度(℃)	113	650
		润滑方式	114	压力润滑
		质量(kg)	115	365
	中冷器	结构形式	116	双流程翅片式铜中冷器
		进气温度(℃)	117	220

续上表

车型名称				和谐 N5K
车型代号				HXN5K
机车车号				0001～
项目			序号	参数及说明
柴油机	中冷器	进水温度(℃)	118	50±3
		水流量(m^3/h)	119	130
	排放指标	碳氢化合物(HC)[g/(kW·h)]	120	0.4
		一氧化碳(CO)[g/(kW·h)]	121	2
		氮氧化物(NO_x)[g/(kW·h)]	122	7.4
		颗粒	123	—
		烟度	124	—
	柴油机总质量(kg)		125	23 000
机车冷却系统	水散热器	形式	126	干式冷却系统
		高温水散热器单节数(组)	127	2
		低温水散热器单节数(组)	128	2
		水流道(单或双)方式	129	双流道
	冷却风扇	高、低温水系统风扇数	130	2
		驱动方式	131	交流电机驱动
		直径(mm)	132	1 600
		最高转速(r/min)	133	1 350
		功率(kW)	134	标准状态下风扇消耗功率≤90
主发电机	型号		135	CDJF212B
	额定转速(r/min)		136	1 000
	额定容量(kV·A)		137	3 720
	额定电压(V)		138	1 346
	额定电流(A)		139	1 596
	额定频率(Hz)		140	116.7
	额定功率因数		141	0.95
	励磁方式		142	有刷励磁
	额定励磁电压(直流)(V)		143	80
	额定励磁电流(直流)(A)		144	350
	绝缘等级,定子/转子		145	H/H 级
	通风冷却方式		146	强迫通风
	电刷牌号,尺寸(mm)		147	JF212B-300-600[EGOR(摩根)],54.27×40×20
	总质量(kg)		148	5 800
主整流柜	型号		149	包含在牵引变流柜中
	额定交流输入电压(V)		150	1 346
	额定交流输入电流(A)		151	798

续上表

车型名称				和谐 N_{5K}
车型代号				HXN_{5K}
机车车号				0001～
项目			序号	参数及说明
主整流柜	额定交流输入频率(Hz)		152	116.7
	输出	最大直流电压(V)	153	1 726
		额定直流电流(A)	154	6×520
		最大直流电流(1h)(A)	155	1 500
	整流电路连接方式		156	三相桥式
	硅整流元件型号		157	DZ950N44K
	通风冷却方式		158	水冷
	质量(kg)		159	2
牵引逆变器/辅助逆变器/列车供电功率模块	型号		160	/
	电路结构形式		161	电压型，两电平
	额定功率(kW)		162	735
	额定输入电压(V)		163	1 700
	额定输入电流(A)		164	432
	支撑电容值(mF)		165	4.3
	额定输出电压(V)		166	1 326
	额定输出电流(A)		167	612
	最大开关频率(Hz)		168	500
	输出频率范围(Hz)		169	51.5
	冷却方式		170	水冷
	效率		171	0.98
	质量(t)		172	2
	牵引逆变器柜外形尺寸(长×宽×高，mm)		173	2 200×1 040×2 000
	每台机车牵引变流器/辅助逆变器/列车供电功率模块台数		174	6
	功率模块电路形式		175	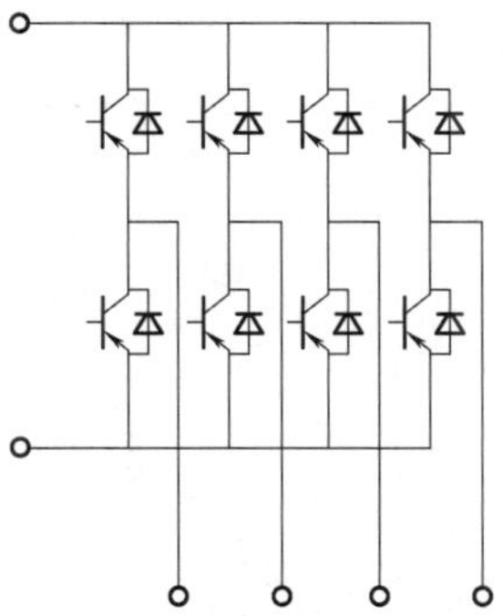
	功率模块电压(V)		176	1 700
	功率模块电流(A)		177	520
	功率模块开关频率(Hz)		178	500
	功率元件型号		179	FZ1500R33HE3
	功率元件参数		180	3 300 V/1 500 A
	功率元件个数		181	4(牵引模块)+2(列供辅助模块)
	功率模块质量(kg)		182	50(牵引模块)/48.8(列供辅助模块)
	功率模块尺寸(长×宽×高，mm)		183	763×480×200

续上表

车型名称			和谐 N_{5K}
车型代号			HXN_{5K}
机车车号			0001～
项目		序号	参数及说明
牵引电机	型号	184	CDJD113C
	额定功率(kW)	185	735
	额定电压(V)	186	890
	额定电流(A)	187	612
	最高电压(V)	188	1 326
	最大电流(A)	189	725
	额定转速(r/min)	190	1 015
	额定转矩(N·m)	191	6 915
	最大转矩(N·m)	192	8 068
	最大转速(r/min)	193	3 457
	功率因数	194	0.823
	极数	195	6
	额定效率(%)	196	0.94
	绝缘等级	197	200（耐电晕）
	允许温升(定子/电枢)(K)	198	200/180(定子/电枢)
	额定频率(Hz)	199	51.5
	额定转差率(%)	200	1.5
	通风冷却方式	201	强迫风冷
	冷却空气量(m^3/min)	202	90
	总质量(kg)	203	1 885
辅助发电机	型号	204	—
	额定转速(r/min)	205	—
	额定容量(kV·A)	206	—
	额定电压(V)	207	—
	额定电流(A)	208	—
	额定频率(Hz)	209	—
	额定功率因数	210	—
	励磁方式	211	—
	额定励磁电压(直流)(V)	212	—
	额定励磁电流(直流)(A)	213	—
	绝缘等级,定子/转子	214	—
	通风冷却方式	215	—
	电刷牌号,尺寸(mm)	216	—
	总质量(kg)	217	—

续上表

车型名称			和谐 N_{5K}
车型代号			HXN_{5K}
机车车号			0001～
项目		序号	参数及说明
辅助变流器	型号	218	tPower-AA20
	每台机车装用台数	219	1
	额定输入电压(V)	220	3AC 450(辅助逆变) 3AC 450(列车供电逆变) 3AC 75(励磁)
	额定输入电流(A)	221	510(辅助逆变模块) 570(列车供电逆变) 280(励磁)
	额定输出电压(V)	222	3AC 402(冷却风扇) 3AC 402(通风机) 3AC 380(空压机和生活用电) DC 110(充电机) DC 90(励磁)
	额定输出电流(A)	223	135(冷却风扇) 80(通风机) 45(空压机) 40(生活用电) 136(充电机) 667(列车供电逆变) 350(励磁)
	频率(Hz)	224	113.5(冷却风扇) 105(通风机) 50(空压机和生活用电)
	功率元件参数	225	1 700 V/1 000 A(辅助逆变 IGBT) 1 700 V/1 200 A(列供整流二极管) 1 200 V/300 A(充电机 IGBT) 1 800 V/800 A(励磁晶闸管)
	冷却方式	226	水冷
	质量(kg)	227	1 600
	容量	228	400 kV·A(辅助逆变) 400 kW(列车供电) 30 kW(励磁)
牵引通风机	型号	229	QSJ010102CG01
	台数	230	2
	最大转速(r/min)	231	3 000
	每台风机的风量(m^3/min)	232	45
	风压(Pa)	233	全压大于 5 500
	额定功率(kW)	234	45
	质量(kg)	235	350

十一

续上表

车型名称				和谐 N_{5K}
车型代号				HXN_{5K}
机车车号				0001～
项目			序号	参数及说明
启动电机	型号		236	—
	电压(V)		237	—
	电流(A)		238	—
	启动转距(N·m)		239	—
蓄电池充电器	型号		240	—
	输入电压(V)		241	—
	输出电压(V)		242	—
	输出电流(A)		243	—
	输出容量(kV·A)		244	—
	质量(kg)		245	—
网络控制系统	列车网标准		246	WTB
	车辆网标准		247	MVB
	列车网传输速率(Mbit/s)		248	1
	车辆网传输速率(Mbit/s)		249	1.5
	控制和保护功能	牵引特性控制	250	具备
		电阻制动特性控制	251	具备
		空转/滑行保护	252	具备
		故障诊断与保护内容	253	具备
空气制动系统	制动机主要部件	制动机型号	254	CCBⅡ型
		制动控制器	255	782581-2059A
		后备制动阀	256	784731
		制动显示屏	257	782342-2059
		中继阀	258	784742
		作用阀	259	—
		紧急放风阀	260	—
		常用限压阀	261	—
		紧急限压阀	262	—
		客货车转换阀	263	—
		总风遮断阀	264	—
		变向阀	265	—
	空气压缩机	型号,台数	266	TSA-230AVI-II(N160)/II97274/BT-2.6/10AD3,1
		工作形式	267	—
		结构形式	268	螺杆式
		额定转速(r/min)	269	2 955/2 920/2 940

续上表

车型名称				和谐 N_{5K}
车型代号				HXN_{5K}
机车车号				0001～
项目			序号	参数及说明
空气制动系统	空气压缩机	额定排气压力(kPa)	270	1 000
		排气量(m^3/min)	271	2.4/2.4/2.6
		一级压缩空气的冷却方式	272	风冷
		润滑油压力(kPa)	273	—
		驱动功率(kW)	274	25
		净重(kg)	275	395/385/400
	空气干燥器	型号	276	SJKG-C
		处理空气量(m^3/min)	277	5
		工作压力(kPa)	278	1 000
	压力控制器(调压器)型号		279	QTY-4A4
	总风缸空气压力范围(kPa)		280	750～900
	各总风缸总容量(dm^3)		281	625×2
电阻制动柜	电阻制动装置型号,台数		282	QSJ47-80-30-901CG,2
	持续功率 (kW)		283	1 600
	输入电压(V)		284	1 700
	输入电流(A)		285	470
	电阻带最高工作温度(℃)		286	640
	冷却风机功率(kW)		287	30
	冷却风机转速(r/min)		288	3 500
	冷却通风量(m^3/min)		289	/
	质量(kg)		290	680
蓄电池组	型号		291	NM-360 阀控式密封铅酸蓄电池
	容量(A·h)		292	360
	装用数量(只)		293	48
	总标称电压(V)		294	96

注:"—"表示无此设备;"/"表示数据空缺。

十二、HXN_6型混合动力内燃调车机车技术简介

1. 概　　述

HXN_6 型混合动力内燃调车机车（以下简称“HXN_6 型混合动力机车”）是资机公司研制的油—电混合动力交流传动调车内燃机车。该型机车装用 NY6240ZJA 型电喷柴油机和磷酸铁锂动力电池组，采用主辅共中间直流环节的交流传动系统，柴油机最大运用功率 1 250 kW，动力电池组最大放电量 1 100 kW·h，机车中间直流环节最大小时功率 2 200 kW。轮径 1 250 mm，轴式 C_0—C_0，轴重 25 t，最高运行速度 100 km/h，最大启动牵引力 560 kN，持续牵引力 540 kN。纯动力电池牵引时恒功率速度范围 7.3～100 km/h，持续速度 7.3 km/h，混合动力牵引时恒功率速度范围 12～100 km/h，持续速度 12 km/h，能以 5 km/h 速度通过最小曲线半径 100 m。

HXN_6 型混合动力机车于 2014 年研制完成，共生产一台，车号为 0001。2016 年底完成形式试验和研究性试验，2017 年 1 月开始在哈尔滨南机务段进行运用考核。

HXN_6 型机车外观如图 2-12-1 所示。

图 2-12-1　HXN_6 型混合动力机车外形图

2. 机车总体

HXN_6 型混合动力机车为外走廊、底架承载式结构，机车总体布置图如图 2-12-2 所示。车体上部从前至后依次分为冷却室、动力室、电器室、蓄电池室、司机室和后机室。

冷却室前部主要布置有辅助变流柜、空气干燥器，上方布置有冷却装置、冷却风扇及其驱动电机，下部布置有螺杆式空气压缩机组、制动控制柜、前牵引电机通风机组等。

动力室装有 NY6240ZJA 型柴油机及主发电机，柴油机自由端上部布置有膨胀水箱，下部为柴油机辅助装置，柴油机输出端布置有柴油机进气装置，柴油机顶部为排气系统，并装有消声器。

电器室主要布置有后牵引电机通风机组、牵引变流器柜、辅助交流系统用变压器、接触器箱等。

蓄电池室布置 22 组动力电池模块、一个控制蓄电池组和一个启动蓄电池组。

司机室设双向操纵台，其设备和布置符合规范化司机室要求，并设有通向后机室的检修门。

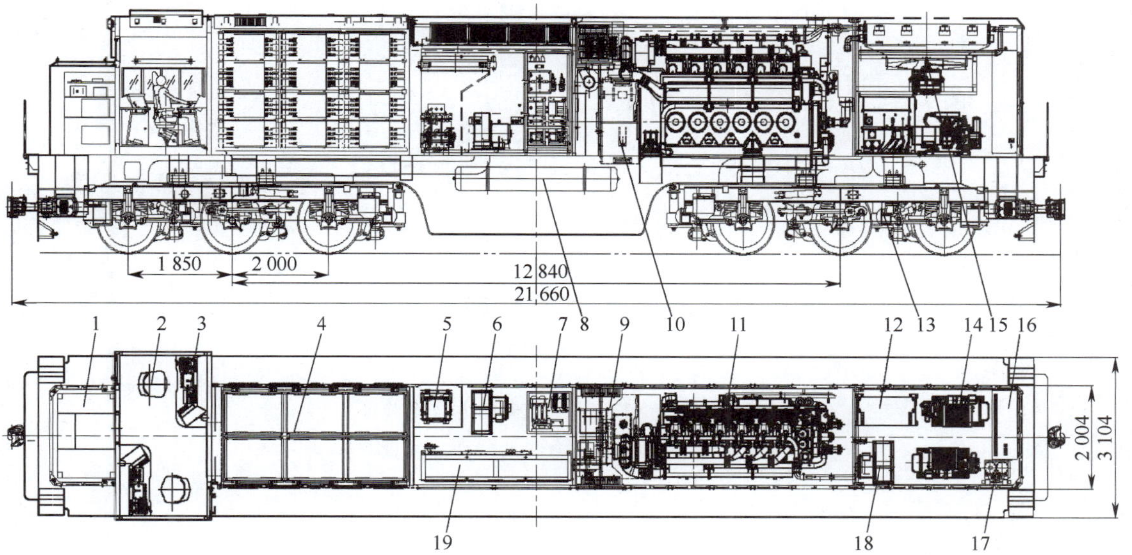

图 2-12-2　HXN6 型混合动力技术验证调车机车总体布置图

1—低压电器柜；2—司机室座椅；3—操纵台；4—动力蓄电池组；5—变压器；6—后牵引电机通风机；7—接触器箱；8—总风缸；9—柴油机进气装置；10—主发电机；11—柴油机；12—制动控制柜；13—转向架；14—空气压缩机；15—冷却装置；16—辅助变流柜；17—干燥器；18—前牵引电机通风机；19—牵引变流柜。

后机室主要布置有低压电器柜、行车安全设备等。

走行部为两台可以互换的三轴转向架。

牵引电机通风系统共设置两台牵引电机通风用鼓风机，是前向叶片型离心式通风机，为交流电机驱动，为机车前后转向架的三台牵引电机通风。

牵引及动力制动特性曲线如图 2-12-3、图 2-12-4 所示。

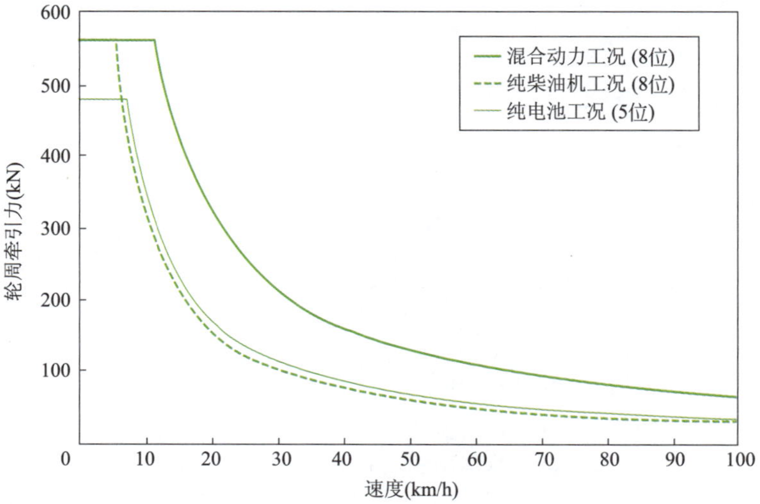

图 2-12-3　HXN6 型混合动力技术验证调车机车牵引特性曲线图

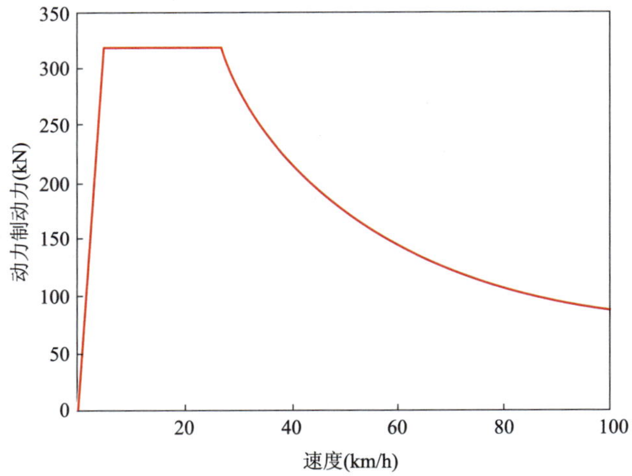

图 2-12-4　HXN₆ 型混合动力技术验证
调车机车峰值动力制动特性曲线图

3. 牵引电传动系统

(1)牵引电路

机车牵引传动系统包括主发电机、动力电池组、牵引变流柜、牵引电机、斩波电阻和各种电压、电流传感器、输入接触器、外电源充电插座等。

牵引电路包括主发电机及动力电池组向牵引电机的供电电路、牵引电路的保护电路及测量电路和主发电机的励磁电路。HXN₆ 型混合动力机车牵引电路图如图 2-12-5 所示。

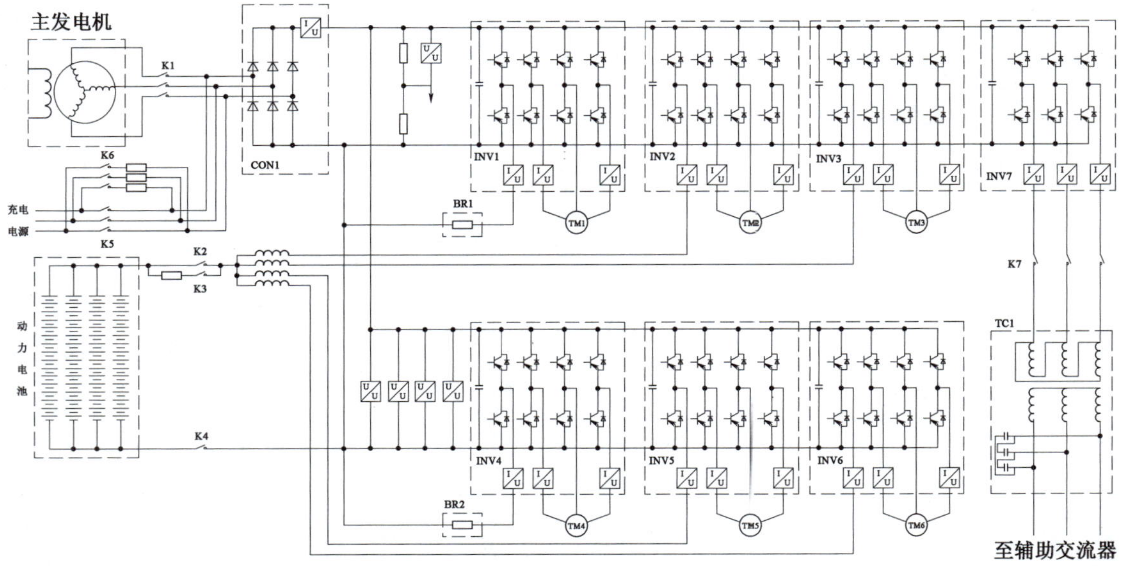

图 2-12-5　HXN₆ 型混合动力机车牵引电路图

K1～K7—接触器;CON1—主整流模块;INV1～INV6—牵引逆变模块;INV7—辅助变流模块;
BR1、BR2—斩波电阻;TC1—隔离变压器

机车交流牵引传动系统采用轴控方式。

根据负载和工况的不同，机车可由动力电池组、柴油发电机组单独或二者共同驱动。

纯柴油机工况：主发电机发出的三相交流电，通过牵引整流单元转变为高压直流电，高压直流电再通过六个牵引逆变器逆变为三相交流电为两个转向架上的六台牵引电机供电。

纯电池工况：动力电池通过接触器向六个牵引逆变器供电，逆变为三相交流电为两个转向架上的六台牵引电机供电。

混合动力工况：柴油机主发电机与动力电池组同时向六个牵引逆变器供电，逆变为三相交流电为两个转向架上的六台牵引电机供电。

机车具有能量回收功能，将机车动能转化为电能，并向动力电池组充电。

(2)主发电机

机车采用三相交流无刷励磁同步主发电机，主发电机定子采用星形绕组结构，额定容量 1 800 kV・A、额定电压 1 015/1 250 V、额定电流 1 023/831 A、额定转速 1 000 r/min、额定频率 150 Hz，纯柴油机工况输出电压特性为与转速成正比的过零点直线；混合动力工况和充电工况，输出电压特性跟随动力电池电压变化。

(3)牵引变流器

牵引变流器由一个整流模块、六个牵引逆变模块和一个辅助变流模块组成。牵引逆变器采用 1 200 A/3 300 V IGBT 器件。构成牵引逆变器的功率模块采用 4 个桥臂组成，每个桥臂由上、下臂两个 IGBT 开关元件及其反并联二极管组成。牵引逆变器散热采用水冷却系统均放在一个电器柜内(热交换器除外)。

(4)牵引电机

机车采用 CDJD113A 型交流牵引电机，额定功率 520 kW、额定电压 805 V、额定电流 478 A、最大电流 545 A，额定转速 513 r/min、最大转速 2 630 r/min，冷却方式采用强迫风冷，每台牵引电机的通风量 73 m^3/min。

(5)动力电池组

动力电池组由 22 个动力电池模块组成，每个动力电池模块由 323 节圆柱形磷酸铁锂电池并联成小单元，再由 20 个小单元串联组成。总标称电压 1 408V，标称容量 1 070 A・h。动力电池组采用空调冷却。

4. 辅助电气系统

机车辅助电路包括牵引变流柜中的辅助逆变器、隔离变压器、各负载辅助逆变器、空压机电机、牵引风机电机、冷却风扇电机、车体通风机电机、除尘风机、牵引变流柜水泵电机等。

控制电路包括机车电源电路、柴油机启动电路、机车操纵电路、照明电路和信号灯电路、行车安全电路、电子喷射控制电路等。

HXN_6 型机车辅助电气系统图如图 2-12-6 所示。

5. 微机网络控制系统

机车采用 MVB 网络，网络节点有传动控制单元、微机柜、制动控制单元、记录仪等；辅助变流柜、柴油机控制器通过 RS485 与微机通信；动力电池管理系统通过 CAN 网与机车微机通信。整个网络系统根据司机控制指令实现机车的牵引和制动控制，同时根据动力电池管理系

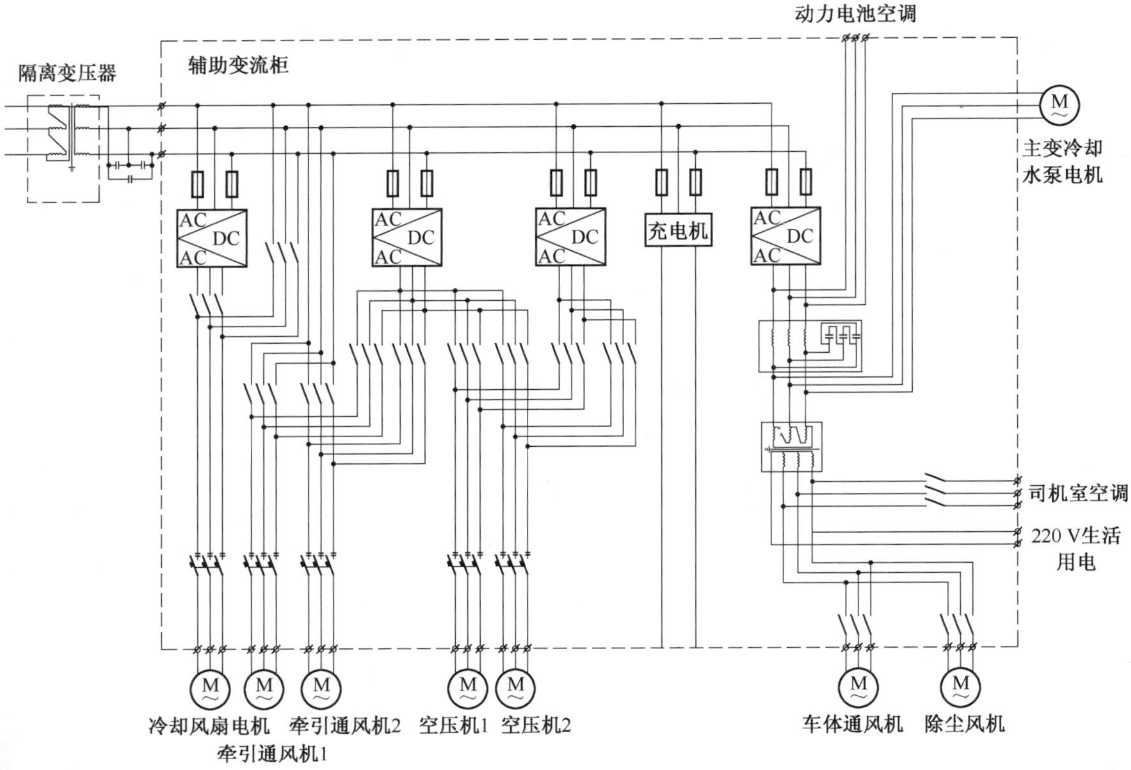

图 2-12-6　辅助电气系统图

统采集的信息，自动控制柴油机的启停和动力电池组的充、放电。

HXN6 型混合动力机车微机网络控制系统图如图 2-12-7 所示。

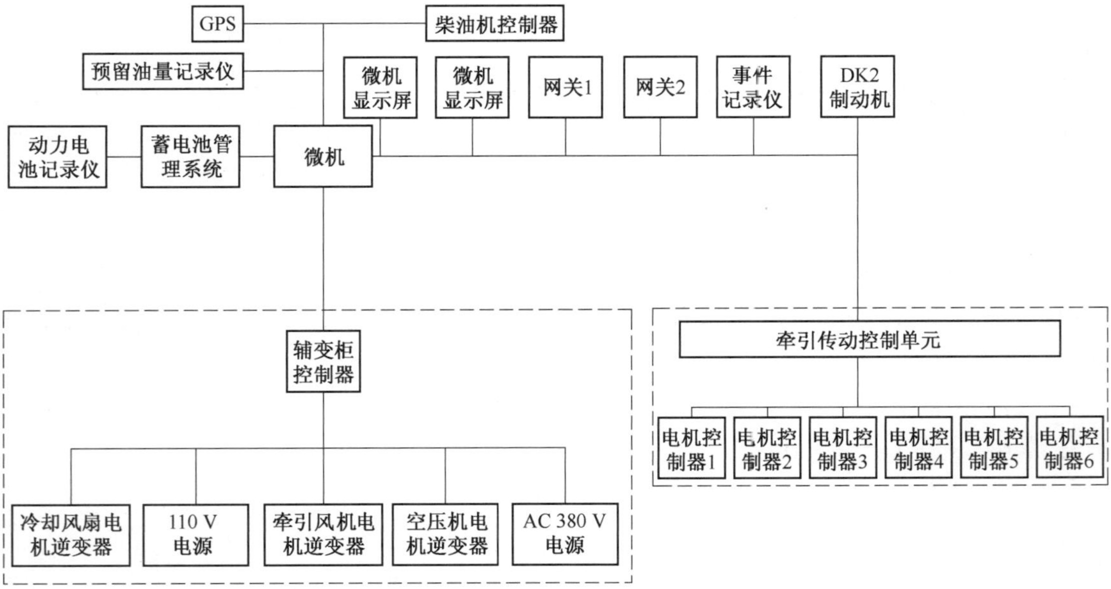

图 2-12-7　微机网络控制系统图

6. 车　　体

机车车体采用车架承载的罩式车体结构，主要包括承受和传递机车各种作用力的车架装配、车钩缓冲装置和排障器，以及提供安装和保护的冷却室、动力室、电器室、蓄电池室、司机室、后机室、扶手装配、地板等组成。

车架装配各主要承载梁采用 Q460 和 Q345 材料，由不同厚度的钢板组焊成箱形结构，为提高车架的刚度，中部装配采用了整体油箱结构。

在机车司机室安装有冷暖型空调，蓄电池室顶部也安装有冷暖型空调，分别用于调节两室的温度。

钩缓装置采用了 102 型钩缓装置。

7. 转 向 架

机车走行部由两台完全相同的转向架组成，轴式为 C_0—C_0，每台转向架有三根动轴。每台转向架主要由构架、轴箱装配、轮对装配、二系悬挂装置、牵引装置、基础制动装置、电机悬挂装置、附件等组成。构架采用 16MnDR 钢板焊接的“目”字形结构，各梁均采用箱形焊接结构。轮对采用无导框的单轴箱拉杆定位，轴箱体采用承载鞍式的分体结构，可实现不抬车落轮。一系悬挂由轴箱两边的弹簧和安装在轴箱端部的减振器组成。二系悬挂采用四点支承的橡胶堆旁承结构，配置横向减振器和抗蛇行减振器，以衰减机车的蛇行运动。牵引装置采用平行四连杆机构，将转向架与车体连接在一起，传递牵引力和制动力。电机悬挂装置采用滚动抱轴、鼻式悬挂方式，牵引电机与轮对一端采用滚动抱轴结构，另一端采用橡胶弹性吊杆吊挂在构架上，齿轮罩为钢板焊接结构。驱动系统采用一级减速齿轮传动，牵引齿轮副的传动比为 86∶15，主动齿轮结构为电枢轴齿轮。机车基础制动装置采用单侧闸瓦踏面制动方式，每个车轮设置一套单元制动器，可自动补偿闸瓦与车轮踏面间隙，每轴非驱动端设置有带储能制动装置的单元制动器来实现机车的坡停。

8. 制动系统

制动系统主要由风源系统、空气制动系统、制动辅助系统组成。设有两台 TSA-230AⅢ型螺杆空气压缩机。采用微机模拟控制技术的 DK-2 制动系统，除具有空电互锁功能，还新增空电混合制动功能。

9. 柴 油 机

机车装用 NY6240ZJA 型柴油机。

NY6240ZJA 柴油机是直列、6 缸、废气涡轮增压、空气中间冷却、电子控制燃油喷射的四冲程中速柴油机。气缸盖、气缸套、活塞、连杆完全借用 NY12V240ZJA 柴油机的动力单元组，机体为铸造结构，采用高强度锻钢曲轴、气缸直径 240 mm、活塞行程 275 mm、气缸数 6、标定转速 1 000 r/min，最低空载转速 350 r/min，最低工作转速 400 r/min，标定功率 1 250 kW，最大运用功率 1 250 kW。

柴油机辅助系统包括燃油系统、润滑油、冷却水、空气滤清系统等。

燃油系统由柴油机燃油系统和机车燃油系统两部分组成。柴油机燃油系统包括燃油输送泵、燃油精滤器、低压输油管、喷油泵、高压输油管、喷油器、电子喷射控制系统、限压阀及喷油泵和喷油器的回油管路等。机车燃油系统由燃油箱、燃油粗滤器、油水分离器、燃油输送泵、燃油预热器、安全阀、逆止阀和截止阀、仪表及管件等组成，并与柴油机燃油系统的首尾相接，构成一个完整的燃油循环系统。

润滑油系统由柴油机润滑油系统和机车润滑油系统共同构成一个完整的润滑油循环系统。柴油机润滑油系统由柴油机油底壳、主润滑油泵、润滑油滤清器、润滑油热交换器、润滑油精滤器、柴油机内部各润滑和冷却处所、管路等组成。机车润滑油系统主要由启动润滑油泵以及阀类、管路和仪表组成，保证在柴油机启动时向柴油机供应一定压力、温度和容量的清洁润滑油。

冷却水系统分为高、低温两个冷却系统，该系统主要由膨胀水箱、冷却水泵、空气冷却器（中冷器）、润滑油热交换器、散热器、冷却风扇及逆止阀、管路等组成。

空气滤清系统为三级过滤，一级为防沙网，主要滤除空气中质量较大的杂质；二级为惯性式空气滤清器；三级为袋式空滤器。滤清元件分别装在滤清器的壳体中。

10. 技术参数表

HXN$_6$ 型混合动力调车内燃机车技术参数见表 2-12-1。

表 2-12-1　HXN$_6$ 型混合动力调车内燃机车技术参数表

车型名称			和谐 N$_6$
车型代号			HXN$_6$
机车车号			0001
项目		序号	参数及说明
机车总体参数	用途	1	调车机车
	制造年代	2	2014 年
	制造厂名	3	中车资阳机车有限公司
	轨距(mm)	4	1 435
	车体形式	5	外走廊、单司机室
	轴式	6	C_0—C_0
	转向架中心距(mm)	7	12 840
	全轴距(mm)	8	16 540
	动轮直径(新轮)(mm)	9	1 250
	动轮直径(半磨耗轮)(mm)	10	1 200
	整备质量(t)	11	150
	轴重(t)	12	25
	通过最小曲线半径(m)	13	100
	电传动方式	14	交—直—交
	额定功率(kW)	15	中间直流环节小时功率 2 200
	轮周牵引功率(kW)	16	1 850(小时功率) 890(纯柴油机工况，持续制)
	最高速度(km/h)	17	100
	恒功率速度范围(km/h)	18	12～100(混合动力牵引时)

续上表

车型名称			和谐 N_6
车型代号			HXN_6
机车车号			0001
项目		序号	参数及说明
机车总体参数	持续速度(km/h)	19	12
	持续牵引力(kN)	20	540
	启动牵引力(kN)	21	560
	最大动力制动力(kN)	22	310
	最大制动距离(m)	23	494
	柴油机停机下的移车方式	24	动力电池组移车
	控制器手柄挡位	25	8
车体	车底架长(mm)	26	21 092
	车体宽(mm)	27	3 256(司机室)
	车体高(mm)	28	4 745
	司机室个数	29	1
	机车前后车钩中心距(mm)	30	21 660
	车钩型号,形式	31	102 型,上作用
	缓冲器型号	32	102 型
装载量	燃油(dm^3)	33	5 500
	润滑油(kg)	34	700
	水(kg)	35	600
	砂(kg)	36	600
转向架	构架(长×宽×高,mm)	37	6 231×2 718×1 540
	两侧梁横向中心距(mm)	38	2 050
	轴距(mm)	39	1 850+2 000
	固定轴距(mm)	40	3 850
	一系悬挂垂向减振器型号	41	tSafer-OP507617013
	一系悬挂静挠度(mm)	42	100
	一系垂向减振器阻尼系数(kN·s/m)	43	60
	二系悬挂垂向减振器型号	44	/
	二系悬挂横向减振器型号	45	tSafer-OL503518011
	二系横向减振器阻尼系数(kN·s/m)	46	110

十二

续上表

车型名称			和谐 N_6
车型代号			HXN_6
机车车号			0001
项目		序号	参数及说明
转向架	二系悬挂抗蛇行减振器型号	47	tSafer-OY605128012
	二系悬挂弹簧静挠度(mm)	48	10
	二系抗蛇行减振器阻尼系数(kN·s/m)	49	400
	牵引力和制动力传递方式	50	平行四连杆牵引
	牵引电动机悬挂方式	51	滚动抱轴悬挂
	齿轮传动比	52	86∶15
	轴箱与转向架构架定位方式	53	单轴箱拉杆
	每轴簧下质量(t)	54	5.03
	转向架总质量(t)	55	24.4
基础制动装置	基础制动方式	56	踏面单元制动器
	单元制动器型号	57	ZYZD-1 和 ZYZD-2
	制动缸数	58	12
	制动缸直径(mm)	59	177.8
	制动倍率	60	4.47
	传动效率(%)	61	85
	闸瓦与车轮踏面恒定间隙(mm)	62	6～8
	制动缸最大空气压力(kPa)	63	450
	闸瓦制动形式	64	单侧闸瓦踏面制动
	闸瓦材质	65	合成闸瓦材料
	每台机车闸瓦块数	66	12
	制动单元质量(kg)	67	ZYZD-1∶60,ZYZD-2∶85
	停放制动形式	68	带弹簧停车制动的单元制动器
	手制动率(%)	69	—
	总闸瓦压力(kN)	70	498
柴油机	型号	71	NY6240ZJA
	外形尺寸(长×宽×高,mm)	72	3 888×1 858×2 553
	机体结构	73	球铁整体铸造
	曲轴材质	74	42CrMoA 合金钢
	主轴颈的直径(mm)	75	220
	连杆颈的直径(mm)	76	195
	气缸排列及夹角	77	直列立式

十二

续上表

车型名称				和谐 N_6
车型代号				HXN_6
机车车号				0001
项目			序号	参数及说明
柴油机	气缸数目		78	6 缸
	气缸直径×活塞行程(mm)		79	240×275
	冲程数		80	四冲程
	压缩比		81	13.5
	气缸总排量(dm^3)		82	74.64
	标定转速(r/min)		83	1 000
	最低空载转速(r/min)		84	400
	标定功率(kW)		85	1 250
	最大运用功率(kW)		86	1 250
	启动方式		87	柴油机自带电机启动
	最高爆发压力(MPa)		88	16
	标定功率平均有效压力(MPa)		89	2.010
	喷油泵形式,数量		90	电子燃油喷射泵,6
	喷油器形式		91	多孔闭式
	喷油器启喷压力(MPa)		92	34.5～35.0
	喷油泵供油提前角		93	12°
	喷射方式		94	直接喷射
	标定功率燃油消耗率[g/(kW·h)](油耗优先模式)		95	200×(1±3%)
	机油消耗率[g/(kW·h)]		96	≤燃油消耗率的 1%
	冷却水最高允许温度(℃)		97	98
	机油最高允许温度(℃)		98	90
	调节器形式		99	电子调速
	高温水泵	形式	100	离心式
		额定转速(r/min)	101	2 810
		流量(m^3/h)	102	90
	低温水泵	形式	103	离心式
		额定转速(r/min)	104	2 810
		流量(m^3/h)	105	60
	主润滑油泵	形式	106	齿轮式
		转速(r/min)	107	1 420
		出口油压力(kPa)	108	800
		流量(m^3/h)	109	45
	增压器	型号,台数	110	ZN270-LSBG,1
		允许转速(r/min)	111	35 000

续上表

车型名称				和谐 N_6
车型代号				HXN_6
机车车号				0001
项目			序号	参数及说明
柴油机	增压器	允许最高转速(r/min)	112	36 000
		增压比	113	3.90
		增压空气额定流量(kg/s)	114	2.5(参考)
		进气空气滤清器形式	115	单元式滤清器
		涡轮前允许废气温度(℃)	116	650
		涡轮最高允许废气温度(℃)	117	680
		润滑方式	118	压力润滑
		质量(kg)	119	300
	中冷器	结构形式	120	胀接圆管片式
		进气温度(℃)	121	210
		进水温度(℃)	122	55
		水流量(m^3/h)	123	60
	排放指标	碳氢化合物(HC)[g/(kW·h)]	124	0.5
		一氧化碳(CO)[g/(kW·h)]	125	3.5
		氮氧化物(NO_x)[g/kW·h]	126	6
		颗粒[g/(kW·h)]	127	/
		烟度(Rb)	128	/
	柴油机总质量(kg)		129	13 850
机车冷却系统	水散热器	形式	130	大块型铜散热器
		高温水散热器单节数(组)	131	1
		低温水散热器单节数(组)	132	1
		水流道(单或双)方式	133	双流道
	冷却风扇	高、低温水系统风扇数	134	1台
		驱动方式	135	交流电机
		直径(mm)	136	1 600
		最高转速(r/min)	137	1 260
		功率(kW)	138	79
主发电机	型号		139	CDJF208F
	额定转速(r/min)		140	1 000
	额定容量(kV·A)		141	1 800
	额定电压(V)		142	1 015/1 250
	额定电流(A)		143	1 023/831
	额定频率(Hz)		144	150
	额定功率因数		145	0.95

续上表

车型名称				和谐 N6
车型代号				HXN6
机车车号				0001
项目			序号	参数及说明
主发电机	励磁方式		146	他励
	额定励磁电压(直流)(V)		147	80
	额定励磁电流(直流)(A)		148	6
	绝缘等级,定子/转子		149	H/H 级
	通风冷却方式		150	自通风
	电刷牌号		151	无刷励磁
	总质量(kg)		152	4 700
主整流器	型号		153	/
	额定交流输入电压(V)		154	1 015/1 250
	额定交流输入电流(A)		155	1 023/831
	额定交流输入频率(Hz)		156	150
	输出	最大直流电压(V)	157	1 600
		额定直流电流(A)	158	1 311/1 065
		最大直流电流(1 h)(A)	159	/
	整流电路方式		160	三相桥式
	硅整流元件型号		161	DZ950N44
	通风冷却方式		162	水冷＋强迫风冷
	质量(kg)		163	53
牵引逆变器	型号		164	/
	电路结构形式		165	电压型,两电平
	额定功率(kW)		166	/
	额定输入电压(V)		167	1 600
	额定输入电流(A)		168	/
	支撑电容值(mF)		169	4.3
	额定输出电压(V)		170	1 248
	额定输出电流(A)		171	601
	最大开关频率(Hz)		172	500
	输出频率范围(Hz)		173	0.5～133
	冷却方式		174	水冷＋强迫风冷
	效率		175	0.98
	质量(t)		176	85
	外形尺寸(长×宽×高,mm)		177	670×407×470
	每台机车牵引变流器台数		178	6

续上表

车型名称			和谐 N_6
车型代号			HXN_6
机车车号			0001
项目		序号	参数及说明
牵引逆变器	功率模块电路形式	179	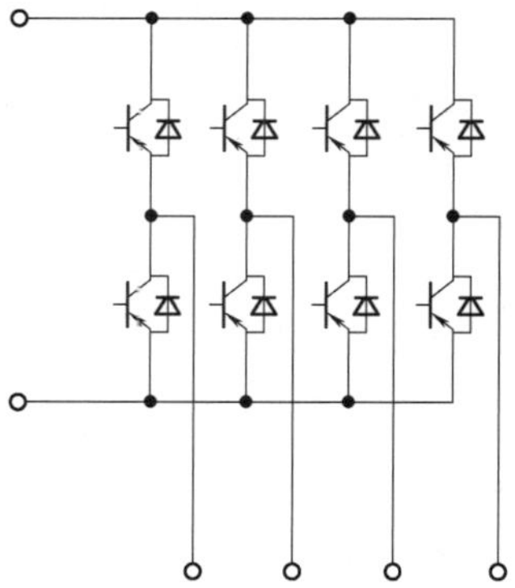
	功率模块电压(V)	180	3 300
	功率模块电流(A)	181	1 200
	功率模块开关频率(Hz)	182	500
	功率元件型号	183	/
	功率元件参数	184	IGBT(3 300 V/1 200 A)
	功率元件个数	185	8
	功率模块质量(kg)	186	/
	功率模块尺寸(长×宽×高,mm)	187	/
牵引电机	型号	188	CDJD113A
	额定功率(kW)	189	520
	额定电压(V)	190	805
	额定电流(A)	191	478
	最高电压(V)	192	1 326
	最大电流(A)	193	545
	额定转速(r/min)	194	513
	额定转矩(N·m)	195	9 670
	最大转矩(N·m)	196	10 500
	最大转速(r/min)	197	2 630
	功率因数	198	0.85
	极数	199	6
	额定效率(%)	200	91.5
	绝缘等级	201	200 级
	允许温升(定子/电枢)(K)	202	160
	额定频率(Hz)	203	26.4

续上表

车型名称			和谐 N_6
车型代号			HXN_6
机车车号			0001
项目		序号	参数及说明
牵引电机	额定转差率(%)	204	/
	通风冷却方式	205	强迫风冷
	冷却空气量(m^3/min)	206	73
	总质量(kg)	207	2 470
辅助发电机	型号	208	—
	额定转速(r/min)	209	—
	额定容量(kV·A)	210	—
	额定电压(V)	211	—
	额定电流(A)	212	—
	额定频率(Hz)	213	—
	额定功率因数	214	—
	励磁方式	215	—
	额定励磁电压(直流)(V)	216	—
	额定励磁电流(直流)(A)	217	—
	绝缘等级,定子/转子	218	—
	通风冷却方式	219	—
	电刷牌号,尺寸(mm)	220	—
	总质量(kg)	221	—
辅助变流器	型号	222	/
	每台机车装用台数	223	5
	额定输入电压(V)	224	3×AC480
	额定输入电流(A)	225	/
	额定输出电压(V)	226	3×AC 480/3×AC 380
	额定输出电流(A)	227	160
	频率(Hz)	228	0～87.4/50
	功率元件参数	229	IGBT(1 200 V/800 A)
	冷却方式	230	风冷
	质量(kg)	231	100
	容量(kV·A)	232	70
牵引通风机	型号	233	/
	台数	234	2
	最大转速(r/min)	235	2 600
	每台风机的风量(m^3/min)	236	330
	风压(Pa)	237	5 000
	额定功率(kW)	238	45
	质量(kg)	239	140

续上表

车型名称				和谐 N_6
车型代号				HXN_6
机车车号				0001
项目			序号	参数及说明
启动电机	型号		240	ST711B
	电压(V)		241	24
	最大功率(kW)		242	11
	最大启动转距(N·m)		243	250
蓄电池充电器	型号		244	/
	输入电压(V)		245	3×AC 480
	输入电流(A)		246	16
	输出电压(V)		247	110
	输出电流(A)		248	109
	输出容量(kW)		249	12
	质量(kg)		250	/
网络控制系统	列车网标准		251	TCN
	车辆网标准		252	TCN
	列车网传输速率(Mbit/s)		253	/
	车辆网传输速率(Mbit/s)		254	1.5
	控制和保护功能	牵引特性控制	255	/
		电阻制动特性控制	256	/
		空转滑行保护	257	/
		故障诊断与保护内容	258	/
空气制动系统	制动机主要部件	制动机型号	259	DK-2
		制动柜,数量	260	ZDG-DK2-1,1
		制动控制器,数量	261	TKS42B(04),2
		分配阀型号,数量	262	—
		中继阀(双阀口式)	263	—
		作用阀	264	—
		紧急放风阀	265	—
		常用限压阀	266	—
		紧急限压阀	267	—
		客货车转换阀	268	—
		总风遮断阀	269	—
		变向阀	270	—
	空气压缩机	型号,台数	271	TSA-230AⅢ,2
		工作形式	272	—
		结构形式	273	—

十二

续上表

车型名称				和谐 N_6
车型代号				HXN_6
机车车号				0001
项目			序号	参数及说明
空气制动系统	空气压缩机	额定转速(r/min)	274	2 955
		额定排气压力(kPa)	275	1 000
		排气量(m^3/min)	276	2.4
		一级压缩空气的冷却方式	277	—
		润滑油压力(kPa)	278	—
		驱动功率(kW)	279	22
		净重(kg)	280	520
	空气干燥器	型号	281	TAD-4.8-H
		处理空气量(m^3/min)	282	5
		工作压力(kPa)	283	900
	压力控制器(调压器)型号		284	MDR-F
	总风缸空气压力范围(kPa)		285	750～900
	各总风缸总容量(dm^3)		286	1 000
电阻制动柜	电阻制动装置型号,台数		287	—
	持续功率 (kW)		288	—
	输入电压(V)		289	—
	输入电流(A)		290	—
	电阻带最高工作温度(℃)		291	—
	冷却风机功率(kW)		292	—
	冷却风机转速(r/min)		293	—
	冷却通风量(m^3/min)		294	—
	质量(kg)		295	—
蓄电池组	型号		296	THE110-250-ZYJC
	容量(A·h)		297	250
	装用数量(组)		298	1
	总标称电压(V)		299	102.4
动力电池组	型号		300	THE60-1070-ZYJC(B) THE60-1070-ZYJC(A)
	总容量(A·h)		301	1 070
	单模块数量(只)		302	22
	总标称电压(V)		303	1 408

注:"—"表示无此设备;"/"表示数据空缺。

附　　录

生产企业名称对照表

单位简称	单位全称
同车公司	中车大同电力机车有限公司
株机公司	中车株洲电力机车有限公司
株洲所	中车株洲电力机车研究所有限公司
连车公司	中车大连机车车辆有限公司
资电公司	资阳中车电力机车有限公司
戚机公司	中车戚墅堰机车有限公司
阿尔斯通公司	法国阿尔斯通公司
东芝公司	日本东芝公司
二七厂	中车北京二七机车有限公司
四方公司	中车青岛四方机车车辆股份有限公司
资机公司	中车资阳机车有限公司
GE 公司	美国 GE 公司
永济电机公司	中车永济电机有限公司
美国 EMD 公司	美国 EMD 内燃机车公司
西门子公司	德国西门子公司